Wissenschaftliche Untersuchungen zum Neuen Testament · 2. Reihe

Herausgegeben von
Jörg Frey, Martin Hengel, Otfried Hofius

141

Matthias Kreplin

Das Selbstverständnis Jesu

Hermeneutische und christologische Reflexion. Historisch-kritische Analyse

Mohr Siebeck

MATTHIAS KREPLIN, geboren 1962; 1984–1992 Studium der Evangelischen Theologie in Heidelberg und Zürich; 1992–1993 Lehrvikariat; 1993–1996 Pfarrvikariat; seit 1996 Pfarrer und Religionslehrer; 2000 Promotion an der Universität Zürich.

Die Deutsche Bibliothek - CIP-Einheitsaufnahme

Kreplin, Matthias:
Das Selbstverständnis Jesu : hermeneutische und christologische Reflexion ; historisch-kritische Analyse / Matthias Kreplin. – Tübingen : Mohr Siebeck, 2001
(Wissenschaftliche Untersuchungen zum Neuen Testament : Reihe 2 ; 141)
ISBN 3-16-147633-6

Das Buch wurde von Druck Partner Rübelmann in Hemsbach auf alterungsbeständiges Werkdruckpapier der Papierfabrik Schleipen gedruckt und von der Buchbinderei Schaumann in Darmstadt gebunden.

ISSN 0340-9570

Vorwort

Die vorliegende Arbeit wurde von der theologischen Fakultät der Universität Zürich im Sommersemester 2000 auf Antrag von Prof. Dr. Hans Weder als Dissertation angenommen. Sie ist in einem langjährigen Prozess neben meiner beruflichen Tätigkeit zunächst als Pfarrvikar, dann als Gemeindepfarrer und Religionslehrer entstanden. Trotz der erheblichen Belastungen, die durch diese Entstehungsbedingungen gegeben waren, ließ mich die einmal angegangene Thematik nicht los, da ich gerade in der alltäglichen Praxis in Gemeinde und Schule immer wieder die Relevanz der in dieser Arbeit behandelten Fragen spürte.

Mein herzlicher Dank gilt Prof. Dr. Hans Weder, der die Entstehung dieser Arbeit als Doktorvater betreute und durch Vermittlung einer sechsmonatigen Anstellung als Assistent ihre Fertigstellung ermöglichte. Prof. Weder hat mir die Freiheit gelassen, eigene Gedanken und Ideen zu entwickeln, mich aber immer wieder durch kritische Einwände genötigt, das Entstandene weiter zu durchdenken.

Dankbar bin ich für die Unterstützung durch die Kirchenleitung der Evangelischen Landeskirche in Baden. Dort kam man meinen Wünschen nach Teildeputaten und einer befristeten Beurlaubung zur Überarbeitung der Arbeit nach. Ohne diese Unterstützung hätte diese Arbeit nicht entstehen können. Danken möchte ich auch Pfr. i. R. Gerhard Jung und Dr. Martin Obert, die Korrektur gelesen haben. Die Gespräche mit Pfr. i. R. Jung haben viele der hier angeschnitten Fragen noch in einen weiteren theologischen Horizont gerückt.

Sehr gefreut habe ich mich, dass Prof. Dr. Martin Hengel auf meine Anfrage hin sofort bereit war, diese Arbeit in die 2. Reihe der Wissenschaftlichen Untersuchungen zum Neuen Testament aufzunehmen. Seiner kritischen Durchsicht der Arbeit verdanke ich manchen Hinweis, so dass jetzt eine leicht überarbeitete Version meiner Dissertation vorliegt.

Danken möchte ich zum Schluss meiner Frau Renate Doris Kreplin und unseren drei Kindern David, Elias und Hanna. Sie haben für diese Arbeit in den letzten Jahren auf viel gemeinsame Zeit verzichtet. Ihnen soll darum dieser Band gewidmet sein.

Kippenheim-Schmieheim, Juni 2001 Matthias Kreplin

Inhaltsverzeichnis

Kapitel 1

Einleitung

Jede exegetische Arbeit zum Neuen Testament steht in einer langen Geschichte des historischen und theologischen Forschens. Dies gilt in ganz besonderem Maße für die Frage nach dem Selbstverständnis des historischen Jesus. Darum zeigt auch hier ein Blick auf die Forschungsgeschichte, von welchen Ausgangspunkten weiteres Fragen auszugehen hat und welche Fragen einer Klärung harren. Da eine differenzierte Darstellung der Forschungsgeschichte den Rahmen dieser Arbeit sprengen würde und bereits eine Reihe von Darstellungen der Geschichte der historisch-kritischen Jesus-Forschung verfügbar sind,[1] sind hier nur die Hauptlinien der Forschung mit ihren bleibenden Ergebnissen und den bestehenden Problemen bei der Rückfrage nach dem Selbstverständnis des historischen Jesus zu skizzieren.

1.1 Überblick über die Forschungsgeschichte

Die Frage nach dem historischen Jesus war von der Zeit des Urchristentums an bis in die Neuzeit eine theologische Frage nach der irdischen Existenz des präexistenten und nach Ostern wieder zu Gott erhöhten ewigen Gottessohnes. Zur Klärung dieser Frage wurde die Zwei-Naturen-Lehre entwickelt, die zeigen sollte, wie Göttliches und Menschliches in der einen Person Jesu Christi zusammenkommen. Da die historische Korrektheit der Evangelientraditionen und – auf Grund der Zwei-Naturen-Lehre – die vollkommene christologische Erkenntnis auch des irdischen Jesus angenommen wurde,

[1] Übersichtliche Zusammenfassungen zu einzelnen Feldern der Jesus-Forschung finden sich bei G.Theissen/A.Merz, Jesus (1996), zu Beginn der jeweiligen Kapitel (für diese Arbeit besonders wichtig die Abschnitte S.21-31 und S.449-455), eine detaillierte allgemeinverständliche Darstellung bietet C.J.den Heyer, Der Mann aus Nazareth 1996, (S.13-236). Über die liberale Jesu-Leben-Forschung berichtet A.Schweitzer, Geschichte der Leben-Jesu-Forschung (1906), S.45-619. Die wichtigsten exegetischen Arbeiten seit 1950 werden besprochen bei W.G.Kümmel, 40 Jahre Jesusforschung (im 10-Jahres-Rhythmus erschienen, letzter Teil von 1994). Die amerikanische Forschung der letzten Jahre wird im Überblick dargestellt bei B.Witherington III, The Jesus Quest (1995) und H.A.Brehm, Will the Real Jesus Please Stand? (1996), S.7-12; kritisch kommentiert bei L.T.Johnson, The Real Jesus, S.1-56 (1995).

war es eine theologische Selbstverständlichkeit, dass Jesus Christus während seiner irdischen Existenz sich selbst als Sohn Gottes und Messias verstanden hatte und das nachösterliche Christus-Kerygma direkt auf den irdischen Jesus selbst zurückzuführen war. Ein Charakteristikum dieses voraufklärerischen Ansatzes war, dass der historische Jesus als der irdische Christus völlig eingebettet war in das nachösterliche christologische Kerygma.

Diese selbstverständliche Einbettung des historischen Jesus in das christologische Kerygma zerbrach im Umbruch zur Neuzeit mit dem Aufkommen der historisch-kritischen Exegese, die in der Liberalen Theologie des 19. Jahrhunderts einen ersten Höhepunkt erlebte. In dieser theologischen Schule wurde das sich Schritt für Schritt entwickelnde neuzeitliche Wirklichkeitsverständnis zum Maßstab des historisch Möglichen – und hinter diesen forschungsgeschichtlichen Schritt wird keine gegenwärtige Exegese, die der wissenschaftlichen Kommunikabilität verpflichtet ist, zurückgehen können.[2] Mit dem Ansatz beim neuzeitlichen Wirklichkeitsverständnis wurde der historische Jesus nun nicht mehr als Gott-Mensch mit göttlichen Eigenschaften und Fähigkeiten betrachtet, sondern er wurde als Mensch gesehen, für den dieselben anthropologischen Begrenzungen gelten, wie für alle Menschen. Jesus konnte nun nicht mehr Allwissenheit unterstellt werden, auch musste die Historizität von vielen Überlieferungen – insbesondere der Wundergeschichten – fraglich werden. Zugleich wurde die christologische Betrachtung des historischen Jesus in der liberalen Leben-Jesu-Forschung ersetzt durch ein psychologisierendes Sich-Einfühlen in die Persönlichkeit Jesu. Dabei nahm die historische Rückfrage nach Jesus eine antikirchliche und antidogmatische Stoßrichtung ein.[3] Nun wurde auch die

---

[2] Was allerdings eine kritische Auseinandersetzung mit dem neuzeitlichen Wirklichkeitsverständnis nicht ausschließt.

[3] Diese antidogmatische Stoßrichtung wird vielfach mit dem Ausdruck „historischer Jesus“ verbunden (vgl. dazu G.EBELING, Historischer Jesus und Christologie, S.302-308). Es dürfte um dieser durchaus problematischen Konnotation des Ausdrucks „historischer Jesus“ jedoch nicht angeraten sein, auf den Ausdruck zu verzichten und statt dessen Zuflucht zu nehmen zu dem Begriff „geschichtlicher Jesus“, bei dem darauf verzichtet wird, die Beziehung zu historisch-kritisch verifizierbaren Tatsachen zu klären (so z.B. bei M.KÄHLER, Der sogenannte historische Jesus und der geschichtliche, biblische Christus, 1892). Zwar ist mit dem Ausdruck „historischer Jesus“ die Einsicht verbunden, dass der Jesus, wie er uns in der historischen Rekonstruktion zugänglich wird, nicht der „ganze Jesus“ oder auch der „wirkliche Jesus“ ist, sondern nur ein Konstrukt der Geschichtswissenschaft – wobei etwas anderes von Personen der Vergangenheit nie erreichbar ist. Doch steht hinter dem Ausdruck „historischer Jesus“ die antidoketische Grundüberzeugung, dass der geschichtliche Jesus ein wirkliches historisches Phänomen war, das darum grundsätzlich mit denselben Methoden erkennbar ist, wie jedes andere historische Phänomen auch (zuzustimmen ist darum den Ausführungen von J.P.MEIER, A Marginal Jew, S.26-31 und F.HAHN, Methodologische Überlegungen, S.60-63, auch wenn hier gegen HAHN weiterhin vom „historischen Jesus“ gesprochen wird).

bisher selbstverständliche Annahme in Frage gestellt, der historische Jesus habe sich selbst als Messias und Sohn Gottes verstanden.[4] Allerdings schwankten die Ergebnisse der sich noch entwickelnden historisch-kritischen Jesus-Forschung zunächst so sehr, dass eine befriedigende Klärung der Frage nach dem Selbstverständnis des historischen Jesus nicht gelang. Mit ALBERT SCHWEITZERS Geschichte der Leben-Jesu-Forschung setzte sich bleibend die Überzeugung durch, dass die Entwicklung der Persönlichkeit Jesu historisch nicht mehr greifbar ist.[5]

Die Entwicklung der formgeschichtlichen Betrachtung der Evangelien und der Ansatz der dialektischen Theologie beim nachösterlichen Kerygma rückten dann in den 20er Jahren des 20. Jahrhunderts die Rückfrage nach dem historischen Jesus aus dem Zentrum des exegetischen und christologischen Interesses. Durch die Einsichten der Formgeschichte in die Bedingungen, denen die Jesus-Traditionen in ihrer Überlieferung unterworfen waren, wurde erkannt, dass die Jesus-Darstellung der Evangelien durch das nachösterliche Kerygma geprägt wurde. Viele Texte wurden nun der kreativen Kraft der nachösterlichen Gemeinde zugeschrieben. Hinzu kam, dass die dialektische Theologie – allen voran RUDOLF BULTMANN – die theologische Notwendigkeit der historischen Rückfrage nach Jesus bestritt. Die Grundhaltung in dieser Epoche der Forschungsgeschichte lässt sich so auf die Formel bringen: Das Selbstverständnis des historischen Jesus bleibt über weite Strecken im historischen Dunkel;[6] da aber die historische Rückfrage nach Jesus und insbesondere nach seinem Selbstverständnis für das christliche Kerygma keine Relevanz besitzt, macht diese Forschungslage der neutestamentlichen Theologie auch keine Probleme.

Eine neuerliche Wende nahm die historisch-kritische Jesus-Forschung Anfang der 50er Jahre durch den Impuls ERNST KÄSEMANNS.[7] In Auseinandersetzung mit seinem Lehrer BULTMANN versuchte er, die Relevanz des historischen Jesus und damit auch der historisch-kritischen Jesus-Forschung für die Theologie und den christlichen Glauben zu erweisen. Innerhalb der Bultmannschule wurde daraufhin mehr als ein Jahrzehnt lang um diese Frage eine intensive Auseinandersetzung geführt, die mehr durch Erschöpfung als durch eine überzeugende Lösung endete. So ist es inzwischen zwar

---

[4] Eine wichtige Etappe stellte dabei das Buch von W.WREDE, Das Messiasgeheimnis in den Evangelien dar (1.Aufl. 1901). Vgl. dazu M.HENGEL, Studies in Early Christology, S.15-26 und G.THEISSEN/A.MERZ, Jesus, S.25 und S.449.

[5] Zu den Ergebnissen dieser biografischen Bemühung um Jesus vgl. A.SCHWEITZER, Geschichte der Leben-Jesu-Forschung, S.620-622 (1.Aufl. 1906).

[6] Vgl. dazu die Einschätzung R.BULTMANNS, was über Jesu Selbstverständnis historisch aussagbar ist (Das Verhältnis der urchristlichen Christusbotschaft zum historischen Jesus, S.451-453).

[7] Das Problem des historischen Jesus (1953).

weitgehend Konsens, dass die rigorose Ausklammerung des historischen Jesus, wie BULTMANN sie vollzog, theologisch problematisch ist. Welche direkte Relevanz die historische Rückfrage nach Jesus für die Theologie und den christlichen Glauben hat, ist aber immer noch nicht befriedigend geklärt.[8] Doch auch ohne diese Klärung führte die von KÄSEMANN initiierte Hinwendung zum historischen Jesus innerhalb der Bultmannschule zu einer Reihe von Arbeiten, welche die Rückfrage nach dem historischen Jesus mit der Suche nach Kontinuitäten zwischen der Verkündigung Jesu und dem nachösterlichen Kerygma verbanden. Der antidogmatische Zug, den einst die historisch-kritische Exegese hatte, verwandelte sich so in das Bemühen, den historischen Jesus im Zusammenhang mit dem nachösterlichen Kerygma wahrzunehmen.[9] Schließlich öffnete sich auch die katholische Exegese ganz der historisch-kritischen Jesus-Forschung und liefert seitdem wichtige Beiträge. Die Frage nach dem Selbstverständnis des historischen Jesus, die in der älteren, antidogmatisch ausgerichteten Leben-Jesu-Forschung häufig gegen die traditionelle kirchliche Christologie gerichtet worden war, erhielt nun häufig eine zweitrangige Stellung[10] und nimmt in vielen Jesus-Büchern eine Schlussstellung ein.[11]

Die historisch-kritische Jesus-Forschung der letzten zwanzig Jahre – gegenwärtig häufig als „third quest for the historical Jesus" bezeichnet – ist durch eine Reihe von neuen Faktoren bestimmt.[12] So kam es zunächst durch das Ausklingen der Bultmannschule und ihres hermeneutischen Ansatzes der existentialen Geschichtsdeutung zu einer Vervielfältigung der Fragehorizonte. Sozialgeschichtliche Fragestellungen ergaben neue Erkenntnisse, und der Dialog mit der jüdischen Exegese brachte eine stärkere Einordnung Jesu ins Judentum mit sich. Außerdem wurde eine Reihe weiterer antiker Texte erschlossen, die die Zeit Jesu differenzierter erscheinen lassen; auch

---

[8] Vgl. die Einschätzung von N.WALTER aus dem Jahr 1976: „Nach über 20 Jahren zum Teil erregter Diskussion ist noch immer die Frage nicht zu einem befriedigenden Abschluß gebracht." („Historischer Jesus" und Osterglaube, Sp.321). Ähnlich auch H.F.WEISS, Kerygma und Geschichte (1983), S.7 und S.13.

[9] Als wichtige, zusammenfassende Werke der Bultmannschule sind hier G.Bornkamm, Jesus ([1]1956) und E.JÜNGEL, Paulus und Jesus ([1]1962) zu nennen.

[10] Primär wurde gefragt nach den Kontinuitäten zwischen der Verkündigung Jesu und der nachösterlichen Verkündigung. Die Frage nach der Kontinuität zwischen dem Selbstverständnis des historischen Jesus und dem nachösterlichen Christuskerygma spielte nur in der eher apologetisch ausgerichteten Forschung eine zentrale Rolle (z.B. bei J.JEREMIAS und P.STUHLMACHER).

[11] Vgl. z.B. die Stellung der Frage nach Jesu Selbstverständnis bei G.BORNKAMM, Jesus (1956); J.GNILKA, Jesus (1990); J.BECKER, Jesus (1996) und G.THEISSEN/A.MERZ, Jesus (1996).

[12] Vgl. z.B. G.THEISSEN/A.MERZ, Jesus, S.28; B.WITHERINGTON III, The Jesus Quest; H.A.BREHM, Will the Real Jesus Please Stand?, S.4-12.

außerkanonische Quellen – allen voran das Thomas-Evangelium – erfahren nun stärkere Beachtung als noch vor Jahren. Zwei Bewegungen sind dabei in den letzten zwanzig Jahren wahrzunehmen: Einerseits kommt es zu einer immer differenzierter und komplizierter werdenden Argumentationslage. Das Material, das inzwischen in der historisch-kritischen Jesus-Forschung zusammengetragen wurde, ist – wie auch die Literatur – unübersehbar geworden. Dies führte unter anderem dazu, dass sich manche neutestamentlichen Exegetinnen und Exegeten von der diachronen Analyse der Texte und der Frage nach dem historischen Jesus verabschiedet haben.[13] Andererseits ergibt sich – bleiben extreme Positionen[14] unberücksichtigt – sowohl in methodischen als auch in materialen Fragen innerhalb der Jesus-Forschung zunehmend ein Konsens[15] – allerdings nur in der deutschsprachigen Exegese[16]. Zwar variieren gegenwärtige deutschsprachige Jesus-Bücher[17] immer noch

---

[13] Vgl. z.B. den Verzicht auf die historische Frage und die Identifikation des historischen Jesus mit dem Jesus der Evangelien (inklusive der älteren apokryphen Evangelien!) bei K.BERGER, Wer war Jesus wirklich?, S.9f. Ein solcher Verzicht und die ausschließlich synchrone Exegese der neutestamentlichen Evangelien erlaubt es zwar, viele Probleme auszuklammern, bietet aber keine wirkliche Lösung des christologischen Problems, das mit dem geschichtlichen Jesus gegeben ist (so auch H. Weder, Das Kreuz Jesu bei Paulus, S.14). Vgl. auch E.SCHILLEBEECKX, Jesus, S.69: „Die Linguisten, die für eine Wiederherstellung der erzählenden Unschuld plädieren, machen meines Erachtens den Fehler zu verkennen, dass der Mensch in einer nachkritischen Zeit unmöglich noch in eine 'erste Primitivität' (Kierkegaard) zurückfallen kann."

[14] Auf der ausdrücklich antidogmatischen Seite des Diskussionsspektrums sind zum Beispiel die Arbeiten von R.W.FUNK (The Five Gospels) und J.D.CROSSAN zu nennen (zur Kritik an CROSSANS Hauptwerk „Jesus" vgl. E.SCHWEIZER, Jesus, das Gleichnis Gottes, S.17-22 und J.P.MEIER, A Marginal Jew, Bd.1, S.116-139). Auch eine Reihe von jüdischen oder dem christlich-jüdischen Dialog verpflichteten Autoren kommen auf Grund ihrer kategorischen Harmonisierung Jesu mit dem Judentum zu unhaltbaren Ergebnissen (so z.B. L.SWIDLER, Der umstrittene Jesus; F.-W.MARQUARD, Jesus ein Jude). Auf der anderen Seite wird in der eher konservativen Forschung aus apologetischem Interesse heraus meist der historische Jesus dem Urchristentum auf unhistorische Weise angeglichen (z.B. bei P.STUHLMACHER, Biblische Theologie des NT).

[15] Dies meint auch H.F.WEISS, Kerygma und Geschichte (1983), S.49 und S.75.

[16] Die amerikanische Forschung scheint dagegen in den letzten Jahren vor allem bei den Autoren, die dem „Jesus Seminar" zugerechnet werden (vgl. R.W.FUNK/R.W.HOOVER, The Five Gospels, S.533-537), eher eine Sammlung extremer Positionen hervorgebracht zu haben, die entsprechend einseitige Gegenpositionen provozierten. (vgl. hierzu H.A.BREHM, Will the Real Jesus Please Stand?, S.7-12). Hierzu ist auch BREHMS Beurteilung des „Third Quest" interessant: „some participants in this movement display a tendency to understate or overstate essential elements in Jesus' ministry and message, taking one aspect of Jesus' image in the Gospel and making that definitive for one's understanding of the historical figure of Jesus as a whole." (S.12). Eher konservative Gegenpositionen beziehen H.A.BREHM und L.T.JOHNSON, The Real Jesus.

[17] Vgl. hier zum Beispiel J.GNILKA, Jesus; E.SCHWEIZER, Jesus, das Gleichnis Gottes; G.THEISSEN/A.MERZ, Der historische Jesus und J.BECKER, Jesus.

in vielen Details, doch haben die Schwankungen der einzelnen Forschungsergebnisse gegenwärtig längst nicht mehr die Breite, die noch für die liberale Leben-Jesu-Forschung des 19. Jahrhunderts bezeichnend war. Es scheint darum gegenwärtig möglich, in der Frage nach dem Selbstverständnis Jesu eine konsensfähige Position zu umreißen. Allerdings ist in einigen wichtigen Problemfeldern, die mit dieser Frage eng zusammenhängen, ein Konsens noch nicht in Sicht. Am bedrängendsten ist hier nach wie vor die unentschiedene Diskussion, wie der Ausdruck „der Menschensohn" zu verstehen und traditionsgeschichtlich einzuordnen ist.

1.2 Aufgabenstellung und Aufbau der Arbeit

In der eben gegebenen Skizze der Forschungsgeschichte wurden einige der Aufgabenstellungen bereits angedeutet. Aus ihnen ergibt sich der Aufbau der vorliegenden Arbeit:

Zu klären ist zunächst die vor allem in der Bultmannschule diskutierte theologische Frage, welche Relevanz die historische Rückfrage nach Jesus und insbesondere nach seinem Selbstverständnis für den christlichen Glauben und die christliche Theologie hat. Ein Versuch zur Beantwortung dieser Frage, bei dem auf sprach- und geschichtsanalytische Argumentationsmuster und christologische Grundeinsichten zurückgegriffen wird, soll in Kapitel 2 unternommen werden.

Wer historisch-kritisch nach Jesus von Nazareth fragt, muss Auskunft geben, welche Quellen dieser Rückfrage zu Grunde gelegt werden und wie diese Rückfrage methodisch durchgeführt wird. Dies soll in Kapitel 3 geleistet werden.

Jesus hat sein Selbstverständnis nicht dadurch zum Ausdruck gebracht, dass er sich selbst mit geprägten Hoheitstiteln bezeichnete oder bezeichnen ließ. Dies ist – abgesehen von der konservativen Forschung[18] – weitgehend Konsens der neutestamentlichen Forschung. Offen ist jedoch nach wie vor die kontrovers diskutierte Menschensohn-Frage, ohne deren Lösung es keine befriedigende Klärung der Frage nach dem Selbstverständnis Jesu gibt. Ein Vorschlag zur Lösung des Menschensohn-Problems bietet Kapitel 4.

Es wurde angedeutet, dass die Frage nach dem Selbstverständnis Jesu bei einer Reihe von Exegeten mit weitgehenden Übereinstimmungen beantwortet wird. Es ist darum Aufgabe des 5. Kapitels, die Frage nach dem Selbstverständnis Jesu, das implizit in seinem Wirken zum Ausdruck kommt, in

[18] Zu nennen wäre hier im deutsch-sprachigen Raum vor allem P. STUHLMACHER (z.B. Biblische Theologie des NT).

Auseinandersetzung mit dem sich andeutenden Konsens so weit als möglich zu klären.

Die Analysen in den Kapiteln 4 und 5 werden eine merkwürdige Spannung in Jesu Wirken erkennen lassen. Einerseits erhebt der historische Jesus in seinem Wirken implizit einen sehr hohen Anspruch für seine Botschaft, sein Wirken und so für seine Person, andererseits verzichtet er auf Titel und Inanspruchnahme von Hoheit, Ehre und Macht. Die Zurückhaltung hinsichtlich seiner eigenen Person geht sogar so weit, dass er fast gänzlich darauf verzichtet, sich selbst explizit zum Thema zu machen. Wie lässt sich diese Zurückhaltung plausibel verständlich machen? Diese Frage soll in Kapitel 6 geklärt werden.

Die Ergebnisse der Kapitel 4, 5 und 6 bieten die Möglichkeit, eine ganze Reihe von Problemfeldern der historisch-kritischen Jesus-Forschung wie auch der Paulus- und Synoptiker-Exegese neu zu beleuchten. In Kapitel 7 sollen darum Folgerungen aus den erarbeiteten Ergebnissen abgeleitet werden.

Kapitel 8 wird erneut auf einige in Kapitel 2 aufgeworfene christologische Fragen eingehen und so den Kreis wieder schließen. So zeigt sich, dass die historisch-kritische Rückfrage nach Jesus und insbesondere nach seinem Selbstverständnis wichtige Impulse für die christologische Reflexion geben kann.

Kapitel 2

Die Relevanz des historischen Jesus für das christliche Glaubenszeugnis

In diesem Kapitel soll versucht werden, die seit KÄSEMANNS Vorstoß im Jahr 1953[1] vor allem in Auseinandersetzung mit der Position R.BULTMANNS diskutierte, aber noch nicht befriedigend gelöste Frage nach der Relevanz des historischen Jesus für das christliche Glaubenszeugnis[2] auf neue Weise anzugehen. Diese Frage muss gestellt werden, wenn die biblische Überlieferung nicht nur als historisches Dokument, sondern als Zeugnis der Offenbarung Gottes in der Geschichte verstanden wird, das Grundlage und Maßstab jedes christlichen Glaubenszeugnisses darstellt.

Die theologische Relevanz der historischen Rückfrage nach Jesus wird in der gegenwärtigen Jesus-Forschung – dem so genannten Third Quest for the Historical Jesus – kaum diskutiert.[3] Viele amerikanische Autoren beschränken sich auf rein historische Fragestellungen[4] oder kommen über einige

---

1 E.KÄSEMANN, Das Problem des historischen Jesus.

2 Statt „Kerygma" wird hier der Begriff „christlichen Glaubenszeugnis" verwendet. Der in der Bultmannschule verwendete Kerygmabegriff ist auf die anredende Verkündigung von Tod und Auferstehung Jesu konzentriert (vgl. R.BULTMANN, Kirche und Lehre im NT, S.176) und kennt Lehre oder Theologie nur als sekundäres Moment (vgl. dazu R.BULTMANN, Kirche und Lehre im NT, S.172f; ders., Der Begriff der Offenbarung im NT, S.34). Allerdings leugnet BULTMANN nicht, dass auch Lehre indirekte Anrede sein kann, die eine existenzielle Entscheidung fordert (Kirche und Lehre im NT, S.154-162). Der hier verwendete Begriff „christliches Glaubenszeugnis" umgreift dagegen die inhaltliche Weite der theologischen Tradition (also z.B. auch Ekklesiologie und Ethik) und umfasst neben dem Moment der Verkündigung auch die Momente der Lehre (zusammengefasst im kirchlichen Bekenntnis) und der Reflexion über diese Lehre und die zugehörige Praxis der Kirche (Theologie). Der Übergang zwischen diesen einzelnen Momenten ist fließend.

3 Vgl. hierzu die Kategorisierung bei M.E.BORING, The „Third Quest" and the Apostolic Faith, S345-352. Auch B.WITHERINGTON III; The Jesus Quest, S.244 kommt in seinem zusammenfassenden Literaturbericht über „the Third Search for the Jew of Nazareth" nicht hinaus über das Zugeständnis „While the historical-critical study of Jesus of Nazareth is essentially the study of his human face, we have seen, that in these matters history cannot be neatly severed from theology" (S.244).

4 Vgl. z.B. J.P.MEIER, A Marginal Jew, Bd.1: „Such an approach seeks neither to prove any faith stance nor to attack it" (S.1). Auf historische Fragen beschränken sich auch E.P.SANDERS, Jesus, S.2 und S.135; R.HEILIGENTHAL, Der Lebensweg Jesu (vgl. S.10). Zur Kritik daran vgl. M.E.BORING, The „Third Quest" and the Apostolic Faith, S.346f.

ganz im Grundsätzlichen bleibende Aussagen nicht hinaus.[5] Im Umfeld des so genannten „Jesus Seminars" kommt es dabei sogar zu einer Wiederbelebung des Ansatzes der liberalen Theologie des 19. Jahrhunderts: Ohne viel Reflexion wird das historisch rekonstruierte Jesus-Bild zur Norm des (christlichen) Glaubens.[6] Auch in der deutschsprachigen Exegese spielt in den letzten Jahren die Frage nach der Relevanz des historischen Jesus für das christliche Glaubenszeugnis eine untergeordnete Rolle.[7] Allenfalls finden sich in den einigen Theologien des Neuen Testaments Überlegungen, ob und inwiefern der historische Jesus für die Darstellung einer Theologie des Neuen Testaments relevant sei.[8] Darum ist hier vor allem an die ältere deutschsprachige Diskussion – mit ihrem Schwerpunkt in den 50er und 60er Jahren – anzuknüpfen.

Die Argumentation dieses Kapitels wird in drei Schritten vorgehen. Zunächst ist unter Rückgriff auf sprachanalytische Beobachtungen grundsätzlich zu klären, wie vergangene Offenbarung für die Gegenwart relevant wird. Dabei sind auch grundsätzliche Überlegungen über den Begriff der Offenbarung anzustellen (Abschnitt 2.1). In einem zweiten Schritt sind christologische Überlegungen einzubringen (Abschnitt 2.2). Auf der Basis der so erarbeiteten Kategorien kann schließlich geklärt werden, welche Relevanz die historische Rückfrage nach Jesus für das christliche Glaubenszeugnis besitzt (Abschnitt 2.3).

---

[5] So z.B. R.HAIGHT, Jesus Research and Faith; H.A.BREHM, Will the Real Jesus Please Stand?, S.12; Auch L.T.JOHNSON, The Real Jesus, der fragt, „whether there is in fact a necessary link between history and theology" (S.80), kommt über eine sehr grundsätzliche Zurückweisung der Relevanz historischer Jesus-Forschung nicht hinaus: „although the Christian creed contains a number of historical assertions about Jesus, Christian faith as a living religious response is simply not directed at those historical facts about Jesus, or at a historical reconstruction of Jesus." (S.141).

[6] Vgl. R.W.FUNK/R.W.HOOVER, The Five Gospels, S.4-8 und J.D.CROSSAN, Jesus S.554-559. Auch bei M.J.BORG, Meeting Jesus Again, wird – trotz der Anerkennung, dass christlicher Glaube sich der Beziehung zum auferstandenen und lebendigen Christus verdankt – letztlich der historische Jesus zur inhaltlichen Norm des Glaubens gemacht (S.37-39, S.49, S.58-61 und S.131). Vgl. dazu auch die Kritik von L.T.JOHNSON an J.D.CROSSAN, B.Mack, M.J.BORG u.a. (The Real Jesus, S.1-56, v.a. S.53-56).

[7] Angesprochen, aber nicht näher reflektiert wird die hermeneutische Frage bei J.GNILKA, Jesus, S.21f, S.320, S.322 und S.329f. Etwas ausführlicher behandelt werden hermeneutische Fragen bei J.BECKER, Jesus, S.441-445, wobei BECKER vor allem inhaltlich die Frage nach Kontinuitäten zwischen vorösterlichem Jesus und nachösterlichem Gemeindekerygma diskutiert. Bei G.THEISSEN/A.MERZ, Jesus, werden zwar im Anschluss an fast jedes Kapitel „hermeneutische Reflexionen" angestellt. Die grundsätzliche Frage nach der Relevanz des historischen Jesus für den christlichen Glauben wird jedoch auch hier nur kurz angesprochen (S.120f).

[8] So z.B. bei W.THÜSING, Ntl. Theologien, S.21-53; G.STRECKER, Theologie des NT, S.264-269; K.BERGER, Theologiegeschichte, S.111-113; vgl. H.F.WEISS, Kerygma und Geschichte, S.13-20 und A.LINDEMANN, Jesus in der Theologie des NT, S.29-49.

2.1 Offenbarung und Geschichte

Das christliche Glaubenszeugnis gründet sich nach seinem eigenen Selbstverständnis auf die allem Glauben vorausgehende Offenbarung Gottes in der Geschichte und zielt auf neue Offenbarung in der Gegenwart. Offenbarung wird hier verstanden als ein kontingentes und unverfügbares Geschehen, in dem Gott sich mitteilt und die Menschen, die von diesem Geschehen erfasst werden, so auf Gott hin ausrichtet, dass ihre Existenz Gottes Selbstmitteilung entspricht. Wenn Menschen Gottes Offenbarung erfahren, ist ihr Erkennen Erkenntnis Gottes, ist ihr Erleben Erleben Gottes, entspricht ihr Wille dem Willen Gottes, und geschieht ihr Handeln im Namen Gottes. Im Sinne des Neuen Testaments bedeutet dies inhaltlich: die Existenz der Offenbarung erfahrenden Menschen ist geprägt durch Glaube, Liebe und Hoffnung. Im Gegensatz zu R.BULTMANN wird hier Offenbarung nicht auf diesen existentiellen Aspekt beschränkt.[9] Offenbarung vermittelt als Selbstmitteilung Gottes auch gegenständliche Inhalte, die es notwendig machen, in Seinsaussagen[10] über Gott zu sprechen, die als „metaphysisch" bezeichnet werden können.[11] BULTMANNS Kritik an einer verobjektivierenden

---

[9] R.BULTMANN (Der Begriff der Offenbarung) beschreibt das Geschehen der Offenbarung ausschließlich als ein existentielles Phänomen, das in existentialen Kategorien erfasst werden kann: Der Mensch kommt im Geschehen der Offenbarung zu seiner Eigentlichkeit (S.12) und ergreift das Leben in der Seinsweise des Glaubens (S.23). Ein externes Geschehen spielt dabei nur insofern eine Rolle, sofern es im Augenblick der Offenbarung die existentielle Erfahrung der Offenbarung ermöglicht, weil es die Gestalt der Anrede besitzt (S.22). Die geschichtliche Erinnerung an ein externes Geschehen vergangener Offenbarung ist für die Vergegenwärtigung der Offenbarung in der Predigt irrelevant (vgl. S.29), da die Predigt „nicht vergegenwärtigt in der Weise des Mitteilens von etwas Vergangenem, des Erinnerns daran, sondern als Anrede." (S.22) Konsequenterweise braucht die Vergegenwärtigung der Offenbarung darum auch nicht den Rückbezug auf historische Ereignisse wie zum Beispiel den historischen Jesus (so S.22).
Im Gegensatz zu R.BULTMANN geht der hier vertretene Offenbarungsbegriff davon aus, dass Offenbarung nur hinreichend verstanden wird als Einheit zwischen externem Geschehen und der damit ermöglichten existentiellen Reaktion auf dieses Geschehen. Vergegenwärtigung der Offenbarung geschieht dann durch die Erinnerung und Explikation vergangener Offenbarung in der Hoffnung, dass in diesem Rückbezug auf vergangene Offenbarung sich in der Gegenwart erneut Offenbarung ereignet. Damit wird aber die historisch greifbare Gestalt vergangener Offenbarung direkt relevant. Zuzustimmen ist deshalb der Aussage J.DE FRAINES, Die Eigenart der Geschichtlichkeit Jesu, S.123: „Ohne den steten Einfluß des göttlichen Geistes zu leugnen, meinen wir doch andererseits, daß dieser Einfluß nicht *nur* im ‘Ereignis des Verkündigtwerdens des Heils' [Zitat von R.BULTMANN], sondern *auch* in einer richtigen ‘Heilsgeschichte' extra nos für den Glauben spürbar ist." (Hervorhebung durch DE FRAINE).

[10] Vgl. P.ALTHAUS, Zur Kritik der heutigen Kerygmatheologie, S.260-265.

[11] Wenn hier und im Folgenden von „Metaphysik" gesprochen wird, dann sind damit nicht Sachverhalte gemeint, die durch metaphysische Spekulation erschlossen werden könn-

„metaphysischen" Sprache[12] erinnert jedoch daran, dass alle gegenständliche Rede von Gott metaphorisch ist[13] und – um sinnvoll zu sein – existentiell bedeutsam zu machen ist.

Offenbarung wird manchmal als ein wunderbares und überwältigendes Hereinbrechen Gottes in die Geschichte verstanden. Doch zeigt eine Betrachtung der biblischen Überlieferung, dass viele Geschehnisse, die dort als Offenbarung Gottes gesehen werden, unspektakulär sind. Eine Reflexion auf die neuzeitlichen Verstehensbedingungen macht zudem deutlich,[14] dass Offenbarung nicht als Durchbrechung der Geschichte, sondern nur als Eingehen Gottes in die Geschichte verstanden werden kann.[15] Dem widerspricht nicht die grundsätzliche Kontingenz der Offenbarung. Denn auch dort, wo Offenbarung in Unerwartetem oder in unableitbaren Neuanfängen und Aufbrüchen geschieht, durchbricht sie nicht die Geschichte. Sind doch solche kontingenten „Sprünge" ein Grundkennzeichen der Geschichte – auch jener Geschichte, die nicht als Offenbarung wahrgenommen wird. Es braucht nicht Gott als geschichtlichen Faktor, um solche kontingenten Ereignisse historisch erklären zu können.[16] Eingehen Gottes in die Geschichte heißt darum Teilhabe an der Relativität aller Geschichte.[17] Und Offenbarungsgeschichte ist also – bei aller inhaltlichen Besonderheit – nicht grundsätzlich von anderer Geschichte verschieden und kann darum auch mit denselben historischen Methoden erforscht werden.[18] Die Wahrnehmung einer

---

ten. Sondern es geht dabei um die Bezeichnung des transzendenten Seins Gottes, das allein durch Offenbarung in der Geschichte zugänglich ist, aber eben ein Sein jenseits dieser Geschichte darstellt. Vgl. hierzu auch H.WEDER, Das Kreuz Jesu bei Paulus, S.28-34.

12 Z.B. Neues Testament und Mythologie, S.16-23 und S.47-52. Vgl. P.ALTHAUS, Zur Kritik der heutigen Kerygmatheologie, S.260f.

13 Vgl. M.HENGEL, Studies in Early Christology, S.XVIII.

14 Vgl. H.WEDER, Hermeneutik, S.54ff.

15 Vgl. H.GOLLWITZER, Der Glaube an Jesus Christus, S.111: „'Das Wort ward Fleisch' (Joh.1,14) heißt: Gott wird 'zufällige Geschichtstatsache', er tritt ein in das Feld des historisch Konstatierbaren und damit auch in das Feld des historisch Anzweifelbaren." Darum ist B.REICKE zu widersprechen, wenn er sagt: „Bei profaner Geschichtsschreibung fragt man nach weltlichen Ursachen und Wirkungen und rechnet da nicht mit übernatürlichen Faktoren, die den Blick für den verwickelten Kausalzusammenhang nur trüben. Bei theologischer Geschichtsschau aber wird mit Gott als übernatürlichem Faktor gerechnet, der alle Vorgänge bestimmt." (Der Fleischgewordene, S.215). Weder ist die Geschichte als geschlossener Kausalzusammenhang, noch Gott einfach als verrechenbarer Faktor zu begreifen. Ein Geschehen, das als Offenbarung Gottes verstanden wird, lässt sich auch weiterhin rein innerweltlich erklären – andernfalls kann Gott nicht in Beziehung zur Geschichte gebracht werden (vgl. H.WEDER, Das Kreuz Jesu bei Paulus, S.30).

16 Zum Phänomen der geschichtlichen Erklärung vgl. H.WEDER, Hermeneutik, S.123ff.

17 Zum Begriff der Relativität der Geschichte vgl. H.WEDER, Das Kreuz Jesu bei Paulus, S.61-75. R.BULTMANN, Der Begriff der Offenbarung, S.22 spricht von „Zweideutigkeit" der Geschichte.

18 So auch P.ALTHAUS, Zur Kritik der heutigen Kerygmatheologie, S.254.

gegebenen Geschichte als Offenbarung ist folglich nur möglich, wenn in Form einer Interpretation[19] über diese Geschichte hinausgeschritten wird.[20] Eine solche Wahrnehmung von Geschichte kann nicht durch Rückgriff auf eine besondere Qualität der betreffenden Geschichte begründet werden. Deshalb kann der Bezug auf historische Geschehnisse niemals eine jeder Kritik erhabene Begründung des christlichen Glaubenszeugnisses liefern, die Glauben zu einem Wissen werden ließe, auch wenn historisch feststellbare Tatsächlichkeiten Relevanz für das christliche Glaubenszeugnis haben können.[21] R.BULTMANNS Warnung, um der Unableitbarkeit des Glaubens willen auf keinen Fall eine geschichtliche Begründung des Kerygmas zu suchen,[22] ist also völlig unbegründet.[23]

Das christliche Glaubenszeugnis zielt auf neue Offenbarung. Es steht nicht in der Macht der christlichen Kirche, dass in ihrem Glaubenszeugnis, wie es im verkündigenden und diakonischen Dienst der Kirche geschieht, sich Offenbarung Gottes ereignet. Das christliche Glaubenszeugnis geschieht jedoch in der Hoffnung und mit der Verheißung, dass Offenbarung in der Gegenwart erfahrbar wird, wenn dieses Glaubenszeugnis in sachlicher Übereinstimmung mit vergangener Offenbarung vollzogen wird. Christliches Glaubenszeugnis geschieht darum als Vergegenwärtigung vergangener Offenbarung.[24] Diese Vergegenwärtigung vergangener Offenbarung im gegenwärtigen Glaubenszeugnis geschieht in verschiedenen Schritten, die

---

19 Vgl. zum Begriff der Interpretation Abschnitt 2.1.3.

20 Daran hat die Bemühung, „die Glaubenszustimmung doch auch als verantwortbaren, weil vernünftigen, Akt“ zu erweisen, ihre Grenze – gegen N.BROX, Das messianische Selbstverständnis des historischen Jesus, S.170, der eine Formulierung von H.SCHÜRMANN aufnimmt. Zum Hinausschreiten über die Geschichte vgl. auch H.WEDER, das Kreuz Jesu bei Paulus, S.96, der davon spricht, dass die geschichtliche Rede von Gott „über das Faktische hinausgeht, ohne dieses hinter sich zu lassen.“ Vgl. des Weiteren auch J.DE FRAINES, Die Eigenart der Geschichtlichkeit Jesu, S.132f und P.ALTHAUS, Zur Kritik der heutigen Kerygmatheologie, S.240 und S.256-260.

21 Vgl. E.SCHILLEBEECKX, Jesus, S.64: „Ein historisch rekonstruiertes Bild Jesu kann nie mehr als die christliche Interpretation zulassen oder offenhalten, es kann diese aus eigenem Standpunkt heraus nicht zwingend fordern.“ Alle Ereignisse bleiben „historisch doppeldeutig“. Ebenso auch W.G.KÜMMEL, Das Problem des geschichtlichen Jesus, S.49 und N.WALTER, „Historischer Jesus“ und Osterglaube, Sp.328.

22 Vgl. R.BULTMANN, Das Verhältnis der urchristlichen Christusbotschaft zum historischen Jesus, S.447f und ders., Die Bedeutung des geschichtlichen Jesus, S.208. Dieselbe Warnung findet sich auch bei G.STRECKER, Die historische und theologische Problematik der Jesusfrage, S.468f.

23 Ebenso die Angst, der theologische Rückgriff auf den historischen Jesus diene der Legitimierung des eschatologischen Anspruchs, den das Kerygmas in Hinblick auf die Person Jesu Christi erhebt – so G.STRECKER, Theologie des NT, S.269.

24 Dabei ist festzuhalten, dass die existentiale Interpretation nur eine Möglichkeit der Vergegenwärtigung vergangener Offenbarung darstellt (vgl. dazu P.ALTHAUS, Zur Kritik der heutigen Kerygmatheologie, S.243f).

im Folgenden mit sprachanalytischen Kategorien zu untersuchen sind.[25] So ist der Ausgangspunkt die vergangene Offenbarung Gottes in der Geschichte (Abschnitt 2.1.1). Sie begegnet uns als Phänomen der Vergangenheit nur in geschichtlicher Überlieferung (Abschnitt 2.1.2). Diese Überlieferung muss für die jeweilige Gegenwart interpretiert werden (Abschnitt 2.1.3). Interpretationen müssen schließlich auf ihren Wahrheitsanspruch befragt werden, um Grundlage gegenwärtigen Glaubenszeugnisses sein zu können (Abschnitt 2.1.4). Die folgende sprachanalytische Untersuchung fragt dabei zunächst allgemein nach der Vergegenwärtigung geschichtlicher Offenbarung, um so Kriterien für die Frage nach der Relevanz des historischen Jesus für das christliche Glaubenszeugnis zu gewinnen.

Während in der Aufklärung die Rationalität des Denkens zur Wahrheitsbedingung schlechthin wurde und so eine geschichtliche Begründung des christlichen Glaubenszeugnisses in Misskredit geriet,[26] konnte die hermeneutische Reflexion der letzten Jahrzehnte erweisen,[27] dass gerade die Geschichtlichkeit der Offenbarung ihrem Inhalt angemessen ist. Denn nur Offenbarung in der Geschichte gewährleistet die Freiheit Gottes[28] und des Menschen[29] und sichert das „extra nos" der Offenbarung[30] durch den Bezug auf ein vergangenes, faktisches Geschehen, das nicht einfach jede beliebige Interpretation zulässt.[31] Es ist darum bei der folgenden sprachanalytischen

---

[25] Ansätze zu einer sprachanalytischen Kategorienbildung finden sich in der Literatur immer wieder (z.B. bei H.DIEM, Der irdische Jesus und der Christus des Glaubens, S.224f; P.ALTHAUS, Zur Kritik der heutigen Kerygmatheologie, S.238-241), sie werden jedoch nicht konsequent genug ausgebaut.

[26] Vgl. dazu G.F.LESSINGS berühmten Satz „zufällige Geschichtswahrheiten können der Beweis der notwendigen Vernunftwahrheiten nie werden" (Über den Beweis des Geistes und der Kraft, S.12), vgl. dazu auch F.MILDENBERGER, Geschichte der deutschen Evang. Theologie, S.50.

[27] Vgl. zum Folgenden H.WEDER, Hermeneutik, S.331-425.

[28] Vgl. E.KÄSEMANN, Das Problem des historischen Jesus, S.139: Die „Kontingenz der Offenbarung, die sich an ihrer Bindung an eine konkrete Historie bekundet, spiegelt die Freiheit des handelnden Gottes und begründet die Möglichkeit unserer Entscheidung".

[29] Vgl. H.WEDER, Hermeneutik, S.360: „Das Wohltätige an der geschichtlichen Wahrheit ist, daß sie dem Entscheid des Ichs ausdrücklich Raum gibt, ohne jedoch dieses Ich den Beliebigkeiten des Geschmacks zu überlassen. Das Ich kann sich angesichts von Beliebigkeiten gar nicht entscheiden (de gustibus non est disputandum...), während es sich angesichts der Notwendigkeit gar nicht ins Spiel bringen kann. Die Notwendigkeit bringt das Ich zum Verschwinden, so wie die Beliebigkeit dieses Ich ins Leere entläßt." (vgl. auch S.72f).

[30] Vgl. hierzu E.KÄSEMANN, Das Problem des historischen Jesus, S.141: „Das Festhalten an der Historie ist eine Weise, in welcher das extra nos des Heiles seinen Ausdruck findet." Siehe auch E.KÄSEMANN, Sackgassen, S.66f, G.BORNKAMM, Glaube und Geschichte, S.286f; ders., Jesus, S.20; N. BROX, Das messianische Selbstverständnis des historischen Jesus, S.170; H.WEDER, Das Kreuz Jesu bei Paulus, S.21-23; und ders., Hermeneutik, S.371, S.374 und S.386; E.SCHILLEBEECKX, Jesus, S.66.

[31] Vgl. P.POKORNÝ, Entstehung der Christologie, S.17: „Die Orientierung des Glaubens

Untersuchung immer wieder zu fragen, inwiefern die Vergegenwärtigung vergangener Offenbarung diesem Geschichtsbezug der Offenbarung wirklich Rechnung trägt. Dies ist der Fall, wo die Historizität der interpretierten Geschichte Relevanz für diese Vergegenwärtigung besitzt.

2.1.1 Offenbarung Gottes in der Geschichte

Nach dem Zeugnis des Alten und Neuen Testaments offenbart sich Gott in der Geschichte auf zwei verschiedene Weisen, die zwar fast immer miteinander verbunden sind, sich jedoch idealtypisch durchaus unterscheiden lassen:[32]

(a1) in *historischen Geschehnissen*, die als Ausdruck von Gottes Wirken gesehen werden (z.B. Flucht der Hebräer aus Ägypten; das Geschick der Könige und Propheten und des ganzen Volkes Israel; das Geschick Jesu; die Entstehung und Ausbreitung der Kirche). Aspekte dieser historischen Geschehnisse können auch die existentiellen Erfahrungen der daran beteiligten Personen sein.

(b1) in *Worten* von Menschen, die als Gottes Wort an die jeweiligen Zeitgenossen zu verstehen sind,[33] die aber einen grundsätzlichen und über die jeweilige historische Situation hinausreichenden Geltungsanspruch besitzen (z.B. Verkündigung der Gebote durch die Autoritäten des Volkes Israel; prophetische Ankündigung einer eschatologischen Heilszeit; die Verkündigung Jesu; die Lehren der Apostel). Wenn im Folgenden von *Offenbarungsworten* die Rede ist, wird dabei nicht auf eine außergewöhnliche Weise der Aneignung und Verkündigung dieser Worte rekurriert, sondern ihr Geltungsanspruch benannt: sie beanspruchen, sich einem externen Gegenüber zu verdanken, und sind zugleich Erkenntnis, die existentiell als wahr erfahren wurde; sie beanspruchen, Gottes Wort im Menschenwort zu sein.

Aus dieser Unterscheidung von zwei kategorial verschiedenen Formen der Offenbarung ergibt sich, dass der historische Jesus unter doppeltem Aspekt

---

ist also von der Erinnerung an Jesus abhängig, die Norm des Glaubens ist an eine gewisse Zeit gebunden und durch die Überlieferung vermittelt [...]. Sonst wäre die religiöse Rede unkontrollierbar, wir könnten sie von der Fantasie nicht unterscheiden." Vgl. hierzu auch H.WEDER, Hermeneutik, S.342 und S.364.

[32] Diese Unterscheidung besitzt gewisse Überschneidungen zur formgeschichtlichen Unterscheidung zwischen Überlieferungen, die vom Wirken, und anderen, die von der Verkündigung Jesu berichten (zur Unterscheidung vgl. auch R.SCHNACKENBURG, Zum Verfahren der Urkirche bei ihrer Jesusüberlieferung, S.440-454 und G.THEISSEN/A.MERZ, Jesus, S.113).

[33] Auch „unmittelbare" Gottesworte, die der biblischen Überlieferung zufolge direkt von Gott gesprochen sind, können nur als Worte von Menschen, die den Anspruch erheben, Gottes Wort zu sagen, wahrgenommen werden. Dies gründet in der Relativität alles Geschichtlichen, die zu den Verstehensbedingungen der Neuzeit gehört.

zu betrachten ist: Einerseits ist für das christliche Glaubenszeugnis sein Geschick als historisches Geschehen von Bedeutung, andererseits seine Lehre als Offenbarungswort. Diese Unterscheidung soll ermöglichen, beide Dimensionen am historischen Jesus getrennt wahrnehmen zu können, da erst eine differenzierte Behandlung beider Phänomene eine sachgemäße Beantwortung der Frage nach der Bedeutung des historischen Jesus für das christliche Glaubenszeugnis zulässt.[34] Denn das christliche Kerygma, wie es nach Ostern entsteht, nimmt – wie sich noch zeigen wird – auf kategorial andere Weise Bezug auf das Geschick Jesu als auf seine Verkündigung.

2.1.2 Die Überlieferung vergangener Offenbarung

Offenbarung in der Geschichte muss sprachlich überliefert werden, sofern sie nicht mit der Vergangenheit verloren gehen soll.[35] Jede der eben beschriebenen Offenbarungsweisen hat ihre eigene sprachliche Überlieferungsgestalt:

(a2) Von Gottes Wirken in historischen Geschehnissen wird in *Erzählungen* berichtet. Da Geschehnisse von vorsprachlicher Gestalt sind, gewinnt Offenbarung in einem Geschehnis erst durch die Erzählung sprachliche Gestalt.
Die Erzählung verwendet, logisch gesehen, Vergangenheits-Tempora. Die Sätze einer Erzählung haben folgende formale Gestalt: „X geschah, (und danach geschah Y)." Die Erzählung bezieht sich auf Geschehnisse, die in der Vergangenheit des Erzählenden geschehen sind.

(b2) Gottes Wort an die jeweiligen Zeitgenossen wird aufgezeichnet. Da Offenbarungsworte bereits selbst sprachliche Gestalt haben, braucht es lediglich eine *Aufzeichnung* dieser Sprache.
Bei den Aufzeichnungen von Offenbarungsworten sind je nach Inhalt und verwendeten Tempora verschiedene Formen zu unterscheiden:
- Aufzeichnung von Lehre oder Paränese. Sie haben, logisch gesehen, die Gestalt: „X ist" (Lehre) oder „X soll sein" (Paränese).

---

[34] So findet sich in vielen Diskussionsbeiträgen zur Frage nach der Bedeutung des irdischen bzw. historischen Jesus keine Differenzierung zw. beiden Offenbarungsformen. Weil der kategoriale Unterschied zwischen diesen beiden Formen nicht berücksichtigt wird, kommt es oft zu Verwirrungen in der Argumentation. Als Beleg für diese Behauptung sei die Argumentation von E.SCHILLEBEECKX, Jesus, S.65 angeführt. SCHILLEBEECKX spricht vom Heilshandeln Gottes im Leben Jesu und will so die Legitimität der Rückfrage nach dem historischen Jesus begründen. Dabei kann er aber nicht klären, inwiefern auch die Verkündigung des historischen Jesus nach Ostern noch Relevanz besitzt.

[35] Vgl. H.WEDER, Hermeneutik, S.79 und S.392. Selbstverständlich gibt es auch andere Überlieferungsformen geschichtlicher Erfahrung wie z.B. Malerei, Architektur oder Musik. Doch erreicht keine dieser nonverbalen Überlieferungsformen die Präzision und Prägnanz der Sprache (diese hier verstanden als verbales Kommunikationsmittel). Ohne sprachliche Überlieferung bleibt die Kenntnis der Vergangenheit im Umrisshaften.

- Aufzeichnungen von Zukunftsankündigungen. Sie bedienen sich, logisch gesehen, futurischer Tempora: „X wird sein (und danach wird Y sein)."

Offenbarungsworte beanspruchen zeitunabhängige Gültigkeit und beziehen sich nicht auf bereits geschehene, zur Geschichte gewordene Ereignisse und Prozesse.

Diese grundsätzliche Unterscheidung zwischen Erzählung von Offenbarungsgeschehen und aufgezeichneten Offenbarungsworten ist nun in Hinblick auf einige besondere Fälle zu konkretisieren und zu erläutern. So gibt es Worte, die einmal beanspruchten, Gottes Wort im Menschenwort zu sein, die aber in ihrer Aufzeichnung dennoch nicht als Offenbarungsworte zu bezeichnen sind. Dies liegt daran, dass sie keinen situationsunabhängigen Geltungsanspruch (mehr) besitzen. So haben direkt in eine bestimmte Situation im Namen Gottes hineingesprochene Worte und Weisungen – wie z.B. Sauls Verwerfung durch Samuel (1.Sam.15,26) oder Jesu Weisung an seine Jünger, nicht in die Städte der Heiden und Samaritaner zu gehen (Mt.10,5) – nicht mehr den Charakter aufgezeichneter Offenbarungsworte. Da inzwischen eine andere Situation eingetreten ist, können sie nun als Teil einer Erzählung, in der von Gottes Einwirken auf historische Prozesse berichtet wird, verstanden werden. Ähnliches gilt für aufgezeichnete prophetische Zukunftsankündigungen, die ein Ereignis ankündigen, das zur Zeit der Ankündigung noch in der Zukunft lag, zur Zeit der Leser aber bereits geschehen ist. Sie haben ihren Charakter als Zukunftsankündigung verloren und sind nun zu einem Stück Erzählung von vergangenem Wirken Gottes geworden.[36] Umgekehrt gibt es auch Texte, die sich formal als Erzählungen betrachten lassen, die jedoch aufgezeichnete Offenbarungsworte darstellen. Dies gilt z.B. für die Gleichnisse Jesu, denen ein fixer Zeitbezug und eine historische Verankerung der Erzählung im oben genannten Sinn fehlen. Auch im Alten Testament gibt es Beispiele für dieses Phänomen: so das Buch Jona oder die Hiob-Erzählung. Darum spricht die Forschung hier auch von *Lehr*erzählungen.[37]

---

[36] So kann es durchaus geschehen, dass auch eine ursprünglich weit in die Zukunft hineinreichende prophetische Zukunftsankündigung, die für viele Generationen als Offenbarungswort zu verstehen war, durch die Geschichte eingeholt und damit zu einem geschichtlichen Phänomen der Vergangenheit wird, das nun zu erzählen ist. Beispielhaft lässt sich dies an den Messiasverheißungen des Alten Testaments sehen, die das junge Christentum auf Jesus bezog und damit zu einem Phänomen der Vergangenheit machte: Gott hat erfüllt, was er durch den Mund der Propheten im voraus verkündigt hat (vgl. z.B. Acta 3,18 – man beachte die Tempora!). Die aufgezeichneten Prophetenworte dienen nun nicht mehr als unmittelbare Offenbarungsworte auch an die Gegenwart, sondern als Beleg und Element dieses erzählenden Satzes.

[37] So z.B. R.Rendtorff, Das Alte Testament, S.263.

Diese Beispiele zeigen, dass es bei der Unterscheidung zwischen Erzählungen von Offenbarungsgeschehen und aufgezeichneten Offenbarungsworten nicht nur auf das grammatikalisch verwendete Tempus ankommt. Der Bezug des Textes auf die faktisch geschehene Geschichte, der Vergangenheitsbezug also, ist hier letztlich entscheidend. Deshalb wurde oben auch von Tempora unter „logischem" Aspekt gesprochen.

Alle Offenbarungsworte lassen sich immer auch als Teil von Erzählungen verstehen, da sie ja – auch wenn dies nicht mit überliefert sein mag – in einem historischen Prozess entstanden sind und ihre erste Bedeutung auch in einem solchen Prozess hatten. Dagegen lassen sich nur manche Teile einer Erzählung, nämlich die darin enthaltenen Wortüberlieferungen oder stärker interpretierende Elemente[38] als aufgezeichnete Offenbarungsworte verstehen. Diese begrenzte Zweidimensionalität der möglichen Betrachtung lässt sich v.a. bei Großtexten wie den Evangelien gut erkennen. So können diese mit den darin enthaltenen Jesus-Logien insgesamt als Erzählungen über Jesu Geschick gesehen werden. Die Worte Jesu werden dabei als Teil eines Geschehens verstanden. Weite Teile der Evangelien können jedoch auch als aufgezeichnete und gesammelte Offenbarungsworte gelesen werden.[39]

2.1.2.1 Der Geschichtsbezug von Erzählungen und Aufzeichnungen

Erzählungen von Offenbarungsgeschehnissen und Aufzeichnungen von Offenbarungsworten haben einen sehr verschiedenartigen Geschichtsbezug. Dies lässt eine Betrachtung der Zeitgebundenheit beider Überlieferungsformen erkennen.[40]

Eine Erzählung steht in einem fixen zeitlichen Bezug zu einem Geschehen in der Vergangenheit, von dem sie berichtet. Sie ist logisch erst möglich, nachdem die erzählten Ereignisse und Prozesse geschehen sind. Der Verfasser einer Erzählung muss darüber hinaus auch in einem

---

[38] Dazu mehr unter Abschnitt 2.1.3.

[39] Auch an manchen Einzeltexten lässt sich diese doppelte Betrachtungsweise finden: Ein alttestamentliches Beispiel, das zeigt, wie ein und derselbe Text gleichzeitig als Erzählung von vergangenem Offenbarungsgeschehen und als für die Gegenwart noch gültiges Offenbarungswort verstanden werden kann, ist Jes.7,1-9. Das Wort: „Glaubt ihr nicht, so bleibt ihr nicht" (Jes.7,9) hat einerseits einen klaren Situationsbezug, der in der vergangenen Geschichte des langsamen Unterganges des Südreiches besteht. Dieses Wort nötigt aber durch die Abstraktheit und Allgemeinheit seiner Formulierung dazu, es auch als situationsunabhängiges Offenbarungswort zu verstehen. Diese Zweidimensionalität von Worten lässt sich ebenfalls in manchen Stücken der Jesus-Tradition beobachten (vgl. z.B. die Streitgespräche Mk.2,1-3,6, die sowohl als Erzählungen vom befreienden Aufbrechen religiös begründeter Einengung als auch als Offenbarungsworte zu verschiedenen Themen gelesen werden können).

[40] Vgl. zum Folgenden auch A.C.DANTOS Unterscheidung zwischen vergangenheitsbezogenen und tempus-neutralen Begriffen (Analytische Philosophie, S.121).

historischen Zusammenhang zum Erzählten stehen, da er nur so Kunde vom Erzählten hat. Für die Erzählung ist so der Bezug auf die geschehene Geschichte konstitutiv. Ihr Wahrheitsanspruch gründet darin, dass sie das Geschehene angemessen wiedergibt.

Aufzeichnungen haben – obwohl auch sie durch die historische Situation ihrer Entstehung geprägt sind – nicht denselben Bezug auf Geschichte.[41] Denn Offenbarungsworte beanspruchen Gültigkeit, die prinzipiell von der Geschichte ihrer Entstehung unabhängig ist. Diesen zeitunabhängigen Wahrheitsanspruch besitzen dabei nicht nur Lehre und Paränese, sondern auch Zukunftsankündigungen, sofern sie sich auf eine noch nicht eingetretene Zukunft beziehen. Aufgezeichnete Offenbarungsworte tendieren dazu, sich als Idee von ihrer historischen Entstehung zu emanzipieren.[42] Daraus folgt, dass der Rückbezug allein auf die Lehre Jesu noch nicht den Geschichtsbezug des christlichen Glaubenszeugnisses sichern kann. Ein Bezug auf vergangene Geschichte kann das christliche Glaubenszeugnis nur durch Erzählungen gewinnen. Darum muss immer dort, wo der christliche Glaube bezeugt wird, auch erzählt werden.[43]

Aufzeichnungen von Offenbarungsworten können auch dann einen – sozusagen indirekten – Geschichtsbezug gewinnen, wenn der Wahrheitsanspruch der aufgezeichneten Offenbarungsworte mit einer besonderen Qualität ihrer Entstehungssituation begründet wird – zum Beispiel mit der besonderen Autorität dessen, dem sich diese Offenbarungsworte historisch verdanken. Indirekt ist dieser Geschichtsbezug deshalb, weil er sich nicht dem Offenbarungswort selbst, sondern einem erzählten Geschehen verdankt – und bestünde dieses erzählte Geschehen nur in einer Einleitung wie „Jesus sagte: ...“. Die in diesem Falle notwendige Aufhellung der historischen Entstehungssituation muss dann die Wahrheit dieser Erzählung – und damit auch den Wahrheitsanspruch der davon abhängigen Offenbarungsworte – klären.

---

[41] Dass damit ein kategorialer Unterschied zwischen erzählenden Sätzen und sich nicht auf konkrete historische Gegebenheiten beziehenden Sätzen gegeben ist, macht A.C.DANTO deutlich. Vgl. dazu: „Wir können keine zeitlosen Äquivalente für Sätze anbieten, unter deren Wahrheitsbedingungen sich zeitliche Umstände befinden.“ (Analytische Philosophie, S.318).

[42] Für eine Idee ist konstitutiv, dass sie zur Begründung ihrer Wahrheit nicht auf ihren historischen Ursprung rekurrieren muss. Wie sie verbreitet wird, ob in rationaler Argumentation oder in predigender Verkündigung, ist dagegen irrelevant (hier ist mit E.KÄSEMANN, Sackgassen, S.50 gegen H.BRAUN, Der Sinn der neutestamentlichen Christologie, S.276 Stellung zu beziehen. BRAUN will in der gepredigten Weitergabe des neutestamentlichen Kerygmas dessen Ideenhaftigkeit ausgeschlossen sehen. Dagegen argumentiert KÄSEMANN: „ist je eine bedeutende Idee nicht gepredigt worden?“).

[43] Vgl. dazu H.ZAHRNT, Die Sache mit Gott, S.278: „Immer gelangt die Theologie an den Punkt, wo sie ‘erzählen’ muß.“

2.1.2.2 Die Frage nach der Tatsächlichkeit des Erzählten

Die Frage nach dem Geschichtsbezug einer Überlieferung ist nur dann sinnvoll, wenn die Geschichte in einer objektiv vorgegebenen Form vorliegt und so die Frage nach dem, was wirklich geschehen ist, nicht völlig im Bereich subjektiver Urteile verbleibt. Da aber immer wieder bestritten wird, dass es eine Geschichtsschreibung geben kann, die sagt, was wirklich geschehen ist, soll im Folgenden kurz der Bezug einer Erzählung auf objektive Fakten thematisiert werden.

Zunächst ist zuzugestehen, dass die reinen Fakten – die so genannten bruta facta – ein Theoriekonstrukt der Geschichtswissenschaft sind, da jedes berichtete Faktum eine perspektivische Begrenzung aufweist: Eine Person, die über ein beobachtetes Geschehen berichtet, hat dieses nur aus einem eigenen Blickwinkel wahrgenommen und gibt beim Erzählen nur jene gemachten Wahrnehmungen wieder, die ihr für das Erfassen des Geschehens bedeutsam erscheinen. Diese Wahrnehmungen werden sodann nach einem bestimmten Organisationsschema geordnet.[44] Damit geht bereits – auch bei einer neutralen Einstellung des Erzählenden zum Geschehen – eine vorläufige Interpretation des Geschehens in die Erzählung ein.[45] Es ist also zuzugestehen, dass in Erzählungen niemals das vergangene Geschehen selbst, sondern nur noch ein bestimmtes Bild von diesem Geschehen überliefert wird.[46] Diese grundsätzlichen Einsichten dürfen jedoch nicht dazu verleiten, jede Geschichtserzählung als rein subjektive, objektiven Gültigkeitsanspruch entbehrende Wahrheit anzusehen und den Begriff des Faktums als illegitimen Idealbegriff aufzugeben.[47] Denn Erzählungen haben, vor allem dann, wenn sie stark an der sinnlichen Wahrnehmung orientiert sind und detailliert schildern, einen Zug zum Faktischen, zum Objektiven.[48] Eine solche Erzählung kann nämlich dann von vielen anderen Zeugen des Geschehens als zutreffend bezeichnet werden, wenn in sie - abgesehen von den

---

[44] Vgl. dazu H.WEDER, Hermeneutik, S.362f. A.C.DANTO, Analytische Philosophie, S.215 meint hierzu: „Ich würde demnach sagen, daß jede Erzählung eine den Ereignissen unterlegte Struktur ist, die einige von ihnen mit anderen gruppiert, einige andere wiederum aussondert, weil es ihnen an Relevanz mangelt."

[45] So auch R.HAIGHT, Jesus Research and Faith, S.74.

[46] Vgl. dazu die Unterscheidung von Geschichte und Historie bei H.DIEM, Der irdische Jesus und der Christus des Glaubens, S.224.

[47] Dieser Gefahr scheint J.DE FRAINE, Die Eigenart der Geschichtlichkeit Jesu, S.127 in seiner – berechtigten – Kritik an der Rede von den „bruta facta" zu erliegen. Vgl. dagegen H.WEDER, Hermeneutik, S.342f. Zu Möglichkeiten und Grenzen historischer Forschung vgl. auch L.T.JOHNSON, The Real Jesus, S.81-104.

[48] Die Möglichkeit einer objektiven Geschichtsschreibung zu begründen und zugleich ihre Bedingungen und Grenzen zu klären, ist eines der Hauptanliegen von A.C.DANTO, Analytische Philosophie der Geschichte (vgl. S.223). Vgl. dazu auch H.WEDER, Das Kreuz Jesu bei Paulus, S.51-61.

Sinneswahrnehmungen - nur weltbildhafte Grundannahmen eingehen, die im jeweiligen kulturellen Kontext unstrittig sind.[49] Und solange eine Erzählung keine weltbildhaften Grundannahmen enthält, die heutigen Rezipienten problematisch erscheinen, und der Erzähler zuverlässig und vertrauenswürdig erscheint, ist davon auszugehen, dass die Erzählung Zugang zum faktischen Geschehen ermöglicht.

Nun wird die Tatsächlichkeit von Geschehnissen, von denen die Bibel erzählt, seit Entstehung des modernen Weltbildes und der historischen Kritik durch drei Dinge in Frage gestellt: So gibt es Grundannahmen, die biblische, wie auch andere antike Erzählungen prägen, die wir heute nicht mehr teilen können. Sodann erkannte die Formgeschichte, dass viele biblische Erzählungen – in dies gilt auch für weite Teile der Jesus-Überlieferung – sich nicht nur historischen Erinnerungen verdanken, sondern auch durch die Funktion der Texte für die Tradenten mitgeprägt sind oder gar frommer Fantasie entspringen. Und schließlich kann sich eine Erzählung auf transzendente Wirklichkeiten beziehen, die wissenschaftlicher Nachprüfung nicht zugänglich sind. Um die historisch-kritische Frage nach der Tatsächlichkeit des Erzählten sachgemäß zu beantworten, sind darum viererlei Arten von Erzählungen zu unterscheiden, die häufig auch miteinander kombiniert anzutreffen sind:

(A) *Historische Erzählungen* geben tatsächlich geschehene Geschichte wieder. Historisch-kritische Forschung kann zwar die Faktizität historischer Erzählungen nicht beweisen, wohl aber mehr oder weniger wahrscheinlich machen.

(B) *Fiktionale Erzählungen* siedeln ihr Geschehen ganz im geschichtlichen Raum und damit im Rahmen des Möglichen an, verdanken sich aber – wie historisch-kritische Forschung aufweisen kann – nicht historischer Erinnerung sondern (frommer) Fantasie.

(C) *Mythische Erzählungen* sind gekennzeichnet durch ein Ineinander historischer und transzendenter Größen. Dabei wirken transzendente Größen derart auf das erzählte Geschehen ein, dass es dabei innerhalb der geschichtlichen Welt zu supranaturalistischen Vorgängen kommt. Weil damit der mit dem Analogie-Prinzip[50] festgelegte Rahmen des geschichtlich Möglichen gesprengt wird, muss historisch-kritische Forschung die Historizität mythischer Erzählungen bestreiten.

(D) *Transzendente Erzählungen*[51] beziehen sich auf eine transzendente Wirklichkeit. Sie sind darum mit historisch-kritischer Forschung nicht

---

[49] Vgl. zu der Bezogenheit der Erzählungen auf Grundannahmen hin A.C.DANTO, Analytische Philosophie, S.115.

[50] Zum Analogie-Prinzip vgl. H.WEDER, Hermeneutik, S.7f; A.C.DANTO, Analytische Philosophie der Geschichte, S.173ff.

[51] Indem hier zwischen mythischen und transzendenten Erzählungen unterschieden wird, soll der eingangs schon geäußerte Grundsatz, dass auf transzendentes Reden über Gott

zu verifizieren oder zu falsifizieren. Ihre Sprechweise ist – da die transzendente Wirklichkeit unseren Sinnen nicht zugänglich ist, wir aber nur über eine an der sinnlichen Wahrnehmung orientierte Sprache verfügen – grundsätzlich metaphorisch.

Wenn für das christliche Glaubenszeugnis die historische Tatsächlichkeit einer überlieferten Erzählung relevant ist, dann muss sich – um der Legitimität dieses Glaubenszeugnisses willen – mit historisch-kritischer Analyse zeigen lassen, dass es sich bei der betreffenden Überlieferung um eine historische Erzählung handelt. Dazu sind ggf. mit historisch-kritischer Methodik aus gegebenen Überlieferungen historische Erzählungen zu rekonstruieren.[52] Eine solche historisch-kritische Analyse der biblischen Überlieferung darf darum nicht als Angriff auf das christliche Glaubenszeugnis verstanden werden.

Aus dem Ausgeführten folgt nicht, dass fiktionale und mythische Erzählungen für das christliche Glaubenszeugnis irrelevant sind. So sind sie als symbolischer oder illustrativer Ausdruck von Erfahrungen und Überzeugungen zu verstehen und in kerygmatische Aussagen, die dann als Offenbarungsworte interpretiert werden, oder in historische oder transzendente Erzählungen zu transformieren. Wie sich noch klarer zeigen wird,[53] gibt es außerdem Arten der Deutung von Erzählungen, deren Legitimität nicht von der Historizität der interpretierten Erzählung abhängig ist.

Die für das christliche Kerygma zentrale Erzählung von der Auferweckung Jesu ist nicht als mythische, sondern als transzendente Erzählung zu charakterisieren. Allerdingst lässt sich an den Ostergeschichten, wie auch an anderen Überlieferungen beobachten, dass transzendente Erzählungen häufig in mythischer Gestalt auftreten. Grundlage für ein christliches Glaubenszeugnis kann dann nicht die mythische Überlieferung, sondern lediglich die in ihr sich ausdrückenden Aussagen über die transzendente Wirklichkeit sein. So sind die mythisch geprägten Ostererzählungen in transzendente Erzählungen zu transformieren. Diese haben dann zum Inhalt, dass der historische Jesus in der transzendenten Wirklichkeit Gottes ein neues Leben

---

nicht verzichtet werden kann, in sprach-analytische Kategorien übersetzt werden. Neben transzendenten Erzählungen gibt es auch nicht-erzählende transzendente Sprache, z.B. Aussagen über Eigenschaften Gottes oder den Willen Gottes .

[52] Zwar können Rekonstruktionen historischer Erzählungen nur eine höhere oder niedere Wahrscheinlichkeit für sich in Anspruch nehmen (vgl. L.T.JOHNSON, The Real Jesus, S.85), doch gibt es auch bei historischer Forschung ausreichend hohe Grade von Gewissheit. So dürfte wohl nicht ernsthaft zu bestreiten sein, dass Jesus am Kreuz gestorben ist. Historische Fakten, die für den christlichen Glauben relevant gemacht werden sollen, müssen darum einen derart ausreichend hohen Grad von Wahrscheinlichkeit für sich in Anspruch nehmen können.

[53] In Abschnitt 2.1.3.4.

gefunden hat, das nicht mehr unter dem Verhängnis des Todes steht.[54] Da sich transzendente Erzählungen auf Grund ihres Bezugs auf transzendente Wirklichkeit nicht historisch verifizieren oder falsifizieren lassen, ist ihr Wahrheitsanspruch in Analogie zum Wahrheitsanspruch von Offenbarungsworten zu sehen.

2.1.3 Die Interpretation überlieferter Offenbarung

Überlieferte Offenbarung muss interpretiert werden, um für die Gegenwart relevant zu werden. Auch hier sind zwei Arten der Interpretation zu unterscheiden:

(a3) Die Interpretation von Erzählungen für die Gegenwart geschieht in Form der *Deutung*. Die Deutung sagt aus, was das erzählte Geschehen für die Gegenwart bedeutet.
Die Deutung einer Erzählung hat folgende logische Struktur: Aus der Erzählung „X geschah" folgt „Y ist" oder „Y soll sein" oder „Y wird sein".[55]

(b3) Die Interpretation von aufgezeichneten Offenbarungsworten geschieht in Form der *Auslegung*. Die Auslegung sagt, inwiefern die aufgezeichneten Offenbarungsworte für die Gegenwart gültig sind.
Die Auslegung einer Aufzeichnung hat folgende logische Struktur: Aus der Aufzeichnung „X ist" oder „X soll sein" oder „X wird sein" folgt „Y ist" oder „Y soll sein" oder „Y wird sein".

Der Unterschied zwischen einer Deutung und einer Auslegung ist kategorial. Bei der Deutung (a3) geht es darum, aus einer Erzählung, die von einem vergangenen Geschehen in logischen Vergangenheits-Tempora berichtet (a2), Sätze in logischen Gegenwarts- oder Zukunfts-Tempora abzuleiten, die Gültigkeit für die Gegenwart oder die Zukunft beanspruchen. Hier vollzieht sich also der Wechsel auf eine andere Sprachebene. Dagegen geht es bei der Auslegung (b3) darum, aus den überlieferten Aufzeichnungen das bleibend gültige Wahrheitselement in der zeitgebundenen

---

[54] Auf eine weitere Präzisierung der Beschreibung des Auferstandenen sollte verzichtet werden, wenn nicht metaphysische Spekulation betrieben werden soll. So schweigen gerade auch die biblischen Zeugen darüber, wie sich die Auferweckung Jesu vollzogen hat. Die mythischen Details der Ostergeschichten sind für das Erfassen des Geschehens nicht relevant, sie zielen auch primär nicht auf die Beschreibung der Auferstehung, sondern auf die Abgrenzung gegen Missverständnisse (z.B. der Auferstandene ist kein Geist, der Auferstandene ist mit dem Gekreuzigten identisch etc.).

[55] Verschieden von einer solchen Deutung ist die geschichtliche Erklärung. Sie hat die Form: „Da X geschah, ereignete sich Y." Die Erklärung stellt den kausalen Zusammenhang von geschichtlichen Ereignissen her. Im Grunde bleibt sie aber in der Vergangenheit und kann nur ein erster Teilschritt einer Deutung sein, der bei der Pointenbildung (siehe Abschnitt 2.1.3.3) eine Rolle spielen kann. Zum Phänomen der historischen Erklärung vgl. A.C.DANTO, Analytische Philosophie der Geschichte, S.321ff.

Formulierung der Überlieferung herauszuarbeiten und dieses dann auf die eigene Gegenwart zu beziehen. Dabei verwenden Aufzeichnungen von Offenbarungsworten (b2) bereits dieselben logischen Tempora, die auch in der Auslegung (b3) verwendet wird. Es braucht also in der Auslegung keinen Wechsel der Sprachebenen. Denn was zeitunabhängig gültig ist, das ist auch für die Gegenwart gültig. Auslegungen sind so als Ableitung von Offenbarungsworten aus anderen Offenbarungsworten zu verstehen. Dabei können auch mehrere aufgezeichnete Offenbarungsworte zugleich Grundlage einer Auslegung sein. In einem solchen Fall gewinnt eine Auslegung stärker den Charakter einer Argumentation.

Bei der Betrachtung der Form von Deutung und Auslegung fällt auf, dass die jeweiligen Folgesätze in Deutungen (a3) wie in Auslegungen (b3) dieselbe sprachlich-temporale Gestalt annehmen wie Aufzeichnungen von Offenbarungsworten (b2) und so selbst den Charakter von Offenbarungsworten gewinnen können. Dem korrespondiert, dass die biblischen Texte nicht nur erzählende und aufzeichnende Überlieferung vergangener Offenbarung enthalten, sondern dass sie mit gleicher Dignität – und oft nur schwer trennbar mit der Überlieferung vergangener Offenbarung verbunden – auch Deutungen und Auslegungen vergangener Offenbarungen für die jeweilige Gegenwart der biblischen Tradenten umfassen. So empfangen Schriften wie z.B. die Paulusbriefe, die sich selbst als Bemühen um eine gegenwärtige Deutung der überlieferten Erzählungen und Auslegung der überlieferten Aufzeichnungen verstehen, die also einmal selbst aktuelles Glaubenszeugnis waren, selbst den Charakter von Offenbarungsworten, so dass schließlich die ganze kanonische Überlieferung als Erzählung und Aufzeichnung von Offenbarung zu verstehen ist.[56]

2.1.3.1 Zum Geschichtsbezug von Deutung und Auslegung

Die Charakterisierung von Deutungen und Auslegungen als sekundäre Offenbarungsworte lässt schon ahnen, dass auch diese beiden Sprachformen des Kerygmas nur einen begrenzten Bezug auf die tatsächliche Geschichte haben. Zwar werden Deutungen und Auslegungen in je konkrete Situationen hinein vorgenommen, aber nur sehr selten wird ihr Gültigkeitsanspruch auf diese Situation hin begrenzt. In der Regel beanspruchen sie eine zeitunabhängige Gültigkeit.

Allerdings besteht zwischen Deutungen und Auslegungen ein fundamentaler Unterschied. Deutungen haben, da sie Erzählungen von vergangenem Geschehen zur Grundlage haben, einen vermittelten Geschichtsbezug. Dies ist dann der Fall, wenn für eine Deutung die Tatsächlichkeit des erzählten

[56] Vgl. die Darstellung dieses Sachverhalt bei H.DIEM, Der irdische Jesus und der Christus des Glaubens, S.225. Zu DIEM vgl. auch die lange Anmerkung in Abschnitt 2.3.

und gedeuteten Geschehens konstitutiv ist. Auslegungen dagegen beziehen sich auf Offenbarungsworte mit grundsätzlich zeitunabhängigem Gültigkeitsanspruch. Sie können nur indirekt einen Geschichtsbezug besitzen, wenn sie den Wahrheitsanspruch der ausgelegten Offenbarungsworte und damit auch der Auslegung aus einer besonderen Qualität der Entstehungssituation der Offenbarungsworte ableiten. Dazu müssen Auslegungen aber auf eine Deutung dieser Entstehungssituation zurückgreifen. Es zeigt sich wieder, dass das christliche Glaubenszeugnis nur dadurch einen Bezug auf Geschichte aufweist, dass es sich auf gedeutete Erzählungen von vergangenem Offenbarungsgeschehen gründet. Darum ist das Phänomen der Deutung noch genauer zu untersuchen.

2.1.3.2 Die Zweistufigkeit der Deutung

Deutungen werden in einem Zweischritt vollzogen. Zunächst wird die überlieferte Erzählung zusammengefasst und unter einem Blickpunkt sozusagen auf den Punkt gebracht. Es wird die *Pointe* der Geschichte herausgearbeitet. Sodann folgt ausgehend von der Pointe der *Schluss* auf die gegenwärtige Bedeutung des vergangenen Geschehens. Dies sei am Beispiel Gal.3,13f illustriert:[57]

> Christus hat uns losgekauft vom Fluch des Gesetzes (ἐξηγόρασεν ἐκ τῆς κατάρας τοῦ νομοῦ), geworden für uns [zum] Fluch (γενόμενος κατάρα), weil geschrieben steht: Verflucht ist jeder, der am Pfahl aufgehängt ist.

Paulus fasst dort die überlieferten Erzählungen vom Sterben Jesu am Kreuz implizit mit dem Satz „Jesus hing am Pfahl" zusammen. Mit Hilfe des Zitates Dtn.21,23 „Verflucht ist jeder, der am Pfahl hängt" wird zunächst herausgearbeitet: „Jesus starb als vom Gesetz Verfluchter".[58] Damit ist bereits das vergangene Geschehen auf eine bestimmte Dimension hin zugespitzt. Zur Pointenbildung wird nun noch ein weiterer Vorstellungskomplex herangezogen, der allerdings nur durch das Prädikat ἐξαγοράζειν angedeutet wird. Das Verhältnis zwischen Menschen und Gesetz wird analog dem Verhältnis zwischen einem Gläubiger und einem Kreditgeber gesehen.[59] Wie der Gläubiger seine Schuld bezahlen muss, um von seiner Abhängigkeit gegenüber dem Kreditgeber frei zu werden, so müssen die Menschen, die ἐξ ἔργων νόμου sind (vgl. Gal.3,10), alle Forderungen des Gesetzes erfüllen, um das Leben zu erhalten, da sie andernfalls – wie einen säumenden Gläubiger die Schuldhaft – der Fluch des Gesetzes trifft (vgl. das Zitat von

---

[57] Vgl. zum Folgenden F.MUSSNER, HThK IX, S.211-236 und die ganz andere Interpretation bei H.WEDER, Das Kreuz Jesu bei Paulus, S.186-193.

[58] Dies die Bedeutung des γενόμενος κατάρα – so F.MUSSNER, HThK IX, S233.

[59] Vgl. F.MUSSNER, HThK IX, S.232, der Belege angibt, dass ἐξαγοράζειν „die Bedeutung hat: abgelten, (Forderungen eines Gläubigers) zufriedenstellen."

Dtn.27,26 in Gal.3,10).[60] In diesem Zusammenhang nun sieht Paulus den Tod Jesu so: Jesus ist als durch das Gesetz Verfluchter gestorben.[61] Damit hat Jesus die Forderungen des Kreditgebers Gesetz zufriedengestellt.

Dieser Satz bleibt, obwohl er bereits eine bestimmte Interpretation des Todes Jesu darstellt, als Aussage über das Geschehene immer noch der Vergangenheit verhaftet. Als Pointe des gedeuteten Geschehens hat er immer noch die sprachliche Form der Erzählung. Aber aus dieser Pointe folgt für Paulus jetzt mühelos – wie es die Regeln für das Geschäftsleben festlegen – der Schluss auf die Gegenwart: Weil mit dem Tod Jesu die Schuld bezahlt ist, ist keiner, der mit Jesus Christus verbunden ist, mehr Schuldner des Gesetzes. Die Glaubenden sind somit frei von den Forderungen und der Fluchdrohung des Gesetzes[62] und können darum ohne das Gesetz das Leben erlangen. Das ist die gegenwärtige Bedeutung des vergangenen Geschehens, die Paulus dann Gal.3,14 anwendet.

In beiden Schritten ist ein bemerkenswertes Phänomen zu beobachten: Sowohl die Strukturierung des überlieferten Geschehens zur Pointe „Jesus hat uns freigekauft vom Fluch des Gesetzes“ als auch der darauf aufbauende Schluss „deshalb müssen wir nicht mehr das Gesetz erfüllen“ argumentieren mit Analogien, deren Verständnis und Akzeptanz Paulus bei seinen Lesern voraussetzen kann. Indem Paulus die Kreuzigung Jesu mit dem seinen Lesern bekannten Verfahren des Geldverleihs und Ablösens von Schulden verbindet, pointiert er die Erzählung vom Kreuzestod Jesu so, dass sie weniger am sinnlich Wahrnehmbaren orientiert ist und schon stärker interpretative Elemente enthält. Für alle aber, die diese geschäftlichen Regeln teilen und welche bereit sind, sie hier anzuwenden, liefert Paulus in der Pointenbildung immer noch eine wahre Beschreibung des Geschehens der Kreuzigung Jesu. Im eigentlichen Schluss wird nun – analog zu ähnlichen Vorgängen im Geschäftsleben – aus einem in der Vergangenheit getätigten Geschäft auf gegenwärtige Eigentums- und Schuldverhältnisse geschlossen. Möglich und sinnvoll ist dieser Analogieschluss, weil bereits in der Pointe der Tod Jesu mit Kategorien des Kreditwesens verknüpft wurde. Analogie-Erfahrungen aus einem ganz anderen Bereich sind es also, die dem Schluss seine Plausibilität geben.

---

[60] Dabei ist die Lage derer ἐξ ἔργων νόμου aussichtslos, da für Paulus das Gesetz unerfüllbar ist – vgl. Gal.3,10f; Röm.3,19f. Ebenso auch F.Mussner, HThK IX, S.230 und J.Rohde, ThHK IX, S.141f.

[61] Vielleicht steht hier noch im Hintergrund, dass Jesus den Fluch des Gesetzes litt, obwohl er dem Gesetz gegenüber in keiner Schuld stand (vgl. 2.Kor.5,21). Dann stünde das Gesetz jetzt selbst in der Schuld Jesu und Jesus könnte in dieser Position die Schuldner des Gesetzes erst recht aus ihrer Schuld befreien.

[62] Dem entspricht es, wenn J.Rohde, ThHK IX, S.144 und H.Weder, Das Kreuz Jesu bei Paulus, S.191 sagen, dass Jesus für die an ihn Glaubenden das Gesetz aufhebt und so „das Ende des Gesetzes“ (Röm.10,4) ist.

In beiden Schritten – sowohl bei der Pointenbildung als auch beim eigentlichen Schluss – stammen die hinzugebrachten Vorstellungen und Regeln nicht aus der überlieferten Erzählung vom Sterben Jesu, sondern aus dem allgemeinen kulturellen Kontext. Der Tod Jesu wird quasi auf dem Hintergrund der Vorstellungswelt und der Regeln des Kreditwesens erzählt. Diese Verknüpfung erlaubt es dann, in Analogie zu festen Verfahrensweisen in diesem Bereich einen Schluss vom vergangenen Geschehen auf die Gegenwart hin zu ziehen. Eine allgemeingültige Deutung ist also dann gegeben, wenn die hinzugebrachten Vorstellungskomplexe und Analogien sowohl bei der Strukturierung der Erzählung zur Pointe als auch beim Schluss von der Pointe auf die gegenwärtige Bedeutung des Geschehenen dem allgemeinen kulturellen Kontext entstammen und ihre Anwendung auf diesen Fall diesem kulturellen Kontext konform geschieht.

So lässt sich jetzt auch verstehen, weshalb die so verstandene paulinische Deutung des Kreuzestodes Jesu heutigen Menschen wenig plausibel erscheint. Gegenwärtige Menschen haben Schwierigkeiten, die Regeln, die das Verhältnis zwischen Gläubiger und Kreditgeber ordnen, auf das Verhältnis zwischen Gesetz, Christus und uns Menschen anwenden, weil sie im Gesetz keine personale Größe sehen, die einen Anspruch auf sie hat, den andere stellvertretend für sie abgelten könnten. Weil die Anwendung der Analogie durch Paulus nicht dem gegenwärtigen kulturellen Kontext konform geschieht, erscheint die oben dargestellte Deutung des Kreuzestodes Jesu für heutige Menschen wenig plausibel.[63]

2.1.3.3 Die Pointenbildung

Nach der Analyse des paulinischen Beispieles können nun einige grundsätzliche Aussagen über die Pointenbildung und das damit begründete Schließen auf die gegenwärtige Bedeutung eines vergangenen Geschehens gemacht werden.

Aus einer Erzählung können, je nachdem wie sie zusammengefasst wird und welche Vorstellungskomplexe und Analogien hinzugebracht werden,[64] verschiedene Pointen abgeleitet werden. Damit spiegelt sich auf der sprachanalytischen Ebene der hermeneutische Grundsatz, dass der Offenbarungscharakter eines Geschehens nicht – von einem distanzierten Standpunkt aus

---

[63] So bietet H.Weder, Das Kreuz Jesu bei Paulus, S.186-193 und ders., Hermeneutik, S.375-383 auch eine andere Interpretation von Gal.3,13. Interessant ist, dass Weder die Stelle heilsbezeugend – und nicht wie oben heilseffektiv – deutet (vgl. das Kreuz Jesu bei Paulus, S.188: Jesu Fluchtod macht den Fluchcharakter des Gesetzes „*offenbar*"). Zum Unterschied vgl. die Abschnitte 2.1.3.4, 7.1.3 und 8.1.

[64] I.U.Dalferth, Der auferweckte Gekreuzigte, S.272, Anm.91 spricht in diesem Zusammenhang von „Modell" oder „soteriologischer Leitmetapher".

betrachtet – offensichtlich ist. Die Deutung eines Geschehens als Offenbarung ist immer anzweifelbar.[65]

Zwar lässt ein erzähltes Geschehen verschiedene Pointenbildungen zu, jedoch nicht einfach beliebige. Eine legitime Pointenbildung darf dem Erzählten nicht widersprechen.[66] Anderseits ergibt sich die Pointe eines Geschehens nicht einfach selbstverständlich aus diesem Geschehen. Die Strukturierung eines Geschehens auf eine bestimmte Pointe geschieht in einem kreativen Akt, der meist sogar erst in einigem zeitlichen Abstand vom gedeuteten Geschehen möglich ist. Eine Deutung erreicht auch nicht dadurch ihre Legitimität, dass sie bereits während des Geschehens, das sie deuten will, formuliert wurde. Eher im Gegenteil: Die Bedeutung eines geschichtlichen Geschehens wird oft erst aus erheblichem zeitlichen Abstand im Rückblick erkennbar.[67] „Denn die geschichtliche Wahrheit kann erst sagen, wer über das Faktische hinausgeht, indem er das faktische im Licht des Künftigen versteht, und zwar besser versteht, als es der Beobachter gekonnt hätte."[68] Auf die Christologie angewandt bedeutet dies: Eine Deutung des Geschicks Jesu verliert ihre Legitimität nicht damit, dass sich nachweisen lässt, dass Jesus sein Geschick selbst nicht in dieser Art und Weise verstanden habe.[69]

Die Pointenbildung muss nicht bei jeder Deutung breit ausgeführt sein. So gibt es Erzählungen, in denen die Pointe schon dermaßen auf der Hand liegt, dass die Reduktion der Erzählung zu einer Pointe scheinbar nicht mehr notwendig ist. Häufig kommt es auch vor, dass die Erzählüberlieferung praktisch bereits auf die Pointe reduziert ist – so zum Beispiel, wenn Paulus

[65] So ist W.G.Kümmel zuzustimmen: Die „Notwendigkeit der existentiellen Wahl zwischen verschiedenen möglichen Deutungen der Person Jesu kann keine historische Feststellung uns abnehmen." (Das Problem des geschichtlichen Jesus, S.49).

[66] So auch W.G.Kümmel, Das Problem des geschichtlichen Jesus, S.49.

[67] Vgl. dazu A.C.Danto, Analytische Philosophie, S.370: „Demnach besitzen diejenigen, die in das Ereignis verwickelt gewesen sind [...] keinen privilegierten Status, wo es um historische Erklärungen geht." Vgl. auch S.272 und zur Sache auch H.Weder, Hermeneutik, S.365f, S.384f und S.392.

[68] H.Weder, Hermeneutik, S.365.

[69] J.Jeremias ist darum zu widersprechen, wenn er in Blick auf den Tod Jesu formuliert: „Dieses Sterben geschah für uns. Damit aber erhebt sich die Frage, ob diese Deutung des Kreuzestodes Jesu willkürlich den Ereignissen aufgeprägt ist, oder ob es irgendeinen Umstand in den Ereignissen selbst gibt, der zu dieser Deutung Anlaß gab. Mit anderen Worten: Wir müssen fragen: Hat Jesus selbst sich über sein bevorstehendes Sterben geäußert, und wie hat er es gedeutet?" (Der gegenwärtige Stand der Debatte, S.19). Wenn die Deutung des Kreuzestodes Jesu in ihrer Pointenbildung den Tod Jesu nicht verzeichnet, dann ist es unerheblich für diese Deutung, ob Jesus selbst sie bereits ausgesprochen hat. Auf diese Weise ist das Selbstverständnis des historischen Jesus also nicht relevant zu machen für das christliche Glaubenszeugnis. Vgl. dazu auch H.Weder, Das Kreuz Jesu bei Paulus, S.78.

sich in seinen Argumentationen auf Fakten aus dem Leben Jesu bezieht.[70] Logisch gesehen findet jedoch auch in diesen Fällen eine Pointenbildung statt, da das tatsächliche Geschehen auf jeden Fall komplexer war, als die Pointe es zum Ausdruck bringt. Dieser Reduktion auf Pointen steht die breite Erzähltradition der Evangelien entgegen. Die Evangelien lassen sich verstehen als ein Bemühen, die Fülle des Geschehens gegenüber den Zuspitzungen und Reduktionen auf Pointen nicht in Vergessenheit geraten zu lassen. Vielleicht geschah die Überlieferung der Jesus-Tradition und die Abfassung der Evangelien aus dem Bewusstsein heraus, dass das tatsächliche Geschehen gegenüber den Pointen einen Überschuss darstellt, der auch andere Pointen zulässt.

2.1.3.4 Der Schluss von Pointen auf die gegenwärtige Bedeutung des Vergangenen

Eine genauere Betrachtung ergibt, dass sich zwei Grundtypen von Schlüssen unterscheiden lassen, mit denen vergangenes Geschehen für die Gegenwart relevant gemacht werden kann.

a) Schlusstyp 1: Ein vergangenes Ereignis schuf eine fortdauernde Wirklichkeit

Schlüsse können sich auf ein vergangenes Geschehen gründen, das Folgen bis in die Gegenwart hat. Durch das vergangene Geschehen wurde eine noch bestehende Wirklichkeit geschaffen, aus der sich Folgerungen für die Gegenwart ergeben.

Beispiele:

1. Durch den Abschluss der Verträge zur europäischen Wirtschaftsunion haben alle Bürgerinnen und Bürger der Mitgliedsstaaten in jedem Mitgliedsstaat das Recht auf freie Berufsausübung.
2. Aufgrund der Greueltaten des Deutschen Reiches an Juden hat die Bundesrepublik Deutschland die Pflicht zu Wiedergutmachungszahlungen an die Überlebenden der Schoa.
3. Gal.3,13 (in der heute problematisch erscheinenden Argumentation des Paulus): Da Jesus durch seinen Fluchtod uns vom Fluch des Gesetzes freigekauft hat, können wir durch den Glauben das Leben erhalten, ohne die Forderungen des Gesetzes zu erfüllen.
4. Röm.11,13-24: Weil die Heidenchristen dem jüdischen Stamm des Gottesvolkes nur aufgepfropft sind, haben sie kein Recht, sich hochmütig über die an Christus nicht glaubenden Juden zu erheben.

Die Beispiele 1 und 2 sind nicht zufällig juristische Beispiele. Bei juristischen Argumentationen geht es häufig darum, aus vergangenen Tatbeständen oder Vereinbarungen gegenwärtige Verpflichtungen oder Rechtstitel

---

[70] H.F.WEISS, Kerygma und Geschichte, S.31 spricht von „Konzentration und Reduktion“ in Hinblick des paulinischen Rückgriffs auf den historischen Jesus.

abzuleiten.[71] Voraussetzung für solche Schlüsse ist die Tatsächlichkeit des gedeuteten Geschehens.

Der Schlusstyp 1 begründet aus der Geschichte gegenwärtige Rechte und Pflichten und dient – in theologischen Kategorien ausgedrückt – zur geschichtlichen Begründung von Zuspruch und Anspruch. Er vergegenwärtigt Geschichte als Gabe und Aufgabe. Soteriologische Deutungen, die Schlusstyp 1 verwenden, sind heilseffektiv: Durch ein vergangenes Geschehen wird Heil begründet und hergestellt.

Der Schlusstyp 1 geht aus von einer fortdauernden Wirkung des vergangenen Ereignisses bis in die Gegenwart. Nun kann es fortdauernde Wirkungen vergangener Geschehnisse nur in Bereichen geben, die geschichtlich veränderbar sind, also in der Natur- und der Humangeschichte, sowie in der Geschichte Gottes mit seiner Schöpfung, die ja auch in personalen Begriffen beschrieben wird. Schlüsse des Typs 1 sind also nur dann legitim, wenn sie sich auf geschichtliche Größen beziehen. Diese Bedingung lässt verstehen, warum die paulinische Argumentation in Gal.3,13 nicht recht überzeugt. Paulus fasst das Verhältnis Mensch – Gesetz in personalen Kategorien.[72] Dies ist uns aber gerade nicht möglich, weil das Gesetz, dem wir alle unterworfen sind, in unserem Erleben keine personale und damit geschichtliche Größe, sondern eine anthropologische Grundkonstante ist. Deshalb kann eine juristische Argumentation in diesem Anwendungsfall nicht greifen. Eine gegenwärtige Auslegung muss sich also, um Gal.3,13f unter heutigen Bedingungen legitim nachzuvollziehen, eines anderen Schlusstyps bedienen.

b) Schlusstyp 2: Vergangene Ereignisse begründen übergeschichtliche Regeln

Schlüsse können sich auf ein Geschehen der Vergangenheit gründen, das in der Vergangenheit abgeschlossen ist. Für die Gegenwart wird dieses Geschehen bedeutsam, insofern aus ihm eine übergeschichtliche Regel abgeleitet werden kann, die sich auch auf die Gegenwart anwenden lässt.

Beispiele:

1. Seit mir mein Nachbar beim Wasserrohrbruch in meiner Wohnung selbstlos geholfen hat, weiß ich, dass ich ihn in Schwierigkeiten um Hilfe bitten kann.
2. Wie die Geschichte der Weimarer Republik zeigt, besteht in Zeiten hoher Arbeitslosigkeit die Gefahr, dass viele Menschen sich rechtsradikalen Parteien zuwenden.

---

[71] Vielleicht erklärt dieser der Interpretation des Rechts ebenfalls eigene, unverzichtbare Bezug auf Geschichte, warum in der biblischen Tradition so viele juristische Argumentationsmuster und Bilder Verwendung finden.

[72] Es scheint ein Grundphänomen des nicht nur antiken mythischen Denkens zu sein, apersonale Verhältnisse und Größen zu personifizieren. Gerade dadurch entstehen eine Reihe von Interpretationsproblemen in der biblischen Überlieferung (vgl. z.B. den paulinischen Begriff der Sündenmacht ἁμαρτία und das Auslegungsproblem, wenn es – wie Röm.6,15-23 – um die Befreiung von der Sündenmacht geht).

3. Hebr.11,1ff (die Wolke der Zeugen): Die Schicksale Abels, Henochs, Noahs, Abrahams, Sarahs usw. zeigen, dass es ohne Glauben unmöglich ist, Gott zu gefallen.
4. 1.Kor.15,20 (vgl. Röm.6,8f): Wie Jesus als erster von Gott von den Toten auferweckt wurde, so wird Gott auch uns, die wir mit Christus verbunden sind, von den Toten auferwecken.

Schlusstyp 2 repräsentiert den Umgang mit Geschichte, der häufig mit dem Begriff „Lernen aus der Geschichte" bezeichnet wird.[73] Implizit wird bei diesen Schlüssen aus dem vergangenen Geschehen eine übergeschichtliche Regel abgeleitet. Kann sich diese Regel – wie in Beispiel 4 – allein auf das gedeutete Geschehen gründen, weil sie sonstigen rationalen Erwägungen eher widerspricht und dieses Geschehen ein nicht zu erwartendes Ausnahmephänomen darstellt, dann ist die Tatsächlichkeit des gedeuteten Geschehens – in Beispiel 4 die transzendente Realität der Auferweckung Jesu – Voraussetzung für die Legitimität des Schlusses.[74] Kann sich dagegen die übergeschichtliche Regel auf eine Vielzahl ähnlicher Geschehnisse der Vergangenheit stützen oder ist sogar rational zu erweisen, dann ist die Historizität eines gedeuteten Geschehens für die Legitimität des Schlusses von geringerer Bedeutung. In diesem Fall kann das einzelne Geschehen sogar zur bloßen Illustration der übergeschichtlichen Regel abgewertet werden (vgl. Beispiel 3). An dieser Stelle öffnet sich dann der Weg zur Durchgestaltung der geschichtlichen Überlieferung von der Regel her[75] oder gar zur Erfindung geschichtlicher Geschehnisse. Damit ist das Feld fiktionaler Geschichtsschreibung erreicht.[76] Wo Geschichte nur noch als Illustration dient, ist die Historizität der betreffenden Erzählungen ohne Relevanz.[77]

Bei aus Geschehnissen abgeleiteten übergeschichtlichen Regeln lassen sich ebenfalls verschiedene Arten unterscheiden: So gibt es Regeln, die eine Möglichkeit aufzeigen (X ist möglich). Wenn diese durch Menschen verwirklicht werden muss, handelt es sich – theologisch gesprochen – um die Kategorien des Angebots (Du kannst X, weil es möglich ist) oder des Vorbilds (Du sollst X, weil es möglich ist). Wenn die Möglichkeit durch Gott (oder die Geschichte) verwirklicht werden muss, geht es – theologisch gesprochen – um die Kategorien der Verheißung (X erwartet uns) oder Drohung (X droht uns). Neben Regeln, die eine Möglichkeit erweisen,[78] gibt es

---

[73] Vgl. dazu auch die kritischen Einwände H.WEDERS in Hermeneutik, S.397-399.

[74] Vgl. 1.Kor.15,14: „Ist aber Christus nicht auferweckt worden, dann ist unsere Verkündigung leer und euer Glaube sinnlos."

[75] Wie z.B. in der deuteronomistischen Geschichtsschreibung der Königsbücher.

[76] Vgl. dazu H.WEDER, Hermeneutik, S.342-361.

[77] Vgl. H.F.WEISS, Kerygma und Geschichte, S.44.

[78] Hier ist auch die existentiale Interpretation einzuordnen. Sie versucht vergangenes Geschehen als eine Möglichkeit für menschliches Selbstverständnis zu verstehen, das der heutige Mensch in eigener Entscheidung neu verwirklichen kann oder dem er sich auch verweigern kann (vgl. R.BULTMANN, Antwort an Ernst Käsemann, S.193). Ob dieses Selbst-

auch Regeln, die einen Zusammenhang zwischen zwei Arten von Ereignissen herstellen (Wenn X eintritt, dann kommt es zu Y). Theologisch gesehen geht es in diesen beiden letzten Fällen also um bedingte Verheißungen oder Drohungen, die ein bestimmtes Verhalten motivieren sollen. Theologisch gesprochen wird hier der deutende Schluss von der Vergangenheit auf die Gegenwart entweder zur Zusage – zur Verheißung – oder zum Anspruch – zum Gesetz also.

Soteriologische Deutungen eines vergangenen Geschehens, die sich des Schlusstyps 2 bedienen, sind heilsbezeugend. Das vergangene Geschehen bezeugt das Heil und begründet es so subjektiv, für alle, die durch das Geschehen das Heil erst erkennen. Die objektive Begründung des Heils liegt jedoch bereits vor dem Geschehen, welches das Heil lediglich bezeugt.

2.1.3.5 Der Geschichtsbezug von Deutungen

Deutungen, die aus einer fortdauernden Wirklichkeit gegenwärtig gültigen Anspruch und Zuspruch ableiten, sind konstitutiv auf die Tatsächlichkeit des gedeuteten Geschehens angewiesen, das diese Wirklichkeit begründet. Deutungen, die aus einem Geschehen eine übergeschichtliche Regel ableiten, sind um so weniger auf die Tatsächlichkeit des gedeuteten Geschehens angewiesen, je stärker die rationale Begründung für diese Regel ist. Da geschichtliche Regeln zeitunabhängige Gültigkeit beanspruchen und zur rationalen Begründung wie zur Abstraktion von der konkreten Geschichte neigen, ist der Geschichtsbezug nur noch dort gegeben, wo die geschichtliche Regel sich aus dem tatsächlichen Geschehen begründet.

Diese Ablösung bestimmter Formen des Schlusstyps 2 von der Tatsächlichkeit des gedeuteten Geschehens erlaubt auch die deutende Interpretation fiktionaler und mythischer Erzählungen. Eine solche Interpretation wird die Regel herausarbeiten, die dieser Erzählung zugrunde liegt, und die Geschichte als fiktionale und ggf. mythische Illustration dieser Regel verstehen.

Wo innerhalb des christlichen Glaubenszeugnisses Schlüsse des Typs 1 oder Schlüsse des Typs 2, sofern sie die ihnen zugrundeliegende Regel allein aus dem gedeuteten Geschehen begründen, zur Deutung vergangenen Geschehens gemacht werden, ist die Rückfrage nach dem geschichtlich

---

verständnis damals realisiert wurde, ist letztlich irrelevant, da alles darauf ankommt, die vergangene Geschichte als Anrede zu verstehen, die den Angeredeten in die Entscheidung stellt. Damit verliert für die existentiale Interpretation die Historizität der interpretierten Geschichte letztlich ihre Bedeutung (so auch die Kritik von P. ALTHAUS, Zur Kritik der heutigen Kerygmatheologie, S.243-245). Dabei kann die existentiale Interpretation der Gefahr der Gesetzlichkeit entgehen, wenn es ihr gelingt, den Anredecharakter vergangener Geschichte so stark herauszuarbeiten, dass die Angeredeten ihre Entscheidung nicht sich selbst, sondern der Anrede verdanken.

tatsächlich Geschehenen für das christliche Glaubenszeugnis direkt relevant. Für die Legitimität einer Deutung nicht relevant ist, ob diese Deutung bereits während des Geschehens selbst vorgenommen wurde oder ob sie erst viel später im Rückblick auf dieses Geschehen erfolgte.

Da durch die Pointenbildung ein Geschehen unter einer Leitidee strukturiert wird, sind für Deutungen nicht alle historischen Einzelheiten des gedeuteten Geschehens relevant. Die Legitimität einer Deutung hängt allerdings davon ab, dass die vorgenommene Pointenbildung dem faktischen Geschehen nicht widerspricht. Die Pointenbildung kann dabei bereits über das rein faktisch zu Beschreibende hinausgehen.

2.1.4 Von der Interpretation vergangener Offenbarung zum gegenwärtigen Glaubenszeugnis

Wenn es zu einer verantwortlichen Vergegenwärtigung vergangener Offenbarung in einem gegenwärtigen Glaubenszeugnis kommen soll, dann müssen Auslegungen und Deutungen auf ihren Wahrheitsgehalt geprüft werden. Historische Rückfrage kann hier allenfalls ein Falsifikationskriterium liefern – zum Beispiel dann, wenn sich zeigt, dass die Faktizität eines Geschehens, die in einer Deutung vorausgesetzt wird, nicht gegeben ist. Da jedes Geschehen aber auf mehrere Weisen gedeutet werden kann und folglich auch Auslegungen überlieferter Offenbarungsworte zu verschiedenen Ergebnissen kommen können, braucht es *kerygmatische Grundsätze*, an denen der Wahrheitsgehalt von Deutungen und Auslegungen überprüft werden kann. Der Wahrheitsanspruch dieser kerygmatischen Grundsätze selbst kann nun aber nicht neutral – sozusagen von einer höheren Warte aus –, sondern nur durch Rückgriff auf Offenbarung begründet werden – andernfalls wird das Prinzip der Offenbarung als Erkenntnisprinzip des christlichen Glaubenszeugnisses aufgegeben. Damit haben die kerygmatischen Grundsätze, die zur Beurteilung von Auslegungen und Deutungen dienen, selbst wieder die Sprachform von Offenbarungsworten, Auslegungen oder Deutungen. Damit wird auf sprachlicher Ebene deutlich: Offenbarung wird nur durch Offenbarung erkannt.

Da gegenwärtige Offenbarung nicht verfügbar ist, sondern immer nur auf Überlieferung, die beansprucht Offenbarung zu bezeugen, zurückgegriffen werden kann, zwingt die Begründung des christlichen Glaubenszeugnisses in vergangener Offenbarung zur Herausbildung eines normativen Kanons heiliger Schriften. Kerygmatische Grundsätze – in ihrer Summe als „Mitte der Schrift" zu bezeichnen – ergeben sich nun als die Aussagen, die in möglichst weitgehender Übereinstimmung mit möglichst weiten Teilen des Kanons gewonnen werden können.

Die biblischen Schriften sind nun nicht direkt – wie es etwa in der Verbalinspirationslehre geschieht – als Überlieferung von Offenbarung zu verstehen, sondern als Überlieferung von Geschehen, dem Offenbarungscharakter zugeschrieben wird. Diese Zuschreibung kann falsch sein, außerdem können Überlieferungen das Vergangene inadäquat darstellen und wiedergeben. Der Offenbarungscharakter der in der Bibel überlieferten Erzählungen, aufgezeichneten Offenbarungsworte, Deutungen und Auslegungen ist somit nicht statisch gegeben, sondern muss sich erst immer wieder neu von der Mitte der Schrift her erweisen.[79] Da diese Mitte der Schrift aber aus der biblischen Überlieferung selbst gewonnen werden muss, sind die einzelnen biblischen Überlieferungen zunächst als Bezeugung von Offenbarung zu betrachten. Dieses Zutrauen zur biblischen Überlieferung[80] ist erst dann durch Sachkritik an einzelnen biblischen Überlieferungen aufzugeben, wenn sich andernfalls die Kohärenz des biblischen Zeugnisses, also die Ausarbeitung einer möglichst spannungsarmen Mitte der Schrift nicht mehr aufrecht erhalten lässt.

2.2 Christologische Grundlegung

Nach der sprach-analytischen Betrachtung des grundlegenden Zusammenhangs von Offenbarung und Geschichte sind jetzt christologische Überlegungen anzustellen, um auf dieser Basis dann die Frage nach der Relevanz der historischen Jesus-Forschung für das christliche Glaubenszeugnis klären zu können.

Jesus Christus ist der Sohn Gottes, so der entscheidende kerygmatische Grundsatz der neutestamentlichen Überlieferung. Auf die Erkenntnisgrundlagen des christlichen Glaubenszeugnisses bezogen bedeutet dies: Jesus Christus ist die zentrale Offenbarung Gottes. Durch diese Offenbarung wird endgültig bestimmt, was es heißt, Mensch zu sein und was „Gott“ bedeutet.[81] Allerdings ist Jesus Christus nicht die einzige Offenbarung Gottes. So geschieht in der ganzen Geschichte des Gottesvolkes, von den Anfängen des Volkes Israel bis in die Gegenwart des Gottesvolkes aus Kirche und Israel, immer wieder Offenbarung. Wo Menschen zu Glauben, Liebe

---

[79] Eine ausführlichere Reflexion müsste hier zusätzlich noch den Erfahrungsbezug mit einbringen. Überlieferung erweist letztendlich erst dadurch ihren Offenbarungscharakter, dass sie – neben dem Zusammenstimmen mit der Mitte der Schrift – selbst wieder in ihrer Vergegenwärtigung gegenwärtige Offenbarung bewirkt, also Glaube, Liebe und Hoffnung evoziert.

[80] H.G.GADAMER, Wahrheit und Methode; S.299 nennt dies – in Hinblick auf alle zu interpretierende Texte – „Vorgriff der Vollkommenheit“. K.BARTH spricht vom „Treueverhältnis“ zu den biblischen Autoren (Vorwort zur 3.Aufl. des Römerbriefes von 1922; S.XX).

[81] Zu dieser Formulierung vgl. J.MACQUARRIE, TRE 17, S.61; ähnlich auch H.F.WEISS, Kerygma und Geschichte, S.81.

und Hoffnung finden, geschieht auch heute Offenbarung. Um dies festzuhalten, wird bereits im Neuen Testament vom Heiligen Geist gesprochen. Wenn in diesem Zusammenhang Jesus Christus jedoch als die zentrale Offenbarung Gottes verstanden wird, dann bedeutet dies, dass alle andere Offenbarung von der in Jesus Christus geschehenen Offenbarung her als Offenbarung zu erkennen und in Übereinstimmung mit der in Jesus Christus geschehenen Offenbarung zu interpretieren ist. Und nichts kann wirkliche Offenbarung Gottes sein, was in Widerspruch steht zu dem, wie sich Gott in Jesus Christus offenbart hat.[82]

2.2.1 Die Identität der historischen Figur Jesus von Nazareth mit dem auferstandenen und erhöhten Christus

Die Person Jesu Christi begegnet uns in doppelter Weise: im irdischem Jesus und im auferweckten und erhöhten Christus.

Der irdische Jesus ist mehr als die rekonstruierbare Gestalt „historischer Jesus"[83] – wie jede geschichtliche Person mehr ist als das historisch rekonstruierbare Bild von ihr. Doch ist der irdische Jesus[84] – wird der

[82] Die Anerkennung geschichtlicher Offenbarungen, die vor der historischen Existenz Jesu Christi geschehen sind, versucht das Neue Testament festzuhalten mit der Lehre von der Präexistenz Jesu Christi. Diese Konzeption erlaubt gleichzeitig, in der Geschichte von der Schöpfung an bis zur historischen Existenz Jesu Christi Offenbarung Gottes zu finden, sichert aber zugleich die normative Funktion der Offenbarung in Jesus Christus. Denn in den wirklichen Gottesoffenbarungen, die zeitlich vor der historischen Existenz Jesu Christi liegen, wurde nichts anderes offenbart, als was in Jesus Christus offenbar wurde.

[83] Zur Unterscheidung von „irdischem Jesus" und „historischem Jesus" vgl. G.EBELING, Historischer Jesus und Christologie, S.302-307; J.HROMÁDKA, Zur Frage des historischen Jesus, S.119; H.THYEN, Der irdische Jesus und die Kirche, S.135.

[84] Unter „irdischem Jesus" wird hier die Person Jesus von Nazareth während ihrer (irdischen) Existenz zwischen Geburt und Tod verstanden. Gelegentlich wird der Begriff „irdischer Jesus" auch anders verwandt. So bezeichnet z.B. H.F.WEISS, Kerygma und Geschichte, S.51 unter Aufnahme einer Formulierung von J.ROLOFF mit dem Begriff „irdischer Jesus" jenen Jesus, „an dessen Wort und Werk sich die Gemeinde rückschauend erinnert". Damit gehen in das Bild vom irdischen Jesus auch nachösterliche Erfahrungen und kerygmatische Einsichten ein. In der Annahme, erst die nachösterliche Rückschau auf den historischen Jesus könne ein angemesseneres Bild von Jesus zeichnen und darum müsse der irdischen Jesus im Sinne von H.F.WEISS und nicht der historische Jesus Grundlage der theologischen Reflexion sein (so auch bei B.REICKE, Der Fleischgewordene, S.218), ist als Wahrheitselement enthalten, dass erst aus nachösterlicher Perspektive das Geschick Jesu wirklich verständlich wird (vgl. dazu auch Abschnitt 2.3.3). Dennoch sind solche nachösterlichen Deutungen des Geschicks Jesu auf historische Fakten aus dem Leben Jesu angewiesen (vgl. dazu Abschnitt 2.3.3.2). Zudem ist nicht nur das Geschick, sondern auch die Verkündigung des irdischen Jesus von Interesse. Die Verkündigung des irdischen Jesus erfährt jedoch in der nachösterlichen Erinnerung – die immer zugleich auch Aktualisierung in neue Situationen hinein ist – zumindest Akzentverlagerungen und Verschiebungen. Soll die Verkündigung des irdischen Jesus betrachtet werden, so muss darum nach dem historischen

Inkarnations- und Offenbarungsgedanke ernst genommen – eine völlig geschichtliche Gestalt.[85] Was an Faktischem über diese geschichtliche Gestalt auszusagen ist, kann durch historische Forschung untersucht werden; und die Grenzen für das Erfassen der historischen Faktizität des irdischen Jesus werden lediglich durch die Begrenztheit der Quellen abgesteckt. Zwar ist es nötig, zum Erfassen der Bedeutung der Geschichte Jesu über das Faktische mit deutenden Interpretationen hinauszuschreiten, doch dürfen solche Deutungen nicht dem Faktischen widersprechen. Mit Begriffen der Zwei-Naturen-Lehre ist also zu sagen: Die Menschheit Jesu Christi ist – während der irdischen Existenz Jesu Christi – eine ganz und gar historische Größe – und die Gottheit des irdischen Jesus Christus muss dann so gedacht werden, dass sie die Geschichtlichkeit des Menschen Jesus Christus nicht aufhebt.[86] Es gibt also – ganz analog zu jeder anderen geschichtlichen Person – keinen anderen Zugang zum irdischen Jesus als über den historischen Jesus.[87]

Der auferstandene und erhöhte Christus begegnet uns als Gestalt einer transzendenten Wirklichkeit, die die apostolischen Zeugen im Heiligen Geist erfahren haben. Diese transzendente Wirklichkeit des auferstandenen und erhöhten Christus ist historischer oder naturwissenschaftlicher Nachfrage nicht zugänglich.[88] Damit besteht eine ontologische Differenz zwischen der irdischen und der nachösterlichen Existenz Jesu Christi. Um sie deutlich

---

Jesus gefragt werden. So bringt es am Ende mehr Verwirrung als Klärung, den irdischen Jesus gegen den historischen Jesus auszuspielen.

[85] Vgl. auch H.GOLLWITZER, Der Glaube an Jesus, S.111.

[86] Vgl. G.EBELING, Historischer Jesus und Christologie, S.305: Gegenüber der altkirchlichen Christologie muss nun „das 'vere homo' [...] so verstanden werden, dass es sich in den Grenzen des Historischen (und das heißt zugleich des historisch Möglichen) hält. Und das 'vere Deus' muss so verstanden werden, dass es das eben bestimmte Verständnis des 'vere homo' nicht aufhebt."

[87] Darum ist P.STUHLMACHER zu widersprechen, wenn er behauptet, dass „nur der irdische (und nicht der historische) Jesus Inhalt des Glaubens sein" könne (Biblische Theologie des NT zu, S.49). STUHLMACHERS Polemik gegen den historischen Jesus soll das christliche Glaubenszeugnis unabhängig machen von den wechselnden Forschungsmeinungen der historischen Jesus-Forschung (vgl. S.48f). Andererseits versucht er dann doch die Notwendigkeit historischer Jesus-Forschung zu begründen (S.49f). Dabei kann er überhaupt nicht einsichtig machen, wie zwischen der Rückfrage nach dem historischen Jesus und der Rückfrage nach dem irdischen Jesus methodisch zu unterscheiden sein soll. Ähnliches gilt für die Unterscheidung zwischen "empirical-historical Jesus" und „existential-historical Jesus", wie sie R.HAIGHT, Jesus Research and Faith, S.76f im Anschluss an S.M.OGDEN durchführt.

[88] Die Rede von der Erhöhung ist – wie alle transzendente Rede auch – metaphorisch zu verstehen. Sie besagt u.a., dass Jesus Christus nach seiner geschichtlichen Existenz nun nicht einfach nur in die transzendente Wirklichkeit übergewechselt ist, sondern dass er in dieser transzendenten Wirklichkeit mit Gott selbst identisch ist. Zugleich ist damit die Hoffnung auf die Parusie Christi verbunden. Die Rede von der Erhöhung korrespondiert also der Rede von der Inkarnation Gottes im historischen Jesus. Sie ist notwendig, wenn Jesus als die zentrale Offenbarung Gottes betrachtet werden soll.

zu machen, wird hier unterschieden zwischen der historischen Figur Jesus von Nazareth und dem auferstandenen und erhöhten Christus.

Mit der Bestimmung des Verhältnisses zwischen beiden Größen wird eine wesentliche christologische Grundentscheidung getroffen. Bei R.BULTMANN gestaltet sich diese Grundentscheidung folgendermaßen: Der auferweckte „Christus des Kerygmas ist keine historische Gestalt, die mit dem historischen Jesus in Kontinuität stehen könnte.“[89] Richtig daran ist, dass die Existenz des Auferweckten transzendenter Natur ist und damit ontologisch auf einer anderen Ebene liegt als die Existenz des vorösterlichen Jesus. Doch gibt es eine entscheidende Kontinuität,[90] trotz dieser Differenz: Sowohl die Erzählungen vom historischen Jesus als auch die Osterberichte – wie das ganze neutestamentliche Kerygma – beziehen sich auf ein- und dieselbe Person.[91] Trotz der unterschiedlichen Erkenntnisbedingungen für vorösterliches und nachösterliches Geschehen, die mit der ontologischen Differenz gegeben sind, muss an der personalen Identität der historischen Figur Jesus von Nazareth mit dem auferstandenem und erhöhtem Christus festgehalten werden.[92] Historischer Jesus und auferstandener und erhöhter Christus gehören zusammen, wenn die Gestalt Jesu Christi wirklich erfasst werden soll. Vorösterliche und nachösterliche Existenz Jesu Christi sind ontologisch zu unterscheiden, aber nicht grundsätzlich zu trennen.[93] Es ist

---

[89] R.BULTMANN, Das Verhältnis der urchristlichen Christusbotschaft zum historischen Jesus, S.448.

[90] Diese Kontinuität erschöpft sich nicht in einer Kontinuität zwischen der Verkündigung des historischen Jesus und des nachösterlichen Gemeindekerygmas. Es geht um die personale Kontinuität – besser Identität – der einen Person Jesu Christi, die nur in der Doppelung aus historischem Jesus und transzendentem Christus zu haben ist (zu den verschiedenen Begriffen von Kontinuität vgl. H.LEROY, Jesus, S.12).

[91] Die Identität von vorösterlichem und auferwecktem Jesus wird vor allem von Lukas und Johannes ausdrücklich festgestellt (vgl. Lk.24,36-40; Joh.20,24-29), wird bei den anderen neutestamentlichen Autoren aber selbstverständlich vorausgesetzt (vgl. dazu auch G.BORNKAMM, Glaube und Geschichte, S.284; B.REICKE, Der Fleischgewordene, S.208f; F.HAHN, Methodologische Überlegungen, S.64f; H.F.WEISS, Kerygma und Geschichte, S.38 und S.70; I.U.DALFERTH, Der auferweckte Gekreuzigte, S.86f und S.91).

[92] Um das Festhalten dieser Identität kommt letztlich auch BULTMANN nicht herum, wenn er zugestehen muss, dass für das Kerygma vom Auferstandenen die Faktizität – das bloße „Dass“ – seiner Existenz notwendig ist. Auch wenn er damit den historischen Jesus auf einen einzigen Punkt reduziert, hängt auch seine Interpretation des neutestamentlichen Kerygmas ganz daran, dass der Gekreuzigte und der im Kerygma Präsente miteinander identisch sind. BULTMANN kann darauf verzichten, von einer personalen Identität zwischen dem historischen Jesus und dem im Kerygma präsenten Christus zu sprechen, weil beide Größen für ihn in ausschließlich paradoxer Weise aufeinander bezogen werden (vgl. Das Verhältnis der urchristlichen Christusbotschaft zum historischen Jesus S.448).

[93] Dies dürfte auch ein Grund sein, warum die neutestamentlichen Autoren Erfahrungen mit dem Auferweckten und Einsichten über den Erhöhten in Erzählungen vom vorösterlichen Jesus zum Ausdruck bringen können.

zuzugestehen, dass dies eine transzendente Aussage über Jesus Christus darstellt. Doch ist diese Aussage unverzichtbar. Die Evangelien halten auf der Erzählebene die Wahrheit dieser Aussage fest, indem sie die Auferweckung als einen Teil der Geschichte Jesu erzählen, und nicht – wie viele moderne Darstellung der Geschichte Jesu – mit dem Tod Jesu enden.

Für die Frage nach der Erkenntnis der in Jesus Christus geschehenen Offenbarung heißt dies: Diese Erkenntnis ist nur möglich, wenn sie als Einheit zwischen der Erkenntnis, die durch die historische Figur Jesus von Nazareth begründet ist, und jener Erkenntnis, die sich dem auferstandenen und erhöhten Christus verdankt, gewonnen werden kann.

2.2.2 Die Doppelung der Offenbarung in der historischen Figur Jesus von Nazareth und im auferstandenen und erhöhten Christus

Die Offenbarung, die in Jesus Christus geschehen ist, bezieht das Neue Testament einerseits auf die historische Gestalt Jesus von Nazareth. Sie versteht sein Wirken und sein Geschick als Geschichte mit Offenbarungscharakter und seine Worte als Offenbarungsworte.[94] Doch beschränkt das Neue Testament die Offenbarung in Jesus Christus nicht auf die historische Existenz Jesu von Nazareth. Diese Offenbarung umgreift auch seine durch den Geist vermittelte nachösterliche Präsenz bei seiner Gemeinde. Im Geist erfahren die Anhängerinnen und Anhänger des Jesus von Nazareth die Wirklichkeit des auferweckten Jesus. Erst der nachösterlich zu empfangende Geist macht die ganze Wahrheit über Jesus Christus offenbar und vollendet damit die in Jesus Christus geschehene Offenbarung (vgl. Joh.16,13). Erst in dieser Doppelung – Jesus von Nazareth und nachösterlich im Geist präsenter Christus – ist die in Jesus Christus geschehene Offenbarung in ihrer Ganzheit gegeben. Die nachösterliche Verkündigungsgeschichte bringt die in Jesus Christus geschehene Offenbarung erst zu ihrer Ganzheit.[95]

In dem bisher Gesagten liegt scheinbar ein Widerspruch. Denn einerseits soll die durch den Geist dem Gottesvolk gegebene Erkenntnis Gottes sich an der Offenbarung in Jesus Christus messen lassen, andererseits braucht es diese Geisterfahrung, um die in Jesus Christus geschehene Offenbarung voll zu erfassen. Die christliche Kirche hat sich dazu entschieden, diesen

---

[94] Dies betont besonders J.HROMÁDKA, Zur Frage des historischen Jesus, S.118.

[95] Dieser christologischen Formulierung entspricht die Charakteristik der neutestamentlichen Verkündigung durch H.DIEM (Der irdische Jesus und der Christus des Glaubens, S.223): „Man kann den ganzen Inhalt der neutestamentlichen Verkündigung zusammenfassen als: *die Verkündigung von Jesus Christus, der sich selbst verkündigt*. Dabei ist Jesus Christus sowohl der *Initiator* als der Gegenstand als auch das *handelnde Subjekt* dieser Verkündigung. Diese Verkündigung verläuft innerhalb einer *Geschichte*, die mit dem irdischen Jesus beginnt und sich über Kreuz und Auferstehung fortsetzt in der apostolischen Verkündigung.“ (Hervorhebungen durch DIEM).

Widerspruch aufzulösen, indem sie zwischen der normativen Geisterfahrung der apostolischen Zeugen und der normierten Geisterfahrung des übrigen Gottesvolkes unterschied. Diese Unterscheidung wurde letztendlich mit der Kanonbildung vollzogen. So lässt sich nun präzisieren: Die in Jesus Christus geschehene Offenbarung Gottes umfasst die historische Existenz Jesu von Nazareth und die im Geist gemachten Erfahrungen und Einsichten der apostolischen Zeugen.

Dieser Ausgangspunkt nötigt in der Frage nach der Bedeutung des historischen Jesus für das Kerygma zu zwei Abgrenzungen.

So kann erstens – und das ist eine wesentliche Einsicht der dialektischen Theologie – die in Jesus Christus gegebene Offenbarung nicht vollständig erfasst werden, wenn lediglich der historische Jesus zur Norm des christlichen Glaubenszeugnisses erhoben wird. Eine „Jesu-Logie" kann deshalb nicht Grundlage des christlichen Glaubenszeugnisses sein, weil erst mit den seit Ostern im Geist gemachten Erfahrungen und Erkenntnissen die Offenbarung in Jesus Christus ihren Abschluss findet. Ermöglichen doch diese seit Ostern gemachten Erfahrungen erst das ganze Verständnis Jesu.[96] Ostern bedeutet damit einen qualitativen Sprung gegenüber dem vorösterlichen Jesus[97] – aus dem Verkündiger Jesus wird der verkündigte Christus. Dieser Sprung impliziert, dass Ostern nicht ausschließlich als göttliche Bestätigung der Verkündigung Jesu interpretiert werden kann.[98] Die nachösterliche

---

[96] Dieser Zugewinn an Erkenntnis ergibt sich allein schon aus dem Fortschreiten der Geschichte. Denn es lässt sich zeigen, dass ein Ereignis oder ein Prozess seine ganze Bedeutung erst mit Fortschreiten der Geschichte, völlig erst am Ende der Geschichte gewinnt (Vgl. dazu Abschnitt 2.1.3.3 sowie A.C.DANTO, Analytische Philosophie, S.272 und 370 und H.WEDER, Hermeneutik, S.365f, 384f und 392.). Das Geschick Jesu Christi, das einen vor- und einen nachösterlichen Teil hat, und die in ihm geschehene Offenbarung kann deshalb von einem Betrachter nach Ostern besser verstanden werden, als von einem Begleiter des historischen Jesu.

[97] Darum dürfte die v.a. mit soziologischen Argumenten begründete Einschätzung von K.BERGER, Theologiegeschichte, S.111, zu einseitig sein, wenn er sagt: „Die Differenz zwischen vor Ostern und nach Ostern ist nach dem Selbstverständnis der frühchristlichen Schriften nicht so erheblich, wie man das in der Exegese seit der Aufklärung gedacht hat. Die qualitative Neuheit der nachösterlichen Erfahrung wird in der Regel maßlos überschätzt, und Ostern überhaupt als Schwelle anzusehen, ist eher Ausdruck philosophischer Prämissen als solider Exegese."

[98] Es ist darum eine christologische Verkürzung, wenn Jesu Auferweckung ausschließlich als Bestätigung seiner Verkündigung verstanden wird (so z.B. bei N.WALTER, „Historischer Jesus" und Osterglaube, Sp.329-331). Ostern *auch* als Bestätigung der Verkündigung Jesu zu verstehen, ist sicher nicht falsch, doch reicht die Bedeutung von Ostern nach dem neutestamentlichen Zeugnis weiter – vgl. dazu G.BORNKAMM, Glaube und Geschichte in den Evangelien, S.283. Allerdings könnte das Verständnis von Ostern „als Gottes Ja zu dem am Kreuz hingerichteten heilsmittlerischen Propheten Jesus" (J.BECKER, Das Gottesbild Jesu, S.124; vgl. auch ders., Jesus, S.443) eine wichtige Zwischenstufe bei der Entwicklung des nachösterlichen Kerygmas darstellen (so J.BECKER, Das Gottesbild Jesu, S.124-126).

Verkündigung der apostolischen Zeugen bringt zudem neben der Deutung des Geschicks Jesu noch weitere Inhalte[99] in das christliche Glaubenszeugnis ein (z.B. die Erwartung der Parusie Jesu, die Sakramentslehre[100] oder die Ekklesiologie).[101]

Diese Einsicht in den mit Ostern gegebenen Erkenntnisfortschritt nötigt auch zur Auseinandersetzung mit der voraufklärerischen Christologie, die von den Evangelien bis hin zur dogmatischen Tradition der Zwei-Naturen-Lehre ihren Niederschlag gefunden hat. Eine Variante dieser Christologie versucht den mit Ostern gegebenen Erkenntnisfortschritt damit zu erklären, dass sie behauptet, die historische Person Jesus von Nazareth sei sich bereits der ganzen Offenbarung – also auch der Inhalte der nachösterlichen Verkündigung – bewusst gewesen, habe sich aber während seiner geschichtlichen Existenz noch nicht ganz offenbart,[102] weil die Jünger ihn erst nach Ostern wirklich verstehen konnten (vgl. Mk.9,9f.30-32 und Joh.16,12f). Zugleich erlaubte es diese Christologie der synoptischen Überlieferung, dem irdischen Jesus dieses Wissen um sein Geschick in Form von Leidens- und Auferstehungsweissagungen in den Mund zu legen.[103] Die Problematik dieses Ansatzes ist offensichtlich: Der historischen Person Jesus von Nazareth

---

[99] So auch W.THÜSING, Ntl. Theologien, S.34-37. THÜSING sieht diesen Erkenntnisfortschritt im „Zusammendenken von Gott und Jesus" (Christologie), in der „Heilsbedeutung des Todes Jesu" (Soteriologie) und im „Evangelialen und Ekklesiologischen".

[100] G.BORNKAMM, Geschichte und Glaube im Neuen Testament, S.12, macht am Beispiel der Abendmahlsüberlieferung deutlich, dass der nachösterliche Erkenntnisfortschritt sich nicht nur auf die Deutung des historischen Jesus bezieht, sondern auch neue Lehrinhalte, wie z.B. die Sakramentslehre begründet.

[101] Darum dürfte es auch zu kurz gegriffen sein, wenn H.THYEN meint, dass „der Osterglaube kein zusätzliches Credendum ist, sondern Ausdruck des rechten Verstehens des irdischen Jesus, Rückverweis auf seinen Weg und seine Geschichte und nichts anderes." (Der irdische Jesus und die Kirche, S.136; vgl. auch S.139).

[102] Dies entspricht einer monophysitischen Tendenz, wie sie sich in der lutherisch-orthodoxen Lehre vom genus maiestaticum in der communicatio idiomatum durchsetzt. Vgl. dazu E.HIRSCH, Hilfsbuch zum Studium der Dogmatik, S.328: „Der menschlichen Natur Christi ist kraft des innersten Einsseins mit der göttlichen Natur des Logos im ersten Augenblick der Empfängnis mitgeteilt das unendliche und wahrhaft göttliche Wissen aller Dinge, welches er jedoch im Stande der Erniedrigung nicht immer und allenthalben, sondern frei, wann und wo er wollte, gebraucht hat." (übersetztes Zitat aus David Hollaz, Examen theologicum acroamaticum, [4]1725).

[103] Hier ist R.BULTMANN, Das Verhältnis der urchristlichen Christusbotschaft zum historischen Jesus, S.453, Recht zu geben, wenn er sagt: „Die Kombination von historischem Bericht und kerygmatischer Christologie in den Synoptikern hat ja nicht den Sinn, das Christus-Kerygma durch die Historie zu legitimieren, sondern umgekehrt, die Geschichte Jesu als messianische sozusagen zu legitimieren". In der Tat verdankt sich die synoptische Jesus-Darstellung einem – unter antiken Voraussetzungen stehenden – Bemühen, die Einheit der Offenbarung in Jesus Christus – also in historischem Jesus und nachösterlichem, im Kerygma bezeugten Christus – sicherzustellen.

wird göttliche Allwissenheit zugeschrieben. Doch so erliegt – zumindest unter nach-aufklärerischen Voraussetzungen – ein solcher christologischer Anatz der Gefahr des Doketismus, da die Begrenztheit der Erkenntnis geradezu eine anthropologische Grundkonstante ist. Dieser Grundsatz der historisch-kritischen Forschung, der auch dazu führte, die Leidens- und Auferstehungsweissagungen zumindest zu einem Teil als vaticinia ex eventu zu verstehen, muss also zugleich das christologische Denken selbst bestimmen. Damit nötigt aber die Einsicht in den mit Ostern gegebenen Erkenntnisgewinn und das Festhalten am anthropologischen Grundsatz von der Begrenztheit menschlichen Erkennens zu der christologischen Annahme, dass Jesus von Nazareth kein vollkommenes Wissen um die ganze Offenbarung besaß.[104] Es kann nicht „ausbleiben, dass der historische Jesus eine eminent kritische Funktion ausübt gegenüber der traditionellen Gestalt der Christologie."[105]

Diese christologische Grundeinsicht bildet somit den entscheidenden Grund dafür, dass der historische Jesus nicht der einzige und allein hinreichende Grund für das christliche Glaubenszeugnis sein kann.[106] Dieser Weg wurde von der liberalen Leben-Jesu-Forschung in antidogmatischer Stoßrichtung versucht und scheiterte, was nicht verhinderte, dass zahlreiche in den letzten Jahren erschienene, meist populärwissenschaftlich angelegte – und zum Teil immer noch antikirchlich ausgerichtete – Jesus-Bücher denselben Weg einschlagen.[107] Auch einige amerikanische Autoren[108] des Third

---

[104] Dieser Ansatz steht in der Tradition einer dyophysitischen Christologie, die sich bis hinein in die reformierte Orthodoxie zieht. Vgl. dazu E.HIRSCH, Hilfsbuch zum Studium der Dogmatik, S.406: „Christus hat zwei Verstande (intellectus) gehabt, einen göttlichen, dadurch er alles wußte, Joh. 21 17, und einen menschlichen, dadurch er einiges nicht wußte, Mark. 13 32." (übersetztes Zitat aus Wilhelm Amesius, Medulla theologica, 1659). Im Hintergrund steht der auch der historischen Kritik zugrundeliegende anthropologische Grundsatz finitum incapax infinitum. Doch bezieht die Christologie der reformierten Orthodoxie diese Begrenzung des Wissens des irdischen Jesus nicht auf heilsrelevante Inhalte, wie sie im nachösterlichen Kerygma zum Ausdruck kommen. Eine von der historischen Jesus-Forschung kommende Christologie stellt so auch die Christologie der reformierten Orthodoxie in Frage.

[105] G.EBELING, Historischer Jesus und Christologie, S.305. Vgl. auch W.REBELL, Jesus, S.65 und R.HAIGHT, Jesus Research and Faith, S.80: The „divinity of Jesus [...] must be imagined as within or as a dimension of the integral human beeing Jesus of Nazareth" (vgl. auch S.74 und S.81).

[106] Ohne die Annahme eines realen Erkenntnisgewinns durch Ostern würde Ostern überflüssig – vgl. den Einwand N.WALTERS, „Historischer Jesus" und Osterglaube, Sp.327 gegen J.JEREMIAS.

[107] Vgl. dazu H.F.WEISS, Kerygma und Geschichte, S.11f und R.HEILIGENTHAL, Lebensweg Jesu, S.16-29; ders., Der verfälschte Jesus, S.64-148.

[108] So die kritische Analyse von L.T.JOHNSON, The Real Jesus, S.1-56: Nach JOHNSONS Einschätzung verbindet die Werke von J.D.CROSSAN, B.WITHERINGTON III, R.FUNK, B.Mack,

Quest for the Historical Jesus – und neuerdings auch wieder deutsche Forscher[109] – stehen diesem Vorgehen nahe. Eine wissenschaftlich-theologische Wiederbelebung fand dieser Ansatz bereits in den 60er Jahren des 20. Jahrhunderts bei JOACHIM JEREMIAS, dabei allerdings mit dem Vorsatz, die Konformität mit der dogmatischen Tradition zu wahren.[110] JEREMIAS versucht, die normative Offenbarung auf den historischen Jesus zu begrenzen, indem er Jesus von Nazareth als Ruf versteht und das nachösterliche Kerygma der Gemeinde als die Antwort, die sich ganz und gar aus dem Ruf Jesu ergibt und diesen höchstens noch entfaltet.[111] Aber auch dieser Ansatz setzt eine Christologie voraus, die von der Vollkommenheit der im irdischen Jesus gegebenen Offenbarung ausgeht. So gerät JEREMIAS, der ja die wesentlichen Inhalte des nachösterlichen Kerygmas festhalten will, in die Zwangslage, diese Inhalte beim historischen Jesus selbst nachweisen zu müssen.[112] Seine historisch-kritische Rückfrage nach Jesus steht folglich von Anfang an in einer apologetischen Verteidigungsstellung. Faktisch lässt sich JEREMIAS dann

---

M.J.BORG und anderen the „apparent assumption that 'the human vision' of Jesus is somehow to be the norm for 'the new vision' that shapes Christian discipleship.“ (S.41). Vgl. auch das Urteil von H.A.BREHM, Will the Real Jesus Please Stand?, S.12: „Ironically, some of the participants in this movement have gone back to the starting point of the original 'Quest of the Historical Jesus'.“

[109] So W.ZAGER, Jesus und die frühchristliche Verkündigung, S.8-10. ZAGER begründet den Rückgriff auf den historischen Jesus mit der Unglaubwürdigkeit der Faktizität der Auferstehung (S.8, vgl. S.71-86), der Existenz der Evangelientradition (S.9) und dem modernen Geschichtsbewusstsein (S.9). Völlig unbegründet bleibt dann aber seine Behauptung, dass so dennoch „nicht der christliche Glaube vom jeweiligen Stand der historischen Jesusforschung abhängig gemacht werden“ müsse (S.9).

[110] JEREMIAS verbindet damit einen revolutionären Ansatz mit konservativen Inhalten. Vgl. dazu E.KÄSEMANN, Sackgassen, S.41. Zur Darstellung und Kritik des Ansatzes von JEREMIAS vgl. H.F.WEISS, Kerygma und Geschichte, S.14f und J.ROLOFF, Das Kerygma und der irdische Jesus, S.35-38.

[111] Vgl. J.JEREMIAS, Der gegenwärtige Stand der Debatte, S.24f: „So gewiß beides zusammengehört, das Evangelium Jesu und das Glaubenszeugnis der Urkirche, und keine von beiden Größen isoliert werden darf, so steht doch – und auf diese Erkenntnis kommt es entscheidend an – beides nicht auf derselben Stufe. Das Evangelium Jesu und das Kerygma der Urkirche dürfen nicht nivelliert werden, sondern sie verhalten sich zueinander wie Ruf und Antwort. Das Leben, Wirken und Sterben Jesu, das Vollmachtswort dessen, der Abba sagen durfte, der in Gottes Vollmacht die Sünder an seinen Tisch rief und der als der Gottesknecht ans Kreuz ging, ist der Ruf Gottes. Das Glaubenszeugnis der Urkirche, der geistgewirkte Chor der tausend Zungen ist die Antwort auf Gottes Ruf. [...] Die Antwort ist vom Geiste Gottes gewirkt, aber sie steht dem Ruf nicht gleich. Das entscheidende ist der Ruf, nicht die Antwort. Das vielfältige Glaubenszeugnis der Urgemeinde, des Paulus, des Johannes, des Hebräerbriefes ist zu messen an der Verkündigung Jesu.“

[112] Unter anderem versucht JEREMIAS darum historisch-kritisch nachzuweisen, dass der historische Jesus bereits ein messianisches Selbstverständnis gehabt und seinen Tod als heilseffektives Sühneleiden verstanden habe (vgl. Neutestamentliche Theologie, S.239-284 – dazu auch E.KÄSEMANN, Sackgassen, S.41).

vom nachösterlichen Kerygma her die Ergebnisse seiner historisch-kritischen Jesus-Forschung vorgeben. Verließe er diesen Rahmen, dann würde er mit seinem Ansatz jede Bemühung um die Formulierung des christlichen Glaubenszeugnisses völlig abhängig machen von allen Detailergebnissen der historisch-kritischen Jesus-Forschung.[113] Dies wäre – bei dem in diesem Feld zu beobachtendem Wechsel der Meinungen – äußerst problematisch.

Nun ist aber noch eine zweite notwendige Abgrenzung zu vollziehen. So wenig die historische Figur Jesus von Nazareth allein hinreichender Zugang zu der in Jesus Christus geschehenen Offenbarung sein kann, so wenig kann nun andererseits das nachösterliche Gemeindekerygma, in dem sich die Geisterfahrungen der apostolischen Zeugen mit dem auferstandenen und erhöhten Christus niederschlagen, allein und nur für sich genommen zur Norm für das christliche Glaubenszeugnis gemacht werden.[114] Denn dies wiederum würde voraussetzen, dass wir in diesem apostolischen Zeugnis die ganze Offenbarung in Jesus Christus in der Hand haben. Nun ist zwar dem auferstandenen und erhöhten Christus, der in diesem apostolischen Zeugnis zugänglich ist, die volle Erkenntnis der Offenbarung zuzurechnen, nicht aber den Aposteln. Denn wo der Geist wirkt, ist er immer auch vermischt mit Ungeist.[115] Was vom Geist, der im Gottesvolk am Wirken ist, zu sagen ist, gilt grundsätzlich auch vom apostolischen Geist.[116] Auch das apostolische

---

[113] So auch E.KÄSEMANN, Sackgassen S.35-37; N.WALTER, „Historischer Jesus“ und Osterglaube, Sp.327 und J.ROLOFF, Das Kerygma und der irdische Jesus, S.35f.

[114] So auch W.THÜSING, Ntl. Theologien, S.29-32. THÜSINGS Argumentation ist jedoch problematisch, weil sie vorwiegend geistesgeschichtlich vorgeht. Allein sein Rückgriff auf die Auferweckung Jesu – verstanden als göttliche Bestätigung des Anspruchs und der Intention Jesu (S.31) – lässt die notwendige christologische Begründung erahnen.
Einen weiteren Versuch einer historischen Begründung der Notwendigkeit der historischen Rückfrage nach Jesus finde sich bei J.JEREMIAS, Der gegenwärtige Stand der Debatte, S.18f (zur Kritik: vgl. E.KÄSEMANN, Sackgassen, S.33). JEREMIAS rekurriert darauf, dass das nachösterliche Kerygma ja in einer historischen Kontinuität zum historischen Jesus stehe und sich in seinen Inhalten auf die Figur des historischen Jesus beziehe. „Wir können offensichtlich die paulinische Verkündigung nicht verstehen, ohne die Verkündigung Jesu zu kennen“ (J.JEREMIAS, S.19). Doch lässt sich die paulinische Verkündigung historisch auch nicht richtig verstehen ohne Kenntnisse über das jüdische und hellenistische Denken der frühen Kaiserzeit. Deshalb wird diesem Denken aber noch nicht kanonische Geltung zuzurechnen sein!

[115] Aus der Einsicht, es „ging und geht in der Kirche Jesu Christi allezeit sehr menschlich zu, am menschlichsten aber und eigenmächtigsten immer dort, wo Pneumatiker das Wort führen“ (E.STAUFFER, Irrelevant?, S.59), zu folgern, dass nicht ein pneumatisches Christus-Bild, sondern *allein* ein historisches Jesus-Bild für das christliche Glaubenszeugnis von Bedeutung sei (STAUFFER, S.59-61), überzieht diese Relativierung des apostolischen Zeugnisses.

[116] E.KÄSEMANN, Sackgassen, S.55 urteilt darum richtig, wenn er behauptet, das Urchristentum hätte den Rückgriff auf die Lehre des historischen Jesus – bzw. dessen, was nach damaligem Verständnis dafür gehalten wurde – vollzogen, um „kritisch rechte von falscher Botschaft zu trennen.“ Denn um der Ganzheit der Offenbarung willen, die eben im apostoli-

Zeugnis ist also nicht einfach mit der in Jesus Christus geschehenen Offenbarung zu identifizieren. Der von MARTIN KÄHLER[117] eingeschlagene Weg,[118] die Erkenntnis Jesu Christi allein im nachösterlichen Gemeindekerygma zu suchen und die Überlieferung der Evangelien lediglich als historisierende Illustration dieses Kerygmas zu betrachten, ist also ebenfalls versperrt.[119] Denn der Ansatz allein beim nachösterlichen Kerygma[120] traut dem apostolischen Zeugnis eine Vollkommenheit zu, die er dem historischen Jesus

---

schen Zeugnis auch nicht unverfälscht vermittelt wird, bedarf es des historischen Jesus als Gegenanker, der das Richtige bestätigt und das Problematische korrigiert.

[117] In einer Abwehrbewegung gegen die liberale Leben-Jesu-Forschung stehend geht M.KÄHLER zur Gegenposition über: Für ihn gründet der Glauben nur im Kerygma von der Auferstehung und Erhöhung des menschgewordenen Gottessohnes. Die Erzählüberlieferung vom historischen Jesus hat für diesen Glauben nur noch illustrative Funktion. Ob sie historische Faktizität besitzt, ist letztlich irrelevant, da sie als Hinweis auf das Wesen des Erhöhten verstanden wird. Vgl. dazu M.KÄHLER, Der sogenannte historische Jesus, S.80: „unseren Glauben an den Heiland weckt und trägt die kurze und bündige apostolische Verkündigung von dem erhöhten Gekreuzigten. Zum gläubigen Verkehr aber mit unserem Heilande hilft uns die Erinnerung seiner Jünger, die sich im Glauben ihnen einprägte, die sein Geist in ihnen erneute und klärte, die sie als den höchsten Schatz ihres Lebens vererbten." Zu KÄHLERS Ansatz und dessen Problematik vgl. J.ROLOFF, Das Kerygma und der irdische Jesus, S.9-13.

[118] Eine Parallele zu KÄHLERS Ansatz findet sich bei L.T.JOHNSON, The Real Jesus – vielleicht auch durch eine ähnliche Frontstellung bedingt (vgl. S.141). So kann JOHNSON zuspitzen: „Christians direct their faith not to the historical figure of Jesus but to the living Lord Jesus." (S.142) „[...] the 'real Jesus' is the one who is now alive and powerfully present, through the Holy Spirit, in the world and in the lives of human beings. The Gospel, therefore, provide access to the 'real Jesus' precisely insofar as they reflect the preception of him by postresurrection existence." (S.144).

[119] Problematisch ist in dieser Hinsicht auch der von P.STUHLMACHER (Jesus als Versöhner, S.95-103 und Biblische Theologie des NT, S.46-50) entwickelte Ansatz, der zwar die historische Jesus-Forschung zulassen will, sie jedoch lediglich als „wissenschaftlich verantwortete Annäherung an Wort und Werk des irdischen Jesus" (Bibl. Theologie, S.50) versteht. Die Inhalte des Glaubenszeugnisses will auch STUHLMACHER sich allein vom biblischen Christuszeugnis vorgeben lassen. So kann für ihn „nur der irdische (und nicht der historische) Jesus Inhalt des Glaubens sein." (Bibl. Theologie, S.49). Stuhlmacher gerät so – ähnlich wie J.JEREMIAS – von vornherein in eine apologetische Verteidigungsstellung, die die Authentizität der Jesus-Überlieferung in allen kerygmatisch relevanten Punkten (z.B. Messiasbewusstsein, Jesu Todeserwartung und Todesdeutung) verteidigen muss.

[120] Hier noch nicht zu besprechen ist der Ansatz R.BULTMANNS und seiner diesem Ansatz konsequent folgenden Schüler G.STRECKER, H.CONZELMANN (mit Einschränkung), W.SCHMITHALS, S.SCHULZ und A.LINDEMANN (vgl. dazu S.SCHULZ, Der historische Jesus, S.22). Zwar findet sich bei all diesen Autoren auch ein Ansatz allein beim nachösterlichen Kerygma, doch besitzt dieses als Aussage über die Bedeutung des Kreuzestodes Jesu einen Rückbezug auf den historischen Jesus. Insgesamt findet sich bei diesen Autoren eine doppelte Reduktion: Sowohl die Verkündigung des historischen Jesus als auch weite Teile der apostolischen Verkündigung außerhalb des eigentlichen Christuskerygmas werden für das christliche Glaubenszeugnis irrelevant. Zur genaueren Darstellung dieser Position und ihrer Kritik vgl. Abschnitt 2.3.3.3.

verweigert. Auch so wird die Einheit der historischen Figur Jesus von Nazareth mit dem auferstandenem und erhöhtem Christus aufgegeben. JEREMIAS hat also Recht, wenn er den Verzicht auf die Frage nach dem historischen Jesus als Beseitigung des „Skandalons der Menschwerdung" bezeichnet.[121]

Aus diesen beiden Abgrenzungen ergibt sich, dass die in Jesus Christus gegebene Offenbarung nur in einer doppelten, jeweils gebrochenen Gestalt zugänglich ist. In der historischen Figur Jesus von Nazareth, die aber noch nicht die ganze Offenbarung bringt, und im apostolischen Zeugnis vom auferstandenen und erhöhten Herrn, das nun aber auf Grund der anthropologischen Differenz zwischen Mensch und Gott ebenfalls nicht direkt mit der in Jesus Christus geschehenen Offenbarung gleichzusetzen ist.[122] Erst beides zusammen, der historische Jesus und das apostolische Zeugnis vom auferstandenen und erhöhten Christus ergeben die ganze, uns zugängliche Offenbarung in Jesus Christus.[123] So bedingt die Identität der Person Jesu Christi in vor- und nachösterlicher Existenz die sachliche Einheit beider Erkenntniswege. Wir können um so gewisser sein, die in Jesus Christus gegebene Offenbarung vor uns zu haben, wo historischer Jesus und das apostolische Zeugnis vom auferstandenen und erhöhten Christus zusammenstimmen.[124] Das sachliche Zusammenstimmen mit dem historischen Jesus und dem Zeugnis vom auferstandenen und erhöhten Christus – nicht unbedingt die wörtliche Übereinstimmung in der Formulierung – ist somit das entscheidende Wahrheitskriterium für die Erarbeitung von kerygmatischen Grundsätzen, die die hermeneutische Funktion der „Mitte der Schrift" ausüben. Das Bekenntnis, dass die historische Figur Jesus von Nazareth und der auferstandene und erhöhte Christus ein und derselbe und erst in dieser Doppelung die zentrale Offenbarung Gottes ist, nötigt also dazu, das christliche Glaubenszeugnis aus dieser Einheit von historischem Jesus und nachösterlichem Christus her zu gewinnen.

---

[121] J.JEREMIAS, Der gegenwärtige Stand der Debatte, S.19f.

[122] In dieser Doppelung sollte es auch möglich sein, die Forderung von H.WEDER, Das Kreuz Jesu bei Paulus, S.16f zu erfüllen: „Es wird alles darauf ankommen, die theologische Relevanz des Historischen so zur Sprache zu bringen, dass die an Jesus orientierte Rede von Gott die Geschichte Jesu nicht dadurch überspringt, dass diese für die Rede von Gott entweder unerheblich oder zu einer bloß formalen Voraussetzung gemacht wird. [...] Andererseits kommt alles darauf an, die theologische Relevanz des Historischen so zur Sprache zu bringen, dass die Rede von Gott nicht im Historischen aufgeht, indem die Geschichte Jesu zum einzig Maßgebenden für die Rede von Gott wird. Dann wäre der Glaube ein Glaube an eine Geschichte."

[123] Ähnlich auch W.THÜSING, Ntl. Theologien, S.28f.

[124] Vgl. dazu H.F.WEISS, Kerygma und Geschichte, S.71: „Die Frage des Urchristentums nach der Identität des Auferstandenen mit dem Irdischen ist für uns zur Frage nach der Kontinuität zwischen der vergangenen Geschichte Jesu und dem Christuskerygma der nachösterlichen Gemeinde geworden."

2.3 Differenzierte Klärung der Relevanz historischer Rückfrage nach Jesus für das christliche Glaubenszeugnis

Die sprachanalytischen Überlegungen in Abschnitt 2.1 ergaben, dass bei der Vergegenwärtigung vergangener Offenbarung kategoriale Unterschiede zwischen erzählter Offenbarungsgeschichte und überlieferten Offenbarungsworten bestehen. Die christologischen Überlegungen in Abschnitt 2.2 machten deutlich, dass die Offenbarung in Jesus Christus nur in der Doppelung von historischem Jesus und apostolischem Kerygma ganz erfasst werden kann. Durch die Verbindung beider Einsichten[125] wird eine differenziertere Klärung der Relevanz der historischen Rückfrage nach Jesus für das christliche Glaubenszeugnis möglich.[126]

---

[125] Von hier aus ist die Schwäche der Argumentation W.THÜSINGS, Ntl. Theologien, S.15-53 zu erkennen. THÜSING weiß zwar darum, dass nur im Rückbezug auf den historischen Jesus *und* das nachösterliche Kerygma Kriterien für die Beurteilung der neutestamentlichen Christologien – also die Mitte der Schrift – zu finden sind. Doch fehlt ihm die oben vorgenommene sprachanalytische Unterscheidung. Dadurch kann er nicht wahrnehmen, dass nachösterliche Lehre einen anderen Bezug zum historischen Jesus hat als Deutungen seines Geschicks.

[126] Eine solche Verbindung sprachanalytischer und christologischer Überlegungen findet sich auch bei H.DIEM, Der irdische Jesus und der Christus des Glaubens.
DIEM unterscheidet zunächst „Geschichte" von „Historie": „Unter *Geschichte* verstehen wir einfach die geschehene Geschichte, in unserem Fall also das Geschehen dieser Verkündigungsgeschichte, in welcher sich nach deren eigener Aussage Offenbarung als die Geschichte des sich selbst verkündigenden Jesus Christus ereignet. Unter *Historie* verstehen wir nicht die geschehene Geschichte selbst, sondern das ἱστορεῖν derselben in dem schon genannten Sinn des *Kennenlernens und In-Erfahrungbringens und Berichtens über das Erfahrene.*" (S.224; Hervorhebungen hier und in folgenden Zitaten durch DIEM). Bei der folgenden Verwendung des Begriffs der Historie scheinen bei DIEM jedoch die Momente der Überlieferung und der Interpretation ineinanderzufließen. Diese Vermengung und die mangelnde Unterscheidung der beiden Arten der Offenbarung bringen dann Probleme in DIEMS weiterer Argumentation mit sich.
DIEM kann – unter Einbeziehung christologischer Überlegungen – die neutestamentliche Verkündigungsgeschichte dann folgendermaßen beschreiben: „Nun liegt die besondere Schwierigkeit aber darin, daß *in dieser Verkündigungsgeschichte selbst schon Geschichte und Historie in eigenartiger Weise ineinander übergehen.* Sie gehen insofern ineinander über, als es in dieser Geschichte zwei Phasen gibt, die streng zu unterscheiden und dennoch historisch nicht auseinanderzuhalten sind: 1. das Handeln und die Verkündigung des irdischen Jesus selbst und 2. die Verkündigung von seinem Handeln und seiner Verkündigung. Beides ist nach den Selbstverständnis dieser Verkündigungsgeschichte darum streng zu *unterscheiden,* weil die erstere Geschichte in ihrer kontingenten Einmaligkeit, in ihrem ἐφ' ἅπαξ der Real- und Erkenntnisgrund für die zweite Geschichte, die Geschichte der Verkündigung von dieser ersten Geschichte ist. Beides ist aber darum historisch *nicht auseinanderzuhalten,* weil derselbe Jesus Christus auch das handelnde Subjekt der zweiten Geschichte, der Geschichte der Verkündigung von ihm ist. Diese zweite Geschichte ist damit einerseits schon Historie der ersten Geschichte und andererseits zugleich uns als solche die Fortset-

Ein Grund für die Komplexität der Problemlage besteht darin, dass die neutestamentliche Jesus-Überlieferung ein Ineinander darstellt von historischer Erinnerung an das Wirken und das Geschick Jesu von Nazareth und nachösterlicher Erfahrung mit dem auferstandenen und erhöhten Christus.[127] Seit dem Aufkommen der historisch-kritischen Forschung ist es nun nicht mehr einfach möglich, den historischen Jesus mit der neutestamentlichen Darstellung des irdischen Jesus zu identifizieren. Wenn wir darum die biblische Überlieferung der in Jesus Christus geschehenen Offenbarung betrachten, dann sind – in Aufnahme der oben bereits gemachten Unterscheidung verschiedener Arten von Erzählungen[128] – innerhalb der ganzen Jesus-Überlieferung drei verschiedene Typen zu unterscheiden:

(α) Überlieferungen – bzw. auch Darstellungen, die aus den Quellen historisch-kritisch rekonstruiert werden können –, die tatsächliche Fakten aus dem Wirken des historischen Jesus in Tat und Wort und sein Geschick wiedergeben (hier sind die historischen Erzählungen einzureihen).

(γ) Überlieferungen, die das nachösterliche Kerygma der apostolischen Zeugen wiedergeben (hier sind auch die transzendenten Ostererzählungen einzureihen bzw. die Rede von Präexistenz, Inkarnation, Auferstehung, Erhöhung und erwarteter Parusie).

---

zung derselben, also neue und zugleich mit der ersten identischen Geschichte." (S.225). Diems Beschreibung der Verkündigungsgeschichte unterschlägt, dass die nachösterliche Verkündigung sich nicht nur auf den Real- und Erkenntnisgrund, den die vorösterlichen Geschichte darstellt, sondern auch auf eigene im Geist gemachte Erfahrungen gründet. Außerdem scheint bei ihm nur eine deutende Vergegenwärtigung des Geschicks Jesu in der nachösterlichen Verkündigung und nicht die apostolische Auslegung seiner Lehre im Blick zu sein – hier schlägt sich die fehlende Differenzierung im Offenbarungsbegriff nieder.
Trotz dieser zu kritisierenden Punkte kann Diem aber die Relevanz historischer Forschung herausarbeiten: „Und was ist nun die *historische Wahrheitsfrage*, die an diese Verkündigung zu stellen ist? Sie kann in nichts anderem bestehen als in der *Frage nach der Kontinuität dieser Geschichte*. Und diese *Kontinuität* kann wiederum in nichts anderem bestehen als in der *Identität des sich selbst verkündigenden Jesus Christus*, d. h. darin, daß dieser sich durchhält in der Variation der Verkündigung, wie sie bedingt ist durch den Wechsel der Zeiten und damit der verkündigenden Personen und der Verkündigungssituationen." (S.225f). Diese historische Wahrheitsfrage ist für Diem zugleich auch die „*theologische* Wahrheitsfrage" (S.226). Denn wo die sachliche Kontinuität innerhalb der vor- und nachösterlichen Verkündigungsgeschichte aufscheint, wird der sich selbst verkündigende Jesus Christus – also die Offenbarung in Jesus Christus – sichtbar. Damit kann Diem die theologische Relevanz der Forschung nach historischer Kontinuität begründen, die oben als Zusammenstimmen von historischem Jesus und apostolischem Zeugnis bezeichnet wurde. Eine weitere Klärung, wie sie oben versucht wird, ist Diem aber auf Grund der fehlenden Differenzierungen nicht möglich.

[127] Wie immer wieder betont wird, drückt sich in diesem Ineinander die Überzeugung von der Identität des irdischen Jesus mit dem auferweckten und erhöhten Christus aus – vgl. z.B. H.Diem, Der irdische Jesus und der Christus des Glaubens, S.225.

[128] Vgl. Abschnitt 2.1.2.2.

und zwischen beidem stehend:

(β) Überlieferungen, die von nachösterlichen Einsichten her die Darstellung des vorösterlichen Jesus gestalten und so fiktionale oder mythische Geschichten von Jesus erzählen oder Jesus Worte in den Mund legen, die der historische Jesus nicht gesagt hat (hier sind fiktionale und mythische Erzählungen einzureihen).

Die historisch-kritische Forschung hat es sich zur Aufgabe gemacht, zwischen (α) und (β) eine Trennlinie zu ziehen. Nach mehr als 200 Jahren historisch-kritischer Jesus-Forschung lässt sich das Ergebnis dieser Forschung folgendermaßen einschätzen: Es ist zwar in vielen Fällen nicht möglich, die Grenze zwischen (α) und (β) eindeutig und unumstritten zu markieren, aber dennoch lassen sich eine ganze Reihe von Überlieferungen eindeutig (α) oder (β) zuordnen.[129] Vor allem in der Rekonstruktion der Verkündigung Jesu hat die historisch-kritische Forschung – bei allen Differenzen im Detail – heute einen gewissen Konsens erreicht. Dagegen ist in der Frage nach der biographisch-psychologischen Entwicklung Jesu die Forschung seit SCHWEITZERS „Geschichte der Leben-Jesu-Forschung" zur Einsicht gekommen, dass hier die Quellen außer schemenhaften Umrissen fast keine historisch gesicherten Aussagen zulassen.[130] Zu dieser Forschungslage gesellt sich das nach-aufklärerische historische Bewusstsein, das es verbietet, auf die grundsätzliche Differenzierung zwischen (α) und (β) zu verzichten.[131]

Eine zweite kategoriale Differenzierung ergibt sich aus der in Abschnitt 2.1.1 vorgenommenen Unterscheidung zwischen der Offenbarung in Geschehnissen und der Offenbarung in Worten.

In der neutestamentlichen Überlieferung finden sich so:

(a2) Erzählungen von Geschehnissen mit Offenbarungscharakter
(a3) Deutungen von solchen Geschehnissen
(b2) Aufzeichnungen von Offenbarungsworten
(b3) Auslegungen von Offenbarungsworten

Beide kategorialen Differenzierungen überschneiden sich. Die neutestamentliche Überlieferung lässt sich folglich formal in zwölf Einzelkategorien

[129] So wird keine ernst zu nehmende historisch-kritische Forschung heute die Historizität der Jungfrauengeburt oder der Auferweckung des Lazarus vertreten oder behaupten, Jesus habe sich selbst als „Messias" ausgerufen. Die Zuweisung zu (β) ist in diesen beiden Fällen offensichtlich. Umgekehrt ist es unumstritten, dass der historische Jesus das Nahegekommensein der Gottesherrschaft verkündigte und unter Pontius Pilatus am Kreuz hingerichtet wurde; die Zuweisung dieser Überlieferungen zu (α) ist sicher.

[130] Vgl. G.THEISSEN/A.MERZ, Jesus, S.25.

[131] Der gegenwärtige Trend in der exegetischen Forschung, sich der historischen Frage nach dem Ursprung der Texte nicht mehr zu stellen (so z.B. bei K.BERGER, Wer war Jesus wirklich?, S16f), wird die historische Frage nach Jesus kaum zum Verstummen bringen, weil hier eine wirkliche Sachfrage aufgeworfen ist, die nicht durch Ignorienen gelöst wird.

aufteilen. Diese Differenzierung ist notwendig, um zu einer befriedigenden Klärung der Frage nach der Bedeutung des historischen Jesus für das Kerygma zu gelangen.[132]

Die zwölf Einzelkategorien lassen sich folgendermaßen in einer Tabelle darstellen:

	α: historischer Jesus	β: fiktionaler Jesus	γ: nachösterlicher Christus
a2: Erzählungen von Offenbarungsgeschehen	tatsächliches Wirken und Geschick Jesu α – a2	fiktionale und mythische Erzählungen über Jesus β – a2	Erfahrungen mit dem Auferstandenen γ – a2
a3: Deutungen von Erzählungen	Selbstverständnis Jesu[133] α – a3	Jesus in den Mund gelegte Selbstdeutungen β – a3	Deutungen des vor- und nachösterlichen Geschicks Jesu γ – a3
b2: Aufzeichnungen von Offenbarungsworten	Verkündigung Jesu α – b2	Jesus in den Mund gelegte Lehre β – b2	Lehre im Namen Christi[134] γ – b2
b3: Auslegungen von Offenbarungsworten	[135]	Jesus in den Mund gelegte Auslegung seiner Lehre[136] β – b3	Auslegung d. Lehre Jesu bzw. der apostol. Tradition [137] γ – b3

[132] Ein Blick auf die Diskussion dieser Frage in den zurückliegenden 40 Jahren lässt nämlich erkennen, dass die verschiedenen Positionen darum in Einseitigkeiten über das Ziel hinausschießen, weil sie die geforderte Differenzierung vermissen lassen.

[133] In dieses Feld gehören Deutungen des Wirkens und des Geschicks Jesu durch Jesus selbst. Solche Selbstdeutungen stellen – ob sie nun explizit ausgesprochen wurden oder implizit zum Ausdruck kamen – das Selbstverständnisses Jesu dar.

[134] Ein Beispiel hierfür wäre die Charismenlehre des Paulus (1.Kor.12-14; Röm.12,3-8).

[135] Ob Teile der Jesus-Überlieferung ursprünglich einmal Jesu eigene Auslegung seiner Verkündigung darstellten, kann hier dahingestellt bleiben. Die Unterscheidung der auf Jesus zurückgehenden Wortüberlieferung in Offenbarungsworte und Auslegung derselben bringt eine überflüssige Differenzierung.

[136] Beispiele: die Auslegung des Gleichnisses vom Sämann (Mk.4,13-20); die Einfügung der Unzuchtsklausel Mt.19,9.

[137] Beispiel: die paulinischen Erwägungen zur Ehe (1.Kor.7), die Grundsätze Jesu auf-

Diese zwölf Einzelkategorien sind nun – in der Tabelle durch dickere Rahmung verdeutlicht – drei eigenständigen Teilaspekten der in Jesus Christus geschehenen Offenbarung zuzuordnen: der Verkündigung des historischen Jesus, der nachösterlichen Lehre der apostolischen Zeugen und dem gedeuteten Geschick Jesu Christi. Die Zuordnung gründet einerseits in der sprachanalytischen Unterscheidung zwischen Erzählungen von Offenbarungsgeschehen und Überlieferung von Offenbarungsworten. So ist zwischen ausgelegter Lehre und gedeutetem Geschick Jesu zu unterscheiden. Andererseits trennt diese Einteilung in drei Teilaspekte – allerdings nur im Bereich der Lehre – zwischen der Verkündigung des historischen Jesus und der nachösterlichen apostolischen Lehre. Warum im Bereich der Deutung des Geschicks Jesu keine Trennung – wohl aber eine Differenzierung – zwischen vor- und nachösterlichen Deutungen vorzunehmen ist, wird in Abschnitt zu begründen sein.

2.3.1 Die Verkündigung des historischen Jesus

Jesu Lehre, wie sie unter Anwendung der historischen Kritik rekonstruiert werden kann (α-b2), stellt einen ersten eigenständiger Teilaspekt der in Jesus Christus geschehenen Offenbarung dar. Nur so wird dem Grundsatz entsprochen, dass der historische Jesus einen eigenständigen und unverzichtbaren Zugang zu der in Jesus Christus gegebenen Offenbarung darstellt. Die Autoren der Evangelien geben dem Ausdruck, indem sie für ihr Glaubenszeugnis auf die Verkündigung des irdischen Jesus zurückgreifen.[138] Ausdrücklich wird im Missionsbefehl des Auferstandenen die Lehre des irdischen Jesus zur Norm gemacht (Mt.28,20). Auch Paulus rekurriert immer wieder auf die Lehre des irdischen Jesu (explizit 1.Kor.7,10; 9,14; 11,24f und 1.Thess.4,15; evt. auch Röm.14,14).[139] Offenbar war im ganzen Urchristentum – nicht nur in jenen Kreisen, die hinter der synoptischen Tradition stehen – der irdische Jesus als Lehrer und Prophet im Namen Gottes anerkannt.[140]

---

nehmen (1.Kor.7,10), über diese aber hinausgehend zu einer neuen Situation Stellung nehmen.

[138] Darum hat W.Schmithals, Das Bekenntnis zu Jesus Christus, S.75 sachlich wie auch historisch unrecht, wenn er behauptet, die Verkündigung des historischen Jesus – Schmithals spricht von unkerygmatischer Jesus-Überlieferung – habe „überhaupt nur mehr oder weniger zufällig in der zweiten oder dritten Generation Einlass in die kirchliche Tradition gefunden" und grundsätzlich seien die Evangelien auch verzichtbar gewesen.

[139] Daneben finden sich noch Bezugnahmen auf Jesu Lehre, die nicht ausdrücklich gekennzeichnet sind (z.B. Röm.12,14; 13,9; 1.Kor.6,7; Gal.5,14). Vgl. zum Ganzen G.Theissen/A.Merz, Jesus, S.65.

[140] So auch J.Roloff, Das Kerygma und der irdische Jesus, S.49.

Damit besitzt die historisch-kritische Frage nach der Verkündigung des historischen Jesus Relevanz für das christliche Glaubenszeugnis.[141] Für den faktischen Vollzug bedeutet dies allerdings nicht, dass das christliche Glaubenszeugnis unmittelbar darauf angewiesen ist, für jedes einzelne Jesus-Logion die Frage der Authentizität klären zu können – dies wäre auch weithin nicht möglich. Der eigenständige Teilaspekt der Offenbarung in Jesus Christus, wie er in der Verkündigung des historischen Jesus erkennbar wird, kann schon erfasst werden, wenn die Grundlinien dieser Verkündigung, die in historisch-kritischer Forschung sehr wohl zu rekonstruieren sind,[142] sichtbar werden. Da die nachösterliche Verkündigung der apostolischen Zeugen als weiterer Teilaspekt der in Jesus Christus geschehenen Offenbarung zu verstehen ist, kann und soll bei der Rekonstruktion der Verkündigung des historischen Jesus die Eigenheit dieser Verkündigung gerade gegenüber der nachösterlichen Verkündigung herausgearbeitet werden. In dieser Aufgabenstellung für die historisch-kritische Jesus-Forschung gründet auch das Recht des so genannten Differenzkriteriums,[143] sofern es in Hinblick auf die nachösterliche Verkündigung angewendet wird.

2.3.2 Die Verkündigung der apostolischen Zeugen

Die nachösterliche Verkündigung der apostolischen Zeugen – also das Neue Testament – setzt sich zunächst zusammen aus Offenbarungsworten, die im Namen des auferstandenen und erhöhten Christus gesprochen werden (γ-b2), und Auslegungen der überlieferten Lehre Jesu bzw. der apostolischen Lehre (γ-b3).[144] Auch Jesus in den Mund gelegte Lehre (β-b2) wird von der historisch-kritischen Forschung als Lehre im Namen des erhöhten Christus (γ-b2) begriffen. Ebenso sind Jesus in den Mund gelegte Auslegungen (β-b3) als Auslegungen im Namen des erhöhten Christus (γ-b3) zu verstehen. Zur nachösterlichen Lehre der apostolischen Zeugen sind auch

---

[141] Die Verkündigung des historischen Jesus besitzt eine historische Faktizität, die – zumindest teilweise – erreichbar ist. Darum wird historisch-kritische Jesus-Forschung – wie sie im Dialog mit nicht-christlicher Jesus-Forschung zu betreiben ist – nicht eine inhaltsleere Jesus-Gestalt rekonstruieren (so B.REICKE, Der Fleischgewordene, S.215). Die historisch-kritische Betrachtung der Verkündigung (und auch des Geschicks) Jesu muss nicht eine „ausdrücklich negative" sein, auch wenn sie zeitweise die distanzierte Haltung der „ungläubigen Augenzeugen" einnimmt (gegen B.REICKE, S.214).

[142] So die allgemeine Einschätzung seit Wiederaufleben der historisch-kritischen Jesus-Forschung in den 50er Jahren des 20. Jahrhunderts (G.THEISSEN/A.MERZ, Jesus, S.26 und S.31). Zu erwähnen ist, dass auch die Erforschung des nachösterlichen Kerygmas nicht unabhängig von historischen Wahrscheinlichkeitsurteilen geschehen kann. Auch dort lässt sich also nicht einfach eine „sturmfreie Festung" erreichen.

[143] Vgl. dazu Abschnitt 3.3.

[144] Unter (γ-b3) sind auch Auslegungen von nachösterlichen Offenbarungsworten einzuordnen, wie sie sich z.B. in der Redaktion apostolischer Tradition ereignet.

manche der fiktionalen und mythischen Erzählungen über Jesus zu rechnen (β-a2), insofern sie als Illustration einer Regel dienen, die als Offenbarungswort im Namen Christi zu verstehen ist.[145]

Sprachlich-logisch gesehen haben die genannten fünf Typen der neutestamentlichen Überlieferungen alle die Gestalt von aufgezeichneten Offenbarungsworten – auch wenn diese bei fiktionalen und mythischen Erzählungen erst in einer Deutung der Erzählung zu gewinnen ist. Diese fünf Felder sind also von grundlegend gleicher Gestalt und bilden zusammen den lehrhaften Teil des nachösterlichen Kerygmas.

Aus der Zuordnung nicht-authentischer Jesus-Worte (β-b2 und β-b3) sowie einiger fiktionaler und mythischer Erzählungen (β-a2) zur nachösterlichen Lehre ergibt sich, dass der Offenbarungsanspruch solcher Überlieferungen noch nicht dadurch hinfällig ist, dass die historisch-kritische Jesus-Forschung ihre nachösterliche Entstehung erweist.[146] Nachösterlich gebildete Jesus-Worte sind also gegenüber authentischen Jesus-Worten nicht auf Grund ihrer sekundären Entstehung theologisch abzuwerten.[147] Folglich ist das christliche Glaubenszeugnis auch nicht direkt davon abhängig ist, ob die historisch-kritische Forschung ein überliefertes Jesus-Wort für authentisch hält oder nicht,[148] noch wird das christliche Glaubenszeugnis durch jeden Wechsel der Forschungsmeinungen oder die Uneinigkeit hinsichtlich der Authentizitätsurteile bei vielen Jesus-Überlieferungen unmittelbar verunsichert.

2.3.3 Deutungen des Geschicks Jesu Christi

Das Geschick Jesu Christi hat zwar einen vorösterlichen und einen nachösterlichen Teil, ist jedoch als ein zusammenhängendes Geschehen zu deuten. Damit wird die geschichtsphilosophisch begründete Einsicht berücksichtigt, dass ein Geschehen erst von seinem Ende her angemessen verstanden und

---

[145] Hier wäre zum Beispiel die Erzählung von der Stillung des Seesturms (Mk.4,35-41/ Mt.8,23-27/Lk.8,22-25) anzuführen, die als Illustration des Aufrufs „Fürchte dich nicht, sondern vertraue auf Jesus Christus! Dann wirst du gerettet." (vgl. Lk.8,50) verstanden werden kann. Allerdings sind mit dieser Interpretation als Illustration eines Satzes noch nicht sämtliche Dimensionen der Sturmstillungserzählung ausgelotet.

[146] So auch W.REBELL, Jesus, S.50. Vgl. auch E.SCHWEIZER, Jesus, das Gleichnis Gottes, S.9: „Ich versuche als einer zu leben, der an ihn [Jesus] glaubt. Darum meine ich, dass was der Auferstandene nach Ostern zu seinen Jüngern gesprochen hat, keineswegs mit weniger Vollmacht gesagt ist als das, was der irdische Jesus verkündigt hat."

[147] Darauf weist zurecht hin H.F.WEISS, Kerygma und Geschichte, S.11f.

[148] Genau das fordert auch G.BORNKAMM, Geschichte und Glaube im NT, S.11f. Vgl. auch E.SCHWEIZER, Jesus, das Gleichnis Gottes, S.25: „Wenn wir damit rechnen – und das ist natürlich eine Frage des Glaubens –, dass Gottes Geist in der nachösterlichen Kirche am Werk war, dann ist es nicht mehr notwendig, die Grenzlinie zwischen dem irdischen Jesus und der Wirkung, die er auf seine Jünger ausübte, scharf zu ziehen."

gedeutet werden kann.[149] Hier bewirkt also der kategoriale Unterschied zwischen Offenbarung in Worten und Offenbarung in Geschehnissen eine Asymmetrie: Während die Verkündigung des historischen Jesus für sich selbst stehen kann und so einen eigenständigen Teilaspekt der Offenbarung in Jesus Christus darstellt, kann das Geschick Jesu erst vom Ende her – und dies heißt aus christlicher Sicht: von Ostern her – richtig erfasst werden. Das allein historisch greifbare Geschick Jesu vor Ostern kann keinen eigenständigen Teilaspekt der Offenbarung in Jesus Christus bilden. Damit wird das vorösterliche Geschick Jesu nicht irrelevant. Aber diese irdische Geschichte Jesu lässt sich nur angemessen als Teil der ganzen Geschichte Jesu verstehen.

So nun bilden die nachösterlich möglichen Deutungen des Geschicks Jesu (γ-a3) den dritten selbständigen Teilaspekt der in Jesus Christus geschehenen Offenbarung. Ähnlich wie bei Jesus in den Mund gelegter Lehre (β-b2) und deren Auslegung (β-b3) so sind auch Jesus in den Mund gelegte Selbstdeutungen (β-a3) als Ausdruck der nachösterlichen Verkündigung zu sehen und demnach als nachösterliche Deutungen des Geschicks Jesu (γ-a3) zu verstehen. Der historisch-kritische Nachweis der sekundären Entstehung solcher Selbstdeutungen Jesu – wie sie zum Beispiel bei den johanneischen Ich-bin-Worten vorliegt – zerstört also nicht ihre Qualität als Offenbarungsworte.

Die nachösterlichen Deutungen des Geschicks Jesu beziehen sich auf die Geschichte des historischen Jesus (α-a2), wie sie in historischen Erzählungen überliefert wird, und auf Erfahrungen mit dem Auferstandenen (γ-a2), wie sie in transzendentenErzählungen zum Ausdruck gebracht werden. Fiktionale und mythische Erzählungen über Jesus (β-a2) sind, wenn sie nicht als Illustration eines Offenbarungswortes verstanden werden, in historische oder transzendente Erzählungen (α-a2 bzw. γ-a2) zu transformieren.

Worin nun die Relevanz historischer Forschung für die Legitimität von Deutungen des Geschicks Jesu besteht, sollen die folgenden Abschnitte genauer erläutern.

2.3.3.1 *Die Vereinbarkeit nachösterlicher Deutungen des Geschicks Jesu mit dem Selbstverständnis des historischen Jesus*

Das Selbstverständnis Jesu (α-a3) – auch wenn es lediglich in historischer Rekonstruktion zugänglich sein mag – stellt die Selbstdeutung dar, mit welcher der vorösterliche Jesus sein Geschick deutet. Nachösterliche Deutungen des Geschicks Jesu (γ-a3 und β-a3) sollten mit diesem Selbstverständnis Jesu vereinbar sein, auch wenn sie über dieses hinausgehen können.

---

149 Vgl. hierzu Abschnitt 2.1.3.3 und H.WEDER, Hermeneutik, S.365-367 und S.384f.

Es wäre problematisch, wenn nachösterliche Deutungen der Person Jesu Christi dem Selbstverständnis des historischen Jesus direkt widersprächen.[150] Ein solcher Widerspruch zwischen Selbstverständnis Jesu und nachösterlichem Kerygma wäre zum Beispiel gegeben, wenn der historische Jesus, dem nachösterlich als präexistentem Gottessohn eine einzigartige Stellung gegenüber den Menschen zugeschrieben wurde, sich selbst als ein Rabbi gleichrangig neben anderen Rabbinen gesehen hätte. Es müsste dann behauptet werden, dass der historische Jesus sich seiner exklusiven Stellung nicht bewusst gewesen wäre und dass er folglich sich selbst grundsätzlich falsch verstanden hätte. Damit wäre eine Inkarnationschristologie kaum mehr möglich[151] und die christologische Reflexion müsste sich stark in Richtung einer adoptianischen Christologie bewegen, die Jesus als einen durch die Auferstehung bestätigten Propheten versteht.[152]

Diese Überlegungen machen deutlich, dass die historische Frage nach dem Selbstverständnis Jesu für die christologische Reflexion von großer Bedeutung ist.[153] Je mehr es gelingt,[154] das Selbstverständnis Jesu in die

---

[150] So auch S.KNUUTTILA, The Historical Jesus, S.133 im Anschluss an K.Ward.

[151] Vgl. die Formulierung von G.EBELING, Die Frage nach dem historischen Jesus, S.301: „Wäre zu erweisen, daß die Christologie keinen Anhalt habe am historischen Jesus, vielmehr eine Mißdeutung Jesu sei, so wäre die Christologie damit erledigt."

[152] Häufig werden in diesem Zusammenhang die Stellen Acta 2,36 und Röm.1,3f angeführt, an denen angeblich die Einsetzung in die Gottessohnschaft mit der Auferstehung verknüpft wird. Acta 2,36 spricht allerdings nicht von der Einsetzung Jesu in die Gottessohnschaft, sondern von seiner Erhöhung zum kommenden Herrn und Messias. Röm.1,4 spricht davon, dass Jesus durch die Auferstehung als Sohn Gottes ἐν δυνάμει eingesetzt sei. Offensichtlich wird aber vorausgesetzt, dass Jesus während seines vorösterlichen Lebens bereits – zumindest im Verborgenen – Sohn Gottes gewesen ist (vgl. L.GOPPELT, Der verborgene Messias, S.383 und M.HENGEL, Studies in Early Christology, S.6+11f). Von einer erst durch die Auferstehung gegebenen Gottessohnschaft, einer letztlich adoptianischen Christologie, weiß das Neue Testament also nichts. Eine adoptianische Christologie müsste sich dann schon ein gutes Stück weit vom Zeugnis des Neuen Testaments entfernen.

[153] Gegen H.THYEN, Der irdische Jesus und die Kirche, S.138, der in Aufnahme von Formulierungen aus der Diskussion behauptet: „Die Frage nach Jesu eigenem Glauben, nach seinem 'Selbstbewußtsein' – sei das nun messianisch gewesen oder nicht –, nach seinem 'Vollmachtsanspruch' und dergleichen geht aber den Glauben in der Tat 'nichts an'. Das hat Bultmann richtig gesehen."

[154] Daraus ist jedoch nicht mit H.SCHÜRMANN zu folgern, „die Kontinuität zwischen der Verkündigung Jesu und dem verkündigten Christus wäre letztlich erst gesichert, wenn diese Kontinuität – zumindest der Sache nach – in der Mitte des Kerygmas aufgezeigt werden könnte: daß die Heilsbedeutung des Todes Jesu nicht erst im nachösterlichen Kerygma, sondern in irgendeiner Weise bereits im Wissen und Wollen Jesu ihren Haftpunkt hat." (Jesu ureigenes Todesverständnis, S.275). Die hier – wie häufig auch anderswo – begegnende Weise, von der Kontinuität zwischen der Verkündigung des historischen Jesus und der nachösterlichen Verkündigung der Apostel zu reden, verschleiert mehr, als dass sie aufklärt. Kontinuität ist wahrhaftig notwendig, wenn die Einheit der einen Person Jesu Christi nicht

nachösterlichen Deutungen seines Geschicks „einzubetten“,[155] kann die Einheit von historischem Jesus und auferstandenem und erhöhtem Christus und damit die traditionelle, bereits im Neuen Testament begründete Christologie festgehalten werden.[156]

2.3.3.2 Die Angewiesenheit von Deutungen des Geschicks Jesu auf historische Fakten

Im Folgenden sind nun einige der nachösterlichen Deutungen des Geschicks Jesu exemplarisch zu betrachten. Die in Abschnitt 2.1.3 erarbeiteten Bedingungen für die Legitimität von Deutungen sind dabei auf jene nachösterlichen Modelle für die Deutung des Geschicks Jesu anzuwenden, die sich auf das Leben und Geschick des historischen Jesus beziehen, wie es in Erzählungen (α-a2) überliefert wird. Nur für solche Deutungsmodelle können historische Fragestellungen überhaupt relevant sein. Denn Deutungen, die sich auf im Geist gemachte Erfahrungen mit dem auferstandenen und erhöhten Christus (γ-a2) beziehen, haben Erfahrungen zur Grundlage, die der historischen Forschung nicht zugänglich sind. Dabei interessiert bei der folgenden exemplarischen Betrachtung einiger Deutungsmodelle vor allem die Frage, inwiefern diese Deutungsmodelle auf die Historizität verifizierbarer Tatsachen angewiesen sind.[157]

a) Deutung des Leidens und Sterbens Jesu als Sühnopfer oder Satisfaktion

Eine für die dogmatische Tradition besonders wichtige Deutung des Geschicks Jesu besteht darin, das Leiden und Sterben Jesu als Sühnopfer bzw. Satisfaktion für die menschliche Sünde zu verstehen.[158] Während sich die

---

einfach nur ein dogmatischer Satz ist. Kontinuität bedeutet aber nicht Deckungsgleichheit. So ist die Kontinuität zwischen beiden Größen noch nicht eo ipso gefährdet, wenn in der nachösterlichen Verkündigung eine Deutung des Todes Jesu vorgenommen wird, die sich beim historischen Jesus selbst noch nicht finden lässt. Es stellt sich allerdings die Frage, ob die Verkündigung des historischen Jesus eine solche Deutung möglich lässt oder ihr widerspricht. Erst das Letztere wäre christologisch problematisch.

[155] Die Metapher der Einbettung geht zurück auf E.KÄSEMANN, Sackgassen, S.34.

[156] Daraus darf aber nicht folgen: „Der historischen Forschung wird faktisch vorgeschrieben, welches Ergebnis sie haben soll. Sie muss zeigen, daß Jesus tatsächlich mit messianischem Anspruch auftrat, d.h. sie muss wesentliche Aussagen der Christologie auf Jesus zurückführen.“ (A.LINDEMANN, Jesus in der Theologie des NT, S.53).Doch ist zuzugestehen, dass das erkenntnisleitende Interesse „will change the balance of probabilities, particularly with regard to the fundamental character of those testimonies upon which human salvation is said to depend.“ (S.KNUUTTILA, The Historical Jesus, S.134f im Anschluss an K.WARD).

[157] Vgl. hierzu W.G.KÜMMEL, Das Problem des geschichtlichen Jesus, S.48f. KÜMMEL reduziert allerdings das nachösterliche Kerygma auf die Kategorie der Deutung.

[158] Zwischen beiden Deutungskonzepten besteht ein großer Unterschied und sie sollen hier nicht miteinander identifiziert werden (vgl. dazu z.B. I.U.DALFERTH, Der auferweckte Gekreuzigte, S.241-292). Die Deutungen des Todes Jesu als Sühnopfer bzw. als Satisfak-

Satisfaktionslehre des Schlusstyps 1 bedient (ein vergangenes Ereignis begründet – heilseffektiv – eine fortdauernde Wirklichkeit),[159] neigen die gegenwärtigen Interpretationen der neutestamentlichen Sühnopfer-Aussagen dazu, Jesu Tod mit Hilfe des Schlusstyps 2 (ein vergangenes Geschehen gibt – heilsbezeugend – eine übergeschichtliche Regel zu erkennen) für die Gegenwart bedeutsam zu machen.[160] Die Problematik beider Ansätze kann und muss hier nicht diskutiert werden,[161] da im gegenwärtigen Kontext allein die Frage nach der Relevanz historischer Tatsächlichkeit interessiert. Die Deutungen des Todes Jesu als Sühne oder Satisfaktion benutzen für die Pointenbildung das Modell des alttestamentlichen Sühnopfers oder das Modell der mittelalterlichen Satisfaktion. Bei beiden Modellen geht es darum, dass dem sühnenden Opfertier bzw. dem Satisfaktion Leistenden ein Leiden bewusst auferlegt wird, das für sich genommen nicht sein müsste. Ob dieses Leiden Sühne bzw. Satisfaktion bewirken kann, hängt schließlich davon ab, ob es von Gott, vor dem Sühne geleistet werden soll, bzw. von demjenigen, dem Satisfaktion gewährt werden soll, anerkannt wird.

Das Sterben Jesu als Sühne bzw. Satisfaktion zu deuten, setzt also die historische Tatsache voraus, dass Jesus einen gewaltsamen bzw. grundsätzlich vermeidbaren Tod erlitt. Hier ist die Legitimität der Deutung direkt abhängig von einem historischen Faktum, das allerdings – historisch gesehen – außerhalb jedes Zweifels steht. Das Sterben Jesu als Sühne bzw. Satisfaktion zu deuten, setzt aber nicht voraus, dass Jesus sein Leiden und Sterben selbst so verstanden hat.[162] Denn ob ein Leiden als Sühnopfer bzw. Satisfaktion anerkannt wird, ist von Gott bzw. dem Satisfaktion Empfangenden und nicht vom Selbstverständnis des Leidenden abhängig.

---

tion werden hier lediglich deshalb in einem Atemzug genannt, weil für sie ähnliche Bedingungen hinsichtlich der Historizität des gedeuteten Geschehens bestehen.

[159] Jesus hat durch seinen Tod bleibend Satisfaktion für Gottes verletzte Ehre geleistet und so eine neue Wirklichkeit geschaffen, die sowohl „rückwirkend“ (für die bereits Verstorbenen) als auch bis in die Gegenwart fortdauernd eine neue Gottesbeziehung ermöglicht (zu den Schlusstypen vgl. Abschnitt 2.1.3.4).

[160] Dies ist der Fall, wenn der Tod Jesu in der Weise als stellvertretendes Sühnopfer verstanden wird, dass durch ihn (in Analogie zum alttestamentlichen Opfer) deutlich wird, dass wir erstens vor Gott den Tod eigentlich verdient haben, dass zweitens Gott aber uns um seiner Gnade willen diese Strafe erlässt. So verstanden macht der Tod Jesu eine nicht selbstverständliche Regel deutlich, die beschreibt, wie Gott sich zu uns verhält, begründet aber keine neue Einstellung Gottes zum Menschen (zu den Schlusstypen vgl. Abschnitt 2.1.3.4). Zur Diskussion um eine Deutung des Todes Jesu als Sühnopfer vgl. z.B. I.U.DALFERTH, Der auferweckte Gekreuzigte, S.237-315.

[161] Es wäre in der Tat zu fragen, ob die Deutung des Todes Jesu im Sinne der Satisfaktionslehre mit dem neutestamentlichen Gottesbild vereinbar ist. Lässt sich denn sagen, dass Gott Satisfaktion braucht, um Menschen vergeben zu können?

[162] Auf die Frage, ob der historische Jesus seinen bevorstehenden Tod als stellvertretende Sühne verstand, wird noch in Abschnitt 7.1.3 zurückgekommen.

b) Deutung des Leidens und Sterbens Jesu als Entmachtung des Todes

Eine weitere Gruppe von Deutungsmodellen sieht Tod und Auferstehung Jesu als Entmachtung des Todes[163] bzw. als Sieg über die Zwänge der menschlichen Existenz:[164] Weil Gott sich in der Auferweckung Jesu als dem Tod und allen dem Leben entgegenstehenden Zwängen überlegen erwiesen hat, können auch wir in all unserer Bedrängnis darauf hoffen, dass wir darin nicht untergehen, sondern dass Gott uns retten und befreien wird. Diese Deutung arbeitet mit dem Schlusstyp 2 (ein vergangenes Geschehen erweist das Bestehen einer Möglichkeit).[165]

Zur Pointenbildung wird hier der Erfahrungshorizont des Kampfes bzw. des Krieges herangezogen. Der Tod bzw. die menschlichen Zwänge sind eine bedrohliche Macht, die als unbezwingbar erscheint. Indem diese Macht einmal besiegt wurde, ist ihre Unbezwingbarkeit erschüttert. Nun gibt es Hoffnung, dass in Verbindung mit dem, der diese Macht schon einmal besiegte, auch zukünftig die Befreiung von dieser Macht gelingen wird. Damit diese Argumentation schlüssig ist, liegt alles daran, dass tatsächlich ein Kampf mit der lebensfeindlichen Macht geschehen ist und dabei diese tatsächlich besiegt wurde. Dieses Deutungsmodell ist also auf die Faktizität des Todes und die Wirklichkeit der Auferweckung Jesu Christi angewiesen. Das erste ist historischer Nachfrage zugänglich und wird durch diese bestätigt. Die Auferweckung ist historischer Nachfrage nicht zugänglich.

Da dieses Deutungsmodell dem Schlusstyp 2 angehört, arbeitet es mit einer geschichtlichen Regel, die aus einem vergangenen Geschehen – Tod und Auferstehung Jesu Christi – abgeleitet wird. Sie besagt: Gott ist stärker als der Tod und alle Zwänge der menschlichen Existenz. Zur Begründung dieser Regel braucht es nun nicht unbedingt das historische Beispiel. So würde zum Beispiel diese Regel auch in jüdischem Kontext auf Zustimmung treffen, obwohl dort die Faktizität der Auferstehung Jesu Christi geleugnet würde. Dies könnte soweit gehen, dass die Gestalt Jesus Christus in einem bestimmten Kontext als ein Mythos verstanden werden kann, der die ohnehin akzeptierte Regel illustriert. Wo aber – wie im gegenwärtigen Kontext – die Behauptung des Sieges über den Tod kontrafaktisch auf die menschliche Erfahrung bezogen ist, hängt die Legitimität dieses Deutungsmodells von der Tatsächlichkeit des Todes Jesu und der Wahrheit des Osterzeugnisses ab.

---

[163] Zu denken wäre hier an Modelle, die davon sprechen, dass Jesus Christus allen anderen Menschen den Weg durch Tod und Auferstehung vorausgegangen ist (vgl. z.B. Kol.2,12f; Phil.3,10f; 2.Tim.2,11). Wer nun im Glauben mit Jesus verbunden ist, wer ἐν Χριστῷ ist, dem steht dieser Weg ebenfalls offen.

[164] So geht es Paulus in z.B. Röm.6,3-11; 8,1-4 und Gal.4,3-7 darum, dass Tod und Auferstehung Jesu auch zur Befreiung vom Gesetz (der Sünde) führen.

[165] Vgl. dazu Abschnitt 2.1.3.4.

c) Deutung des Leidens und Sterbens als Selbsthingabe Jesu

Teilweise mit den bereits besprochenen Deutungsmodellen verbunden, teilweise selbständig, argumentiert jene Deutung des Geschicks Jesu, die mit dem Begriff der Hingabe verbunden ist: Indem Jesus Christus sich dem Leiden und Sterben zu unseren Gunsten hingegeben habe, sei die Liebe Gottes zu uns Menschen sichtbar geworden. Auch dieses Deutungsmodell existiert in verschiedenen Varianten. So sieht der Philipper-Hymnus (Phil.2,6-11) die Selbsthingabe Jesu Christi bereits mit der Menschwerdung des Präexistenten vollzogen und im Kreuzestod Jesu bestätigt. Joh.3,16 bezieht sich ebenfalls auf die Inkarnation, spricht aber von Gott als Subjekt der Hingabe. Das λύτρον-Wort (Mk.10,45c) sieht wieder Jesus als Subjekt der Hingabe, bezieht diese aber auf das Leiden und Sterben Jesu.

In allen Varianten[166] steht bei der Pointenbildung eine Vorstellung im Hintergrund, die an eine Vielzahl von möglichen analogen Erfahrungen des menschlichen Miteinanders anknüpfen kann: Ein Mensch zeigt seine Liebe und Wertschätzung zu einem anderen, indem er etwas Leidvolles und Beschwerliches freiwillig zu Gunsten des anderen auf sich nimmt. Deutungsmodelle dieser Art arbeiten mit dem Schlusstyp 2 (ein vergangenes Geschehen bezeugt eine bestehende Regel – hier eine Regel über Gottes Verhalten gegenüber den Menschen).[167]

Eine Pointenbildung, die der Deutung des Todes Jesu als Hingabe zugrundeliegt, setzt voraus, dass Jesus freiwillig und bewusst sein Leiden und Sterben auf sich nahm[168] und dass er es tat, um damit Gottes Liebe zu bezeugen.[169] Wäre Jesus also durch einen Unfall gestorben oder wäre seine Verhaftung und Hinrichtung für ihn subjektiv völlig überraschend und unvorhergesehen geschehen, dann wäre eine solche Deutung nicht legitim. Bestimmte äußere Umstände und ein bestimmtes Todesverständnis des historischen Jesus werden hier also zu einer historisch zu verifizierenden Voraussetzung eines Deutungsmodells.[170]

---

[166] Gal.1,4; 2,20; Eph.5,2; 5,25; 1.Tim.2,6; Tit.2,14 finden sich weitere Belege für die Rede von der Hingabe Jesu Christi.

[167] Vgl. dazu Abschnitt 2.1.3.4.

[168] J.MACQUARRIE, TRE 17, S.48 geht sogar soweit, die Freiwilligkeit des Todes Jesu als Voraussetzung für eine Versöhnungschristologie zu verstehen. Er expliziert allerdings nicht, nach welchem Deutungsmodell er den Tod und die Auferstehung Jesu als Versöhnung interpretieren will.

[169] Auf die Frage nach Jesu Verständnis seines Todes wird noch in Abschnitt 7.1.3 zurückzukommen sein.

[170] Darum ist H.THYEN in Hinblick auf dieses Deutungsmodell Recht zu geben, wenn er sagt: „Nicht nur für das Jesusbild der Evangelien, sondern noch für die äußerste Konzentration auf die Kreuzigung Jesu bei Paulus ist vielmehr das konkrete Wie Jesu und seines Weges schlechthin konstitutiv." (Der irdische Jesus und die Kirche, S.131)

d) Deutung des historischen Jesus als vorbildliche Existenz

Zum Abschluss der Analyse exemplarischer Deutungsmodelle soll auf ein Modell eingegangen werden, das bereits bei den Synoptikern im Hintergrund der Darstellung stehen dürfte, sich an verschiedenen Stellen im Neuen Testament findet (z.B. 1.Tim.6,12f), dann in manchen Spielarten der liberalen Jesu-Leben-Forschung wieder zur Blüte kam und schließlich auch in der Gegenwart immer wieder – oft in problematischer Weise – begegnet:[171] die Deutung des historischen Jesus als Vorbild für unser Verhalten.

Modelle dieser Art nehmen – wenn sie sich noch innerhalb des christlichen Glaubenszeugnisses verstehen – den Inkarnationsgedanken völlig ernst, akzentuieren ihn allerdings nur in einer Dimension: Am historischen Jesus ist direkt zu sehen, was Gott von uns will. Die Pointenbildung bedient sich des allgemein vertrauten Modells des Vorbildes: An einem vergangenen Verhalten wird deutlich, was gegenwärtig gefordert ist (Schlusstyp 2). Eine solche Deutung des historischen Jesus kann sinnvoll sein, sie wird jedoch problematisch, wenn sie zur einzigen und ausschließlichen Deutung wird.[172] Der historische Jesus steht dann in der Gefahr, nur noch gesetzlich[173] für die Gegenwart bedeutsam gemacht zu werden.

Gearbeitet wird bei dieser Art von Deutung des Wirkens des historischen Jesus mit Schlusstyp 2.[174] Auch hier erlaubt also eine aus der Geschichte abzuleitende Regel wie zum Beispiel die Aussage „Gott will, dass wir uns bemühen, Außenseiter zu integrieren" die Vermittlung von Vergangenheit und Gegenwart. Je mehr diese Regel sich auch anderweitig begründen kann – zum Beispiel durch Rückgriff auf die Lehre Jesu oder die Verkündigung der Propheten – desto weniger ist sie angewiesen auf die Tatsächlichkeit eines bestimmten Verhaltens beim historischen Jesus.[175] Wo eine Regel allerdings

---

[171] Z.B. bei W.ZAGER, Jesus und die frühchristliche Verkündigung, S.30. Vgl. auch die von R.HEILIGENTHAL, Der verfälschte Jesus, kritisch besprochenen Werke, die Jesus als wahren Mann (S.64-74) oder vorbildhaften Anwalt der Unterpriviligierten (S.85-95) darstellen.

[172] Zur theologischen Problematik vgl. N.WALTER, „Historischer Jesus" und Osterglaube, Sp.334: „Nicht als ‘einer von uns’, als vielleicht ideales Bild dessen, was oder wie der Mensch sein soll, geht uns Jesus nach der Meinung der urchristlichen Jesusüberlieferung an [...], sondern als der, *der uns gegenübersteht*, als der, der an unsere menschliche Adresse etwas auszurichten hat. In *diesem* Sinne bekennen wir seine Gottheit – weil das, was er uns auszurichten hat, Gottes eigene ‘Sache’ ist –, nicht in dem Sinne, dass er durch seine Existenz die höchste Möglichkeit von Menschsein dargestellt hätte." (Hervorhebungen durch WALTER).

[173] Wird Jesus nur nach dem Deutungsmodell des Vorbildes wahrgenommen, dann erhält die Deutung des Wirkens des historischen Jesus die theologische Qualität des Gesetzes (vgl. dazu H.WEDER, Hermeneutik, S.397-399 und A.LINDEMANN, Jesus in der Theologie des NT, S.55).

[174] Vgl. dazu Abschnitt 2.1.3.4.

[175] Deshalb ist der Einwand N.WALTERS, den er im Anschluss an E.GRÄSSER gegen dieses

allein mit dem Rückgriff auf das Verhalten des historischen Jesus begründet wird, ist diese Art der Deutung darauf angewiesen, das als vorbildhaft gedeutete Verhalten auch historisch zu verifizieren.

e) Die Relevanz historischer Fakten für Deutungen

Die Analyse einiger exemplarischer Deutungsmodelle ergab, dass Deutungen – je nach verwendetem Schlusstyp und zur Pointenbildung herangezogenen Erfahrungsmodell – auf bestimmte Fakten aus dem Leben des historischen Jesus angewiesen sind. Diese Deutungen verlieren ihre Legitimität, wenn diese Fakten historisch falsifiziert werden. „Es gibt historische Tatsachen, deren Feststellung oder Bestreitung durch historische Wissenschaft dem Glauben nicht gleichgültig ist."[176]

Zugleich zeigte sich, dass Deutungsmodelle niemals auf das ganze Leben des historischen Jesus zurückgreifen, sondern nur auf einzelne Fakten[177] – oft dazu noch solche, die historisch gesehen unstrittig sind.[178] Wenn also die historisch-kritische Jesus-Forschung ihre Rekonstruktion des historischen Jesus wieder einmal in bestimmten Details korrigieren muss, sind davon noch nicht automatisch alle traditionellen Deutungen und so das christliche Glaubenszeugnis betroffen.

Deutungsmodell formuliert, nicht von der Hand zu weisen: „Jesus als 'exemplarische Existenz' verstanden, ist 'prinzipiell ersetzbar'; gerade da, wo er hinsichtlich seiner Humanität zum Mittelpunkt des Glaubens (bzw. einer christlichen Weltanschauung) gemacht wird, droht er zur Chiffre für menschlich konzipierte Ideologie – sei es existentialistischer, sei es sozial-humanitärer oder revolutionärer Spielart – zu werden." (N.WALTER, „Historischer Jesus" und Osterglaube, Sp.332).

[176] H.GOLLWITZER, Der Glaube an Jesus Christus, S.112. GOLLWITZER zählt zu diesen für den Glauben relevanten historischen Fakten, „daß Jesus gelebt hat, daß er ein Glied des Volkes Israel war, daß er in seinem Volk verkündigend aufgetreten ist, daß er wegen seiner Verkündigung umgebracht worden ist." (S.112). Die Relevanz historischer Fakten für den christlichen Glauben behauptet auch P.ALTHAUS, Zur Kritik der heutigen Kerygmatheologie, S.256-258; E.SCHOTT, Historie und Geschichte, S.104; vgl. H.WEDER, Hermeneutik, S.77.

[177] Darum ist H.THYEN, Der irdische Jesus und die Kirche, S.137 zu widersprechen, wenn er sagt: „Der Glaube verdankt sich dem *ganzen* Wirken und Geschick Jesu [...], nicht isolierten 'Heilereignissen', wie 'Kreuz und Auferstehung'." (Hervorhebung durch THYEN). Die nachösterlichen Deutungen des Geschicks Jesu beziehen sich nicht auf die ganze Geschichte Jesu in allen Details. Deshalb kann Paulus seinen Rückgriff auf das Leben Jesu fast ausschließlich auf den Tod Jesu beschränken und deshalb können auch die Evangelien darauf verzichten, eine Jesus-Biographie zu schreiben, und viele Dimensionen des Lebens und der Person Jesu in ihrer Darstellung auslassen.

[178] Vgl. L.T.JOHNSON, The Real Jesus, S.127, der trotz seiner großen historischen Skepsis zu der Aussage kommt: „what the most universally used Christian creed asserts about the human person Jesus is historically verifiable."

2.3.3.3 Zum Ansatz Rudolf Bultmanns

Auf dem Hintergrund der angestellten Überlegungen ist es nun möglich, die Position R.BULTMANNS besser verständlich zu machen.[179] BULTMANNS Theologie gründet sich nämlich keineswegs allein auf das nachösterliche Kerygma, auch wenn er zuspitzend formulieren kann: „Nur durch das Kerygma ist Christus zugänglich".[180] Ausdrücklich gesteht BULTMANN ja immer wieder zu, das „Dass" der Existenz des geschichtlichen Menschen Jesus von Nazareth und damit der (Kreuzes)Tod Jesu – der historisch außer Frage steht – sei für seinen theologischen Ansatz unverzichtbar.[181] BULTMANNS Theologie ist also nicht mit dem Hinweis, auch der historische Jesus müsse als Quelle der Offenbarung angesehen werden, erledigt.[182]

BULTMANN setzt damit an, dass er seine Formulierung des Kerygmas auf einen einzigen, dem nachösterlichen Kerygma zu entnehmenden Rückbezug auf die Geschichte des historischen Jesus konzentriert – genauer sogar: reduziert –, etwa in der Formulierung: Der geschichtliche Mensch Jesus von Nazareth, der am Kreuz starb, ist der Messias, der Anbruch des eschatologischen Äons.[183] Aufgrund der oben gemachten Ausführungen über Deutungen und die Voraussetzungen ihrer Plausibilität ist BULTMANN zuzustimmen, wenn er behauptet, die Legitimität dieser Kerygma-Formulierung sei auf keinerlei Details aus dem Leben des historischen Jesus angewiesen, wenn die Faktizität – das „Dass" – seiner historischen Existenz und seines (Kreuzes)Todes gegeben sei.[184] BULTMANNS Rückbezug auf diese Geschichte Jesu ist dabei nicht als Deutung, sondern lediglich als Prädikation zu verstehen. Konstitutiv für BULTMANNS Ansatz ist gerade, dass diese Prädikation im Lichte des gewöhnlichen menschlichen Selbstverständnisses als Paradox empfunden werden muss,[185] denn nur so kann diese Prädikation zur Entscheidung herausfordern, diesem Paradox Glauben zu schenken und dabei alle Selbstgewissheit fahren zu lassen. Wäre dieses Paradox historisch zu verifizieren – und damit meint BULTMANN wohl: im Sinne einer Deutung

---

[179] Vgl. zur Darstellung der Position R.BULTMANNS J.ROLOFF, Das Kerygma und der irdische Jesus, S.18-24 und zur Kritik S.25-34.

[180] R.BULTMANN, Die Bedeutung des geschichtlichen Jesus für die Theologie des Paulus, S.212.

[181] So z.B. Das Verhältnis der urchristlichen Christusbotschaft zum historischen Jesus, S.449f und S.454.

[182] Vgl. dazu E.SCHOTT, Historie und Geschichte, S.104.

[183] Vgl. z.B. R.BULTMANN, Die Bedeutung des geschichtlichen Jesus für die Theologie des Paulus, S.203f; ders., Das Verhältnis der urchristlichen Christusbotschaft zum historischen Jesus, S.448 oder ders., Antwort an Ernst Käsemann, S.196.

[184] So z.B. Das Verhältnis der urchristlichen Christusbotschaft zum historischen Jesus, S.449f und S.454 und ders., Antwort an Ernst KÄSEMANN, S.196.

[185] Vgl. Das Verhältnis der urchristlichen Christusbotschaft zum historischen Jesus, S.448 und ders., Antwort an Ernst Käsemann, S.196f.

plausibel zu machen – dann verlöre es seine Kraft. BULTMANN ist zuzugestehen, dass auch für seine Interpretation des Kerygmas gilt: „Das Kerygma verkündigt nicht allgemeine Wahrheiten, eine zeitlose Idee, sei es eine Gottes- oder eine Erlöser-Idee, sondern ein geschichtliches Faktum."[186] Die Externität und Geschichtlichkeit der Offenbarung ist also auch bei BULTMANN durch den Rückbezug auf faktische Geschichte gegeben.

Zu kritisieren ist jedoch, dass BULTMANN – von seinem Programm der Entmythologisierung herkommend und getrieben vom Bemühen, „metaphysische" Sprache zu vermeiden[187] – das christliche Glaubenszeugnis auf diese eine paradoxe Prädikation und das durch sie provozierte Selbstverständnis der glaubenden Existenz reduziert.[188] Dieses Selbstverständnis der glaubenden Existenz kann dann in existentialphilosophischer Begrifflichkeit beschrieben und von der Existentialphilosophie her sogar noch in seiner Richtigkeit plausibel gemacht werden. Mit der Konzentration des christlichen Glaubenszeugnisses auf einen einzigen Inhalt, dem alle anderen Inhalte im besten Falle nur noch als Auslegung des Grundkerygmas zugeordnet werden, kommt es bei BULTMANN jedoch zu einer Verkürzung des Kerygmas. Weil BULTMANN anderer Inhalte nicht bedarf, ist er auch nicht auf Deutungen des historischen Jesus, die mehr als die Faktizität seiner Existenz voraussetzen, oder auf die Verkündigung des historischen Jesus angewiesen.[189] Solange in der Bultmannschule diese Reduktion nicht problematisiert wurde – und Ansätze dazu finden sich vor allem bei den späteren Überlegungen E.KÄSEMANNS[190] – konnte auch nicht wirklich zwingend

---

186 R.BULTMANN, Die Bedeutung des geschichtlichen Jesus für die Theologie des Paulus, S.208.

187 Dieses Bemühen zieht sich wie ein roter Faden durch R.BULTMANNS Werk. Vgl. z.B. die Formulierung im Schlusssatz seines Aufsatzes „Das Verhältnis der urchristlichen Christusbotschaft zum historischen Jesus" (S.469): „[...] so werden alle Spekulationen über die Seinsweise des Auferstandenen, alle Erzählungen vom leeren Grab und alle Osterlegenden, welche Momente an historischen Fakten sie auch enthalten mögen, und so wahr sie in ihrem symbolischen Gehalt sein mögen, gleichgültig. An den im Kerygma präsenten Christus glauben, ist der Sinn des Osterglaubens." So steht auch hinter dem Satz „Jesus Christus begegnet dem Menschen nirgends anders als im Kerygma" (R.BULTMANN, Die Bedeutung des geschichtlichen Jesus für die Theologie des Paulus, S.208) die Intention, vom gegenwärtigen Christus sprechen zu können, ohne sich auf mythologische Ostergeschichten oder transzendente Seinsbegriffe beziehen zu müssen.

188 Dass BULTMANN das überlieferte Kerygma reduziert auf einen einzigen Inhalt, ist ihm auch selbst bewusst: „Die Frage: ist das Alles? – wäre die gleiche Frage, die Paulus Röm. 5 zurückweist" (R.BULTMANN, Die Bedeutung des geschichtlichen Jesus für die Theologie des Paulus, S.211).

189 Auch die apostolische Verkündigung wird bei BULTMANN nur selektiv wahrgenommen. So wird z.B. in seiner Darstellung der Theologie des Paulus (Theologie des NT, S.187-353) dessen Charismenlehre in ihrer ekklesiologischen Bedeutung ausgeblendet.

190 Vgl. E.KÄSEMANN, Sackgassen, S.67: „So ergibt sich zum Schluß die für uns heute al-

nachgewiesen werden, dass der historische Jesus eine Relevanz für die Bemühung um Neuformulierung des Kerygmas hat.[191]

2.3.3.4 Die Interpretation fiktionaler Erzählungen

Die Jesus-Überlieferung bietet mit den Ostergeschichten Erzählungen, die von Erfahrungen mit dem Auferstandenen berichten (γ-a2). Diese Erfahrungen sind historischer Rückfrage prinzipiell nicht zugänglich. Grundsätzlich ist damit zu rechnen, dass auch in diesen Erzählungen fiktionale Bildungen enthalten sind, in denen nachösterliche Überzeugungen der Gemeinde zum

---

lerdings reichlich paradox klingende These, dass gerade das, was BULTMANN nur unter dem Aspekt des Objektivierbaren zu sehen vermag, darum schroff von der existentiellen Begegnung trennt, urchristlich dazu diente, die Unverfügbarkeit des Heils, das Prae des Christus vor den Seinigen, das Extra nos der Botschaft, die Notwendigkeit des Exodus der Glaubenden aus sich selbst herauszustellen."

[191] Die Diskussion in der Bultmannschule verlief deshalb lange Zeit so verwirrend – für Außenstehende geradezu „esoterisch" (so J.GNILKA, Jesus, S.21) – und schließlich im Sand, weil die Schüler BULTMANNS lange Zeit BULTMANNS Reduktion des Kerygmas nicht in Frage stellten. Es scheint ein Winkelzug der Theologiegeschichte, dass gerade das Festhalten transzendenter Inhalte, wie es mit dem Zerfall von BULTMANNS Ansatz wieder denkbarer geworden ist, die Zuwendung zur faktischen Geschichte und historischen Kritik, die BULTMANN grundsätzlich auch am Herzen lag, nötig macht. Offenbar schließt BULTMANNS Ansatz mit dem Verzicht auf objektivierbare transzendente Glaubensinhalte zugleich die objektive Geschichtlichkeit aus (vgl. Das Verhältnis der urchristlichen Christusbotschaft zum historischen Jesus, S.454).

Dieser Verlust des Geschichtsbezugs des christlichen Glaubenszeugnisses zeigt sich auch bei H.BRAUN (Der Sinn der neutestamentlichen Christologie), der mit seiner existentialen Geschichtsdeutung in der Nachfolge R.BULTMANNS steht. So kommt BRAUN bei seinem Durchgang durch das Neue Testament zum Ergebnis, dass die Grundgemeinsamkeit zwischen der Verkündigung des historischen Jesus und der Verkündigung der Apostel in einer Paradoxie zwischen der radikalisierten Forderung und der radikalisierten Gnade bestehe (S.251). Diese Paradoxie begründe das gläubige Selbstverständnis: der Glaubende wisse sich verloren und als Verlorener doch unter der Verheißung des Heils stehend (S.282). Wie diese Paradoxie jeweils theologisch begründet werde und wie das gläubige Selbstverständnis also hervorgerufen werde, könne in den verschiedenen Theologien des Neuen Testaments variieren. BRAUN folgert: „die Anthropologie [...] ist die Konstante; die Christologie dagegen die Variable" (S.272 – zur Problematik dieses Ergebnisses vgl. KÄSEMANN, Sackgassen, S.44-46). Wenn nun aber die christologischen Begründungen dieser Paradoxie austauschbar sind, dann braucht die Verkündigung dieser Paradoxie offenbar auch keine christologische und damit auf Geschichte bezogene Begründung. BRAUN wehrt sich zwar dagegen (S.276f), aber die von ihm unabhängig von der Christologie postulierte anthropologische Konstante der neutestamentlichen Verkündigung – bzw. das ihr entsprechende Selbstverständnis – gewinnt den Charakter eines reinen Offenbarungswortes und steht damit in der Gefahr, ohne wirklichen Geschichtsbezug zur Idee zu werden (es ist wohl die existentialistische Idee der entweltlichten Existenz). Denn für eine Idee ist nicht primär – wie BRAUN S.276 behauptet – ihre allgemeine Plausibilität, sondern die Irrelevanz des historischen Ursprungs charakteristisch. Der Ursprung von BRAUNS anthropologischer Konstante wird aber austauschbar (vgl. dazu KÄSEMANN, Sackgassen, S.45).

Ausdruck kommen. Weil in diesem Bereich fiktional Erzähltes und tatsächlich Erfahrenes mit den Mitteln historisch-kritischer Forschung nur schwer voneinander getrennt werden können, sollten sich Deutungen, die auf Ostererzählungen gründen, nur auf elementarste Grundfakten beziehen. So sind aus den Ostergeschichten Pointen zu bilden, die besagen, dass Jesus den Tod überwunden hat, dass der Auferstandene mit dem Irdischen identisch ist und dass die Seinsweise des Auferstandenen nicht mehr dem Tod unterworfen ist. Weitergehende Ausmalungen der Auferweckung sollten vermieden werden, um nicht ins Spekulative zu verfallen. Details der Ostergeschichten sind darum besser als fiktionale Erzählungen verständlich zu machen.

Fiktionale Erzählungen sind Erzählungen, deren Entstehung sich Überzeugungen der nachösterlichen Gemeinde (γ-b2 bzw. γ-b3) verdanken oder in denen sich Erfahrungen (γ-a2) niederschlagen, die auf symbolische Weise und in mythologischer Sprache Ausdruck finden. Da ihre Faktizität historisch falsifiziert werden kann, sollten sie nicht auf eine Weise gedeutet werden, die auf die Historizität des gedeuteten Geschehens angewiesen ist. Denn dadurch würden illegitime Deutungen entstehen. Sinnvollerweise werden also die zugrundeliegenden Erkenntnisse und Erfahrungen rekonstruiert. Dies schließt nicht aus, dass fiktionale Erzählungen mit Deutungen des Schlusstyps 2 als Illustration für eine anderweitig begründbare Regel verwendet werden und die für diesen Deutungstyp nicht entscheidende Frage der Historizität ausgeklammert wird. Gerade bei Heilungsgeschichten, bei denen die historische Klärung ohnehin oft schwer ist, legt sich ein derartiges Verfahren der Interpretation oft nahe.

2.3.3.5 Der Überschuss der Erzählüberlieferung gegenüber den Deutungen

Die Analyse des Deutungsvorgangs ergab, dass im ersten Schritt der Deutung, in der so genannten Pointenbildung, eine Reduktion der in der Erzählüberlieferung enthaltenen Vielfalt auf wenige Motive stattfindet. Dabei lässt ein Geschehen verschiedene Pointenbildungen zu. Zugleich wurde deutlich, dass ein und dasselbe in Erzählungen überlieferte Geschehen – je nachdem welche Erfahrungshintergründe zur Deutung herangezogen werden – auf verschiedene Weise gedeutet werden kann. Da die Bedeutungen eines Geschehens nie ganz ausgelotet sind,[192] ist ein Geschehen immer noch für weitere Deutungen offen.[193] Dabei müssen neue Deutungen nicht in direkten

[192] Vgl. hierzu die grundlegenden Überlegungen bei A.C.DANTO, Analytische Philosophie der Geschichte, S.292-320.

[193] Vgl. R.SCHNACKENBURG, Der geschichtliche Jesus, S.208: „Wenn es den urchristlichen Theologen und Gemeinden nicht gelang, die ganze Sinnfülle dessen, was sich in und durch Jesus ereignet hatte, zu erfassen, geschweige denn, die daraus entstehenden Anforderungen im Leben zu verwirklichen, so gibt es offenbar einen *Sinnüberschuß* der Worte und Taten Jesu und eine Bedeutungstiefe seiner Person, die der späteren Kirche noch im-

Widerspruch und in Konkurrenz zu bereits bestehenden Deutungen treten.[194] Sie können auch ergänzende Aspekte einbringen.[195] Die neutestamentliche Überlieferung selbst, wie auch die Theologiegeschichte zeigen, dass immer wieder neue Deutungen des Geschicks Jesu vorgetragen wurden. Weitere Deutungen sind dann sinnvoll und notwendig, wenn bestehende Deutungen nicht mehr befriedigen.[196] Nun setzen neue Deutungen den Rückgriff auf andere Schlussmodelle oder andere Pointen voraus. Andere Pointen und andere Schlussmodelle sind aber um so leichter zu bilden und um so besser zu

---

mer offenstehen und zu weiterem Bedenken und Ausschöpfen aufgegeben sind." und S.210: „Wir können nach einem Sinnüberschuß fragen, der von den Autoren unserer Texte noch nicht wahrgenommen wurde, für uns aber bedeutsam ist." (Hervorhebung durch SCHNACKENBURG). Dabei scheint SCHNACKENBURG diesen Sinnüberschuss des historischen Jesus gegenüber dem nachösterlichen Kerygma v.a. in der sozialkritischen Komponente der Verkündigung Jesu zu sehen (vgl. S.199 und 210).

194 Vgl. dazu H.DEMBOWSKI, Einführung in die Christologie, S.82: „das Neue Testament versammelt eine Vielzahl christologischer Entwürfe, die auf Jesus von Nazareth in seinem Wirken, Leiden und Leben verweisen und in verschiedenartigsten Modellen im Blick auf diesen Menschen von Gott und Heil sprechen. [...] Die Toleranz solcher Entwürfe gegeneinander in den Texten des Neuen Testaments ist ebenso erstaunlich, wie ihre mögliche Integration in übergreifende Konzeptionen, wie bei Paulus und in den Evangelien."

195 Könnte es nicht sein, dass im letzten Drittel des ersten Jahrhunderts – in der zweiten und dritten Generation – die Einsicht gewachsen ist, dass Jesus mehr ist, als alle Deutungen mit ihren reduzierten Pointen einfangen können (vgl. R.SCHNACKENBURG, Der geschichtliche Jesus, S.206)? Und könnte es nicht sein, dass gerade deshalb das Interesse an Überlieferung möglichst vieler Traditionsstücke – genau geprüfter Tradition (vgl. Lk.1,3) – gewachsen ist, um dieses Mehr des geschichtlichen Jesus gegenüber allen Deutungen festzuhalten? Könnte nicht auch dieser Respekt vor der Fremdheit und Fülle der Person Jesu die Synoptiker in ihrer Arbeit geleitet haben, so dass sie manchmal die oft disparaten Traditionsstücke ohne großen redaktionellen Glättungen zusammenstellten, statt sie einer streng systematischen Konzeption zu unterwerfen? – Vgl. dazu J.ROLOFF, Das Kerygma und der irdische Jesus, S.270-73, der betont, dass die Tradierung der Jesus-Überlieferung sich auch stark dem Moment des Erinnerns verdankt. Könnte nicht dies auch der Grund dafür sein, dass doch viele, kerygmatisch eher irrelevante Einzelheiten überliefert wurden? – Eine Exegese, die die Evangelien nur noch als Produkt der theologischen Intentionen ihrer Autoren und der Situation der Adressaten sieht (dieser Gefahr erliegt E.KÄSEMANN, Das Problem des historischen Jesus, S.134-138), kann allerdings dies nicht wahrnehmen, da sie bei den Evangelisten den Respekt vor dem Überlieferten methodisch ausschließt. Zu Motiven für die Abfassung der Evangelien vgl. H.F.WEISS, Kerygma und Geschichte, S.35-43.

196 So erleben zum Beispiel gegenwärtige Menschen, die ihre Gottesbeziehung nicht durch Opferrituale vermittelt sehen, eine Deutung des Kreuzestodes Jesu als ein uns zugute kommendes, stellvertretendes Sühnopfer im besten Falle als unanschaulich, in der Regel aber als inakzeptabel. Diese Notwendigkeit, neue Deutungen des Geschicks Jesu vorzunehmen, entstand jedoch nicht nur in der Umbruchsituation zur Neuzeit, sie gab es auch in anderen geistesgeschichtlichen Umbrüchen. So ist es nicht verwunderlich, dass in der Zeit der Inkulturation der bibl. Tradition in den germanischen Raum die Satisfaktionslehre entwickelt wurde. Auch die Übersetzung des Kerygmas der aramäischen Urgemeinde in den griechischen Sprachraum brachte neue Deutungen des Geschicks Jesu hervor.

verifizieren, je umfangreicher und facettenreicher das in der Erzählüberlieferung greifbare Geschehen ist. Um der Arbeit an neuen, zeitgemäßeren Deutungsmodellen des vor- und nachösterlichen Geschicks Jesu willen ist also eine möglichst genaue Rekonstruktion des Lebens Jesu und also eine historische Bemühung um die Erzählungen von Jesus (α-a2) erforderlich. Die historisch-kritische Rückfrage nach Jesus kann hier dem christlichen Glaubenszeugnis in einigen Fällen neue Türen öffnen.

2.3.4 Das Zusammenstimmen der drei Aspekte der in Jesus Christus geschehenen Offenbarung als zentrales Wahrheitskriterium

Aus der Feststellung, dass die Offenbarung in der Person Jesus Christus in drei selbständigen Teilaspekten zu erfassen ist, folgt, dass das Zusammenstimmen dieser drei Teilaspekte zum entscheidenden Kriterium für das richtige Erfassen der in Jesus Christus geschehenen Offenbarung ist. So äußert sich die personale Identität des irdischem Jesus mit dem erhöhten Christus in der sachlichen Übereinstimmung[197] von vorösterlicher Verkündigung Jesu, nachösterlichen Deutungen seines Geschicks und apostolischer Verkündigung.[198]

Daraus ergibt sich die Aufgabe, die beiden aus nachösterlicher Perspektive gewonnenen Teilaspekte – die nachösterliche Verkündigung und die Deutungen des Geschicks Jesu – in einen möglichst kohärenten Zusammenhang untereinander und mit der Verkündigung des historischen Jesus zu bringen. Der Aufweis von sachlichen – nicht unbedingt terminologischen – Übereinstimmungen zwischen der Verkündigung des historischen Jesus und dem nachösterlichen Kerygma, wie er etwa bei ERNST FUCHS,[199] GERHARD EBELING,[200] EBERHARD JÜNGEL,[201] WILHELM THÜSING[202] und anderen versucht

[197] Der Begriff der „sachlichen Übereinstimmung" – oder notfalls auch der „sachlichen Kontinuität" – ist dem der „Kontinuität" vorzuziehen, da es bei der theologisch-sachlichen Frage nach Übereinstimmung nur indirekt um historische Kontinuitäten zwischen historischem Jesus und nachösterlichem Kerygma geht. Zum Begriff der „sachlichen Kontinuität" im Unterschied zur „historischen Kontinuität" vgl. H.F.WEISS, Kerygma und Geschichte, S.85f.

[198] Ähnlich auch H.THYEN, Der irdische Jesus und die Kirche, S.133 und R.MARLÉ, Der Christus des Glaubens, S.36f.

[199] Vgl. etwa E.FUCHS, Die Frage nach dem historischen Jesus. FUCHS sieht die Kontinuität in der vor- wie nachösterlich geforderten Entscheidung, angesichts des zurecht zornigen Gottes auf Gottes Gnade bzw. angesichts von Leid und Tod auf Gottes Treue zu hoffen (vgl. S.228, S.216f und S.221-225).

[200] Vgl. etwa G.EBELING, Die Frage nach dem historischen Jesus und das Problem der Christologie, S.311-318.

[201] E.JÜNGEL, Paulus und Jesus, S.263-284.

[202] Vgl. hierzu die zusammenfassende Synopse der „Achtzehn Strukturkomponenten von Botschaft, Wirken und Leben Jesu von Nazareth mit den Strukturen von Christologie und Soteriologie" (W.THÜSING, Ntl. Theologien, S.208-211).

wird, ist darum von großer Bedeutung für das christliche Glaubenszeugnis, auch wenn durch die existentiale Interpretation, der sich die ersten der drei genannten Autoren mehr oder weniger bedienen, sachliche Übereinstimmungen nur in bestimmten Dimensionen wahrgenommen werden können.[203] Wo solche Kontinuität wahrgenommen wird, geht es um zentrale Inhalte der in Jesus Christus geschehenen Offenbarung.[204] Unangemessen ist es dagegen, entweder die Verkündigung Jesu[205] oder umgekehrt das nachösterliche Kerygma[206] zur primär bestimmenden Norm für das christliche

---

[203] So zurecht O.CULLMANN, Unzeitgemäße Bemerkungen, S.271. Die Schwäche bei den Versuchen von FUCHS und EBELING – und um vieles stärker bei H.BRAUN – besteht darin, dass sie lediglich die Kontinuität des Selbstverständnisses der Glaubenden herausarbeiten, aber darauf verzichten, auch die sachliche Kontinuität des – zugegebenermaßen in transzendenten Aussagen formulierten – Glaubensgrundes darzustellen: Die von Gott bewirkte eschatologische Wende, die der historische Jesus bezeugt und die an seiner Auferweckung für die Glaubenden erkennbar ist. Die These „Die Konstante ist das Selbstverständnis des Glaubenden, die Christologie ist das Variable“ (R.BULTMANN, Das Verhältnis der urchristlichen Christusbotschaft zum historischen Jesus, S.465 in Aufnahme einer Formulierung BRAUNS – Zur Kritik: E.KÄSEMANN, Sackgassen, S.44-46), vergisst eben, dass sowohl der Gotteserkenntnis des historischen Jesus als auch der nachösterlichen Christologie das gleiche Gottesverständnis zugrundeliegt. Wenn aber – um metaphysisches Reden zu vermeiden – dieser gemeinsame Grundbezug nicht mehr wahrgenommen wird, müssen Gotteserkenntnis des historischen Jesus und nachösterliche Christologie auseinanderfallen (vgl. dazu auch Abschnitt 8.1).

[204] Vgl. dazu auch F.HAHN, Methodologische Überlegungen, S.75.

[205] Es erscheint darum problematisch, wenn N.WALTER, „Historischer Jesus“ und Osterglaube, Sp.328 folgende Verhältnisbestimmung versucht: Das „nachösterliche Kerygma – das ohne Ostern nicht in der Welt wäre! – muss sich, da es ja Botschaft im Namen Jesu, Verkündigung von Jesus als dem Christus sein will, prüfen lassen an dem, was wir heute von Jesus von Nazareth wissen können, und muss sich in solcher sachkritischen Rückkoppelung als Jesus-Kerygma verifizieren lassen.“ Wenn WALTER ausschließlich eine Verifikation von kerygmatischen Deutungen des Geschicks Jesu durch die Überprüfung der Historizität der Sachverhalte, die sie voraussetzen, im Sinn hätte, wäre ihm zuzustimmen. WALTERS Ansatz zielt jedoch darauf, der Verkündigung des historischen Jesus die Rolle eines „Kanon im Kanon“ zuzubilligen (Sp.328 und Sp.329). Damit wird die Verhältnisbestimmung zwischen der Verkündigung des historischen Jesus und dem nachösterlichen Kerygma einseitig. Denn grundsätzlich müssen auch vom nachösterlichen Kerygma her Korrekturen an der Verkündigung des historischen Jesus möglich sein. Wenn schon von einem „Kanon im Kanon“ die Rede ist, dann wäre er aus den sachlichen Übereinstimmungen zwischen der Verkündigung Jesu, der apostolischen Lehre und den nachösterlichen Deutungen des Geschicks Jesu zu gewinnen. Auch WALTERS Ansatz ist so ein Beispiel dafür, wie durch den Verzicht auf die kategoriale Unterscheidung von Offenbarung in Geschehnissen und Offenbarung in Worten Einsichten, die für eine Kategorie grundsätzlich richtig sind, unzulässig auch auf die andere Kategorie ausgeweitet und damit falsch werden.

[206] Darum ist es auch zu undifferenziert vom „Einbetten“ der Verkündigung des historischen Jesus in das nachösterliche Kerygma (E.KÄSEMANN, Sackgassen, S.34) zu sprechen oder zu behaupten, das spätere Kerygma sei „in nuce“ bereits in der Verkündigung Jesu enthalten (vgl. E.KÄSEMANN, Sackgassen, S.57). Die Metapher des „Einbettens“ oder entspre-

Glaubenszeugnis zu machen, die gegenüber dem jeweils anderen Part schwergewichtiger ist. Alle drei oben beschriebenen Teilaspekte der in Jesus Christus geschehenen Offenbarung sind als grundsätzlich gleichwertig zu erachten. Wo sie sachlich zusammenstimmen, liegt die Mitte[207] der in Jesus Christus geschehenen Offenbarung. Von dieser Mitte her sind weitere Aussagen, die jeder dieser drei Einzelaspekte einbringt, zu beurteilen. Dabei ist es selbstverständlich möglich, dass nachösterliche Aussagen über die Lehre des historischen Jesus hinausgehen können.[208] Nur so kann sich der mit Ostern einsetzende Erkenntniszugewinn angemessen niederschlagen.[209] Doch sollten sie der ermittelten Mitte der in Jesus Christus geschehenen Offenbarung nicht widersprechen.[210] Entsprechend kann so auch ein Überschuss der

---

chend die Rede vom „Enthaltensein in nuce" müssen differenziert angewendet werden. Sie sind angemessen, wenn von der Einbettung der vorösterlichen Selbstdeutung Jesu in die nachösterlichen Deutungen des Geschicks Jesu gesprochen wird (vgl. Abschnitt 2.3.3.1). Denn hier besteht eine Asymmetrie zwischen vorösterlicher Selbstdeutung und nachösterlichen Deutungen Jesu. Letztere gehen über erstere hinaus, nicht aber umgekehrt. Unangemessen ist die Metapher des „Einbettens" für das Verhältnis zwischen der Verkündigung des historischen Jesus und der apostolischen Lehre. Dieses Verhältnis ist auf beiden Seiten gleichgewichtig, denn auf beiden Seiten gibt es einen Überschuss gegenüber dem Gemeinsamen. Hier zeigt sich wieder der kategoriale Unterschied zwischen beiden Arten der Offenbarung in Geschichte, der gerade hier sorgfältig beachtet werden muss.

207 W.THÜSING, Ntl. Theologien, S.43-46 spricht von Kriterien, vor denen sich die verschiedenen neutestamentlichen als auch heutige Theologien legitimieren müssen.

208 E.KÄSEMANN, Sackgassen, S.57 formuliert darum korrekt, „dass der historische Jesus zwar keineswegs bereits das spätere Kerygma und auch nicht das ganze Evangelium bringt, umgekehrt aber seine Worte, Taten und sein Geschick auf Schwerpunkte des späteren Evangeliums hinweisen und insofern von einer Gemeinde im antienthusiastischen Kampf auch als Kriterien dieses Evangeliums benutzt werden können." KÄSEMANNS Zuordnung der Evangelien zu einem „antienthusiastischen Kampf" dürfte allerdings problematisch sein, da es hierfür in den Evangelien selbst kaum Indizien gibt (vgl. hierzu H.F.WEISS, Kerygma und Geschichte, S.37-43).

209 Das christliche Glaubenszeugnis muss sich darum nicht auf den kleinsten gemeinsamen Nenner aller drei Teilaspekte beschränken. Darum dürfte G.EBELING zu eng formulieren, wenn er sagt: „Es darf auch in christologischer Hinsicht nichts über Jesus ausgesagt werden, was nicht im historischen Jesus begründet ist und sich darauf beschränkt, auszusagen, wer der historische Jesus ist." (Die Frage nach dem historischen Jesus, S.311) und: „Der nachösterliche Glaube weiß sich als nichts anderes als das rechte Verstehen des vorösterlichen Jesus." (S.315). Wie sich in den Abschnitten 5.3 und 8.3 zeigen wird, entspringt z.B. die nachösterliche Parusieerwartung einem kreativen Weiterdenken der christologischen Erkenntnisse und lässt sich nicht auf den historischen Jesus zurückführen. Nach EBELINGS Formulierung wäre die Parusieerwartung aber christologisch illegitim.

210 Wenn der wesentliche Erkenntnisgewinn nach Ostern darin besteht, dass der Zeuge des Glaubens – also Jesus – zum Grund des Glaubens wird (so R. BULTMANN, Das Verhältnis der urchristlichen Christusbotschaft zum historischen Jesus, S.461 in Aufnahme einer Formulierung G.EBELINGS), dann wäre zu fragen, ob der Glaube, den Jesus verkündigte und bezeugte, auch zulässt, dass das Geschick Jesu selbst zum Grund dieses Glaubens wird.

Verkündigung des historischen Jesus gegenüber nachösterlichen Deutungen und apostolischer Lehre wahrgenommen werden und für das christliche Glaubenszeugnis bedeutsam sein.

Die Suche nach sachlichen Übereinstimmungen wird so positiv wie negativ zu einer zentralen Aufgabe bei den exegetischen und systematischen Bemühung um das christliche Glaubenszeugnis.[211] Die historische Rückfrage nach der Verkündigung Jesu wird damit zu einem Falsifikationskriterium für Inhalte, die als Mitte der in Jesus Christus gegebenen Offenbarung verstanden werden; ähnlich ist das Selbstverständis Jesu ein Falsifikationskriterium für nachösterliche Deutungen seines Geschicks.[212] Hätte zum Beispiel der historische Jesus eine starre Verdienstlehre verkündigt, nach der nur derjenige vor Gott gerecht wäre, der entsprechende Taten vorweisen könnte, dann wäre dies ein Widerspruch zur paulinischen Lehre von der Rechtfertigung allein aus Gnade.[213] Dabei könnte nach den oben ausgeführten

---

Diese Frage ist positiv zu beantworten. Wie sich in Abschnitt 5.2 zeigen wird, gründet sich Jesu Verkündigung in der Annahme, dass die eschatologische Wende im Entscheidenden bereits geschehen sei. Grund dieser Annahme des historischen Jesus ist allein seine Gotteserkenntnis. Nach Ostern wird nun von den apostolischen Zeugen die Auferstehung Jesu als der entscheidende Erkenntnisgrund für den Anbruch des neuen Äons angesehen. Der Verkündiger Jesu wird also selbst zum Verkündigten (vgl. dazu Abschnitt 8.1). Dennoch ist der Grundansatz der gleiche: Gott hat die eschatologische Wende herbeigeführt, jetzt geht es darum, sich im Glauben auf diese neue Wirklichkeit richtig einzustellen. Das eschatologische Selbstverständnis der Glaubenden ist strukturell gleich. Der Grund des Glaubens liegt vor Ostern in Jesu Gotteserkenntnis, nach Ostern in seiner Auferweckung; aber auch das Geglaubte – der von Gott bewirkte eschatologische Umschwung – bleibt gleich. Die Auferweckung und ihre kerygmatische Deutung bestätigen also die Gotteserkenntnis des historischen Jesus.

Dies setzt allerdings voraus, dass R.Bultmann irrt, wenn er behauptet, der Unterschied zwischen Jesus und Paulus bestehe „darin, dass Paulus dasjenige, was für Jesus Zukunft ist, als Gegenwart bzw. als in der Vergangenheit angebrochene Gegenwart ansieht." (Die Bedeutung des geschichtlichen Jesus für die Theologie des Paulus, S.201). Doch lässt sich exegetisch erweisen, dass auch Jesus sich auf die bereits geschehene eschatologische Wende bezieht (siehe dazu Abschnitt 5.2). Diese exegetische Frage hat damit eminent christologische Bedeutung. Bultmanns Weigerung, der Verkündigung des historischen Jesus Relevanz für das Kerygma zuzuschreiben, dürfte in diesem exegetischen Fehlurteil einen wichtigen Grund haben (vgl. dazu R.Bultmann, Die Bedeutung des geschichtlichen Jesus für die Theologie des Paulus, S.202).

[211] Zu unpräzise ist dagegen die Formulierung von R.Haight, Jesus Research and Faith, S.81: „Jesus research provides a positive guide for christological interpretation."

[212] Ohne die verschiedenen Kategorien von Offenbarung zu differenzieren, kommt auch R.Haight, Jesus Research and Faith, S.81 zu der grundsätzlichen Aussage: „Jesus research functions as a negative norm in the fashioning of an integral christology. By a negative norm I mean that one cannot affirm of Jesus what is positively excluded by a consensus of history."

[213] Einen solchen Widerspruch zwischen dem historischen Jesus und dem „konservativ-apokalyptischen Urchristentum" einerseits und dem „radikal-apokalyptischen Urchris-

Bedingungen die paulinische Rechtfertigungslehre – und damit der Grundansatz der reformatorischen Theologie – nur noch dann im Zentrum des christlichen Glaubenszeugnisses liegen, wenn der historische Jesus „mit seiner Botschaft zu den 'Voraussetzung der Theologie des N[euen] T[estaments]' gerechnet werden, nicht aber als 'Teil dieser selbst'" verstanden würde.[214] Genau dies wäre aber ein Widerspruch zur vorausgesetzten personalen Identität Jesu Christi. Erweist die historische Rückfrage für zentrale Inhalte – wie etwa die Frage der Rechtfertigung – fundamentale Diskontinuitäten, dann werden also nicht nur diese Inhalte, sondern auch der kerygmatische Grundsatz von der Identität vor- und nachösterlichen Existenz Jesu Christi und damit das christliche Glaubenszeugnis insgesamt in Frage gestellt.[215] Dagegen ist dort die Mitte des christlichen Glaubenszeugnisses gefunden, wo sich die sachliche Kontinuität zwischen der Verkündigung Jesu, der nachösterlichen Verkündigung und den nachösterlichen Deutungen des Geschicks Jesu erweisen lässt.[216] Existieren Widersprüche – wie zum Beispiel in dem Fakt, dass Jesus seine Sendung auf das Volk Israel begrenzt sah, die nachösterliche Gemeinde aber bald mit der Mission unter den Heiden begann – dann braucht es eine überzeugende Erklärung, die den Widerspruch verständlich macht und als solchen auflöst.[217] Von dieser Mitte der

---

tentum" (v.a. Paulus und Johannes) andererseits sieht S.SCHULZ, Der historische Jesus, S.16-21. Nach SCHULZ hat Jesus „das Gesetz gepredigt" (S.18).

214 S.SCHULZ, Der historische Jesus, S.20 mit Aufnahme einer Formulierung von R.BULTMANN, Theologie des NT, S.1. Für SCHULZ fordert die von ihm ermittelte Spannung zwischen der Verkündigung des historischen Jesus und dem Kerygma des Paulus „die theologische Sachkritik der Botschaft des historischen Jesus geradezu heraus." (S.20).

215 So behauptet auch H.DIEM, Der irdische Jesus und der Christus des Glaubens, S.226, dass „die historische Wahrheitsfrage nach der Kontinuität der Verkündigungsgeschichte zugleich auch die an uns zu stellende *theologische* Wahrheitsfrage ist. Diese will wissen, ob uns in der Verkündigungsgeschichte der irdische Jesus als der Christus Gottes begegnet. Diese Frage wäre mit dem historischen Aufweis der Kontinuität noch nicht *positiv* beantwortet, da sie überhaupt nicht durch ein historisches Urteil beantwortet werden kann. [...] Mit einer *negativen* Beantwortung der historischen Wahrheitsfrage, und d.h. mit dem historischen Aufweis einer *Diskontinuität* der Verkündigungsgeschichte wäre aber auch die theologische Wahrheitsfrage insofern bereits präjudiziert, als es dann mindestens zweifelhaft wäre, ob der Christus, der uns in der Verkündigungsgeschichte begegnet, der irdische Jesus ist oder nur ein Mythus." (Hervorhebungen bei DIEM). Ebenso auch H.THYEN, Der irdische Jesus und die Kirche, S.133; E.JÜNGEL, Paulus und Jesus, S.4 und H.F.WEISS, Kerygma und Geschichte, S.71

216 So auch H.F.WEISS, Kerygma und Geschichte, S.105. Das exemplarische Aufzeigen solcher sachlichen Übereinstimmungen, die trotz des nachösterlichen Erkenntnisfortschritts bestehen, wird dann Thema des Kapitels 8 sein.

217 Im Falle der Universalisierung der Verkündigung in der Heidenmission „wird es nicht schwerfallen aufzuzeigen, dass sich darin nur die Relativierung der Sonderstellung Israels vor Gott, wie sie in der Verkündigung Jesu ebenfalls impliziert ist, konsequent auswirkt, bis hin zu der von Paulus in einschlägigem Zusammenhang vorgetragenen These,

Offenbarung in Jesus Christus her ist es auch möglich Sachkritik gegenüber der Lehre des historischen Jesus oder gegenüber dem apostolischen Zeugnis zu üben. Jedoch wird dies immer nur der letzte Schritt sein, da Sachkritik die Einheit der in Jesus Christus gegebenen Offenbarung in Frage stellt. Basis einer solchen Sachkritik können nur jene Inhalte sein, die sich aus der sachlichen Kohärenz der Verkündigung des historischen Jesus mit der nachösterlichen Lehre und den nachösterlichen Deutungen des Geschicks Jesu ergeben.

2.4 Zusammenfassung der Ergebnisse

Die sprachanalytisch begründete Unterscheidung zwischen Offenbarung in Geschehnissen und Offenbarung in Worten und der christologische Ansatz, die eine Person Jesu Christi, die in der historischen Figur Jesus von Nazareth und im auferstandenen und erhöhten Christus den apostolischen Zeugen erfahrbar war, als die zentrale Offenbarung Gottes anzusehen, führten dazu, das christliche Glaubenszeugnis an folgende drei Überlieferungsstränge zu binden:

(1.) die vorösterliche Verkündigung des historischen Jesus;

(2.) die nachösterliche Lehre der Apostel, zu der Lehre im Namen Jesu Christi, Auslegung der Lehre des irdischen Jesus, Jesus in den Mund gelegte Lehren und Auslegungen und die Aussageintentionen mancher fiktionaler und mythischer Erzählungen über Jesus zu rechnen sind;

(3.) die nach Ostern möglichen Deutungen des Lebens und Geschicks der einen Person Jesu Christi, die sich beziehen auf das Wirken und Geschick des historischen Jesus, wie es in historisch zu verifizierenden Erzählungen überliefert wird, und die sich beziehen auf Erfahrungen mit dem auferstandenen und erhöhten Christus, wie sie im apostolischen Zeugnis erzählt werden.

Auch wenn diese drei Überlieferungsstränge historisch und inhaltlich miteinander zusammenhängen, kann doch jeder der drei Überlieferungsstränge eigene Inhalte erschließen und zum christlichen Glaubenszeugnis beitragen. Alle drei Überlieferungsstränge sind grundsätzlich gleichrangig. Der Aufweis von sachlichen – nicht unbedingt terminologischen – Übereinstimmungen zwischen diesen drei Überlieferungssträngen entscheidet dabei über die zentralen Inhalte des christlichen Glaubenszeugnisses. Von einer so ermittelten Mitte der Offenbarung in Jesus Christus her ist es dann – wenn es um

---

dass Christus des Gesetzes (als der Besonderheitsbasis Israels) Ende sei, so dass die Gerechtigkeit nunmehr jedem Glaubenden zukommen könne (Röm 10,4).“ (N. WALTER, „Historischer Jesus“ und Osterglaube, Sp.331)

der Kohärenz des christlichen Glaubenszeugnisses willen nicht zu umgehen ist – auch denkbar, an einzelnen Überlieferungen Sachkritik zu üben.

Damit besteht eine erste Aufgabe für die historisch-kritische Jesus-Forschung und für die Exegese des Neuen Testaments darin, die Verkündigung des historischen Jesus zu rekonstruieren und sachliche Kontinuitäten – wie auch Differenzen – zwischen dieser Verkündigung Jesu und der nachösterlicher Verkündigung der Apostel aufzuzeigen. Da auch der nachösterlichen Verkündigung grundsätzlich Offenbarungscharakter zukommt und diese gleichberechtigt neben die historisch-kritisch rekonstruierbare Verkündigung des historischen Jesus tritt, gerät die theologische Bemühung um das christliche Glaubenszeugnis nicht in eine direkte Abhängigkeit von den jeweils wechselnden Authentizitätsurteilen über einzelne Jesus-Überlieferungen. Denn einerseits ist eine Jesus-Überlieferung noch nicht schon dadurch als Offenbarungswort disqualifiziert, dass sich ihre nachösterliche Entstehung erweisen lässt. Und andererseits genügt für das christliche Glaubenszeugnis die Rekonstruktion der Grundlinien der Verkündigung des historischen Jesus, wozu nicht in allen Fällen sichere Authentizitätsurteile gefällt werden müssen.

Die Verkündigung des historischen Jesus und die nachösterliche Verkündigung der Apostel haben sprach-logisch gesehen den Charakter von Offenbarungsworten – damit stehen sie in der Gefahr, zur Idee zu werden, deren historische Verankerung für ihren Wahrheitsanspruch irrelevant ist. Soll die in Jesus Christus geschehene Offenbarung einen festen Geschichtsbezug haben, der das extra nos der Offenbarung sichert und Gott und Menschen Freiheit gewährt, dann müssen die nachösterlichen Deutungen des Lebens und Geschicks der Person Jesu Christi einen unverzichtbaren und eigenständigen Beitrag zum christlichen Glaubenszeugnis liefern. Gerade indem das Urchristentum nicht einfach die Verkündigung des historischen Jesus fortführte, sondern die Deutung von Tod und Auferweckung Jesu Christi zum zentralen Ausgangspunkt des Kerygmas machte und so Inhalte einbrachte, die sich gedeuteter Geschichte verdanken,[218] sicherte es dem christlichen Glaubenszeugnis einen festen Geschichtsbezug.

Der historisch-kritischen Jesus-Forschung fällt damit zusätzlich die Aufgabe zu, die historische Legitimität solcher Deutungen zu prüfen und zu sichern. Historische Rückfrage kann dabei Deutungen nicht verifizieren, wohl aber – wenn dabei Verfälschung faktischer Geschichte geschieht – falsifizieren. Die möglichst breit angelegte Rekonstruktion des Wirkens des historischen Jesus soll dabei zugleich die Voraussetzungen für neue Deutungsmodelle der Geschichte Jesu Christi schaffen.

---

[218] Zu diesem Transformationsprozess vgl. Abschnitt 8.1.

außerchristlichen Jesus-Überlieferungen. Für den Vollzug der Exegese bedeutet dies: Primäre Quellen historisch-kritischer Jesus-Forschung sind die synoptischen Evangelien. Eine exegetische These kann nur dann gegen die synoptische Tradition auf Überlieferungen des Johannes- und des Thomas-Evangeliums gestützt werden, wenn plausibel gemacht werden kann, warum die synoptischen Überlieferungen eine traditionsgeschichtlich spätere Entwicklung repräsentieren. Ein Rückgriff auf Johannes- bzw. Thomas-Evangelium ist um so begründeter, je stärker die betreffende Jesus-Tradition den sonst zu beobachtenden theologischen Tendenzen dieser beiden Evangelien widerspricht. Weitere apokryphe oder außerchristliche Jesus-Überlieferungen dürfen nur als Bestätigung einer exegetischen These verwendet werden, die auf der Basis der synoptischen Evangelien, des Johannes- oder des Thomas-Evangeliums gewonnen wurde.

Für die literarkritische Analyse der synoptischen Evangelien hat sich die Zwei-Quellen-Theorie bewährt. Mit ihr lassen sich für die historische Rückfrage vier, zumeist einigermaßen klar abgrenzbare Quellen unterscheiden: Die Logienquelle, das Markus-Evangelium, das Sondergut des Lukas-Evangeliums und das Sondergut des Matthäus-Evangeliums. Matthäischen und lukanischen Redaktionen, die sich auf Grund der Zwei-Quellen-Theorie eindeutig erkennen lassen, kommt nur ein untergeordneter Quellenwert zu.[6] Zwar ist nicht grundsätzlich auszuschließen, dass sie historische Erinnerungen aufbewahren, doch sollten redaktionell gebildete Texte höchstens als eine Bestätigung für eine anderweitig begründete exegetische These Verwendung finden.[7] Zwar sind das Matthäus-Evangelium und das Lukas-Evangelium deutlich jünger als die Logienquelle und das Markus-Evangelium, doch ist damit zu rechnen, dass es bis zu ihrer Abfassung eine mündliche Weitergabe von Jesus-Tradition gab, so dass auch im Sondergut dieser Evangelien authentische Jesus-Überlieferung enthalten sein kann.[8] Die Zuordnung eines Textes zum Sondergut eines der Seitenreferenten kann darum – außer wenn es sich um offensichtlich redaktionelle Bildung handelt – weder positiv noch negativ ein Authentizitätsurteil begründen.[9]

Die Logienquelle ist die älteste uns noch einigermaßen sicher zugängliche Verschriftlichung von Jesus-Tradition.[10] Dennoch darf ihr hohes Alter

---

[6] Gegen E.SCHILLEBEECKX, Jesus, S.72f.

[7] Gegen H.BIETENHARD, „Der Menschensohn", S.312f, der grundsätzlich allen synoptischen Varianten den gleichen Quellenwert gibt.

[8] Gegen J.P.MEIER, A Marginal Jew, Bd.1, S.44f, der dem Sondergut nur einen untergeordneten Quellenwert beimessen will. Allerdings unterscheidet MEIER im Sondergut nicht zwischen Redaktion und Tradition. Hier werden jedoch mit Sondergut jene Jesus-Überlieferungen bezeichnet, die Matthäus und Lukas aller Wahrscheinlichkeit nach schon in der Tradition vorfanden und nicht selbst bildeten (z.B. Gleichnisse).

[9] So auch E.SCHILLEBEECKX, S.7.

[10] G.THEISSEN, Lokalkolorit, S.212-245 datiert sie in die 40er Jahre des 1. Jhdts.

nicht pauschal als Nachweis der Authentizität der in ihr überlieferten Traditionen gelten.[11] Denn auch in ihr finden sich erst nach Ostern gebildete Jesus-Worte. Die Logienquelle ist nur noch in der literarkritischen Rekonstruktion zugänglich. Zwar kann nicht bewiesen werden, dass Matthäus und Lukas auf denselben Text der Logienquelle zurückgreifen, doch ist diese Unsicherheit für die historische Rückfrage nach Jesus meist nicht von großer Bedeutung. Überliefern Matthäus und Lukas in einem Text, der offenbar aus der Logienquelle stammt, verschiedene Fassungen, so ist die Frage, welche Gestalt der Text in der Logienquelle hatte, Teil der weitergehenden Frage, wie die Urform des Textes wohl lautete, die ja am ehesten noch dem historischen Jesus zugeschrieben werden kann. Ob diese Urform dann auch in der Logienquelle stand oder eine Vorstufe für verschiedene Ausgaben der Logienquelle darstellte, kann offen bleiben.[12]

3.2 Der Weg zu authentischer Jesus-Überlieferung

Die historisch-kritische Jesus-Forschung der letzten beiden Jahrhunderte machte bewusst, dass die biblische und außerbiblische Jesus-Überlieferung als ein Ineinander von historischen Erinnerungen und sich nachösterlicher Glaubensüberzeugung verdankender Interpretation, Umprägung und Fiktion zu betrachten ist.[13] Zugleich wurde erkannt, dass alle Jesus-Überlieferungen einen längeren Selektions-, Traditions- und Redaktionsprozess hinter sich haben, in dem zunächst voneinander unabhängige Einheiten zu größeren Komplexen verbunden und zum Teil auch umgestaltet wurden.[14] Damit steht

[11] So auch G.THEISSEN/A.MERZ, Jesus, S.45. Gelegentlich wird der vermeintlich unchristologische Charakter der Logienquelle als Grund für einen höheren Quellenwert angesehen. Doch zeigt sich, dass auch die Logienquelle nicht als „unkerygmatische" Jesus-Tradition verstanden werden kann (vgl. E.SCHILLEBEECKX, Jesus, S.73).

[12] Ein anderer Sachverhalt ergibt sich allerdings, wenn versucht werden soll, die Logienquelle als theologisch durchkonzipierte Schrift zu interpretieren. Weil die Rekonstruktion der Logienquelle schon rein methodisch gesehen mit vielen Unsicherheiten behaftet ist (so kann z.B. kaum geklärt werden, welche Stellen des Sonderguts der Logienquelle zuzurechnen sind – vgl. dazu F.HAHN, Methodologische Überlegungen, S.14f), sollte eine theologische Gesamtinterpretation der Logienquelle äußerst zurückhaltend sein. Über das methodisch einigermaßen sicher Erreichbare dürfte hinausgeschritten werden, wenn innerhalb der Logienquelle noch verschiedene Redaktionsstufen angenommen und Logien diesen Redaktionsstufen dann zugeordnet werden (gegen S.SCHULZ, Q, S.47-53 und J.D.CROSSAN, Jesus, S.313f). Vgl. auch die Kritik von L.T.JOHNSON, The Real Jesus, S.52f.

[13] Gegen P.STUHLMACHER, Biblische Theologie des NT, S.45 ist festzuhalten, dass es auch Jesus-Überlieferungen gibt, die nach Ostern ganz neu geschaffen und Jesus nachträglich in den Mund gelegt worden sind (so zurecht J.D.CROSSAN, Jesus, S.31).

[14] Zu den Bedingungen, welche die Überlieferung der Jesus-Tradition bestimmten, vgl. F.HAHN, Methodologische Überlegungen, S.14-26.

die historische Rückfrage nach Jesus vor der Aufgabe, die kleinsten für sich selbst überlieferungsfähigen Einheiten zu ermitteln, hinter erkennbare Redaktion auf rekonstruierbare Vorformen zurückzugreifen und dann zu klären, ob es sich bei diesen um authentische Jesus-Überlieferung handelt.[15]

Die Abgrenzung einer Jesus-Überlieferung von ihrem Kontext geht einher mit der redaktionskritischen Analyse des ganzen Kontextes. Eine Texteinheit ist nach formgeschichtlichem Grundsatz dann noch als überlieferungsfähig anzusehen, wenn sich für sie als isolierte Einheit ein Sitz im Leben denken lässt. Die Einsicht, dass die Jesus-Überlieferung Sammlungsprozesse durchmachte, verbietet es, den jetzt gegebenen Kontext einer Texteinheit, der ja sekundär sein kann, zum einzigen Standbein einer exegetischen Interpretation zu machen. Umgekehrt kann aber der jetzige Kontext als Indiz für eine exegetische These gewertet werden.

Die Rekonstruktion von Vorstufen einer Jesus-Überlieferung durch die Redaktionskritik arbeitet dabei nach den üblichen Methoden: Brüche und Spannungen werden als Indizien redaktioneller Bearbeitung ausgewertet; Redaktionelle Passagen mit Hilfe von Wortstatistik und stilistischen Eigenheiten der Redaktoren identifiziert.[16] Damit die Ergebnisse kontrollierbar bleiben, ist hier zurückhaltend vorzugehen. Komplizierte redaktionsgeschichtliche Modelle verlieren sich schnell ins Spekulative. Auf keinen Fall sollten exegetische Gesamttheorien auf eine in ihrer redaktionskritischen Beurteilung strittigen Textanalyse aufgebaut werden.

3.3 Kriterien zur Identifikation authentischer Jesus-Überlieferung

Nach der Rekonstruktion der frühesten, mit hinreichender Sicherheit erreichbaren Vorstufe einer Jesus-Überlieferung, ist ihre Authentizität zu klären. Zur Beurteilung einzelner Überlieferungen wurden eine Reihe von Kriterien entwickelt.[17]

---

15 Die Authentizität einer (rekonstruierten) Überlieferung ist bereits dann als gegeben anzunehmen, wenn sie die „ipsissima intentio Jesu" wiedergibt. Die Suche nach der „ipsissima vox" Jesu, die bis in jedes einzelne Wort hinein eine Überlieferung auf Jesus selbst zurückführen will, ist schon angesichts der Tatsache, dass die wohl ursprünglich aramäischen Worte Jesu nur griechisch überliefert und nicht immer eindeutig zurückzuübersetzen sind, methodisch nicht durchführbar (vgl. dazu F.HAHN, Methodologische Überlegungen, S.30f).

16 Vgl. hierzu F.MUSSNER, Methodologie, S.130.

17 K.BERGERS Bestreitung der Möglichkeit einer – an Hand klarer Kriterien vorgehenden – Unterscheidung authentischer und sekundärer Jesus-Überlieferungen (Kriterien für echte Jesusworte?, S.52 und die dann folgende Argumentation) lebt stark davon, Kriterien

Wenn Verifikations- oder auch „positive“[18] Kriterien erfüllt sind, ist mit der Authentizität der betreffenden Überlieferung zu rechnen. Jedoch ist nicht der Umkehrschluss möglich:[19] Sind positive Kriterien nicht erfüllt, so ist noch nicht erwiesen, dass eine Überlieferung erst nach Ostern entstanden ist, also sekundären Ursprungs ist.

Unter den positiven Kriterien zur Identifikation authentischer Jesus-Überlieferung nahm lange Zeit das so genannte Differenzkriterium eine hervorgehobene Stellung ein: Jesus-Überlieferungen, die sich entweder inhaltlich oder formal zugleich vom Judentum und vom Urchristentum abheben, seien dem historischen Jesus zuzuweisen.[20] Die Methoden-Diskussion der letzten Jahre führte zu einer reflektierteren Anwendung dieses Kriteriums. So wurde deutlich, dass damit zu rechnen ist, dass das Wirken des Juden Jesus in Wort und Tat weithin dem Judentum konform war und dass das Urchristentum Impulse Jesu in seine eigene Verkündigung und Praxis aufnahm.[21] Eine zu einseitige Anwendung des Kriteriums muss darum zu einem unhistorischen Jesus-Bild führen, das Jesus antijüdisch und antichristlich verzeichnet.[22] Außerdem wurde bewusst, dass die Feststellung einer Differenz zwischen Jesus-Überlieferung und jüdischen Traditionen nur unter Vorbehalt geschehen kann, da wir keine komplette Kenntnis des jüdischen Denkens des 1. Jhdts. besitzen.[23] Darum ist das Differenzkriterium vor allem in Hinblick auf die urchristliche Literatur anzuwenden:[24] Jesus-Überlieferungen „lassen sich besonders dann als Auswirkung des historischen Jesus in den Quellen plausibel machen, wenn sie sich nicht aus

---

durch Extrembeispiele ad absurdum zu führen (z.B. S.55). BERGER verkennt, dass – wie der vergleichbare Fall der Textkritik zeigt – ein Kriterium für sich allein genommen immer ad absurdum geführt werden kann. Wenn BERGER statt der Authentizität von Jesus-Überlieferungen „die Aktualität bestimmter Traditionen in verschiedenen Phasen der Geschichte des Urchristentums“ (S.53; vgl. auch Theologiegeschichte, S.13f) bestimmen will, dann ist er für seine Zuordnungen genauso auf Kriterien angewiesen und der Gefahr von Zirkelschlüssen ausgesetzt.

[18] Die Rede von „positiven“ und „negativen Kriterien“ stammt von E.SCHILLEBEECKX, Jesus, S.77 und S.80.

[19] Vgl. E.SCHILLEBEECKX, Jesus, S.80: Ein positives Kriterium „darf nicht als ein negatives Kriterium gehandhabt werden“.

[20] Vgl. dazu E.KÄSEMANN, Das Problem des historischen Jesus, S.144; Weitere Autoren werden bei E.SCHILLEBEECKX, Jesus, S.80 angeführt.

[21] Vgl. K.BERGER, Kriterien für echte Jesusworte?, S.54 und seine Kritik an den Kriterien der „Wirkungsplausibiltät“ und „Kontextplausibilität“, die G.THEISSEN/A.MERZ, Jesus, 118-120 entwickeln.

[22] Vgl. G.THEISSEN/A.MERZ, Jesus, S.117.

[23] Vgl. G.THEISSEN/A.MERZ, Jesus, S.117; K.BERGER, Kriterien für echte Jesusworte?, S.54 und L.T.JOHNSON, The Real Jesus, S.129.

[24] Gut die anwendungsorientierte Darstellung dieses Kriteriums bei F.MUSSNER, Methodologie, S.132-134.

bekannten Tendenzen des Urchristentums erklären lassen – oder sogar ausgesprochen 'tendenzspröde' sind."[25]

Ein weiteres positives Kriterium ist das Vorliegen von Mehrfachbezeugung in verschiedenen, literarisch voneinander unabhängigen Quellen.[26] Hier ist zu unterscheiden zwischen der mehrfachen Bezeugung einer Überlieferung in verschiedenen Quellen, der mehrfachen Bezeugung von sachlichen Motiven und Inhalten in verschiedenen Überlieferungen und der mehrfachen Bezeugung von sachlichen Motiven und Inhalten in verschiedenen Formen und Gattungen.[27] Auch hier ist der Umkehrschluss nicht möglich: Überlieferungen, die nur einmal tradiert werden, sind nicht selbstverständlich als sekundär entstanden einzuschätzen.[28]

Als positives Kriterium ist auch das so genannte Plausibilitätskriterium anzuerkennen: „Wenn bei der Bestreitung der Echtheit [einer Überlieferung] der Gesamtverlauf der Geschichte des Urchristentums unverständlich wird, so sollte diese Bestreitung unterbleiben."[29]

Ein letztes positives Kriterium ist das so genannte Kohärenzkriterium:[30] Stimmt eine Jesus-Überlieferung inhaltlich mit anderen als authentisch identifizierten Jesus-Überlieferungen zusammen, so ist davon auszugehen, dass auch sie auf den historischen Jesus zurückgeht oder zumindest Jesu Intentionen sachgemäß wiedergibt.

Wenn Falsifikations- oder auch „negative" Kriterien erfüllt sind, dann ist damit zu rechnen, dass die betreffende Jesus-Überlieferung nachösterlichen Ursprungs und somit nicht authentisch ist. Auch hier ist der Umkehrschluss nicht zulässig: Sind die Falsifikationskriterien nicht erfüllt, ist noch lange nicht die Authentizität einer Jesus-Überlieferung erwiesen.

Da davon auszugehen ist, dass der historische Jesus als vom Lande stammender Galiläer aramäisch sprach, die heiligen Schriften in hebräischer Sprache las und wenig von städtischer griechischer Kultur geprägt war, ist das Vorliegen griechischer Spracheigentümlichkeiten, die Benutzung der Septuaginta oder der Rückgriff auf exklusiv hellenistische Vorstellungs- und Denkmuster ein Falsifikationskriterium. Umgekehrt lässt sich dieses Kriterium jedoch nicht als Verifikationskriterium gebrauchen, weil auch das nachösterliche Judenchristentum in diesem kulturellen Raum existierte. So mag der Nachweis aramäischer Spracheigentümlichkeiten zwar das hohe

---

25 G.THEISSEN/A.MERZ, Jesus, S.118.

26 Vgl. dazu E.SCHILLEBEECKX, Jesus, S.82f.

27 Vgl. G.THEISSEN/A.MERZ, Jesus, S.118.

28 Vgl. dazu F.HAHN, Methodologische Überlegungen, S.34f. Gegen J.D.CROSSAN, Jesus, S.33, der nur einmal bezeugte Jesus-Überlieferungen grundsätzlich nicht für die historische Rekonstruktion auswerten will.

29 K.BERGER, Kriterien für echte Jesusworte?, S.53.

30 E.SCHILLEBEECKX, Jesus, S.83f spricht von inhaltlicher Konsistenz.

Alter einer Tradition aufweisen, kann aber für sich allein genommen noch nicht die Authentizität einer Überlieferung sicherstellen.[31]

Die ältere formgeschichtliche Exegese neigte dazu, die Tradenten einer Überlieferung schnell mit den Urhebern einer Überlieferung zu identifizieren. Wenn der Sitz im Leben einer Überlieferungseinheit einigermaßen plausibel identifiziert werden konnte, wurde die Überlieferung oft sehr schnell als für diesen Sitz im Leben eigens geschaffen erachtet. Dabei wurde die produktive Kraft der Tradenten wohl häufig überschätzt. Eine Jesus-Tradition muss aber noch nicht als sekundär angesehen werden, wenn sich ein nachösterlicher Sitz im Leben erkennen lässt.[32] Allerdings spricht es gegen die Authentizität einer Überlieferung, wenn sich für sie nur ein nachösterlicher, jedoch kein vorösterlicher Sitz im Leben denken lässt.[33] Was auf den historischen Jesus zurückgehen soll, muss „kontextplausibel interpretiert werden"[34] können.[35]

Ein ähnliches negatives Kriterium ergibt sich, wenn weniger religionssoziologisch, sondern eher theologiegeschichtlich gefragt wird. Wenn eine Überlieferungen geprägt ist von Theologoumena, die primär der nachösterlichen Situation zuzuordnen sind, dann ist nicht mit ihrer Authentizität zu

---

[31] In der deutschsprachigen Exegese versuchte allen voran J.JEREMIAS, in der Jesus-Überlieferung durch Rückübersetzung ins Aramäische mögliche Eigenheiten des Sprachstils Jesu zu finden, die die Rückführung einer Überlieferung auf Jesus sicherstellen können sollen (Vgl. J.JEREMIAS, Ntl. Theologie, S.13-45. Dazu E.SCHILLEBEECKX, Jesus, S.85f). Zwar lässt sich aufweisen, dass in der Jesus-Überlieferung eigene Wendungen und Formulierungen geprägt werden – z.B. die Einleitungsformel ἀμὴν λέγω ὑμῖν – und zumeist Jesus als Urheber dieser Sprechweisen anzusehen ist. Doch hat offenbar das Urchristentum in der sekundären Neubildung von Jesus-Logien, die wohl als Worte des erhöhten Herrn verstanden wurden, diese Sprechweisen nachgeahmt und weiter gepflegt. Damit ergibt sich aus dem Vorliegen einer für Jesus typischen Sprechweise noch kein Indiz für oder gegen die Authentizität einer Überlieferung (Ähnlich auch F.HAHN, Methodologische Überlegungen, S.36 und J.P.MEIER, A Marginal Jew, Bd.1, S.113f).

[32] Vgl. hierzu die Warnung H.WEDERS, Das Kreuz Jesu bei Paulus, S.247, einzelne Überlieferungen nicht ausschließlich als Produkt von soziologischen oder psychologischen Faktoren zu sehen.

[33] Umgekehrt ist vor allem bei denjenigen Überlieferungseinheiten mit alter oder gar authentischer Jesus-Tradition zu rechnen, für die sich im Urchristentum kein Sitz im Leben findet. Eine solche Beobachtung ist dann als formgeschichtlicher Spezialfall des Differenzkriteriums anzusehen.

[34] G.THEISSEN/A.MERZ, Jesus, S.119.

[35] Vgl. dazu G.THEISSEN/A.MERZ, Jesus, S.119: „Jesus kann nur das gesagt und getan haben, was ein jüdischer Charismatiker im 1. Jh. hätte sagen und tun können. Selbstverständlich kann er dabei in Widerspruch zu seiner Umwelt geraten. Das Judentum ist voll von Beispielen schroffer Kritik von charismatischen Einzelgestalten und von Polemik zwischen jüdischen Gruppen. Aber diese Kritik muss kontextuell nachvollziehbar sein." Diese Dialektik von Übereinstimmung und Opposition gibt allerdings nur ein sehr grobes Raster für Authentizitätsurteile.

rechnen.[36] Allerdings ist dann noch nicht auszuschließen, dass eventuell eine Vorform der Überlieferung auf Jesus zurückgeht. Es ist darum immer zu klären, ob hinter der jetzigen Überlieferung eine für sich stehende Vorform rekonstruierbar ist.

3.4 Grundsätze zur Anwendung der Kriterien

Um der historisch-kritischen Rückfrage nach Jesus größere Sicherheit hinsichtlich ihrer Ergebnisse zu geben, sind in der Anwendung der Kriterien folgende Grundsätze einzuhalten:

Wer eine exegetische These vertritt, hat die Beweislast zu tragen. Es ist also methodisch gesehen nicht richtig, grundsätzlich die Authentizität der Überlieferung zu behaupten, wenn sich keine Argumente gegen die nachösterliche Entstehung finden lassen.[37] Genausowenig kann grundsätzlich die nachösterliche Entstehung eines Traditionskomplexes postuliert werden, solange sich die Authentizität nicht beweisen lässt.[38] Immer ist der Nachweis für die eigene These zu führen.[39]

Die traditionsgeschichtliche Beurteilung einzelner Überlieferungsstücke sollte sich möglichst nicht nur auf ein einziges Kriterium gründen. „Erst durch die gleichzeitige Anwendung mehrerer Kriterien und durch die gegenseitige Ergänzung und Korrektur der Beobachtungen können daher brauchbare Ergebnisse bei der Beurteilung der Jesus-Überlieferung im Zusammenhang der Rückfrage nach Jesus gewonnen werden."[40]

In vielen Fällen lässt sich bei der Anwendung der oben genannten Kriterien in der Analyse einer Jesus-Überlieferung oder auch ganzer Komplexe der Jesus-Überlieferung kein eindeutiges Ergebnis erzielen. Das Urteil über die Authentizität einer einzelnen Überlieferungseinheit ist dann in solchen Fällen oft abhängig von einer traditionsgeschichtlichen Gesamtkonzeption, die die Entstehung eines ganzes Überlieferungskomplexes – wie z.B. der Menschensohn-Logien – zu erklären versucht.[41] Bei der Arbeit mit solchen

---

[36] Eine Liste solcher Theologoumena findet sich bei F.Mussner, Methodologie; S.136f; die Problematik eines Zirkelschlusses betont K.Berger, Kriterien für echte Jesusworte?, S.52.

[37] Gegen P.Stuhlmacher, Biblische Theologie des NT, S.45, der im Anschluss an O.Cullmann und M.Hengel methodisch nicht von der historischen Unglaubwürdigkeit, sondern von der historischen Glaubwürdigkeit der Evangelienüberlieferung ausgehen will. Ähnlich auch H.A.Brehm, Will the Real Jesus Please Stand?, S.12-14.

[38] Ähnlich auch F.Hahn, Methodologische Überlegungen, S.28f.

[39] So auch G.Strecker, Theologie des NT, S.266.

[40] F.Hahn, Methodologische Überlegungen, S.36.

[41] Zum Zirkel von Einzelbeobachtungen und Gesamtentwurf vgl. F.Hahn, Methodologische Überlegungen, S.37-40.

traditionsgeschichtlichen Gesamtkonzeptionen ist jedoch zu beachten, dass dabei eine frühe Selbstimmunisierung der Konzeption gegen widersprechende Beobachtungen vermieden wird. Traditionsgeschichtliche Gesamtkonzeptionen sollten sich darum nicht nur auf an wenigen Einzelüberlieferungen gemachte Beobachtungen stützen, um von dort aus die Authentizität der restlichen Überlieferungen des Komplexes zu beurteilen. Solange als nur möglich sind alle Überlieferungseinheiten eines Komplexes in die Ausarbeitung einer Gesamtkonzeption einzubeziehen.

Kapitel 4

Hoheitstitel und Selbstverständnis des historischen Jesus

Vor allem in der eher apologetisch orientierten Forschung wird immer wieder versucht, den Nachweis zu führen, der historische Jesus habe sich selbst mit einem der in jüdischer Tradition vorgeprägten Hoheitstitel bezeichnet.[1] Gelänge ein solcher Nachweis, so könnte aus der Selbstbetitelung Jesu mit einem Hoheitstitel auf Jesu Selbstverständnis zurückgeschlossen werden.

Nun besteht bereits seit längerem in der historisch-kritischen Jesus-Forschung ein weitgehender Konsens darüber, dass Jesus sich nicht als „Messias" (hebräisch: מָשִׁיחַ; aramäisch: מְשִׁיחָא; griechisch: χριστός) oder mit anderen Messiastiteln wie „Sohn Davids"[2] oder „König (der Juden)" betiteln ließ.[3] Auch einen Titel „Sohn Gottes" (im Hebräischen und Aramäischen verschiedene Ausdrücke, griechisch oft: υἱὸς τοῦ θεοῦ) – ob zur Zeit Jesu bereits als Hoheitstitel für eine eschatologische Heilsgestalt gebräuchlich

---

[1] So z.B. J.Jeremias, Ntl. Theologie, S.239ff; P.Stuhlmacher, Jesus von Nazareth – Christus des Glaubens, S.11-46 und ders., Biblische Theologie des NT, S.107-125. Häufig steht hier ein apologetisches Interesse im Hintergrund: Die nachösterliche Anwendung der Hoheitstitel auf Jesus soll dadurch legitimiert werden, dass Jesus selbst sich mit zumindest einem dieser Titel bezeichnet habe. Aus den Ausführungen in Kapitel 2 dürfte jedoch deutlich geworden sein (vgl. Abschnitt 2.1.3.3), dass Jesu Selbstbezeichnung mit einem Titel – insofern sie sich nachweisen ließe – kein zureichender Grund für die Legitimität einer nachösterlichen Anwendung dieses Hoheitstitels auf Jesus sein kann. Denn die nachösterliche Anwendung eines Hoheitstitels auf die Person des irdischen Jesus ist nichts anderes als eine Deutung der Geschichte Jesu. Für die Deutung eines Geschehens ist es nicht unbedingt erforderlich, dass diese Deutung schon während des Geschehens vorgenommen wurde. Ebensowenig ist die Deutung eines Geschehens dadurch legitimiert, dass sie bereits im Vollzug des Geschehens oder auch unmittelbar nach dessen Abschluss formuliert wurde.

[2] So auch J.Roloff, Neues Testament, S.123; L.Goppelt, Theologie des NT, S.216; C.Burger, Jesus als Davidssohn, S.165. Auch wenn Jesus davidischer Abstammung gewesen wäre (dies erwägen G.Theissen/A.Merz, Jesus, S.183f), so findet sich kein Hinweis, dass er daraus einen messianischen Anspruch ableitete.

[3] So E.Schweizer, Die Jünger Jesu und die nachösterliche Kirche, S.455-457; N.Brox, Das messianische Selbstverständnis Jesu, S.178; R.Leivestad, Jesus – Messias – Menschensohn; S.255; M.J.Borg, Meeting Jesus Again, S.29; F.Hahn; EWNT III, Sp.1154. Diese These wird dadurch bestätigt, dass weder Q noch EvThom. den Titel χριστός verwenden (vgl. ThWNT IX, S.530; G.Theissen/A.Merz, Jesus, S.55). Zu beachten ist allerdings das in Abschnitt 7.1.4 Ausgeführte.

oder nicht[4] – reklamierte Jesus nicht.[5] Dass der historische Jesus sich als „Gottesknecht" im Sinne Deuterojesajas verstand, ist nicht durch die Verwendung eines Titels zu belegen.[6] Auch die These, dass Jesus sich als Verkörperung der präexistenten Weisheit (hebräisch: חָכְמָה; griechisch: σοφία) verstand,[7] ist nicht zu halten.[8] Gelegentlich wurde der historische Jesus wohl mit der jüdischen Höflichkeitsanrede „Herr" (aramäisch: מָרִי; griechisch: κύριος) angeredet. Diese Anrede erhielt jedoch erst nach Ostern ihre christologische Bedeutung.[9] Auch der Titel „Prophet" (hebräisch: נָבִיא; aramäisch: נְבִיא; griechisch: προφήτης) wurde wohl an Jesus herangetragen.[10] Jedoch gibt es keinen Hinweis darauf, dass Jesus sich mit diesem Titel identifizierte.[11] Schließlich wurde Jesus häufig auch als „Lehrer" (aramäisch: רַבִּי bzw. רַבּוּנִי; griechisch: διδάσκαλος) angeredet, doch gibt es keine authentische Stelle, an der Jesus dazu auffordert, ihn so anzusprechen.[12] Da Jesus sich mit keinem dieser Titel selbst bezeichnete oder auf eine

---

4 Vgl. zur umstrittenen Interpretation des einzigen bisher gefundenen Belegs für eine messianische Bedeutung des Titels „Sohn Gottes" (4Q 246) G.THEISSEN/A.MERZ, Jesus, S.491f und S.527f und J.ZIMMERMANN, Messianische Texte aus Qumran, S.128-169.

5 So E.SCHWEIZER, Die Jünger Jesu und die nachösterliche Kirche, S.457f; M.J.BORG, Meeting Jesus Again, S.29. Auch wenn Jesus von sich als „Sohn" gesprochen haben sollte, was umstritten ist (vgl. F.HAHN, EWNT III, Sp.917), dann muss sich daraus noch kein exklusiver Hoheitsanspruch ableiten lassen. Da Jesus Gott als Vater anredete, konnten auch andere Menschen Söhne bzw. Kinder Gottes sein (vgl. Lk.6,35/Mt.5,45).

6 So E.SCHWEIZER, Die Jünger Jesu und die nachösterliche Kirche, S.457 und N.BROX, Das Selbstverständnis Jesu, S.182.

7 Dies erwägt M.J.BORG, Meeting Jesus Again, S.102f. Vgl. dazu auch M.HENGEL, Studies in Early Christology, S.75-87.

8 So ist an den beiden Belegstellen BORGS (Lk.11,49f/Mt.23,34f und Lk.7,33-35/Mt.11,18f) der Ausdruck σοφία nicht auf Jesus zu beziehen. Vgl. z.B. M.HENGEL, Studies in Early Christology, S.84 und S.86.

9 So F.HAHN, Hoheitstitel, S.95; vgl. auch ders., EWNT II, Sp.813-815.

10 Vgl. Mk.6,15/Lk.9,8; Mk.8,28/Mt.16,14/Lk.9,19; offenbar ging auch das Gerücht um, Jesus sei der wiederauferstandene Johannes (vgl. Mk.6,14.16/Mt.14,1f/Lk.9,7.9)

11 So auch J.BECKER, Jesus, S.267. In zwei – wohl authentischen – Logien (Mk.6,4/Mt.13,57/Lk.4,24/Joh.4,44 und Mt.23,37/Lk.13,34) vergleicht Jesus sein Schicksal mit dem der Propheten und stellt sich so „in die Reihe der abgelehnten Boten und Propheten in Israel" (F.SCHNIDER, Jesus der Prophet, S.145). Das dritte Propheten-Logion im Munde Jesu (Lk.13,33) dürfte dagegen nachösterlichen Ursprungs sein (so übereinstimmend W.WIEFEL, ThHK III, S.264f; F.BOVON, EKK III/2, S.444f und L.OBERLINNER, Todeserwartung, S.148). Die beiden authentischen Propheten-Logien lassen jedoch nicht den Schluss zu, Jesus habe sich als ein Prophet im Sinne des Alten Testaments oder als eschatologischer Prophet, wie er für die Endzeit erwartet wurde, verstanden (gegen F.SCHNIDER, Jesus der Prophet, S.149).

12 Dass Jesus den Titel „Lehrer" nicht beanspruchte, lässt noch Joh.13,13f erkennen.

Anrede mit einem dieser Titel bestand,[13] lässt sich darum über diese Titel kein Zugang zum Selbstverständnis des historischen Jesus finden.

Anders dagegen ist die Diskussionslage bei dem Ausdruck „der Menschensohn". Eine große Zahl von traditionsgeschichtlichen Alternativen und Interpretationen für den Ausdruck werden in der Forschung diskutiert, ohne dass sich bisher ein Konsens abzeichnet.[14] Verschiedentlich wird versucht, Jesu Selbstverständnis durch eine bestimmte Interpretation der Menschensohn-Logien zu erhellen.[15] Darum ist – trotz der beträchtlichen Schwierigkeit[16] – wegen der großen Relevanz für die Frage nach dem Selbstverständnis Jesu eine Lösung für das „Menschensohn-Problem" zu suchen. Dabei wird im Folgenden die These vertreten, dass der historische Jesus sich sehr wohl mit dem Ausdruck „der Menschensohn" bezeichnete, dass dieser Ausdruck jedoch zur Zeit Jesu kein geprägter Hoheitstitel war.

Um diese These zu begründen, soll in einem ersten Schritt geklärt werden, welche Bedingungen erfüllt sein müssen, damit ein Ausdruck als Titel und seine Verwendung in einem Text als titularer Gebrauch bezeichnet werden kann (Abschnitt 4.1). Im Anschluss daran soll ermittelt werden, ob die für die Menschensohn-Frage heranzuziehenden apokalyptischen Texte Dan.7, äth.Hen.37-71 und 4.Esr.13 tatsächlich – wie weithin angenommen – Belege für die Existenz eines titularen Gebrauchs des Ausdrucks „(der) Menschensohn" zur Zeit Jesu sind (Abschnitt 4.2). In einem dritten Schritt

---

13 So auch G.BORNKAMM, Jesus, S.152f; H.CONZELMANN, Das Selbstbewußtsein Jesu, S.36; P.POKORNÝ, Entstehung der Christologie, S.46 H.F.WEISS, Kerygma und Geschichte, S.73f; E.LOHSE, Grundriß der ntl. Theologie, S.44f; J.BECKER, Jesus, S.249 und S.271; G.THEISSEN/A.MERZ, Jesus, S.480; K.BERGER, Theologiegeschichte, S.115. Vgl. auch die bei M.DE JONGE, God's Final Envoy, S.95-97 dargebotenen Positionen. S.RUAGERS, Das Reich Gottes, S.194 wendet dagegen ein: „Die These, dass Jesus sich nicht zu einem einzigen jüdischen Hoheitstitel bekannt hätte, ist [...] einer näheren Prüfung gegenüber nicht stichhaltig. Der Irrtum wird vor allem dadurch offenbar, dass Jesus damit aus der jüdischen Religionsgeschichte herausgelöst worden wäre." (im Anschluss an M.HENGEL, Nachfolge, S.79). RUAGERS Argument ist methodisch und historisch äußerst problematisch.

14 Neuere umfassende Darstellungen der vorgebrachten Hypothesen zur Menschensohn-Problematik und deren Diskussion finden sich bei A.VÖGTLE, Die „Gretchenfrage" (1994), S.22-175 und M.MÜLLER, Der Ausdruck „Menschensohn" in den Evangelien (1984), S.27-65, S.157-167 und S.219-244. Ein knappes Summarium der verschiedenen, in der Forschung vertretenen Positionen bietet R.LEIVESTAD, Jesus – Messias – Menschensohn (1982), S.223f.

15 So z.B. J.JEREMIAS, Ntl. Theologie, S.245-263; P.STUHLMACHER, Jesus von Nazareth – Christus des Glaubens, S.27-31 und V.HAMPEL, Menschensohn (mit dem Untertitel: „Ein Rätselwort als Schlüssel zum messianischen Selbstverständnis Jesu"), S.2.

16 Noch heute dürfte die Feststellung H.J.HOLTZMANNS, Das messianische Bewusstsein Jesu, S.50 aus dem Jahre 1907 (!) gelten: „Wir stehen vor dem verwickeltsten und verfahrensten aller Probleme, welche die Leben-Jesu-Forschung, ja die ganze neutestamentliche Theologie zu lösen aufgibt. Die ihm geltende Literatur ist unübersehbar".

ist schließlich zunächst hypothetisch zu fragen, welche Alternativen es für das Verständnis des Ausdrucks „der Menschensohn" in den synoptischen Evangelien gibt (Abschnitt 4.3). Schließlich ist durch Analysen der drei Gruppen der neutestamentlichen Menschensohn-Logien[17] zu klären, ob sich Belege finden lassen für die aufgezeigten Interpretations-Alternativen (Abschnitte 4.4 bis 4.6). Die Ergebnisse dieser Analysen sollen dann eingebracht werden in eine traditionsgeschichtliche Hypothese, welche die Entstehung der neutestamentlichen Menschensohn-Logien zu erklären versucht (Abschnitt 4.7).[18]

4.1 Kennzeichen des titularen Gebrauchs eines Ausdrucks

Vor allem die deutschsprachige Jesus-Forschung geht weithin davon aus, dass der Ausdruck „der Menschensohn" zur Zeit Jesu ein fest geprägter apokalyptischer Hoheitstitel war, der eine maßgebliche Gestalt für die erwarteten Endzeitereignisse bezeichnete.[19] Dieser Ausgangspunkt soll im Folgenden falsifiziert werden. Dabei soll nicht in Frage gestellt werden, dass es im apokalyptischen Traditionsstrom die Erwartung endzeitlicher Richter- oder Herrschergestalten gab. Bestritten werden soll jedoch, dass bereits zur Zeit Jesu für eine solche Endzeitgestalt der Ausdruck „(der) Menschensohn" als Titel geprägt war bzw. dass ein solcher Titel vom historischen Jesus selbst geprägt wurde.[20] Zuvor ist jedoch allgemein zu klären, wodurch der titulare Gebrauch eines Ausdrucks gekennzeichnet ist.

Ausdrücke zur Bezeichnung von Personen lassen sich in drei Klassen einteilen:

(1) *Gattungsbegriffe* (wie z.B. „Mensch", „Galiläer"): Durch einen Gattungsbegriff wird die Zugehörigkeit einer Person zu einer bestimmten Gruppe von Menschen ausgesprochen. Gattungsbegriffe setzen immer voraus, dass es eine Mehrzahl von Personen gibt oder geben kann, die dieser Gattung angehören. Folglich kann eine Individuum durch einen Gattungsbegriff in seiner Einzigartigkeit nicht bezeichnet werden, ohne

[17] Die in Anlehnung an R.BULTMANN (Theologie des NT, S.31f) oft vorgenommene Einteilung der Menschensohn-Logien in drei Gruppen wird auch hier beibehalten (z.T. mit Korrekturen im Detail). Gegen diese Einteilung votiert auf Grund seines Verständnisses des Ausdrucks „der Menschensohn" V.HAMPEL, Menschensohn, S.185-187.

[18] Im Verlauf dieses langwierigen Vorgehens werden auch weitere Grundlagen für die Argumentation in den folgenden Kapiteln dieser Arbeit gelegt. Deshalb ist die Argumentation gelegentlich ausführlicher, als auf den ersten Blick notwendig.

[19] So in neuerer Zeit auch A.VÖGTLE, Die „Gretchenfrage", ohne diese Voraussetzung überhaupt zu begründen.

[20] Die These, dass „der Menschensohn" nicht als messianischer Titel verstanden wurde, findet sich zuerst bei R.LEIVESTAD, Der apokalyptische Menschensohn, 1968.

dass zum Gattungsbegriff weitere Bestimmungen – eventuell auch durch den Kontext – hinzugefügt werden.

(2) *Titel* (wie z.B. „König" oder „Richter"): Durch einen Titel werden einer Person gewisse Rechte und Pflichten, Kompetenzen und Funktionen zuerkannt. Sie wird auf eine bestimmte Rolle festgelegt. Vom titularem Gebrauch eines Ausdrucks kann nur dann gesprochen werden, wenn bei den Adressaten eines Textes oder einer mündlichen Rede mit dem Ausdruck das zugehörige Rollenkonzept assoziiert wird. Ist ein titularer Gebrauch noch nicht geprägt, kann er in der Regel nur eingeführt werden, indem der Titel erklärt wird.

(3) *Namen* (wie z.B. Eigennamen): Mit einem Namen wird die Identität einer Person in verschiedenen Zeiten und Situationen behauptet. Mit einem Namen wird keine feste Funktion und Rollenerwartung verbunden, sondern lediglich eine konkrete individuelle Person. Dies gilt vor allem für Eigennamen. Derartige Namen transportieren dieselben Inhalte wie ein Pronomen.[21] Namen – sofern sie nicht als Familiennamen gebraucht werden – setzen voraus, dass es immer nur eine Person gibt, die diesen Namen trägt.[22] Deshalb können Namen nie mit einem unbestimmten Artikel stehen. Auch die Verbindung mit Adjektiven und ähnlichen Bestimmungen ist Namen fremd.[23] Ausdrücke können in bestimmten Kontexten ohne Erklärung als Namen eingeführt werden, da der Kontext den Namenscharakter des Ausdrucks deutlich macht.

Ein Ausdruck kann nun in verschiedenen Kontexten einen je anderen Charakter annehmen. So kann z.B. das Wort „Richter" je nach Zusammenhang einmal Titel („Der Richter eröffnet die Verhandlung"), einmal Gattungsbegriff („Er ist auch ein Richter") und einmal Namen („Ihr Familienname lautet Richter") sein.[24]

---

[21] Allerdings gibt es auch Namen, die bereits bestimmte Assoziationen wecken wollen und damit auch eine Aussage über ihren Träger machen. Dies ist vor allem bei Beinamen oder Symbolnamen festzustellen (z.B. Judas Makkabäus, Simon Petrus). Zumeist spielen sie auf Eigenschaften der Person oder die Person prägende Ereignisse an. Die Bedeutung solcher Namen geht über die eines Pronomens hinaus, umgreift aber noch nicht die festen Rollenerwartungen, die ein Titel enthält.

[22] Tragen zwei Personen denselben Namen, so handelt es sich in Wahrheit um zwei gleichlautende Namen, was dadurch deutlich gemacht wird, dass dort wo es im Kontext nötig wird, eine eindeutige Identifikation vorgenommen wird.

[23] Dies liegt daran, dass z.B. Adjektive in der Regel dazu verwendet werden, eine Person aus einer gegebenen Menge hervorzuholen (vgl. z.B. „der große Mann").

[24] Ein antikes Beispiel gibt R.LEIVESTAD, Der apokalyptische Menschensohn, S.51, indem er auf den Begriff „Cäsar" hinweist. Ursprünglich ein Name wird dieses Wort im Laufe der Entwicklung zum Titel und dann selbstverständlich auch zum Gattungsbegriff („die römischen Cäsaren").

Bei den Titeln sind zwei verschiedene Arten zu unterscheiden: Es gibt Rollen, die prinzipiell von mehreren Personen ausgefüllt werden können (wie z.B. „König"). Solche Titel haben daher immer eine Nähe zu Gattungsbegriffen und werden in bestimmten Kontexten auch als Gattungsbegriffe verwendet. Daneben gibt es Rollen, die auf Grund der mit ihnen verbundenen Vorstellungen prinzipiell nur einmal besetzt sein können (wie z.B. „Messias"). Solche Titel werden hier als *Exklusiv-Titel* bezeichnet. Da sie ihre Referenz in einer einzigen Person besitzen, besteht bei Exklusiv-Titeln die Tendenz, zum Namen dieser Person zu werden (wie z.B. der Titel „Christus" zum Eigennamen „Jesus Christus" wird). Dagegen können Exklusiv-Titel logischerweise niemals als Gattungsbegriff verwendet werden. Daraus ergibt sich, dass bei Exklusiv-Titeln auch kein Plural gebildet werden kann.[25]

In seiner Grundbedeutung ist der undeterminierte Ausdruck „Menschensohn" – bzw. dessen in Dan.7 begegnendes aramäisches Äquivalent בַּר אֱנָשׁ – ein Gattungsbegriff:[26] Er ist weitgehend synonym zu dem Ausdruck „Mensch". Wenn nun „Menschensohn" wie von vielen angenommen – in bestimmten Kontexten ein apokalyptischer Titel sein soll, dann kann er dies nur im Sinne eines Exklusiv-Titels sein, da in diesen Kontexten immer nur die Rede von einer individuellen Gestalt ist, die in dem einmaligen Vorgang des Endgerichts in einer exklusiven Funktion auftritt.

Auf der Basis dieser Vorklärungen sind nun die angeblichen Belege für die Existenz eines titularen Gebrauchs des Ausdrucks „Menschensohn" zu analysieren.

4.2 Die Frage nach der Existenz eines titularen Gebrauchs des Ausdrucks „Menschensohn" in der jüdischen Apokalyptik

Im Folgenden soll zunächst geprüft werden, ob die drei Stellen der jüdischen apokalyptischen Literatur, an denen der Ausdruck „Menschensohn" von vielen titular interpretiert wird, tatsächlich den Nachweis für einen geprägten titularen Gebrauch des Ausdrucks „Menschensohn" zur Zeit Jesu

---

[25] Wo dies doch geschieht – wie z.B. wenn von „den Messiassen Israels" die Rede ist –, kommt es zu einer Bedeutungsverschiebung des Begriffs: „Messias" heißt nun „Messiasprätendent" – und dies kann selbstverständlich ein Gattungsbegriff sein.

[26] In den synoptischen Menschensohn-Logien begegnet allerdings nur die determinierte Form ὁ υἱὸς τοῦ ἀνθρώπου, die nach allgemeiner Überzeugung auf die aramäische Wendung בר (א)נשׁא zurückgeht (Vgl. C.COLPE, ThWNT VIII, S.405f). Die im Griechischen ungewöhnliche doppelte Determination macht deutlich, dass es sich bei dem Ausdruck ὁ υἱὸς τοῦ ἀνθρώπου nicht um einen Gattungsbegriff handelt. Anders ist dies jedoch bei den hier zunächst zu behandelnden apokalyptischen Texten.

erbringen können. Es handelt sich dabei um die Vision in Daniel 7, die Bilderreden des äthiopischen Henochbuches und die Sturmvision in 4.Esra 13.

4.2.1 Die Vision Daniel 7

Die Endredaktion des Danielbuches wird in die Makkabäerzeit datiert.[27] Seine Kenntnis kann also (zumindest in apokalyptisch gesinnten Kreisen) zur Zeit Jesu vorausgesetzt werden.[28] In Dan.7,13f findet sich im Kontext einer Vision, in der Gott (der Hochbetagte) zum Gericht Platz genommen hat, folgende Darstellung:

> (13) Und siehe: Mit/auf[29] den Wolken des Himmels – wie ein Menschensohn (כְּבַר אֱנָשׁ) [war] sein Kommen. Er gelangte bis zu dem Hochbetagten und wurde vor ihn geführt. (14) Ihm wurde Herrschaft (שָׁלְטָן), Würde und Königsherrschaft (מַלְכוּ) gegeben. Alle Völker, Nationen und Sprachen müssen ihm dienen. Seine Herrschaft ist eine ewige, unvergängliche Herrschaft (שָׁלְטָן). Seine Königsherrschaft (מַלְכוּ) geht niemals unter.

Literarkritische Untersuchungen von Dan.7 stimmen zumeist darin überein, dass Dan.7,13f Teil einer ursprünglich selbständigen Menschensohn-Vision ist (häufig auch Grundvision genannt), die wohl Dan.7,9f.13 und evt. auch Teile von Vers 14 umfasst.[30] Diese Menschensohn-Vision sei dann erst sekundär mit der Vier-Weltreiche-Vision Dan.7,1-8.11f verbunden worden und durch die gemeinsame Deutung beider Visionen in Dan.7,15-27(28) interpretiert worden. Da die Interpretation des Ausdrucks „Menschensohn" davon abhängig ist, ob Dan.7,13 im Kontext der Grundvision oder im Kontext des ganzen Kapitels gesehen wird, ist für jeden Kontext eine eigenständige Analyse notwendig.

a) Dan.7,13 im Kontext der so genannten Grundvision

Obwohl sich die literarische Existenz der Grundvision nur postulieren lässt und nicht nachweisbar ist, dass diese Grundvision oder auch weitere literarkritisch ermittelbare Redaktionsstufen dieser Grundvision je unabhängig von der fixierten Endform, wie sie in Dan.7 überliefert ist, wirkungsgeschichtliche Einflüsse ausgeübt haben,[31] soll Dan.7,13 zunächst im Kontext der Grundvision betrachtet werden, da sich die Möglichkeit einer Nachwirkung einer einmal unabhängig existierenden Grundvision auch nicht

---

[27] Vgl. z.B. R.Rendtorff, Das Alte Testament, S.289f.

[28] Vgl. dazu C.F.D.Moule, Neglected Features, S.416f.

[29] Im aramäischen Text findet sich die Präposition עִם (Übersetzung nach W.Gesenius durch „mit" und „zusammen mit"). Die Septuaginta bietet je nach Lesart ἐπί (o′ – vgl. Mt.24,30; 26,64) oder μετά (θ – vgl. Mk.14,62; Apk.1,7).

[30] Zur literarkritischen Aussonderung vgl. z.B. C.Colpe, ThWNT VIII, S.422f; P.Weimar, Daniel 7, S.12-35; K.Müller, Der Menschensohn im Danielzyklus, S.37-44.

[31] Dies bestreitet z.B. A.Deissler, Der „Menschensohn" und „das Volk der Heiligen des Höchsten" in Dan 7, S.83.

ausschließen lässt. Gelegentlich wird diese Grundvision als Beleg dafür gesehen, dass bereits vor Abfassung des Danielbuches in apokalyptischen Kreisen die Erwartung einer endzeitlich auftretenden Herrscherfigur, die mit dem Titel „Menschensohn“ bezeichnet wird, bestand.[32] Doch gegen diese These sprechen vor allem zwei Beobachtungen.

So ist zunächst hinzuweisen auf den undeterminierten Gebrauch des Ausdrucks „Menschensohn“ (בַּר אֱנָשׁ – LXX: υἱὸς ἀνθρώπου). Wäre die Vorstellung einer eschatologisch auftretenden Figur mit dem Titel „Menschensohn“ bei den Lesern vorauszusetzen, dann wäre die determinierte Form „der Menschensohn“ (בַּר אֱנָשָׁא) zu erwarten.[33] Dies zeigt ein Blick auf die Ausdrücke „Hochbetagter“ und „Gericht“. In Dan.7,9 wird der Ausdruck „Hochbetagter“ (עַתִּיק יוֹמִין) eingeführt. Da der Leser mit diesem Ausdruck zunächst keine Gestalt identifizieren kann – Hochbetagter ist keine außerhalb von Dan.7 bekannte Gottesbezeichnung –, steht der Ausdruck bei seiner Einführung undeterminiert. Dennoch wird dem Leser schnell deutlich gemacht, um wen es sich dabei handelt: Schon in Vers 9 werden Assoziationen an den göttlichen Thronwagen, wie er Ez.1,15-28 und 10,9-13 beschrieben wird, geweckt und damit die göttliche Identität des Hochbetagten enthüllt. So kann der Ausdruck im Folgenden determiniert verwendet werden. In Vers 13 und auch noch in der Deutung in Vers 22 wird nun ohne weitere Erläuterung nur noch von „dem Hochbetagten“ (עַתִּיק יוֹמַיָּא) gesprochen. Die determinierte Form macht also deutlich, dass die Bedeutung des Ausdrucks bei den Lesern vorausgesetzt wird. Dass ein Ausdruck, dessen Bedeutung vorausgesetzt wird, auch bei der erstmaligen Verwendung sofort determiniert auftritt, zeigt Vers 10.[34] Ohne vorherige Einführung heißt es dort: „Das Gericht (דִּינָא) nahm Platz“. Dass hier das eschatologische Endgericht gemeint ist, kann bei jedem apokalyptisch vorgebildeten Leser vorausgesetzt werden.

Die zweite Beobachtung, die gegen die Existenz einer Menschensohn-Erwartung spricht, ist das Vorkommen der Präposition כְּ (LXX: ὡς). Denn verstünden die Leser den Menschensohn bereits als eine eschatologische

---

[32] Am breitesten wohl formuliert von R.Kearns. Zur Darstellung der Thesen Kearns' und zu deren Kritik vgl. M.Müller, Der Ausdruck „Menschensohn“, S.27-32.

[33] Aramäische Grammatiken sprechen in der Regel weniger von determinierten Formen als von einem für das Aramäische charakteristischen „status emphaticus“ (vgl. z.B. H.Bauer/P.Leander, Grammatik des Biblisch-Aramäischen, S.84f). Dass die Emphaticus-Endung in Dan.7 in der Regel determinierend verstanden wurde – was gelegentlich bestritten wird – zeigt die Übersetzung der Septuaginta.

[34] Es könnte eingewendet werden, dass dann auch der Begriff „Bücher“ (סִפְרִין) in Vers 10 determiniert sein müsste, da ja wohl hier auf das Buch des Lebens angespielt wird, das aus Ps.69,29, 139,16; Ex.32,32; Jes.4,3; Dan.12,1 und Mal.3,16 bekannt ist. Doch ist nicht klar, ob wirklich diese Anspielung vorliegt, da an allen diesen Stellen immer von einem Buch des Lebens (im Singular!) die Rede ist.

Figur, dann würde mit diesem Vergleichspartikel ja eine zweite Figur eingeführt. Wäre also in der Grundvision bereits die Existenz eines Titels „Menschensohn" vorauszusetzen, dann müsste Dan.7,13 lauten: „Der Menschensohn (בַּר אֱנָשָׁא) kam mit/auf den Wolken des Himmels."

Kann Dan.7,13f nun aber als die Einführung des Titels „Menschensohn" in den apokalyptischen Traditionsstrom und die so genannte Grundvision als Ursprung der apokalyptischen Menschensohn-Erwartung angesehen werden?[35] Auch hier ist das Augenmerk auf die Wendung כְּבַר אֱנָשׁ zu richten. Wenn der Ausdruck „Menschensohn" bei den Lesern von Dan.7,13 nicht als geprägter Titel vorausgesetzt werden kann, dann muss diese Wendung im Sinne von „einer in Menschengestalt" oder „einer, der einem Menschen ähnlich ist" verstanden werden. Denn die Präposition כְּ (= „wie") ist „ein stilistisch wiederkehrender Zug der Beschreibung von Träumen."[36] Ähnlich werden auch in der Vier-Weltreiche-Vision drei der vier auftretenden Tiere „wie" ein Löwe, „wie" ein Bär, „wie" ein Panther beschrieben, und die Gewänder des Alten sind „wie" Schnee und „wie" Wolle. כְּבַר אֱנָשׁ bezieht sich also offensichtlich auf das Aussehen der visionär geschauten Gestalt.[37]

---

35 Dies meint z.B. J.Gnilka, Jesus, S.252, Anm.4.

36 G.Vermes, Jesus, der Jude, S.153. Vgl. dazu auch R.Leivestad, Der apokalyptische Menschensohn, S.54 und C.Colpe, ThWNT VIII, S.423: „andeutend u[nd] nur vergleichend ist das visionäre כְּ, das seit Ez ein Merkmal des apokalyptischen Stils ist; es will [...] das Geschaute beschreiben, ohne es exakt zu bezeichnen. Es umschreibt so das Aussehen der vor dem Gerichtshof auftretenden individuellen Gestalt, ohne ihre Eigenschaften mit allen Eigenschaften eines irdischen Menschen zu identifizieren."

37 Schon H.E.Tödt, Menschensohn, S.21 schreibt: „Die Vision 7,13 f. vermittelt uns also nur das etwas unscharfe Bild einer himmlischen Gestalt von menschenartigem Aussehen." K.Müller, Der Menschensohn im Danielzyklus, S.49 behauptet: „Jedoch beabsichtigt die in solcher Weise auf der Vergleichsebene der Erscheinung angesiedelten Identifikationen offenkundig keine bloße Beschreibung der äußeren Umrisse, sondern verraten ein spürbares Interesse, die visionären Subjekte mit einem Namen zu versehen. So wird Dan 8, 15 der im anschließenden V. 16 ausgesprochene Name des Engels Gabriel durch die Benennung כְּמַרְאֵה־גָבֶר vorbereitet und eingeführt. Diese Beobachtung unterstützt die Überzeugung, dass hinter der Wendung: 'einer wie der Sohn eines Menschen' aus Dan 7, 13 der Wille erkennbar wird, den Namen eines Individuums bekanntzugeben – wie auch der Begriff des 'Hochbetagten' rückwärts gerichtete Betrachtungen der Ewigkeit Gottes (vgl. Hi 36,26; Ps 102,25f; Jes 41,4) über die Brücke des imaginativ Sichtbaren in einem Namen zusammenführt." Müller meint u.a. mit dieser Argumentation die These vom Engelscharakter des Menschensohns begründen zu können. Doch ist einzuwenden, dass „Hochbetagter" und „von der Gestalt eines Mannes" keine Namen sind, sondern Beschreibung des visionär Gesehenen. Dass von „der Gestalt eines Mannes" auf den Namen „Gabriel" und vom „Hochbetagten" auf den Namen „der Ewige" geschlossen wird, zeigt noch nicht, auf welchen Namen „einer wie ein Menschensohn" schließen lassen kann. „Gabriel" ist mehr als „Mann" und „der Ewige" mehr als „Hochbetagter". Hinter dem „wie ein Menschensohn" kann also nicht der Name „Menschensohn" stehen. Im Grunde ist Müllers Beobachtung ein weiteres Indiz gegen einen titularen Gebrauch von „Menschensohn" in Dan.7,13.

Der Ausdruck „Menschensohn“ ist dann aber gleichbedeutend mit „Exemplar der Gattung Mensch“ und damit ein Gattungsbegriff. Damit kann er aber nicht ein Exklusiv-Titel sein und einen solchen in die Tradition einführen.

Die Grundvision mag sich zwar als Beleg dafür lesen lassen, dass im apokalyptischen Traditionsstrom spätestens mit Dan.7,13f die Vorstellung von einer endzeitlichen Herrscherfigur existierte[38] und dass diese Vorstellung eine – wohl kaum zu klärende – religionsgeschichtliche Vorgeschichte gehabt haben mag.[39] Ob diese endzeitliche Figur im Rahmen der Grundvision oder weiterer Redaktionsstufen dann als ein Engelwesen,[40] als Völkerarchont Israels,[41] als messianische Gestalt[42], als authentischer Ansager

---

[38] Vgl. z.B. die differenzierte Position von R.Leivestad, Exit the Apocalyptic Son of Man, S.264: „I believe that Dan. vii. 13f. has exercised a profound influence on the messianic expectations before the Christian era. But I do not believe that it gave rise to a messianic Son of man designation.“

[39] Die Versuche, den religionsgeschichtlichen Hintergrund der Menschensohn-Vision aufzuhellen, haben nicht zu einem Konsens geführt (vgl. J.Gnilka, Jesus, S.252, Anm.4). Zur Diskussion einiger religionsgeschichtlicher Ableitungsversuche vgl. C.Colpe, ThWNT VIII, S.408-422. Eine religionsgeschichtliche Vorgeschichte des Ausdrucks „Menschensohn“ wird allerdings auch bestritten, so z.B. von M.Müller, Der Ausdruck „Menschensohn“, S.10-63 (dort auch eine breite Auseinandersetzung mit den verschiedensten religionsgeschichtlichen Erklärungsansätzen) und von J.G.D.Dunn, Christology in the Making, S.69-74. Dunn kommt nach der Diskussion praktisch aller vorgebrachten Identifizierungsversuche für die Gestalt des Menschenähnlichen zu dem Ergebnis: „There are no good reasons for the hypothesis that Daniel or his readers would have understood the human figure of his vision as a particular individual.“ (S.74). Neben seinen traditionsgeschichtlichen Überlegungen führt Dunn allerdings v.a. Argumente, die er der Verbindung von Dan.7,13 mit dem Kontext des ganzen Kapitels Dan.7 entnimmt, ins Feld. Dunns Vorgehen ist dann völlig legitim, wenn ausgeschlossen werden kann, dass es eine wirkungsgeschichtlich bedeutsame selbständige Grundvision jemals gab. Dass Dunns Voraussetzung wahrscheinlich ist, versucht A.Deissler, Der „Menschensohn“ und „das Volk der Heiligen des Höchsten“ in Dan 7, S.82f zu erweisen. Doch kann die Nichtexistenz der Grundvision methodisch nur schwer ausgeschlossen werden. Die oben vorgetragene Argumentation berücksichtigt deshalb auch die Möglichkeit einer ehemals selbständig überlieferten Grundvision, auch wenn deren Existenz nicht wahrscheinlich sein mag.

[40] So in Bezug auf eine Überlieferungsstufe der Grundvision P.Weimar, Daniel 7, S.36 und K.Müller, Der Menschensohn im Danielzyklus, S.60.

[41] So in Bezug auf die letzte Redaktionsstufe der Vision K.Müller, Der Menschensohn im Danielzyklus, S.72ff..

[42] Die spätere rabbinische Auslegungstradition (z.B. Rabbi Akiba, †135 n.Chr) verstand Dan.7,13f so. Jedoch begegnet auch bei den Rabbinen für diese endzeitliche Herrschergestalt niemals ein Titel „Menschensohn“, sondern (unter Rückgriff auf 1.Chr. 3,24, wo der letzte bekannte Nachfahre Davids עֲנָנִי [עָנָן=Gewölk] heißt) der Name „Wolkenmann“ (Vgl. Strack-Billerbeck I, S.486). Dieser wurde mit dem (königlichen) Messias identifiziert (Belege bei M.Casey, Son of Man, S.80). Vgl. dazu G.Vermes, Jesus, der Jude, S.155: „Obwohl das zur Verfügung stehende Material begrenzt ist, kann man davon ausge-

und Auslöser des eschatologischen Endgerichts[43] oder gar als JHWH- bzw. Engelstheophanie[44] zu verstehen wäre, kann in unserem Zusammenhang dahingestellt bleiben. Keinesfalls kann aber der Vers Dan.7,13 im Rahmen der Grundvision als Beleg für die Existenz eines titularen Gebrauchs des Ausdrucks „Menschensohn" gesehen werden.[45] Noch deutlicher wird dieses Ergebnis, wenn Dan.7,13 im Kontext des ganzen Kapitels Dan.7 untersucht wird.

b) Dan.7,13 im Kontext der Vier-Weltreiche-Vision und ihrer Deutung

Bei einer Betrachtung von Dan.7,13f im Kontext der Vier-Weltreiche-Vision Dan.7,1-8.11.12.14b und der Deutung der Gesamtvision in Dan.7,15-28 wird die Interpretation der Wendung כְּבַר אֱנָשׁ in eine neue Bahn gedrängt.[46]

---

hen, dass Dan.7,9-14 in der Hauptlinie der jüdischen Auslegungstradition zumindest vom frühen zweiten Jahrhundert n.Chr. an, wahrscheinlich aber schon früher, als messianischer Text galt, der die Ankunft eines neuen, ruhmreichen und erhöhten Davids schildert. [...] Soweit es sich feststellen lässt, basiert eine solche messianische Interpretation auf der Erwähnung des zusätzlichen Throns und vielleicht auf der Verleihung einer ewigen Krone [bzw. ewigen Königsherrschaft] an den Menschenähnlichen. Sie hängt in keiner Weise von dem Ausdruck 'einer wie ein Menschensohn' ab." BIETENHARD, „Der Menschensohn", fasst seine Untersuchung des rabbinischen Materials folgendermaßen zusammen (S.337): „Wir haben aus dem rabbinischen Judentum bisher keine Stelle beibringen können, die sicher aus vorchristlicher Zeit stammt und die Dan 7,13 individuell und auf die Heilsperson ('Messias') deutet. Wir haben kein Zeugnis aus vorchristlicher Zeit, in dem die Heilspersönlichkeit ('Messias') die Bezeichnung oder den Titel 'der Menschensohn' trägt. Der 'Messias' heißt nirgends in den bisher herangezogenen rabbinischen Quellen 'der Menschensohn', auch nicht in den sicher aus der Zeit nach 100 n. Chr. stammenden." Anders sieht das hingegen M.BLACK, Jesus and the Son of Man, S.15: „The fact that the rabbis always refer to the figure at Dan. 7 as 'Cloud-son' (bar 'anani) and not 'Son of Man' is probably best explained as a reaction to the Christians exegesis of Dan. 7, which has turned Daniel's 'son of man' into a messianic title." Hierzu ist jedoch anzumerken, dass sich in der ganzen rabbinischen Literatur zu Dan.7 nur eine Stelle findet, die – und dies auch nur unter Umständen – als Polemik gegen einen Titel „Menschensohn" verstanden werden kann (vgl. STRACK-BILLERBECK I, S.486). Damit ist die rabbinische Auslegungstradition ein weiterer Beleg dafür, dass der Ausdruck „Menschensohn" in Dan.7,13 nicht titular verstanden wurde.
In den Sibyllinischen Orakeln finden sich zwei jüdische Stellen, die evt. eine Nachwirkung von Dan.7 darstellen: or.Sib.5,414 und or.Sib.3,652. Auch an diesen beiden Stellen wird nicht der Ausdruck „Menschensohn" zur Bezeichnung der himmlischen Heilsgestalt verwendet, sondern ἀνήρ (5,414) bzw. βασιλῆα (3,652). Auch dies belegt, dass der Ausdruck „Menschensohn" in Dan.7 nicht titular verstanden wurde.

[43] So in Bezug auf die ursprüngliche Grundvision K.MÜLLER, Der Menschensohn im Danielzyklus, S.48-50.

[44] So M.BLACK, Die Apotheose Israels, S.97f.

[45] So auch C.COLPE, ThWNT VIII, S.422f und J.GNILKA, Jesus, S.252 (vgl. dort die Äußerung in Anm.4: „In D[a]n 7, 13 liegt noch kein titularer Gebrauch von Menschensohn vor, obwohl alle Menschensohn-Spekulationen an diese Stelle anschließen").

[46] Vgl. zum Folgenden R.LEIVESTAD, Der apokalyptische Menschensohn, S.54; ders.,

Zunächst ist festzuhalten, dass in der Deutung der Gesamtvision in Dan.7,15-28 die Gestalt des Menschenähnlichen mit den Wendungen „Heilige des Höchsten" (Verse 18, 21?, 22 und 25) bzw. „Volk der Heiligen des Höchsten" (Vers 27) interpretiert wird, womit das jetzt noch bedrängte, dann aber endlich erlöste Gottesvolk gemeint ist. Der „Menschensohn" von Dan.7,13 ist folglich in der Vision die symbolische Repräsentationsgestalt der „Heiligen des Höchsten"[47] und damit das seiner eschatologischen Vollendung entgegengehende wahre Gottesvolk (in) Israel.[48] Die individuelle Gestalt des „Menschensohnes" hat (wie die Tiere auch) lediglich symbolische Bedeutung.[49]

Ferner ist zu beobachten, dass der „wie ein Menschensohn mit den Wolken des Himmels Kommende" im Gegensatz zu den vier Tieren der Vier-Weltreiche-Vision steht, die „wie ein Löwe", „wie ein Bär" und „wie ein Panther" „aus dem Meer heraufsteigen" (das vierte Tier wird nicht mehr mit einem Vergleich beschrieben). Durch diese Entgegenstellung des „Menschensohnes" zu den Tiergestalten und durch die verschiedenen

---

Exit the Apokalyptic Son of Man, S.247; A.Deissler, Der „Menschensohn" und „das Volk der Heiligen des Höchsten" in Dan 7, S.81-91; G.Vermes, Jesus, der Jude, S.153; J.G.D.Dunn, Christology in the Making, S.68f und M.Müller, Der Ausdruck „Menschensohn", S.10-65, die alle zu ähnlichen Ergebnissen kommen. Anders als oben vorgenommen, weigern sich diese Autoren jedoch fast alle, Dan.7,13f überhaupt aus dem Kontext des ganzen Kapitels herauszulösen.

[47] G.Theissen/A.Merz, Jesus, S.472 differenzieren in ihrer Interpretation noch einmal zwischen den „Heiligen des Höchsten", „womit wahrscheinlich Engel gemeint sind" und dem „Volk der Heiligen des Höchsten", also dem Volk Israel. Der Menschensohn der Vision wäre dann gedacht als ein Völkerengel, auf jeden Fall aber ein „Repräsentant" des auf Erden verfolgten Volkes Israel.

[48] So auch A. Deissler, Der „Menschensohn" und „das Volk der Heiligen des Höchsten" in Dan 7, S.85ff. Deissler weist nach, dass Dan.7 in einem breiten Traditionsstrom steht, der von der eschatologischen Herrschaft des Gottesvolkes (bzw. der JHWH-Treuen innerhalb des Gottesvolkes) spricht (vgl. Obj.17-21; Mich.4,11-13; Mal.3,19-21; Jes.14,1-4a). Die Identifizierung der 'Heiligen des Höchsten' mit einer himmlischen Engelschar, die gelegentlich (zum Teil auch nur für eine bestimmte Redaktionsstufe) vorgeschlagen wird, steht in Spannung zu Dan.7,24f. Diese Verse spielen auf die Unterdrückung des jüdischen Kultes durch Antioches Epiphanes an und identifizieren so (zumindest im letzten Stadium der Deutung) die 'Heiligen des Höchsten' eindeutig mit dem Volk Israel (vgl. dazu auch C.Colpe, ThWNT VIII, S.424f). Doch selbst wenn in der Redaktionsgeschichte von Dan.7 jemals die Gestalt des Menschenähnlichen als Repräsentationsfigur für eine Engelschar oder die himmlische Umgebung Gottes angesehen worden sein sollte, dann ist diese Interpretation der Grundvision immer noch eine kollektive, symbolische Deutung. Die oben vorgenommene Argumentation greift auch in diesem Fall.

[49] M.Müller, Der Ausdruck „Menschensohn", S.21 und S.23 betont dabei, dass die symbolische Gestalt des Menschensohnes wohl kein bei den Lesern als bekannt vorausgesetztes Bild für das Gottesvolk ist, da die Gestalt des Menschensohnes einer ausdrücklichen Deutung bedarf.

Ursprungsorte wird der Kontrast zwischen der eschatologischen Herrschaft des Gottesvolkes und den vorausgehenden Weltreichen symbolisch zum Ausdruck gebracht: „Die bisherigen Weltherrschaften hatten bestialischen Charakter; die neue Weltherrschaft wird menschlich sein.“[50] Die Pointe der Wendung liegt also im jetzigen Kontext ganz offensichtlich darauf, dass die Repräsentationsfigur des eschatologischen Gottesvolkes Menschengestalt hat.[51] Die aramäische Wendung כְּבַר אֱנָשׁ bezieht sich im jetzigen Kontext folglich auf das Aussehen der visionär geschauten Gestalt und ist darum zu übersetzen mit „von Gestalt eines Menschen“. Mensch ist hier ganz eindeutig Gattungsbegriff. Von einem titularen Gebrauch im Sinne eines Exklusiv-Titels kann keine Rede sein. Da es sich darüber hinaus beim Menschenähnlichen um eine symbolische Kollektivgestalt handelt, ist bei der Interpretation von Dan.7,13 im Kontext des ganzen Kapitels auch das zweite konstitutive Element der postulierten Menschensohn-Erwartung – die individuelle Endzeitgestalt – nicht gegeben.

Bei genauer Betrachtung der verschiedenen Interpretationsansätze zeigt sich also, dass Dan.7,13f keinen Beleg für die Existenz eines titularen Gebrauchs des Ausdrucks „Menschensohn“ im apokalyptischen Traditionsstrom darstellt.[52]

4.2.2 Die Bilderreden des äthiopischen Henochbuches

Im 1. Henochbuch, das aus fünf Büchern besteht und vollständig nur noch in einer äthiopischen Übersetzung vorliegt, findet sich der Ausdruck „Menschensohn“ ausschließlich im dritten Buch, den sogenannten Bilderreden (Kap.37-71). Dort begegnet der Ausdruck sechzehnmal, verteilt auf sieben Zusammenhänge: 46,2.3.4; 48,2; 62,5.7.9.14; 63,11; 69.26.27.29 (zweimal in Vers 29); 70,1; 71,14.17. Er wird dort in der Beschreibung einer messianischen Gestalt verwendet, die auch die Titel „der Gerechte“ (viermal), „der Auserwählte“ (sechzehnmal) und „der Gesalbte“ (zweimal) trägt. Sicher stellen die Bilderreden somit einen Beleg für die Erwartung einer

---

50 G.THEISSEN/A.MERZ, Jesus, S.472.

51 Es ist auffallend, dass auch bei anderen himmlischen Wesen im apokalyptischen Traditionsstrom das Aussehen in Menschengestalt betont wird (vgl. Dan.8,15; 9,21; 10,5; 10,16-21; 12,7; Ez.1,5; 1,26; 8,2; 9,2f.11; 10,2.6f). Dies dürfte darin begründet sein, dass in alttestamentlicher und apokalyptischer Tradition das sich Gott Widersetzende in der Gestalt des Tieres auftritt (vgl. z.B. Gen.3; Ps.73,21f; Dan.4,30; Apk.12f). Dies ist ein weiterer Beleg dafür, dass כְּבַר אֱנָשׁ lediglich zur Beschreibung zum Aussehen jenes himmlischen Wesens, nicht aber als ein Hinweis auf dessen Titel verstanden werden kann.

52 Vgl. R.LEIVESTAD, Exit the Apocalyptic Son of Man, S.248, dem zuzustimmen ist, wenn er sagt: „But even if it is not quite inconceivable that Dan. vii. 13 (perhaps through some intermediary stages) could give rise to a Son of man title denoting either the Messiah himself or another eschatological person, it is in any case impossible to prove that this really happened.“

endzeitlichen Heilsbringer- oder Repräsentationsfigur in apokalyptisch gesinnten Kreisen dar.

Die Menschensohn-Stellen des 1. Henochbuches als Belege für den titularen Gebrauch dieses Ausdrucks zur Zeit Jesu zu werten, wäre nur möglich, wenn sich nachweisen ließe, dass die Bilderreden bereits vor oder zumindest gleichzeitig zum Auftreten Jesu entstanden sind. Genau diese Datierungsfrage aber ist für das sicher in mehreren Redaktionsstufen entstandene 1. Henochbuch, trotz Funden in Qumran, nicht eindeutig zu klären: „Abschnitt 1 des Henochbuches (Kap.1-36) ist fragmentarisch in fünf aramäischen Manuskripten aus Höhle 4 vertreten, Abschnitt 3 (Kap.72-82) in vier, Abschnitt 4 (Kap.83-90) in fünf und Abschnitt 5 (Kap.91-107) in einem. Abschnitt 2 (Kap.37-71) aber – und nur hier ist vom Menschensohn die Rede – fehlt gänzlich."[53] Dieses Fehlen der Bilderreden könnte Zufall sein, es könnte in einer bewussten Ausgrenzung der Bilderreden aus der Bibliothek der Qumran-Gemeinschaft begründet sein,[54] es könnte aber auch einfach darin seinen Grund haben, dass die Bilderreden erst später entstanden sind.[55] Eine methodisch gesicherte Entscheidung zwischen diesen Alternativen ist nur schwer möglich. Die am Text der Bilderreden orientierten Datierungsversuche weisen in unterschiedlichste Richtungen.[56] Bei dieser großen Unsicherheit in

---

[53] G.VERMES, Jesus, der Jude, S.160.

[54] Der Position, dass die Qumran-Gemeinde „die in den Bilderreden zum Ausdruck kommende Auffassung von Henochs Rolle in den eschatologischen Ereignissen nicht teilte", schließt sich auch M.MÜLLER, Der Ausdruck „Menschensohn", S.68 an. Er verweist dabei auf eine Untersuchung von CH.L.MEARNS, der in der kürzeren und vermutlich ältesten (wohl um Jesu Geburt entstandenen) Rezension von Abrahams Testament eine Henoch-Rede findet, die sich als Korrektur zu Vorstellungen, wie sie in den Bilderreden auftreten, verstehen lässt.

[55] Vgl. dazu R LEIVESTAD, Der apokalyptische Menschensohn, S.52f: „Bekanntlich nehmen die Bilderreden eine Sonderstellung ein. Bekanntschaft mit den anderen Teilen des 1. Hen. bezeugt nicht, dass man die Bilderreden gekannt hat. Die Henochliteratur war sowohl in gewissen jüdischen wie in christlichen Kreisen sehr beliebt. Fragmente aus einer großen Anzahl Handschriften auf Griechisch, Aramäisch und Hebräisch sind gefunden worden. Zitate und Hinweise sind reichlich belegt in den Test. XII, Jub., Jud., Just., Barn., Iren., Clem. Alex., Orig. und Tert. In Qumran hat man Fragmente aus jedem Kapitel des 1. Hen. gefunden bis auf die Bilderreden. Es gibt aber m. W. überhaupt kein einziges Zitat aus den Bilderreden in der ganzen jüdischen und christlichen Literatur. Sie sind uns nur aus dem äthiopischen Kanon in sehr späten Handschriften bekannt (16. Jahrhundert und später). Der äthiopische Text scheint eine unbeholfene Übersetzung einer (wahrscheinlich) griechischen Vorlage zu sein. Eine hebräische oder aramäische Urform wird allgemein vermutet. Die Benutzung einer solchen späten Quelle für den Nachweis älterer jüdischer Vorstellungen, die sonst unbelegbar sind, ist methodisch sehr anfechtbar. Heute scheint mir der einzig mögliche Schluß der zu sein, dass die Bilderreden in dem urchristlichen Milieu vollständig unbekannt gewesen sind, wahrscheinlich weil sie zu dieser Zeit noch gar nicht existiert haben." So auch R.LEIVESTAD, Exit the Apocalyptic Son of Man, S.246.

[56] Vgl. M.MÜLLER, Der Ausdruck „Menschensohn", S.67f. „Einige Interpreten meinen

der Datierungsfrage müsste es unzulässig sein, das 1. Henochbuch als Beleg für die Existenz einer bereits vorchristlich bestehende Menschensohn-Erwartung bzw. für den geprägten titularen Gebrauch des Ausdrucks „Menschensohn" heranzuziehen.[57]

Doch selbst wenn die Existenz der Bilderreden und ihre Kenntnis bei den Zuhörern Jesu vorausgesetzt werden könnte, so bleibt immer noch die Frage, ob der Text der Bilderreden tatsächlich einen Beleg für den titularen Gebrauch des Ausdruckes „Menschensohn" darstellt. Nun ist der verfügbare Text der Bilderreden die äthiopische Übersetzung eines griechischen Textes, der selbst bereits eine Übersetzung des hebräischen oder aramäischen Originals darstellt.[58] Im äthiopischen Text findet sich nun nicht nur ein Ausdruck, der in der deutschen Übersetzung mit „Menschensohn" wiedergegeben wird, sondern deren drei: „Menschensohn" (46,2.3.4; 48,2) „Mannessohn" (62,5; zweimal in 69,29; 71,14); „Sohn des Sprosses der Mutter der Lebenden" (62,7.9.14; 63,11; 69,26.27; 70,1; 71,17). Diese Vielfalt an Ausdrücken

---

beispielsweise, die Bilderreden seien erst in der zweiten Hälfte des dritten nachchristlichen Jahrhunderts entstanden. Doch in der allmählich ziemlich umfassenden Diskussion der Datierungsfrage geht die Haupttendenz dahin, den Entstehungszeitpunkt im ersten vorchristlichen Jahrhundert, im ersten Jahrhundert n. Chr. oder etwas ungenauer in den Jahrhunderten um die Geburt Christi anzusetzen." Bei Müller (S.67f) wie auch bei E.SCHWEIZER, Menschensohn und eschatologischer Mensch im Frühjudentum, Anm.6, S.101 finden sich auch die Literaturnachweise für die vielfältigen Datierungsbemühungen. Eine Abfassung in oder gegen Ende der Hasmonäerzeit befürwortet S.UHLIG, der Übersetzer der deutschen Neuausgabe des äthiopischen Henochbuches (vgl. S.UHLIG, Das äthiopische Henochbuch, S.573-575). Ihm schließt sich an A.VÖGTLE, Die „Gretchenfrage", S.122-126. Für eine Datierung zu Beginn des 1.Jhdts. n.Chr. plädiert F.HAHN, Frühjüdische und urchristliche Apokalyptik, S.54f; G.THEISSEN/A.MERZ, Jesus, S.472f votieren für eine Entstehung vor 70 n.Chr., da die Tempelzerstörung nicht erwähnt werde und die Menschensohn-Erwartung der Bilderreden mit 4.Esra 13 gemeinsame Abweichungen zu Dan.7 aufweise.

[57] Diese Verwendung jedoch damit zu begründen, dass das 1. Henochbuch – trotz evt. erst späterer Entstehung – dennoch Beleg für eine bereits vorchristlich bestehende Vorstellung in apokalyptisch geprägten jüdischen Kreisen sein kann, ist auf Grund E. SCHWEIZERS Einwand sehr problematisch. E.SCHWEIZER, Menschensohn und eschatologischer Mensch im Frühjudentum, S.102f bemerkt: „Vor allem meine ich, dass wir ganz anders ernsthaft damit rechnen müssen, dass christliche Aussagen ebenso jüdische Apokalyptiker beeinflußt haben wie umgekehrt. [...] Dabei haben doch christliche Apokalyptiker sich bis 70 n. C., teilweise auch noch später, einfach als Teil der jüdischen Gemeinde verstanden und sind als, relativ erfolgreiche, jüdische oder allmählich als häretisch-jüdische Gruppe angesehen worden. Dass ihre moderne Interpretation von Dan 7,13 auch von anderen jüdischen Apokalyptikern übernommen und in spezifisch jüdischer Weise neugeformt worden ist, ist eigentlich sehr naheliegend. Man wird also mindestens fragen müssen, ob nicht die Verwendung des Bildes vom Menschensohn in 4 Esr 13 und vor allem die Aufnahme des Titels in die Bild[er]reden des äthiopischen Henoch als Nachwirkung judenchristlicher Aussagen aufzufassen seien."

[58] Und auch dieser äthiopische Text kann in der Regel auch nur noch in Übersetzung wahrgenommen werden!
Zur Textgeschichte vgl. S.UHLIG, Das äthiopische Henochbuch, S.483-491.

kann auf zweierlei Dinge zurückgeführt werden: Entweder standen im semitischen Original bereits mehrere Wendungen oder die Vielzahl der Ausdrücke entstand bei einer der Übersetzungen. Ist Letzteres der Fall, dann haben die Übersetzer den so verschieden übertragenen Originalausdruck offensichtlich nicht als geprägten Titel verstanden, denn sonst hätten sie wohl einen gleichbleibenden Ausdruck gewählt. Fanden sich andererseits bereits im semitischen Original mehrere Ausdrücke, dann widerspricht dies einem titularen Gebrauch des Ausdrucks „Menschensohn".[59]

Schließlich lässt sich der nicht-titulare Gebrauch dieser Wendungen aber auch noch am äthiopischen Text selbst – bzw. dessen deutscher Übersetzung – erkennen. Die Bezeichnung der messianischen Gestalt der Bilderreden mit einem der drei „Menschensohn-Ausdrücke" wird in 46,1ff so eingeführt:

> (1) „Und ich sah dort (einen), der ein Haupt der Tage [=betagtes Haupt] hatte, und sein Haupt (war) wie Wolle so weiß, und bei ihm (war) ein anderer, dessen Gestalt wie das Aussehen eines Menschen (war), und sein Angesicht voller Güte wie (das) von einem der heiligen Engel. (2) Und ich fragte einen der Engel, den, der mit mir ging und mir alle Geheimnisse zeigte, nach jenem Menschensohn, wer er sei, woher er stamme (und) weshalb er zu dem Haupt der Tage ginge. (3) Und er antwortete und sprach zu mir: 'Dies ist der Menschensohn, der die Gerechtigkeit hat und bei dem die Gerechtigkeit wohnt, der alle Schätze des Verborgenen offenbart, denn der Herr der Geister hat ihn erwählt, und sein Los ist unübertrefflich durch die Gerechtigkeit vor dem Herrn der Geister in Ewigkeit. (4) Und dieser Menschensohn, den du gesehen hast, wird die Könige und die Mächtigen hochreißen von ihren Ruhelagern...'."[60]

Offensichtlich nimmt diese Stelle Motive aus Dan.7 auf,[61] interpretiert sie nun aber neu. Bemerkenswert ist, dass durch den Engel eine lange Erklärung dieser Gestalt, die mit dem Ausdruck „Menschensohn" beschrieben wird, abgegeben wird. Die Figur des Menschensohnes ist offenbar eine bei den Lesern nicht als bekannt vorausgesetzte Größe.[62] Ferner ist in dieser Textpassage auffallend und zugleich typisch für den Sprachgebrauch im weiteren Text der Bilderreden, dass der Ausdruck „Menschensohn" nach seiner Einführung in 46,1 stets so verwendet wird, dass durch ein Demonstrativpronomen[63] oder durch einen Relativsatz immer zurückverwiesen wird auf jene

---

[59] Vgl. M.MÜLLER, Der Ausdruck „Menschensohn", S.76 und C.COLPE, ThWNT VIII, S.426.

[60] Übersetzung nach S.UHLIG, Das äthiopische Henochbuch, S.586f. Es bestehen keine wesentlichen Abweichungen zur Übersetzung von G.Beer in: E.KAUTZSCH, Apokryphen und Pseudepigraphen, Bd.II, S.262f.

[61] So auch M.MÜLLER, Der Ausdruck „Menschensohn", S.70. Mit der literarischen Abhängigkeit von Dan.7 ist auch die Ursache des Vorkommens des Ausdrucks „Menschensohn" im äth.Hen. geklärt (vgl. M.MÜLLER, S.76). Es braucht keine außerhalb von Dan.7 existierende Menschensohn-Konzeption angenommen werden.

[62] Vgl. M.MÜLLER, Der Ausdruck „Menschensohn", S.71.

[63] Es ist eine reine Spekulation, wenn davon ausgegangen wird, dass das äthiopische Demonstrativpronomen einen bestimmten Artikel im Griechischen wiedergebe. Wahr-

Gestalt, deren „Antlitz wie das Aussehen eines Menschen" war. Die Referenz des Ausdrucks „Menschensohn" muss so durch den Rückbezug auf 46,1 verdeutlicht werden.[64] Nur an zwei Stellen findet sich im äthiopischen ein Ausdruck, der im Deutschen mit einem absoluten „Menschensohn" wiedergegeben wird (62,7; 69,27). An beiden Stellen steht jedoch in den vorausgehenden Versen „jener Menschensohn". Ferner findet sich an beiden Stellen im äthiopischen der etwas merkwürdig klingende Ausdruck „Sohn des Sprosses der Mutter des Lebendigen". Ob aber im Semitischen Original des 1. Henochbuches auch für diesen Ausdruck בַּר (אֱ)נָשׁ stand, ist mehr als zweifelhaft.

Noch auffälliger wird der an 14 von 16 Stellen anzutreffende Rückverweis auf die Menschengestaltigkeit der messianischen Figur, wie sie in 46,1 eingeführt wird, wenn dieser Sprachgebrauch mit der Verwendung der Ausdrücke „Gerechter" (38,2; 47,1.4; 53,6), „Auserwählter" (39,6; 40,5; 45,3.4; 49,2.4; 51,3.5; 52,6.9; 53,6; 55,4; 61,5.8.10; 62,1) und „Gesalbter" (48,10; 52,4), die dieselbe messianische Gestalt bezeichnen (vgl. z.B. 46,3; 52,4-6; 53,6; 71,14), verglichen wird. An allen Stellen, an denen diese drei Ausdrücke stehen, findet sich stets der absolute Gebrauch „der Gerechte", „der Auserwählte" bzw. „der Gesalbte" (bzw. „mein Auserwählter", „sein Gesalbter"). Nicht einmal bei ihrer Erstverwendung werden diese Ausdrücke undeterminiert verwendet oder mit einer Erklärung eingeführt.[65] Dieser Sprachgebrauch – nicht jedoch die Verwendung des Ausdrucks „Menschensohn" in den Bilderreden – ist als titularer Gebrauch zu charakterisieren.

So ergibt sich: Zwar kennen die Bilderreden des äthiopischen Henochbuches eine messianische Gestalt, die die Titel „Gerechter", „Auserwählter" und „Gesalbter" trägt. Der Ausdruck „Menschensohn" wird in den Bilderreden jedoch nicht als geprägter, aus sich selbst heraus verständlicher Titel für diese Gestalt gebraucht. Der Ausdruck „Menschensohn" stellt lediglich eine immer wieder aufgenommene Beschreibung des Aussehens jener messianischen Gestalt dar. „Menschensohn" ist damit auch in den Bilderreden Gattungsbegriff und kein Exklusiv-Titel.[66]

---

scheinlicher ist, dass auch im griechischen Text das Demonstrativpronomen οὗτος verwendet wurde. Vgl. dazu R.LEIVESTAD, Exit the Apocalyptic Son of Man, S.246.

[64] So auch C.COLPE, ThWNT VIII, S.425f und R.LEIVESTAD, Exit the Apocalyptic Son of Man, S.246.

[65] Dies ist besonders auffällig, da daneben die Pluralformen „die Auserwählten" und „die Gerechten" auftreten, die nun keine messianischen Gestalten, sondern die Mitglieder des erlösten Gottesvolkes bezeichnen. Das Gegenüber der kategorial verschiedenen Referenzpersonen von Singular und Pluralformen setzt voraus, dass die determinierten Singularformen als Titel verstanden wurden. Vgl. auch C.COLPE, ThWNT VIII, S.426.

[66] So auch M.MÜLLER, Der Ausdruck „Menschensohn", S.76f und J.D.CROSSAN, Jesus, S.326f. Damit soll nicht grundsätzlich die Möglichkeit ausgeschlossen werden, dass es zwischen jüdischen und christlichen Apokalyptikern zu einem späteren Zeitpunkt Berührungs-

4.2.3 Die Sturmvision 4. Esra 13

Das 4. Esrabuch, das nicht mehr im hebräischen oder aramäischen Original, sondern am besten nur noch in lateinischen Übersetzungen zugänglich ist,[67] enthält in den ursprünglichen Kapiteln 3-14 (Kapitel 1f und 15f sind textkritisch ausgewiesene Zusätze) sieben Visionen. In der sechsten Vision (Kap.13), der so genannten Sturmvision, wird beschrieben, wie in einem Sturm „etwas wie ein Mensch“[68] aus dem Meer hervorkommt, mit den Wolken des Himmels aufsteigt, ein mächtiges Heer niederwirft und ein friedliches Heer sammelt. In der Deutung dieser Vision (4.Esr.13,25-56) wird *ipse homo*[69] als Gottes Sohn bezeichnet (13,32.37.52) und damit im Kontext der anderen Visionen mit dem Messias identifiziert (vgl. 7,28 wo „Gottes Sohn“ und „Messias“ gleichgesetzt werden[70]). Gegenüber Dan.7 und den Bilderreden des Henochbuches werden nun also eine Reihe von neuen Aussagen üben den Verlauf der Endereignisse und diese eschatologische Menschengestalt gemacht. Dabei werden Motive des Danielbuches weiterentwickelt.[71]

Zwar findet sich im 4. Esrabuch eine profilierte Messiaserwartung (vgl. 7,28f und 11,1-12,51). Dennoch bietet auch das 4. Esrabuch keinen Beleg für einen geprägten titularen Gebrauch des Ausdrucks „Menschensohn“ zur Zeit Jesu. Dies liegt zunächst darin begründet, dass die Entstehungszeit des 4. Esrabuches auf das Ende des 1. Jahrhunderts n.Chr. anzusetzen ist.[72] Aber auch der Text selbst bietet keinen Anhaltspunkt für einen titularen Gebrauch des Ausdrucks „Menschensohn“. „Die Bezeichnung ‘Mensch’ für den Messias der sechsten Vision gründet [...] allein darin, dass sich der Seher in

---

punkte gegeben haben kann. Einige Parallelen in sekundären Menschensohn-Logien mit Aussagen im äth.Hen. könnten in diese Richtung deuten. Die eben dargestellten Argumente sollen lediglich belegen, dass zur Zeit Jesu nicht mit einer Menschensohn-Erwartung und einem Titel „Menschensohn“ gerechnet werden kann.

[67] Die lateinische Übersetzung scheint keine Direktübersetzung des semitischen Originals zu sein, sondern auf eine griechische Zwischenübersetzung zurückzugehen. Vgl. dazu J.Schreiner, Das 4. Buch Esra.

[68] Die syrische und äthiopische Überlieferung und die neue Übersetzung des 4. Esrabuches von J.Schreiner hat sogar die Formulierung „wie die Gestalt eines Menschen“ (vgl. C.Colpe, ThWNT VIII, S.430 und E.Kautzsch, Apokryphen und Pseudepigraphen, Bd.II, S.395, Anm. f). Im lateinischen Text fehlt – wohl durch Homoioteleuton – dieser Satz (vgl. J. Schreiner, Das 4. Buch Esra, S.393).

[69] Im lateinischen Text heißt es stets homo. Der Ausdruck „Menschensohn“ = filius homini findet sich nicht. Doch könnte im hebräischen oder aramäischen Original für homo durchaus בֶּן־אָדָם bzw. בַּר (אֱ)נָשׁ gestanden haben.

[70] Der lateinische Text identifiziert *filius meus* mit *Iesus*. „Jesus ist natürlich Zusatz aus christlicher Deutung“ (J.Schreiner, Das 4. Buch Esra, S.345).

[71] Die literarische Abhängigkeit weist nach M.Müller, Der Ausdruck „Menschensohn“, S.83-87.

[72] Vgl. H.Gunkel, in: E.Kautzsch, Apokryphen und Pseudepigraphen, Bd.II, S.352; M.Müller, Der Ausdruck „Menschensohn“, S.80; J.Schreiner, Das 4. Buch Esra, S.301.

seiner Symbolsprache von Dan. 7,13 inspirieren ließ. Höchstwahrscheinlich hat er die Vision in ihrer jetzigen Gestalt selbst geschaffen. 4. Esr. 13 bietet also, was den Gebrauch von Dan. 7,13 angeht, ein völlig paralleles Phänomen zu 1. Hen. 46ff: Nachdem die symbolische 'Menschengestalt' erst einmal eingeführt ist (13,3), wird durch Demonstrativpronomen und Relativsätze darauf zurück verwiesen,[73] da die Identität der Gestalt offenbart werden muss (Verse 26.32.52). Es ist also nicht möglich, hinter dem Ausdruck 'Mensch' irgendeinen Titel zu sehen. Hätte hinter homo als terminologische Bezeichnung ein 'Menschensohn' gestanden, so hätte die lateinische Wiedergabe filius hominis lauten müssen. Weder Sprachgebrauch noch Kontext deuten also darauf hin, dass 'Mensch' ein in irgendeiner Weise von sich aus verständlicher Ausdruck für Messias, geschweige denn ein Messiastitel oder ein Vorstellungsträger gewesen wäre."[74] Hinzuzufügen bleibt, dass in der Deutung der Vision nicht von einem *homo*, sondern durchgehend von einem *vir* die Rede ist (13,25.32.51). Damit ist auch das 4. Esrabuch kein Beleg für die Existenz eines Titels „Menschensohn".

4.2.4 Der apokalyptische „Menschensohn" – ein religionsgeschichtliches Phantom

Die Analyse der drei relevanten Stellen Dan.7, äth.Hen.46-71 und 4.Esr.13 erbrachte ein klares Ergebnis:[75] Zwar mag es im apokalyptischen Traditionsstrom die Erwartung einer in den Endzeitereignissen auftretenden menschenähnlichen Gestalt geben,[76] jedoch gibt es überhaupt keinen Beleg dafür, dass diese Gestalt – welche Funktion und Bedeutung ihr auch immer zugelegt wird – mit dem Titel „Menschensohn" bezeichnet wurde.[77] Es wurde deutlich, dass sich in Dan.7,13 – unabhängig davon, in welchem Kontext der Vers gelesen wird – der Ausdruck כְּבַר אֱנָשׁ auf das Aussehen der dort auftretenden Gestalt bezieht. äth.Hen.46ff und 4.Esr.13, die Dan.7 kennen,

---

[73] 4.Esr.13,3.5.12.25.32.51. Vgl. R.LEIVESTAD, Exit the Apocalyptic Son of Man, S.24.

[74] M.MÜLLER, Der Ausdruck „Menschensohn", S.86f. Vgl. auch R. LEIVESTAD, Der apokalyptische Menschensohn, S.53

[75] Zum selben Ergebnis kommen z.B. R.LEIVESTAD, Der apokalyptische Menschensohn, S.49; B.LINDARS, Re-Enter the Apocalyptic Son of Man, S.60; H.BIETENHARD, „Der Menschensohn", S.337. Auf einem anderen methodischen Weg und stärker an der Frage interessiert, ob es eine „Menschensohn"-Konzeption gab, und weniger den titularen Gebrauch des Ausdrucks „Menschensohn" problematisierend, kommt J.D.G.DUNN zu einem ähnlichen Ergebnis: „In short, to built a thesis of a Son of Man concept already current in the first half of the first century AD prior to the identification of Jesus as the Danielic Son of man, is to build castles in the air." (Christology in the Making, S.85; vgl. auch S.95)

[76] Auf diesen Traditionsstrom rekurriert J.BECKER, Jesus, S.112-116 und S.254-257 bei seiner Darstellung der „Menschensohn-Christologie", ohne überhaupt nachzufragen, ob diese endzeitliche Gestalt mit einem Titel „Menschensohn" bezeichnet wurde.

[77] So auch G.THEISSEN/A.MERZ, Jesus, S.472f.

nehmen diese Symbolsprache auf und führen sie weiter.[78] Aber auch sie prägen keinen Titel „Menschensohn", der die Erwartung einer endzeitlichen Gestalt abrufen konnte.[79] Durchgehend wird der Ausdruck „Menschensohn" als Gattungsbegriff verwendet. Somit ist ein apokalyptischer Menschensohn-Titel – der weithin unhinterfragte Ausgangspunkt der (deutschsprachigen) Menschensohn-Forschung – ein exegetisches Phantom, entsprungen dem religionsgeschichtlichen Forschungseifer. Weitere Untersuchungen an den neutestamentlichen Menschensohn-Logien werden dies bestätigen.

4.3 Alternativen für die Interpretation des geprägten Ausdrucks „der Menschensohn"

Anders als in der apokalyptischen Literatur begegnet in den neutestamentlichen Menschensohn-Logien der determinierte Ausdruck ὁ υἱὸς τοῦ ἀνθρώπου. Es besteht ein breiter Konsens darüber, dass dieser für das Griechische ungewöhnliche, doppelt determinierte Ausdruck als Übersetzung der aramäischen Wendung בַּר אֱנָשָׁא bzw. בַּר נָשָׁא anzusehen ist.[80] Dieser aramäische Ausdruck mit der Emphaticus-Endung, die einer Determination durch einen bestimmten Artikel nahe kommt,[81] konnte in verschiedenen Bedeutungen verwendet werden. Zunächst praktisch sinngleich mit (אֱ)נָשָׁא – „der (einzelne) Mensch",[82] dann von dieser Grundbedeutung abgeleitet als Gattungsbegriff in der generischen Bedeutung „der Mensch (schlechthin)" und schließlich auch als Ersatz für unbestimmte Pronomen wie „einer",

---

[78] V.Hampel, Menschensohn, S.48 ist zuzustimmen, wenn er sagt: „Man kann im Grunde lediglich von einer auf Dan 7,13f aufbauenden Menschensohnexegese sprechen." (vgl. auch S.163f)

[79] Verwunderlich ist ja, dass auch die Qumran-Gemeinde, die ja stark eschatologisch-apokalyptisch geprägt ist, offensichtlich keine „Menschensohn"-Erwartung kennt. So wird Dan.7 in 4Q246 aufgegriffen, ohne dass der Ausdruck „Menschensohn" verwendet wird (vgl. G.Theissen/A.Merz, Jesus, S.473 und S.491).

[80] Zu den beiden Formen vgl. V.Hampel, Menschensohn, S.161, der meint, ausnahmslos alle Belege bis ins 2. Jahrhundert schrieben die Langform בַּר אֱנָשָׁא; erst später begegne die Kurzform בַּר נָשָׁא. Allerdings wird vermutet, dass im galiläisch-aramäischen Dialekt der Wegfall des Initial-Alephs schon früher üblich war. Beide Formen sind bedeutungsgleich. Vgl. dazu auch C.Colpe, ThWNT VIII, S.406; G.Vermes, Jesus, der Jude, S.146; H.Bietenhard, „Der Menschensohn", S.272 und G.Theissen/A.Merz, Jesus, S.471, Anm.23. Die gelegentlich vertretene These, ὁ υἱὸς τοῦ ἀνθρώπου sei eine Wiedergabe des hebräischen בֶּן־אָדָם kann zunächst unberücksichtigt bleiben, da sie die folgenden Überlegungen nicht beeinflusst.

[81] Vgl. H.Bauer/P.Leander, Grammatik des Biblisch-Aramäischen, S.84f.

[82] Vgl. dazu H.Bietenhard, „Der Menschensohn", S.272.

„irgendeiner" oder „jemand".[83] Dass אנָשָׁא(אֱ) בַּר im Aramäischen zugleich als eine Selbstbezeichnung eines Sprechenden eingesetzt werden konnte, die synonym mit dem Personalpronomen „ich" war, lässt sich jedoch nicht nachweisen.[84] Wäre ein solcher Sprachgebrauch im Aramäischen üblich, dann wäre unverständlich, wie daraus der eigentümliche griechische Ausdruck hätte entstehen können.[85] Denn die Wiedergabe eines aramäischen Ausdrucks in dieser doppelt determinierten und im Griechischen sperrigen Form lässt darauf schließen, dass hier nicht eine dem Aramäischen eigentümliche Ausdrucksweise,[86] sondern ein besonderer, fest geprägter Ausdruck als gesamte Wendung ins Griechische übertragen wird.[87] Da der

---

83 Vgl. dazu auch M.Black, Jesus and the Son of Man, S.9ff.

84 G.Vermes, Jesus, der Jude, S.147-152 versucht diesen Nachweis zu führen. Er nennt dabei fünf Beispiele aus aramäischen Texten, in denen der Sprecher von sich als בַּר נָשׁ bzw. בַּר נָשָׁא spricht. An allen Stellen würde ein sinnvoller Satz entstehen, wenn statt dieses Ausdrucks das Pronomen der 1. Person Singular verwendet würde. Doch bei genauer Betrachtung der Stellen, die Vermes anführt, zeigt sich: An allen Stellen könnte בר נש(א) auch generisch verstanden werden. Die jeweiligen Aussagen würden dann als allgemeine Aussagen über den Menschen gelesen, die im Kontext eine Anwendung auf den Sprechenden erfahren. Kein einziger von Vermes' Belegen gibt eine Aussage wieder, die exklusiv auf den Sprechenden anzuwenden ist. Darin besteht der grundsätzliche Unterschied zwischen den von Vermes angegebenen aramäischen Beispielsätzen und den neutestamentlichen Menschensohn-Logien, von denen die meisten exklusiv auf Jesus zu beziehen sind (zur Kritik an Vermes' These vgl. auch J.Jeremias, Die älteste Schicht der Menschensohn-Logien, S.165; R.Leivestad, Jesus – Messias – Menschensohn, S.246f; A.Vögtle, Die „Gretchenfrage", S.39f und J.D.Crossan, Jesus, S.328f). Zur Rezeption von Vermes' These in der englischen Forschung vgl. z.B. M.Black, Jesus and the Son of Man, S.11ff. Unter Rückgriff auf G. Vermes argumentieren auch M.Müller, Der Ausdruck „Menschensohn", S.256f und V.Hampel, Menschensohn, S.162f. Zurückhaltender G.Theissen/A.Merz, Jesus, S.471.

85 Dies betonen R.Leivestad, Der apokalyptische Menschensohn, S.100; C.F.C.Moule, Neglected Features, S.421; H.Bietenhard, „Der Menschensohn", S.275; A.Vögtle, Die „Gretchenfrage", S.33f; G.Theissen/A.Merz, Jesus, S.477-479.

86 So gibt es ja auch Stellen, in denen die Evangelien ein generisches „der Mensch", für das im Aramäischen evt. בר נש(א) stand, nicht mit ὁ υἱὸς τοῦ ἀνθρώπου, sondern einfach mit ἄνθρωπος/οι wiedergeben (z.B. Mt.9,8; 10,35f; 12,12; 12,31 [vgl. hierzu besonders die Parallele Mk.3,28 wo der einmalig belegte Plural τοῖς υἱοῖς τῶν ἀνθρώπων begegnet, der eindeutig generisch ist und darauf schließen lässt, dass in der aramäischen Version dieses Logions der generisch verwendete Ausdruck בר נש(א) gebraucht wurde]; Mt.12,36; Mk.7,15.18.20.23/Mt.15,11.18.20; Mk.8,36f/Mt.16,26/Lk.9,25, Mk.10,9/Mt.19,6). Vgl. H.Bietenhard, „Der Menschensohn", S.273f.

87 Schon diese Beobachtung spricht gegen die These, der älteste Grundbestand der Menschensohn-Logien sei in generischen Aussagen über die Menschen zu finden (So z.B. J.D.Crossan, Jesus, S.344). Wäre dies der Fall, dann hätte das Griechische bessere Ausdrucksmittel zur Verfügung gehabt und die Übersetzung mit ὁ υἱὸς τοῦ ἀνθρώπου wäre bestenfalls als Missverständnis, wenn nicht sogar als bewusste Umdeutung anzusehen (dies vermutet C.Colpe, ThWNT VIII, S.408 für einige Logien). Vgl. dazu auch C.F.C.Moule, Neglected Features, S.421.

Ausdruck ὁ υἱὸς τοῦ ἀνθρώπου in der Jesustradition fast immer ohne vorherige Einführung verwendet wird, lässt sich die Determination des Ausdrucks auch nicht als Rückbezug auf Vorangegangenes verstehen.

Da sich in der apokalyptischen Literatur ein Hoheitstitel „Menschensohn" nicht nachweisen lässt, muss die feste Prägung des Ausdrucks ὁ υἱὸς τοῦ ἀνθρώπου erklärt werden. Dafür gibt es vier Möglichkeiten, die im Folgenden vorgestellt und hinsichtlich der ihnen innewohnenden Problematik kurz skizziert werden sollen:

(1) Der Ursprung des Ausdrucks „der Menschensohn" liegt im generischen Gebrauch von בַּר (אֱ)נָשָׁא

Der Ausdruck ὁ υἱὸς τοῦ ἀνθρώπου wurde nach diesem Interpretationsansatz vom historischen Jesus als Gattungsbegriff generisch gebraucht (im Sinne von „der Mensch schlechthin", „jeder Mensch"). Weil diese Sprechweise jedoch später als Anspielung auf Dan.7,13 empfunden wurde, kam es zu der im griechischen ungewöhnlichen wörtlichen Übersetzung. Ein fest geprägter, titular erscheinender Ausdruck entsteht also erst durch eine Fehlinterpretation der Redeweise Jesu.

Diese Möglichkeit ließe sich legitim nur vertreten, wenn in allen – oder zumindest in fast allen – Menschensohn-Logion, deren Authentizität unter Absehung traditionsgeschichtlicher Gesamtkonzeptionen wahrscheinlich gemacht werden kann, der Ausdruck „der Menschensohn" generisch interpretiert werden könnte.

(2) Jesus oder das Urchristentum greifen auf einen bereits geprägten Menschensohn-Titel zurück.

Dieser Interpretationsansatz geht davon aus, dass in Aufnahme apokalyptischer Sprachtraditionen bereits außerhalb der Jesus-Bewegung[88] ein Hoheitstitel „(der) Menschensohn" geprägt wurde, der außerhalb des Neuen Testaments zufällig nicht literarisch belegt ist.[89] Wenn Jesus oder später das Urchristentum vom „Menschensohn" sprechen, dann können sie – weil der Titel bereits geprägt ist – ein titulares Verständnis dieses Ausdrucks bei Gesprächspartnern bzw. Lesern voraussetzen.

Bei dieser Möglichkeit eröffnet sich eine weitere Alternative: Die durchgehende Rede in der 3. Person lässt für den Ausdruck „der Menschensohn" grundsätzlich zwei Möglichkeiten der Referenz offen: Entweder spricht Jesus von einem von sich selbst unterschiedenen Menschensohn[90] oder Jesus

---

[88] Der Ausdruck „Jesus-Bewegung" wird hier lediglich verwendet als Abkürzung für „entweder Jesus selbst oder erst das Urchristentum".

[89] Vgl. dazu das Ergebnis von Abschnitt 4.2.

[90] Dies ist die Konzeption H.E.Tödts, Menschensohn – vgl. z.B. S.38f und R.Bultmanns, vgl. z.B. Geschichte der synoptischen Tradition, S.117.

identifiziert sich selbst mit diesem apokalyptischen Menschensohn und redet lediglich in der 3. Person von sich selbst. Wäre ein apokalyptisch geprägter Hoheitstitel „der Menschensohn" erst nachösterlich in den christlichen Traditionsstrom aufgenommen worden, dann wäre der zweite Fall anzunehmen. Denn im Urchristentum wäre wohl kaum ein solcher Titel und eine solche Erwartung aufgegriffen worden, wenn nicht Jesus mit diesem Menschensohn identifiziert worden wäre. Die Entstehung der Unterscheidung zwischen Jesus und dem Menschensohn müsste also auf den historischen Jesus zurückgeführt werden.[91]

Hätte der historische Jesus mit dem Ausdruck „der Menschensohn" eine von sich selbst unterschiedene eschatologische Richter- oder Herrschergestalt bezeichnet und hätte erst später das Urchristentum Jesus mit „dem Menschensohn" identifiziert, dann wären Spuren dieser sekundären Identifikation zu erwarten. Andernfalls wären einige Logien missverständlich. Diese Identifikation – ginge sie nun auf Jesus oder erst das Urchristentum zurück – müsste außerdem bei den Logien, die vom entbehrungsreichen Erdenleben sowie vom Leiden und Tod des Menschensohnes sprechen, Widerspruch hervorrufen. Die indirekte Selbstbezeichnung mit „der Menschensohn" aber „erregt weder bei Jesu Anhängern noch bei seinen Gegnern Enthusiasmus oder Feindseligkeit."[92] Auch jene Menschensohn-Logien, die klar in Widerspruch zu einer angeblich bestehenden Menschensohn-Erwartung stehen, sind in den Evangelien ohne Begründung und ohne Hinterfragung.[93] So stehen die konkreten Konditionen des Auftretens Jesu in einer großen Diskrepanz zu der mit einem Menschensohn-Titel in Anspruch genommenen Rolle.[94] Diese Diskrepanz hätte, „um die notwendige Kommunikabilität zu gewinnen, zumindest angemessen vermittelt werden müssen.

---

91 Das ist das entscheidende Argument im Ansatz von H.E.TÖDT und aller seiner Nachfolger (vgl. TÖDT, Menschensohn, S.51).

92 G.VERMES, Jesus, der Jude, S.145; dem stimmen zu G.THEISSEN/A.MERZ, Jesus, S.474.

93 Vgl. z.B. die bei Paulus reflektierte Wirkung der Verkündigung des gekreuzigten Christus (1.Kor.1,23ff), die Auseinandersetzung mit traditionellen Messiaserwartungen, die sich im Johannes-Evangelium findet (Joh.6,42; 7,27f; 7,41f; 7,52; 9,16; 12,34) oder auch die Reflexion darüber, dass der Messias leiden musste (vgl. Lk.24,26.46). Diese Stellen sind ein Reflex darauf, dass das Messiasbekenntnis der Gemeinde nicht mit der traditionellen Messiaserwartung zusammenpasst. Ähnliche Legitimationen der Worte vom entbehrungsreichen Erdenleben sowie vom Leiden und Tod des Menschensohnes wären – zumindest aus dem Mund der Gemeinde – zu erwarten, wenn es eine klar hoheitlich ausgerichtete Menschensohn-Erwartung gegeben hätte. Vgl. dazu auch R.LEIVESTAD, Der apokalyptische Menschensohn, S.97 und ders., Exit the Apocalyptic Son of Man, S.263f.

94 So auch L.GOPPELT, Theologie des NT, S.229.

Solche Vermittlungsversuche belegt die authentische Jesus-Tradition jedoch nicht".[95] Auch in späteren Traditionen finden sie sich nicht.

Wäre der Ausdruck „der Menschensohn" ein außerhalb der Jesus-Bewegung geprägter Titel, dann wäre zu erwarten, dass sich in den urchristlichen Schriften Bekenntnisformeln wie „Jesus ist der Menschensohn" oder „Du [Jesus] bist der Menschensohn" finden. Vergleichbare Bekenntnisformeln in der 3. Person oder auch in der Anredeform finden sich bei den anderen oben aufgeführten Hoheitstiteln.[96] Der Ausdruck „der Menschensohn" dagegen begegnet nur in Jesus-Logien als Selbstbezeichnung, niemals in Bekenntnisformeln,[97] wie es bei einem Titel zu erwarten wäre.[98] Ferner wird der Ausdruck „der Menschensohn" weder attributiv noch prädikativ verwendet, „d.h. wir suchen vergebens nach Formulierungen wie 'der Menschensohn Jesus', 'Jesus, der Menschensohn', 'ich, der ich der Menschensohn bin', 'ich bin der Menschensohn'."[99] Wäre der Ausdruck „der Menschensohn" ein geprägter Titel, dann wären auch in Dialogen mit Jesus, in denen es um seine Identität geht, die Frage „bist du [Jesus] der Menschensohn?" zu

---

[95] P.Hoffmann, Jesus versus Menschensohn, S.195.

[96] „Du bist der Christus": Mk.8,29/Mt.16,16/Lk.9,20; Joh.11,27 – „Jesus [ist] der Christus": Lk.4,41; Joh.1,41; 7,41; 20,31; (vgl. 1.Joh.2,22; 5,1); vgl. auch Mk.1,1; Mt.1,1 und natürlich der zum Namen gewordene Ausdruck „Jesus Christus", der das ganze Neue Testament durchzieht – „Du bist der Sohn Gottes": Mk.3,11; Mk.5,7/Mt.8,29/Lk.8,28; Mt.14,33; 16,16; Lk.4,41; Joh.1,49; 11,27 – „Jesus [ist] der Sohn Gottes": Mk.15,39/Mt.27,54; Joh.1,34; 20,31; 1.Kor.1,9; 2.Kor.1,19; Hebr.4,14; 1.Joh.4,15; 5,5 – „Du bist der Sohn Davids" (bzw. als Anrede „Sohn Davids"): Mk.10,47.48/Mt.9,27+20,30.31/Lk.18,38.39; Mt.15,22; 21,9.15 „Jesus [ist] der Sohn Davids": Mt.1,1; Röm.1,3 – „Du bist der Herr" findet sich nicht, jedoch sehr häufig die Anrede κύριε, bei der aber oft nur schwer entscheidbar ist, ob sie als Höflichkeitsanrede oder als Hoheitstitel gemeint ist – „Jesus [ist] der Herr": Röm.10,9; 1.Kor.12,3; 2.Kor.4,5; Phil.2,11; Kol.2,6.

[97] Wenn dagegen G.Theissen/A.Merz, Jesus, S.474 meinen „und doch hat er [der Ausdruck „der Menschensohn"] einen Sitz im Leben im status confessionis, vgl. Mk 8,38; Apg 7.56; Joh 9,35ff; Euseb HistEccl 2,23,13: Bekenntnis zum Menschensohn bedeutet Konflikt mit der Umwelt!", so untersuchen sie nicht, ob in den angeführten Stellen der Ausdruck „der Menschensohn" als Titel oder als Name verwendet wird. Denn auch ein Bekenntnis zu Jesus, der den Namen „der Menschensohn" trägt, kann Konflikt mit der Umwelt bringen.

[98] Vgl. R.Leivestad, Exit the Apocalyptic Son of Man, S.254f. H.Conzelmann, Das Selbstbewußtsein Jesu, S.39f versucht das Fehlen von Bekenntnisaussagen mit dem vermeintlichen Titel „Menschensohn" so zu erklären: „Das Credo formuliert den Glauben an Jesus als den Messias und an Jesus als den, der gestorben und auferweckt ist. Es spricht nicht von der Parusie. Daher ist 'Menschensohn' nie Titel im Credo; er kann es gar nicht sein. [...] Als 'Menschensohn' wird er [Jesus] nicht 'geglaubt' oder 'bekannt', sondern 'erwartet'." Doch kann diese Erklärung kaum überzeugen. So wird z.B. 1.Thess.4,16 die Parusie Jesu Christi bekannt – ohne dass allerdings der Ausdruck „Menschensohn" verwendet wird.

[99] R.Leivestad, Der apokalyptische Menschensohn, S.58; vgl. auch R.Leivestad, Exit the Apocalyptic Son of Man, S.248.

erwarten. Vergleichbare Fragen oder auch ironische Betitelungen durch Jesu Gegner finden sich mit anderen Hoheitstiteln,[100] jedoch nie mit dem Ausdruck „der Menschensohn".[101]

Wäre der Ausdruck „der Menschensohn" ein Hoheitstitel – noch dazu ein messianischer –, dann wäre zu erwarten, dass das Markus-Evangelium, dessen Aufbau durch die Konzeption der bis zur Passion verborgenen Messianität Jesu geprägt ist,[102] Menschensohn-Logien bis zur Passion vermeidet oder zumindest die Enthüllung von Jesu Identität als „der Menschensohn" auf den Jüngerkreis begrenzt.[103] Doch finden sich im Markus-Evangelium gleich zu Beginn der öffentlichen Wirksamkeit Jesu zwei Menschensohn-Logien (2,10; 2,28). „This does not make sense if the Son of man was a recognized and significant title."[104]

Wäre der Ausdruck „der Menschensohn" ein in der apokalyptischen Tradition beheimateter Hoheitstitel, der – wie oft angenommen – im Gegensatz zur nationalistischen Messiaserwartung sich nicht auf eine politische Restauration, sondern die eschatologische Vollendung der ganzen Schöpfung bezieht, dann ist schwer erklärbar, weshalb dieser Titel außerhalb der Jesus-Tradition in christologischen Aussagen der Urgemeinde verschwindet,[105] während gerade im heidenchristlichen Umfeld der eher national eingefärbte Messiastitel „Christus" zum Jesus-Namen wird.[106]

---

[100] „Bist du der Christus?": Mk.14,61/Mt.26,63/Lk.22,67; Joh.4,29; 7,26; 10,24 „Bist du der Sohn Gottes?": Mt.4,3.6/Lk.4,3.9; Mk.14,61/Mt.26,63; Lk.22,70 „Ist er der Sohn Davids?" Mt.12,23 – Ironische bzw. Jesus zugeschriebene Betitelungen: Lk.23,2; Mt.26,68; 27,17.22; Mk.15,32/Lk.23,35.39 (Christus); Lk.23,2f; Mk.15,9/Joh.18,39; Mk.15,32/ Mt.27,42 (König der Juden); Mt.27,40 (Sohn Gottes).

[101] R.LEIVESTAD, Der apokalyptische Menschensohn, S.56 bemerkt dazu: „Wie ist es möglich, diese Tatsache verständlich zu machen, wenn der Menschensohn, nach der allgemeinen Überzeugung, nicht nur ein Titel unter vielen, sondern der Titel, der richtige, von Jesus selbst legitimierte messianische Titel gewesen sein soll?" Dies muss noch erstaunlicher sein, wenn R.BULTMANNS und H.E.TÖDTS These stimmen sollte, dass die Identifikation Jesu mit dem apokalyptischen Menschensohn erst durch das Ostergeschehen hervorgerufen worden sei. „If this is correct, then it is indeed amazing that the sensational new conviction of the disciples that Jesus was himself to be revealed as the heavenly Son of man, is never explicitly formulated." (R.LEIVESTAD, Exit the Apocalyptic Son of Man, S.249).

[102] So z.B. G.THEISSEN/A.MERZ, Jesus, S.43 und J.GNILKA, EKK II/1, S.169.

[103] E.SJÖBERG, Der verborgene Menschensohn, S.105 muss dann den Widerspruch zwischen der mk. Messiasgeheimnis-Konzeption und Verwendung des vermeintlichen Hoheitstitels „Menschensohn" in Mk.2,10.18 als „zufällige Entgleisungen die durch die Übernahme einer schon fest ausgeformten Tradition entstanden sind" erklären (S.105).

[104] R.LEIVESTAD, Exit the Apocalyptic Son of Man, S.255. Vgl. auch R.LEIVESTAD, Der apokalyptische Menschensohn, S.97f.

[105] Hebr.2,6; Apk.1,13 und Apk.14,14 stellen keine Belege für die Existenz eines Titels „Menschensohn" dar. Vgl. dazu Abschnitt 4.7.2.

[106] R.LEIVESTAD, Der apokalyptische Menschensohn, S.56f meint dazu: Es wäre dann „ja ein merkwürdiges Paradox, dass Jesus, der eine im großen und ganzen unapokalyptische

Wäre der Ausdruck „der Menschensohn“ ein geprägter Hoheitstitel, dann verwundert, warum naheliegende alttestamentliche Stellen (wie z.B. Ps.80,18; Hiob 16,21) nicht in christologischen Texten des Neuen Testaments zitiert werden.[107] Auffällig ist auch, dass die Worte aus Dan.7,13f im Neuen Testament nie als in Jesus erfüllte – oder in Zukunft erfüllt werdende – Verheißung zitiert werden.[108]

Schließlich wäre anzunehmen, dass eine geprägte Menschensohn-Erwartung auch dort zur Sprache kommt, wo über apokalyptische Endzeiterwartungen reflektiert wird und verschiedene Konzepte miteinander in Beziehung gesetzt werden.[109] Eine Menschensohn-Erwartung wird jedoch nirgendwo zum Thema gemacht.

Diese Überlegungen machen bereits deutlich, dass es unwahrscheinlich ist, dass die neutestamentlichen Menschensohn-Logien auf einen bereits außerhalb der Jesus-Bewegung geprägten apokalyptischen Hoheitstitel zurückgreifen. Da diese These jedoch in der Menschensohn-Diskussion eine dominante Stellung einnimmt, soll sie in der Einzelanalyse der Menschensohn-Logien weiter überprüft werden.

(3) Jesus bzw. das Urchristentum prägten den Titel „der Menschensohn“

Dieser Interpretationsansatz geht davon aus, dass innerhalb der Jesus-Bewegung – also durch Jesus selbst oder erst durch das Urchristentum – aus dem in der apokalyptischen Tradition (v.a. Dan.7,13) bereitliegenden nicht-titularen Begriff „Menschensohn“ der Titel „der Menschensohn“ geprägt wurde,

---

Botschaft vom Reiche Gottes verkündet hat, sich mit dem apokalyptischen Menschensohntitel bezeichnet, während die viel stärker apokalyptisch beeinflußte Gemeinde den nationalen Messiastitel so fleißig und unbefangen benutzt, dass er ein zweiter Name Jesu wird.“ Vgl. auch ders., Exit the Apocalyptic Son of Man, S.248f.

[107] Ps.8,5-7 wird in Hebr.2,6f; 1.Kor.15,27 und Eph.1,22 aufgenommen; jedoch liegt die Aufnahme nie darin begründet, dass ein Titel „Menschensohn“ im Hintergrund stehen würde (zu Hebr.2,6f vgl. auch Abschnitt 4.7.2). Darüber hinaus werden gelegentlich sprachliche Motive aus Dan.7 aufgenommen, aber dies dürfte daran liegen, dass Dan.7 schon in rabbinischer Tradition messianisch interpretiert wurde – allerdings ohne den Ausdruck „Menschensohn“ titular zu verwenden. Doch wird nie eine ausdrückliche Identifikation zwischen Jesus und dem Menschensohn von Dan.7,13 hergestellt. Vgl. dazu auch R.LEIVESTAD, Exit the Apocalyptic Son of Man, S.253f, der zu dem Ergebnis kommt: „The lack of interest in the term ben adam in the Old Testament is an important indication that the term had no messianic relevance“ (S.254).

[108] Darauf weist hin M.MÜLLER, Der Ausdruck „Menschensohn“, S.154.

[109] Ausdrücklich thematisiert wird in den Evangelien die Hoffnung auf die Wiederkehr des Elia (Mk.8,28/Mt.16,14/Lk.9,19; Mk.9,11-13/Mt.17,10-12), die Erwartung des endzeitlichen Propheten (Mt.11,9/Lk.7,26; Mk.8,28/Mt.16,14/Lk.9,19), die Erwartung des Messias (Mt.11,2f/Lk.7,18-20; Mk.14,61/Mt.26,63/Lk.22,67.70), des Sohnes Gottes (Mk.12,35-37/Mt.22,41-46/Lk.20,41-44; Mk.14,61/Mt.26,63/Lk.22,67.70) und des Sohnes Davids (Mk.12,35-37/Mt.22,41-46/Lk.20,41-44).

um damit die erwartete endzeitliche Herrscher- und Richtergestalt zu bezeichnen. Mit dieser Neuprägung konnte der Titel „Menschensohn" auch mit Rollenerwartungen gefüllt werden, die bisher in der apokalyptischen Tradition nicht belegt waren.[110] Diese dritte Möglichkeit gewinnt die größte Überzeugungskraft, wenn man annimmt, der Ausdruck „der Menschensohn" rufe die Vorstellung ab, Jesus werde bei der eschatologischen Vollendung als Weltenrichter auftreten (vgl. z.B. 1.Thess.4,15f; 2.Kor.5,10; Acta 10,42), doch bliebe diese Würde bis zur eschatologischen Vollendung verborgen.[111] Für Außenstehende war diese Bedeutung des Titels zunächst nicht bekannt; der Ausdruck musste also erklärt werden, andernfalls blieb er rätselhaft.

Bei diesem Interpretationsansatz ist weder bei Jesus, noch im Urchristentum die Erwartung einer von Jesus unterschiedenen apokalyptische Gestalt vorstellbar. Denn bei Jesus findet sich keine Tendenz zur apokalyptischen Ausmalung des erwarteten eschatologischen Gerichts, und im Urchristentum war die Identifikation des eschatologischen Richters mit Jesus selbstverständlich. Bei der Prägung eines Titels „der Menschensohn" in der Jesus-Bewegung, muss dieser Titel exklusiv auf Jesus bezogen sein.

In diesem Fall könnte bei den Rezipienten der Jesus-Überlieferung das Verstehen dieses Titels nicht als Selbstverständlichkeit vorausgesetzt werden. Es wäre also – zumindest an einer Stelle – eine erklärende Einführung des Titels zu erwarten. Doch sucht man eine solche im ganzen Neuen Testament vergeblich. Auch wären – wie bei einem außerhalb der Jesus-Bewegung geprägten Titel – Bekenntnisaussagen mit dem Titel „der Menschensohn" und Rückgriffe auf alttestamentliche Texte zum Zwecke des Schriftbeweises zu erwarten.[112] Doch lassen sich diese Einwände auch entkräften.

---

[110] Vgl. dazu K.SCHOLTISSEK, Vollmacht Jesu, S.123f.

[111] In diese Richtung denkt M.DE JONGE, der annimmt, „that Jesus did in fact speak of himself as 'the Son of Man', a designation not directly understood by outsiders, but for him and insiders referring to 'the one like a son of man' in Daniel 7." (God's Final Envoy, S.88). Eine ähnliche Position vertritt auch E.SJÖBERG, Der verborgene Menschensohn, wobei er davon ausgeht, dass Jesus eine im Judentum bereits geprägte Menschensohn-Erwartung umprägt (S.241-246). Eine titulare Konzeption, die nicht an Dan.7,13 anknüpft, findet sich auch bei V.HAMPEL: Demnach sieht sich Jesus während seines Wirkens „als Messias in Verborgenheit, als Messias designatus weiß er aber um seine zukünftige Inthronisation. [...] Diesen exklusiven Anspruch formuliert Jesus in der (für Außenstehende) rätselhaften Selbstbezeichnung בַּר אֱנָשָׁא. Er bezeichnet damit den ganz bestimmten Menschen Gottes, Gottes messianischen Gesandten. Im Munde Jesu ist בַּר אֱנָשָׁא Chiffre für seine noch nicht offenbare Messianität und also Selbstbezeichnung des Messias designatus. Noch ist er der Menschensohn, aber Gott wird ihn bald als Messias in Macht erweisen; seine offenbare Messianität ist eine futurische." (Menschensohn, S.96). Ebenso geht M.HENGEL (Studies in Early Christology, S.105) davon aus, „that '(son of) man' [...] was by no means a common messianic title. It first becomes a title for a relatively clearly drawn eschatological figure in the mouth of Jesus."

[112] Als solche lassen sich evt. einige Worte vom kommenden Menschensohn verstehen.

Weil der neu geprägte Titel „der Menschensohn“ immer sofort und ausschließlich auf Jesus bezogen wurde, die Person Jesu Christi sozusagen die einzige Referenz dieses Ausdrucks darstellte, war jede Aussage, die den Ausdruck „der Menschensohn“ enthält, eine Erklärung der Bedeutung dieses Titels. Der Ausdruck „der Menschensohn“ blieb folglich nur unter der Voraussetzung, dass er ausschließlich auf Jesus zu beziehen sei, ein verständlicher Titel. Vielleicht eignete er sich darum nicht für Bekenntnisaussagen, die vorwiegend Außenstehende ansprechen sollen. Es wird darum in der Analyse der Menschensohn-Logien zu klären sein, ob dieses Verständnis des Ausdrucks „der Menschensohn“ angemessen ist.

(4) Der Ausdruck „der Menschensohn“ ist ein von Jesus für die indirekte Selbstbezeichnung geprägter Name

Dieser Interpretationsansatz geht davon aus, dass Jesus den Ausdruck „der Menschensohn“ als Name verwendete, mit dem er sich in indirekter Sprechweise in der 3. Person Singular selbst bezeichnete.[113]

Für das Begründen von Namen und die indirekte Selbstbezeichnung gibt es Parallelen. So finden sich mehrere Hinweise darauf, dass Jesus seinen Jüngern Namen gab.[114] Solche Symbolnamen[115] wurden – wie Eigennamen häufig auch – meistens determiniert verwendet.[116] Auch die Rede von sich selbst in der dritten Person ist im aramäischen[117] Umfeld Jesu möglich.[118]

---

[113] Dieser Interpretationsansatz wurde zuerst vorgetragen von R.Leivestad, Der apokalyptische Menschensohn; vgl. auch ders., Exit the Apocalyptic Son of Man und ders., Jesus – Messias – Menschensohn.

[114] Einige dieser Namen wurden sogar ins Griechische übersetzt (z.B. כֵּיפָא/Κηφᾶς = Πέτρος; בְּנֵי רֶגֶשׁ/Βοανεργές = υἱοὶ βροντῆς). Bei Petrus kam es sogar dazu, dass die griechische Übersetzung des von Jesus geprägten Namens zum gebräuchlichsten Eigennamen des Apostels geworden ist. Offensichtlich war bei der Auswahl dieser Namen für die betreffenden Personen die ursprüngliche Wortbedeutung ausschlaggebend.

[115] R.Leivestad, Jesus – Messias – Menschensohn, S.247 meint: „Wir haben es mit der typischen Form eines semitischen Beinamens zu tun.“

[116] So ist z.B. bei den Synoptikern die determinierte Form ὁ Πέτρος häufiger anzutreffen als die undeterminierte Form.

[117] Die hier vorgebrachte Hypothese, der Ausdruck „der Menschensohn“ sei eine von Jesus geprägte namenhafte Selbstbezeichnung ist zu unterscheiden von der These G.Vermes’ und M.Müllers, Jesus greife mit dieser Selbstbezeichnung eine im Aramäischen bereitliegende Möglichkeit der indirekten Rede von sich selbst auf. Wird die indirekte Selbstbezeichnung Jesu mit dem Ausdruck „der Menschensohn“ als von Jesus selbst geprägt angesehen, dann ist verständlich, warum dieser Ausdruck übersetzt werden musste. Der Nachweis eines aramäischen Sprachgebrauchs erübrigt sich.

[118] Eine Vielzahl von Belegen für eine solche indirekte Selbstbezeichnung, ja sogar für die Möglichkeit in ein und demselben Satz von sich selbst mit „ich“ und „dein Knecht“, „deine Magd“, „jener Mann“, „jene Frau“ und ähnlichen Ausdrücken sprechen zu können, bietet H.Bietenhard, „Der Menschensohn“, S.280-302 und S.307.

Die indirekten Selbstbezeichnung mit einem determinierten Substantiv findet sich im Aramäischen zum Beispiel bei dem inhaltlich nahe verwandten Ausdruck הָהוּא גַּבְרָא.[119] Darüber hinaus gibt es in der authentischen Jesus-Überlieferung,[120] mit der Selbstbezeichnung des johanneischen Jesus mit dem Ausdruck „der Sohn" und mit der paulinischen Narrenrede (2.Kor.12,2-5) weitere Belege für die Möglichkeit einer indirekten Rede von sich selbst. Diese Parallelen im Sprachgebrauch machen auch deutlich, dass eine Selbstbezeichnung Jesu mit dem Ausdruck „der Menschensohn" für seine Zuhörer und Gesprächspartner durchaus verständlich sein konnte.

Wäre der Ausdruck „der Menschensohn" als Namen zu verstehen, mit dem Jesus sich selbst bezeichnete, dann müsste er sich anstelle eines Personalpronomen oder des Namens „Jesus" verwenden lassen. Genau dies ist nun weitgehend der Fall.[121] Dies bedeutet nun nicht, dass der Ausdruck „der Menschensohn" keinen Bedeutungsüberschuss gegenüber einem Personalpronomen haben könne. Über den syntaktischen Wert des Pronomens hinaus könnte er Assoziationen wecken, die über die pronominale Bezeichnung der Person Jesu hinausgehen.[122]

Nach dieser Klärung der Interpretations-Alternativen für den Ausdruck „der Menschensohn" ist nun die Einzelanalyse der neutestamentlichen Menschensohn-Logien anzugehen. Dabei ist sinnvollerweise mit den synoptischen Logien zu beginnen. Unabhängig von der Frage nach dem

---

119 Stellennachweise bei C.Colpe, ThWNT VIII, S.406; G.Vermes, Jesus, der Jude, S.147f und H.Bietenhard, „Der Menschensohn", S.288-300.

120 Zu nennen wäre hier zum Beispiel das Bildwort Mk.2,19/Mt.9,15a/Lk.5,34 („können die Hochzeitsleute fasten, während der Bräutigam bei ihnen ist?"). Zwar wird hier gleichnishaft geredet, doch steht natürlich im Hintergrund, dass Jesus der Bräutigam ist. Ein Name wird dabei allerdings nicht geprägt (Für die Authentizität plädieren J.Gnilka, EKK II/1, S.114 und G.Theissen/A.Merz, Jesus, S.214 und S.236). Ein weiteres Beispiel wäre die Rede von dem Sohn in der Parabel von den bösen Winzern (Mk.12,6-8/Mt.21,37-39/Lk.20,13-15 – nach H.Weder, Gleichnisse, S.148f als authentischer Zug des Gleichnisses anzusehen). Auch hier redet Jesus mit der Gleichnisfigur indirekt von sich selbst.

121 Vgl. hierzu auch R.E.C.Formesyn, Was there a Pronominal Connection for the Bar Nasha Selfdesignation?, S.27f, der trotz der Voraussetzung, der Ausdruck „der Menschensohn" sei ein Titel, zum Ergebnis kommt: „Using grammatical terms, we can say that the title appears exclusivly in the position of the first person of the personal pronoun. In other words, the title can always be replaced by I or another form of the first person (genitive, dative, accussative ...). [...] Also there is no single exception: all Son of Man titles are replaceable by a personal pronoun of the first person. Secondly, the fact that the title never occurs in the position of a predicate can be described in the same way: it does not occur where we cannot have the personal pronoun 'I', 'me', etc. As the personal pronoun is never a predicate (except in unusual cases) so we never find Son of Man as a predicate. As we never can have 'he is I', or 'Jesus is I' etc., so we never have 'he is the Son of Man', or 'Jesus is the Son of Man'."

122 Welche dies sein könnten, soll in den Abschnitten 4.7.4 und 7.1.2 diskutiert werden.

generischen, titularen oder namenhaften Gebrauch des Ausdrucks „der Menschensohn“ soll zugleich die Frage nach der Authentizität dieser Logien mitbedacht werden.[123]

4.4 Die synoptischen Logien vom Erdenwirken „des Menschensohnes“

Im Folgenden sollen – nach Quellen sortiert – zunächst die Menschensohn-Logien, die vom Erdenwirken „des Menschensohnes“ sprechen, untersucht werden.

4.4.1 Menschensohn-Logien aus Q

a) Lk.6,22/Mt.5,11

Lk.6,22 stellt die vierte Seligpreisung der lukanischen Feldrede dar. Sie stammt, wie die in einigen Punkten abweichende Parallelüberlieferung Mt.5,11 zeigt, aus der Logienquelle. Die Überlieferung bei Matthäus verwendet statt des Ausdrucks „der Menschensohn“ das Personalpronomen der 1. Person Singular. Zumeist wird die bei Lukas belegte Verwendung des Ausdrucks „der Menschensohn“ auch für Q angenommen.[124] In Q dürfte die Seligpreisung so gelautet haben:[125]

> Selig seid ihr, wenn sie euch schmähen und Schlechtes über euch sagen wegen des Menschensohnes (ἕνεκα τοῦ υἱοῦ τοῦ ἀνθρώπου).

Ein generischer Gebrauch dürfte hier auszuschließen sein. Ein titularer Gebrauch des Ausdrucks „der Menschensohn“ in diesem Logion ist nicht

[123] Methodisch ist dabei so vorzugehen, dass so wenig wie möglich traditionsgeschichtliche Grundkonzeptionen bei der Analyse der einzelnen Logien vorausgesetzt werden sollen. Erst nach Abschluss der Einzelanalyse wird dann ein traditionsgeschichtliches Gesamtkonzept entwickelt werden, das versucht, die Untersuchungen zur Authentizität der einzelnen Logien in einen Rahmen einzuordnen (vgl. Abschnitt 3.4).

[124] Verschiedene Forscher halten die lukanische Fassung für die ursprünglich in Q anzutreffende; so z.B. H.E.Tödt, Menschensohn, S.114; E.Schweizer, Der Menschensohn, S.73; H.Schürmann, Beobachtungen zum Menschensohn-Titel in der Redequelle, S.130f; S.Schulz, Q, S.453; U.Luz, EKK I/1, S.202. Anders dagegen C.Colpe, ThWNT VIII, S.451; G.Theissen/A.Merz, Jesus, S.476 und V.Hampel, Menschensohn, S.212. Dafür, dass in Q der Ausdruck „der Menschensohn“ anzutreffen war, spricht, dass sich einige Belege finden lassen, dass Mt. den Ausdruck sekundär durch das Personalpronomen ersetzte (sicher bei Mt.16,21; 10,32f), dass aber keine eindeutigen Belege für das umgekehrte Vorgehen durch Lukas existieren. Das Thomas-Evangelium überliefert eine Fassung der Seligpreisung (EvThom.68), die jedoch auf den Grund der Verfolgung (wegen des Menschensohnes / wegen mir) nicht eingeht.

[125] Rekonstruktion nach S.Schulz, Q, S.452f.

auszuschließen – allerdings dann mit einem eindeutigen Bezug auf Jesus.[126] Denn es dürfte kaum eine Situation vorstellbar sein, in der die Angesprochenen wegen einer apokalyptischen Menschensohn-Erwartung, die sich auf eine zukünftige, nicht mit Jesus identische Menschensohn-Gestalt bezieht, Schmähungen zu erwarten hätten. Da der Menschensohn nicht ausdrücklich mit Jesus identifiziert wird, spricht dies gegen die Verwendung eines außerhalb, nicht aber gegen die eines innerhalb der Jesus-Bewegung geprägten Titels. Ein titularer Gebrauch wurde jedoch von Matthäus nicht wahrgenommen, da er „der Menschensohn“ durch das Personalpronomen ersetzt. Die Seligpreisung ist schließlich auch gut verständlich, wenn man von einem namenhaften Gebrauch des Ausdrucks „der Menschensohn“ ausgeht.

Die Frage der Authentizität ist schwer zu klären. So ist die Behauptung, „man befindet sich hier unter allen Umständen an einem Zeitpunkt der Geschichte der Gemeinde, wo christusgläubige Juden um ihres Bekenntnisses willen aus der Synagoge exkommuniziert worden sind.“[127] sehr hoch gegriffen, da Jesu Jünger sicher auch vor Ostern Anfeindungen zu ertragen hatten, von Verfolgungen selbst aber nicht die Rede ist. Eine vorösterliche Entstehung wäre also auch möglich.[128]

b) Lk.7,33f/Mt.11,18f

Als Abschluss der von Jesus gegebenen Beurteilung des Täufers Lk.7,24-35/ Mt.11,7-19 findet sich das in Matthäus und Lukas (bis auf kleinere stilistische Unterschiede) praktisch gleichlautende Logion vom „Fresser und Weinsäufer“:

> (33/18) Denn es kam Johannes, aß und trank nicht, und sie sagen: er hat einen Dämon. (34/19) Es kam der Menschensohn, aß und trank, und sie sagen: Siehe ein Fresser und Weinsäufer (ἰδοὺ ἄνθρωπος φάγος καὶ πίνων), Freund der Zöllner und Sünder.[129]

Aus der Parallelisierung von ὁ υἱὸς τοῦ ἀνθρώπου mit ἄνθρωπος wurde geschlossen, dass der Ausdruck „der Menschensohn“ hier generisch im Sinne von „jemand“ oder „einer“ verwendet wurde.[130] Jedoch ist eindeutig und

---

[126] Dies zeigen auch die verschiedenen Varianten dieser Seligpreisung (vgl. Mt.5,11; 1.Petr.4,14).

[127] M.Müller, Der Ausdruck „Menschensohn“, S.202; ähnlich auch H.E.Tödt, Menschensohn, S.114f; E.Schweizer, Der Menschensohn, S.73, H. Schürmann, Beobachtungen zum Menschensohn-Titel in der Redequelle, S.131; U.Luz, EKK I/1, S.201. Gegen die Authentizität spricht auf Grund eines anders rekonstruierten Q-Textes V.Hampel, Menschensohn, S.212.

[128] Dass diese Seligpreisung auf Jesus zurückzuführen sei, meint darum auch F.Bovon, EKK III/1, S.295.

[129] Rekonstruktion des Q-Textes nach S.Schulz, Q, S.379f.

[130] So paraphrasiert z.B. C.Colpe, ThWNT VIII, S.434: „Es kam Johannes, weder essend noch trinkend .... Nun kommt einer, der ist und trinkt...“

exklusiv Jesus die Referenz des Ausdrucks „der Menschensohn“. Wird in irgendeinem Sinne hier vom Menschensohn titular gesprochen, dann kann sich der Ausdruck „der Menschensohn“ also nur auf Jesus beziehen. Ein außerhalb der Jesus-Bewegung geprägter apokalyptischer Hoheitstitel dürfte dann nicht vorliegen,[131] da die Identifikation Jesu mit dem erwarteten eschatologischen Menschensohn begründet werden müsste. Ein in der Jesus-Bewegung geprägter Menschensohn-Titel kann grundsätzlich nicht ausgeschlossen werden und könnte durch den Hinweis auf die Schmähung Jesu aktualisiert sein. Die Parallele zu dem Eigennamen Johannes zeigt, dass der Ausdruck „der Menschensohn“ auch als Name verstanden werden kann.

Dieses Logion lässt sich am ehesten aus der vorösterlichen Situation Jesu verstehen.[132] Seine Authentizität wegen seines Charakters als ἦλθον-Spruch zu leugnen, setzt voraus, dass dieses Logion unter diese Sprüche einzureihen ist,[133] und basiert auf einem unberechtigten Misstrauen gegen diese Spruchreihe.[134] Das Doppellogion Lk.7,33f/Mt.11,18f lässt sich auch nicht als sekundäre Auslegung des unmittelbar vorausgehenden Gleichnisses von den spielenden Kindern Lk.7,31f/Mt.11,16f verstehen; denn dagegen spricht, „dass kein Mensch ohne Auslegung versteht, warum ‘diese Generation’ [Lk.7,31/Mt.11,16] mit den spielenden Kindern verglichen werden kann. [...] Das Gleichnis braucht einen Kommentar; und es ist doch zu fragen, ob der [...] überlieferte nicht der ursprüngliche ist.“[135] Für die Authentizität des Logions spricht hingegen die Tatsache, dass es Teil einer Auseinandersetzung Jesu mit dem Täufer ist, die noch nicht – wie später die gemeindliche Auseinandersetzung mit dem Täufer (vgl. z.B. das Johannes-Evangelium) – von der Konkurrenz zwischen Jesus und dem Täufer gezeichnet ist. Auch fehlt ein Bezug auf den gewaltsamen Tod des Täufers bzw. Jesu. Dieses Logion ist also mit hoher Wahrscheinlichkeit ein authentisches Jesuswort.[136]

---

[131] Vgl. M.MÜLLER, Der Ausdruck „Menschensohn“, S.192.

[132] Vgl. z.B. H.E.TÖDT, Menschensohn, S.107: „Als Freudenmahl wird das Essen mit Jesus in Mk 2, 18ff bezeichnet, und dieser Charakter, der sich scharf von den Fastenbräuchen der Pharisäer und der Johannesjünger abhebt, dürfte die Grundlage für den Vorwurf Fresser und Säufer abgegeben haben.“

[133] Hier fehlt die finale Ausrichtung der anderen ἦλθον/ἦλθεν-Sprüche, die gewöhnlich mit einer Infinitiv-Konstruktion ausgedrückt wird (Vgl. Mk.1,38; Mk.2,17/Mt.9,13/Lk.5,32; Mt .5,17; Mt.10,34f/Lk.12,51; Lk.12,49; Lk.19,10/Mt.18,11; Lk.9,56).

[134] Vgl. hierzu die Ausführungen zu Mk.10,45 in Abschnitt 4.4.2.

[135] U.LUZ, EKK I/2, S.184. Ebenso V.HAMPEL, Menschensohn, S.214-222.

[136] Das meinen auch C.COLPE, ThWNT VIII, S.434, E.ARENS, The ΗΛΘΟΝ-Sayings, S.235-237; M.HENGEL, Studies in Early Christology, S.80f und G.THEISSEN/A.MERZ, Jesus, S.196 und S.479. Selbst H.E.TÖDT, der die Worte vom Erdenwirken des Menschensohns auf Grund seiner traditionsgeschichtlichen Gesamtkonzeption grundsätzlich für sekundär hält, sagt in Aufnahme einer Einschätzung R.BULTMANNS über dieses Logion (Menschensohn,

c) Lk.9,58/Mt.8,20; vgl. EvThom. 86

Dieses Menschensohn-Logion findet sich in einer Reihe von Nachfolgeworten. Es spricht gegenüber einem Anhänger Jesu, der Jesus nachfolgen möchte, von der Heimatlosigkeit des Menschensohnes. Die Überlieferung des Thomas-Evangeliums stimmt mit der synoptischen überein, wo es bei Matthäus und Lukas gleich lautet:

> Die Füchse haben Höhlen und die Vögel des Himmels Nester, aber der Menschensohn hat keinen Ort, wo er sein Haupt hinlegen kann.

Es wurde behauptet, dass dieses Logion ein Sprichwort über die allgemeine Heimatlosigkeit des Menschen zitieren würde und der Ausdruck „der Menschensohn" hier also generisch verwendet würde.[137] Doch spricht dieses Logion offensichtlich von der besonderen Situation Jesu und der ihm Nachfolgenden. Der Ausdruck „der Menschensohn" bezieht sich damit wahrscheinlich exklusiv auf Jesus selbst. Stünde hier ein apokalyptischer Menschensohn-Titel im Hintergrund, würde dieses Logion eine paradoxe Aussage machen: „Sogar die Füchse und Vögel haben das, was der kommende Weltrichter-Menschensohn nicht hat."[138] Dies wäre begründungsbedürftig. Wird die Prägung eines Titels „der Menschensohn" in der Jesus-Bewegung angenommen, dann wäre gerade dieser Kontrast eine sinnvolle Aussage. Auch eine Verwendung des Ausdrucks „der Menschensohn" als Namen ist möglich.

Die Annahme, „das Wort wäre als Charakterisierung Jesu erst in der Gemeinde entstanden, ist nicht wahrscheinlich. Von Anfeindungen Jesu mag die Gemeinde oft gesprochen haben, weil sie selbst diese erfuhr, jedoch, soweit wir sehen, kaum von seinem armseligen Wanderleben. Da der Begriff Nachfolge durch Jesus völlig neu geprägt worden ist,[139] liegt hier keine ideale, sondern wahrscheinlich eine historische Szene vor. Das hebt

---

S.109): „Das einzige Kriterium, das ernstlich zu der Annahme einer späteren Bildung Anlass gibt, ist 'die Anwendung des apokalyptischen Titels Menschensohn auf den irdischen Jesus'." PH.VIELHAUERS Bestreitung der Echtheit (Jesus und der Menschensohn, S.163-65) basiert ebenfalls auf der Voraussetzung, der Ausdruck „Menschensohn" sei ein apokalyptischer Hoheitstitel, und ist damit – wie auch TÖDTS Argumentation – hinfällig.

[137] So z.B. R.BULTMANN, Geschichte der synoptischen Tradition, S.27 und 102. Von BULTMANN wurde auch ein ähnliches Wort des Plutarch angeführt, das allerdings auf die ganz spezielle Situation eines Feldzugs bezogen ist. Ebenfalls generisch interpretieren C.COLPE, ThWNT VIII, S.408 und 435; J.D.CROSSAN, Jesus, S.345; G.THEISSEN/A.MERZ, Jesus, S.55; die Möglichkeit erwägt auch U.LUZ, EKK I/2, S.22.

[138] U.LUZ, EKK I/2, S.22; ähnlich auch F.BOVON, EKK III/2, S.34f.

[139] Seit SCHWEIZERS Arbeiten ist inzwischen bemerkt worden, dass auch bei anderen Charismatikern des 1. Jhdts. n.Chr. das Stichwort „Nachfolge" begegnet (vgl. G.THEISSEN/A.MERZ, Jesus, S.199), allerdings dürfte weiterhin gelten, dass Nachfolge bei Jesus sehr eigene Züge angenommen hatte.

selbstverständlich die Beobachtung nicht auf, dass Matthäus das Logion bewußt als Einleitung zur Geschichte vom Seesturm verwertet hat."[140] Auch dieses außerordentlich gut bezeugte Logion[141] dürfte also zu den authentischen Jesus-Logien zu rechnen sein.[142]

d) Lk.11,30/Mt.12,40

Im Anschluss an Jesu Ablehnung der Zeichenforderung mit der Aussage, „es wird kein Zeichen gegeben werden (δοθήσεται) außer dem Zeichen des Jona" (Lk.11,29b/Mt.12,39b vgl. Mk.8,12/Mt.16,4), überliefern Matthäus und Lukas zwei verschieden lautende Menschensohn-Logien, die die Gestalt des Menschensohnes jeweils in Zusammenhang mit dem Propheten Jona bringen. Aufgrund der großen Differenzen sind beide Logien gesondert zu betrachten.

Matthäus versteht die dreitägige Abwesenheit Jesu zwischen Tod und Auferstehung als das „Zeichen des Jona" und überliefert folgendes Logion (Mt.12,40):

> Wie nämlich Jona im Bauch des Seeungetüms drei Tage und drei Nächte war, so wird der Menschensohn im Herzen der Erde drei Tage und drei Nächte sein.

Eine generische Interpretation des Ausdrucks „der Menschensohn" verbietet sich in diesem Logion. Eine Interpretation als geprägter apokalyptischer Hoheitstitel scheidet ebenfalls aus. Denn wie sollte eine drei Tage währende Verhüllung des eschatologischen Menschensohnes mit dem Rückgriff auf den Propheten Jona begründet und zur Abwehr der Zeichenforderung verwendet werden? Möglich wäre jedoch, dass ein in der Jesus-Bewegung entstandenes Verständnis des Ausdrucks „der Menschensohn" im Hintergrund steht: Die Verborgenheit des Menschensohnes wäre der Grund für die Zeichenverweigerung; sie äußert sich schließlich in der Verborgenheit Jesu

---

140 E.Schweizer, Der Menschensohn, S.72. Von der Echtheit geht auch C.Colpe, ThWNT VIII, S.435 aus.

141 Das Thomas-Evangelium überliefert sonst kein anderes Menschensohn-Logion!

142 So z.B. auch U.Luz, EKK I/2, S.22; J.D.Crossan, Jesus, S.346 und V.Hampel, Menschensohn, S.226-234. Ph.Vielhauer, Jesus und der Menschensohn, S.162 wendet dagegen ein: „dass Jesus 'nicht hatte, wo er sein Haupt hinlege', ist jedenfalls kein signifikanter Zug seines Lebens; eine solche Charakterisierung wäre im Munde Jesu – auch wenn man eine orientalische Vorliebe für hyperbolische Bilder in Rechnung stellt – eine maßlose Übertreibung, die ihm zutraue, wer mag." Vielhauers Argument hält aber einem genaueren Blick auf die synoptische Tradition nicht stand. Dort ist gelegentlich von einem Rückzug Jesu die Rede (Mk.3,6f/Mt.12,14f; Mk.7,24/Mt.15,21; Mt.4,12; Mt.16,4 – vgl. hierzu auch P.Lapide, Er wandelte nicht auf dem Meer, S. 32ff). Auch wird davon gesprochen, dass Jesus und seinen Jüngern die Aufnahme verweigert wird (Mk.5,17/Mt.8,34/Lk.8,37; Lk.9,53) bzw. diese sich (freiwillig) in entlegene Gebiete zurückziehen (Mk.1,35/Lk.4,42; Mk.1,45/Lk.5,16; Mk.6,31/Mt.14,13; Mk.6,46/Mt.14,23; Mk.9,2/Mt.17,1/Lk.9,28). Alle weiteren Gegenargumente Vielhauers setzen voraus, dass „Menschensohn" ein apokalyptischer Hoheitstitel sei.

zwischen Tod und Auferstehung. Verstehen lässt sich das Logion Mt.12,40 allerdings auch gut, wenn der Ausdruck „der Menschensohn" als namenhafte Selbstbezeichnung Jesu betrachtet wird.

Gewöhnlich wird davon ausgegangen, dass es sich bei dem Logion Mt.12,40 um eine sekundäre Bildung handelt, die (evt. unter Rückgriff auf eine Gemeindetradition) als matthäische Redaktion einer Q-Vorlage entstand.[143] In Q war wohl die rätselhafte Formulierung „Zeichen des Jona" vorgegeben, die durch die spätere Tradition auf die Errettung Jonas aus dem Bauch des Walfisches bezogen wird. Die schriftgelehrte Einfügung von Jona 2,1 (LXX) und die allegorische Deutung auf die Dreitagesfrist der Auferstehung sind dafür klare Indizien.

Lukas bietet in 11,30 eine ganz andere Interpretation des „Zeichens des Jona":

> Denn wie Jona den Einwohnern von Ninive zum Zeichen wurde, so wird (ἔσται) es auch der Menschensohn diesem Geschlecht sein.

Mehrere Interpretationsmöglichkeiten gibt es für das Logion Lk.11,30.[144] Ausgehend von den Futur-Formen δοθήσεται (11,29) und ἔσται (11,30) wird vermutet, dass hier vom eschatologischen Kommen des „Menschensohnes" gesprochen wird.[145] Dafür spricht, dass auch in Mt.24,30 im Zusammenhang vom eschatologischen Kommen des „Menschensohnes" das σημεῖον τοῦ υἱοῦ τοῦ ἀνθρώπου erwähnt wird und dass im Kontext ebenfalls vom eschatologischen Gericht die Rede ist (Lk.11,31f/Mt.12,41f). Doch macht diese Interpretation Schwierigkeiten. Während der Menschensohn – falls die Gerichtserwartung überhaupt im Hintergrund steht – allenfalls zum Vollzug des Gerichts kommt, bestand das Auftreten Jonas in Ninive in der Ankündigung des Gerichts und in seinem Ruf zu Buße und Umkehr, wie Lk.11,32 noch einmal ausdrücklich vermerkt. Auch wird im Kontext nicht nur vom zukünftigen Gericht, sondern in den vorausgehenden Versen auch von der Zeichenforderung an den irdischen Jesus gesprochen. Das „Zeichen des Jona" dürfte Lukas also in Jonas Bußpredigt und Umkehrruf sehen, in der sich die Bußpredigt Jesu widerspiegelt (vgl. das Verb

---

143 So E.Schweizer, Der Menschensohn, S.73; M.Müller, Der Ausdruck „Menschensohn", S.197; Ph.Vielhauer, Jesus und der Menschensohn, S.150f; W.Grundmann, ThHK I, S.334; U.Luz, EKK I/2, S.273; V.Hampel, Menschensohn, S.89f.

144 C.Colpe, ThWNT VIII, S.452f interpretiert das Logion als Rätselspruch, der erst sekundär zu einem Menschensohn-Logion umgewandelt wurde. Doch bleibt Colpes Interpretation sehr spekulativ.

145 H.E.Tödt, Menschensohn, S.48ff. Tödt reiht diesen Spruch dann auch unter die authentischen Jesus-Worte ein, da hier Jesus sich selbst nicht mit dem Menschensohn identifiziere und vom zukünftigen Kommen des Menschensohnes spreche (vgl. S.55). Mit Authentizität rechnen auch G.Theissen/A.Merz, Jesus, S.475 und – mit Vorbehalt – auch M.Müller, Der Ausdruck „Menschensohn", S.129f.

μετανεῖν in Lk.11,32/Mt.12,41).[146] Die Futur-Formen lassen sich dann so verstehen: Jetzt und auch in Zukunft wird Jesus die Zeichenforderung nicht erfüllen und lediglich mit seinem Wort zur Buße rufen.

Auch in diesem Logion scheidet generischer Sprachgebrauch aus. „Der Menschensohn“ muss hier eindeutig mit Jesus identifiziert werden. Bezieht man diesen Ausdruck in Lk.11,30 auf eine außerhalb der Jesus-Bewegung vorgeprägte eschatologische Menschensohn-Erwartung, wirkt der Vergleich mit Jona spannungsgeladen: Während Jona Bußprediger war, auf dessen Wort hin die Einwohner Ninives umkehrten (vgl. Lk.11,32), ist nirgendwo davon die Rede, dass ein eschatologisch auftretender Menschensohn-Richter noch einen Umkehrprozess einleiten würde. Ein innerhalb der Jesustradition geprägter Titel, der von der Verborgenheit des Menschensohnes ausgeht, könnte hier durchaus im Hintergrund stehen. Auch gegen die Feststellung einer namenhaften Verwendung des Ausdrucks spricht nichts.

Die Frage nach der Traditionsgeschichte dieses Logions ist umstritten. MOGENS MÜLLER, vermutet, dass Lk.11,30 – ähnlich wie Mt.12,40 – einen sekundär geschaffenen Erklärungsversuch für die in Lk.11,29/Mt.12,39 und Mt.16,4 (vgl. Mk.8,12) bereits gegebene Formulierung εἰ μὴ τὸ σημεῖον Ἰωνᾶ darstellt.[147] Für eine ursprüngliche Einheit Lk.11,29f spricht sich aus ULRICH LUZ.[148] EDUARD SCHWEIZER kommt dagegen zu folgendem Schluss: „Die Abweisung der Zeichenforderung, der sehr verhüllte Hinweis auf Jona, das Selbstverständnis Jesu als Bußprediger, der einst im Gericht gegen die Hörer Zeugnis ablegen wird, weist alles auf den irdischen Jesus zurück. Wie die Gemeinde einen solchen Hinweis auf die alttestamentlichen Vorläufer gebildet hätte, zeigt Mt. 12, 40.“[149] Eine Entscheidung ist schwer möglich.[150]

---

[146] So z.B. PH.VIELHAUER, Jesus und der Menschensohn, S.151f. Die Ablehnung einer Interpretation auf das eschatologische Gericht hin teilt auch F.BOVON, EKK III/2, S.200f. Nach einer komplizierten und problematischen literarkritischen Rekonstruktion versteht schließlich auch V.HAMPEL, Menschensohn, S.94f den Sinn des ursprünglichen Menschensohn-Logions in dieser Art. Allerdings sieht HAMPEL in diesem Logion zugleich einen Hinweis auf eine zukünftige Inthronisation als Messias.

[147] M.MÜLLER, Der Ausdruck „Menschensohn“, S.197. Auch J.JEREMIAS, Die älteste Schicht der Menschensohn-Logien, S.168 vermutet, dass Mt.12,39f/Lk.11,29f eine Fortbildung von Mk.8,12 sei – ohne dies allerdings genauer zu belegen. Von einer sekundären Entstehung geht auch F.BOVON, EKK III/2, S.196f aus.

[148] U.LUZ, EKK I/2, S.274.

[149] E.SCHWEIZER, Der Menschensohn, S.73. PH.VIELHAUER, Jesus und der Menschensohn, S.165f kann auch hier keine Argumente gegen die Authentizität geltend machen, die nicht auf der Voraussetzung aufbauen, der Ausdruck „Menschensohn“ sei ein apokalyptischer Hoheitstitel. Für Authentizität votiert auch V.HAMPEL, Menschensohn, S.94.

[150] So auch U.LUZ, EKK I/2, S.280. Für ihn hängt ein Authentizitätsurteil „ausschließlich von der Gesamtsicht der Menschensohnproblematik ab.“ (S.280).

e) Lk.12,10/Mt.12,31f (vgl. Mk.3,28f)

Dieses Logion besagt, dass Menschen für Worte wider den „Menschensohn“ Vergebung erlangen können, nicht aber für Worte wider den Heiligen Geist. Es findet sich bei Matthäus und Lukas in verschiedenen Versionen und in unterschiedlichen Kontexten. Hinzu kommt, dass Mk.3,28f im selben Kontext wie Mt.12,32 (Verteidigung gegen den Beelzebub-Vorwurf) ein inhaltlich nahekommendes Jesuswort tradiert, das aber nicht vom „Menschensohn“ spricht, dagegen – in anderem Zusammenhang – von τοῖς υἱοῖς τῶν ἀνθρώπων. Die drei Überlieferungen lauten so:

Mt.12,31f: (31) Deshalb sage ich euch: Jede Sünde (ἁμαρτία) und Lästerung wird den Menschen (τοῖς ἀνθρώποις) erlassen, aber die Lästerung des Geistes (ἡ τοῦ πνεύματος βλασφημία) wird nicht erlassen. (32) Und wer ein Wort spricht gegen den Menschensohn, dem wird es erlassen werden. Wer aber gegen den heiligen Geist spricht, dem wird es nicht erlassen, weder in diesem Äon noch im künftigen.

Lk12,10: Und jeder, der ein Wort reden wird gegen den Menschensohn (εἰς τὸν υἱὸν τοῦ ἀνθρώπου) – es wird ihm erlassen werden. Dem aber, der gegen den heiligen Geist lästert (εἰς τὸ ἅγιον πνεῦμα βλασφημήσαντι), wird es nicht erlassen werden.

Mk.3,28f: (28) Amen, amen, ich sage euch: alles wird den Menschen (τοῖς υἱοῖς τῶν ἀνθρώπων) vergeben werden, die Sünden und die Lästerungen, wieviel sie auch lästern mögen. (29) Wer aber gegen den Heiligen Geist lästert (βλασφημήσῃ εἰς τὸ πνεῦμα τὸ ἅγιον), hat keine Vergebung in Ewigkeit, sondern ist ewiger Sünde schuldig.

Am ehesten lässt sich diese Dreifachüberlieferung erklären, wenn Mk.3,28f und Lk.12,10 als Zeugen zweier unabhängiger Überlieferungen und Mt.12,31 als redaktionell gestaltete Mischform aus beiden Überlieferungen angesehen werden.[151] Die beiden weiteren Varianten zu diesem Logion (EvThom.44[152] und Did.11,7[153]) stellen dagegen traditionsgeschichtlich spätere Stufen dar.[154] Gelegentlich wird ein ursprüngliches Logion angenommen, in dem der Ausdruck „Menschensohn“ generisch gebraucht worden sei und das bei Markus noch besser wiedergegeben würde.[155] Dagegen spricht jedoch, dass eine sekundäre Einengung von vergebbaren allgemeinen

---

[151] So auch F.BOVON, EKK III/2, S.261. Vgl. auch M.MÜLLER, Der Ausdruck „Menschensohn“, S.193-196 und R.LEIVESTAD, Der apokalyptische Menschensohn, S.78f.

[152] EvThom.44: „Jesus sprach: Wer den Vater lästert, dem wird man vergeben, und wer den Sohn lästert, dem wird man vergeben. Wer aber den heiligen Geist lästert, dem wird man nicht vergeben, weder auf Erden noch im Himmel.“ Hier spricht die trinitarische Anordnung für nachösterlichen Einfluss.

[153] Did.11,7: „Und jeden Propheten, der im Geist spricht, dürft ihr nicht prüfen und beurteilen. Denn jede Sünde wird vergeben werden, diese Sünde aber wird nicht vergeben werden.“ Der Bezug auf urchristliche Propheten hat eindeutig einen nachösterlichen Sitz im Leben.

[154] So plausibel F.BOVON, EKK III/2, S.261.

[155] So C.COLPE, ThWNT VIII, S.445; J.JEREMIAS, Die älteste Schicht der Menschensohn-Logien, S.165; J.D.CROSSAN, Jesus, S.348 und V.HAMPEL, Menschensohn, S.213f.

Lästerungen des Menschen (Mk.3,28) auf vergebbare Lästerung gegen Jesus (Lk.12,10) nachösterlich unwahrscheinlich ist und auch EvThom.44 die Entgegensetzung zwischen Lästerung Jesu und Lästerung des Heiligen Geistes bietet. Lk.12,10 dürfte also älter sein als Mk.3,28f.[156]

Offensichtlich ist zunächst die generische Verwendung des Plurals „Menschensöhne" in Mk.3,28. Doch lässt sich weder in der matthäischen noch in der lukanischen Variante der Ausdruck „der Menschensohn" generisch verstehen, da der exklusive Bezug auf Jesus eindeutig ist. Um diesbezügliche Missverständnisse zu vermeiden, hat Matthäus konsequenterweise τοῖς υἱοῖς τῶν ἀθρώπων durch τοῖς ἀνθρώποις ersetzt. Ebenso auszuschließen ist die Verwendung eines außerhalb der Jesus-Bewegung geprägten apokalyptischen Titels. Wenn der Menschensohn eine eschatologische Richter- bzw. Herrschergestalt wäre,[157] wäre wohl kaum die Aussage möglich, dass Worte wider diesen Menschensohn vergebbar sind.[158] Ein in der Jesus-Bewegung gebildeter eigener Menschensohn-Titel könnte hier durchaus im Hintergrund stehen, da es zur Verborgenheit dieses Menschensohnes gehört, dass er vor der eschatologischen Vollendung Anfeindung erfährt. Gut verständlich wird das Logion aber auch, wenn der Ausdruck „der Menschensohn" als eine namenhafte Umschreibung für den Sprechenden angesehen wird.[159]

Die bei Lukas überlieferte Q-Version des Spruches kann ein authentisches Jesus-Wort darstellen: „Auf Jesu Lippen tolerierte die Sentenz die Verkennung seiner eigenen Person, verurteilte aber jegliche Verachtung für Gottes Plan. Für die Träger der Tradition nach Ostern vergab das Logion denen, welche sich über die Identität des irdischen Jesus getäuscht hatten, duldete aber nicht das geringste Versagen gegenüber der vom heiligen Geist inspirierten evangelischen Botschaft."[160] Doch angesichts der schwer

---

[156] So F.Bovon, EKK III/2, S.261.

[157] Gelegentlich wird ins Feld geführt, dass das im Kontext des Lukas-Evangeliums vorausgehende Doppellogion Lk.12,8f vom eschatologischen Kommen des „Menschensohnes" spricht, und deshalb auch hier mit dem Ausdruck „Menschensohn" die Gestalt des Kommenden im Blick sein müsse (So z.B. C.Colpe, ThWNT VIII, S.460, Anm.388). Dies ist jedoch ein Kurzschluss. Sicher ist in Lk.12,10 der irdische Jesus im Blick; denn wie sollte der Widerspruch gegen den eschatologischen Richter vergebbar sein? Auch die Verse Lk.12,8f blicken auf den Irdischen, bezeichnen ihn aber mit dem Personalpronomen der 1. Person Singular. Am ehesten wird der Zusammenhang zwischen Lk.12,8f und 12,10 verständlich, wenn daran erinnert wird, dass für Lukas „der Menschensohn" niemand anderes ist als Jesus.

[158] Sogar H.E.Tödt, Menschensohn, S.110 kommt zu dem Schluss: „Auch hier ist der Menschensohn nicht eine transzendente Vollendergestalt, sondern in Übereinstimmung mit Mt 11,29par. der auf Erden wirkende Jesus, der von seinen Gegnern angegriffen wird." Vgl. auch R.Leivestad, Exit the Apocalyptic Son of Man, S.259.

[159] So auch M.Müller, Der Ausdruck „Menschensohn", S.196.

[160] F.Bovon, EKK III/2, S.262.

durchschaubaren Traditionsgeschichte ist hier bei Authentizitätsurteilen Zurückhaltung angebracht.[161]

4.4.2 Menschensohn-Logien aus dem Markus-Evangelium

a) Mk.2,10 (parr: Mt.9,6/Lk.5,24)

Die Perikope Mk.2,1-12, die von der Heilung eines Gelähmten erzählt, lässt sich formgeschichtlich verstehen als eine Kombination einer Heilungsgeschichte mit einem Streitgespräch. Nachdem berichtet ist, dass der Gelähmte durch das Dach zu Jesus herabgelassen wurde, fährt das Markus-Evangelium folgendermaßen fort:

> (5) Und Jesus, der ihren Glauben sieht, spricht zum Gelähmten: Kind, deine Sünden sind vergeben (ἀφέωνταί[162] σου αἱ ἁμαρτίαι). (6) Einige Schriftgelehrte aber saßen dort und dachten in ihrem Herzen: (7) Was redet dieser so? Er lästert! Wer kann Sünden vergeben außer Gott allein? (8) Und sogleich erkennt Jesus in seinem Geist, dass sie so bei sich denken, und spricht zu ihnen: Was denkt ihr dies in euren Herzen? (9) Was ist leichter, dem Gelähmten zu sagen, deine Sünden sind vergeben (ἀφέωνταί), oder zu sagen, stehe auf und nimm dein Bett und gehe umher? (10) Damit ihr aber seht, dass der Menschensohn Vollmacht (ἐξουσία) hat, Sünden zu vergeben auf Erden (ἀφιέναι ἁμαρτίας ἐπὶ τῆς γῆς) – spricht er zu dem Gelähmten: (11) Dir sage ich: Stehe auf, nimm dein Bett und gehe in dein Haus! (12) Und er stand auf und nahm sogleich das Bett und ging hinaus vor aller Augen, so dass alle außer sich gerieten und Gott priesen und sagten: So etwas haben wir noch nie gesehen.

Der Ausdruck „der Menschensohn“ wurde von einigen Interpreten als Gattungsbegriff im Sinne von „jeder Mensch“ aufgefasst.[163] Das Logion hätte dann die Pointe: „Jeder Mensch hat das Recht, Sünden zu vergeben, also auch Jesus.“ Zumindest innerhalb des jetzigen Kontextes ist ein solches Verständnis jedoch kaum möglich. Jesu Vollmacht, die Vergebung der Sünden zuzusprechen, wird hier nicht dadurch begründet, dass Jesus ein Mensch ist, wie jeder andere Mensch auch, sondern durch die anschließende Heilung, die eine Vollmacht aufzeigt, die nicht allen Menschen auf Grund

---

[161] Mit nachösterlicher Entstehung rechnen E.SCHWEIZER, Der Menschensohn, S.73; ders., The Son of Man Again, S.91; M.MÜLLER, Der Ausdruck „Menschensohn“, S.195; G.BORNKAMM, Jesus von Nazareth, S.189, Anm.1.

[162] Diese Perfektform ἀφέωνται ist bei Mk. als schwierigere Lesart und wegen der weitaus besseren Bezeugung dem Präsens ἀφιενται, das Nestle-Aland bietet, vorzuziehen. Lk. bietet nur die Perfekt-Form, Mt. bietet beide Formen, jedoch die Präsens-Form besser bezeugt. Das Argument, die Perfekt-Form in einigen Mk-Handschriften stamme aus Lk. (so z.B. J.GNILKA, EKK II/1, S.99, Anm.27) lässt sich auch umdrehen: die sekundäre Präsens-Form könnte auch von Mt. übernommen sein. Entsprechendes gilt für die Entscheidung zwischen der Präsens- und der Perfekt-Form in Vers 9.

[163] Vgl. C.COLPE, ThWNT VIII, S.408 und 433; J.JEREMIAS, Die älteste Schicht der Menschensohn-Logien, S.165 und D.FLUSSER, Jesus, S.49.

ihres Menschseins zukommt.[164] Der Jesus der Perikope spricht hier also von seiner Vollmacht, nicht von der Vollmacht des Menschen im allgemeinen.[165] Darüber hinaus wäre einzuwenden, dass im Judentum die Behauptung solch allgemeiner menschlicher Kompetenz zur Sündenvergebung singulär ist und darum zumindest einer weitergehenden Begründung bedurft hätte. Eine generische Interpretation dieses Menschensohn-Logions ist also auszuschließen.

Nun lässt sich das Logion im jetzigen Kontext andererseits auch nur schwer sinnvoll interpretieren, wenn ein außerhalb der Jesus-Bewegung geprägter Titel „der Menschensohn" vorausgesetzt wird.[166] Stünde hier die Erwartung einer eschatologischen Gestalt mit dem Titel „der Menschensohn" im Hintergrund,[167] dann wäre Mk.2,10 als eine Aussage über die Machtbefugnisse dieses Menschensohnes im allgemeinen zu verstehen[168] und könnte nur dann die Vollmacht dieses Menschen Jesus begründen, wenn sich Jesus ausdrücklich mit diesem Menschensohn identifizieren würde.[169] Es wäre dann also eher ein Logion folgender Art zu erwarten: „Der Menschensohn kann Sünden vergeben. Und damit ihr seht, dass ich (Jesus) der Menschensohn bin – nimm dein Bett und wandle." Doch wird Jesu Vollmacht im Kontext der Geschichte gerade nicht mit seiner Identität, sondern durch das

---

[164] Vgl. E.Schweizer, Der Menschensohn, S70: „Die Erklärung, es sei hier ursprünglich von der Vollmacht des Menschen überhaupt gesprochen worden, bleibt unwahrscheinlich. Selbst wenn das Wort einmal die Mt. 16, 19; 18,18; Joh. 20, 23 genannte Vollmacht gemeint hätte, wäre diese doch kaum je einfach als 'dem Menschen' gegebene bezeichnet worden ohne Hinweis auf Jesus selbst."

[165] Den Gedanken, dass auf Grund dieser Vollmacht Jesu auch Menschen (in seiner Nachfolge) Vollmacht zur Sündenvergebung haben können, scheint Mt.9,8 im Auge zu haben und so Mk.2,10 auf die Situation der Gemeinde hin weiterzudenken. Jedoch lässt sich von Mt.9,8 her nicht der Umkehrschluss, die Begründung der Vollmacht Jesu in einer allgemein menschlichen Vollmacht, in Mk.2,10 hineinlesen. Vgl. dazu auch E.Schweizer, Der Menschensohn, S.70, Anm.43 und R.Leivestad, Exit the Apocalyptic Son of Man, S.258.

[166] Vgl. auch R.Leivestad, Der apokalyptische Menschensohn, S.76: „Der Sinn der Geschichte geht verloren, wenn man hier Menschensohn als messianischen Titel auffassen will, denn die zentrale Frage ist ja eben: wie darf ein Mensch das tun, was allein Gott tun kann?"

[167] Zu beachten ist dabei folgender religionsgeschichtlicher Befund: „Die Exousia zur Sündenvergebung wird im jüdischen Verständnis weder dem Menschensohn noch einer anderen Hoheitsgestalt – etwa dem davidischen oder hohepriesterlichen Messias – zugebilligt. Sündenvergebung bleibt streng und ausnahmslos ein Privileg Gottes." (K.Scholtissek, Vollmacht Jesu, S.163f, der allerdings von der Existenz einer apokalyptischen Menschensohn-Konzeption im Judentum ausgeht).

[168] Vgl. M.Müller, Der Ausdruck „Menschensohn", S.175.

[169] Dies vergessen alle Forscher, die davon ausgehen, der Ausdruck „der Menschensohn" werde hier verwendet, um durch den Rückgriff auf einen apokalyptischen Hoheitstitel Jesu außergewöhnliche Vollmacht zu begründen. Vgl. z.B. H.E.Tödt, Menschensohn, S.118; F.Hahn, Hoheitstitel, S.43; J.Gnilka, Das Elend vor dem Menschensohn, S.205f.

Heilungswunder begründet. Jesus greift nicht auf seine Identität zurück, um seine Vollmacht zu begründen, sondern sein vollmächtiges Tun enthüllt seine Identität.

Nimmt man die Existenz eines innerhalb der Jesus-Bewegung geprägten eigenen Menschensohn-Titels an, so könnte er hier verwendet worden sein. Dieser Menschensohn hätte dann Vollmacht beim himmlischen Gericht, durch die Heilung würde er demonstrieren, dass er sie auch schon während seiner verborgenen Existenz auf der Erde hat. Gerade der Zusatz ἐπὶ τῆς γῆς, der vom Kontext her nicht notwendig erscheint, kann diese Argumentation plausibel machen.

Stimmig wird die Interpretation dieses Logions im jetzigen Kontext jedoch auch, wenn der Ausdruck „der Menschensohn" im Sinne des Personalpronomens „ich" verstanden wird. Dann stellt das Logion ein Wort über Jesu Vollmacht dar, „wobei das Gewicht nicht auf dem 'Menschensohn' liegt, sondern auf dem über den 'Menschensohn' Gesagten. Der 'Menschensohn' tritt nicht als Argument an sich oder als Teil des Arguments auf, was der Fall wäre, wenn es sich um einen christologischen Titel handelte."[170] Vielmehr wird der Ausdruck „der Menschensohn" als Namen verwendet, mit dem Jesus sich selbst bezeichnet. Auch bei einer solchen Interpretation wäre die Ortsbestimmung ἐπὶ τῆς γῆς verständlich zu machen. In der nachösterlichen Situation mussten die Christen legitimieren, dass sie im Namen Jesu „auf Erden" Sünden vergeben durften.[171]

Da später erneut auf diese Perikope zurückzukommen ist,[172] soll versucht werden, einige Einsichten über die Entstehung dieser Perikope zusammenzutragen.[173] Die formgeschichtliche Wahrnehmung, die Mk.2,1-12 als eine Kombination einer Heilungsgeschichte mit einem Streitgespräch versteht, hat zu der Vermutung geführt, dass in dieser Perikope eine Wundergeschichte (1-5.11.12) sekundär mit einem Streitgespräch (5b/6-10) kombiniert worden sei. Für diese Vermutung spricht[174] der Anakoluth zwischen Vers 10a und 10b, die Anknüpfung von Vers 10b an Vers 5a und die Unterschlagung des Vergebungsmotivs in den beiden Schlussversen, so dass die

---

170 M.Müller, Der Ausdruck „Menschensohn", S.175.

171 Vgl. dazu Mt.18,18: „Was ihr auf Erden (ἐπὶ τῆς γῆς) binden werdet, das wird im Himmel gebunden sein, und was ihr auf Erden (ἐπὶ τῆς γῆς) lösen werdet, das soll auch im Himmel gelöst sein." (vgl. auch Mt.16,19). Von der Vollmacht „im Himmel und auf Erden" spricht auch Mt.28,18.

172 Vgl. Abschnitt 5.4.1.2.

173 Zum Folgenden vgl. K.Scholtissek, Vollmacht Jesu, S.147-166; M.Trautmann, Zeichenhafte Handlungen, S.235-243; J.Gnilka, EKK II/1, S.95-98; ders. Das Elend vor dem Menschensohn, S.196-200.

174 Eine detaillierte Auflistung der Argumente bei K.Scholtissek, Vollmacht Jesu, S.150f. Für die Einheitlichkeit der Perikope votiert V.Hampel, Menschensohn, S.188-199. Er kann jedoch die literarkritischen Argumente nur zum Teil entkräften.

Perikope nun zwei Pointen besitzt. Da das Streitgespräch den Bezug auf eine Heilungsgeschichte voraussetzt (vgl. Vers 9), dürfte es kaum je für sich existiert haben, sondern für diesen Zusammenhang gestaltet worden sein.[175] Umstritten ist, ob der Zuspruch der Sündenvergebung in Vers 5b zur ursprünglichen Heilungsgeschichte[176] gehörte. Zwar ist die Vergebungszusage bei einer Heilung singulär, doch lässt sich nur schwer verstehen, weshalb der Streit um die Legitimation des Zuspruch der Sündenvergebung sekundär in die Heilungsgeschichte einwandern konnte, wenn diese selbst dazu keinen Anlass bot.[177] Wahrscheinlich ist also bereits der ganze Vers 5 zur ursprünglichen Heilungsgeschichte zu rechnen.[178] Dafür spricht außerdem eine weitere Spannung: Während in Vers 5 (und in der Wiederaufnahme in Vers 9) die Sündenvergebung im passivum divinum und als bereits geschehen (Perfekt ἀφέωνται) zugesagt wird, geht es in den Versen 7c und 10a um die aktive Sündenvergebung, die jederzeit möglich ist.[179]

Es gibt gute Gründe, die im passivum divinum formulierte Rede von bereits geschehener Sündenvergebung dem historischen Jesus zuzuschreiben.[180] Nachösterlich wurde, wie der sekundäre Einschub der Verse 6-10 zeigt, Jesus selbst die Vollmacht zur Sündenvergebung zugesprochen und damit sicherlich auch eine im Urchristentum geübte Praxis begründet. Dass das Menschensohn-Logion in Vers 10 in einem sekundär eingefügten Zusammenhang zu finden ist, muss dabei noch nicht seine sekundäre Entstehung begründen. Sein Charakter als „situationsübergreifendes Regelwort"[181]

---

[175] Zusammenstellung der Argumente bei K.Scholtissek, Vollmacht Jesu, S.154f.

[176] Dass sich wohl auch in den Versen 1-4 redaktionelle Eingriffe erkennen lassen, kann hier unberücksichtigt bleiben.

[177] Der allgemeine Hinweis, dass Heilung in damaligem Verständnis sehr schnell mit Sündenvergebung zusammengedacht wurde (vgl. Ps.103,3-5 und Strack-Billerbeck I, S.495), reicht nicht aus, um eine sekundäre Einfügung von Vers 5b plausibel zu machen, kann allerdings erklären, weshalb plötzlich in einer Heilungsgeschichte unvermittelt von Sündenvergebung gesprochen werden kann (vgl. dazu K.Scholtissek, Vollmacht Jesu, S.152f – gegen J.Gnilka, EKK II/2, S.96, der bereits Vers 5b als sekundäre Einfügung ansieht).

[178] Möglich wäre sogar, dass auch die Verse 6.7a.b.8.9 zur ursprünglichen Perikope gehören bzw. eine erste Stufe der Redaktion darstellen. So lässt sich denn auch nur schwer vorstellen, dass ein und derselbe Redaktor zugleich die Frage „Was ist schwerer...?" (Vers 9), die mit der Schwachheit Jesu argumentiert, und das Menschensohn-Logion Vers 10a, das eine enorme Vollmacht Jesu behauptet, eingefügt hat. Vers 10a könnte auch als den christologisch defizitären Vers 9 verdeutlichende Glosse verstanden werden. Diese These muss hier nicht geklärt werden. Voraussetzung für die hier vorgenommene Argumentation ist nur, dass die Verse 7c.10a sekundär eingefügt sind, während Vers 5 zur ursprünglichen Geschichte gehört.

[179] Diese Spannung hebt auch I.Broer, Jesus und das Gesetz, S.99 hervor.

[180] So auch K.Scholtissek, Vollmacht Jesu, S.153. Vgl. dazu auch Abschnitt 5.4.1.2.

[181] K.Scholtissek, Vollmacht Jesu, S.163.

könnte dafür sprechen, dass es sich bei diesem Wort um ein selbständig umlaufendes Einzellogion gehandelt haben könnte.[182] Gegen eine Rückführung auf Jesus spricht jedoch zunächst die christologisch aufgeladene Rede von Jesu Kompetenz zur selbstmächtigen Sündenvergebung.[183] Sodann setzt der Zusatz ἐπὶ τῆς γῆς voraus, dass Jesus im Himmel vermutet wird. Es spricht also einiges dafür, dieses Menschensohn-Logion als nachösterliche Bildung anzusehen.[184]

b) Mk.2,28 (parr: Mt.12,8/Lk.6,5)

Das Menschensohn-Logion Mk.2,28 bildet nach 2,25f und 2,27 den dritten Versuch, das Ährenraufen der Jünger am Sabbat gegenüber dem Einspruch der Pharisäer zu rechtfertigen. Alle drei Argumentationsversuche unterscheiden sich grundlegend;[185] hinzu kommt der rhetorische Neuansatz in V.27. Es ist also zu vermuten, dass in Vers 28 ein ursprünglich selbständig überliefertes Menschensohn-Logion an andere Logien mit ähnlicher Thematik sekundär angehängt wurde, um das zuvor Gesagte zu verstärken und abzuschließen[186] und zugleich zur folgenden Perikope Mk.3,1-6 überzuleiten.[187] Möglich wäre allerdings auch, dass Vers 27 und Vers 28 eine ursprüngliche Einheit bildeten.[188] Beide Verse lauten:

(27) καὶ ἔλεγεν αὐτοῖς· τὸ σάββατον διὰ τὸν ἄνθρωπον ἐγένετο καὶ οὐχ ὁ ἄνθρωπος διὰ τὸ σάββατον·
(28) ὥστε κύριός ἐστιν ὁ υἱὸς τοῦ ἀνθρώπου καὶ τοῦ σαββάτου.

Ein generisches Verständnis des Ausdrucks „der Menschensohn“ in Vers 28 Logion ist logisch möglich, vor allem wenn er in Zusammenhang mit Vers

---

182 So J.Gnilka, EKK II/2, S.97.

183 So betonen sowohl K.Scholtissek, Vollmacht Jesu, S.153 als auch J.Gnilka, EKK II/1, S.101, dass die explizite Sündenvergebungsvollmacht Jesu im NT sonst erst nachösterlich behauptet wird, da sie in seinem Tod begründet wird.

184 So auch J.Gnilka, EKK II/2, S.100f.

185 V.25f behauptet, indem das Beispiel Davids herangezogen wird, dass in Notlagen rituelle Gebote übertreten werden dürfen; V.27 ordnet mit schöpfungstheologischer Argumentation den Sabbat dem Menschen unter; V.28 greift zurück auf den Vollmachtsanspruch Jesu. Eine Verbindung zw. V.25f und V.28 ergibt sich dann, wenn die Begründung für die Übertretung ritueller Gebote in V.25f nicht primär in der Notlage Davids, sondern in dessen besonderen Autorität gesehen wird. Eine solche Verbindungslinie sehen wohl auch Mt.12,1-8 und Lk.6,1-5, die Mk.2,27 einfach auslassen.

186 So K.Scholtissek, Vollmacht Jesu, S.177f sieht den Vers als Abschluss einer kleinen Sammlung von Streitgesprächen.

187 So auch H.E.Tödt, Menschensohn, S.121; J.Gnilka, EKK II/1, S.119ff; M.Müller, Der Ausdruck „Menschensohn“, S.176-179. Das ὥστε wird dann als redaktionelle Einleitung verstanden, durch die das Logion zum Abschlusswort wird.

188 So V.Hampel, Menschensohn, S.199-203. Mt. und Lk. wäre dies allerdings nicht mehr bewusst gewesen, denn sie lassen beide V.27 aus.

27 gebracht wird.[189] Wird Vers 28 jedoch isoliert betrachtet, dann wäre seine generisch verstandene Aussage in ihrer Absolutheit innerhalb des Judentums kaum vorstellbar.[190] Die Annahme, hier läge ein geprägter apokalyptischer Titel vor, scheitert – wie bei Mk.2,10 – daran, dass dieses Logion dann als eine allgemeine Aussage über die Gestalt des eschatologischen „Menschensohnes“ zu verstehen wäre, wo sie doch (zumindest im jetzigen Kontext) zur Legitimation des Verhaltens Jesu bzw. seiner Jünger dient. Auch hier wäre eine Identifikation Jesu mit dem eschatologischen „Menschensohn“ notwendig, um dem Argument Kraft zu verleihen. Auf dem Hintergrund der Annahme eines innerhalb der Jesus-Bewegung geprägten Titels „der Menschensohn“ kann dieses Logion gut verständlich gemacht werden. Jesus ist als der eschatologische Richter der κύριος. Zwar ist seine Würde noch verborgen, aber er ist bereits jetzt schon Herr – *auch* über den Sabbat.[191] Gerade das im Kontext nicht notwendige καί verleiht dieser Interpretation ihre Plausibilität. Doch lässt sich das καί auch verständlich machen, wenn das Logion als bewusster Abschluss einer Sammlung von Streitgesprächen betrachtet wird.[192] Dann wäre damit zu rechnen, dass das καί sekundär eingedrungen ist: Wie Jesus das Recht hat, Sünden zu vergeben (Mk.2,1-12), Gemeinschaft mit Zöllnern und Sündern zu pflegen (Mk.2,13-17), Fastenbräuche außer Kraft zu setzen (Mk.2,18-22), so ist er eben „auch“ Herr über den Sabbat (Mk.2,23-28). In diesem Fall kann der Ausdruck „der Menschensohn“ auch als Jesus-Namen verwendet worden sein.[193] Auffällig ist, dass Matthäus und wohl auch Lukas[194] das καί wegfallen lassen.

---

[189] So C.Colpe, ThWNT VIII, S.408; J.D.Crossan, Jesus, S.346f und V.Hampel, Menschensohn, S.199-203. Entsprechend paraphrasiert V.Hampel: „Weil Gott den Sabbat für den Menschen gemacht hat, ist der Mensch folgerichtig Herr des Sabbats.“ (S.202). Von F.P.Badham wurde vorgeschlagen, den Zusammenhang von V.27f folgendermaßen zu paraphrasieren: „Der Sabbat wurde um des Menschen (Adams) willen und nicht der Mensch (Adam) um des Sabbats willen gemacht. Deshalb ist der Sohn des Menschen (Adams Sohn) auch Herr über den Sabbat.“ (Vgl. dazu R.Leivestad, Der apokalyptische Menschensohn, S.76f sowie M.Müller, Der Ausdruck „Menschensohn“, S.178). Ein solches Verständnis ist aber nur schwer möglich, da es die Richtigkeit der These Badhams, dem Ausdruck „Menschensohn“ liege nicht das aramäische בַּר נָשָׁא, sondern ein hebräischen בֶּן־אָדָם zugrunde, voraussetzt. Für diese These gibt es jedoch außerhalb dieser Stelle kaum weitere Belege.

[190] Denn dort ist eindeutig Gott Herr des Sabbats (vgl. שַׁבָּת [הוּא] לַיהוָה – der Sabbat, er ist dem Herrn – Lev.23,3; Ex.20,10; Dtn.5,14). Gegen eine generische Interpretation spricht sich aus K.Scholtissek, Vollmacht Jesu, S.178-180.

[191] So z.B. K.Scholtissek, Vollmacht Jesu, S.192f.

[192] So z.B. J.Gnilka, EKK II/1, S.121 und K.Scholtissek, Vollmacht Jesu, S.177f.

[193] R.Leivestad, Exit the Apocalyptic Son of Man, S.259 sieht im Zusammenhang zw. V.27 und V.28 ein Wortspiel, in dem Jesus bewusst die Wortbedeutung des namenhaften Ausdrucks „Menschensohn“ mit ins Spiel bringe. Allerdings ist fraglich, ob der Zusammenhang zw. V.27 und Vers 28 ursprünglich ist.

[194] So bei Nestle-Aland. Eine Reihe von Handschriften bieten es allerdings.

Wird das Logion generisch verstanden, dann ist nur schwer ein Authentizitätsurteil zu fällen. Der in der jetzigen Fassung des Logions vertretene Anspruch, Jesus sei Herr auch über den Sabbat, konkurriert mit dem sonst Gott vorbehaltenen Recht auf den Sabbat. Weil darum in diesem Logion Jesus an die Stelle Gottes getreten ist, dürfte das Logion zu sehr christologisch aufgeladen sein, um in vorösterlicher Situation entstanden zu sein. Streicht man das καί als sekundären Zusatz, wird die Authentizitätsfrage wieder offener. So wäre zunächst mit E.SCHWEIZER zu sagen: „Die Sabbatkonflikte gehören in das irdische Leben Jesu. Durch sein Verhalten hat er sich tatsächlich als Herr über den Sabbat erwiesen und nur von ihm her hat auch die Gemeinde ihre Stellung zum Sabbat geregelt. Gegenüber dem gut bezeugten Wort ist nichts einzuwenden."[195] Dagegen steht der Verdacht, dass die nachösterliche Gemeinde, die sich in Auseinandersetzung mit dem Judentum befand und ihr Verhalten durch ein Jesus-Logion legitimiert sehen wollte, dieses Logion hervorgebracht habe.[196] Die Frage nach der Authentizität dürfte kaum zu entscheiden sein.

c) Mk.10,45 (par: Mt.20,28)

Dieses Logion steht als Abschluss der Jüngerbelehrung Mk.10,35-45 und steht in enger Verbindung mit den vorausgehenden Versen Mk.10,42-44, die von Herrschaft und Dienst unter den Jesus Nachfolgenden sprechen. Das Logion lautet:

> ... (44) Wer unter euch der Erste sein will, werde Sklave von allen. (45) Denn auch der Menschensohn ist nicht gekommen, um bedient zu werden, sondern um zu dienen und sein Leben zu geben als Lösegeld für viele (δοῦναι τὴν ψυχὴν αὐτοῦ λύτρον ἀντὶ πολλῶν).

Eine generische Interpretation dieses Logions dürfte auszuschließen sein, da es – wie die anderen ἦλθεν/ἦλθον-Sprüche auch – nicht vom Menschen im allgemeinen, sondern von der besonderen Sendung Jesu spricht.[197] Gegen die Verwendung eines geprägten apokalyptischen Hoheitstitels spricht, dass in einem solchen Falle die paradox wirkende Aussage vom Dienen des Menschensohnes eine Begründung erwarten ließe.[198] Dass hier ein innerhalb der Jesus-Bewegung geprägter Menschensohn-Titel, der die Niedrigkeit des Menschensohnes einschließt, verwendet wird, ist vom für sich betrachteten

---

[195] E.SCHWEIZER, Der Menschensohn, S.71f. PH.VIELHAUER, Jesus und der Menschensohn, S.161 versucht SCHWEIZERS Argumentation zu widerlegen. Da er aber seine Argumente auf der Voraussetzung aufbaut, dass „Menschensohn" ein apokalyptischer Hoheitstitel sei, sind seine Schlussfolgerungen nicht stichhaltig.

[196] So z.B. H.E.TÖDT, Menschensohn, S.123; C.COLPE, ThWNT VIII, S.455. Auch K.SCHOLTISSEK, Vollmacht Jesu, S.180 spricht sich für eine sekundäre Bildung aus.

[197] Das gilt um so mehr für die jetzige Fassung des Logions.

[198] Vgl. hierzu auch K.KERTELGE, Der dienende Menschensohn, S.236.

Logion her nicht auszuschließen. Allerdings ist zu bedenken, dass innerhalb der Reihe der ἦλθεν/ἦλθον-Sprüche, die von Jesu Sendung und dem Zweck seines Wirkens sprechen und zu denen dieses Logion auch gehört, sich nebeneinander die 1. Person Singular wie auch die Rede in der 3. Person mit dem Ausdrucks „der Menschensohn" finden.[199] Dies spricht dafür, dass der Ausdruck „der Menschensohn" auch hier als Name gebraucht wird.

Drei Einwände werden gegen die Authentizität des Logions vorgebracht. Zunächst wird darauf hingewiesen, dass der zweite Teil des Logions, der sog. λύτρον-Spruch, in der Jesus-Tradition einmalig und darum eventuell nachösterlich ist. Doch folgt daraus nicht, dass auch der ersten Hälfte des Logions die Authentizität abgesprochen werden muss. Denn sehr viele Forscher gehen davon aus, dass der mit καί angeschlossene λύτρον-Spruch sekundär an das Menschensohn-Logion angehängt wurde.[200] Sodann wird die Frage aufgeworfen, ob die ἦλθεν/ἦλθον-Sprüche auf Grund ihres summarischen Charakters nicht grundsätzlich als nachösterliche Bildungen angesehen werden müssen. Doch zeigt eine genauere Betrachtung dieser Spruchreihe, dass zumindest einige dieser Logien im von Jesus stammen können.[201]

---

[199] ἦλθον: Mk.1,38; Mk.2,17/Mt.9,13/Lk.5,32; Mt.10,34f/Lk.12,51; Mt.5,17; Lk.12,49 – ἦλθεν ὁ υἱὸς τοῦ ἀνθρώπου: Lk.19,10 – vgl. auch die handschriftlich erst spät bezeugten Logien Lk.9,56 und Mt.18,11.

[200] Vgl. z.B. H.E.Tödt, Menschensohn, S.126-128 und 190f; C.Colpe, ThWNT VIII, S.451 und 458; K.Kertelge, Der dienende Menschensohn, S.227-233; J.Gnilka, EKK II/2, S.100; M.Müller, Der Ausdruck „Menschensohn", S.185; L.Goppelt, Theologie des NT, S.243; E.Arens, The ΗΛΘΟΝ-Sayings, S.117-161; L.Oberlinner, Todeserwartung, S.150; K.Scholtissek, Vollmacht Jesu, S.232; H.F.Weiss, Kerygma und Geschichte, S.94. Die entscheidende Beobachtung, die für die sekundäre Anfügung des λύτρον-Spruches spricht, besteht darin, dass die Lebenshingabe Jesu nicht in gleicher Weise wie sein Dienen Vorbild für die Jünger sein kann. Hinzu kommt, dass auch das ähnlich lautende Logion Lk.22,27 den Lösegeld-Spruch nicht enthält und Jesu Verhalten dort ebenfalls vorbildlich erscheint (ebenso Joh.13,14f). – Für eine ursprüngliche Zugehörigkeit des λύτρον-Spruches zu Mk.10,45 votiert (aus stark apologetischen Gründen) V.Hampel, Menschensohn, S.302-316. Die These, dass der λύτρον-Spruch sekundär angehängt wurde, setzt dabei nicht voraus, dass der Lösegeldspruch selbst als sekundäre Bildung angesehen werden muss (vgl. z.B. C.Colpe, ThWNT VIII, S.458). Dennoch wird von vielen die sekundäre Entstehung des λύτρον-Spruches behauptet (vgl. dazu Abschnitt 7.1.3).

[201] Vgl. dazu J.Jeremias, Die älteste Schicht der Menschensohn-Logien, S.167: „Dieses ἦλθον besagt keineswegs notwendig, dass Jesu historische Erscheinung als Ganzes rückschauend betrachtet wird; denn das ihm zugrunde liegende אֲתָא (בָּא) לְ mit Infinitiv ist eine geläufige Wendung mit der Bedeutung 'beabsichtigen', 'wollen', 'die Aufgabe haben', 'sollen', was an allen ἦλθον-Stellen ausgezeichneten Sinn ergibt." (Stellennachweise bei Jeremias, S.167). Auffallend ist, dass mit Ausnahme des (angefügten) λύτρον-Spruches, alle ἦλθεν/ἦλθον-Sprüche gut zur authentischen Jesus-Überlieferung passen und keiner von ihnen christologisch besonders aufgeladen ist – obwohl sich dies hier besonders nahelegt. Außerdem finden sich auch in zeitgenössischen jüdischen Texten ähnliche Formulierungen. Einige dieser ἦλθεν/ἦλθον-Logien gelten bei vielen Forschern als authentische

Schließlich wird die Authentizität von Mk.10,45a bestritten mit dem Hinweis auf das inhaltlich ähnliche Logion Lk.22,27, bei dem die Urform des beiden Überlieferungen zugrundeliegenden Jesuswortes besser erhalten sein soll.[202] Jedoch lässt sich Lk.22,27 auch als hellenisierte Parallelversion zu Mk.10,45 lesen.[203] Auf jeden Fall aber geht ein Wort vom vorbildlichen Dienst auf Jesus zurück (vgl. auch Mk.10,41-44/Mt.20,25-27/Lk.22,24-27; Joh.13,13-16). Wo der Ausdruck „der Menschensohn" nicht als apokalyptischer Hoheitstitel, sondern als namenhafte Selbstbezeichnung Jesu verstanden wird, ist der inhaltliche Unterschied zwischen Mk.10,45a und Lk.22,27 nicht mehr sehr groß. Dass Jesus in einem Menschensohn-Logion sein Verhalten als für die Jünger vorbildlich herausstellen kann, zeigt auch Lk.9,58/Mt.8,20.[204] Den Einwänden gegen die Annahme der Authentizität von Mk.10,45a sind also einige Argumente entgegenzuhalten. Es wäre möglich, dass dieses Logion authentisch ist.[205]

4.4.3 Menschensohn-Logien aus Redaktion oder Sondergut

a) Mt.16,13 (Redaktion Mt)

Das Logion Mt.16,13 stellt den einzigen Fall dar, wo Matthäus in einer aus dem Markus-Evangelium übernommenen Aussage ein dortiges Personalpronomen der 1. Person Singular durch ὁ υἱὸς τοῦ ἀνθρώπου ersetzt. Es handelt sich um die Frage, die zum Petrusbekenntnis hinführt:

> τίνα λέγουσιν οἱ ἄνθρωποι εἶναι τὸν υἱὸν τοῦ ἀνθρώπου;

Jesus-Überlieferung (vgl. z.B. Mt.10,34/Lk.12,51; Lk.12,49). Mit einigen authentischen Jesus-Worten rechnen auch G.THEISSEN/A.MERZ, Jesus, S.455f; V.HAMPEL, Menschensohn, S.208-210 und E.ARENS, The ΗΛΘΟΝ-Sayings, S.249. Für eine sekundäre Entstehung könnte allerdings die Tatsache sprechen, dass zwei der anderen Menschensohn-Logien dieser Reihe (Lk.9,56, Mt.18,11) handschriftlich erst spät bezeugt sind und das letzte Menschensohn-Logion aus dieser Gruppe (Lk.19,10) wohl auch sekundär ist.

[202] So z.B. H.E.TÖDT, Menschensohn, S.191.

[203] So J.JEREMIAS, Die älteste Schicht der Menschensohn-Logien, S.166. Vgl. auch K.KERTELGE, Der dienende Menschensohn, S.229f und J.GNILKA, Wie urteilte Jesus über seinen Tod?, S.44.

[204] Zur Authentizität von Lk.9,58/Mt.8,20 siehe Abschnitt 4.4.1. Zum Vergleich von Mk.10,45a mit Lk.9,58/Mt.8,20 meint H.E.TÖDT, Menschensohn, S.128: „Auch zu dem Menschensohnwort Mt 8, 20 par. lässt sich eine enge Parallelität aufweisen; dort wird einem, der in die Nachfolge treten will, deutlich gemacht, dass der Nachfolger das gleiche Schicksal der Heimatlosigkeit übernehmen muss, das der Menschensohn trägt. Mk 10, 45a wird der Jünger, der groß sein will, angewiesen, seine Größe in der Entsprechung zum Menschensohn zu suchen, nämlich im Dienen. Eine Regel der Jüngernachfolge wird also hier wie dort mit dem Vorbild des Menschensohnes begründet."

[205] Ähnlich zurückhaltend urteilt E.SCHWEIZER, Der Menschensohn, S.69.

Eine generische Interpretation scheidet hier völlig aus, da eindeutig die Person Jesu die Referenz des Ausdrucks „der Menschensohn" darstellt. Die gegenseitige Austauschbarkeit von „der Menschensohn" und „ich" bei Matthäus[206] zeigt, dass der Evangelist den Ausdruck „der Menschensohn" hier nicht als (apokalyptischen) Titel versteht. An dieser Stelle wäre ein titulares Verständnis sogar völlig widersinnig.[207] Entweder wäre dann die Frage nicht auf Jesus zu beziehen (allgemein bekannter Titel) oder die Antwort Mt.16,14 würde die Frage verfehlen (innerhalb der Jesus-Bewegung geprägter Titel). Hier, wo der Ausdruck „der Menschensohn" ganz eindeutig durch den Evangelisten eingesetzt ist, kann er nur als namenhafte Selbstbezeichnung Jesu verstanden werden.[208]

b) Lk.19,10; Lk.9,55b und Mt.18,11 (Sondergut Lk bzw. spätere Überlieferung)

Lk.19,10 bildet den Abschluss der kleinen Erzählung von der Begegnung zwischen Jesus und Zachäus. Lk.9,55b und Mt.18,11 finden sich fast gleichlautende Jesus-Worte, jedoch nur von jüngeren Handschriften überliefert. Die Logien lauten:

Lk.19,10: Denn der Menschensohn ist gekommen, zu suchen (ζητῆσαι) und zu retten (σῶσαι) das Verlorene (τὸ ἀπολωλός).

Lk.9,55b: Der Menschensohn ist nicht gekommen, die Seelen der Menschen zu verderben (ἀπόλεσαι), sondern zu retten (σῶσαι).

Mt.18,11: Denn der Menschensohn ist gekommen zu retten das Verlorene (σῶσαι to ἀπολωλός).

Die drei Logien dürften einen gemeinsamen Ursprung haben. Sie gehören in die Gruppe der ἦλθεν/ἦλθον-Sprüche, bei denen ohne erkennbaren Unterschied der Ausdruck „der Menschensohn" und das Personalpronomen der 1. Person Singular zur Bezeichnung Jesu wechseln.[209] Ein generischer Gebrauch scheidet darum aus. Wenn ein allgemein geprägter titularer

---

[206] Umgekehrt ersetzt Matthäus den in seiner Vorlage stehenden Ausdruck „der Menschensohn" durch „ich" bzw. „er" in 16,21 (vgl. Mk.8,31), Mt.5,11 (vgl. Lk.6,22) und Mt.10,32 (vgl. Lk.12,8).

[207] Dass dies auch für sämtliche Textvarianten gilt, in denen dieser Vers überliefert ist, und gegen H.E.Tödt festzuhalten ist, der den Ausdruck „der Menschensohn" hier im Sinne einer Überschrift verwendet sieht (Menschensohn, S.139) zeigt R Leivestad, Der apokalyptische Menschensohn, S.67 und R.Leivestad, Exit the Apocalyptic Son of Man, S.256ff.

[208] So meint sogar H.E.Tödt, Menschensohn, S.139 in Aufnahme eines Zitats von Klostermann: „Messiasbezeichnung kann der Ausdruck hier bei Matthäus doch wohl nicht sein, weil damit die Antwort der Frage vorweggenommen wäre, sondern nur abgeschliffene Selbstbezeichnung." Von einer titularen Verwendung spricht ohne Reflexion U.Luz, EKK I/2, S.460.

[209] Vgl. das oben in Abschnitt 4.4.2 zu Mk.10,45 Ausgeführte.

Gebrauch vorliegen sollte,[210] dann würde es sich sicherlich um eine völlige Umdeutung der „Menschensohn"-Erwartung handeln. Dies würde jedoch eine besondere Begründung verlangen. Dass ein innerhalb der Jesus-Bewegung geprägter eigener Menschensohn-Titel im Hintergrund steht, lässt sich nicht ausschließen. Das Logion ist auch gut verständlich, wenn der Ausdruck „der Menschensohn" als Namen angesehen wird, mit dem sich Jesus selbst bezeichnet. In diese Richtung weist auch die Austauschbarkeit von „der Menschensohn" und „ich" in der Gruppe der ἦλθεν/ἦλθον-Sprüche.

Das ursprüngliche Logion könnte gut das Wirken des irdischen Jesus zusammenfassen.[211] Einwände gegen die Authentizität ergeben sich jedoch auf Grund der typisch lukanischen Vokabeln (z.B. ζητεῖν, σῴζειν) und dem nur bei Lukas in dieser Weise verwendeten σῴζειν.[212] Wahrscheinlich handelt es sich also um eine lukanische (Um-?)Bildung, bei der Lukas auf die geprägte Redeweise der ἦλθεν/ἦλθον-Sprüche zurückgreift, die dann sekundär in verschiedene Handschriften eindrang.[213]

4.4.4 Zusammenfassende Beurteilung der synoptischen Logien vom Erdenwirken des Menschensohnes

Die Analyse der synoptischen Menschensohn-Logien, die vom irdischen Wirken des Menschensohnes sprechen, erbrachte einige wichtige Ergebnisse,[214] aus denen sich erste Schlussfolgerungen ableiten lassen:

Bei keinem Logion war die generische Interpretation zwingend geboten. Bei einem bis – je nach Einschätzung – maximal fünf der insgesamt zehn Menschensohn-Logien dieser ersten Gruppe lässt sich der Ausdruck „der Menschensohn" auch generisch verstehen.[215] „Es geht jedoch nicht an, auf

---

[210] Davon geht H.E.TÖDT, Menschensohn, S.125 aus, da er den Ausdruck „der Menschensohn" hier wie in Mk.2,10 und 2,28 als Unterstreichung des Vollmachtsanspruches Jesu auffasst. Anders M.MÜLLER, Der Ausdruck „Menschensohn", S.204.

[211] So auch V.HAMPEL, Menschensohn, S.203-208.

[212] Vgl. G.SCHNEIDER, „Der Menschensohn" in der lukanischen Christologie, S.278f. Er kommt zu dem Schluss: „Möglicherweise ist Lk 19,10 'Ersatz' für das von Lukas übergangene ἦλθεν-Menschensohnwort in Mk 10,45" (S.279).

[213] Ob hier allerdings ursprünglich Mt.15,24 im Hintergrund stand und dieses Logion dann universalistisch ausgeweitet wurde, wie J.JEREMIAS, Die älteste Schicht der Menschensohn-Logien, S.166 meint, scheint sehr zweifelhaft. E.ARENS, The ΗΛΘΟΝ-Sayings, S.161-180 geht davon aus, dass Lk. das Wort bereits als eigenständiges Logion vorfand. Er ist aber vom sekundären Charakter dieses umlaufenden Logions überzeugt (zu den handschriftlich schlecht belegten Varianten vgl. auch ARENS, S.187-189).

[214] Vgl. hierzu auch die Tabelle in Abschnitt 4.7.

[215] Möglich wäre nach den obigen Analysen eine generische Interpretation von Mk.2,27f und unter Umständen auch von Lk.7,34/Mt.11,19 und Lk.9,58/Mt.8,20. Nach - durchaus problematischen - literarkritischen Operationen wäre eine generische Interpretation schließlich auch bei Mk.2,10 und Lk.12,10/Mt.12,32 möglich. Auch C.COLPE, der die generische Interpretation so weit als möglich auszudehnen sucht, sieht keine weiteren

diese Weise sämtliche Worte vom Erdenwirken des Menschensohnes zu erklären; denn alle anderen Logien dieser Gruppe lassen nur den Bezug auf Jesus, aber keinen Nebenbezug auf den Typus Mensch zu."[216] Unter den eindeutig nicht generischen Logien sind vier Worte anzutreffen, bei denen eine Rückführung auf Jesus möglich ist.[217] Da aber ein Wechsel des Sprachgebrauchs des so gleichbleibend gebrauchten Ausdrucks ὁ υἱὸς τοῦ ἀνθρώπου, der äußerlich durch nichts markiert ist, nicht wahrscheinlich zu machen ist,[218] muss die generische Interpretation des Ausdrucks „der Menschensohn" auch dort abgelehnt werden, wo sie theoretisch möglich wäre. Folglich ist die traditionsgeschichtliche Hypothese, die versucht, den Kern der Logien, die vom irdischen Wirken des Menschensohnes sprechen, auf generisch zu verstehende Logien zu reduzieren und so die ganze Gruppe als bewusste Interpretation oder gar „Mißverständnis der Übersetzung ins Griechische"[219] abzutun, nicht haltbar.[220]

Keines der untersuchten Logion – seien es nun authentische Jesus-Worte oder eindeutig sekundär gebildete Logien – kann die These begründen, zur Zeit Jesu habe bereits ein geprägter apokalyptischer Hoheitstitel „der Menschensohn" existiert. Bei allen Logien finden sich sogar starke Indizien, die gegen einen derart vorgeprägten titularen Gebrauch sprachen. Bei fast allen untersuchten Logien war es gut denkbar, dass der Ausdruck „der Menschensohn" einen innerhalb der Jesus-Bewegung geprägten Titel darstellt, mit dem die besondere Eigenart der Sendung Jesu als die einer jetzt noch verborgenen und leidenden, bei der eschatologischen Vollendung jedoch offenbarten Richter- und Herrschergestalt beschrieben würde. Lediglich bei dem redaktionellen Logion Mt.16,13 war eine solche Interpretation nicht möglich. Ohnehin scheint Matthäus den Ausdruck „der Menschensohn" als weitgehend identisch mit dem Personalpronomen anzusehen, da sich bei ihm eine ganze Reihe von Logien finden, in denen er das eine durch das andere ersetzt.[221] Es ist die vorläufige Vermutung aufzustellen, dass Matthäus

---

Logien, bei denen eine solche Interpretation möglich erscheinen könnte (vgl. ThWNT VIII, S.408).

[216] C.Colpe, ThWNT VIII, S.408.

[217] Lk.6,22; Lk.11,30; Lk.12,10; Mk.10,45a.b.

[218] Vgl. dazu z.B. R.Leivestad, Der apokalyptische Menschensohn, S.78: „Der natürliche Ausgangspunkt ist jedenfalls, dass die stereotypische Anwendung des griechischen Ausdrucks auf einer ebenso stereotypischen aramäischen Redeweise beruht. Es ist immer bedenklich, für einzelne Sprüche eine besondere sprachliche Erklärung zu suchen."

[219] R.Bultmann, Theologie des NT, S.31.

[220] Dies trifft auch die Konzeption J.D.Crossans, der bei der generischen Verwendung des Ausdrucks „der Menschensohn" durch Jesus den Ausgangspunkt der Entwicklung sieht (vgl. Jesus, S.344).

[221] Vgl. die Einfügung von „der Menschensohn" anstelle von ich in Mt.16,13 (vgl. Mk.8,27) Umgekehrt ersetzt Matthäus den in seiner Vorlage stehenden Ausdruck „der Men-

den Ausdruck „der Menschensohn“ nicht als Titel verstand. Alle Logien, die vom Erdenwirken des Menschensohnes sprechen, lassen sich gut verstehen, wenn der Ausdruck „der Menschensohn“ als eine mit einem Namen vergleichbare Selbstbezeichnung Jesu angesehen wird.

Bei zwei der fünf Menschensohn-Worte der Logienquelle spricht – insofern keine traditionskritische Gesamtkonzeption der Untersuchung übergestülpt wird[222] – einiges dafür, dass sie authentische Jesus-Worte sind, bei drei weiteren Worten aus der Logienquelle und zwei Worten aus dem Markus-Evangelium scheint dies möglich. Drei oder – wenn man Mt.12,40 als eigenes Logion ansieht – vier weitere Menschensohn-Logien sind wohl sekundär. Die Synoptiker enthalten also mit großer Wahrscheinlichkeit einige authentische Jesusworte, die vom Erdenwirken des Menschensohnes sprechen.[223] Damit ist es sehr wahrscheinlich, dass es sich bei der in diesen Logien vorliegenden Verwendung des Ausdrucks „der Menschensohn“ um einen Sprachgebrauch handelt, der auf Jesus selbst zurückgeht. Auch der späteren Gemeinde war dieser Sprachgebrauch offenbar bewusst, so dass er auch in sekundär gebildeten Menschensohn-Logien dieser Gruppe eindringen konnte.

Diesen Befund gilt es nun an den Worten vom Leiden, Sterben und Auferstehen des Menschensohnes weiter zu überprüfen.

4.5 Die synoptischen Logien vom Leiden, Sterben und Auferstehen des Menschensohnes

Die bereits vorgezeichnete Untersuchungsmethode soll nun auf die synoptischen Logien vom Leiden, Sterben und Auferstehen des Menschensohnes angewandt werden. Es handelt sich dabei um folgende Logien:

aus dem Markus-Evangelium:

- Mk.8,31/Mt.16,21/Lk.9,22 (1. Leidensankündigung)
- Mk.9,9/Mt.17,9 (Bis zur Auferstehung befristetes Schweigegebot)[224]
- Mk.9,12/Mt.17,12 (Gespräch über Elia)

---

schensohn“ durch „ich“ bzw. „er“ in 16,21 (vgl. Mk.8,31), Mt.5,11 (vgl. Lk.6,22) und 10,32 (vgl. Lk.12,8).

[222] Wie z.B. bei H.E.Tödt und Ph.Vielhauer.

[223] So auch J.Roloff, Neues Testament, S.132: „Die Aussagen vom gegenwärtigen Menschensohn [...] tragen unverwechselbar die Züge der vorösterlichen Situation.“

[224] Dies ist das einzige Logion, bei dem nur von der Auferstehung, nicht aber vom Leiden und Sterben die Rede ist. Allgemein wird dieses Logion als redaktionelle Bildung in Analogie zu den Leidensweissagungen und nicht als Beleg für eine eigenständige Auferstehungsweissagungstradition gesehen (vgl. z.B. J.Gnilka, EKK II/2, S.40; H.E.Tödt, Menschensohn, S.180).

- Mk.9,31/Mt.17,22f/Lk.9,44 (2. Leidensankündigung)
- Mk.10,33f/Mt.20,18f/Lk.18,31-33 (3. Leidensankündigung)
- Mk.14,21/Mt.26,24/Lk.22,22 (Entlarvung des Verräters)
- Mk.14,41/Mt.26,45 (Im Garten Gethsemane)

aus der Redaktion des Matthäus:

- Mt.26,2 (Einleitung der Passionsgeschichte)

aus dem Sondergut bzw. der Redaktion des Lukas:

- Lk.17,25 (Einschub in die Apokalypse)[225]
- Lk.22,48 (Wort an Judas bei der Gefangennahme)
- Lk.24,7 (Indirektes Zitat der Leidensankündigung im Munde des Engels)

Auffällig ist bei einer näheren Betrachtung dieser Logien dreierlei: Zunächst sticht ins Auge, dass die meisten Logien dem Markus-Evangelium entstammen. Dass in der Logienquelle vergleichbare Logien standen, lässt sich nicht nachweisen.[226] Dasselbe gilt für die alten Stoffe der Passionserzählung.[227] Es gibt zweitens nur wenige Anspielungen auf das Leiden, Sterben und Auferstehen Jesu, in denen der Ausdruck „der Menschensohn" nicht begegnet.[228] Anscheinend sind die Vorankündigungen von Jesu Passion, vor allem wenn der Jesus der Evangelien sie selbst ausspricht, sehr eng mit diesem Ausdruck verbunden. Und drittens ist auffällig, dass sich die sprachlichen Motive sämtlicher Menschensohn-Logien, die vom Leiden, Sterben und Auferstehen des Menschensohnes sprechen, in den drei Hauptleidensankündigungen[229] bereits angelegt finden. Alle anderen Leidensankündigungen mit

---

[225] Vgl. dazu auch Abschnitt 4.6.2.

[226] Dies muss nicht heißen, dass deshalb die Logien vom Leiden, Sterben und Auferstehen des Menschensohnes alle einer späteren Traditionsschicht entstammen. Das Fehlen solcher Logien in Q könnte auch einfach darin seinen Grund haben, dass Q keine Passionserzählung enthält (Gegen H.E.TÖDT, Menschensohn, S.134 und 201 sowie F.HAHN, Hoheitstitel, S.46f, die dies als Indiz für die durchgängig sekundäre Bildung aller Leidensweissagungen ansehen).

[227] Dies betont H.E.TÖDT, Menschensohn, S.201. Allerdings enthalten die alten Stoffe der Passionserzählung auch kaum Leidensankündigungen aus dem Mund Jesu, sondern erzählen lediglich den Fortgang der Passionsgeschichte. Offensichtlich ist also der Ausdruck „der Menschensohn" im Kontext der Passionsgeschichte an Leidensankündigungen aus dem Mund Jesu gebunden.

[228] Dabei handelt es sich zumeist um Hinweise auf den Verräter (z.B. Mk.3,19/Mt.10,4/Lk.6,16; Mk.14,10f/Mt.26,14-16/Lk.22,3-6; Mk.14,17-21/Mt.26,20-25/Lk.22,21-23, dort allerdings im Kontext eines Menschensohn-Logions) oder auf die Absicht der Feinde (Mk.3,6/Mt.12,14/Lk.6,11). Daneben begegnen einige verhüllte Formulierungen: Mk.2,20/Mt.9,15/Lk.5,35; Mk.10,38/Mt.20,22/Lk.12,50; Lk.13,31-33. An allen Stellen, an denen Jesus vor der eigentlichen Passionsgeschichte ganz direkt von seinem Leiden, Sterben und Auferstehen spricht, begegnet jedoch der Ausdruck „der Menschensohn" (einzige Ausnahme: redaktionelle Ersetzung des Ausdrucks durch das Personalpronomen „ich" in Mt.16,21)

[229] Mk.8,31/Mt.16,21/Lk.9,22; Mk.9,31f/Mt.17,22f/Lk.9,44 und Mk.10,33f/Mt.20,18f/Lk.18,31-33.

Menschensohn-Logien lassen sich als Neukombination der sprachlichen Grundmotive, der drei Hauptleidensankündigungen verstehen.[230] Dies zeigt folgende Übersicht über die sprachlichen Grundmotive:

Die Vorherbestimmtheit
- ὅτι δεῖ τὸν υἱὸν τοῦ ἀνθρώπου... (1. Leidensankündigung Mk.8,31/ Lk.9,22/Mt.16,21; Einschub in die Apokalypse Lk.17,25; Rückblick des Engels auf die Leidensankündigungen Jesu Lk.24,7)
- πῶς γέγραπται ἐπὶ τὸν υἱὸν τοῦ ἀνθρώπου (Gespräch über die Wiederkunft des Elias Mk.9,12)
- τελεσθήσεται πάντα τὰ γεγραμμένα διὰ τῶν προφητῶν τῷ υἱῷ τοῦ ἀνθρώπου (3. Leidensankündigung Lk.18,31)
- ὅτι ὁ μὲν υἱὸς τοῦ ἀνθρώπου ὑπάγει καθὼς γέγραπται περὶ αὐτοῦ (Bezeichnung des Verräters Mk.14,21/Mt.26,24)
- ὅτι ὁ μὲν υἱὸς τοῦ ἀνθρώπου κατὰ τὸ ὡρισμένον πορεύεται (Bezeichnung des Verräters Lk.22,22)

Der Ort
- ἀναβαίνομεν / ἀπελθεῖν εἰς Ἱεροσόλυμα (1. Leidensankündigung Mt.16,21; 3. Leidensankündigung Mk.10,33/Mt.20,18/Lk.18,31)

Die Feinde
- εἰς χεῖρας ἀνθρώπων [ἁμαρτωλῶν] (2. Leidensankündigung Mk.9,31/ Mt.17,22/Lk.9,44; Rückblick des Engels auf die Leidensankündigungen Lk.24,7 / im Garten Gethsemane Mk.14,41/Mt.26,45)
- [πρεσβύτεροι καὶ] ἀρχιερεῖς καὶ γραμματεῖς (1. Leidensankündigung Mk.8,31/Mt.16,21/Lk.9,22; 3. Leidensankündigung Mk.10,33/Mt.20,18)
- τὰ ἔθνη (3. Leidensankündigung Mk.10,33/Mt.20,19/Lk.18,32)
- [ὑπ'] αὐτῶν (Gespräch über die Wiederkunft Elias Mt.17,12)
- ἀπὸ τῆς γενεᾶς ταύτης (Einschub in die Apokalypse Lk.17,25)

Die Verhaftung
- παραδίδοται / παραδοθήσεται / παραδώσουσιν / παραδίδως / ὁ παραδίδους / παραδοθῆναι (2. Leidensankündigung Mk.9,31/Mt.17,22/ Lk.9,44; 3. Leidensankündigung Mk.10,33/Mt.20,18/Lk.18,32; Einleitung in die Passionserzählung Mt.26,2; Bezeichnung des Verräters Mk.14,21/Mt.26,24/Lk.22,22; in Gethsemane Mk.14,41f/Mt.26,45f; Gefangennahme Jesu Lk.22,48; Rückblick des Engels auf die Leidensankündigungen Jesu Lk.24,7)

Die Verstoßung/Verurteilung
- ἀποδοκιμασθῆναι (1. Leidensankündigung Mk.8,31/Lk.9,22; Einschub in die Apokalypse Lk.17,25)

---

[230] Was nicht automatisch heißen muss, dass die anderen Leidensankündigungen auf die Hand der Evangelisten zurückgehen müssen.

- ἐξουδενηθῇ (Gespräch über die Wiederkunft Elias Mk.9,12)
- κατακρινοῦσιν αὐτὸν θανάτῳ (3. Leidensankündigung Mk.10,33/ Mt.20,18)

Das Leiden

- πολλὰ παθεῖν (1. Leidensankündigung Mk.8,31/Mt.16,21/Lk.9,22; Gespräch über die Wiederkunft Elias Mk.9,12/Mt.17,12; Einschub in die Apokalypse Lk.17,25)
- ἐμπαίξουσιν αὐτῷ [καὶ ὑβρισθήσεται] καὶ ἐμπτύσουσιν [αὐτῷ] καὶ μαστιγώσουσιν [αὐτὸν] (3. Leidensankündigung Mk.10,34/Mt.20,19/ Lk.18,32f)

Die Tötung

- καὶ ἀποκτανθῆναι / καὶ ἀποκτενοῦσιν αὐτόν (1. Leidensankündigung Mk.8,31/Mt.16,21/Lk.9,22; 2. Leidensankündigung Mk.9,31/Mt.17,23; 3. Leidensankündigung Mk.10,34/Lk.18,33)
- [εἰς τὸ] σταυρωθῆναι / σταυρῶσαι (3. Leidensankündigung Mt.20,19; Einleitung in die Passionsgeschichte Mt.26,2; Rückblick des Engels auf die Leidensankündigungen Jesu Lk.24,7)

Die Auferstehung/Auferweckung am dritten Tag

- καὶ μετὰ τρεῖς ἡμέρας ἀναστῆναι / τῇ ἡμέρᾳ τῇ τρίτῃ ἀναστήσεται (1. Leidensankündigung Mk.8,31; 2. Leidensankündigung Mk.9,31; 3. Leidensankündigung Mk.10,34/Lk.18,33 Rückblick des Engels auf die Leidensankündigungen Jesu Lk.24,7)
- τῇ τρίτῃ ἡμέρᾳ ἐγερθῆναι (1. Leidensankündigung Mt.16,21/Lk.9,22; 2. Leidensankündigung Mt.17,23; 3. Leidensankündigung Mt.20,19)
- ἐκ νεκρῶν ἀναστῇ (Befristetes Schweigegebot Mk.9,9/Mt.17,9)

Diese Auflistung zeigt, dass die synoptischen Leidensankündigungen einem Traditionsstrom entstammen, der zu immer neuen sprachlichen Varianten führte. Inhaltlich verhalten sich die Motive additiv zueinander, so dass die verschiedensten Kombinationen entstehen. Kein Logion enthält alle Motive gleichzeitig. Um die Frage zu beantworten, welcher Gebrauch des Ausdrucks „der Menschensohn" in den Logien vom Leiden, Sterben und Auferstehen des „Menschensohnes" vorliegt, ist eine Betrachtung dieser Grundmotive ausreichend. Eine Einzelexegese mit immer wieder gleichen Argumentationsmustern kann damit abgekürzt werden.[231]

Eine solche Betrachtung führt zunächst zu einem ersten Ergebnis: Keines der Grundmotive lässt sich mit dem Ausdruck „der Menschensohn" so verbinden, dass ein generischer Gebrauch des Ausdrucks „der Menschensohn" anzutreffen wäre.

---

[231] Zur Einzelexegese unter dem Gesichtspunkt des titularen Gebrauchs des Ausdrucks „der Menschensohn" vgl. M.MÜLLER, Der Ausdruck „Menschensohn", S.179-205.

Auch die Annahme eines bereits vor Jesus geprägten apokalyptischen Hoheitstitels „der Menschensohn“ bereitet Schwierigkeiten. Die Leidensankündigungen wären in diesem Fall paradoxe Aussagen.[232] Nun mag man die Paradoxie als Zentrum der Christologie ansehen und so versuchen, die These von der Existenz einer apokalyptischen Menschensohn-Konzeption zu retten.[233] Damit wird aber der Charakter der Leidensankündigungen verkannt. Sie sollen den im jüdischen Umfeld als anstößig empfundenen Tod Jesu von Nazareth,[234] der von der Gemeinde als Gottes Sohn und Messias Israels bekannt wird, nicht noch ins Paradoxe steigern, sondern gerade als ein in Gottes Heilsplan begründetes, von diesem Jesus vorausgesehenes und darum auch bewusst auf sich genommenes Geschick sehen lehren – deshalb auch der Rückverweis auf die schriftlich vorliegende Tradition (vgl. Mk.9,12; Lk.18,31; Mk.14,21/Mt.26,24/Lk.24,26f). Es geht den Leidensweissagungen gerade um den Abbau von Anstößigkeit und Paradoxie (siehe nur Lk.24,5-9 und 24,19-26) gegenüber jüdischen und heidnischen Einwänden, nicht um die Grundlegung einer Paradox-Christologie.[235]

Besser begründet wäre darum die Annahme, dass in den Leidensweissagungen ein innerhalb der Jesus-Bewegung geprägter Menschensohn-Titel verwendet wird, zu dessen Konzeption es gerade gehört, dass „der Menschensohn“ vor der eschatologischen Vollendung leiden und sterben müsse und dann wieder auferstehen werde. Das Grundmotiv der Vorherbestimmung könnte als Beleg für diese Annahme gesehen werden. In ihm äußert sich, dass die Passion Jesu ganz der Rolle des Menschensohnes entspricht, die von Gott her festgelegt ist. Die mehrfache Feststellung, dass dieses Geschick des Menschensohnes den heiligen Schriften entspricht, könnte versuchen, diese Menschensohn-Konzeption als schriftgemäß zu erweisen.[236] Gerade eine Formulierung wie ὁ υἱὸς τοῦ ἀνθρώπου ὑπάγει καθὼς

[232] Vgl. R.Leivestad, Der apokalyptische Menschensohn, S.74f: „Fast alle Forscher, die an die Existenz einer apokalyptischen Menschensohngestalt glauben, sind sich ja darüber einig, daß die Vorstellung vom Leiden und Tod des Menschensohnes keinen Platz in den jüdischen Spekulationen habe. [...] Wenn nun die Evangelien in so vielen Fällen vom Leiden des Menschensohnes sprechen, hätte man doch erwarten müssen, daß die Paradoxie solcher Aussagen deutlich hervortreten würde. Es wäre ja etwas Unerhörtes und Unbegreifliches, dass der Menschensohn auf Erden leiden und sterben sollte.“

[233] So z.B. H.E.Tödt, Menschensohn, S.174.

[234] Vgl. z.B. Joh.12,34. Offensichtlich wurde auch schon früh Dtn.21,23 von jüdischer Seite gegen die Christen in die religiöse Diskussion geworfen (vgl. Gal.3,13). Die Behauptung, der gekreuzigte Jesus sei der Christus, war für jüdische Ohren ein Ärgernis und für die griechische Weisheit eine Torheit (1.Kor.1,23).

[235] So auch L.Oberlinner, Todeserwartungen Jesu, S.145.

[236] Allerdings ist noch einmal ausdrücklich festzuhalten, dass sich bisher keine einzige Stelle fand, die vom Leiden einer als „Menschensohn“ bezeichneten Gestalt spricht.

γέγραπται περὶ αὐτοῦ (Mk.14,21/Mt.26,24) scheint auf eine geprägte Vorstellung hinzuweisen.[237]

Möglich wäre jedoch auch, dass der Ausdruck „der Menschensohn" innerhalb der Leidensweissagungen als Namen für Jesus verwendet wird.[238] Keines der Logien wird unverständlich, wenn der Ausdruck „der Menschensohn" durch den Namen „Jesus" ersetzt wird. In der Verbindung mit einem als namenhafte Selbstbezeichnung verstandenen Ausdruck „der Menschensohn" ergeben sich mit allen Grundmotiven sinnvolle Aussagen über das besondere Geschick Jesu. Das Motiv der Vorherbestimmung muss nicht eine bestehende Menschensohn-Konzeption abrufen, sondern lässt sich auch aus dem Bestreben erklären, die Anstößigkeit des Leidens Jesu zu überwinden.[239] Dass zumindest Matthäus den Ausdruck „der Menschensohn" in den Leidensweissagungen als Namen verstanden hat, zeigt die Ersetzung des Ausdrucks durch das Personalpronomen „ich" in Mt.16,21. Auch Mk.14,41f/Mt.26,45f findet sich eine Sequenz, in der zwischen der indirekten Selbstbezeichnung Jesu mit dem Ausdruck „der Menschensohn" und der Rede in der 1. Person Singular innerhalb eines Gedankens gewechselt wird:

> Mk.14,41f: (41) Die Stunde ist gekommen. Siehe der Menschensohn wird ausgeliefert (παραδίδοται ὁ υἱὸς τοῦ ἀνθρώπου) in die Hände der Menschen. (42) Steht auf, gehen wir! Siehe, der mich ausliefert (ὁ παραδιδούς με) ist genaht.

Vor große methodische Schwierigkeiten stellt die Frage, ob einige der oben aufgeführten Grundmotive auf den historischen Jesus zurückgehen können. Seit Aufkommen der historisch-kritischen Forschung unterliegen die Leidensweissagungen dem Verdacht, vaticinia ex eventu zu sein.[240] Die Beweislast liegt also bei denen, die die Authentizität von Grundmotiven der Leidensweissagungen behaupten. Nun wird der Verdacht, ein Motiv sei nachösterlich gebildet, um so stärker, je direkter es mit dem faktischen Verlauf von Jesu Leiden, Sterben und Auferstehen übereinstimmt. Die häufig mit der Dreitagesfrist verbundenen Auferstehungsaussagen, die genaue Auflistung der Leiden und der Todesart Jesu, die Aufzählung der beteiligten Instanzen sowie der Hinweis auf die Verurteilung haben einen derart engen

---

[237] Gelegentlich wird diskutiert, ob hinter diesem Logion eine Vorstellung vom Heimgang bzw. Hingang des Menschensohnes steht, die auf Ez.12 rekurriert (Vgl. dazu M.Müller, Der Ausdruck „Menschensohn", S.186f). Doch sind die Anspielungen auf Ez.12 nur sehr dürftig. Hier dürfte wohl der johanneische Sprachgebrauch des Wortes ὑπάγειν, das in Joh. zu einem festen Begriff für die Rückkehr Jesu zum Vater verwendet wird, durchschlagen (vgl. W.Bauer, Wörterbuch, Sp.1667f).

[238] Interessanterweise spricht auch H.E.Tödt (Menschensohn, S.201) im Zusammenhang seiner Analyse der Leidensweissagungen nicht vom Titel „Menschensohn" sondern vom „Menschensohnnamen".

[239] Vgl. dazu M.Müller, Der Ausdruck „Menschensohn", S.179f.

[240] So z.B. R.Bultmann, Theologie des NT, S.31f.

Bezug zur Passionsgeschichte, dass hier von einer nachösterlichen Bildung auszugehen ist. Dasselbe gilt für den Hinweis auf die Vorherbestimmtheit der Passion Jesu, der sich als nachösterlicher Versuch der verstehenden Bewältigung des Todes Jesu sehen lässt. Übrig bleiben das Leidensmotiv, das mehrmals in sehr unpräziser Formulierung begegnet (Mk.8,31/Lk.9,22/Mt.16,21; Mk.9,12/Mt.17,12; Lk.17,25),[241] sowie das Motiv der Auslieferung,[242] das sich fast in allen Leidensankündigungen findet. Mk.9,31b überliefert das zweite Motiv in der von Jesus gern benutzten Form des Wortspiels: „Der Menschensohn (ὁ υἱὸς τοῦ ἀνθρώπου) wird in die Hände der Menschen (εἰς χεῖρας ἀνθρώπων) ausgeliefert werden.“[243] Außerdem ist zu beachten, dass in beiden Motiven – dem des πολλὰ παθεῖν und dem der Auslieferung – zwar ein Leiden, nicht aber selbstverständlich das Sterben Jesu angekündigt wird.[244] Dass Jesus damit rechnen musste, dass seine Gegner gewaltsam gegen ihn vorgehen könnten, ist anzunehmen.[245] Schließlich finden sich neben den Leidensweissagungen, die den Ausdruck „der Menschensohn“ verwenden auch andere Logien, in denen Jesus in stärker

---

[241] Vgl. C.Colpe, ThWNT VIII, S.447: „Viel leiden, das sonst von Jesus nicht ausgesagt wird, u[nd] von den Menschen verworfen werden ist sachlich so eindeutig u[nd] zugleich in den Einzelheiten so unbestimmt, dass eine Formulierung ex eventu nicht anzunehmen ist, selbst wenn ‘leiden’ als eine griech[ische] Zusammenfassung einer oder mehrerer sachlich gleichbedeutender aram[äischen] Wendungen zu beurteilen ist.“

[242] Der Ausdruck παραδίδοναι ist terminus technicus der Polizei und Gerichtssprache (vgl. W.Bauer, Wörterbuch, Sp.1242f). Wenn Jesus ihn verwendete, um von seinem zukünftigen Geschick zu sprechen, spielte er also nicht unbedingt auf einen Verrat durch einen seiner Jünger an, sondern sprach von einer erwarteten Verhaftung.

[243] So geht z.B. J.Jeremias, Die älteste Schicht der Menschensohn-Logien, S.169 davon aus, dass dieses Logion ein authentisches Jesuswort ist. Seine Argumente lauten: „bei diesem Logion weisen nicht nur das Wortspiel בַּר נָשָׁא / בְּנֵי נָשָׁא, ferner εἰς χεῖρας = לִידֵי und das sehr auffällige Präsens παραδίδοται auf aramäische Überlieferung, sondern darüber hinaus der Maschalcharakter auf Jesus selbst; die Überlieferung hat rätselhaft klingende Worte Jesu tradiert und interpretiert, aber nicht Rätselsprüche erfunden und ihm in den Mund gelegt.“ Vgl. auch die sehr ins Einzelne gehende Argumentation bei R.Pesch, Die Passion des Menschensohnes, S.176ff und 192ff. Pesch trägt dabei viele Argumente zusammen, die sich der unmittelbaren Analyse dieser Leidensweissagung verdanken. Vgl. auch M.Müller, Der Ausdruck „Menschensohn“, S.181f und V.Hampel, Menschensohn, S.288-302. Gegen die Authentizität sprechen sich aus A.Vögtle, Todesankündigungen, S.63 und L.Oberlinner, Todeserwartung, S.145. Eine authentische Leidensweissagung mit dem Ausdruck παραδιδόναι im Zentrum sieht E.Schweizer, Der Menschensohn, S.67f auch hinter der Szene Mk.8,27-33.

[244] Gegen A.Vögtle, Todesankündigungen, S.56, der in allen Leidensankündigungen eine definitive Todesgewissheit Jesu sieht. Dies trifft zu auf deren jetzige Fassung. Jedoch wäre es auch möglich, dass hinter diesen ursprünglich Leidensweissagungen standen, in denen Jesus nur davon sprach, ausgeliefert zu werden oder vieles leiden zu müssen.

[245] So auch J.Gnilka, Wie urteilte Jesus über seinen Tod?, S.24 und J.Becker, Jesus, S.415. Vgl. auch Abschnitt 7.1.3.

verhüllter Weise von seinem Geschick spricht. Sie geben einen Hinweis darauf, dass Jesus sein Leiden und seinen Tod vorausgesehen und davon gesprochen hat (Mt.23,37/Lk.13,34; Mk.10,38/Mt.20,22f/Lk.12,50; Mk.12,7f/Mt.21,38f/Lk.20,14f; Mk.14,25/Mt.26,29/Lk.22,16.18).[246] Es ist darum durchaus möglich, dass Jesus mit den Motiven „Leiden“ und „Auslieferung“ sein bevorstehenden Geschick angekündigt hat. „Wenn Jesus das Ende seines Lebens vorhergesehen und vorhergesagt hat, dann liegt es freilich äußerst nahe, dass dies in einer ‘der Menschensohn’-Aussagen zum Ausdruck kam.“[247] Die enge Kopplung der Leidensweissagungen an den Ausdruck „der Menschensohn“ ist ein Indiz dafür.[248]

4.6 Die synoptischen Logien vom Wirken des Menschensohnes in der eschatologischen Vollendung

Die Logien, die von einem Wirken des „Menschensohnes“ in der eschatologischen Vollendung sprechen, werden hier in vier Untergruppen eingeteilt, in denen sich jeweils ähnliche Phänomene beobachten lassen. Die Frage nach einem generischen Gebrauch des Ausdrucks „der Menschensohn“ wird sich hier nicht mehr stellen, da ein solcher – wie schon ein erster Blick sofort erkennen lässt – bei allen Logien dieser dritten Gruppe ausscheidet.

4.6.1 Logien, an denen sich ein Transformationsprozess wahrnehmen lässt

In diesem Abschnitt sind fünf Logien zusammengestellt, bei denen es durch die Verwendung des Ausdrucks „der Menschensohn“ zu einer Transformation kommt, durch die Jesus-Überlieferungen christologisch gedeutet werden.

---

[246] L.Oberlinners sehr skeptische Beurteilung dieser Logien muss allerdings doch einräumen, dass Mk.14,25/Mt.26,29/Lk.22,16.18 ein authentisches Jesuswort ist, in dem Jesus seine Todesgewissheit ausspricht (Todeserwartung, S.130-134 und S.146-153). Vgl. auch die ähnliche Einschätzung bei A.Vögtle, Todesankündigungen, S.80-88.

[247] M.Müller, Der Ausdruck „Menschensohn“, S.181f. Vgl. auch R. Leivestad, Der apokalyptische Menschensohn, S.74: „Dass Jesus seinen Tod vorausgesagt hat, ist überaus wahrscheinlich, und wenn er sich überhaupt den Menschensohn genannt hat, hat er es sicherlich auch in Leidensankündigungen getan [...]. Es wird nicht Zufall sein, dass die grossen Leidensvoraussagen den Menschensohnnamen benutzen. Auf den Namen wird aber kein Gewicht gelegt.“

[248] C.Colpe, ThWNT VIII, S.446f meint, „daß er [Jesus] mit seinem eigenen gewaltsamen Tode und dementsprechend mit Leiden gerechnet haben muß.“ Da sich aber die Leidenserwartung nicht mit der apokalyptischen Menschensohn-Erwartung vertrage, folgert Colpe, „daß die Leidensankündigungen in Jesu Mund ursprünglich ein Ich zum Subjekt hatten.“ (S.446). Die Annahme, dass der Ausdruck „der Menschensohn“ keinen apokalyptischen Hoheitstitel darstellt, macht Colpes These hinfällig und zugleich die Authentizität der Leidensankündigungen wahrscheinlicher.

a) Aus dem richtenden König wird „der Menschensohn" – Mt.25,31

Die Einleitung in die bildhafte Schilderung des Weltgerichts (Mt.25,31-46) bringt folgendes Menschensohn-Wort (Mt.25,31):

> Wenn aber der Menschensohn kommen wird in seiner Herrlichkeit und alle Engel mit ihm, dann wird er Platz nehmen auf dem Thron seiner Herrlichkeit...

Ob die bildhafte Schilderung des Weltgerichtes in ihrem Grundbestand auf Jesus selbst zurückgeht, ist umstritten.[249] Doch wird meist der einleitende Vers 31, in dem auch der Ausdruck „Menschensohn" begegnet, auf die Redaktion des Matthäus zurückgeführt.[250] In der ursprünglichen Fassung der Gerichtsschilderung wurde die richtende Person sicherlich – wie die Verse 34 und 40 erkennen lassen – als König bezeichnet. Das Motiv des Königs begegnet auch in anderen Gerichtsgleichnissen als traditionelle Gottesmetapher.[251] Durch die redaktionelle Einleitung in die Gerichtsschilderung wird der eschatologische Richter nun nicht mehr mit Gott, sondern mit Jesus identifiziert, was vielleicht durch den auf Jesus angewandten Hoheitstitel βασιλεὺς [τοῦ] Ἰσραήλ erleichtert wurde. So entsteht aus einer Schilderung des eschatologischen Gerichts Gottes eine Beschreibung der Parusie Jesu.

Auch hier ist der Ausdruck „der Menschensohn" eine Bezeichnung für den eschatologischen Richter Jesus. Da auf Dan.7 angespielt wird,[252] könnte hier eine titulare Menschensohn-Konzeption im Hintergrund stehen. Allerdings scheint kein Titel verwendet zu sein, der außerhalb der Jesus-Bewegung geprägt wurde, da dann eine Identifikation Jesu mit dem Menschensohn hergestellt werden müsste. Dass in der redaktionellen Bearbeitung hier nicht einfach der Name „Jesus", sondern der Ausdruck „der Menschensohn" verwendet wurde, könnte dafür sprechen, dass sich mit diesem Ausdruck besondere Assoziationen verbinden, die an die Parusie denken lassen. Allerdings lässt sich ein titulares Konzept nicht nachweisen. Denn das Logion bleibt auch gut verständlich, wenn der Ausdruck „der Menschensohn" durch den Namen „Jesus" ersetzt wird, da der Bezug auf die Parusie nicht primär

---

[249] Für W.GRUNDMANN, ThHK I, S.524 sprechen folgende Gründe für eine Zuschreibung der Kernaussagen zur Verkündigung des historischen Jesu: (1) Das Verhalten gegenüber seinen Jüngern oder gegenüber Kindern und Bedrängten wird einem Verhalten Gott gegenüber gleichgesetzt (vgl. Mt.10,14f/Lk.10,11f; Mt.18,10) und ist (2) auch in Jesu Verkündigung Maßstab des Ergehens im Gericht (Mt.10,42). (3) Die Identifikation des Richters mit den Armen entspricht ganz Jesu Verhalten und (4) ist religionsgeschichtlich analogielos.

[250] So z.B. H.E.TÖDT, Menschensohn, S.68; E.SCHWEIZER, Der Menschensohn, S.63; I.BROER, Das Ringen der Gemeinde um Israel, S.151; W.GRUNDMANN, ThHK I, S.524f; M.MÜLLER, Der Ausdruck „Menschensohn", S.118; U.LUZ, EKK I/3, S.518.

[251] Vgl. z.B. Mt.18,23-35 und auch das sekundär umgebildete Gleichnis Mt.22,1-14.

[252] Motive, die aus Dan.7 stammen, sind die Rede vom Kommen des Menschensohnes und die Stichworte „Herrlichkeit" und „Thron".

durch den Ausdruck „der Menschensohn", sondern vor allem durch die Rede vom „Kommen in Herrlichkeit mit allen Engeln" sichergestellt wird.

b) Aus der Hoffnung auf die Vollendung der Gottesherrschaft wird die Erwartung des kommenden Menschensohnes (Mt.13,37.41; 16,28; 19,28; 25,13)

In dieser Gruppe sind Logien aus vier Kontexten zusammengestellt, die ursprünglich vom Kommen der Gottesherrschaft sprachen, die sich aber nun nach einem sekundären Eindringen des Ausdrucks „der Menschensohn" auf die Parusie Jesu beziehen. Alle Logien dieser Gruppe stammen aus dem Sondergut bzw. der Redaktion des Matthäus, ein Logion ist wohl erst nach Herausgabe des Matthäus-Evangeliums in die handschriftliche Überlieferung eingedrungen.

Dem Gleichnis vom Unkraut unter dem Weizen (Mt.13,24-30) wächst im Laufe der Überlieferung eine allegorisierende Deutung zu (Mt.13,36-43), welche die ursprüngliche Aussageintention des Gleichnisses verschiebt.[253] Die Deutung enthält zwei Menschensohn-Logien, die unmittelbar nebeneinander vom irdischen und vom eschatologischen Wirken des Menschensohnes sprechen. Sie lauten:

> (Mt.13,37) [...] Der den guten Samen sät, ist der Menschensohn, (38) und der Acker ist die Welt, und der gute Same, das sind die Söhne der (Gottes)herrschaft (οἱ υἱοὶ τῆς βασιλείας), und das Unkraut sind die Kinder des Bösen (39), und der Feind, der es sät, ist der Teufel, und die Ernte ist das Ende der Welt, und die Erntearbeiter sind die Engel. (40) Wie nun das Unkraut zusammengesammelt und im Feuer verbrannt wird, so wird es auch am Ende der Welt sein: (41) Der Menschensohn wird aussenden (ἀποστελεῖ) seine Engel, und sie werden zusammensammeln aus seinem Reich alle Ärgernisse (πάντα τὰ σκάνδαλα) und alle, die Gesetzlosigkeit getan haben, (42) und werden sie in den Feuerofen werfen [...].

Der Ausdruck „der Menschensohn" wird hier auf die Verkündigungstätigkeit des irdischen Jesus und die Durchführung des eschatologischen Gerichts bei der Parusie Jesu bezogen. Dies macht es unwahrscheinlich, dass hier eine außerhalb der Jesus-Bewegung geprägte apokalyptische Menschensohn-Konzeption im Hintergrund steht. Dass allerdings ein innerhalb der Jesus-Bewegung geprägter Menschensohn-Titel Verwendung findet, wäre möglich. Gut zu verstehen ist diese Gleichnisdeutung jedoch auch, wenn der Ausdruck „der Menschensohn" als Namen für Jesus angesehen wird. Der Bezug auf das Erdenwirken und die Parusie Jesu wird auch hier durch andere Signale und nicht durch den Ausdruck „der Menschensohn" hergestellt. Offensichtlich ist, dass dieser Ausdruck den Verfasser der Gleichnisdeutung nicht primär an die Parusie denken lässt, sondern auf das vor- wie nachösterliche Wirken Jesu bezogen wird.

---

[253] Und wohl auch die Formulierung des ursprünglichen Gleichnisses an einigen Stellen umprägt. Vgl. dazu W.GRUNDMANN, ThHK I, S.344f und 349.

Allgemein anerkannt ist der sekundäre Charakter dieser Gleichnisdeutung.[254] Zwei Dinge dürften es in der nachösterlichen Situation, in der Jesus-Gleichnisse zunehmend allegorisch gedeutet wurden, erleichtert haben, das in seinem Grundbestand wohl von Jesus stammende Gleichnis[255] auf diese Weise zu deuten. Naheliegend war zunächst die Identifikation des ἄνθρωπος von Vers 24 mit dem ὁ υἱὸς τοῦ ἀνθρώπου, da ja der Ausdruck „der Menschensohn" in seiner Wortbedeutung und als Namen bzw. Titel für Jesus bekannt war. Da Jesus nach Ostern auch als der κύριος verehrt wurde, dürfte es ebenfalls nahe gelegen haben, den in Vers 27 mit κύριε angesprochenen Gutsherr mit Jesus zu identifizieren und dafür ebenfalls den Namen bzw. exklusiv auf Jesus bezogenen Titel ὁ υἱὸς τοῦ ἀνθρώπου zu verwenden. So entstand mit der Deutung aus einem Gleichnis, das ursprünglich von der Gottesherrschaft handelte, ein Gleichnis, das vom irdischen Wirken und dem Reich des Menschensohnes spricht und die Parusie zum Thema hat. Aus der Hoffnung auf das Kommen der Gottesherrschaft wurde die Erwartung der Parusie Jesu. Dass dabei in der nachösterlichen Gleichnisdeutung der Ausdruck „der Menschensohn" und nicht einfach der Name „Jesus" oder der Titel „Herr" verwendet wird, könnte zunächst auf eine titulare Menschensohn-Konzeption hinweisen. Doch scheint die Verwendung des Ausdrucks „der Menschensohn" zumindest in Vers 37 in der Wortbedeutung des Ausdrucks und der Referenz „der Menschensohn" begründet zu sein. Auch hier wird der Bezug auf die Parusieerwartung noch durch andere Signale sichergestellt. Mit der Annahme eines namenhaften Gebrauchs des Ausdrucks „der Menschensohn" lässt sich die Einfügung des Ausdrucks hier also ebenfalls erklären.

Der Ausdruck βασιλεία τοῦ υἱοῦ τοῦ ἀνθρώπου findet sich neben Mt.13,41 nur noch im Logion Mt.16,28. Es lautet:

> Amen, ich sage euch, dass einige unter den hier Stehenden sind, die nicht schmecken werden den Tod, bis sie sehen werden den Menschensohn kommen in seiner Herrschaft (ἴδωσιν τὸν υἱὸν τοῦ ἀνθρώπου ἐρχόμενον ἐν τῇ βασιλείᾳ αὐτοῦ).

Offensichtlich wird hier bei den Lesern eine feste endzeitliche Erwartung vorausgesetzt, so dass der Ausdruck „Sehen des Menschensohnes in seiner Herrschaft" in diesem Logion ohne Erklärung stehen kann. Dies könnte dafür sprechen, dass der Ausdruck „der Menschensohn" als Titel für eine in den Endzeitereignissen auftretende Gestalt verwendet wird. Bei einem außerhalb der Jesus-Bewegung geprägten Titel wäre auch hier eine

---

[254] So z.B. H.E.Tödt, Menschensohn, S.64; J.Jeremias, Die älteste Schicht der Menschensohn-Logien, S.167; E.Schweizer, Der Menschensohn, S.63; H.Weder, Gleichnisse Jesu, S.123f; M.Müller, Der Ausdruck „Menschensohn", S.112; U.Luz, EKK I/2, S.338f. Mt.13,41 könnte ferner an Mt.24,31 angelehnt sein (So. J.Jeremias, S.167).

[255] Zur Diskussion über die Authentizität des Gleichnisses Mt.13,24-30 vgl. W.Grundmann, ThHK I, S.344f; H.Weder, Gleichnisse Jesu, S.123f.

Identifikation des Menschensohnes mit Jesus zu erwarten, die für Matthäus vorauszusetzen ist. Für die Annahme eines titularen Gebrauchs gibt es allerdings keinen zwingenden Grund, da der Vers auch dann einen guten Sinn ergibt, wenn der Ausdruck „der Menschensohn“ durch das Personalpronomen der 1. Person Singular ersetzt wird. Für eine nicht-titulare Interpretation spricht die Parallele zu der ebenfalls redaktionellen Formulierung ἐν τῇ βασιλείᾳ σου in Mt.20,21. Offenbar kann Matthäus den Ausdruck „der Menschensohn“ durch das Personalpronomen ersetzen, ohne dadurch einen Sinnunterschied festzustellen. Dies macht es wahrscheinlich, dass Matthäus auch in 16,28 den Ausdruck „der Menschensohn“ einfach als Namen für die Person Jesu verwendet.

Der Vergleich mit Mk.9,1 und Lk.9,27 macht deutlich, dass Matthäus hier „den Menschensohn“ redaktionell eingetragen hat. Wie die Parallelüberlieferung zeigt, sprach dieses Logion, das häufig als eine früh-nachösterliche,[256] in palästinischen Kreisen[257] entstandene Bildung angesehen wird,[258] ursprünglich vom Kommen der Gottesherrschaft. Offenbar war für Matthäus die kommende Gottesherrschaft so sehr mit der Person Jesu verbunden, dass Wiederkunft Jesu und Kommen der Gottesherrschaft zusammenfallen. So kann Matthäus den Ausdruck „der Menschensohn“ in dieses Logion eintragen und wie im vorausgehenden Vers Mt.16,27 (vgl. Mk.8,38/ Lk.9,26) auch hier vom „Kommen des Menschensohnes“ sprechen.

In die Jüngerbelehrung über Gefahren und Lohn der Nachfolge (Mk.10,23-31/Lk.18,24-30/Mt.19,23-30) findet sich bei Matthäus folgendes Menschensohn-Logion in eine markinische Formulierung eingeschoben:

> Mt.19,28: Amen, ich sage euch, dass ihr, die ihr mir nachgefolgt seid, bei der Neuschaffung / Wiedergeburt (ἐν τῇ παλιγγενεσίᾳ)[259], wenn der Menschensohn auf dem Thron seiner Herrlichkeit sitzen wird, ihr auch sitzen werdet auf zwölf Thronen und richten die zwölf Stämme Israels.

Bei diesem Logion scheint eine fest geprägte Endzeiterwartung vorausgesetzt zu sein, die ein Indiz für einen titularen Gebrauch des Ausdrucks „der Menschensohn“ darstellen könnte. Ein außerhalb der Jesus-Bewegung allgemein bekannter Titel ist jedoch kaum anzunehmen, da dann die Identifikation Jesu mit dem Menschensohn ausdrücklich hergestellt werden müsste.[260] Das Logion bleibt jedoch genauso verständlich, wenn der Ausdruck „der

---

[256] Einige der Jünger Jesu müssen ja noch am Leben gewesen sein.

[257] J.GNILKA, EKK II/2, S.26 verweist auf die typisch semitischen Formulierungen „den Tod schmecken“ und οὐ μή.

[258] So J.GNILKA, EKK II/2, S.26f; E.SCHWEIZER, NTD I, S.96; J.GNILKA, Jesus, S.155.

[259] Beide Bedeutungen sind möglich, vgl. W.BAUER, Wörterbuch, S.1226f.

[260] Dass in diesem Logion zwischen Jesus und dem Menschensohn unterschieden wird, nimmt nicht einmal H.E.TÖDT an (vgl. Menschensohn, S.57-59), der eine solche Unterscheidung gerade als Kennzeichen der authentischen Menschensohn-Worte ansieht.

Menschensohn" durch das Personalpronomen ersetzt würde. Die Rede von der Neuschaffung bzw. Wiedergeburt und vom Sitzen auf dem Thron der Herrlichkeit sichert auch dann noch den Bezug auf die Parusie.

Offensichtlich wollte Matthäus den Zwölferkreis herausheben und fügte so dieses Logion, zu dem eine Parallelüberlieferung ohne „der Menschensohn" in Lk.22,28-30 erhalten ist,[261] in den jetzigen Kontext der Nachfolgeworte ein. Wird davon ausgegangen, dass diesem Logion authentische Jesus-Überlieferung zugrundeliegt, dann dürfte diese in zweierlei Richtung zu suchen sein: in der Verheißung der Mahlgemeinschaft in der vollendeten Gottesherrschaft[262] oder in der Herrschaftsverheißung an die Jesus Nachfolgenden.[263] Das Menschensohnwort in Mt.19,28 „ἐν τῇ παλιγγενεσίᾳ, wenn der Menschensohn auf dem Thron seiner Herrlichkeit sitzen wird" ist jedoch sicher sekundär.[264] Dafür spricht auch der im hellenistischen Judentum beheimatete Ausdruck ἐν τῇ παλιγγενεσίᾳ.[265]

Auch hier findet sich ein Beispiel, wie Jesustradition umgedeutet wurde. Sprach das ursprüngliche Jesus-Logion von der erhofften Tischgemeinschaft oder dem kollektiven messianischen Richten in der vollendeten Gottesherrschaft, so entstand in Mt.19,28 durch die Einfügung des Ausdrucks „der Menschensohn" ein Parusie-Wort. Dies spricht dafür, dass mit dem Ausdruck „der Menschensohn" die Parusie Jesu assoziiert wurde. Doch auch hier entsteht der Parusie-Bezug nicht allein durch den Ausdruck „der Menschensohn", sondern auch durch andere Sprachmotive.

Dass es zu einer ähnlichen Umdeutung auch bei anderen Logien kommen konnte, zeigt die handschriftliche Überlieferung von Mt.25,13.

---

[261] Vgl. auch Apk.3,20f.

[262] So auch E.SCHWEIZER, Der Menschensohn, S.60. Vgl. Mk.14,25/Mt.26,29/Lk.22,16.18; Lk.13,29/Mt.8,11; Lk.14,16-24/Mt.22,1-10. Doch ist die Authentizität von Lk.22,28-30 problematisch, wie das Stichwort πειρασμοί und die Wendung ἐν τῇ βασιλείᾳ μου zeigen. Von sekundärer Entstehung geht auch aus W.WIEFEL, ThHK III, S.371.

[263] Darin sieht G.THEISSEN, Gruppenmessianismus, S.112 den gemeinsamen und authentischen Kern von Mt.19,28 und Lk.22,28-30. THEISSEN beruft sich auf E.P.SANDERS, Judaism, S.98-106 und V.HAMPEL, Menschensohn, S.140-151. Durchaus möglich ist, dass Jesus hier jüdische Messiaserwartungen kollektiviert (so THEISSEN, Gruppenmessianismus, S.112f; vgl. G.THEISSEN/A.MERZ, Jesus, S.200). Doch dürfte die Einengung auf den Zwölferkreis sekundär sein, wie Lk.22,30 und Apk.3,20f nahelegen. Eine exklusive Herrschaftsverheißung an die Zwölf steht außerdem in Spannung zur Ablehnung der Zebedaidenbitte (Mk.10,40/Mt.20,23). Die Authentizität der Aussage über die Jünger erwägt vorsichtig U.LUZ, EKK I/3, S.121.

[264] Von einer sekundären Bildung gehen auch aus: H.E.TÖDT, Menschensohn, S.57-59; M.MÜLLER, Der Ausdruck „Menschensohn", S.117; I.BROER, Das Ringen der Gemeinde um Israel, S.151f; W.GRUNDMANN, ThHK I, S.435 und M.TRAUTMANN, Zeichenhafte Handlungen, S.197-199.

[265] Vgl. W.BAUER, Wörterbuch, Sp.1226f.

Seid also wachsam, denn ihr wisst weder den Tag noch die Stunde [,in welcher der Menschensohn kommt].

Der erste Teil dieses Verses ist in allen Handschriften des Matthäus-Evangeliums überliefert und dürfte wohl der Redaktion des Matthäus zuzuschreiben sein.[266] Er schließt die Parabel von den zehn Jungfrauen, die vom Kommen des Gottesherrschaft handelt, mit der Mahnung ab: „Seid nun wachsam. Denn ihr wisst nicht Zeit noch Stunde!" Im Kontext der Parabel ist diese Mahnung zunächst auf das Kommen der Gottesherrschaft zu beziehen (vgl. Mt.25,1).

In einigen Handschriften wird diese Mahnung aber nun durch den Einschub des evt. aus Mt.24,44 übernommenen Relativsatzes ἐν ᾗ ὁ υἱὸς τοῦ ἀνθρώπου ἔρχεται auf das eschatologische Auftreten des Menschensohnes bezogen. Die spätere Überlieferung spiegelt also auch hier die bei Matthäus zu beobachtende Tendenz wieder, Jesus-Tradition, die vom Kommen der Gottesherrschaft sprach, unter Rückgriff auf den Ausdruck „der Menschensohn" auf die Parusie Jesu zu beziehen.

Dies spricht zunächst für einen titularen Gebrauch. Bei einem außerhalb der Jesus-Bewegung geprägten Titel wäre auch hier eine Identifikation des Menschensohnes mit Jesus zu erwarten.[267] Doch scheint der Bezug auf die Parusie nicht primär durch den Ausdruck „der Menschensohn" hergestellt zu werden. Eine Ersetzung des Ausdrucks „der Menschensohn" durch das Personalpronomen oder durch den Titel „Herr" wäre innerhalb des Urchristentums, wo „μαράνα θά – Herr, komm!" gebetet wurde,[268] jedoch möglich, da schon im Wort „Kommen" verbunden mit einem Ausdruck, dessen Referenz die Person Jesu ist, der Bezug auf die Parusie eindeutig hergestellt wird (vgl. z.B. Mt.24,42 und 1.Thes.3,13). Es braucht also kein titulares Menschensohn-Konzept, um das Vorkommen des Ausdrucks „der Menschensohn" hier begründen zu können.

In vier Kontexten des matthäischen Sondergutes lässt sich nachweisen, wie nach Ostern die Hoffnung auf die Vollendung der Gottesherrschaft ersetzt wird durch die Hoffnung auf das Kommen des Menschensohnes, womit die Parusie Jesu gemeint ist. Wie konnte es zu einer solchen Transformation der Zukunftserwartung kommen? Eine mögliche Brücke in diesem

---

266 Vgl. W.GRUNDMANN, ThHK I; S.514-516.

267 Theoretisch wäre ein im Judentum umlaufendes Wort „Seid wachsam, denn ihr wisst nicht die Zeit, wann der Menschensohn kommen wird" vorstellbar, das einen apokalyptischen Menschensohn-Titel enthält und nicht selbstverständlich auf Jesus zu beziehen wäre. Nur dann wäre bei der Rezeption eines solchen Logions durch Matthäus eine Identifikation dieses Menschensohnes mit Jesus zu erwarten, etwa durch die Formulierung „der Menschensohn Jesus".

268 Vgl. 1.Kor.16,22; Did.10,6 und Apk.22,20. Zur Rückübersetzung ins Aramäische vgl. W.BAUER, Wörterbuch, Sp.996 und P.POKORNÝ, Entstehung der Christologie, S.61.

Transformationsprozess könnte die Vision Dan.7 sein. Dan.7,14 spricht davon, dass der Gestalt, die von Aussehen eines Menschensohnes war, königliche Herrschaft (aramäisch מַלְכוּ; LXX: βασιλεία) verliehen wurde. Wo die Erwartung vom Wiederkommen Jesu bestand und Jesus mit dem Ausdruck „der Menschensohn" bezeichnet wurde, lag es nahe, die königliche Herrschaft, die der eschatologischen Gestalt des Menschenähnlichen nach Dan.7,14 verliehen wird, mit der Gottesherrschaft zu identifizieren. Aus dem von Jesus verwendeten Ausdruck βασιλεία τοῦ θεοῦ wird so die Wendung βασιλεία τοῦ υἱοῦ τοῦ ἀνθρώπου, bis schließlich nur noch vom „Kommen des Menschensohnes" gesprochen wird. An diesen Logien ist somit zu erkennen, wie sekundäre Logien vom Kommen des Menschensohnes entstehen konnten.

Dass in diesen vier sekundär gebildeten Logien nicht einfach nur das Personalpronomen, sondern der Ausdruck „der Menschensohn" Verwendung findet, scheint zunächst für ein titulares Menschensohn-Konzept zu sprechen. Denn offensichtlich weckt „der Menschensohn" – wohl auf Grund von Dan.7,13f – Assoziationen an die Parusie. Doch ist auffällig, dass in allen vier Logien der Bezug auf die Parusie auch durch andere sprachliche Signale sichergestellt wird. Offensichtlich reicht die Verwendung des Ausdrucks „der Menschensohn" nicht, um die Parusie-Erwartung abzurufen. So lässt sich in allen vier Logien der Ausdruck „der Menschensohn" durch das Personalpronomen ersetzen, ohne dass der Parusie-Bezug verloren ginge. Umgekehrt findet sich bei Matthäus auch die redaktionelle Transformation von Logien, die vom Kommen der Gottesherrschaft sprachen, in Parusie-Logien ohne den Ausdruck „der Menschensohn" (z.B. Mt.24,42). Es braucht also keine titulare Menschensohn-Konzeption, um das Auftreten des Ausdrucks „der Menschensohn" in diesen Logien begründen zu können. Die Austauschbarkeit des Ausdrucks „der Menschensohn" mit dem Personalpronomen, die in Mt.16,28 und 20,21 zu beobachten ist, spricht dafür, dass Matthäus den Ausdruck „der Menschensohn" als Jesus-Namen gebraucht, der in bestimmten Kontexten – und nur in diesen und eben nicht für sich allein! – Assoziationen an die erwartete Parusie evozieren konnte. Die Verwendung des Ausdrucks „der Menschensohn" durch Matthäus könnte auch darin seinen Grund haben, dass dieser Ausdruck (vielleicht schon von Jesus selbst) gerne verwendet wird, wenn Aussagen über Jesu Rolle gemacht werden.

4.6.2 Menschensohn-Logien, deren Authentizität nicht sicher zu klären ist

Zu dieser Gruppe werden drei Spruchkomplexe zusammengefasst, deren Analyse kein ausreichend begründetes Urteil darüber abgibt, ob es sich bei den in ihnen enthaltenen Menschensohn-Logien um authentische Jesus-Überlieferung handelt. Die Frage nach ihrer Authentizität kann erst von einem traditionsgeschichtlichen Gesamtkonzept her beantwortet werden.

a) Lk.12,39f/Mt.24,43f

Dieses Menschensohn-Logion stellt den deutenden Abschluss des Bildwortes vom Dieb in der Nacht dar (Mt.24,43f/Lk.12,39f), der in der Logienquelle in etwa folgendermaßen überliefert ist:[269]

> Mt.24,43f(/Lk.12,39f): (43) Das aber merkt: Wenn der Hausherr wüsste, zu welcher Nachtwache der Dieb kommt, würde er wachen und nicht in sein Haus einbrechen lassen. (44) Darum seid auch ihr bereit; denn zu einer Stunde, zu der ihr es nicht meint, kommt der Menschensohn.

Bei diesem Logion gibt es keine eindeutigen Indizien, die erkennen lassen, wie der Ausdruck „der Menschensohn" hier gebraucht wird. Das Logion selbst lässt verschiedene Möglichkeiten zu. Die Rede vom „Kommen des Menschensohnes" scheint an Dan.7,13 anzuknüpfen und so zu einer geprägten Vorstellung zu gehören. Grundsätzlich wäre es möglich, dass hier – vorausgesetzt das Logion wäre authentisch – Jesus sogar einen von sich selbst unterschiedenen Menschensohn erwartet. Wenn das Logion im Urchristentum entstand ist, dann muss es – bei der Annahme eines titularen Gebrauchs – einen in der Jesus-Bewegung geprägten Menschensohn-Titel voraussetzen, da nur dann die Identifikation des Menschensohnes mit Jesus nicht notwendig ist. Die parallele Wendung „Kommen des Herrn" im unmittelbaren Kontext[270] spricht dafür, dass die mit der Parusie-Erwartung verbundenen Vorstellungen nicht nur an einen Titel „der Menschensohn", sondern an einen Ausdruck für die Person Jesu in Verbindung mit dem Wort „kommen" gekoppelt sind.[271] „Der Menschensohn" kann hier also auch als Name gebraucht sein.

Das Logion Lk.12,39f/Mt.24,43f findet sich in beiden Evangelien in einem Zusammenhang, der einen den oben dargestellten Transformationsprozessen der Jesus-Überlieferung ähnlichen Prozess erkennen lässt. Bei den verschiedenen Bildworten vom überraschenden Kommen eines Herrn im Kontext[272] dürfte es sich im Kern um authentische Jesus-Überlieferung handeln.[273] In der Verkündigung des historischen Jesus ist dabei das für seine Sklaven überraschende Kommen eines Herrn ein Bild für das überraschende Kommen des eschatologischen Gerichts. Nach Ostern, als Jesus als der κύριος angerufen wurde,[274] mussten solche Worte nun auf die

---

[269] Wiedergabe des etwas ausführlicheren Matthäus-Textes, der aber keine für die obige Analyse relevanten Abweichungen zum Lukas-Text bietet.

[270] Vgl. Mt.24,42 und 24,46.50 sowie Lk.12,37 und 12,43.45.46.

[271] Vgl. dazu auch das in Abschnitt 4.6.1 zu Mt.25,13 und zum Ausdruck μαράνα θά Ausgeführte.

[272] Vgl. Lk.12,36-38.41-46 und Mt.24,42.45-51.

[273] Vgl. auch Lk.17,26-29/Mt.24,37-41; Mt.25,1-13. Siehe auch J.Gnilka, Jesus, S.160ff und U.Luz, EKK I/3, S.453.

[274] Vgl. dazu P.Pokorný, Entstehung der Christologie, S.60-68.

Wiederkunft Jesu bezogen werden.[275] Durch die Anwendung des κύριος-Titels auf Jesus[276] wurden also in der nachösterlichen Situation die bildhaften Gerichtsankündigungen des historischen Jesus als Parusieankündigungen verstanden.

Eine ähnliche Entwicklung könnte mit guten Gründen auch für das Menschensohn-Logion Lk.12,40/Mt.24,44 vermutet werden.[277] So wurde vorgeschlagen, dieses Logion als Weiterbildung eines Wortes anzusehen, das ursprünglich nicht vom „Kommen des Menschensohnes", sondern vom „Kommen des Tages des Herrn" sprach.[278] 1.Thess.5,2.4 und 2.Petr.3,10 belegen, dass das Bildwort vom Dieb in der Nacht mit dem Motiv „Kommen des Tages des Herrn" und mit Mahnungen zur Wachsamkeit angesichts des plötzlich anbrechenden eschatologischen Gerichts verbunden ist. Und in Apk.3,3; 16,15 und EvThom.21b.103 gibt es drei Belege außerhalb der synoptischen Tradition, dass das Bildwort vom Dieb auch mit der Person Jesu verbunden werden konnte, ohne dass der Ausdruck „der Menschensohn" oder der Herrentitel dafür gebraucht wurde.[279] Es gibt also gute Gründe für die Annahme, dass der Ausdruck „der Menschensohn" erst sekundär in das Logion Lk.12,39f/Mt.24,43f eingewandert ist.[280] Brücken für diesen Traditionsprozess könnten der auf Jesus bezogene Hoheitstitel κύριος und die eindeutige Referenz des Ausdrucks „der Menschensohn" in der Person Jesu gewesen sein. Der in der apokalyptischen Tradition verwurzelte „Tag des Herrn" wäre so zum „Tag der Wiederkunft Jesu" geworden oder – weil „der Menschensohn" Name für Jesus ist – zum „Tag, an dem der Menschensohn kommt". Ist die Entstehung des Logions Lk.12,40/Mt.24,44 so zu erklären, dann könnte ihm ein ursprüngliches Wort Jesu zugrunde liegen, das vom überraschenden Kommen des Gerichts oder der Gottesherrschaft

---

[275] Vgl. die redaktionelle Anwendung der Bildworte auf die Situation der Gemeinde in Mt.24,42: „Denn ihr wisst nicht, an welchem Tag euer Herr kommt".

[276] Vgl. dabei die markante Formulierung ὁ κύριος ὑμῶν.

[277] So z.B. A.Vögtle, Die „Gretchenfrage", S.146 und V.Hampel, Menschensohn, S.51 – beide im Anschluss an J.Jeremias.

[278] So z.B. C.Colpe, ThWNT VIII, S.454f. Für eine sekundäre Einfügung des Ausdrucks „der Menschensohn" spricht, dass das Bild vom Dieb einen negativen Unterton hat, während das Kommen des Menschensohnes doch für die Jünger positiv sein müsste. Von der Weiterbildung eines Logions, das ursprünglich den Ausdruck „der Menschensohn" nicht enthielt, gehen auch aus: J.Jeremias, Die älteste Schicht der Menschensohn-Logien, S.168; E.Schweizer, Der Menschensohn, S.62; Ph.Vielhauer, Jesus und der Menschensohn, S.147 im Anschluss an J.Jeremias.

[279] Und dies, obwohl die Apokalypse in Aufnahme von Sprachtraditionen aus Dan.7 vom Menschensohn sprechen kann (vgl. 1,13; 14,14). Auch der κύριος-Titel ist der Apokalypse nicht fremd (vgl. z.B. 1,8; 20,20f).

[280] So auch J.D.Crossan, Jesus, S.339. U.Luz, EKK I/3, S.453 sieht ebenfalls die Anwendung Mt.24,44 als sekundär an.

sprach.[281] Es wäre hier also erneut ein Logion anzutreffen, das aus einem Transformationsprozess hervorgegangen ist, in dem Jesus-Überlieferung, die vom eschatologischen Gericht sprach, durch die Einführung des Ausdrucks „der Menschensohn" auf Jesu Parusie bezogen wurde.[282]

Unter Absehung einer traditionsgeschichtlichen Gesamtkonzeption wäre es hier zunächst auch möglich, genau umgekehrt zu argumentieren: Dieses Logion könnte auch den Ausgangspunkt für die Bildung der Logien darstellen, die von Jesus als κύριος sprechen, und so selbst eine authentische Jesus-Überlieferung darstellen. Jesus hätte dann mit diesem Wort von seinem eschatologischen Erscheinen gesprochen. Diese Ankündigung Jesu konnte dazu führen, auch andere apokalyptische Traditionen (wie. z.B. die Hoffnungen auf den Tag des Herrn, das eschatologische Gericht oder die Vollendung der Gottesherrschaft) mit der Parusie Jesu sekundär in Verbindung zu bringen. So gesehen, könnte dieses Logion also auch authentische Überlieferung darstellen.[283] Die damit aufgeworfene Alternative wird erst am Ende der Untersuchungen zur Menschensohn-Frage zu klären sein.

b) Lk.17,22-25/Mt.24,23-27

Innerhalb der kleinen Apokalypse Lk.17,20-37 finden sich vier Menschensohn-Worte, die vom Tage bzw. den Tagen des Menschensohnes sprechen (17,22.24.26.30), und eine Leidensankündigung mit dem grammatikalischen Subjekt „der Menschensohn" (17,25). Hier ist nun auf die ersten drei Logien einzugehen (17,22.24.25). Der Text, mit dem Lukas seine kleine Apokalypse beginnt, lautet so:

> Lk.17,20ff: (20) Von den Pharisäern gefragt, wann die Gottesherrschaft komme, antwortete er ihnen und sprach: Nicht kommt die Gottesherrschaft in beobachtbarer Weise (μετὰ παρατηρήσεως).[284] (21) Sie werden auch nicht sagen (οὐδὲ ἐροῦσιν): Siehe hier oder dort. Denn siehe die Gottesherrschaft ist in euren Erfahrungsbereich eingetreten (ἐντὸς ὑμῶν).[285] (22) Er sagte aber zu den Jüngern: Es werden Tage kommen, an denen ihr begehren werdet, einen der Tage des Menschensohnes zu sehen und keinen sehen werdet. (23) Und sie werden zu euch sagen (ἐροῦσιν): Siehe dort! (oder) Siehe hier! Geht nicht hin und jagt nicht nach! (24) Denn wie der Blitz aufleuchtet von einem Ende

[281] Unwahrscheinlicher ist, dass Jesus vom „Tag des Herrn" sprach, denn diese traditionelle Wendung der Apokalyptik findet sich ansonsten nicht in Jesus-Logien.

[282] So auch E.SCHWEIZER, Der Menschensohn, S.62.

[283] Dies meint z.B. auch H.E.TÖDT, Menschensohn, S.50 und 55, der auf Grund seines traditionsgeschichtlichen Gesamtkonzeptes zu der Überzeugung kommt, dass es sich hier um ein authentisches Jesus-Logion handelt. Doch ist gerade die von ihm eingetragene Unterscheidung zwischen Jesus und der Gestalt des „Menschensohnes" sein entscheidendes Argument.

[284] Zur Bedeutung des Ausdrucks μετὰ παρατηρήσεως vgl. H.WEDER, Gegenwart und Gottesherrschaft, S.35f.

[285] Übersetzung von ἐντὸς ὑμῶν nach H.WEDER, Gegenwart und Gottesherrschaft, S.38-40.

des Himmels zum anderen, so wird sein (ἔσται) der Menschensohn (an seinem Tag).[286] (25) Zuvor aber muss er vieles erleiden und verworfen werden von diesem Geschlecht.

Matthäus bietet im Zusammenhang seiner großen Apokalypse folgende Überlieferung, die eine Kombination von Markus und Q-Texten darstellt:

Mt.24,23ff: (23) Wenn dann einer sagen wird: Siehe hier der Christus, oder hier, glaubt [es] nicht! (24) Denn es werden Pseudomessiasse und Pseudopropheten auftreten, und sie werden große Zeichen und Wunder geben, so dass sie, wenn möglich, die Auserwählten verführen. (25) Siehe, ich habe es euch vorhergesagt. (26) Wenn sie nun euch sagen werden (εἴπωσιν): Siehe in der Wüste! geht nicht hinaus! Siehe, in der Kammer! glaubt [es] nicht! (27) Denn wie der Blitz ausgeht vom Aufgang und leuchtet bis zum Untergang, so wird sein (ἔσται) die Parusie des Menschensohnes (παρουσία τοῦ υἱοῦ οῦ ἀνθρώπου).

Der komplexe traditionsgeschichtliche und literarkritische Hintergrund dieser beiden Texte muss hier nur in Grundzügen aufgeklärt werden:[287] Mt.24,23-25 ist bis auf kleinere Abweichungen eine Wiedergabe von Mk.13,21-23. Mt.24,26f ist in Anlehnung an Q formuliert. Obwohl zwischen Mt.24,26f und Lk.17,23f erhebliche Unterschiede bestehen, ist die Gemeinsamkeit unverkennbar.[288] Allerdings dürfte Matthäus die Formulierung „Parusie des Menschensohnes“ sekundär gebildet haben.[289] Diese grundlegende Klärung erlaubt nun folgende Interpretationen:

In Lk.17,22 bereitet das Verständnis des Ausdrucks „einer der Tage des Menschensohnes“ Schwierigkeiten. Eine mögliche Interpretationslinie, die in der Forschung erwogen wird, bezieht den Ausdruck auf die in Lk.17,24 angesprochene Parusie Jesu,[290] muss dann aber eine Erklärung für den Plural

---

[286] Die Wendung „an seinem Tag“ könnte ein Zusatz sein, da sie von den Handschriften P75, B und D nicht geboten wird. Bei Nestle-Aland steht sie in Klammern. Wahrscheinlicher ist jedoch, dass Lukas diese Wendung hatte, scheint sie doch auf einen Q-Text zurückzugehen, der in Lk.17,30 bezeugt ist und den Mt. durchweg mit παρουσία τοῦ υἱοῦ τοῦ ἀνθρώπου wiedergibt.

[287] Vgl. zum Folgenden: R.SCHNACKENBURG, Der eschatologische Abschnitt, S.221-230 und V.HAMPEL, Menschensohn, S.53-67.

[288] R.SCHNACKENBURG, Der eschatologische Abschnitt, S.228 zählt auf: „a) der Plural ‘sie sagen’; b) das zweimalige ἰδού; c) die umgekehrte Reihenfolge von ‘dort’ und ‘hier’. Statt ‘dort’ sagt Matthäus ‘in der Wüste’, wo der Messias mit Vorzug erwartet wurde, statt ‘hier’ sagt er ‘in den Kammern’, wohl deshalb, weil er die Nähe verdeutlichen wollte.“ Anders V.HAMPEL, Menschensohn, S.53-57, der Lk.17,23 als lukanische Bildung erachtet. Auf diese Weise versucht er jedoch das Menschensohn-Logion aus seinem jetzigen Kontext zu lösen, um es ganz anders interpretieren zu können.

[289] Wer den Q-Text in Lk.17,24/Mt.24,27 besser wiedergibt, ist nur schwer zu klären. Die Einfügung des Ausdrucks παρουσία τοῦ υἱοῦ τοῦ ἀνθρώπου geht – wie die redaktionelle Verwendung des Begriffs Parusie in Mt.24,3 zeigt – allerdings sehr wahrscheinlich auf Matthäus zurück (vgl. auch Mt.24,37.39). So auch mit seltener Deutlichkeit M.DE JONGE, God's Final Envoy, S.77.

[290] Ihn wie in Lk.17,26 auf die Tage vor der Parusie zu beziehen, ist nicht möglich, da

bieten.[291] Dieser Plural würde dann voraussetzen, dass bei der Parusie des Menschensohnes an eine Abfolge von mehreren Ereignissen gedacht ist. Ein solches Denken und auch pluralische Formulierungen mit ἡμέραι sind für Lukas typisch;[292] lukanische Redaktion wäre zu vermuten.[293] Die Bildung eines solchen Ausdrucks, mit dem dann eine Reihe von Endzeitereignissen assoziiert werden, setzt einen innerhalb der Jesus-Bewegung entstandenen Menschensohn-Titel voraus, da für Lukas die Beziehung auf Jesus selbstverständlich ist und nicht mehr ausdrücklich hergestellt werden muss. Die Ersetzung des Ausdrucks „Tage des Menschensohnes" durch „Tage Jesu" würde den Bezug auf die Parusie nicht mehr erkennen lassen.

Eine andere Interpretationslinie bezieht den Ausdruck „einer der Tage des Menschensohnes" auf die in 17,21 angesprochene geschichtliche Existenz Jesu.[294] Doch auch in diesem Fall wäre mit einer sekundären Entstehung in Analogie zu Mk.2,20/Mt.9,15b/Lk.5,35 zu rechnen.[295] Wird der Ausdruck „einer der Tage des Menschensohnes" so verstanden, dann muss darin nicht titular vom Menschensohn gesprochen werden. Wenn angenommen wird, dass „der Menschensohn" ein Name für Jesus ist, dann bekommt der Ausdruck die Bedeutung „Zeit des Wirkens Jesu" und ist aus sich heraus ohne eine bestimmte Menschensohn-Konzeption voll verständlich.

In Lk.17,24 begegnet nun der singularische Ausdruck „Tag des Menschensohnes". Offensichtlich ist er fester Vorstellungsträger für die mit Jesus verbundenen und für die Endzeit erwarteten Ereignisse. Dies könnte für titularen Gebrauch sprechen. Wenn das Logion auf Jesus zurückzuführen wäre, könnte Jesus mit dem Menschensohn sogar eine von sich unterschiedene Gestalt meinen und auf einen außerhalb der Jesus-Bewegung

---

sich das Begehren der Jünger nicht auf die Zeit vor der Vollendung, die eine Zeit der Versuchung ist (17,23), sondern wohl nur auf die Vollendung selbst richten kann.

[291] Versuche, den Plural dennoch verständlich zu machen bei R.Schnackenburg, Der eschatologische Abschnitt, S.234-237.

[292] Vgl. die Rede von den „Tagen der Vergeltung" und den „Zeiten der Heiden" (Lk.21,22-24). Weitere Belege bei R.Schnackenburg, Der eschatologische Abschnitt, S.235.

[293] Dazu auch R.Schnackenburg, Der eschatologische Abschnitt, S.229: „ἐπιθυμεῖν ist gut lukanisch. [...] Die merkwürdige Wendung 'einen der Tage des Menschensohns' erklärt sich am ehesten aus lukanischer Sprachgewohnheit." (vgl. auch: ἐγένετο ἐν μιᾷ τῶν ἡμερῶν Lk.8,22 und 20,1).

[294] So z.B. E.Schweizer, Der Menschensohn, S.61f und R.Leivestad, Der apokalyptische Menschensohn, S.87. Weitere Autoren bei R.Schnackenburg, Der eschatologische Abschnitt, S.236.

[295] Im Anschluss an das Bräutigamswort begründet Mk.2,20 das nachösterlich wieder üblich gewordene Fasten mit folgender Formulierung: „Doch es werden Tage kommen, an denen der Bräutigam von ihnen genommen wird, und dann werden sie fasten in jenen Tagen." (Zur sekundären Entstehung vgl. J.Gnilka, EKK II/1, S.111; E.Grässer, Parusieverzögerung, S.44-48; V.Hampel, Menschensohn, S.59).

existierenden Menschensohn-Titel zurückgreifen. Bei einer Entstehung des Logions im Urchristentum wäre ein innerhalb der Jesusbewegung entstandener Menschensohn-Titel anzunehmen, da nur so die für das Urchristentum selbstverständliche Identifikation des Menschensohnes mit Jesus sichergestellt wäre. Jedoch ist auch bei diesem Logion nicht sicher zu ermitteln, ob der Ausdruck „der Menschensohn" allein diesen Vorstellungsträger darstellt, oder erst die Wendung „Tag des Menschensohnes", in welcher „der Menschensohn" auch schlicht als Jesus-Name gebraucht sein könnte. Der Ausdruck wäre dann in Analogie zum „Tag des Herrn" gebildet und als Hinweis auf die Parusie auch so verständlich. Klar entscheiden lässt sich diese Frage bei der von Matthäus verwendeten Wendung „Parusie des Menschensohnes" (Mt.24,27.39). Hier ist offensichtlich allein der Ausdruck „Parusie" der Träger für die mit der Wendung verbundene Vorstellung vom Endgericht.[296] Dies wird Mt.24,3 sichtbar, wo die redaktionelle Formulierung „deine Parusie" begegnet. Sind also die Logien Mt.24,27.37.39 Belege dafür, dass auch im apokalyptischen Kontext der Ausdruck „der Menschensohn" als Namen für Jesus verstanden werden konnte, so bleibt bei Lk.17,24 die Frage nach dem Sprachgebrauch offen. Ein titularer Gebrauch des Ausdrucks kann hier vorliegen, ist aber nicht zwingend anzunehmen.

Das Logion Lk.17,23f/Mt.24,26f versucht die Angst abzuwehren, die Ankunft des endzeitlichen Retters könnte auf Grund seiner verborgenen Wiederkunft[297] verpasst werden.[298] Ein solches Trostwort existiert in drei Versionen: Mk.13,21/Mt.24,23; Lk.17,20f und Lk.17,23f/Mt.24,26f.[299] Nur die letzte Version ist durch den Ausdruck „Tag des Menschensohnes" im Nachsatz auf die Parusie Jesu bezogen.

Mk.13,21/Mt.24,23 bezieht sich auf das Kommen des Christus und könnte aus dem jetzigen Kontext herausgelöst auch ein Trostwort der jüdischen

---

[296] Er ist im Urchristentum geradezu terminus technicus für die Wiederkunft Christi (vgl. V.HAMPEL, Menschensohn, S.59).

[297] Dass eine solche Erwartung der Ankunft des Messias im Verborgenen oder auch in der Wüste bestand, beweisen Joh.1,26; 7,27 und Just.Dial.8,4; 49,1 und 110,1 (vgl. auch Abschnitt 6.2.3).

[298] V.HAMPEL kommt mit Hilfe eine komplizierten Rekonstruktion zu dem seiner Meinung nach ursprünglich isoliert überlieferten authentischen Jesus-Logion „Wie ein Blitz – so wird sein der Menschensohn" (Menschensohn, S.59-63). Er löst dieses Logion zwar aus dem jetzigen Zusammenhang, muss aber dennoch zugestehen, dass es beim Bild des Blitzes um die „unzweideutige Sichtbarkeit des Blitzes bzw. des Messias bei seinem Herrschaftsantritt" geht (S.63). Damit bleibt auch bei HAMPELS traditionsgeschichtlicher Rekonstruktion die oben vorgenommene Interpretation weiterhin offen.

[299] Beim ersten Teil des Doppellogions Lk.17,23f/Mt.24,26-28 scheint Matthäus den Q-Text besser wiederzugeben. Lk.17,23 scheint an Lk.17,21 angeglichen zu sein. In Q gehört zu diesem Logion wohl auch noch das von Lukas erst in Lk.17,37 nachgetragene Bildwort Mt.24,28/Lk.17,37.

Apokalyptik sein, das sich ursprünglich auf die Ankunft des Messias[300] bezog. Offensichtlich geht diese Version des Logions nicht auf Jesus zurück, da sich nirgendwo in seiner Verkündigung die Messiaserwartung findet.[301] In christlichen Kreisen konnte ein solches Logion dort tradiert werden, wo die Hoffnung auf die Parusie Jesu mit der traditionellen apokalyptischen Messiaserwartung verbunden wurde und damit auch die Frage entstand, ob sich die Parusie Jesu im Verborgenen ereignen könne.

Lk.17,20f aus dem Sondergut des Lukas[302] bezieht sich auf das Kommen der Gottesherrschaft. Es wehrt die Vorstellung ab, die Verwirklichung der Gottesherrschaft könne an äußeren Zeichen vorausgesehen und berechnet werden und ereigne sich in einem lokal abgegrenzten Bereich. Dieses Jesus-Logion wendet sich also gegen die in der Apokalyptik übliche Spekulation über den Ablauf der eschatologischen Ereignisse, ist aber bezogen auf das Kommen der Gottesherrschaft. Es kann in den Rahmen der Verkündigung des historischen Jesus sinnvoll eingefügt werden.[303]

Es gibt nun drei Möglichkeiten, die Frage nach der Authentizität von Lk.17,24/Mt.24,27 zu beurteilen. Zunächst wäre es möglich, dieses Logion als authentische Jesus-Überlieferung zu betrachten.[304] Jesus hätte dann entweder einen von sich unterschiedenen Menschensohn-Richter erwartet oder er hätte damit gerechnet, in der Zukunft selbst in eine weltumgreifende Herrschaftsposition eingesetzt zu werden, die niemand verborgen bleiben kann. Die nachösterliche Parusieerwartung wäre dann bei Jesus bereits vorgezeichnet gewesen und Logien wie Mk.13,21/Mt.24,23 könnten dann als eine Weiterentwicklung von Jesustradition verstanden werden. Die andere Möglichkeit besteht darin, dass dieses Logion im nachösterlichen Kontext

---

300 Beachtenswert ist, dass ὁ χριστός in Mk.13,21/Mt.24,23 titular gebraucht und hier wohl nicht als Namen zu verstehen sein dürfte (vgl. Mt.2,4; Mk.8,29/Mt.16,16; Mk.12,35/ Mt.22,42). Dass sich dieses Trostwort nicht auf die Ankunft eines erwarteten Menschensohn-Richters bezieht, ist offensichtlich: Sein Kommen auf den Wolken müsste doch so wunderbar geschehen, dass es nicht verborgen bleiben kann.

301 Auch ist es bei Markus Teil der offensichtlich nachösterlichen Irrlehrerparänese (Mk.13,22) – vgl. dort den von Jesus nicht verwendeten Ausdruck ἐκλεκτοί.

302 R.SCHNACKENBURG, Der eschatologische Abschnitt, S.221-230 versucht nachzuweisen, dass Lk.17,20b.21a bereits in Q standen. Lk.17,21b sieht er als sekundär in den Kontext eingefügt an – dieses Wort könnte ein unabhängig tradiertes Jesus-Logion sein (vgl. Abschnitt 5.4.2.1).

303 Vgl. Abschnitt 5.4.2.1.

304 So z.B. H.E.TÖDT, Menschensohn, S.50 und 55. Doch geht TÖDT davon aus, dass sich „der Menschensohn“ im Munde Jesu auf eine von Jesus zu unterscheidende Figur bezog. V.HAMPEL, Menschensohn, S.59-63 versucht die Authentizität des von ihm durch Streichungen rekonstruierten und aus dem jetzigen Kontext gelösten Ur-Logions mit dem Hinweis auf den Charakter eines knappen, für Jesus typischen Rätselspruches zu erweisen. Wenn allerdings Knappheit und Rätselhaftigkeit erst durch kritische Operation entstehen, kann dies nicht zum Kriterium für Authentizität gemacht werden!

entstand, in dem durch den Rückgriff auf apokalyptische Spekulationen die alte Problematik wieder aufbrach, ob die Ankunft des eschatologischen Retters, die jetzt als die Parusie Jesu verstanden wurde, im Verborgenen geschehen könne. Dass in einem solchen Logion dann der Ausdruck „der Menschensohn" verwendet wurde, könnte damit zusammenzuhängen, dass dieser Ausdruck in apokalyptischem Kontext offenbar in enge Verbindung mit der Parusie Jesu gebracht wurde. Die Annahme einer titularen Menschensohn-Konzeption ist jedoch nicht zwingend. Denn die Bildung könnte auch in Analogie zum Ausdruck „Tag des Herrn" erfolgt sein. Ob Lk.17,24 ein authentisches Jesuswort darstellt, lässt sich erst von einem traditionsgeschichtlichen Gesamtkonzept her endgültig klären.

Die Leidensweissagung Lk.17,25 dürfte wahrscheinlich redaktionell in diesen Kontext eingewandert sein, da sie eine fast wörtliche Wiederaufnahme von Lk.9,22 darstellt.[305] Für den Gebrauch des Ausdrucks „der Menschensohn" in dieser Leidensweissagung gilt das oben bereits Gesagte.[306]

c) Lk.17,26.30/Mt.24,37.39

Die Logienquelle überliefert in Lk.17,26-30/Mt.24,37-39 einen Vergleich zwischen den Tagen Noahs[307] und den Tagen des Menschensohnes. Dieser Vergleich, der zwei Menschensohn-Logien enthält, lautete in Q etwa so:[308]

> Lk.17,26-30/Mt.24,37-39: (26/37) Wie in in den Tagen Noahs, so wird (ἔσται) es auch sein in den Tagen[309] des Menschensohnes:[310] (27/38) Wie sie nämlich in den Tagen vor der Sintflut schmausten und tranken, heirateten und verheirateten bis zu dem Tag, als Noah in die Arche ging, (/39) und die Sintflut kam und alles hinwegraffte, (30/) so wird es sein am Tage [der Offenbarung][311] des Menschensohnes.

---

305 Weitere Argumente bei R.SCHNACKENBURG, Der eschatologische Abschnitt, S.230. Vgl. auch L.OBERLINNER, Todeserwartung, S.147.

306 Vgl. Abschnitt 4.5.

307 Lukas bietet außerdem noch einen parallelen Vergleich mit den Tagen Lots. Ob nun Matthäus diesen Vergleich weggestrichen hat, weil er den Q-Text mit dem Mk-Text verschränken wollte (so etwa R.SCHNACKENBURG, Der eschatologische Abschnitt, S.231), oder ob ihn Lukas sekundär eingefügt hat (so etwa S. SCHULZ, Q, S.280), kann hier offen bleiben, da dies für die zu klärenden Fragen unerheblich ist.

308 Rekonstruktion in Anlehnung an S.SCHULZ, Q, S.279f.

309 Lukas 17,26 bietet den Plural, jedoch wird häufig davon ausgegangen, dass hier ursprünglich ein Singular anzutreffen war. Auf die Frage ist noch zurückzukommen.

310 Mt. bietet: „...so wird sein die Parusie des Menschensohnes". Die lukanische Version ist der Wiedergabe durch Matthäus vorzuziehen, da Matthäus wie in Lk.17,24/Mt.24,27 den ursprünglicheren Ausdruck „Tag(e) des Menschensohnes" durch die Wendung „Parusie des Menschensohnes" ersetzt (vgl. auch Mt.24,3).

311 Lukas bietet ᾗ ἡμέρᾳ ὁ υἱὸς τοῦ ἀνθρώπου ἀποκαλύπτεται. Matthäus bietet wieder die Formulierung „Parusie des Menschensohnes", die wohl sekundär ist. Jedoch vermutet S.SCHULZ, Q, S.280, dass der ursprüngliche Text lautete „so wird es auch sein am Tag des Menschensohnes".

Wie in Lk.17,22 so macht auch hier die Rede von den „Tagen des Menschensohnes" Interpretationsprobleme. Wie die Bildhälfte des Vergleichs zeigt, sind diese Tage auf eine Zeit vor dem Gericht zu beziehen. Einige Exegeten nehmen darum an, der Plural „Tage des Menschensohnes" bezeichne die Zeit der irdischen Wirksamkeit Jesu.[312] Das Logion ließe sich dann so paraphrasieren: Wie zur Zeit Noahs (und Lots) wäre in den „Tagen des Menschensohnes", in denen Jesus zur Umkehr ruft, das herannahende Unheil vorherzusehen gewesen; aber wie zu Noahs und zu Lots Zeiten achtete niemand auf die Zeichen der Zeit. So verstanden, wäre das Logion Ausdruck der Erwartung Jesu auf die baldige und jähe Verwirklichung der Gottesherrschaft und zugleich ein Reflex auf die Ablehnung seiner Umkehrpredigt.

Gegen eine solche Interpretation erheben sich jedoch Einwände: Zunächst ist zu fragen, ob Jesus mit der plötzlichen Vollendung der Gottesherrschaft noch zu seinen Lebzeiten gerechnet hat.[313] Die Leidensweissagungen und die Todeserwartung Jesu weisen eher in eine andere Richtung. Sodann ist auf die Futur-Form ἔσται in Lk.17,26/Mt.24,37 hinzuweisen. Sie macht deutlich, dass die „Tage des Menschensohnes" sich auf eine Zeit beziehen, die vom Wirken des historischen Jesus aus gesehen und wohl auch noch für die Tradenten des Logions in der Zukunft liegt. Lk.17,30/Mt.24,39 stellt nun den Bezug auf die Parusie des Menschensohnes eindeutig her, dieser Vers müsste gestrichen werden, um im eben dargestellten Sinne zu interpretieren. Der Ausdruck „Tage des Menschensohnes" ist also auch auf die Parusie zu beziehen und meint damit „die Tage vor dem Kommen des Menschensohnes".[314] Offenbar stellte man sich das Kommen des Menschensohnes als einen längeren Prozess vor, so dass schon die Zeit, in der sich das Unheil ankündigt, zur Endzeit gerechnet wird. Dies ist ja auch die Konzeption in der synoptischen Apokalypse, wo häufig auch von „jenen Tagen" gesprochen wird.[315] Vielleicht erklärt sich die Pluralbildung in Vers 26 auch in Analogie zu dem geprägten Ausdruck „Tage des Messias".[316]

---

[312] So z.B. R.LEIVESTAD, Der apokalyptische Menschensohn, S.86f, R.LEIVESTAD, Exit the Apocalyptic Son of Man, S.260 und E. SCHWEIZER, Der Menschensohn, S.61.

[313] Die drei „Naherwartungs-Logien" Mk.9,1/Mt.16,28/Lk.9,27; Mk.13,30/Mt.24,34/Lk.21,32 und Mt.10,23 können aus zwei Gründen nicht als Beleg für eine derartige Erwartung Jesu ausgegeben werden. So gibt es gute Gründe, an ihrer Authentizität zu zweifeln (vgl. z.B. J.GNILKA, Jesus, S.154f; vgl. auch die betreffenden Ausführungen in diesem Kapitel). Ferner beziehen sie sich nicht eindeutig auf die Lebenszeit Jesu.

[314] So R.SCHNACKENBURG, Der eschatologische Abschnitt, S.230. Anders in Lk.17,22, wo er nicht die Zeit vor der Parusie, sondern die Parusie selbst bezeichnet.

[315] Vgl. Mk.13,17/Mt.24,19/Lk.21,23; Mk.13,19; Mk.13,20/Mt.24,22; Mk.13,24/Mt.24,29. Daneben begegnet Mk.13,32/Mt.24,36 noch die Rede von jenem Tag (Singular!), dem wohl der Tag (der Parusie) des Menschensohnes entspricht.

[316] Siehe STRACK-BILLERBECK, II, S.237 und dessen Nachweise für den in der rabbinischen Literatur bekannten Ausdruck „Tage des Messias".

Bei diesem Erklärungsansatz wäre der Ausdruck „Tag(e) des Menschensohnes“ ein Begriff, mit dem sich eine feste Vorstellung verbindet. Dies spricht dafür, dass der Ausdruck „der Menschensohn“ Lk.17,26 und 17,30 titular gebraucht wird. Ein Ersatz durch den Ausdruck „Tag(e) Jesu“ wäre in diesem Logion nur schwer denkbar. Allerdings ist zu beachten, dass sich in einem Kontext, der sich auf die Parusie bezieht, bei Lukas auch die Formulierungen ἡ ἡμέρα ἐκείνη (Lk.21,34) und ἐν ἐκείναις ταῖς ἡμέραις (Lk.21,23) begegnet und die Formulierung „Tag(e) des Menschensohnes“ in Analogie zu „Tag des Herrn“ gebildet sein könnte. So ist es nicht völlig sicher, dass erst durch den Ausdruck „der Menschensohn“ der Parusie-Bezug von Lk.17,26.30 hergestellt wird. Wenn die Rede vom „Tag, an dem der Menschensohn offenbart wird“ (Lk.17,30) ursprünglich ist, dann klingt hier die Vorstellung von einer Verborgenheit des Menschensohnes an, die bei einer titularen Verwendung der Worte vom irdischen Menschensohn vorausgesetzt werden muss. Grundsätzlich wäre auch möglich, dass hier ein außerhalb der Jesus-Bewegung geprägter Menschensohn-Titel im Hintergrund steht. Diesen titularen Gebrauch bereits für die Logienquelle zu reklamieren, verbietet sich jedoch, da der Plural „Tage des Menschensohnes“ nicht sicher für Q nachgewiesen werden kann und gerade der Plural den titularen Gebrauch am meisten plausibel macht.

Wie ist nun die Authentizität dieses Vergleichs zu beurteilen? Ein erster Erklärungsversuch geht aus von der Beobachtung, dass sich sowohl für Lk.17,26-29 als auch für Lk.17,30 Parallelen in der christlichen Apokalyptik finden, die den Ausdruck „der Menschensohn“ nicht enthalten. So spricht 2.Petr.2,5-9 über den „Tag des Gerichts“, an dem der κύριος Jesus die Freveltaten vergelten wird (Vers 9). Diese Gerichtsankündigung rekurriert genau wie Lk.17,26-29 auf die Beispiele Noah und Lot.[317] Die Rede von der Offenbarung des eschatologischen Richters, die in Lk.17,30 auf den Menschensohn angewandt ist, findet sich verbunden mit dem Christus-Titel und der κύριος-Akklamation im Neuem Testament breit gestreut, gelegentlich auch kombiniert mit der Begriffen „Tag“ und „kommen“ (vgl. 2.Thess.1,7-10; 1.Kor.1,7; 1.Petr.1,7.13; 4,13). Ausgangspunkt der Entwicklung könnte ein Vergleich sein, der in Aufnahme alttestamentlicher Tradition von „jenen Tagen“ oder „jenem Tag“ gesprochen hat und die Unvorhersehbarkeit des Endes zum Ausdruck brachte. Ein solcher Vergleich könnte sogar ein authentisches Jesus-Wort sein (vgl. z.B. Lk.17,34f/Mt.24,40f). Es wäre also möglich, dass Lk.17,26-30/Mt.24,37-39 durch das sekundäre Einwandern

[317] Die Pointe des Vergleichs ist allerdings an beiden Stellen etwas anders gelagert. Geht es in Lk.17,26-29 um die Plötzlichkeit des Hereinbrechens des Gerichts und um die Ahnungslosigkeit der davon Betroffenen, so verwendet 2.Petr.2,4-8 die Beispiele Noah und Lot, um zu zeigen, dass Gerechte und Fromme im Gericht verschont bleiben. Doch sind die Parallelen zwischen Lk.17,26-30 und 2.Petr.2,4-8 nicht zu übersehen.

des Ausdrucks „der Menschensohn“ entstand. Dann wären ursprüngliche Aussagen, die vom eschatologischen Gericht oder vom Tag des Herrn gesprochen haben durch die Einfügung des Ausdrucks „der Menschensohn“ auf die Parusie Jesu bezogen worden. Lk.17,26-30 wäre als sekundäre Bildung anzusehen.

Ein zweiter Erklärungsversuch nun deutet den eben beobachteten Befund genau anders herum. Er sieht Lk.17,26-30/Mt.24,37-39 als authentische Jesustradition an,[318] die den apokalyptischen Traditionsbildungsprozess initiiert hat, der zu den in der Briefliteratur bezeugten Parallelen geführt hat. Welche der beiden Erklärungsversuche mehr Wahrscheinlichkeit für sich beanspruchen kann, wird erst im Rahmen einer traditionsgeschichtlichen Gesamthypothese entschieden werden können.

Bei den drei Spruchkomplexen Lk.12,39f/Mt.24,43f; Lk.17,23f/ Mt.24,26f und Lk.17,26-30/Mt.24,37-39 ist es allein auf Grund der Analyse der Logien nur schwer möglich, ein begründetes traditionsgeschichtliches Urteil zu treffen. Bei allen drei Spruchkomplexen existieren in apokalyptischem Kontext parallele Aussagen, die den Ausdruck „der Menschensohn“ nicht enthalten. Damit bestand bei allen drei Aussagereihen die traditionsgeschichtliche Alternative: Entweder sind die Menschensohn-Logien sekundäre Bildungen, die auf Jesus zurückgehende Aussagen vom zukünftigen Gericht oder vom Kommen der Gottesherrschaft oder auch andere apokalyptische Traditionen derart umprägen, dass sie sich nun auf die Parusie Jesu beziehen, oder sie stellen authentische Jesus-Überlieferungen dar, die Ausgangspunkte für die Entwicklung der apokalyptischen Parallelen darstellen. Diese Alternative ist erst von einer traditionsgeschichtlichen Gesamtkonzeption her zu klären, die versucht die Entstehung sämtlicher Menschensohn-Logien in einem schlüssigen Konzept verständlich zu machen. Eine solche Konzeption soll nach Abschluss der Einzelanalyse aller Logien in Abschnitt 4.7 entworfen werden.

---

[318] So z.B. H.E.TÖDT, Menschensohn, S.50 und 55. TÖDT geht jedoch davon aus, dass sich der Ausdruck „der Menschensohn“ im Munde Jesu auf eine von Jesus zu unterscheidende Figur bezog. Von der Authentizität des Logions überzeugt ist auch V.HAMPEL, Menschensohn, S.63-70. Auf recht spekulative Weise rekonstruiert er folgenden ursprünglichen Wortlaut des Logions: „Wie die Tage Noahs, so wird sein der Menschensohn“ (S.66). Dann begründet er mit dem Hinweis auf die „Originalität des Vergleichs“, „seine Rätselhaftigkeit“ und seine inhaltliche Parallelität zum ähnlich rekonstruierten Blitz-Wort die Unableitbarkeit des Logions aus jüdischer und urchristlicher Tradition. Mit HAMPELS Verfahren gerät jedoch die Exegese in die Gefahr der Beliebigkeit.

4.6.3 Das Logion vom Bekennen und Verleugnen (Lk.12,8f/Mt.10,32 und Mk.8,38/Mt.16,27/Lk.9,26)

Eine ganz eigene Interpretationsproblematik weist das Logion vom Bekennen und Verleugnen auf. Es findet sich in der Logienquelle (Lk.12,8f/ Mt.10,32), im Markus-Evangelium (Mk.8,38/Mt.16,27/Lk.9,26) sowie in 2.Tim.2,12b und Apk.3,5. Die letzten beiden Stellen lassen sich als Niederschlag der synoptischen Tradition verstehen. In ihnen wird der Ausdruck „der Menschensohn“ durch das Personalpronomen ersetzt. Die synoptischen Überlieferungen lauten so:

Mt.10,32f: (32) Jeder nun, der sich zu mir bekennen wird (ὁμολογήσει) vor den Menschen, zu dem werde auch ich mich bekennen (ὁμολογήσω) vor meinem Vater in den Himmeln. (33) Wer mich aber verleugnet (ἀρνήσηται) vor den Menschen, den werde auch ich verleugnen (ἀρνήσομαι) vor meinem Vater in den Himmeln.

Lk.12,8f: (8) Ich sage euch: Jeder, der sich zu mir bekennt (ὁμολογήσῃ) vor den Menschen, zu dem wird sich auch der Menschensohn bekennen (ὁμολογήσει) vor den Engeln Gottes. (9) Der mich aber vor den Menschen Verleugnende (ἀρνησάμενος) wird verleugnet werden (ἀπαρνηθήσεται) vor den Engeln Gottes.

Mk.8,38: Wer sich meiner und meiner Worte schämt (ἐπαισχυνθῇ) in diesem ehebrecherischen und sündhaften Geschlecht, dessen wird sich auch der Menschensohn schämen (ἐπαισχυνθήσεται), wenn er kommt in der Herrlichkeit seines Vaters mit den heiligen Engeln.

Lk.9,26: Wer sich meiner und meiner Worte schämt (ἐπαισχυνθῇ), dessen wird sich auch der Menschensohn schämen (ἐπαισχυνθήσεται), wenn er kommt in seiner Herrlichkeit und in der des Vaters und der heiligen Engel.

Mt.16,27: Denn der Menschensohn wird kommen in der Herrlichkeit seines Vaters mit seinen Engeln und dann wird er vergelten (ἀποδώσει) jedem nach seinem Tun (κατὰ τὴν πρᾶξιν αὐτοῦ).

Gewöhnlich wird der Q-Version gegenüber der Markus-Version der Vorzug gegeben, da sich bei Markus einige offensichtliche redaktionelle Eingriffe erkennen lassen.[319] Dabei kann in unserem Zusammenhang unberücksichtigt bleiben, ob das markinische Verb ἐπαισχύνεσθαι oder das in Q gebotene Verb ἀρνεῖσθαι ursprünglicher ist.[320] Zwischen der Wiedergabe des Q-Textes bei Lukas und Matthäus gibt es nun drei Unterschiede, die folgendermaßen zu beurteilen sind: Ob erstens Lukas – wie allgemein und hier auch

---

[319] So J.GNILKA, EKK II/2, S.22; H.E.TÖDT, Menschensohn, S.39f; F.HAHN, Hoheitstitel, S.33; W.G.KÜMMEL, Das Verhalten Jesus gegenüber, S.210-224; P.HOFFMANN. Jesus versus Menschensohn, S.185. Sicherlich gehen die Wendungen καὶ τοὺς ἐμοὺς λόγους und ἐν τῇ γενεᾷ ταύτῃ τῇ μοιχαλίδι καὶ ἁμαρτωλῷ auf Mk. zurück. Auch wird bei Mk. die Ankunft des Menschensohnes breiter und in Anschluss an Dan.7,13f geschildert.

[320] Für das markinische Verb plädiert W.G.KÜMMEL, Das Verhalten Jesus gegenüber, S.218; für das in Q überlieferte Verb sprechen J.GNILKA, EKK II/2, S.22 und H.E.TÖDT, Menschensohn, S.40.

angenommen – den zweiten Satz des Doppellogions umgestaltet hat oder ob er den Wortlaut von Q wiedergibt,[321] ist hier unerheblich. Zweitens ist anzunehmen, dass der Ausdruck „der Menschensohn" in der Q-Version anzutreffen war, und von Matthäus durch das Personalpronomen ersetzt wurde.[322] Der dritte Unterschied betrifft die Instanz, vor welcher der Menschensohn agiert. Bei Matthäus ist es der Vater, bei Lukas sind es die Engel. Da das Zeugnis vor den Engeln weniger einer hoheitlichen Ausgestaltung der Funktion Jesu beim Gericht entspricht und da die Wendung „mein himmlischer Vater" ausschließlich bei Matthäus begegnet (7,21; 12,50; 15,13; 18,35) und von Matthäus um des Zusammenhangs mit 10,29 hier eingefügt ist,[323] wird allgemein davon ausgegangen, dass Lk.12,8 mit ἔμπροσθεν τῶν ἀγγέλων τοῦ θεοῦ die ursprünglichere Version des Logions wiedergibt.[324] Diese dürfte also gelautet haben:

> „Wer sich zu mir vor den Menschen bekennt, zu dem wird sich der Menschensohn vor den Engeln Gottes bekennen. Wer mich vor den Menschen verleugnet,[325] den wird auch der Menschensohn vor den Engeln Gottes verleugnen."

Dieses Logion bietet mehrere Interpretationsmöglichkeiten.

Weit verbreitet ist die Interpretation HEINZ EDUARD TÖDTS, die er zum traditionsgeschichtlichen Ausgangspunkt seiner Lösung der Menschensohn-Frage macht.[326] TÖDT versteht dieses Logion auf dem Hintergrund eines vor Jesus geprägten apokalyptischen Hoheitstitels „der Menschensohn": Ein gegenwärtiges Bekenntnis zur Person Jesu wird ein zukünftiges Verhalten

---

[321] Gewöhnlich wird davon ausgegangen, dass in Q ursprünglich ein völlig paralleles Doppellogion stand (so z.B. H.E.TÖDT, Menschensohn, S.308; W.G.KÜMMEL, Das Verhalten Jesus gegenüber, S.214; anders A.J.B.HIGGINS, „Menschensohn" oder „ich" in Q, S.123). Die Annahme von J.D.CROSSAN, Jesus, S.336, dass die Q-Version durchgehend wie in Lk.12,9 in passiven Formen formuliert war und weder „der Menschensohn" noch „ich" als Subjekt hatte, kann nicht erklären, weshalb es in allen anderen Versionen zu aktiven Formulierungen gekommen ist.

[322] Dass die zunächst überzeugend klingende Argumentation P.HOFFMANNS (Jesus versus Menschensohn) für die Ursprünglichkeit der mt. Version nicht haltbar ist, zeigt A.VÖGTLE, Die „Gretchenfrage", S.14-22. VÖGTLE kann plausibel machen, dass Mt. den in Q vorgegebenen Ausdruck „der Menschensohn" durch „ich" ersetzt, während Lukas den in Q gebotenen Text überliefert. VÖGTLES Argumentation ist deshalb so überzeugend, weil sie ohne Heranziehung traditionsgeschichtlicher Gesamtkonzeptionen argumentiert. V.HAMPEL, Menschensohn, S.152-155 will – auf Grund seiner inhaltlichen Füllung des Ausdrucks „der Menschensohn" – die mt. Variante zumindest als gleichursprünglich ansehen. Dies ist jedoch, methodisch gesehen, problematisch.

[323] So A.VÖGTLE, Die „Gretchenfrage", S.18.

[324] So W.G.KÜMMEL, Das Verhalten Jesus gegenüber, S.215f; H.E.TÖDT, Menschensohn, S.40; P.HOFFMANN, Jesus versus Menschensohn, S.184; E.SCHWEIZER, Der Menschensohn, S.59; PH.VIELHAUER, Jesus und der Menschensohn, S.142.

[325] Bzw. „wer sich meiner vor den Menschen schämt...." (s.o.).

[326] Vgl. H.E.TÖDT, Menschensohn, S.39f.

des Menschensohn-Richters gegenüber dem Bekennenden heraufbeschwören. TÖDT sieht im Subjektwechsel zwischen Vorder- und Folgesatz den Hinweis auf eine Unterscheidung zwischen der Person Jesu und der Figur des eschatologisch richtenden Menschensohnes. TÖDTS entscheidendes Argument lautet nun: „Keine Gemeinde-Theologie würde später diese für sie befremdliche Unterscheidung zwischen der Gestalt Jesu und dem dereinstigen Richter erfunden haben.“[327] Daraus folgt für ihn und diejenigen Forscher, die seiner Argumentation, ohne neue Aspekte beizutragen, folgen,[328] dass dieses Q-Wort ein authentisches Jesus-Logion enthält und darin Jesus den zukünftig erwarteten Menschensohn-Richter von seiner eigenen Person unterscheidet.

Nun wäre zweitens auch möglich, dass im Hintergrund dieses Logions ein Menschensohn-Titel steht, der innerhalb der Jesus-Bewegung entstanden ist und in dem Jesus selbstverständlich mit dem eschatologischen Menschensohn-Richter identifiziert wird. In diesem Fall würde es sich lediglich um eine terminologische Unterscheidung zwischen dem Ich Jesu und dem Menschensohn handeln, die Person Jesu wäre die gleichbleibende Referenz von Bedingungs- und Folgesatz. Das Q-Logion entspricht dann gut den Regeln des parallelismus membrorum.[329] In einem Umfeld, in dem „der Menschensohn“ als Bezeichnung für Jesus bekannt war, wurde die Differenzierung zwischen dem „Ich“ Jesu und dem Ausdruck „der Menschensohn“ im Logion vom Bekennen und Verleugnen sicherlich nicht als Hinweis auf eine personale Differenz verstanden.[330] Eine solch differenzierende Ausdrucksweise könnte Jesus zugeschrieben werden, wäre aber auch im nachösterlichen Urchristentum möglich. Dafür ist zunächst das sekundäre Menschensohn-Logion Mt.19,28 ein deutlicher Beleg.[331] Auch dort findet

---

[327] H.E.TÖDT, Menschensohn, S.51; ebenso W.G.KÜMMEL, Das Verhalten Jesus gegenüber, S.215; F.HAHN, Hoheitstitel, S.33 und 40.

[328] Neben F.HAHN, Hoheitstitel, S.33 wären hier unter vielen anderen zu nennen: J.B.HIGGINS, „der Menschensohn“ oder „ich“ in Q, S.123; W.G.KÜMMEL, Das Verhalten Jesus gegenüber, S.215, J.GNILKA, Jesus von Nazareth, S.260-264.

[329] J.D.G.DUNN, Christology in the Making, S.87 meint hierzu: „Indeed we may well wonder whether anyone familiar with the characteristic Hebraic idiom of referring to the same entity in two complementary lines by different phrases would ever have found the third person usage in Luke 12.8f. as odd as (some) modern commentators do, or ever have thought it referred to someone other than Jesus.“

[330] Ähnlich argumentiert auch PH.VIELHAUER (Jesus und der Menschensohn, S.145): Er stellt fest, dass der Verdacht, Jesus unterscheide in den Logien vom kommenden Menschensohn zwischen sich und „dem Menschensohn“, nicht durch formale Beobachtungen gestützt werden kann, sondern allein darin begründet ist, dass in diesen Logien futurische Aussagen gemacht werden, die im Erzählgut der Evangelien logischerweise keine Entsprechung haben. Vgl. auch A.VÖGTLE, Die „Gretchenfrage“, S.147f.

[331] Die Argumente für den sekundären Charakter von Mt.19,28 finden sich aufgelistet in Abschnitt 4.6.1. Vgl. auch I.BROER, Das Ringen der Gemeinde um Israel, S.152.

sich der Zusammenhang zwischen gegenwärtigem Verhalten zu Jesus und Geschick im Eschaton.[332] Der Wechsel zwischen dem Ausdruck „der Menschensohn“ und dem Personalpronomen könnte also darin begründet sein, dass zwischen Jesu Bedeutung in gegenwärtiger Zeit und Jesu Rolle als eschatologische Richtergestalt unterschieden wird, wobei dann der Ausdruck „der Menschensohn“ vornehmlich dazu verwendet würde, um Jesus in seiner Funktion als eschatologischen Richter zu bezeichnen.[333] Dass dies nicht die einzige Interpretationsmöglichkeit sein muss, zeigt der Wechsel zwischen dem Ausdruck „der Menschensohn“ und dem Personalpronomen in dem Jesus-Logion Mk.14,41f/Mt.26,45f. Dort beziehen sich beide Formulierungen auf dieselbe Aktion und der Wechsel im Sprachgebrauch scheint rein ästhetisch begründet zu sein. Auch für das Logion vom Bekennen und Verleugnen ist ein solcher Sprachgebrauch möglich.[334] Doch auch in diesem Fall ist eine Interpretation möglich, die den Ausdruck „der Menschensohn“ als innerhalb der Jesusbewegung geprägten Titel versteht. Ein so verstandenes Logion könnte von Jesus stammen, es könnte aber auch auf das nachösterliche Urchristentum zurückgehen.[335]

---

[332] H.E.Tödt, der ebenfalls dieses Logion für sekundär ansieht, erklärt diesen Sachverhalt so: „Demnach hat die Gemeinde bei der Neubildung eines Menschensohnspruches die differenzierende Form der authentischen Jesus-Sprüche festgehalten, obwohl sie der christologischen Erkenntnis teilhaftig geworden war, dass Jesus der kommende Menschensohn selbst sein werde.“ (Menschensohn, S.60). Tödt bemerkt hierzu selbst (S.53): „So ist es verwunderlich, dass die Gemeinde die Differenzierung zwischen dem Ich Jesu und dem kommenden Menschensohn überhaupt aufbewahrt hat. Die Aufrechterhaltung der Differenzierung ist nur verständlich, wenn man annimmt, dass diese als geprägte Form der Menschensohnsprüche Jesu überkommen und daher durch seine Autorität vor Modifikationen geschützt war.“ R.Leivestad, Der apokalyptische Menschensohn, S.81 kommentiert diese Aussage Tödts so: „In ihrer Unglaubwürdigkeit heiße ich diese Erklärung willkommen! Es wäre wahrlich verwunderlich, wenn die Autorität Jesu diese Eigentümlichkeit vor Modifikationen geschützt habe, während seine Sprüche sonst allerlei Veränderungen durchgemacht haben. Dazu müssen wir an ein noch größeres Wunder glauben: dass auch die Sprüche, die reine Gemeindebildungen sind, diese Eigentümlichkeit treu nachgeahmt haben! Gerade die Identifizierung des Menschensohnes mit Jesus müsste ja für die Gemeinde das Wesentliche sein, und es wäre zu erwarten, dass sie so deutlich und nachdrücklich wie möglich dieses Bekenntnis hervorheben würde.“ (vgl. auch R.Leivestad, Exit the Apocalyptic Son of Man, S.261).

[333] So argumentierte bereits Ph.Vielhauer (Jesus und der Menschensohn, S.146) im Anschluss an G.Iber.

[334] So auch R.Leivestad, Der apokalyptische Menschensohn, S.85.

[335] Schwierigkeiten mit diesem Logion bekommt V.Hampel, Menschensohn, S.152-155, da er den Ausdruck „der Menschensohn“ gerade als Bezeichnung des irdischen Jesus versteht, der mit diesem Rätselwort seine noch verhüllte Messianität zum Ausdruck bringe. Nach seiner Konzeption hätte das Logion den Ausdruck „der Menschensohn“ gerade im Vordersatz haben müssen. Deshalb muss er für Lk.12,8f die Authentizität bestreiten und eine komplizierte traditionsgeschichtliche Entwicklung annehmen.

Eine dritte Interpretationsmöglichkeit geht davon aus, dass mit der Formulierung „bekennen vor den Engeln Gottes" Jesus nicht als Richter, sondern als Zeuge im eschatologischen Gericht gesehen wird.[336] In einer Situation, in welcher der Ausdruck „der Menschensohn" nur als Name für Jesus diente, musste die Formulierung „bekennen vor den Engeln Gottes" zwar Assoziationen an das eschatologische Endgericht wecken, nicht jedoch zwangsläufig Jesus auch mit dem eschatologischen Richter identifizieren. Die Zeugenrolle im Endgericht war nach traditionell jüdischer Auffassung nicht auf den Messias oder eine andere exklusive Gestalt beschränkt, sondern konnte von allen rechtschaffenen Menschen eingenommen werden. So spricht die Jesus-Überlieferung sogar der Königin von Süden und den Männern von Ninive – beides Nichtjuden! – die Funktion des anklagenden Zeugen zu (Mt.12,41f/Lk.11,31f). Herausgehobene Personen der Geschichte Israels, die Ältesten des Volkes, Gerechte, Auserwählte usw. begegnen in der jüdischen Überlieferung als Zeugen im Endgericht.[337] Wird der Ausdruck „der Menschensohn" in diesem Logion als Name verstanden, dann wird darin für Jesus eine eschatologische Rolle in Anspruch genommen, die jeder rechtschaffene und fromme Jude beanspruchen konnte. Der Subjektwechsel wäre – wie oben bereits für die zweite Interpretationsmöglichkeit dargelegt – ästhetisch begründet. Dass Matthäus den Ausdruck „der Menschensohn" als Namen verstand, zeigt sich wieder einmal darin, dass er diesen Ausdruck durch das Personalpronomen ersetzte. Das so verstandene Logion dürfte dann authentisch sein, da das Urchristentum Jesus nicht als Zeuge, sondern als Richter im Endgericht sah. In der Situation der Nachfolger und Nachfolgerinnen Jesu, die nicht frei von Anfeindungen um Jesu willen war,[338] ergibt sich auch in der vorösterlichen Situation ein anzunehmender Sitz im Leben.[339]

---

[336] So R.LEIVESTAD, Exit the Apocalyptic Son of Man, S.262.

[337] Vgl. dazu I.BROER, Das Ringen der Gemeinde um Israel, S.156f, der für folgende Gruppen Belege nennt: Die Gerechten (Weish.3,8; äth.Hen.91,12; 95,3 usw.), das gerechte Volk (Jub.24,29), die Heiligen des Höchsten (Dan.7,22 LXX); Erwählte Gottes (1QpHab 5,3; vgl. auch 1QS 8,7); Gerechte und Heilige (äth.Hen.38,5); Auserwählte Gottes (äth.Hen.48,9); Schafe (=Israeliten äth.Hen.90,19). In rabbinischen Texten: Große Israels, das Haus Davids, die Ältesten und die Fürsten; die Israeliten, die Gerechten und die Engel (Belege bei STRACK-BILLERBECK IV/2 S.1103f).

[338] Einwände gegen die Authentizität dieses Logions wurden vorgetragen von PH.VIELHAUER (Jesus und der Menschensohn, S.142f; wie VIELHAUER, aber weniger entschieden, geht auch M.MÜLLER, Der Ausdruck „Menschensohn", S.132 von einer nachösterlichen Entstehung des Logions aus). VIELHAUERS Einwände gegen die Authentizität dieses Logions basieren letztlich auf der Annahme, dass es vor Ostern keine Situation des Bekennens zu Jesus gab. Angesichts der Aussendung von Jüngern zur Verkündigung der Botschaft Jesu (vgl. Mk.6,7-13/Lk.9,1-6; 10,1-13/Mt.10,1-16) und den Anfeindungen, die die Jünger um Jesu willen wohl auch erlebten, ist aber sehr wohl mit dieser Situation auch vor Ostern zu rech-

Auch mit dieser letzten Interpretationsmöglichkeit wäre die Entstehung der verschiedenen Varianten des Logions verständlich zu machen. Als Jesus nach Ostern als der zu Gott erhöhte Herr geglaubt wurde, war es naheliegend, Jesu Rolle im Gericht aufzuwerten. Aus dem Zeugen wurde wohl schon bald der Richter. In einem weiteren Schritt werden nun Motive aus Dan.7,13 in dieses Logion aufgenommen und so das Logion apokalyptisch ausgemalt (Mk.8,38).[340] Schriftgelehrte – wohl judenchristliche Apokalyptiker – dürften hierfür verantwortlich sein; ihnen musste sich der Zusammenhang zwischen der Vision Dan.7 einerseits und der Richter-Rolle Jesu sowie der von Jesus her bekannten namenhaften Selbstbezeichnung „der Menschensohn" andererseits geradezu aufdrängen. Mt.16,27 dürfte eine eigenständige Umformulierung von Mk.8,38 durch Matthäus sein. Vielleicht sollte so die Doppelung zu Mt.10,33 verhindert und die Aussage des Logions noch stärker herausgearbeitet werden. Dass die Aussageintention des Logions auch nachösterlich ohne den Ausdruck „der Menschensohn" festgehalten werden kann, belegen schließlich 2.Tim.2,12b und Apk.3,5.

Für die Redaktoren des Logions wäre – unabhängig vom ursprünglichen Verständnis – eine titulare Menschensohn-Konzeption nicht auszuschließen: Von ihr her wird Jesu Rolle im Gericht konsequent zu der des Richters ausgestaltet. Dabei ist nicht wahrscheinlich, dass auf einen außerhalb des Urchristentums bereits geprägten Menschensohn-Titel zurückgegriffen wurde, da in diesem Fall die Identifikation Jesu mit dem Menschensohn ausdrücklich hergestellt werden müsste. Allerdings ist nicht notwendig gesagt, dass alle Tradenten des Logions den Ausdruck „der Menschensohn" titular verstanden. Der Bezug auf die Parusie wird für sie ja auch durch die an Dan.7 anklingenden (sekundär eingefügten) Sprachmotive sichergestellt. Es wäre also auch möglich, dass sie den Ausdruck „der Menschensohn" als Jesus-Namen verstanden. So kann ihn Matthäus auch durch das Personalpronomen ersetzen.

Zusammenfassend lässt sich festhalten: Die älteste rekonstruierbare Gestalt des Logions vom Bekennen und Verleugnen lässt sich auf dreierlei Weise interpretieren. In der ursprünglichen Fassung des Logions lässt sich der Ausdruck „der Menschensohn" als Titel für eine von Jesus unterschiedene Richtergestalt oder als Titel für den eschatologischen Richter Jesus oder als Namen für Jesus verstehen. Eine Formulierung des Logions durch Jesus

---

nen (So auch W.G.KÜMMEL, Das Verhalten Jesus gegenüber, S.218 und H.E.TÖDT, Menschensohn, S.309-312 in seiner Zurückweisung der Überlegungen PH.VIELHAUERS). Dabei muss noch nicht mit juristischen Zwangsmaßnahmen gegen Jünger Jesu gerechnet werden.

[339] Dies um so mehr, wenn das Verb „sich schämen" bei Mk (ἐπαισχύνεσθαι) im Vergleich zum Q-Text (ἀρνεῖσθαι) ursprünglich wäre.

[340] Motive aus Dan.7 sind die Rede vom Kommen des Menschensohnes und der Begriff δόξα (vgl. Dan7.14 LXX), aram: יְקָר.

ist in allen drei Fällen möglich, eine nachösterliche Entstehung jedoch nur für den Fall eines innerhalb der Jesus-Bewegung geprägten Menschensohn-Titels.[341] Ob bei den nachösterlichen Redaktoren des Logions ein titularer Gebrauch anzutreffen ist, lässt sich nicht eindeutig klären.

4.6.4 Eindeutig sekundäre Menschensohn-Logien

In dieser letzten Gruppe sind Logien zusammengestellt, bei denen es sich mit sehr großer Wahrscheinlichkeit um Menschensohn-Worte handelt, die nicht auf Jesus zurückgehen. Auch lässt sich bei diesen Logien keine ältere Tradition erkennen, in die der Ausdruck „der Menschensohn" sekundär eingedrungen sein könnte.

Bei all diesen Logien ist die Verwendung eines außerhalb der Jesus-Bewegung geprägten Menschensohn-Titels auszuschließen, da sonst eine Identifikation des Menschensohnes mit der Person Jesu ausdrücklich hergestellt werden müsste.

a) Mk.13,26/Mt.24,30f/Lk.21,27

Dieses Logion stellt den Höhepunkt der Endzeitereignisse dar, wie sie in der synoptischen Apokalypse beschrieben werden.[342] Matthäus stellt ihm redaktionell[343] ein zweites Menschensohn-Logion voran. Das Doppellogion lautet:

Mt.24,30: Und dann wird erscheinen das Zeichen des Menschensohnes (τὸ σημεῖον τοῦ υἱοῦ τοῦ ἀνθρώπου) am Himmel und dann werden wehklagen alle Stämme auf der Erde und

Mk.13,26/Mt.24,30/Lk.21,27: sie werden den Menschensohn kommen sehen auf den Wolken (des Himmels)[344] mit (großer) Macht und Herrlichkeit. Mk.13,27/(Mt.24,31) Und dann wird er die (seine) Engel aussenden (mit starkem Posaunenschall) und die (/seine) Auserwählten (ἐκλεκτοί) versammeln von den vier Winden her, vom Ende der Erde bis zum Ende des Himmels (/von den Enden der Himmel bis zu ihren Enden).

Unzweifelhaft liegt im zweiten Teil des Satzes eine Anspielung auf Dan.7,13f vor.[345] Auch hier scheint die Rede vom Kommen des

---

[341] Dieses Ergebnis, das so viele Möglichkeiten offen lässt, verbietet es, das Logion vom Bekennen und Verleugnen zum Ausgangspunkt einer traditionsgeschichtlichen Gesamthypothese zu machen – gegen H.E.TÖDT, Menschensohn, S.39f.

[342] Vgl. F.HAHN, Die Rede von der Parusie des Menschensohnes, S.262.

[343] Von redaktioneller Bildung gehen aus U.LUZ, EKK I/3, S.409 und 434; H.E.TÖDT, Menschensohn, S.31 und J.JEREMIAS, Die älteste Schicht der Menschensohn-Logien, S.167f. Anders dagegen C.COLPE, ThWNT VIII, S.440 und J.D.CROSSAN, Jesus, S.332f, die Mt.24,30a mit wenig überzeugenden Argumenten einer authentischen Sondertradition zuordnen.

[344] Worte in Klammern sind Zusätze bzw. Abweichungen bei Matthäus.

[345] Folgende Stichworte spielen auf Dan.7,13f an: Die Rede vom Kommen des Menschensohnes, die Formulierung „mit den Wolken des Himmels", der Begriff „Herrlichkeit".

Menschensohnes Träger für eine bestimmte eschatologische Erwartung zu sein. Dies könnte ein Hinweis auf titularen Gebrauch des Ausdrucks „der Menschensohn“ sein. Diese These ließe sich eventuell noch durch die Beobachtung verstärken, dass bei Matthäus die Wendung σημεῖον τοῦ υἱοῦ τοῦ ἀνθρώπου in auffallender Parallelität zu der Formulierung σημεῖον τῆς σῆς παρουσίας (Mt.24,3) steht. Doch auch hier ist nicht deutlich, ob der Ausdruck „der Menschensohn“ der eigentliche Vorstellungsträger ist. Da – wie die Parallele 1.Thess.4,16f zeigt[346] – der Bezug auf die Parusie auch dann noch durch die auf Dan.7 anspielenden Topoi hergestellt würde, wenn der Ausdruck „der Menschensohn“ durch den Namen „Jesus“ oder den Titel „Herr“ ersetzt wird, kann auch hier ein namenhafter Gebrauch von „der Menschensohn“ vorliegen.[347]

Offensichtlich ist in Mk.13,26/Mt.24,30f/Lk.21,27 der Bezug auf Dan.7,13f. Auch sonst ist der Kontext mit Anspielungen und direkten Zitaten aus dem Alten Testament durchsetzt.[348] Diese für Jesus untypische Zusammenballung von Zitaten und Anspielungen, die zum Teil sogar die Septuaginta-Übersetzung voraussetzen, spricht gegen die Authentizität dieses Logions. Außerdem ist dieses Logion so gut in den Gesamtzusammenhang der (vor)markinischen Apokalypse eingepasst, dass – würde hier ein authentisches Jesus-Wort vorliegen – der Kernbestand dieser Apokalypse auf Jesus zurückgeführt werden müsste.[349] Dies widerspräche jedoch der sonst bei Jesus zu beobachtenden Zurückhaltung gegenüber der apokalyptischen Ausmalung einer festen Abfolge von Endzeitereignissen. So ist dieses Logion als sekundäre Bildung anzusehen,[350] wofür auch der Begriff ἐκλεκτοί spricht.[351] Da Paulus 1.Thess.4,16 eine parallele Tradition bezeugt, die statt vom „Kommen des Menschensohnes“ von der „Parusie des Herrn“ spricht, könnte auch hier ein Fall vorliegen, wo der Ausdruck

---

[346] Vgl. M.de Jonge, God's Final Envoy, S.77; die Parallele betonen auch J.D.Crossan, Jesus, S.333 und E.P.Sanders, Jesus, S.180-182.

[347] Diese Austauschbarkeit stellt auch J.D.Crossan, Jesus, S.331f heraus. Für ihn gibt es allerdings nur die Alternative zwischen Titel und Gattungsbegriff.

[348] In Mk.13,24-27/Mt.24,29-31 lassen sich Zitate aus Jes.13,10 und 34,4 und Anspielungen auf Jes.27,13; Ez.32,7; Joel 2,10.13.15; 3,4.15; Dan.7,13f; Sach.2,10.12 und Dtn.30,4 ausmachen.

[349] Dagegen sprechen sich z.B. aus J.Gnilka, EKK II/2, S.211f und G.Theissen, Lokalkolorit, S.133-176.

[350] So auch H.E.Tödt, Menschensohn, S.32; E.Schweizer, Der Menschensohn, S.59; C.Colpe, ThWNT VIII, S.453 und V.Hampel, Menschensohn, S.165. Anders E.P.Sanders, Jesus, S.182, der das Wort auf Grund der doppelten Bezeugung (Mk. und 1.Thess) für authentische Jesus-Tradition hält.

[351] Nach J.Eckert, EWNT I, Sp.1015 begegnet der Begriff nur in sekundären apokalyptischen Jesus-Logien.

„der Menschensohn“ sekundär in eine – hier allerdings nachösterliche[352] – Tradition eingewandert ist.

b) Mk.14,62/Mt.26,64/Lk.22,69

Den Höhepunkt der Verhandlungen vor dem Synhedrium bildet Jesu Antwort auf die Frage des Hohepriesters „Bist du der Christus, der Sohn des Hochgelobten?“. Diese Antwort Jesu lautet in der markinischen Fassung so:

> Ich bin es (ἐγώ εἰμι), und ihr werdet sehen den Menschensohn sitzen zur Rechten der Macht (ἐκ δεξιῶν καθήμενον τῆς δυνάμεως) und kommen mit den Wolken des Himmels (ἐρχόμενον μετὰ τῶν νεφελῶν τοῦ οὐρανοῦ).

In diesem Logion ist entscheidend, dass „der Menschensohn“ mit Jesus identisch ist. Denn der in Mk.14,63 berichtete Protest des Hohenpriesters liegt nicht im Ausdruck „der Menschensohn“ begründet – denn dann müsste Jesu Antwort ja lauten: „Ja, ich bin der Menschensohn“ – sondern in der Behauptung, zur Rechten Gottes, also auf dem Platz des Messias', zu sitzen.[353] Der Bezug auf die Parusie wird ohnehin durch die an Dan.7 angelehnten Motive gesichert. Bei diesem Logion gibt es also keinen Grund, einen titularen Gebrauch des Ausdrucks „der Menschensohn“ anzunehmen; dieser Ausdruck dürfte hier als Namen für Jesus gebraucht werden.[354] Allerdings ist auch nicht ganz auszuschließen, dass ein innerhalb der Jesus-Bewegung gebildeter Menschensohn-Titel im Hintergrund steht, da auch für diesen Titel die Identifikation des Menschensohnes mit Jesus konstitutiv ist.

In Jesu Antwort werden Motive aus Dan.7,13 (ἐρχόμενον μετὰ τῶν νεφελῶν τοῦ οὐρανοῦ) und Ps.110,1 (ἐκ δεξιῶν καθήμενον τῆς δυνάμεως) miteinander verschmolzen. Schon dieser schriftgelehrte Rückgriff auf Ps.110,1 (das im Neuen Testament am meisten zitierte Wort aus dem Alten Testament) lässt zumindest eine starke nachösterliche Bearbeitung vermuten.[355]

---

[352] Dass 1.Thess.4,15-17 als Herrenwort eingeleitet wird, muss nicht dafür sprechen, dass Paulus hier authentische Jesus-Tradition überliefert. So ist nicht klar, worin genau das Herrenwort bestand, auf das Paulus sich bezieht, und ob Paulus sich vielleicht auf eine ihm gegebene Offenbarung bezieht (vgl. G.THEISSEN/A.MERZ, Jesus, S.65).

[353] Inwiefern eine messianische Deutung von Dan.7,13f, die bei den späteren Rabbinen bekannt ist (vgl. Abschnitt 4.2.1), hier vorausgesetzt werden kann, muss offen bleiben.

[354] Mit einer besonders auf Lk.22,67-70 bezogenen Argumentation kommt R.LEIVESTAD, Der apokalyptische Menschensohn, S.91f zum selben Ergebnis.

[355] Vgl. H.E.TÖDT, Menschensohn, S.33f: Die Gemeinde „schilderte die Passion lieber mit Hilfe der Schriften als unter Berücksichtigung historischer Einzelheiten. [...] Die ganze Verhörszene, wie sie in Mk 14,61-64 geschildert wird, enthält christologische Reflexionen, die der Gemeinde erst in einem späteren Stadium zuzusprechen sind. Die Bezeichnungen Christus, Sohn Gottes, Menschensohn werden hier auf engstem Raum zusammengestellt und auf diese Weise in eine bestimmte Relation gebracht. [...] Wir kommen also zu dem Ergebnis, dass die Formulierung des Menschensohnspruches in Mk 14,62 der nachösterlichen Ge-

c) Acta 7,56

In engem Zusammenhang mit dem Logion Lk.22,69 steht innerhalb des lukanischen Doppelwerks der Ausspruch des sterbenden Stephanus, der in Acta 7,56 überliefert ist, und dort – vergleichbar mit der Szene von Jesu Verhör vor dem Synhedrium– einen heftigen Protest der Menge hervorruft (7,57). Er lautet im Zusammenhang des vorausgehenden Verses:

> (55) Er [Stephanus] aber, erfüllt vom Heiligen Geist, blickte zum Himmel empor, sah die Herrlichkeit Gottes und Jesus zur Rechten Gottes stehen (ἑστῶτα ἐκ δεξιῶν τοῦ θεοῦ) (56) und rief: Siehe, ich sehe den Himmel geöffnet und den Menschensohn stehend zur Rechten Gottes (ἐκ δεξιῶν ἑστῶτα τοῦ θεοῦ).

Die viel diskutierte Frage, warum in dieser Passage vom Stehen (und nicht vom Sitzen) des Menschensohnes zur Rechten Gottes die Rede ist und was dies zu bedeuten hat, kann hier unberücksichtigt bleiben.[356] Entscheidend ist jedoch der Hinweis auf den Protest der Menge. Könnte im damaligen Judentum die Erwartung eines apokalyptischen Menschensohn-Richters vorausgesetzt werden, dann könnte die Vision des Stephanus, die dann Hilfe von diesem Menschensohn oder die jenseitige Rechtfertigung durch diesen Menschensohn erhoffen würde, Hohn hervorrufen, nicht jedoch Protest. Offensichtlich reagiert in der Logik der Erzählung[357] die Menge deshalb mit Protest und Wut, weil Stephanus nicht eine unbekannte Gestalt, sondern Jesus neben dem Vater im Himmel identifiziert.[358] Dann muss aber auch in

---

meinde zuzuschreiben ist, die mit Hilfe der Schrift das Verhör Jesu vor dem Synhedrium schilderte und dabei ein besonderes Interesse an dem Verhältnis der christologischen Würdeprädikate zueinander hatte". Vgl. die ähnlichen Einschätzungen bei E.Schweizer, Der Menschensohn, S.60 und Ph.Vielhauer, Jesus und der Menschensohn, S.156. Ohne Gründe anzugeben stellt dagegen R.Pesch die Vermutung auf, dass Mk.14,62 auf Jesus zurückgehen könnte (Die Passion des Menschensohnes, S.187). Ein ursprüngliches Jesus-Wort, das nur vom „Kommen des Menschensohnes" sprach, als Vorform dieses Logions anzunehmen, ist spekulativ, da der Zusammenhang, den dieses Logion erschließen könnte, unklar bleibt. C.Colpe, ThWNT VIII, S.438 sieht in der lukanischen Überlieferung Lk.22,67-70 eine eigenständige und ursprünglichere Tradition, die historisch zuverlässig sei. Doch die Argumente, die gegen die Authentizität der Mk-Überlieferung sprechen, erheben sich auch gegen die lk. Version. Dagegen versucht DL.Bock, Blashemy and Exaltation, S.184-233 die Authentizität des Logions zu erweisen. Gegen den Einwand Tödts kann er aber nichts wirklich vorbringen. Vgl. auch Abschnitt 7.1.4.

[356] Die verschiedenen Erklärungen diskutiert z.B. C.Colpe, ThWNT VIII, S.465f.

[357] Ob die Szene historisch ist, kann ebenfalls unberücksichtigt bleiben.

[358] Vgl. dazu auch M.Müller, Der Ausdruck „Menschensohn", S.140: „Dass 'Menschensohn' ein christologischer Titel sein sollte, erscheint ausgeschlossen. Erstens sind die Verse 55 und 56 parallele Aussagen, in denen Jesus und der 'Menschensohn' einander entsprechen. Stünde der 'Menschensohn' in V. 56 titulär, so müsste Stephanus diese Gestalt identifizieren; die Zuhörer konnten ja nicht wissen, was er sah, sie wußten nur, was er darüber sagte. Zweitens würde der Ausdruck, wollte man ihn titulär verstehen, auch ein vorangestelltes ὡς notwendig machen, so dass die Aussage folgendermaßen gelautet hätte: 'Siehe,

dieser Erzählung der Ausdruck „der Menschensohn" nicht als Titel für eine eschatologische Gestalt, sondern als Namen für Jesus angesehen werden.[359] Auch hier wäre allerdings möglich, dass ein in der Jesus-Bewegung geprägter Titel „der Menschensohn" im Hintergrund steht, da auch für diesen Titel die Person Jesu die einzige Referenz darstellt.

d) Mt.10,23

Als Ausdruck der Naherwartung findet sich im Kontext der Aussendungsrede folgendes Menschensohn-Logion aus dem matthäischen Sondergut:

> Wenn sie euch aber verfolgen in dieser Stadt, flieht in die andere. Denn amen, ich sage euch: Ihr werdet mit den Städten Israels nicht zu Ende kommen, bis der Menschensohn kommt.

Die Frage, ob der Ausdruck „der Menschensohn" hier als Titel oder als Namen gebraucht wird, muss auch hier offen bleiben. Beides wäre möglich.

Zumeist wird davon ausgegangen, dass es sich bei diesem Menschensohn-Logion nicht um ein authentisches Jesus-Wort, sondern um ein in der Zeit der judenchristlichen Mission in Palästina entstandenes Trostwort handelt,[360] das evt. sogar der Redaktion des Matthäus zuzuschreiben ist.[361] Vielleicht entstand es in Anlehnung an Mt.16,28.

---

ich sehe den Himmel offen und Jesus als 'Menschensohn' zur Rechten Gottes stehen.' Mit anderen Worten: Das Vorkommen des Ausdrucks 'Menschensohn' in V. 56 lässt sich am besten als das Ergebnis eines traditionellen Bildersprachengebrauchs über Jesus als den Erhöhten erklären."

359 So auch R.LEIVESTAD, Exit the Apocalyptic Son of Man, S.253.

360 J.GNILKA, Jesus, S.154 meint hierzu: Dieses „Logion wird heute nahezu einhellig der nachösterlichen Situation zugewiesen. Es setzt die nachösterliche Israel-Mission und die konsequente Verfolgung der Missionare voraus, denen Trost gespendet werden soll mit der Verheißung des zu erwartenden Menschensohnes bzw. die in ihrer Aufgabe, in der Israel-Mission trotz aller Widerstände nicht nachzulassen, bestärkt werden sollen." Darüber hinaus bezweifelt z.B. H.E.TÖDT, Menschensohn, S.56, „dass Jesus seine Verkündigung – so sehr sie sich auch zunächst an Israel wendete – in dieser Weise auf den Bereich der Städte Israels beschränkt hat; man kann nicht behaupten, dass die Gottesherrschaft nach Jesu Predigt nur über diese Städte kommen sollte. Daher versteht sich dieses Wort viel besser aus der Situation einer ganz frühen judenchristlichen Mission." Für E.SCHWEIZER, Der Menschensohn, S.62, ist es darüber hinaus fraglich, „ob Jesus tatsächlich einen solchen Hinweis auf die Zeit der Parusie gegeben hat. Freilich ist es keine genaue Angabe, die apokalyptische Berechnung ermöglicht. Aber das Wort geht doch über das hinaus, was wir sonst in der echten Tradition finden." Die Behauptung der Authentizität mit allerdings nicht überzeugenden Argumenten findet sich bei C.COLPE, ThWNT VIII, S.439f. Argumente gegen die Authentizität, die sich nicht einer traditionsgeschichtlichen Gesamtkonzeption der Menschensohn-Frage verdanken, stellen zusammen E.GRÄSSER, Parusieverzögerung, S.128-141; H.MERKLEIN, Jesu Botschaft, S.55; J.GNILKA, Jesus, S.154; G.THEISSEN, Lokalkolorit, S.60 und J.BECKER, Jesus, S.150. Eine mögliche Entstehung in der Zeit kurz vor dem Tod Jesu bedenkt U.LUZ, EKK I/2, S.113f, doch erscheint sie ihm „sehr unsicher" (S.113).

e) Lk.18,8b

Das Gleichnis vom Richter und der bittenden Witwe, das nur bei Lukas überliefert ist, schließt mit einem das Gleichnis paränetisch deutenden Menschensohn-Logion, das folgendermaßen lautet:

> Wird jedoch der Menschensohn, wenn er kommt, Glauben finden auf der Erde?

Die Entscheidung, ob der Ausdruck „der Menschensohn" hier als Titel oder als Namen verwendet wird, muss offen bleiben. Beides wäre möglich.

Allgemein wird damit gerechnet, dass dieses Menschensohn-Logion von Lukas als Abschluss des vorausgehenden Gleichnisses gestaltet wurde.[362] Lukanische Spracheigentümlichkeiten und der Anklang an die nicht bei Jesus, doch bei Paulus begegnende Verwendung des Begriffs πίστις sind die Gründe dafür.[363] Auch die Parallele zu dem ebenfalls von Lukas sekundär angefügten Logion 21,36 wären hier zu nennen.[364]

f) Lk.21,36

Dieses Logion, das nur im Lukas-Evangelium zu finden ist und dort die synoptische Apokalypse beschließt, lautet:

> Wacht und betet zu jeder Zeit, dass ihr stark werdet, zu entfliehen allem, was geschehen wird, und zu stehen vor dem Menschensohn (σταθῆναι ἔμπροσθεν τοῦ υἱοῦ τοῦ ἀνθρώπου).

Nach Meinung vieler Exegeten ist Lk.21,36 Teil des von Lukas verfassten Schlussabschnittes 21,34-36 und besitzt eindeutig sekundären Charakter.[365]

---

[361] Vgl. die nur bei Matthäus überlieferte Begrenzung des Verkündigungsauftrages der Jünger auf die Städte Israels (Mt.10,5f).

[362] So z.B. H.E.Tödt, Menschensohn, S.92; E.Grässer, Parusieverzögerung, S.36-38; G.Schneider, „Der Menschensohn" in der lukanischen Christologie, S.27 und V.Hampel, Menschensohn, S.51f. Anders dagegen C.Colpe, ThWNT VIII, S.437, der dieses Logion als ursprünglich zum Gleichnis Lk.18,1-8a zugehörig ansieht.

[363] Auch wird der Sinn des Gleichnisses durch diesen Zusatz in eine andere Richtung gelenkt: Soll das Gleichnis ohne Vers 18b ursprünglich Mut zum Gebet machen, indem es die Gebetserhörung in Aussicht stellt, so wird es nun durch diesen Zusatz zu einer Handlungsanweisung für die Wartezeit bis zur Parusie.

[364] E.Schweizer meint, zwischen dem Motiv der Parusie und der Frage, ob der Menschensohn auf Glauben treffen wird, einen Widerspruch zu sehen: Wieso „ist eigentlich bei der Parusie nach dem 'Glauben' gefragt? Dann schauen ihn [den Menschensohn] doch alle" (Der Menschensohn, S.63), und plädiert für eine Deutung im Horizont des Wirkens des irdischen Jesus (ebd.). Dagegen ist jedoch einzuwenden, dass πίστις hier offensichtlich nicht 'Glauben', sondern 'Treue' meint. Mit dieser Interpretation ist das Logion sehr wohl im Rahmen der Parusieerwartung möglich.

[365] So H.E.Tödt, Menschensohn, S.90; E.Schweizer, Der Menschensohn, S.90f; G.Schneider, „Der Menschensohn" in der lukanischen Christologie, S.268f und V.Hampel, Menschensohn, S.52.

Typisch lukanische Formulierungen und die Wandlung von der „Naherwartung“ zur „Stetserwartung“ werden als wichtigste Indizien dafür angeführt, Lukas als Verfasser dieses Logions anzusehen.[366]

Für sich genommen lässt sich das Logion als Beleg für einen titularen Gebrauch des Ausdrucks „der Menschensohn“ verstehen, da nur unter dieser Voraussetzung ein Bezug auf die Parusie sichergestellt ist. Da das Logion aber sekundär durch Lukas für diesen Kontext formuliert wurde und dieser den Bezug auf die Parusie sichert, wäre in einer Gemeinde, die auf die Wiederkunft Christi hofft, das Logion auch dann noch verständlich, wenn der Ausdruck „der Menschensohn“ durch den Namen „Jesus“ ersetzt würde. Ein titularer Gebrauch muss also nicht unbedingt vorliegen. Dennoch spricht die Verwendung des Ausdrucks „der Menschensohn“ dafür, dass Lukas gerade mit diesem Ausdruck die Parusie Jesu assoziierte.

4.6.5 Zusammenfassung: Die synoptischen Logien vom eschatologischen Wirken des Menschensohnes

Bevor eine traditionsgeschichtliche Gesamthypothese versucht werden soll, sind die Ergebnisse der Analyse der synoptischen Logien, die vom eschatologischen Wirken des Menschensohnes sprechen, zusammenzufassen.[367]

Ohne dass es bei den einzelnen Logien überhaupt noch einmal im Detail nachzuweisen war, ist deutlich, dass bei keinem der Logien, die vom eschatologischen Wirken des Menschensohnes sprechen, ein generischer Gebrauch überhaupt denkbar ist.

Unter den Logien dieser Gruppe fanden sich vier Spruchkomplexe bzw. Worte,[368] bei denen die Verwendung eines außerhalb der Jesus-Bewegung geprägten Menschensohn-Titels möglich wäre – allerdings nur unter der Voraussetzung, dass diese Logien auch auf Jesus zurückgehen. Bei allen anderen 18 Logien bzw. Logien-Varianten ist die Verwendung eines außerhalb der Jesus-Bewegung geprägten Menschensohn-Titels auszuschließen. Es fand sich kein einziges Logion, bei dem die Verwendung eines solchen Titels sicher nachweisbar gewesen wäre.

Unter den Logien, die vom eschatologischen Wirken des Menschensohnes sprechen, besteht bei den meisten die Möglichkeit, dass sie auf einen innerhalb der Jesus-Bewegung geprägten Menschensohn-Titel zurückgreifen, der Jesus als den zunächst in Verborgenheit auf der Erde wirkenden, dann aber bei der Parusie offenbarten eschatologischen Richter und Herrscher versteht. Bei zwei lukanischen Logien-Komplexen war die Existenz eines

---

366 Weitere detailliertere Argumente bei G.SCHNEIDER, „Der Menschensohn“ in der lukanischen Christologie, S.268f.

367 Vgl. dazu auch die Tabelle in Abschnitt 4.7.

368 Dies sind: Lk.12,8f/(Mt.10,32f); Lk.12,39f/Mt.24,43f; Lk.17,24 und Lk.17,26.30/(Mt.24,39).

solchen Titels sogar wahrscheinlich zu machen.[369] Allerdings fanden sich im Matthäus-Evangelium einige Belege, bei denen die Verwendung eines solchen Titels ausgeschlossen werden kann.[370] Das Ergebnis ist hier also uneinheitlich.

Bis auf jene zwei Logien, die ein titulares Verständnis nahelegen, ist bei allen anderen Überlieferungen der Ausdruck „der Menschensohn" gut als Name verstehbar, bei jenen zwei Logien wäre dies unter gewissen Bedingungen auch möglich. Bei einer ganzen Reihe von Überlieferungen – vor allem aus dem Matthäus-Evangelium – war sogar nachweisbar, dass in ihnen der Ausdruck „der Menschensohn" als Name verwendet wurde.[371] Damit ist erwiesen, dass eine Verwendung des Ausdrucks „der Menschensohn" als Name – zumindest im Matthäus-Evangelium – existierte.

Keines der Logien, die dieser dritten Gruppe von synoptischen Menschensohn-Worten zuzurechnen sind, ist über Zweifel an seiner Authentizität erhaben. Bei drei Logien (Lk.12,39f/Mt.24,43f; Lk.17,23f/Mt.24,26f und Lk.17,26-30/Mt.24,37-39) konnte die Authentizitätsfrage nicht geklärt werden. Die bei diesen Logien beobachtbaren Parallelen in der apokalyptische Tradition könnten auf eine sekundäre Bildung hinweisen, könnten sich aber auch erklären lassen, wenn diese Logien authentische Jesus-Überlieferung darstellten. Ähnlich offen blieb die Entscheidung beim Logion vom Bekennen und Verleugnen (Mt.12,32f/Lk.12,8f). Hier wäre es möglich, dass erst sekundär Jesus die Position des eschatologischer Richters zugeschrieben wurde, während der historische Jesus sich selbst als Zeuge im eschatologischen Gericht sah. Bei allen anderen analysierten Logien ließen sich deutliche Anzeichen für eine sekundäre Bildung finden. Dabei wurden verschiedene Wege deutlich, wie der Ausdruck „der Menschensohn" sekundär in vorgegebene Jesus-Tradition oder auch in apokalyptisches Material eindringen konnte.

Durch die Einzelanalyse sämtlicher synoptischer Menschensohn-Logien besteht jetzt die Basis für eine traditionsgeschichtliche Gesamthypothese.

---

[369] Lk.17,26-30 und Lk.21,36.

[370] Mt.10,32; (16,28); 24,27.39.

[371] Mt.10,32f/(Lk.12,8f) und Mt.24,27.39; namenhafter Gebrauch wohl auch Mt.16,28; Mk.14,62/Mt.26,64/Lk.22,69 und Acta 7,56.

4.7 Versuch einer traditionsgeschichtlichen Gesamthypothese zur Menschensohn-Frage

Für die Interpretation der synoptischen Menschensohn-Logien wurden in Abschnitt 4.3 vier Alternativen genannt. So könnte der Ausdruck „der Menschensohn“ verstanden werden

(1) als generisch gebrauchter Gattungsbegriff, der erst in einer späteren Umdeutung exklusiv auf Jesus bezogen wurde;

(2) als ein außerhalb der Jesus-Bewegung geprägter Titel, den Jesus oder das Urchristentum aufgenommen hat;

(3) als ein innerhalb der Jesus-Bewegung geprägter Titel, mit dem entweder Jesus sich selbst oder erst das Urchristentum die Person Jesu als eine während seines irdischen Wirkens in Entbehrung, Anfechtungen und Leiden noch verborgene, dann aber bei der eschatologischen Vollendung durch die Parusie offenbare Richter- und Herrschergestalt versteht;

(4) als Name für Jesus.

Schon bei der Analyse der Logien, die vom irdischen Wirken des Menschensohnes sprechen, wurde deutlich, dass ein generisches Verständnis nicht der Ausgangspunkt sein kann für die Entstehung der synoptischen Menschensohn-Logien.[372] Diese Einsicht bestätigte sich bei den Logien, die vom Leiden und vom eschatologischen Wirken des Menschensohnes sprechen. Diese Möglichkeit muss also nicht weiter verfolgt werden.

Damit bleiben drei Möglichkeiten, den Ausdruck „der Menschensohn“ zu verstehen. Inwiefern sie sich bei den einzelnen Logien nachweisen oder ausschließen lassen, zeigt die folgende Tabelle, die die Ergebnisse der Analyse noch einmal übersichtlich zusammenstellt und auch die Ergebnisse der traditionsgeschichtlichen Rückfrage nach der Authentizität der einzelnen Logien verzeichnet.

---

[372] Die wichtigsten Argumente für diese These, dass ein generischer Gebrauch des Ausdrucks „der Menschensohn“ am Anfang der Entwicklung stehe, liefert C.COLPE, ThWNT VIII, S.408.433-435. Jedoch lehnt auch er diese These – wenn auch aus anderen Gründen – ab (vgl. S.441). Auch R.LEIVESTAD, Jesus – Messias – Menschensohn, S.251f argumentiert gegen eine derartige Interpretation. So müsste es als – bewusstes oder unbewusstes – Missverstehen betrachtet werden, wenn der im aramäischen generisch verstandene Begriff „der Mensch“ plötzlich zu einem exklusiven Namen oder gar Titel geworden wäre.

Logien	Sprachgebrauch			Beurteilung der Authen-tizität
	außerhalb der Jesus-bewegung geprägter Titel	innerhalb der Jesus-bewegung geprägter Titel	Name für Jesus	
Logien vom Erdenwirken des Menschensohnes				
Lk.6,22/ (Mt.5,11)* [vgl. Lk.6,22]	- -	? -	? +	? -
Lk.7,33f/Mt.11,18f	-	?	?	+
Lk.9,58/Mt.8,20	-	?	?	+
Lk.11,30/ Mt.12,40	- -	? ?	? ?	? -
Lk.12,10/Mt.12,31f	-	?	?	? (+)
Mk.2,10/Mt.9,6/Lk.5,24	-	?	?	-
Mk.2,28/Mt.12,8/Lk.6,5	-	?	?	?
Mk.10,45ab/Mt.20,28/ (Lk.22,27)	-	?	? (+)	? (+)
Mt.16,13* [vgl. Mk.8,27]	-	-	+	-
Lk.19,10; 9,56a; Mt.18,11	-	?	? (+)	-
Logien vom Leiden, Sterben und Auferstehen des Menschensohnes				
Mark./lukan. Logien	-	?	?	?
Mk.14,41f*/Mt.26,45f*, Mt.16,21* [vgl. Mk.8,31]	-	-	+	-
Logien vom eschatologisches Wirken des Menschensohnes				
Mt.25,31	-	?	?	-
Mt.13,37.41	-	?	?	-
Mt.16,28* [vgl. Mt.20,21]	-	- (?)	+ (?)	-
Mt.19,28	-	?	?	-
Mt.25,13	-	?	?	-
Lk.12,39f/Mt.24,43f (Q)	?	?	?	?
Lk.17,22	-	?	?	-
Lk.17,24 (Q)/ Mt.24,27* [vgl. Mt.24,3]	? -	? -	? +	? -
Lk.17,26.30 (Q)/ Mt.24,37.39* [vgl. Mt.24,3]	? -	+ (?) -	- (?) +	? -
Lk.12,8f (Q)/ (Mt.10,32f)* [vgl. Lk.12,8]	? -	? -	? +	? (+) -
Mk.13,26/Lk.21,27/Mt.24,30	-	?	?	-
Mk.14,62/Mt.26,6/Lk.22,69	-	? (-)	? (+)	-
Acta 7,56	-	? (-)	? (+)	-
Mt.10,23	-	?	?	-
Lk.18,8b	-	?	?	-
Lk.21,36	-	? (+)	? (-)	-

Zeichenerklärung zur Tabelle:
\+ wahrscheinlich gegeben,
? fraglich (nicht nachzuweisen, aber auch nicht auszuschließen – bei der Frage der Authentizität gibt es Argumente dafür und dagegen),
\- wahrscheinlich nicht gegeben.
* Ersetzung des Ausdrucks „der Menschensohn“ durch ein Personalpronomen oder umgekehrt (in eckigen Klammern die Vergleichsstelle).
(+) (-) Angaben in Klammern geben eine feststellbare Tendenz an.

4.7.1 Der Ausgangspunkt der traditionsgeschichtlichen Entwicklung

Aus dieser Übersicht lässt sich mit großer Sicherheit die Folgerung ziehen, dass ein außerhalb der Jesus-Bewegung geprägter Menschensohn-Titel, den Jesus oder das Urchristentum aufgegriffen hätten, in der synoptischen Überlieferung nicht nachweisbar ist.[373] Nur bei vier Logien, die alle vom eschatologischen Wirken des Menschensohnes sprechen, wäre die Verwendung eines solchen Titels überhaupt möglich, bei allen anderen Logien ist sie jedoch auszuschließen. Diese vier Logien als Ausgangspunkt der traditionsgeschichtlichen Entwicklung zu postulieren, verbietet sich jedoch, da bei mindestens zwei Logien, die sich nicht auf diese Weise titular verstehen lassen, wohl authentische Jesus-Überlieferung vorliegt. Hinzu kommt, dass sich für die in Abschnitt 4.3 aufgezählten Beobachtungen kaum plausible Erklärungen finden lassen. Da ferner – wie Abschnitt 4.2 ergab – auch in der apokalyptischen Tradition ein Menschensohn-Titel nicht nachweisbar ist, muss davon ausgegangen werden, dass im 1. Jahrhundert nach Christus außerhalb der Jesus-Bewegung bzw. des nachösterlichen Christentums nie ein apokalyptischer Hoheitstitel „Menschensohn“ existiert hat. Es bestätigt sich die zugespitzte Formulierung aus Abschnitt 4.2.4: Der jüdische Hoheitstitel „Menschensohn“ ist ein religionsgeschichtliches Phantom.[374]

Wenn der Ausdruck „der Menschensohn“ als bekannter apokalyptischer Hoheitstitel bei den Hörerinnen und Hören Jesu nicht vorauszusetzen war, dann können die Worte vom kommenden Menschensohn nicht zwischen

---

[373] Vgl. auch M.DE JONGE, God's Final Envoy, S.88: „Mark and Q do not regard 'Son of Man' as a title readily understood.“

[374] Zum gleichen Ergebnis kommen auch R.LEIVESTAD, Der apokalyptische Menschensohn, S.96 und M.MÜLLER, Der Ausdruck „Menschensohn“, S.245. Weitere Forscher, die ebenfalls die Existenz eines Titels „Menschensohn“ bestreiten, sind aufgezählt bei M.MÜLLER, Der Ausdruck „Menschensohn“, S.253, Anm.14. In den genannten Arbeiten wird allerdings meist kaum reflektiert, dass noch zwischen einem außerhalb und einem innerhalb der Jesus-Bewegung geprägten Titel „der Menschensohn“ zu unterscheiden ist. Auch wenn die Existenz des ersten ausgeschlossen werden kann, ist damit die Möglichkeit des zweiten noch nicht versperrt.

Jesus und dem Menschensohn unterschieden haben. Damit verliert der traditionsgeschichtliche Ansatz H.E.TÖDTS und seiner Vorgänger wie Nachfolger seine Voraussetzung. Die Referenz des Ausdrucks „der Menschensohn" ist – ob der Ausdruck nun als Titel oder als Name verstanden wird – immer und ausschließlich die Person Jesu.[375]

Eine Betrachtung der rechten Tabellenspalte ergibt, dass bei den meisten der Menschensohn-Logien von einer nachösterlichen Entstehung auszugehen ist. Dennoch ist bei mindestens zwei Logien damit zu rechnen, dass sie auf Jesus zurückgehen. Bei einigen weiteren Logien wäre dies außerdem möglich. Auf Grund dieses Befundes ist davon auszugehen, dass die neutestamentliche Bezeichnung Jesu mit dem Ausdruck „der Menschensohn" auf den historischen Jesus zurückgeht.[376] Warum auch hätte das Urchristentum eine Bezeichnung Jesu mit dem Ausdruck „der Menschensohn" erfinden sollen, wenn es außerhalb der Jesus-Bewegung keinen geprägten apokalyptischen Hoheitstitel „Menschensohn" gab, der bestimmte Erwartungen abrufen konnte. Hätte man einen solchen Titel oder Namen aber sozusagen als Erfüllungszitat in Anlehnung an Dan.7 formuliert, dann müsste der Bezug auf diese Stelle sehr eng sein. In einer großen Zahl von Menschensohn-Logien ist er aber überhaupt gar nicht anzutreffen. So schafft der Nachweis, dass der Ausdruck „der Menschensohn" außerhalb der Jesus-Bewegung nie ein apokalyptischer Hoheitstitel gewesen ist, ein plausibles Argument für die Authentizität der Selbstbezeichnung „der Menschensohn". Die von PHILIPP VIELHAUER[377] begründete und von Anton VÖGTLE[378] neu belebte These, alle Menschensohn-Logien seien nachösterliche Gemeindebildungen, ist also zu verwerfen.

---

[375] So auch M.DE JONGE, God's Final Envoy, S.87. Weitere gute Argumente dafür, dass weder beim historischen Jesus noch später zwischen der Person Jesu und dem Menschensohn unterschieden wurde bei V.HAMPEL, Menschensohn, S.159f.

[376] Ebenso z.B. E.SCHWEIZER, The Son of Man Again, S.86; J.ROLOFF, Neues Testament, S.132; L.GOPPELT, Theologie des NT, S.228; C.COLPE, ThWNT VIII, S.440; R.LEIVESTAD, Der apokalyptische Menschensohn; ders., Exit the Apocalyptic Son of Man.

[377] PH.VIELHAUER, Gottesreich und Menschensohn und ders.; Jesus und der Menschensohn. Auf VIELHAUERS Hauptargument gegen die Authentizität der Menschensohn-Logien, dass sich in keinem Menschensohn-Logion eine Verknüpfung mit Jesu Verkündigung der nahen Gottesherrschaft finde, soll später noch eingegangen werden.

[378] A.VÖGTLE, Die „Gretchenfrage" (1994). A.VÖGTLE, S.168-175 setzt sich nur mit einem Teil der gegen seine Position vorgetragenen Einwände wirklich auseinander. Sein Verfahren, diese Einwände zu entkräften besteht darin, die Aporien der konkurrierenden Hypothesen aufzuzählen. A.VÖGTLE erspart sich viele detaillierte traditionsgeschichtliche Einzeluntersuchungen und beruft sich in seiner Ablehnung der Authentizität der Menschensohn-Logien, die vom irdischen Wirken des Menschensohnes sprechen, pauschal auf VIELHAUER und TÖDT (Die „Gretchenfrage", S.165). Auch seine Argumentation basiert auf der oben falsifizierten Annahme, der Ausdruck „der Menschensohn" werde titular gebraucht.

In den Spalten der Tabelle fallen die vielen Fragezeichen auf. Sie ergaben sich zum Teil durch die insgesamt zurückhaltende Argumentationshaltung, die darauf verzichtete, umstrittene exegetische Einzelbefunde zum Ausgangspunkt der Argumentation zu machen. Besonders in Spalte 3 (innerhalb der Jesus-Bewegung geprägter Titel) und Spalte 4 (Name) sind bei sehr vielen Logien Fragezeichen zu finden. Dies macht deutlich, dass sich bei den meisten Logien die Grenze zwischen diesen beiden Verwendungsarten kaum ziehen lässt.[379] Dies ist auch nicht verwunderlich. Denn der eventuell von Jesus oder dem Urchristentum geprägte Titel „der Menschensohn" wurde bereits so definiert, dass er den ausschließlichen Bezug auf die Person Jesu – wie sie ein Namen besitzt – immer mit einschließt. Allein dort, wo der Ausdruck „der Menschensohn" einen Zusammenhang herstellt, der durch den Namen „Jesus" noch nicht gegeben gewesen wäre, lässt sich nachweisen, dass keine Verwendung als Namen vorliegt. Dies ist aber in der synoptischen Überlieferung an maximal zwei Stellen der Fall. Auch aus der anderen Perspektive musste die Trennlinie zwischen namenhaften und titularem Gebrauch verschwimmen. Weil mit dem Namen, den eine Person trägt, immer auch Assoziationen mit der Rolle, die diese Person einnimmt, verbunden sind, kann beim Gebrauch des Ausdrucks „der Menschensohn" als Namen für Jesus nur schwer ausgeschlossen werden, dass auch Vorstellungen über die Rolle Jesu mitschwingen. Es gibt eigentlich nur zwei Fälle, in denen sich dann ein namenhafter Gebrauch des Ausdrucks „der Menschensohn" feststellen lässt: Wenn sich die Ersetzung des Ausdrucks durch ein Personalpronomen beobachten lässt, oder wenn über den Menschensohn Aussagen gemacht werden, die einem angenommenen Titel „der Menschensohn" widersprechen. Da nun aber von vornherein der für Jesus oder das Urchristentum angenommene Titel „der Menschensohn" inhaltlich durch die synoptischen Menschensohn-Logien gefüllt wurde, war klar, dass sich dieser zweite Fall nicht würde beobachten lassen.[380]

Trotz dieser methodischen Schwierigkeiten haben sich eindeutige Nachweise für den Gebrauch des Ausdrucks „der Menschensohn" als Namen für Jesus wie auch zwei weniger eindeutige Belege für eine Verwendung als Titel, der seine Prägung durch Jesus oder das Urchristentum erfuhr, erbringen lassen. So zeigte sich, dass Matthäus den Ausdruck „der Menschensohn" als Namen für Jesus versteht, da er immer wieder einen Austausch zwischen „der Menschensohn" und einem Personalpronomen vornimmt und sich bei

---

379 Vgl. dazu auch R.LEIVESTAD, Jesus – Messias – Menschensohn, S.252f.

380 Vorstellbar wäre, dass auch Q und Markus schon in der ihnen überkommenen Überlieferung den Ausdruck „der Menschensohn" mit dem Personalpronomen vertauscht haben – allein ist dies methodisch gesichert nicht nachweisbar. Theoretisch nachweisbar ist ein solches Vertauschen nur für Matthäus und Lukas, da ihre Quellenschriften (Q und Mk.) rekonstruierbar sind.

Matthäus ein titularer Gebrauch nicht nachweisen lässt. Umgekehrt fanden sich zwei Stellen im Lukas-Evangeliums[381] (Lk.17,26.30; 21,36), welche die Existenz eines innerhalb der Jesus-Bewegung geprägten Titels „der Menschensohn" möglich erscheinen lassen.

Wie ist dieser doppelte Befund nun traditionsgeschichtlich zu erklären? Die synoptischen Menschensohn-Logien lassen sich auf Grund der Unschärfen, mit der die Analyse der Verwendung des Ausdrucks behaftet bleiben muss, und auf Grund der Unsicherheiten bei der Feststellung der Authentizität nicht einfach auf zwei traditionsgeschichtlich klar abgegrenzte Gruppen aufteilen. Dennoch lässt sich folgende Alternative aufstellen:

(1.) Jesus prägte den Titel „der Menschensohn", weil er die Vorstellung hatte, er werde – nach einer vorübergehenden Existenz auf Erden, in der er die Aufgabe habe, die nahegekommene Gottesherrschaft zu verkünden – bei der zukünftigen eschatologischen Vollendung im Namen Gottes Gericht halten und eventuell danach in der Gottesherrschaft Herrschaftsfunktionen ausüben. Im Urchristentum wurde dieser titulare Gebrauch des Ausdrucks „der Menschensohn" aufgenommen, in einigen Kreisen aber mit der Zeit so sehr abgeschliffen, dass der Ausdruck – in Analogie zum Christus-Titel – zum Eigennamen werden konnte.

(2.) Jesus sprach von sich selbst als „der Menschensohn", verwendete aber den Ausdruck „der Menschensohn" in dieser indirekten Selbstbezeichnung lediglich als Namen. Jesu Selbstbenennung stand dabei nicht in erkennbarem Zusammenhang zu einer in der apokalyptischen Tradition vorgeprägten Rolle. Im Urchristentum blieb diese Gebrauchsweise in einigen Kreisen erhalten. Dort wurde der Ausdruck „der Menschensohn" auch nach Ostern primär als Namen für Jesus verstanden. In einigen urchristlichen Kreisen aber wurde der Name „der Menschensohn" in Zusammenhang mit Dan.7,13f gebracht. Auf dem Hintergrund der Parusie-Erwartung wurden so mit dem Ausdruck „der Menschensohn" Inhalte verbunden, die über die namenhafte Bezeichnung Jesu hinausgingen. Es entstand ein titularer Gebrauch des Ausdrucks „der Menschensohn".

Diese beiden Alternativen sind nun gegeneinander abzuwägen.

Hätte Jesus den titularen Gebrauch des Ausdrucks „der Menschensohn" geprägt, dann ließe sich nur schwer verständlich machen, warum dieser Titel niemals in Bekenntnisaussagen über Jesus einging. Da Jesus offenbar auf andere Hoheitstitel verzichtete, wäre es für das Urchristentum doch näher liegend gewesen, einen von Jesus selbst geprägten Titel zu verwenden, als auf andere, von Jesus nicht verwendete Titel zurückzugreifen.[382]

---

[381] Da für das Lukas-Evangelium kein Gebrauch als Name nachweisbar ist, dürfte davon auszugehen sein, dass Lukas den Ausdruck titular versteht.

[382] Der Einwand, dass in der missionarischen Situation ein neu geprägter Titel keine kommunikative Funktion habe, lässt sich mit dem Hinweis darauf entkräften, dass das

Hätte Jesus selbst einen Titel „der Menschensohn" geprägt und damit sich selbst als eschatologische Richtergestalt gesehen, dann wäre ebenfalls schwer zu erklären, dass es Parusie-Aussagen gibt, in denen der Ausdruck „der Menschensohn" nicht begegnet. In diesen müsste dann der Menschensohn-Titel gestrichen[383] und durch erst nachösterlich auf Jesus angewandte Titel (wie z.B. κύριος) ersetzt worden sein. Leichter verständlich wird der erstaunliche Befund, dass es keine Bekenntnisaussagen mit dem Ausdruck „der Menschensohn" gibt und dass manche Aussagen über die Parusie Jesu ohne diesen Titel formuliert sind, wenn angenommen wird, Jesus selbst habe den Ausdruck „der Menschensohn" allein als Name in der indirekten Selbstbezeichnung verwendet. Weil der historische Jesus in seiner Rede von „dem Menschensohn" immer nur namenhaft sich selbst bezeichnete, blieb auch das nachösterliche Reden vom Menschensohn in diesem Rahmen. Zwar wurden nach Ostern in manchen Kreisen apokalyptische Inhalte mit dem Ausdruck „der Menschensohn" verbunden, doch der Sprachgebrauch Jesu blieb grundsätzlich erhalten. Und da Jesus ohnehin von sich selbst immer in der dritten Person als „der Menschensohn" gesprochen hatte, musste auch kein neuer Sprachgebrauch begründet werden. Neu gebildete Aussagen über den Menschensohn – z.B. „Der Menschensohn wird kommen..." – hatten sprachlich dieselbe Form wie überlieferte Jesus-Worte, was sicher ihr Eindringen in die Tradition erleichterte. Erst allmählich wohl führte die Anreicherung der Selbstbezeichnung „der Menschensohn" mit eschatologischen Inhalten zu einem titularen Gebrauch des Ausdrucks. Bis es jedoch soweit gekommen war, hatte sich die Anwendung anderer Hoheitstitel auf Jesus bereits so fest eingebürgert, dass der Menschensohn-Titel auf Grund seiner Berührungen mit Dan.7,13f zwar in Parusie-Aussagen einwandern konnte, zentrale christologische Inhalte jedoch bereits mit anderen Titeln verbunden waren. Da der Titel außerhalb des Urchristentums nicht bekannt war, konnte er darum auch andere Titel in Bekenntnisaussagen nicht verdrängen.

Wenn Jesus den Ausdruck „der Menschensohn" lediglich als Name für die indirekte Selbstbezeichnung verwendete, dann ist damit zu rechnen, dass einige der Worte, die vom irdischen Wirken des Menschensohnes sprechen, auf den historischen Jesus zurückgehen. Worte vom kommenden Menschensohn müssen dann allerdings als sekundär ausgeschieden werden, da in ihren Parusieaussagen bereits ein titularer Gebrauch angelegt ist. Hätte Jesus

---

Christentum den Messiastitel, der im griechischen Umfeld unbekannt war, auch in diesem Umfeld nicht fallen ließ.

[383] Vgl. hierzu den Textvergleich zwischen 1.Thess.4,15-17; Mt.24,30f und Mt.16,27f bei E.P.Sanders, Jesus, S.191f, in dem die auffallend große Nähe zwischen paulinischem und synoptischem Spruchkomplex herausgearbeitet wird. Der Unterschied besteht allein darin, dass Paulus den Ausdruck „der Menschensohn" nicht bietet.

umgekehrt den Ausdruck „der Menschensohn“ bereits als Titel gebraucht, um auf seine Rolle auch im eschatologischen Gericht hinzuweisen, dann wäre davon auszugehen, dass auch einige der Worte vom eschatologisch als Richter wirkenden Menschensohn auf Jesus zurückgingen. Jesus hätte für sich selbst eine ungeheure Macht und Hoheit beansprucht, die in den Worten vom irdischen Menschensohn meist nicht anzutreffen ist. Die Frage nach dem Gebrauch des Ausdrucks „der Menschensohn“ bei Jesus entspricht damit weitgehend der Frage, ob den Logien vom irdischen Wirken oder jenen vom eschatologischen Wirken des Menschensohnes Priorität zukommt. Die rein quantitative Betrachtung spricht für die Priorität der Logien vom irdischen Wirken. Wie die Ergebnisse der Einzelanalysen zeigen, ist eher noch bei diesen Worten und weniger bei den Worten vom eschatologischen Wirken des Menschensohnes mit authentischer Jesustradition zu rechnen.[384] Bei den Worten, die vom eschatologischen Wirken des Menschensohnes sprechen, fand sich dagegen kein einziges Logion, das über größere Zweifel an seiner Authentizität erhaben wäre.

Für die Annahme, dass die Worte vom eschatologischen Wirken des Menschensohnes durchweg nachösterliche Bildungen sind, spricht auch die Tatsache, dass Jesus außerhalb dieser Logien nie davon spricht, dass er im eschatologischen Gericht in richtender Funktion auftreten wird.[385] Auch ist die Parusie-Erwartung in der synoptischen Tradition außerhalb der Menschensohn-Logien kaum belegt. Die Logien vom eschatologischen Wirken des Menschensohnes stehen darüber hinaus in großer Spannung zu den Aussagen der authentischen Jesus-Verkündigung, in denen davon die Rede ist, dass Gott selbst es ist, der die Gottesherrschaft herbeiführen und als Richter auftreten wird.[386]

Schließlich ist hier auch die von Ph.VIELHAUER in die Diskussion eingeworfene Beobachtung anzuführen, dass die Menschensohn-Logien an keiner Stelle, die auch nur ein wenig Anspruch auf Authentizität erheben kann, mit Aussagen über die Gottesherrschaft verbunden sind.[387] Dieser Befund ist

---

[384] Zu diesem Ergebnis kommen auch E.SCHWEIZER, Der Menschensohn, S.74 und R.LEIVESTAD, Der apokalyptische Menschensohn, S.99.

[385] Siehe Abschnitt 5.3.

[386] Gewöhnlich redet Jesus in passivischen Formulierungen über das eschatologische Gericht (vgl. z.B. Mk.9,43-48/Mt. 18,8f; Mt.10,15 und Mt.11,22-24/Lk.10,12-15; Mt.24,40f/Lk.17,34f). Passivische Formen sind im palästinischen Sprachgebrauch Hinweis darauf, dass Gott als Subjekt angesehen wird (vgl. L.GOPPELT, Theologie des NT, S.119). Wo hingegen im Aktiv formuliert wird, ist Gott Subjekt: vgl. z.B. Mk.10,27/ Mt.19,26/Lk.18,27; Mk.13,32/Mt.24,36; Mt.6,4.6.18; Mt.18,35; Lk.12,20f; Lk.12,32; Lk.18,7f.

[387] Vgl. PH.VIELHAUER, Jesus und der Menschensohn, S.135ff; ders., Gottesreich und Menschensohn in der Verkündigung Jesu, S.76f. Vgl. auch M.DE JONGE, God's Final Envoy, S.77: „As far as Mark and Q are concerned, Mark 8:38-9:1 is the only passage that

aber für die Worte vom eschatologischen Wirken des Menschensohnes um einiges gravierender einzuschätzen als für die anderen Worte. Geht es doch in den Parusie-Worten um die endgültige Vollendung der Gottesherrschaft, während die Worte vom Erdenwirken und vom Leiden des Menschensohnes viel weniger direkt mit dem Thema Gottesherrschaft zusammenhängen. Hätte Jesus selbst vom kommenden Menschensohn gesprochen, dann hätte er diese Erwartung irgendwie auf seine Verkündigung der nahegekommenen Gottesherrschaft beziehen müssen.[388] Es ist auf Grund von VIELHAUERS Beobachtung schwer vorstellbar, sowohl die Verkündigung der nahegekommenen Gottesherrschaft als auch die Worte vom eschatologischen Wirken des Menschensohnes auf Jesus zurückzuführen.[389]

Ein weiteres Argument[390] bezieht sich auf Formulierungen, die in den am ehesten noch authentischen Worten vom eschatologischen Wirken des Menschensohnes verwendet werden. Dort ist die Rede vom „Kommen des Menschensohnes“ (Lk.12,40/Mt.24,44) und vom „Tag des Menschensohnes“ (Lk.17,24.26.30). Diese Begriffe werden erst aus nachösterlicher Perspektive, wo auf das „Kommen des Herrn“ und „den Tag des Herrn“ gewartet wird, wirklich eindeutig. Aus vorösterlicher Sicht müsste eigentlich vom „Wiederkommen des Menschensohnes“ gesprochen werden oder die Rede vom „Tag des Menschensohnes“ präzisiert werden, damit sie eindeutig auf das eschatologische Gericht zu beziehen sind.

Stimmt die Hypothese, dass Jesus den Ausdruck „der Menschensohn“ als Namen in der indirekten Selbstbezeichnung verwandte, dann ist auch der traditionsgeschichtliche Ansatz von J.JEREMIAS zurückzuweisen.[391] JEREMIAS geht davon aus, dass jene Menschensohn-Logien als authentisch anzusehen sind, zu denen keine Parallelüberlieferung existiert, die ohne den Ausdruck „der Menschensohn“ auskommt.[392] Wenn aber nun der Ausdruck „der

---

explicitly links the coming of the Son of Man with the arrival of the kingdom of God. This connection is undoubtedly redactional“ (vgl. auch S.38).

388 Der Nachweis J.BECKERS, dass in der apokalyptischen Tradition die Traditionskomplexe „Gottesherrschaft“ und „Menschensohn“ schon ursprünglich miteinander verbunden waren, hilft hier kaum weiter (Jesus, S.112-116). Eine genauere Verhältnisbestimmung, wie sie dann im Urchristentum z.B. mit dem Begriff βασιλεία τοῦ υἱοῦ τοῦ ἀνθρώπου stattfindet, wäre durch Jesus zu erwarten. Vielmehr ist H.CONZELMANN, Das Selbstbewußtsein Jesu, S.39 zuzustimmen: „Die ganze Art und Weise der Reich-Gottes-Erwartung Jesu verträgt sich nicht mit dem apokalyptischen Ausblick auf den Menschensohn. Dagegen zeigt sich ein geschlossenes Bild von Selbstbewußtsein, Eschatologie und Ethik Jesu, wenn man die Erwartung des [kommenden] Menschensohnes aus seiner Verkündigung ausklammert.“

389 In welche Aporien der Versuch führt, beide Themen auf Jesus zurückzuführen, zeigen die Ausführungen E.GRÄSSERS (Parusieverzögerung, S.17-59).

390 Vgl. dazu W.WREDE, Messiasgeheimnis, S.219.

391 J.JEREMIAS, Die älteste Schicht der Menschensohn-Logien, S.159-172.

392 Folgende Logien hält JEREMIAS auf Grund seiner Argumentation für die ältesten: Mt.8,20par; 10,23; 24,27par; 24,37(=39b)par; 25,31; Mk.13,26par; 14,62par; Lk.17,22.30;

Menschensohn“ eine namenhafte Selbstbezeichnung Jesu war, die damit zu einem Synonym für das Personalpronomen der 1. Person Singular tendiert, dann ist die Frage, ob der Ausdruck „der Menschensohn“ oder das Personalpronomen „ich“ in einem Logion primär war, nicht mehr von der Relevanz, die JEREMIAS ihr gibt. Vor allem kann dann die Tatsache, dass ein Menschensohn-Logion eine Parallele hat, die den Ausdruck „der Menschensohn“ nicht enthält, nicht zum traditionsgeschichtlichen Kriterium für die Echtheit eines Logions erklärt werden. Ist doch damit zu rechnen, dass es beim Tradieren von Jesus-Worten sehr schnell zum Austausch zwischen dem Ausdruck „der Menschensohn“ und dem Personalpronomen kommen konnte – und zwar in beiden Richtungen. Darum ist die Tatsache von parallelen Überlieferungen mit und ohne den Ausdruck „der Menschensohn“ eher ein Indiz für als gegen die Authentizität eines Logions.[393] Dass es eine große Zahl solcher Parallelüberlieferungen gibt, ist am besten damit zu erklären, dass der namenhafte Gebrauch des Ausdrucks „der Menschensohn“ am Anfang der traditionsgeschichtlichen Entwicklung stand.

Als problematisch erweist sich somit auch die These VOLKER HAMPELS,[394] der Ausdruck „der Menschensohn“ sei von Jesus als Rätselwort in der indirekten Selbstbezeichnung verwendet worden, um damit sein Selbstverständnis als *messias designatus*[395] zum Ausdruck zu bringen. Diese These läuft auf die Annahme hinaus, dass Jesus mit dem Ausdruck „der Menschensohn“ einen Titel neu geprägt habe, der allerdings nur seinen Anhängern nach einiger Zeit verständlich wurde. HAMPEL, der seine These auf eine Reihe

---

18,8; 21,36; Joh.1,51 (vgl. J.JEREMIAS, Die älteste Schicht der Menschensohn-Logien, S.172). Die obigen Analysen erwiesen allerdings, dass zumindest bei Mt. 10,23; Mt.25,31; Mk.13,26par; Mk.14,62par; Lk. 17,22; Lk.18,8; Lk.21,36 nicht davon auszugehen ist, dass es sich um authentische Jesusworte handelt und bei Mt.24,27.37.39/Lk.17,20.30 erhebliche Bedenken bestehen. Als authentisches Logion bliebe nach der Argumentation von JEREMIAS nur noch Mt.8,20/Lk.9,58 übrig. Dieses einzige Logion als traditionsgeschichtliche Grundlage für die Entwicklung der großen Zahl sehr verschiedener Menschensohn-Logien anzusehen, dürfte wenig Sinn machen.

[393] Gut zu verstehen ist nun auch die Beobachtung von J.JEREMIAS (Die älteste Schicht der Menschensohn-Logien, S.170f), dass es sich bei den Menschensohn-Logien, die keine Parallele haben, in welcher der Ausdruck „Menschensohn“ nicht begegnet, „überwiegend um futuristische Menschensohn-Worte handelt“ (S.170). Diese Beobachtung ist allerdings genau entgegengesetzt zu JEREMIAS zu interpretieren: Diese Logien sind nicht deshalb ohne Parallelen, weil es sich bei ihnen um die ältesten Logien handelt, sondern gerade weil sie die jüngsten Logien sind, die nicht mit anderen authentischen Jesus-Logien zusammenstimmen. Außerdem tendiert in ihnen der Gebrauch des Ausdrucks „der Menschensohn“ am ehesten in Richtung eines titularen Gebrauchs, so dass dort ein sekundärer Ersatz durch das Personalpronomen weniger wahrscheinlich ist. Vgl. dazu auch M.MÜLLER, der Ausdruck „Menschensohn“, S.96

[394] V.HAMPEL, Menschensohn. Zu seiner These vgl. z.B. S.101.

[395] Zum Konzept *messias designatus* vgl. Abschnitt 6.2.2.

problematischer traditionsgeschichtlicher Analysen gründet, kann aber nicht überzeugend erklären, weshalb es dann zu einem Gebrauch des Ausdrucks als Namen gekommen ist und der Titel nachösterlich nicht in Bekenntnisaussagen verwendet wurde.

Die Zweifel an der Authentizität der Worte, die vom eschatologischen Wirken des Menschensohnes sprechen, werden dadurch verstärkt, dass sich bei einer ganzen Reihe dieser Logien noch gut erkennen lässt, wie sie aus einem Prozess hervorgegangen sind, in dem ursprünglich zum Teil authentische Jesus-Überlieferung, die vom Kommen der Gottesherrschaft oder vom eschatologischen Gericht sprach, in Aussagen transformiert wurde, die vom Wirken Jesu im eschatologischen Gericht und damit von seiner Parusie sprechen.[396] Dabei wurden mehrere Wege sichtbar, die zu einer Bezeichnung des eschatologisch wiederkehrenden Jesus mit dem Ausdruck „der Menschensohn" führen konnten:[397]

(1) Die Betitelung des Auferstandenen Jesus mit dem Titel κύριος[398] erlaubte es, vorösterliche Bildworte vom kommenden Herrn[399] auf Jesus zu beziehen und so in mehreren Entwicklungsschritten zunächst vom Kommen „eures Herrn" (Mt.24,42), dann vom „Kommen Jesu" und schließlich – weil der Ausdruck „der Menschensohn" als Jesus-Name bekannt war – vom „Kommen des Menschensohnes" zu sprechen.

(2) Eine ähnliche Übertragung kann mit dem traditionellen, apokalyptischen Begriff „Tag des Herrn" geschehen sein. Dieser Begriff, der ursprünglich den eschatologischen Gerichtstag Gottes bezeichnete, konnte im Kontext der κύριος-Akklamation leicht auf Jesus bezogen werden.[400] Diese Entwicklung lässt sich noch gut im Neuen Testament verfolgen. Der „Tag des Herrn" wird schon bald als Tag der Wiederkunft Jesu verstanden (1.Kor.1,8; 5,5; 2.Kor.1,14; 1.Thess.5,2; 2.Thess.2,2) und dann sehr schnell auch explizit als „Tag (Jesu) Christi" bezeichnet (Phil.1,6;

---

[396] Interessant ist auch hier die Beobachtung J.D.CROSSANS (Jesus, S.330-344), dass sich zu allen mehrfach überlieferten Logien vom zukünftigen Kommen des Menschensohnes Parallelen finden, in denen der Ausdruck nicht begegnet. Kein einziger dieser Überlieferungskomplexe kennt zwei voneinander unabhängige parallele Überlieferungen, die beide den Ausdruck „der Menschensohn" aufweisen. Dies könnte ein Indiz sein, dass der Ausdruck sekundär in diese Überlieferungen eingewandert ist.

[397] Vgl. hierzu die Abschnitte 4.6.1 bis 4.6.3.

[398] Es könnte sein, dass neben der vorösterlichen Anrede „Rabbuni" vor allem Ps.110,1 (εἶπεν ὁ κύριος τῷ κυρίῳ μου), wo noch unterschieden wird zwischen dem Kyrios Gott und dem zweiten Kyrios, der dann mit Jesus identifiziert wurde, die Ansatzpunkte für die Betitelung Jesu mit dem Kyrios-Titel darstellten (so M.HENGEL, „Setze dich zu meiner Rechten!", S.192f).

[399] Vgl. z.B. Lk.13,25-28/Mt.25,10f; Mk.13,33-37/Lk.12,35-38; Lk.12,39-46/Mt.24,43-51; Lk.12,47f; Lk.14,15-24/Mt.22,1-10.

[400] Vgl. hierzu A.VÖGTLE, Die „Gretchenfrage", S.24.

2,16 – vgl. die Zwischenstellung von Mt.24,42). Wo Jesus als „der Menschensohn“ bekannt war, lag die Bildung des Ausdrucks „Tag des Menschensohnes“ nahe.

(3) Die enge Verbindung der in Jesu Wirken bereits gegenwärtig erfahrenen Gottesherrschaft mit der Person Jesu[401] konnte dazu führen, das für die Zukunft erwartete Kommen der Gottesherrschaft in Vollkommenheit mit dem Wiederkommen Jesu gleichzusetzen.[402] So wurde Jesus-Überlieferung, die vom Kommen der Gottesherrschaft sprach, umgebildet in Aussagen, die das zukünftige Kommen des Menschensohnes ankündigten.[403]

(4) Eine weitere Verbindung zwischen den Logien vom irdischen und jenen vom eschatologischen Wirken des Menschensohnes kann darin bestehen, dass der historische Jesus für sich – wie für andere – die Funktion des Zeugen im eschatologischen Gericht beanspruchte. Diese Interpretation des Logions vom Bekennen und Verleugnen (Lk.12,8f/ Mt.10,32f) ist, wenn Jesus den Ausdruck „der Menschensohn“ als Namen gebrauchte, am wahrscheinlichsten, da sie sich am besten in das vorhandene Bild einfügt.[404] Aus dem Zeugen Jesus, der nach Ostern als der durch die Auferstehung zu Gott erhöhte Herr geglaubt wurde, konnte – ohne dass große Eingriffe in dieses Jesus-Logion nötig gewesen wären – schnell der Richter Jesus werden.[405]

Bei all diesen Verbindungslinien zwischen authentischen Jesuslogien und sekundären Bildungen der Logien vom eschatologischen Wirken des „Menschensohnes“ darf die Wirkung schriftgelehrter Exegese nicht vernachlässigt werden.[406] Jesu Rede vom Kommen der Gottesherrschaft und seine

---

[401] Vgl. dazu die Ausführungen in Abschnitt 5.4.

[402] Dies scheint soweit gegangen zu sein, dass die vorösterliche Hoffnung auf die Vollendung der Gottesherrschaft ersetzt wurde durch die nachösterliche Hoffnung auf die Parusie Christi (vgl. dazu auch Abschnitt 8.3). Diese Ersetzung erklärt, warum beide Motive – wie PH.VIELHAUER anmahnt – nicht miteinander verbunden begegnen.

[403] Auffällig ist, dass die Vorstellung vom „Kommen“, die auch verbunden werden kann mit dem Begriff Gottesherrschaft (Mk.9,1/Lk.9,27; Lk.17,20), zugleich auch typisch ist für die Parusieerwartung (vgl. Maranatha) und schließlich wieder begegnet in der Rede vom eschatologischen Kommen des Menschensohnes.

[404] Vgl. Abschnitt 4.6.3.

[405] Eine ähnliche Überlegung findet sich auch bei E.SCHWEIZER: „Meine Arbeitshypothese ist, dass aus der Rolle des Menschensohnes als des entscheidenden Zeugen im kommenden Gericht innerchristlich der Richter selbst wurde, was dann seine Parusie im engeren Sinne einschloß. Solche Apokalyptisierung der Eschatologie Jesu müsste in einer Jesus-Gruppe stattgefunden haben, die sehr eng mit apokalyptischen jüdischen Gruppen verbunden war und sich selbst natürlich vollständig innerhalb des Judentums wußte.“ (Aus einem Brief an PH.VIELHAUER – zitiert nach PH.VIELHAUER, Jesus und der Menschensohn, S.169).

[406] Welche Rolle schriftgelehrte Exegese für die Entwicklung der urchristlichen Christologie spielte, zeigt M.HENGEL („Setze dich zu meiner Rechten!“). HENGEL weist nach, dass

Selbstbezeichnung mit dem Namen „der Menschensohn" musste apokalyptisch orientierten Schriftgelehrten des palästinischen Judenchristentums eine Identifikation Jesu mit der in Dan.7,13f beschriebenen Gestalt nahelegen[407] auch wenn Jesus selbst den Ausdruck „der Menschensohn" als Name und niemals als Titel gebrauchte.[408] Die Verbindungslinie zwischen der Verwendung des Ausdrucks „Menschensohn" in Dan.7,13f und den Menschensohn-Logien des Neuen Testaments geht also nicht auf Jesus sondern auf schriftgelehrte Apokalyptiker der nachösterlichen Gemeinde zurück.[409] Vielleicht ist sie zeitlich in einer zu vermutenden Epoche der apokalyptischen Deutung und Redaktion von Jesus-Tradition während der Caligula-Krise im Jahre 40 n.Chr. zu verorten.[410] Diese sekundäre schriftgelehrte Identifikation Jesu mit der messianisch gedeuteten eschatologischen Gestalt von Dan.7,13f könnte die Entwicklung der Parusieerwartung, die sich weder aus der Verkündigung des historischen Jesus noch aus dem Auferstehungsglauben

---

Ps.110,1 zum Interpretament der Auferstehungserfahrungen wurde. Dabei könnte der für das Urchristentum so wichtige Ps.110,1 auch eine Art „Türöffner" für die Rezeption von Dan.7 gewesen sein, da in beiden Texten eine himmlische Ratsversammlung vorausgesetzt und dabei zwischen Gott und einer zweiten, messianisch zu deutenden Gestalt unterschieden wird (vgl. dazu M.HENGEL, „Setze dich zu meiner Rechten!", S.159-161).

[407] Dies wird noch wahrscheinlicher, wenn J.D.G.DUNNS Einschätzung zutrifft, „that in the period between the two Jewish revolts (70-132) messianic hope, apocalyptic fervency and/or merkabah mysticism intermingled in a speculation stimulated by and in part at least centred upon Dan.7,13." (Christology in the Making, S.81).

[408] Das heißt: Es gibt keine Linie von Dan.7,13 zu den authentischen Menschensohn-Logien. Erst die schriftgelehrte Gemeindetradition stellt einen Zusammenhang her zwischen der apokalyptischen Figur des Menschengestaltigen und der namenhaften Selbstbezeichnung „Menschensohn", wie Jesus sie verwendet. Diese These wendet sich z.B. gegen J.D.G.DUNN, Christology in the Making, S.67, der behauptet: „So the influence of Dan.7,13f on the Son of Man traditions in their present form is clear enough, a conclusion which again no one would really dispute", dabei aber vergisst, dass all seine Belegstellen zu den (hier als sekundär angenommenen) Worten vom eschatologischen Wirken des Menschensohnes gehören.

[409] So gehören alle Logien mit einen mehr oder weniger direkten Bezug zu Dan.7,13 zur Gruppe der Menschensohn-Worte, die vom eschatologischen Wirken des Menschensohnes sprechen und die als sekundär anzusehen sind (vgl. auch E.SCHWEIZER, The Son of Man Again, S.89f). Zurückzugreifen ist hier auf die Analyse M.MÜLLERS, der nachweist, dass es sich bei allen Menschensohn-Logien, bei denen man einen direkten oder indirekten Bezug auf Dan.7 erkennen kann, „um Aussagen über Jesu Erhöhung und Wiederkunft handelt. Dieser Gebrauch der Danielstelle ließ sich hier auch an Stellen aufzeigen, wo der Ausdruck 'Menschensohn' nicht vorkommt. Ein Zusammenhang mit Dan.7,13-14 wird also nicht allein durch diesen Ausdruck indiziert, sondern eine solche Beziehung geht vor allem aus dem Inhalt der Aussage hervor. Mit anderen Worten: Der Ausdruck 'Menschensohn' kann nicht länger als sicheres Kennzeichen des Einflusses der Danielstelle gelten" (Der Ausdruck „Menschensohn", S.154).

[410] Zur apokalyptischen Bearbeitung von Jesus-Tradition während der Caligula-Krise im Jahr 40 n.Chr. vgl. G.THEISSEN, Lokalkolorit, S.133-176.

ableiten lässt,[411] gefördert haben. Die sehr enge Koppelung der Parusieerwartung an den Namen „der Menschensohn“ in der synoptischen Tradition ist dafür ein Indiz.

Schließlich ist noch auf die Worte vom leidenden Menschensohn einzugehen. Die Einsicht, dass Jesus selbst den Ausdruck „der Menschensohn“ als Namen gebrauchte, macht die Authentizität von schlichten Grundleidensweissagungen, die sekundär durch Einschübe und Anhänge ergänzt wurden, plausibler. Denn es lassen sich nun keinerlei Spannungen mehr zwischen ihren Aussagen und irgendwelchen Menschensohn-Traditionen feststellen. Wenn Jesus von sich selbst als Leidendem gesprochen haben sollte – und es spricht einiges dafür, dass er es getan hat[412] –, dann wäre es sogar wahrscheinlich, dass er dazu den Ausdruck „der Menschensohn“ verwendete, da auch die Worte vom irdischen Wirken des Menschensohnes oft dazu dienen, Jesu besonderes Geschick darzustellen.[413]

Diese nun vorgetragene traditionsgeschichtliche Gesamthypothese[414] lässt sich etwas vereinfacht folgendermaßen darstellen:[415]

---

[411] Acta 1,11 bringt die Parusieerwartung mit der Himmelfahrt in Zusammenhang. Dies dürfte eine relativ späte Entwicklungsstufe in der Geschichte der Parusieerwartung sein. Acta 13,33 versteht die Auferstehung Jesu als Einsetzung ins Richteramt, spricht aber nicht vom „Kommen des Herrn“ oder von der „Parusie Christi“ etc. Die älteste Form der Parusieerwartung dürfte wohl im Maranatha-Ruf (1.Kor.16,22) überliefert sein (vgl. z.B. A.VÖGTLE, Die „Gretchenfrage“, S.116). Die Entstehung der Parusieerwartung lässt sich damit gut aus zwei Elementen erklären: der Übertragung des κύριος-Titels auf Jesus und der Identifikation Jesu mit dem in Dan.7 auftretenden Menschenähnlichen. Beide Entwicklungen konnten sich gegenseitig verstärken, da sie auf gleiche Weise zur Übertragung göttlicher Befugnisse auf Jesus geeignet waren. In hellenistischen Kreisen (So A.Oepke, ThWNT V, S.863) wird recht bald der Ausdruck παρουσία zum Terminus technicus für Jesu zweites Erscheinen. Offensichtlich ersetzt er die Rede vom „Kommen des Herrn“, vom „Kommen des Tages des Herrn“, vom „Kommen des Menschensohnes“ oder vom „Kommen der Gottesherrschaft“ (vgl. z.B. 1.Thess.3,13 mit Sach.14,5). Das Motiv des „Kommens“ spielt nun sowohl in der Rede vom „Kommen“ des Gottesreiches, in der Tradition vom „Kommen des Tag des Herrn“, wie auch in Dan.7,13 eine große Rolle.

[412] Vgl. Abschnitt 4.5.

[413] Vgl. die am ehesten authentischen Logien Lk.7,33f/Mt.11,18f und Lk.9,58/Mt.8,20.

[414] Eine Zusammenstellung ähnlicher traditionsgeschichtlicher Konzeptionen und Ansätze findet sich bei M.MÜLLER, Der Ausdruck „Menschensohn“, S.237-244.

[415] Die im Schaubild angedeutete Wechselwirkung zwischen christlicher und jüdischer Apokalyptik soll hier nicht in Einzelheiten diskutiert werden. Die Berührungen zwischen einzelnen Passagen des Äthiopischen Henochbuches und einigen sekundären Logien vom eschatologischen Wirken des Menschensohnes könnten eine solche Wechselwirkung nahelegen (vgl. dazu A.VÖGTLE, Die „Gretchenfrage“, S.136ff).

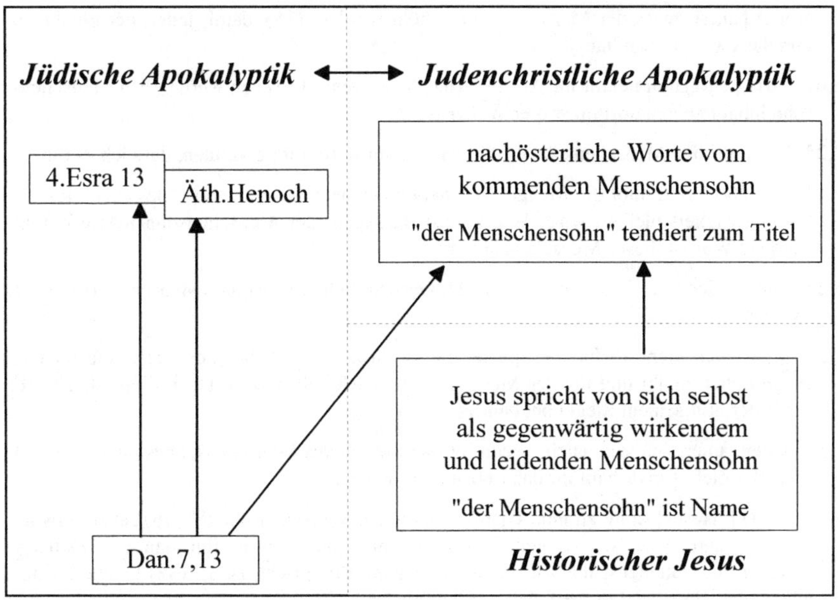

4.7.2 Menschensohn-Worte außerhalb der synoptischen Überlieferung

Ein Blick auf die Menschensohn-Worte außerhalb der synoptischen Überlieferung bestätigt die eben dargestellte traditionsgeschichtliche Gesamthypothese.

a) Johanneische Menschensohn-Logien

Im Johannes-Evangelium gibt es zwölf Logien, die den Ausdruck „der Menschensohn" enthalten.[416] Alle sind mehr oder weniger stark durch die johanneische Theologie geprägt und deshalb nicht als authentische Jesusworte anzusehen. Die johanneischen Menschensohn-Worte lauten (in thematisch geordneter Reihenfolge):

1,51: Amen, amen, ich sage euch: Ihr werdet den Himmel geöffnet und die Engel Gottes auf- und niedersteigen sehen über dem Menschensohn.

3,13ff: (13) Und niemand ist in den Himmel hinaufgestiegen außer dem, der vom Himmel herabgestiegen ist: der Menschensohn. (14) Und wie Mose die Schlange in der Wüste

[416] Trotz dieser großen Zahl, stehen die Menschensohn-Logien innerhalb des Johannes-Evangeliums eher am Rand. Andere Logien, die über die Sendung und das Geschick Jesu sprechen, sind dort viel betonter (vgl. z.B. die ἐγώ-εἰμι-Worte oder die Logien, in denen die Selbstbezeichnung „der Sohn" begegnet). Vgl. hierzu M.MÜLLER, Der Ausdruck „Menschensohn", S.206.

erhöht hat, so muss der Menschensohn erhöht werden, (15), damit jeder, der glaubt, in ihm das ewige Leben hat.

6,61f: (61) [...] Daran nehmt ihr Anstoß? (62) Wie, wenn ihr sehen werden den Menschensohn hinaufsteigen dorthin, wo er vorher war?

8,28: Wenn ihr den Menschensohn erhöht habt, dann werdet ihr erkennen, dass ich es bin.

12,34: Da antwortete ihm die Menge: Wir haben aus dem Gesetz gehört, dass der Messias bis in Ewigkeit bleiben wird. Wie kannst du sagen, der Menschensohn müsse erhöht werden? Wer ist dieser Menschensohn?[417]

5,27: Und er [der Vater] gab ihm Vollmacht, Gericht zu halten, weil er Mensch ist (ὅτι υἱὸς ἀνθρώπου ἐστίν).[418]

6,27: Müht euch nicht ab für die Speise, die verdirbt, sondern für die Speise, die für das ewige Leben bleibt und die der Menschensohn euch geben wird. Denn diesen hat Gott, der Vater, mit seinem Siegel beglaubigt.

6,53: Amen, amen, ich sage euch: Wenn ihr das Fleisch des Menschensohnes nicht esst und sein Blut nicht trinkt, habt ihr das Leben nicht in euch.

9,35ff: (35) [...Jesus] sagte zu ihm: Glaubst du an den Menschensohn?[419] (36) Jener antwortete und sagte: Wer ist das, Herr?[420] [Sag es mir,] damit ich an ihn glaube. (37) Jesus sagte zu ihm: Du siehst ihn vor dir; jener, der mit dir spricht, ist es. (38) Er aber sagte: Ich glaube, Herr. Und er warf sich vor ihm nieder

---

[417] Allein dieser Vers schon ist ein ganz starker Beleg, dass ein außerhalb der Jesus-Bewegung geprägter jüdischer Hoheitstitel „Menschensohn" nie existiert hat. Vgl. auch R.LEIVESTAD, Jesus – Messias – Menschensohn, S.255.

[418] Bei einer oberflächlichen Lektüre erscheint dieser Vers geradezu als der idealtypische Beleg für einen titularen Sprachgebrauch. Doch wäre der Ausdruck „der Menschensohn" hier titular gebraucht, dann wäre entweder die übliche doppelt determinierte Form zu erwarten (vgl. die Parallele zu Mk.14,61/Mt.26,63/Lk.22,67) oder zumindest die Form υἱὸς τοῦ ἀνθρώπου (vgl. F.BLASS/A.DEBRUNNER, Grammatik des ntl. Griechisch, §273). Im griechischen Text begegnen aber nur undeterminierte Formen. Hier ist darum „Menschensohn" Gattungsbegriff (gegen C.COLPE, ThWNT VIII, S.468 und J.BECKER, ÖTBK IV/2, S.234 und S242), und der Vers folgendermaßen zu paraphrasieren: „Gott hat seinem Sohn Jesus das Gericht übertragen, weil er ein Mensch ist und deshalb die Menschen beurteilen kann." (vgl. R.LEIVESTAD, Exit the Apocalyptic Son of Man, S.252f – dort auch jüdische Belege für die Existenz dieser Vorstellung).

[419] C.COLPE, ThWNT VIII, S.469, behauptet, dass diese Frage einen titularen Gebrauch des Ausdrucks „der Menschensohn" voraussetze. Dagegen spricht jedoch, dass Jesus in seiner Antwort nicht über die Identifikation mit „dem Menschensohn" hinausgeht. Die Frage hätte genauso lauten können „Glaubst du an Jesus/mich?" (vgl. Joh.6,35; 7,38; 11,25f; 12,44.46; 14,1; 14,12; 16.9). Offensichtlich fanden manche Textzeugen die Rede vom „Glauben an den Menschensohn" inakzeptabel und änderten deshalb in „Glauben an den Sohn Gottes". Dies lässt darauf schließen, dass auch die Tradenten dieses Texten den Ausdruck „der Menschensohn" nicht als Hoheitstitel verstanden.

[420] Die Rückfrage des Geheilten zeigt, dass der Ausdruck „der Menschensohn" kein allgemein bekannter Titel ist.

12,23: Jesus aber antwortete ihnen: Die Stunde ist gekommen, dass der Menschensohn verherrlicht wird.

13,31: [...] sagte Jesus: Jetzt ist der Menschensohn verherrlicht, und Gott ist in ihm verherrlicht.

Alle Menschensohn-Logien lassen sich gut verstehen, wenn der Ausdruck ὁ υἱὸς τοῦ ἀνθρώπου als Selbstbezeichnung Jesu verstanden wird, die in der Art eines Namens verwendet ist. Der Gebrauch eines außerhalb der Jesus-Bewegung geprägten apokalyptischen Hoheitstitels „der Menschensohn" lässt sich nicht nachweisen, ein guter Teil der Stellen widerspricht einem solchen Gebrauch sogar. Bei einer Reihe von Logien werden Aussagen über den Menschensohn gemacht, die sich kaum noch mit den Vorstellungen berühren, die in den synoptischen Menschensohn-Worten bezeugt sind. Es könnte nun sein, dass die johanneischen Menschensohn-Logien durch eine eigene johanneische Menschensohn-Konzeption zusammengehalten werden.[421] Die einzige offensichtliche Gemeinsamkeit der johanneischen mit den synoptischen Menschensohn-Logien besteht jedoch in der Art und Weise, wie der Ausdruck syntaktisch gebraucht wird: Als indirekte Selbstbezeichnung Jesu in Sätzen, in denen Jesus über sich selbst, seine Bedeutung und sein Geschick spricht.[422] Selbst wenn im Johannes-Evangelium eine eigene Menschensohn-Konzeption vorliegen sollte, so ist deren Andersartigkeit gerade ein Beleg dafür, dass die Grundbedeutung des Ausdrucks „der Menschensohn" in seiner Verwendung als Namen liegt. Auffallend ist, dass sich im Johannes-Evangelum keine Worte vom zukünftig kommenden Menschensohn finden. Dies lässt sich allerdings u. U. auch damit erklären, dass im vierten Evangelium grundsätzlich keine Parusieerwartung anzutreffen ist. Dennoch sind die johanneischen Menschensohn-Logien ein weiterer Beleg für die These, dass die namenhafte Verwendung des Ausdrucks am Anfang der traditionsgeschichtlichen Entwicklung stand.

b) Die Engel und der „der Menschensohn" – Hebr.2,6

Offenbar in Abgrenzung gegen eine bestimmte Engellehre (vgl. Hebr.1,4ff)[423] zieht Hebr.2,5ff ein Zitat aus Ps.8,5-7 heran, in dem der Ausdruck „der Menschensohn" begegnet. Die Einleitung und der Anfang des Zitats lauten so:

---

[421] Das scheint allerdings nicht wahrscheinlich, da sich die Inhalte dieser Logien mehr der johanneischen Theologie als einer auf irgendeine Weise mit dem Ausdruck „der Menschensohn" gekoppelten Vorstellung zu verdanken scheinen. Ausgeschlossen werden soll diese Möglichkeit hier jedoch nicht. Wenn in der synoptischen Jesustradition ein eigener Menschensohn-Titel geprägt wurde, könnte dies auch im johanneischen Kreis geschehen sein.

[422] Vgl. M.MÜLLER, Der Ausdruck „Menschensohn", S.205-218.

[423] Vgl. M.HENGEL, Studies in Early Christology, S.376.

(5) Denn nicht Engeln hat er [Gott] die zukünftige Welt unterworfen, von der wir reden, (6) vielmehr bezeugt einer an einer Stelle: „Was ist der Mensch (ἄνθρωπος), dass du an ihn denkst, oder der Menschensohn (υἱὸς ἀνθρώπου), dass du dich seiner annimmst. (7) Du hast ihn nur kurz[e Zeit] unter die Engel erniedrigt. Du hast ihn mit Herrlichkeit und Ehre gekrönt."

In Psalm 8 ist der Ausdruck „der Menschensohn" offensichtlich Synonym für Mensch, wie der Parallelismus membrorum zeigt. Die christologische Auslegung des Psalms im Hebräerbrief sieht jedoch in diesem „Menschensohn" Jesus. Ausdrücklich wird eine Identifikation hergestellt (Hebr.2,9). Für die Argumentation ist entscheidend, dass Jesus der „Menschensohn" ist, von dem im Psalm die Rede ist, nicht, welche Vorstellungen mit dem Ausdruck „Menschensohn" verbunden werden.[424] Denn auf diese Weise ist es möglich, mit dem Psalmzitat Jesu Superiorität gegenüber den Engeln zu erweisen. Der Vers lässt sich also gut verstehen, wenn „Menschensohn" ein bekannter Jesus-Name war. Gründe, hier irgendeine Art von titularem Gebrauch des Ausdrucks „Menschensohn" anzunehmen, gibt es nicht,[425] wobei allerdings auch nicht ganz ausgeschlossen werden kann, dass der nachösterlich geprägte Menschensohn-Titel im Hintergrund steht, für den der Bezug auf Jesus auch selbstverständlich war.

c) „Einer wie ein Menschensohn" – Apk.1,13; 14,14

Die Apokalypse enthält zwei Visionsschilderungen, in denen eine Gestalt vorkommt, die ὅμοιος υἱὸς ἀνθρώπου ist.

Bei der ersten Vision (1,10-20) handelt es sich ausdrücklich um eine Christusvision (vgl. 1,17f). Eine große Zahl von alttestamentlichen Zitaten und Anspielungen bestimmen die Beschreibung des visionär geschauten Herrn.[426] Darin begegnen verschiedene Motive aus Dan.7, ὅμοιος υἱὸς ἀνθρώπου ist dabei nur eines davon. Erstaunlicherweise werden nicht nur der Ausdruck „der Menschensohn" sondern auch Motive aus der Schilderung des Hochbetagten von Dan.7 auf Jesus übertragen. Offensichtlich handelt es sich um eine Neukombination von traditionellen apokalyptischen Motiven zur Beschreibung des visionär Geschauten. Der Ausdruck „der

---

[424] So kommt es ja zu einer Verschiebung des Sinns im Psalmzitat. Was im Alten Testament als eine Aussage über die Hoheit des kreatürlichen Menschen gemeint war, wird nun zu einer Aussage über die zeitlich befristete Niedrigkeit des Gottessohnes Jesus (vgl. dazu auch C.Colpe, ThWNT VIII, S.467f).

[425] Mit dieser Interpretation entfallen auch eine Reihe der Verständnisprobleme, die E.Grässer, EKK XVII/1, S.116ff bei der seiner Meinung nach nicht zu umgehenden Annahme eines titularen Gebrauchs an diese Stelle sieht (dass der Ausdruck „der Menschensohn" ein Jesus-Name sein könnte, wird von ihm nicht diskutiert). Auch braucht, um die christologische Deutung des Psalmzitats nachvollziehen zu können, keine traditionelle Kombination mit Ps.110 rekonstruiert zu werden.

[426] Vgl. dazu E.Lohse, NTD XI, S.20.

Menschensohn" wird dabei – wie in Dan.7 – nicht als Titel, sondern als Gattungsbegriff zur Beschreibung der geschauten Person verwendet. Ein Titel müsste determiniert verwendet werden (vgl. z.B. 1,17f). Apk.1,13 ist somit ein Beispiel dafür, dass aus Dan.7,13 nicht unbedingt der determinierte Ausdruck „der Menschensohn" entnommen werden musste. Offenbar verzichtete der Verfasser des Textes darauf, über diesen Ausdruck eine Verbindung zwischen Jesus und Dan.7 herzustellen. Ob ihm diese Verbindung unbekannt war, lässt sich nicht sagen.

In der Vision 14,14-20 begegnen ebenfalls Elemente aus Dan.7: neben der Formulierung ὅμοιος υἱὸς ἀνθρώπου der Begriff „Wolken". Auch hier scheint es sich um traditionelle Motive der visionären Beschreibung zu handeln. „Der Menschensohn" ist offensichtlich kein Titel, da in den Versen 15 und 16 die so beschriebene Gestalt ὁ καθήμενος ἐπὶ τῆς νεφέλης genannt wird. Darüber hinaus ist es sogar unsicher, ob es sich bei der menschenähnlichen Gestalt um Christus handelt, da diese Gestalt Befehle von Engeln empfängt.[427] Auch hier gibt es also keinerlei Anlass, einen titularen Gebrauch des Ausdrucks „der Menschensohn" anzunehmen.

d) Der Menschensohn ist von den Entschlafenen auferstanden – HebrEv.7

Hieronymus (de viris illustribus 2) zitiert aus dem Hebräerevangelium folgende Passage (HebrEv.7):[428]

> Als aber der Herr das Leintuch dem Knecht des Priesters gegeben hatte, ging er zu Jakobus und erschien ihm. Jakobus hatte nämlich geschworen, er werde kein Brot mehr essen von jener Stunde an, in der er den Kelch des Herrn getrunken hatte, bis er ihn von den Entschlafenen auferstanden sähe. Und kurz darauf sagte der Herr: Bringt einen Tisch und Brot! Und sogleich wird hinzugefügt: Er nahm das Brot, segnete es und brach es und gab es Jakobus dem Gerechten und sprach zu ihm: Mein Bruder, iss dein Brot, denn der Menschensohn ist von den Entschlafenen auferstanden (Frater mi, comede panem tuum, quia resurrexit filius hominis a dormientibus).

Ganz offensichtlich ist diese Passage eine spätere Legende, die auf verschiedene neutestamentliche Traditionen anspielt.[429] Doch auch hier findet sich im 2. Jahrhundert nach Christus[430] noch der typische Sprachgebrauch der synoptischen Menschensohn-Logien. Der Ausdruck kann hier als Name wie

---

[427] Vgl. dazu M.MÜLLER, Der Ausdruck „Menschensohn", S.148, der gute Gründe angibt, diese Gestalt als einen Engel zu betrachten. Anders dagegen E.LOHSE, NTD XI, S.86 (der allerdings die Existenz eines Titels „Menschensohn" annimmt).

[428] Wiedergegeben nach W.SCHNEEMELCHER, Neutestamentl. Apokryphen, Bd.1, S.147.

[429] Vgl. 1.Kor.15,7; Mk.14,25/Mt.26,29/Lk.22,16.18; 1.Kor.11,23f/Mk.14,22/Mt.26,26/Lk.22,19; Mk.8,31/Mt.16,21/Lk.9,22.

[430] PH.VIELHAUER und G.STRECKER datieren das Hebräerevangelium in die erste Hälfte des 2. Jahrhunderts (W.SCHNEEMELCHER, Neutestamentliche Apokryphen, S.146).

auch als innerhalb der Jesus-Bewegung entstandener Titel interpretiert werden.[431]

Zusammenfassend lässt sich über die Menschensohn-Logien, die im Neuen Testament außerhalb der Synoptiker und der Apostelgeschichte überliefert werden, sagen: Sie lassen sich nicht als Beleg für einen außerhalb der Jesus-Bewegung geprägten Menschensohn-Titel lesen. Die Apokalypse bezeugt, dass der Ausdruck „Menschensohn“ in Dan.7,13 auch noch Jahrzehnte nach Jesus als Gattungsbegriff verstanden werden konnte. Die johanneischen Menschensohn-Logien und Hebr.2,6 scheinen die Verwendung des Ausdrucks „der Menschensohn“ als Namen zu kennen. Es gibt von all diesen Logien her keinen Anlass, die oben aufgestellte traditionsgeschichtliche Gesamthypothese in Frage zu stellen, sondern sie sind vielmehr als Bestätigung dieser Hypothese zu werten.

4.7.3 Die Begrenzung des Sprachgebrauchs

Nun ist allerdings zu fragen, weshalb der Ausdruck „der Menschensohn“, wenn er nun einmal ein Namen für Jesus ist, niemals – außer in Acta 7,56 als Name in der Anrede oder in der Rede über Jesus verwendet wird.

Ragnar Leivestad stellt dazu folgende Hypothese auf: Der Ausdruck „der Menschensohn“ „ist niemals eine alltägliche Jesus-Bezeichnung gewesen. Es ist etwas Feierliches, Rätselhaftes, Numinoses damit verbunden. Es ist der heilige Name, den Jesus sich selbst gegeben hat. Nur in gehobener Rede haben Propheten und Prediger [...] über Jesus als den Menschensohn gesprochen.“[432]

Ein viel näherliegender Grund für diesen merkwürdigen Sprachgebrauch dürfte zumindest zum Teil auch in der Wortbedeutung des Ausdrucks liegen. „Menschensohn“ heißt ja schlicht „Mensch“ und kann in gewissen Zusammenhängen auch generisch im Sinne von „jemand“ oder „einer“ verwendet werden. Das Buch Ezechiel stellt einen deutlichen Beleg dafür dar, wie die Anrede „Menschensohn“ gerade die Niedrigkeit des Angeredeten gegenüber dem Anredenden betont.[433] Eine Anrede Jesu mit dem Ausdruck „Menschensohn“ hätte damit einen abwertenden Unterton.[434] In der dritten

---

[431] Zu widersprechen ist M.Hengel, der in dem *resurrexit filius himinis a dormentibus* ein „Bekenntnis zu Jesus als dem Menschensohn“ sieht (Jakobus der Herrenbruder, S.82f). Die Pointe dieses Satzes besteht in der Behauptung, dass Jesus, der sich auch „Menschensohn“ nennt, von den Toten auferstanden sei, und nicht darin, dass Jesus als Erfüller irgend einer Menschensohn-Erwartung dargestellt wird.

[432] Der apokalyptische Menschensohn, S.93.

[433] Im Ezechiel-Buch finden sich insgesamt 93 Belege der Anrede des Propheten als בֶּן־אָדָם, die sogar 23mal durch אַתָּה verstärkt wird. C.Colpe, ThWNT VIII, S.409 spricht davon, dass in dieser Anrede die „Schwäche u[nd] Niedrigkeit des Geschöpfes gegenüber der Herrlichkeit des Gottes Israels“ zum Ausdruck kommt.

[434] Es ist eben etwas anderes, ob Jesus sich selbst „Mensch“ nennt, oder ob er von ande-

Person in Aussagen über Jesus verwendet wäre der Ausdruck geradezu ein „Niedrigkeitstitel".[435] Zudem konnte die Verwendung des Ausdrucks in Bekenntnissen auf Grund der unspezifischen Bedeutung „der Mensch" auch zu Missverständnisses führen.[436] Der Begriff „der Menschensohn" eignete sich also schlecht zur Bildung von Bekenntnisaussagen. Dies dürfte erklären, weshalb der Name „der Menschensohn" nur auf die Selbstbezeichnung Jesu beschränkt blieb und der Ausdruck außerhalb der Jesus-Überlieferung nicht als Name oder gar als Titel begegnet.[437]

4.7.4 Die Bedeutung des Ausdrucks „der Menschensohn"

Es bleibt schließlich noch zu klären, welche Assoziationen Jesus mit dem Ausdruck „der Menschensohn" verband und warum er diesen Ausdruck als Name für die indirekte Selbstbezeichnung wählte. Folgende Möglichkeiten stehen zur Diskussion:

(1) Jesus bildete selbst den Namen „der Menschensohn" in Anlehnung an Dan.7,13f,[438] weil er sich selbst als den kommenden Richter und Herrscher sah, sprach diese Bedeutung des Namens aber niemals aus[439] – auch nicht gegenüber seinen Jüngern.

(2) Jesus wollte in gehobener Sprache und auf geheimnisvolle Weise mit dem Ausdruck „der Menschensohn" ein betontes „Ich" markieren.[440]

---

ren mit „Mensch" angeredet wird. Es ist etwas anderes, ob Jesus sich mit diesem Ausdruck selbst auf die Stufe der anderen Menschen (hinab)stellt, oder ob andere sich durch diese Anrede auf eine Stufe zu ihm (hinauf)stellen.

[435] Interessant ist, dass schon bald in der Alten Kirche der Ausdruck „Menschensohn" als Hinweis auf die Niedrigkeit Jesu verstanden wurde. Zunächst wurde eine Bezeichnung Jesu als „Menschensohn" wohl anstößig empfunden (vgl. Barn.12,10), später dann als Hinweis auf die Inkarnation gesehen (Ignat.Ephes.20,2; Just.Dial.100,3). Vgl. auch C.Colpe, ThWNT VIII, S.480f und C.F.C.Moule, Neglected Features, S.425f.

[436] Vgl. dazu H.Bietenhard, „Der Menschensohn", S.308-310.

[437] Dagegen vergisst das Argument de Jonges „in discussion with a non-Jewish audience, 'Son of Man' clearly was no longer a suitable designation to explain Jesus' dignity and his relationship to God and humanity" (M.de Jonge, God's Final Envoy, S.87), dass auch im hellenistischen Heidenchristentum die jüdischen Messiastitel von großer Bedeutung waren.

[438] Argumente gegen diese These bei R.Leivestad, Jesus – Messias – Menschensohn, S.249.

[439] Schon der Ansatz dieser These zeigt ihre methodischen Probleme. Sie vermutet eine geheime Intention beim historischen Jesus, immunisiert sich aber gegen die Überprüfung durch die Annahme, dass Jesus diese geheime Intention niemals mitteilte.

[440] Vgl. S.Ruager, Das Reich Gottes, S.71f meint, „dass Jesus mit der Selbstbezeichnung 'Menschensohn' geheimnisvoll und in gehobener Sprache ein betontes 'Ich' ausdrücken will, dessen Sinngehalt auf einer Linie mit der verborgenen Messianität liegt."

(3) Jesus wählte den Ausdruck „der Menschensohn“ als Chiffre[441] wegen seines Geheimnischarakters.[442] Der rätselhafte Ausdruck „der Menschensohn“ sollte Jesus vor Einordnung in vorgegebene Erwartungen bewahren und die Frage provozieren „Wer ist dieser Menschensohn?“ (vgl. Joh.9,35).[443]

(4) Jesus verfremdete mit der indirekten Selbstbezeichnung „der Menschensohn“ eine im Aramäischen übliche generische Redeweise,[444] um in Aussagen über sich selbst seine Person zurückzunehmen.[445] Anders als

---

[441] So z.B. M.Hengel, Studies in Early Christology: Jesus „refers obliquely to his person with the enigmatic בר אנשא, [...], need have no titular sense at all, rather obscuring his claim than revealing it.“ (S.80), „it is probably more a veiled code word than an actual title.“ (S.387).

[442] Vgl. dazu V.Hampel, Menschensohn, S.164: „Der Terminus bot sich wegen seiner Vieldeutigkeit und Unbestimmtheit bestens an, in verhüllender und doch deklaratorischer Weise auf seinen Sendungsanspruch hinzuweisen, ohne damit dieses Geheimnis offen preiszugeben. [...] בַּר אֱנָשָׁא im Mund Jesu ist für Außenstehende ein Rätselwort, das sofort zu der Frage drängt: Wer ist dieser? Für die Seinen hingegen ist בַּר אֱנָשָׁא Hinweis auf die messianische Sendung Jesu, nämlich Chiffre für seine Funktion als Messias designatus. Im Sinne dieses spezifischen Gebrauchs ist בַּר אֱנָשָׁא eine bewußt geheimnisvolle Redeweise des historischen Jesus.“

[443] So meint auch E.Schweizer, Der Menschensohn, S.74f: Jesus „hat damit absichtlich eine Bezeichnung aufgenommen, die in keiner Weise dogmatisch fest umrissen war, wie er ja auch sonst alle üblichen Titel und dogmatischen Formulierungen meidet. Er hat damit einerseits einen Anspruch erhoben, aufmerksam gemacht auf das Geheimnis, das hinter seinem Wirken steht, und hat andererseits doch niemandem eine bequeme Formel in die Hand gegeben, die man nur zu übernehmen brauchte, um rechtgläubig zu sein. Denn der Terminus konnte ebenso als etwas ungewohnte Umschreibung für das Ich eines gewöhnlichen Menschen verstanden werden wie als Ausdruck der Besonderheit des Weges Jesu.“

[444] Vergleichbar der im Deutschen möglichen indirekten Selbstbezeichnung mit „man“.

[445] In diese Richtung geht die These von M.Müller, Der Ausdruck „Menschensohn“, S.255-260. Vgl. dazu auch H.Bietenhard, „Der Menschensohn“, S.302 zum Phänomen der indirekten Selbstbezeichnung im Aramäischen: „Das Reden von sich selbst in der 3. Pers. Sg. ist Ausdruck der Bescheidenheit und Zurückhaltung. Einerseits ist man gezwungen, von sich selbst zu sprechen, also seine Person in den Vordergrund zu stellen, andererseits aber ist einem dieser Zwang oder diese Notwendigkeit eher peinlich oder unangenehm, und deshalb bemüht man sich auch wieder, seine Person zurückzustellen und zu verhüllen. Man ist genötigt, sich selbst in die erste Linie zu rücken, möchte das aber lieber nicht tun. So ist diese Redeweise Ausdruck einer ambivalenten Stimmung: Betonung und zugleich Zurückstellung der eigenen Person.“ Eine ähnliche Konzeption bieten G.Theissen/A.Merz, Jesus, S.477-480, die allerdings auch davon ausgehen, Jesus habe vom zukünftig kommenden Menschensohn gesprochen: „Jesus muß den Alltagsausdruck emphatisch gebraucht haben, so daß er zu seinem ‘Titel’ werden konnte – etwa dadurch, daß er übergroße Erwartungen an ihn korrigierte: Andere Menschen mochten Wunder von ihm erwarten, andere mochten mit ihm den seit Johannes dem Täufer erwarteten Stärkeren erhoffen, andere mochten in seine Nachfolge drängen – er aber betonte zur Korrektur solcher Erwartungen seinen menschlichen Status als ‘Menschensohn’“ (S.479). Ebenfalls eine ähnliche Interpretation erwägt R.Leivestad, Jesus – Messias – Menschensohn, S.251. Hierzu passt die Beobachtung

bei sonstiger generischer Rede war der Ausdruck „der Menschensohn" jedoch exklusiv auf Jesus bezogen.

(5) Jesus verwendete den Ausdruck „der Menschensohn" in Anlehnung an das Ezechiel-Buch, wo die Anrede[446] „Menschensohn" gerade die Niedrigkeit[447] des Propheten gegenüber Gott betont, zugleich den Propheten aber als Boten Gottes gegenüber den Menschen heraushebt.[448]

(6) Jesus stand die Wortbedeutung des Ausdrucks „der Menschensohn" vor Augen und er wollte verhüllt zum Ausdruck bringen, dass er sich als den wahren Menschen,[449] den prototypischen Erneuerer des Menschengeschlechts verstand.[450]

R.LEIVESTADS, dass der Ausdruck „der Menschensohn" bei Jesus offenbar keine wesentlichen Inhalte transportiert, dass darum „wo immer Jesus vom Menschensohn spricht, das Gewicht nicht auf der Bezeichnung an sich liegt, sondern auf dem, was über den Menschensohn ausgesagt wird." (S.253).

[446] Im Ezechiel-Buch wird der Ausdruck „der Menschensohn" 93mal ausschließlich als Anrede gebraucht. Damit gewinnt er praktisch den Charakter eines Namens. Die Verwendung des Ausdrucks „Menschensohn" hat bei Ezechiel eine doppelte Konnotation: Einerseits betont er die Niedrigkeit des Propheten im Gegenüber zu Gottes Hoheit. Andererseits ist der „Menschensohn" des Ezechiel-Buches zugleich der von Gott Beauftragte und von Gott Autorisierte. Verstärkt wird dieser Aspekt durch eine bei über 80% der Stellen unmittelbar vorausgehende Wortereignisformel – häufig: „Das Wort des Herrn erging an mich:...".

[447] Die Niedrigkeit, die in dem Ausdruck „der Menschensohn" mitschwingt, betont R.LEIVESTAD, Exit the Apocalyptic Son of Man, S.266f. Er kommt in seiner Analyse zum Schluss, „the Son of man is not a term that implies authority at all. [...] It had no ring of authority about it." LEIVESTAD fährt dann fort (S.267): „It is particularly clear in those sayings which in my opinion are most likely to be authentic that the Son of man is not a pretentious designation but a humble one, denoting solidarity and identification with the sons of men. The son of man is he who is a friend of sinners. The son of man is he who came to serve and give his life. The selfdesignation is an evidence of his self-dedication to men."

[448] Diese Möglichkeit erwägt auch C.COLPE, ThWNT VIII, S.409 für den Fall, dass in den Worten vom Erdenwirken der authentische Grundbestand der Menschensohn-Logien zu suchen wäre. Doch der Zusammenhang mit der Menschensohn-Anrede des Propheten Ezechiel sagt nicht, dass Jesus sich als einen Propheten wie Ezechiel ansah. Das Ezechiel-Buch, das in der Jesus-Überlieferung keine große Rolle spielt, scheint auch für Jesus selbst nicht von zentraler Bedeutung gewesen zu sein (vgl. R. LEIVESTAD, Der apokalyptische Menschensohn, S.102).

[449] Diese Position wurde bereits im 19. Jahrhundert vertreten. Vgl. den Forschungsüberblick von W.BALDENSPERGER, Die neueste Forschung über den Menschensohn, S.202 (aus dem Jahre 1900). Er fasst dabei ältere Positionen so zusammen: „Der 'Menschensohn' war das Aushängeschild für die geheimen Absichten Jesu: der von seinen Anhängern als jüdischer Messias gefeierte Meister sollte sich dadurch als einen irgendwie zur Menschheit gehörenden, als den idealen, wahren Menschen, als ein niedriges Menschenkind oder dergleichen etwas zu erkennen geben." C.F.C.MOULE, Neglected Features, sieht den Ausdruck „Menschensohn" in einer direkten Entwicklungslinie von Dan.7,13 zu den synopti-

Weshalb Jesus gerade den Ausdruck „der Menschensohn“ als Namen für sich selbst wählte, muss vorläufig offen bleiben.[451] Beantwortet werden kann die Frage in der weiteren Untersuchung erst dann, wenn geklärt ist, wie Jesus sich selbst verstanden hat.[452] Erst die Antwort auf die Frage nach Jesu Selbstverständnis wird letztlich die Menschensohnfrage erhellen.[453]

---

schen Menschensohn-Logien als „symbol of true humanity“ (S.419). Ist der Ausdruck „Menschensohn“ in Dan.7,13 zunächst „a symbol [...] for the loyal, martyr people who, after their faithful endurance on earth, are to be vindicated and given sovereignty in the heavenly realms“ so geht die Bedeutung doch weiter: „it stands [...] also for true man, since Israel fulfilling its destiny is, indeed, representative of man fulfilling his destiny“ (S.419). Bei Jesus wird der Ausdruck „Menschensohn“ schließlich zum Programm: „The term sums up the vocation of Jesus to be (or to be the head and centre of) Israel truly fulfilling its destiny.“ (S.424).

[450] So fragt sich auch R.LEIVESTAD, Der apokalyptische Menschensohn, S.102, ob nicht der Sinn der Selbstbezeichnung „Menschensohn“ in der Wortbedeutung zu suchen wäre: „Das würde bedeuten, dass sich Jesus allem Anschein nach in einer bestimmten Weise als den Repräsentanten der Menschheit gesehen habe. [...] Ich möchte nur so viel sagen, dass sich Jesus allem Anschein nach eine unvergleichliche, entscheidende, eschatologische Stellung und Bedeutung beigelegt hat. Man kann das ein messianisches Selbstbewußtsein nennen – wenn man zugleich jeden politischen und nationalistischen Inhalt des Messiasbegriffes abstreift. Das bedeutet aber, Jesus wollte nicht der Messias ben David sein, sondern der Messias ben Adam. [...] Paulus nennt ihn den zweiten, den letzten Adam. Ist gerade das die sachgemäße Interpretation der Selbstbezeichnung Jesu? Er war nicht der Sohn Davids, der die zerfallene Hütte Davids wieder aufrichten sollte, sondern der ben Adam, der Sohn des Menschen, der die gefallene Menschheit heilen und selig machen wollte. Der Menschensohn-Name war programmatisch gemeint. Er war aber ein Geheimnis und ein Gleichnis, nur denen verständlich, die alles verließen, um ihm zu folgen.“ Dass der Ausdruck ὁ υἱὸς τοῦ ἀνθρώπου in bestimmten Kontexten auch einfach zu ὁ ἄνθρωπος werden konnte, zeigt die Aufnahme von Mk.10,45 in 1.Tim.2,5. R.LEIVESTAD, Exit the Apocalyptic Son of Man, S.265 äußert dazu auch noch die Vermutung, dass nicht der allgemeine Ausdruck בַּר (אֱ)נָשָׁא sondern das viel spezifischere aramäische בַּר אָדָם oder das hebräische בֶּן־אָדָם hinter dem griechischen Ausdruck ὁ υἱὸς τοῦ ἀνθρώπου stehen könnte. Diese These scheint problematisch, da eine solche Wendung bereits wieder in Richtung eines Titels tendiert.

[451] Anscheinend war auch für die Zuhörer und Gesprächspartner Jesu der Ausdruck „Menschensohn“ nicht inhaltlich klar bestimmt. Denn wäre schon einfach durch die Wahl dieses Ausdrucks ein Programm deutlich geworden, dann hätte der Name „Menschensohn“ sicher Reaktionen hervorgerufen. Aber gerade solche Reaktionen sind nicht überliefert.

[452] Den Zusammenhang sieht auch R.LEIVESTAD, Exit the Apocalyptic Son of Man, S.265.

[453] Vgl. dazu Abschnitt 7.1.2.

4.8 Zusammenfassung

Ein Zugang zu Jesu Selbstverständnis lässt sich über die Hoheitstitel nicht finden. Dies liegt einerseits daran, dass Jesus sich selbst mit keinem geprägten Titel bezeichnete oder bezeichnen ließ und dass andererseits der Ausdruck „der Menschensohn“, der eine authentische Selbstbezeichnung Jesu darstellt, bei Jesus nicht titular, sondern als Name verwendet wurde. Ist der erste Teil dieses Arguments weitgehend Konsens der historisch-kritischen Jesus-Forschung, so war es Zweck dieses Kapitels, den Nachweis für den zweiten Teil des Arguments zu liefern.

Die Analyse der Vision in Dan.7 samt ihrer Deutung, der Bilderreden des äthiopischen Henochbuches und der Sturmvision 4.Esra 13 ergab, dass der Ausdruck „(der) Menschensohn“ außerhalb der Jesus-Bewegung nicht als Titel verwendet wurde. Dies wurde durch die Analyse der synoptischen Menschensohn-Logien bestätigt. Beim historischen Jesus ist der Ausdruck „der Menschensohn“ vielmehr ein von ihm selbst geschaffener Name für die indirekte Selbstbezeichnung. Er begegnet in Logien, die vom Wirken des Menschensohnes auf Erden und wohl auch von seinem Leiden sprechen und die auf den historischen Jesus zurückgehen. Erst nach Ostern wurde in apokalyptischen Kreisen der von Jesus geprägte Name mit der Vision Dan.7,13f in Verbindung gebracht und wohl in judenchristlichem Umfeld ein Menschensohn-Titel geschaffen. In diesem Zusammenhang entstanden auch die Menschensohn-Logien, die vom eschatologischen Wirken Jesu als Richter und Herrscher sprechen. Sie sind allesamt als sekundär anzusehen. Der titulare Gebrauch des Ausdrucks „der Menschensohn“ verfestigte sich jedoch nicht zu Bekenntnisaussagen und drang auch nicht in alle Traditionskreise ein. Dem Evangelisten Matthäus zum Beispiel scheint er fremd zu sein. Da die Gründe, weshalb Jesus gerade den Ausdruck „der Menschensohn“ als Namen für die Selbstbezeichnung prägte, vorerst nicht geklärt werden können, eröffnet auch der Gebrauch des Menschensohn-Namens keinen Zugang zu Jesu Selbstverständnis.

Kapitel 5

Das in Jesu Wirken zum Ausdruck kommende Selbstverständnis

Die vorausgehenden Ausführungen haben erwiesen, dass Jesus keinen der bereitliegenden Hoheitstitel verwendete, um deutlich zu machen, wie er sich selbst sah und wie er von anderen gesehen werden wollte. Jesus verzichtete darüber hinaus fast gänzlich auf Explikationen über sein Selbstverständnis[1] und machte dieses Thema nicht „zum Gegenstand seiner Lehre".[2] Darum kann die Rückfrage nach Jesu Selbstverständnis nicht auf entsprechende Äußerungen Jesu zurückgreifen. Ein anderer Weg ist darum bei der Frage nach Jesu Selbstverständnis einzuschlagen.[3]

5.1 Methodische Vorüberlegungen

Nach dem Zeugnis der Evangelien war Jesu Auftreten souverän[4] und autoritativ. Er war in seiner Verkündigung und seinem Auftreten keinem Lehrer und keiner weltlichen Autorität verpflichtet. Es ist deshalb davon auszugehen, dass Jesus so handelte und lehrte, wie es seinem Selbstverständnis entsprach. Somit besteht die Möglichkeit, aus Jesu Taten und Worten Rückschlüsse auf das in diesem Wirken implizit zum Ausdruck kommendes Selbstverständnis zu ziehen.[5] Um Aufschluss darüber zu bekommen, wie

---

[1] Hier und im Folgendem wird vom „Selbstverständnis Jesu" gesprochen. Der in der älteren Forschung häufig begegnende Begriff „Selbstbewusstsein" weckt psychologisierende Assoziationen. Die in der jüngeren Forschung auch verwendeten Begriffe „Sendungsanspruch", „Sendungsautorität" und „Sendungsbewusstsein" haben bereits eine inhaltliche Füllung, die erst das Ergebnis einer Rückfrage nach dem Selbstverständnis Jesu sein, nicht aber schon am Anfang stehen kann. Darum ist der offenere Begriff „Selbstverständnis" vorzuziehen.

[2] H.LEROY, Jesus, S.69. Vgl. auch E.SJÖBERG, Der verborgene Menschensohn, S.230 G.BORNKAMM, Jesus, S.51, 55; 150; E.P.SANDERS, Jesus, S.272 und C.J.DEN HEYER, Der Mann aus Nazareth, S.15.

[3] Vgl. dazu auch H.F.WEISS, Kerygma und Geschichte, S.75.

[4] So auch G.BORNKAMM, Jesus, S.53 und M.TRAUTMANN, Zeichenhafte Handlungen, S.392.

[5] Ein solches Vorgehen wird seit R.BULTMANN (Die Bedeutung des geschichtlichen Jesus für die Theologie des Paulus, S.204f) häufig als die Frage nach der „impliziten

Jesus sich selbst sah, ist folglich nach der Rolle zu fragen, die Jesus in seinem Wirken einnahm und in seiner Verkündigung für sich reklamierte.[6] Wenn es gelingt, diese Rolle zu erfassen, dann sind jene Dimensionen des Selbstverständnisses Jesu ans Tageslicht gebracht, die der historischen Nachfrage zugänglich sind.

Die historisch-kritische Jesus-Forschung stimmt darin überein, dass die nahegekommene Gottesherrschaft Mitte der Verkündigung Jesu und Angelpunkt seines Wirkens ist.[7] Die Frage nach Jesu Rolle muss darum in weiterer Präzisierung lauten: Welche Rolle beanspruchte Jesus im Zusammenhang mit der von ihm verkündeten Gottesherrschaft? Wie sah er das Verhältnis zwischen Gottesherrschaft und seiner eigenen Person? Dabei ist auch zu untersuchen, ob das Verhältnis zwischen Jesus und der nahegekommenen Gottesherrschaft auch auf andere Menschen übertragbar ist oder ob Jesus eine exklusive Rolle für sich beanspruchte.

Die Frage nach Jesu Rolle könnte auch allgemeiner und offener formuliert werden. So fragen zum Beispiel eine Reihe von Autoren, ob sich in Jesu Wirken Parallelen finden zu Rollen, die in der jüdischen Tradition vorgegeben waren. Im positiven Fall ließe sich nach Meinung dieser Autoren erkennen, dass Jesus diese Rollen für sich beansprucht habe.[8] So interessant diese offenere Fragestellung zunächst scheinen mag, sie führt – methodisch gesehen – ins Beliebige. Denn es lassen sich praktisch zu allen Zügen des Auftretens Jesu Parallelen in der jüdischen Tradition finden, die

---

Christologie" bezeichnet. Auch der Begriff der „impliziten Christologie" kann durch seinen nachösterlichen Blickwinkel und der damit verbundenen (sinnvollen!) Suche nach Kontinuitäten zwischen historischem Jesus und nachösterlichem Kerygma den Blick auf bestimmte Phänomene verstellen. Darum wird auf ihn hier zunächst verzichtet.

[6] Die Frage nach der Rolle, die Jesus einnahm, dürfte eine differenziertere Wahrnehmung ermöglichen als GNILKAS Frage nach der „Sendungsautorität" (vgl. Jesus, S.251-267). Denn die Autorität, die Jesus für sich beansprucht, ist nur eine Dimension der Rolle, in der er sich sieht und die er für sich beansprucht. So kann z.B. aus der Verwendung der Formel „Amen, ich sage euch" auf ein besonderes „Vollmachtsbewusstsein" geschlossen werden (vgl. z.B. J.JEREMIAS, Ntl. Theologie, S.44) – Wie dieses begründet und zu verstehen ist, bleibt offen (vgl. G.THEISSEN/A.MERZ, Jesus, S.456f). Der Begriff der „Rolle" scheint besser geeignet zu sein als jener der „Stellung", den H.F.WEISS, Kerygma und Geschichte, S.75 vorschlägt. Denn auch der Begriff „Stellung" zielt stark auf Jesu Autorität, die nur eine Dimension seiner Rolle darstellt.
Allerdings ist der Begriff „Rolle" hier nicht im Sinn von „gespielter Rolle" zu verstehen, so dass zwischen der Rolle Jesu und seiner Identität zu unterscheiden wäre. Die Rolle, die Jesus einnimmt, entspricht seiner Identität bzw. seinem Selbtverständnis.

[7] So z.B. J.GNILKA, Jesus, S.87 und S.257; L.GOPPELT, Theologie des NT, S.94f; G.BORNKAMM, Jesus, S.57; H.MERKLEIN, Jesu Botschaft, S.25f; J.BECKER, Jesus, S.122-124; J.D.CROSSAN, Jesus, S.379f; G.THEISSEN/A.MERZ, Jesus, S.221.

[8] Auf diese Weise gehen über weite Strecken vor: O.BETZ, Die Frage nach dem messianischen Bewußtsein Jesu und S.RUAGER, Das Reich Gottes.

– unter Hinweis darauf, dass im Judentum in der messianisch-eschatologischen Heilszeit die Wiederkehr des Früheren erwartet werde – als Hinweis auf ein messianisches Selbstverständnis Jesu ausgewertet werden könnten.[9]

Die Frage nach Jesu Rolle könnte auch in religions-soziologischen Kategorien zu klären versucht werden.[10] Ein solches Vorgehen mag erlauben, wichtige Züge an Jesus und seinem Wirken wahrzunehmen. Da eine soziologische Betrachtung aber von der sozialen Wirkung einer Person ausgeht, die noch nicht dem Selbstverständnis der Person entsprechen muss, kann sie zwar hilfreich, hier jedoch nicht federführend sein. Hinzu kommt, dass eine soziologische Betrachtung in der methodischen Gefahr steht, durch die Zuordnung eines Phänomens in bereits gegebene Kategorien die Einzigartigkeit eines Phänomens nicht mehr wahrzunehmen.

Die Frage nach Jesu Rolle könnte auch noch stärker differenziert werden. So könnte nach der Entwicklung dieser Rolle in verschiedenen Phasen der Wirksamkeit Jesu gefragt werden. Doch hier ist angesichts der Quellenlage Zurückhaltung geboten. Da die Jesus-Überlieferung zunächst vor allem in Form von Einzellogien und in sich abgeschlossenen kurzen Erzählungen tradiert wurde, die erst in späteren Sammlungs- und Redaktionsprozessen zu größeren Einheiten zusammengefügt wurden, ist eine methodisch kontrollierte, chronologische Zuordnung einzelner Überlieferungen zu verschiedenen Phasen des Wirkens Jesu meist nicht mehr möglich.[11] Folglich ist es auch nicht möglich, verschiedene Phasen der Entwicklung des Selbstverständnisses Jesu zu unterscheiden.[12]

---

[9] Die folgenden Beispiele sollen zeigen, auf welche Abwege dieser Ansatz führen kann. Um zu untermauern, dass Jesus sich als der für die Endzeit erwartete Davidide verstand, führt O.Betz die folgenden beiden Überlegungen an: „Das Alte Testament kennt nur einen, der einen bösen Geist vertrieb, nämlich David; und davon berichtet es gleich, nachdem dieser gesalbt und Gottes Geist auf ihn gekommen war (I Sa. xvi 13-23)“ (Die Frage nach dem messianischen Bewußtsein Jesu, S.41) Jesu Exorzismen würden damit den Anspruch erheben, dass Jesus sich als zweiter David verstehe. Allerdings müsste dann jedem Exorzist zur Zeit Jesu ein messianisches Selbstverständnis unterstellt werden! – Aber noch mehr: „Jesus wanderte, ohne Ruhe zu finden, in seiner Heimat umher, ja, er war sogar gezwungen, außer Landes, zu den Heiden zu gehen (Mk. vii 27). Gerade so teilte er das Schicksal Davids, der, obgleich zum König gesalbt, vor dem Regenten des Landes wich und sich in steter Gefahr befand. Von dieser Beziehung her wird das dunkle Wort von ‘Herodes dem Fuchs’ erhellt (Lk. xiii 31-33). Es fällt gerade, als man zu Jesus sagt: ‘Geh von hier weg und zieh weiter! Denn Herodes will dich töten!’ Meines Erachtens ist ein Spiel mit Worten שׁוּעָל ‘Fuchs’ und שָׁאוּל ‘Saul’ intendiert: es macht Herodes zum ‘Saul’, zum verworfenen Fürsten, der den erwählten, aber noch nicht eingesetzten Gesalbten Gottes verfolgt.“ (Die Frage nach dem messianischen Bewußtsein Jesu, S.41f).

[10] So kommen z.B. G.Theissen/A.Merz, Jesus, S.179f und S.486 dazu, Jesus als Charismatiker zu verstehen.

[11] So auch W.G.Kümmel, Das Problem des geschichtlichen Jesus, S.50f.

[12] Alle versuchten Rekonstruktionen einer Entwicklung des Selbstverständnisses Jesu

Schließlich schützt die Frage nach der Rolle, die Jesus beansprucht und eingenommen hat, davor, die methodischen Grenzen historischer Forschung zu vergessen.[13] Wie ein Mensch sich selbst sieht oder zu einer bestimmten Zeit sah, ist letztlich nie voll auszuloten. Innerliche Prozesse und manche Aspekte des Selbstverständnisses einer Person sowie ihr Selbstbewusstsein bleiben zu einem Teil immer verborgen. Nur jene Aspekte menschlichen Selbstverständnisses, die auf irgendeine Weise nach außen manifest werden, können überhaupt erkannt werden. Die Rolle, die eine Person beansprucht und einnimmt, ist dagegen eine historisch erkennbare Größe. Wenn darum hier versucht wird, die Frage nach der Rolle Jesu zu klären, so geschieht dies von vornherein unter dem methodischen Vorbehalt, dass das Selbstverständnis Jesu in seiner Gesamtheit nicht zugänglich ist.

Bevor die Frage nach Jesu Rolle bzw. nach dem Verhältnis zwischen Jesu Person und der von ihm verkündeten nahegekommenen Gottesherrschaft angegangen werden kann, ist sinnvollerweise diese Verkündigung Jesu in ihren Grundzügen zu skizzieren (Abschnitt 5.2). So wird der Bezugsrahmen für die späteren Argumentationsgänge deutlich. Da die Verkündigung der Gottesherrschaft bei Jesus eine futurische und eine präsentische Dimension hat, ist für beide Dimensionen getrennt die Frage nach der von Jesus beanspruchten und eingenommenen Rolle zu stellen. So soll zunächst gefragt werden, in welcher Rolle Jesus sich in der zukünftigen Vollendung der Gottesherrschaft sah (Abschnitt 5.3). In einem weiteren Abschnitt ist zu klären, welche Rolle Jesus in Bezug auf von ihm verkündigte, schon in der Gegenwart nahegekommene Gottesherrschaft einnahm und beanspruchte (Abschnitt 5.4).[14]

5.2 Die Gottesherrschaft in der Verkündigung Jesu

Indem Jesus das Abstraktum ἡ βασιλεία τοῦ θεοῦ – die „Gottesherrschaft"[15] – zum Zentralbegriff seiner Verkündigung macht, wählt er einen Begriff, der an alttestamentliche und apokalyptische Sprachtraditionen

---

erwiesen sich als spekulativ und exegetisch nicht haltbar – so auch die von F.Mussner vorgebrachte Zweiteilung der öffentlichen Wirksamkeit Jesu in eine „Periode des Angebots" und eine „Periode der Ablehnung" (vgl. F.Mussner, Gab es eine „galiläische Krise"?, S.242-250 – zur Kritik: L.Oberlinner, Todeserwartung, S.71-103).

[13] Vgl. hierzu M.Hengel, Studies in Early Christology, S.IX.

[14] Vgl. zu diesem Vorgehen auch H.F.Weiss, Kerygma und Geschichte, S.72-82.

[15] Trotz anderer Möglichkeiten ist die Übersetzung mit „Gottesherrschaft" zu bevorzugen – vgl. H.Merklein, Jesu Botschaft, S.37-39. Die matthäische Abwandlung des Ausdrucks in βασιλεία τῶν οὐρανῶν ist nach allgemeiner Auffassung sekundär (vgl. dazu H.Merklein, Jesu Botschaft, S.37).

anknüpft.[16] Wie in der Apokalyptik[17] bezeichnet auch für Jesus die βασιλεία τοῦ θεοῦ das zukünftige und endgültige Heil. Wenn die Gottesherrschaft, die im Himmel in Ewigkeit besteht, auch auf Erden Wirklichkeit geworden ist, wird Gott auch auf der Erde unangefochten herrschen. Dann werden alles Unheil und alles Böse ein Ende haben, und Gottes Schöpfung wird endlich den endgültigen Schalom erlangen.[18] Die auf der Erde verwirklichte Gottesherrschaft ist für Jesus wie auch für die meisten seiner Zeitgenossen ein definitiv eschatologisches Geschehen, da sie nicht bereits mit Gottes Herr- und Königsein über das Weltgeschehen gegeben ist, sondern erst in einer eschatologischen Tat Gottes aufgerichtet werden muss.[19] „Ihre Aufrichtung bringt eine neue geschichtliche, ja kosmische Situation“[20], da alle lebensfeindlichen Mächte überwunden sind. Dabei erwartet Jesus in der Aufrichtung der Gottesherrschaft keine Auflösung der bisherigen Schöpfung und eine völlige Neuschöpfung, sondern eine „Vollendung der Geschöpflichkeit des Menschen“.[21] Auf eine apokalyptische Schilderung der Aufrichtung der Gottesherrschaft verzichtet Jesus weitgehend,[22] ebenso auf eine

[16] Zur Verwendung des Ausdrucks „Gottesherrschaft“ im AT und im Judentum vor und zur Zeit Jesu siehe J.BECKER, Jesus, S.101-121; L.GOPPELT, Theologie des NT, S.96-101; H.MERKLEIN, Jesu Botschaft, S.24f und S.42-44; G.BORNKAMM, Jesus, S.57f; G.THEISSEN/A.MERZ, Jesus, S.226-231.

[17] Zur apokalytischen Tradition der Rede Jesu von der Gottesherrschaft vgl. G.THEISSEN/A.MERZ, Jesus, S.229f.

[18] Zum eschatologischen und futurischen Charakter der Gottesherrschaft vgl. H.MERKLEIN, Jesu Botschaft, S.24f und S.51; L.GOPPELT, Theologie des NT, S.100; G.BORNKAMM, Jesus, S.58f; E.P.SANDERS, Jesus, S.176f und 183. Der in den letzten Jahren – vor allem in USA – wieder verstärkt aufgekommenen Tendenz zu einer rein präsentischen und anti-futurischen Deutungen der von Jesus verkündigten Gottesherrschaft (so z.B. bei J.D.CROSSAN, Jesus, S.379-390; R.W.FUNK/R.W.HOOVER, The Five Gospels, S.4 und M.J.BORG, Meeting Jesus Again, S.29. Vgl. dazu den Literaturbericht T.SCHMELLER, Das Reich Gottes im Gleichnis, Sp.600-603) widersprechen E.P.SANDERS, Jesus, S.175-184; J.P.MEIER, A Marginal Jew, Bd.II, S.289-351 und W.ZAGER, Jesus und die frühchristliche Verkündigung, S.28f.

[19] So auch im rabbinischen Verständnis des Begriffs „Gottesherrschaft“ – vgl. K.G.KUHN, ThWNT I, S.570-572. Die Belege, die J.D.CROSSAN, Jesus, S.383-390 für eine weisheitliche Tradition der Rede von der Gottesherrschaft anführt, beziehen sich auf die bereits jetzt im Himmel bestehende Königsherrschaft Gottes über die Welt, die auch von den Vertretern der apokalyptischen Tradition geglaubt wird. CROSSANS Ableitung des jesuanischen Begriffs „Gottesherrschaft“ aus dieser weisheitlichen Tradition ist darum nicht plausibel. Vgl. dazu auch G.THEISSEN/A.MERZ, Jesus, S.230.

[20] L.GOPPELT, Theologie des NT, S.100.

[21] J.BECKER, Jesus, S.160; vgl. S.127.

[22] So G.BORNKAMM, Jesus, S.59. Die stärkste apokalyptischen Ausmalung der Gottesherrschaft in der Jesus-Überlieferung findet sich in den sekundären Logien vom kommenden Menschensohn (vgl. Abschnitt 4.6). Außerhalb dieser Logien findet sich kaum authentisches Material, das die Gottesherrschaft bzw. ihre Vollendung apokalyptisch ausmalt. Vgl. dazu auch E.P.SANDERS, Jesus, S.185.

begriffliche Definition dessen, was er unter „Gottesherrschaft" versteht – Jesu Rede über die Gottesherrschaft geschieht vorwiegend in personalen Bildern.[23] Auffällig ist darüber hinaus, dass Jesu Erwartung der Gottesherrschaft sich nicht an nationalistischen oder kultischen[24] Traditionen orientiert, sondern direkt auf Gottes Herr-Sein über die Welt, das in seinem Schöpfer-Sein gründet, rekurriert.[25]

Jesu Verkündigung liegt folgende, in der überlieferten Literatur des Judentums seiner Zeit sonst nicht anzutreffende Überzeugung zugrunde:[26] Die eschatologische Heilszeit, welche die vollkommene Aufrichtung der Gottesherrschaft auf Erden bringen wird, hat bereits begonnen. Die in weiten Kreisen erwartete Wende vom heillosen, gegenwärtigen Äon zum zukünftigen Äon der eschatologischen Heilszeit ist für Jesus bereits geschehen[27] – auch wenn die vollkommene Aufrichtung der Gottesherrschaft noch aussteht. Die Zukunft ist damit in der Gegenwart bereits erfahrbar.[28]

---

[23] Vgl. E.P.SANDERS, Jesus, S.187: Jesus „did not want to give precise descriptions of the world to come, but he did not think that there would be nothing except incorporal spirits."

[24] Stark kultisch ausgerichtet ist der Begriff der מלכות in Qumran – vgl. dazu A.M.SCHWEMER, Gott als König in den Sabbatliedern, S.115-118.

[25] Vgl. J.BECKER, Jesus, S.155-168; W.SCHRAGE, Ethik d. NT, S.22; G.BORNKAMM, Jesus, S.59; G.THEISSEN/A.MERZ, Jesus, S.234.

[26] Vgl. M.DE JONGE, God's Final Envoy, S.44-58, bes. S.57f.; G.THEISSEN/A.MERZ, Jesus, S.234f. Diese Annahme Jesu hat religionsgeschichtlich kaum Parallelen. Am ehesten ist sie mit der Konzeption Deutero-Jesajas zu vergleichen, der ja von Jesus und dann auch von den nachösterlichen Gemeinden intensiv rezipiert wird.
Aufschlussreich ist auch ein Vergleich mit den Sabbatliedern von Qumran, wo auch von der gegenwärtigen Gottesherrschaft gesprochen wird (vgl. A.M.SCHWEMER, Gott als König in den Sabbatliedern, S.116f). Dort wird die Gegenwart der Gottesherrschaft räumlich gedacht: „Im Himmel ist ewige Gegenwart, was auf Erden in der Heilszeit erwartet wird." (S.117). Die präsentische Gottesherrschaft wird dabei vor allem als himmlischer Gottesdienst vorgestellt. „Im Zyklus der Sabbatlieder nimmt die irdische Gemeinde [...] am himmlischen Gottesdienst teil." (S.117). „Die eschatologische Erwartung auf Erden hat [also] ihren Grund in der präsentischen kultischen Feier der Königsherrschaft Gottes im Himmel." (S.117). Bei Jesus dagegen ist die Bewegung entgegengesetzt: Statt einen kultischen Aufschwung zur transzendent gedachten himmlischen Gottesherrschaft zu versuchen, ist bei Jesus die Gottesherrschaft Kraft und Macht, die von oben her in die alltäglichen Erfahrungen hineinwirkt und diese bereits verändert. Dem entspricht, dass Jesus nicht – wie die Essener – eine rituelle Trennung von der unheiligen und unreinen Welt anstrebte, sondern die Heiligung des Unheiligen erwartete und mit seinem Reden und Tun vollzog.

[27] Vgl. H.WEDER, Gegenwart und Gottesherrschaft, S.43; J.BECKER, Jesus, S.124-154. Jesus denkt hier also nicht anders als später Paulus und Johannes (gegen R.BULTMANN, Das Verhältnis der urchristlichen Christusbotschaft zum historischen Jesus, S.447). Vgl. die Abschnitte 2.3.4 und 8.1.

[28] Zu dem dieser Zeitbestimmung entsprechenden Begriff der Eschatologie vgl. E.JÜNGEL, Paulus und Jesus, S.285-289.

Die Synoptiker fassen diese Grundüberzeugung Jesu zusammen in der Wendung ἤγγικεν ἡ βασιλεία τοῦ θεοῦ (Mk.1,15/Mt.4,17; Mt.10,7/Lk.10,9.11). Zwar mag diese Formulierung in ihrer Endgestalt eventuell auf die nachösterliche Gemeinde zurückgehen, doch trifft sie nach allgemeiner Auffassung die Intention Jesu.[29] Zwei Bedeutungsaspekte sind in dieser Formulierung enthalten:

Zunächst ermöglicht das Nahegekommensein der Gottesherrschaft bereits in der Gegenwart das neue, eschatologische Gottesverhältnis: ein Leben in der Nähe Gottes. Dazu gehört selbstverständlich die Gewissheit, in die Gottesherrschaft bei ihrer zukünftigen Vollendung einzugehen.

Dieses neue Gottesverhältnis, das Gott seinem Volk eröffnet, sieht Jesus kontrafaktisch auf den Zustand des Gottesvolkes bezogen. Zusammen mit Johannes dem Täufer[30] geht Jesus davon aus, dass das Gottesvolk in seiner Gesamtheit[31] in einer Schuldverfallenheit steht, der allein ein vollständiges göttliches Zorngericht entsprechen würde.[32] In Jesu Einschätzung hat „das

[29] So H.Merklein, Jesu Botschaft, S.37 und 58; J.Gnilka, Jesus, S.153f und H.Weder, Gegenwart und Gottesherrschaft, S.41f. Sogar für authentisch hält diese Formel L.Goppelt, Theologie des NT, S.106.

[30] Zur Botschaft des Täufers und dessen Überzeugung von der Schuldverfallenheit des ganzen Gottesvolkes vgl. J.Becker, Jesus, S.37-58, H.Merklein, Jesu Botschaft, S.27-36 und G.Bornkamm, Jesus, S41f.

[31] R.Heiligenthal, Lebensweg, S.56 versucht nachzuweisen, dass Jesus die Pharisäer als Gerechte betrachtete, die keiner Umkehr bedurften. Er beruft sich dabei auf folgende Logien: „Ebenso wird Freude im Himmel sein über einen Sünder, der umkehrt, mehr als über 99 Gerechte, die die Umkehr nicht nötig haben“ (Lk.15,7); „Nicht die Starken bedürfen des Arztes, sondern die Kranken. Ich bin nicht gekommen, Gerechte zu rufen, sondern Sünder.“ (Mk.2,17/Mt.9,12f/Lk.5,31f). Jedoch ist einzuwenden: Beide Logion verwenden die Ausdrücke „Gerechter“ und „Starker“, ohne deutlich zu machen, ob die betreffenden Menschen objektiv gerecht sind und wirklich angesichts der nahegekommenen Gottesherrschaft der Umkehr nicht bedürfen, oder ob sie sich nur subjektiv als Gerechte empfinden, in Wahrheit aber ihre Gerechtigkeit durch die nahegekommene Gottesherrschaft gerade in Frage gestellt ist. In der nächsten inhaltlichen Parallele zu diesen beiden Logien, im Gleichnis vom Pharisäer und vom Zöllner (Lk.18,10-14a) heißt es dagegen über den bußfertigen Zöllner und den Pharisäer, der sich als gerecht erachtet: „Dieser [der Zöllner] ging gerechtfertigt in sein Haus hinab an Stelle von jenem [dem Pharisäer]“ (zur Übersetzung vgl. W.Bauer, Wörterbuch, Sp.1236). Zu recht betont deshalb H.Merklein, Jesu Botschaft, S.34 und M.Trautmann, Zeichenhafte Handlungen, S.162f, dass Jesus in Lk.13,3.5 ausdrücklich alle als Sünder anspricht. Dabei kann Jesus die ernste Frömmigkeit mancher Zeitgenossen durchaus anerkennen und würdigen. So gibt es für ihn auch außerhalb der Jesus-Bewegung Gerechte, die die richtige Einstellung zur nahegekommenen Gottesherrschaft – u.a. nämlich die Einsicht in ihren Geschenkcharakter – verwirklichen (vgl. z.B. Mt.8,10/Lk.7,9).

[32] Vgl. Lk.13,1-5; Mt.7,11/Lk.11,13 – Hierzu gehört auch die negative Rede von „diesem (bösen) Geschlecht“ (z.B. Lk.11,49-51/Mt.23,34-36; Lk.11,29f/Mt.12,38f. Zur Thematik vgl. H.Merklein, Gottesherrschaft, S.125-128 und ders., Jesu Botschaft, S.34-36 und S.43f; J.Becker, Jesus, S.58-99; G.Bornkamm, Jesus, S.73 und S.77f; J.Gnilka, Jesus, S.209f und R.Pesch, Abendmahl, S.182 (im Anschluss an J.Becker).

mit ihm zeitgleiche Israel seine göttlichen Bundeszusagen restlos verbraucht".[33] Darum ist die Eröffnung eines neuen Gottesverhältnisses für das Volk Israel nicht in dessen heilsgeschichtlicher Stellung, in vergangenen Bundeszusagen oder im Toragehorsam der Frommen begründet, sondern stellt ein „eschatologisches Erwählungshandeln Gottes"[34] dar, das allein in der Gnade und Güte des Schöpfers gründet.[35]

Da niemand dieses neue Gottesverhältnis verdient hat, ist es ein Geschenk Gottes, das allein in Gottes Gnade gründet und darum nicht nur den Frommen und Gerechten, sondern allen offensteht.[36] In diesem Zusammenhang gewinnt auch das Stichwort μετάνοια – Umkehr eine neue Bedeutung. Umkehr ist bei Jesus nicht der Versuch, die eigene Schuld durch Buße zu tilgen und so dem Gericht zu entgehen, sondern Annahme der von Gott „neugeschaffenen Wirklichkeit des Heils für Israel, durch welche die Schuldvergangenheit Israels vor Gott offensichtlich gegenstandslos geworden ist."[37] Umkehr ist so durch das neue Gottesverhältnis ermöglicht,[38] und nicht – wie bei Johannes dem Täufer – durch das drohende Gericht gefordert.[39]

Neben dem bereits möglich gewordenen eschatologischen Gottesverhältnis manifestiert sich für Jesus die bereits geschehene eschatologische Wende noch in einem zweiten Aspekt: Bereits in der Gegenwart ist das Aufblitzen der Gottesherrschaft wahrnehmbar.[40] Jesus sieht seine Gegenwart nicht

---

[33] J.Becker, Jesus, S.63. Vgl. auch S.170 und H.Merklein, Jesu Botschaft, S.33-36, der vom „Unheilskollektiv Israel" spricht. Die Formulierung Beckers gibt folgendes Verständnis Jesu über die Situation seines Volkes wieder: Das Gottesvolk Israel kann sich auf Grund seiner Schuldverfallenheit vor Gott nicht mehr auf seinen Status als Gottesvolk berufen, um so Gott zu gnädigem Handeln zu motivieren. Dass die Erwählung Israels zum Gottesvolk und die dem Volk gegebenen Verheißungen fortbestehen, ist darum angesichts des Volkes ein Wunder und liegt allein in Gottes Gnade begründet (vgl. auch J.Becker, Jesus, S.61).

[34] H.Merklein, Jesu Botschaft, S.50, S.52, S.58 und öfter.

[35] So auch J.Becker, Jesus, S.296, der Jesu Ansatz gegen andere jüdische Denkweisen abgrenzt.

[36] Hier findet sich eine sachliche Entsprechung zur späteren paulinischen Rechtfertigungslehre. In der Allgemeinheit der Schuldverfallenheit dürfte auch der Grund liegen, dass Jesus nie die Heiden gegenüber dem Gottesvolk abwertet, sein Begriff der Gottesherrschaft also keinen nationalistisch-imperialistischen Klang erhält (vgl. dazu H.Merklein, Jesu Botschaft, S.44).

[37] H.Merklein, Jesu Botschaft, S.36. Das Leben angesichts der nahegekommenen Gottesherrschaft ist darum weder zelotischer Aktivismus noch weltabgewandter Quietismus. So auch W.Schrage, Ethik d. NT, S.25.

[38] Nicht zufällig fassen deshalb die Evangelisten Jesu Intention folgendermaßen treffend zusammen: „Kehrt um, denn die Gottesherrschaft ist nahegekommen." (Mt.4,17/ Mk.1,15) – vgl. W.Schrage, Ethik d. NT, S.43-45. Dies entspricht der auch bei Paulus anzutreffenden Vorordnung des Indikativs vor den Imperativ.

[39] Vgl. H.Weder, Gegenwart und Gottesherrschaft, S.47f.

[40] Zur Metapher des Aufblitzens vgl. H.Weder, Gegenwart und Gottesherrschaft, S.53,

mehr als heillos und böse an, sondern als Zeit, in der die Leben gewährende und erneuernde Kraft der Gottesherrschaft bereits am Wirken ist, auch wenn die Gottesherrschaft erst vorläufig und fragmentarisch erfahrbar ist. Die eschatologische Gottesherrschaft ist – obwohl ihre Aufrichtung in Vollkommenheit noch aussteht – bereits in der Gegenwart in den Erfahrungsbereich der Menschen eingetreten.[41]

Jesu Botschaft vom Nahegekommensein der Gottesherrschaft löst die Wirklichkeit der Gottesherrschaft dabei nicht einfach in ein gegenwärtiges Geschehen hinein auf.[42] Jesus weiß darum, dass erst die Zukunft die vollkommene Aufrichtung der Gottesherrschaft bringen wird. Doch geht er davon aus, dass die eschatologische Wende bereits geschehen ist. Dies hat für die Wahrnehmung der Gegenwart weitreichende Folgen. Im Gegensatz zur Apokalyptik,[43] die in ihrem Zwei-Äonen-Schema die Gegenwart lediglich als notvolle Warte- und Bewährungszeit für den zukünftigen heilvollen Äon verstehen kann,[44] ist für Jesus die Gegenwart positiv gefüllt: Sie ist die Zeit eines neuen Gottesverhältnisses, das Grund zur überschwänglichen Freude, zum hoffenden Vertrauen und zum entschlossenen Handeln ist; sie ist die Zeit, in der die Gottesherrschaft bereits aufblitzt,[45] in der die eschatologische Gottesherrschaft bereits erfahrbar ist – wenn auch nur fragmentarisch.[46]

Anm.53. Dort auch eine Auseinandersetzung mit der Rede vom „Anbrechen“ oder vom „Anbruch“ der Gottesherrschaft.

41 Vgl. H.WEDER, Gegenwart und Gottesherrschaft, S.40.

42 Vgl. H.WEDER, Gegenwart und Gottesherrschaft, S.29f; G.THEISSEN/A.MERZ, Jesus, S.232-241. Zu den verschiedenen Bestimmungen des Verhältnisses zwischen Zukunft und Gegenwart der Gottesherrschaft vgl. J.GNILKA, Jesus, S.156; E.GRÄSSER, Parusieverzögerung, S.3-17; E.LINNEMANN, Zeitansage, S.249-254 und die Darstellung verschiedener Forschungspositionen bei H.LEROY, Jesus, S.72ff und G.THEISSEN/A.MERZ, Jesus, S.223-225.

43 Ähnliches gilt auch für die Psalmen Salomos, die nicht der apokalyptischen Literatur zuzurechnen sind. Vgl. M.DE JONGE, God's Final Envoy, S.49.

44 Vgl. H.LEROY, Jesus, S.71 und 76; E.JÜNGEL, Paulus und Jesus, S.179; H.WEDER, Gegenwart und Gottesherrschaft, S.57, Anm.93 und 94; F.HAHN, Frühjüdische und urchristliche Apokalyptik, S.5 und H.MERKLEIN, Die Gottesherrschaft in der Verkündigung Jesu, S.161.

45 Vgl. auch den Unterschied zwischen Jesus und Assumptio Mosis – dazu M.DE JONGE, God's Final Envoy, S.53.

46 Vgl. J.GNILKA, Jesus, S.156 und E.JÜNGEL, Paulus und Jesus, S.174-181. H.WEDER, Gegenwart und Gottesherrschaft, S.29f spricht von der Ausdehnung der zukünftigen Gottesherrschaft in die Gegenwart, was nicht mehr innerhalb einer linearen Zeitvorstellung zu verstehen sei. J.BECKER redet von der „in die kommende Gottesherrschaft integrierte[n] Gegenwart.“ (Jesus, S.124). Zu recht grenzen sich Weder (S.30f u. S.40), J.BECKER (Jesus, S.131) und auch H.MERKLEIN (Die Gottesherrschaft in der Verkündigung Jesu, S.135-159) davon ab, die Gegenwart der Gottesherrschaft lediglich als „Zeichen“ der zukünftigen Gottesherrschaft zu verstehen (so z.B. E.GRÄSSER, Parusieverzögerung, S.4). Mit dieser Redeweise werden die in Jesu Gegenwart gemachten Erfahrungen zu stark gegenüber der zukünftigen Gottesherrschaft abgewertet.

Die Welt und die in ihr zu machenden Erfahrungen weisen nun nicht mehr nur auf die Herrschaft des Bösen hin, sondern können transparent werden für Gottes Güte.[47] Die Gegenwart selbst ist bereits eschatologische Heilszeit.

Dabei sieht Jesus den Zusammenhang zwischen der Gegenwart und der zukünftigen Vollendung der Gottesherrschaft nicht in einer voranschreitenden, kontinuierlichen Entwicklung, in der sich die Gottesherrschaft immer stärker durchsetzt.[48] Vielmehr erwartet Jesus die Vollendung der Gottesherrschaft in einem plötzlichen Akt Gottes.[49] Mit der gesamten eschatologisch-apokalyptischen Tradition geht Jesus davon aus, dass dieser endgültigen Aufrichtung der Gottesherrschaft das eschatologische Gericht vorausgehen wird. Zwar droht auf Grund der Schuldverfallenheit des Gottesvolkes allen das Gericht, aber auf Grund des eschatologischen Erwählungshandelns Gottes, das auf alle zielt, gibt es nun für alle die Möglichkeit, dem Gericht zu entkommen. Dem Gericht verfallen bleibt nur der, der sich der von Gott neu gesetzten Wirklichkeit verweigert und das von Gott bedingungslos angebotene Heil ausschlägt.[50] Eine Abwendung von dem neu ermöglichten Gottesverhältnis oder der aufblitzenden Gottesherrschaft in der Gegenwart kommt darum einem Selbstausschluss aus der zukünftig vollendeten Gottesherrschaft gleich.

Weil die Gegenwart bereits selbst als Heilszeit verstanden wird und Gegenwart und zukünftige Vollendung der Gottesherrschaft nicht in einem

---

[47] H.Weder, Gegenwart und Gottesherrschaft, S.54f stellt heraus, dass Jesus damit einen neuen Zugang zur Gegenwart mit ihren Alltagserfahrungen ermöglicht. Diese Interpretation öffnet so einen Weg, die weisheitlichen Jesus-Überlieferungen im Rahmen der Eschatologie Jesu zu verstehen (vgl. hierzu H.Weder, Gegenwart und Gottesherrschaft, S.24f).

[48] Deshalb ist es auch nicht sinnvoll, vom „Anbruch der Gottesherrschaft" (so z.B. G.Bornkamm, Jesus, S.57) oder vom „Anfang sich verwirklichender Endherrschaft Gottes" (so J.Becker, Jesus, S.149) in der Gegenwart zu sprechen. Denn dies suggeriert eine fortschreitende Entwicklung hin zur Vollendung der Gottesherrschaft (in Analogie zur Rede vom Tagesanbruch). So geht J.Becker von einer zeitlich-geschichtlichen Erstreckung der Durchsetzung der Gottesherrschaft aus, die in der Gegenwart Jesu beginnt und in der Zukunft ihre Vollendung findet (S.128ff und S.154). Entscheidend ist in diesem Verständnis, dass der Prozess der Aufrichtung der Gottesherrschaft begonnen hat und unumkehrbar ist. Zur Kritik dieses Verständnisses vgl. H.Weder, Gegenwart und Gottesherrschaft, S.31 und S.53, Anm.86.

[49] Die Plötzlichkeit der Vollendung der Gottesherrschaft und damit auch des Anbruchs des Gerichts wird in einer Reihe von Bildworten festgehalten, die zumindest zum Teil ihren Ursprung bei Jesus haben dürften: Lk.17,26-29/Mt.24,37-39 (vgl. dazu Abschnitt 4.6.2); Lk.17,31/Mt.24,17f; Lk.17,34f/Mt.24,40f (vgl. dazu J.Becker, Jesus, S.70f); Mk.13,33-36/ Lk.12,35-38; Lk.12,39f/Mt. 24,43; Mt.25,6.

[50] Vgl. H.Merklein, Jesu Botschaft, S.36; J.Gnilka, Jesus, S.149; H.Weder, Gegenwart und Gottesherrschaft, S.48, Anm.79; G.Theissen/A.Merz, Jesus, S.242f. Christologisch interpretiert findet sich diese Konzeption dann Joh.3,17f; 3,36; 5,24; 12,46-48. Vgl. auch Abschnitt 5.4.3.

Entwicklungsprozess aufeinander bezogen sind, ist die Frage des Termins der endgültigen Vollendung für Jesus zweitrangig.[51] „Ihn zu bestimmen, überlässt er ganz Gott allein."[52] Dennoch erwartet Jesus die Vollendung der Gottesherrschaft nicht in einer fernen Zukunft, sondern in unberechenbar naher Zeit.[53] Seine Naherwartung ist dabei aber weniger durch eine zeitliche Nähe,[54] als durch eine sachliche Nähe bestimmt.[55] Jesus kann der Terminfrage gegenüber so zurückhaltend sein,[56] weil für ihn die Entscheidung mit der eschatologischen Wende zum Heil bereits gefallen ist.[57]

---

[51] Implizite Terminangabe enthalten die Logien Mk.13,30/Mt.24,34/Lk.21,32; Mt.10,23; Mk.9,1/Mt.16,28/Lk.9,27. H.MERKLEIN, Jesu Botschaft, S.53-56; ders. Die Gottesherrschaft in der Verkündigung Jesu, S.139-141; J.GNILKA, Jesus, S.154f und J.BECKER, Jesus, S.150 weisen jedoch nach, dass es sich bei diesen Logien um sekundäre Bildungen handelt. Vgl. auch E.GRÄSSER, Parusieverzögerung, S.128-141; J.BECKER, Jesus, S.150 und G.THEISSEN/A.MERZ, Jesus, S.234.

[52] H.MERKLEIN, Jesu Botschaft, S.56.

[53] Zur Unterscheidung von termingebundener und unberechenbarer Nähe vgl. J.GNILKA, Jesus, S.153f. Gegen eine zeitliche Fixierung der Naherwartung Jesu wenden sich auch H.WEDER, Gleichnisse, S.94; H.CONZELMANN, Zur Methode der Leben-Jesu-Forschung, S.9f und E.LINNEMANN, Zeitansage, S.237-246. Von einer termingebundenen Naherwartung geht in jüngerer Zeit aus E.P.SANDERS, Jesus, S.179f-183. Sein wichtigstes Argument ist der Hinweis auf die urchristliche Diskussion um die Parusieverzögerung. Gegen SANDERS wäre einzuwenden, dass das Problem der Parusieverzögerung im Urchristentum nur an wenigen Stellen diskutiert wird. Wäre eine termingebundene Naherwartung auf Jesus zurückzuführen, dann wäre eine viel intensivere Diskussion der Parusieverzögerung zu erwarten. Die termingebundene Naherwartung scheint darum eher ein Reflex auf Jesu terminungebundene Verkündigung der unberechenbar nahe gekommenen Gottesherrschaft zu sein.

[54] Dass Jesus die Erwartung gehabt habe, die Gottesherrschaft werde in (zeitlich) naher Zukunft vollendet werden, nehmen an: G.THEISSEN/A.MERZ, Jesus, S.253; E.P.SANDERS, Jesus, S.169-188; M.DE JONGE, God's Final Envoy, S.34-43 und S.112 und J.P.MEIER, A Marginal Jew, Bd.II, S.349.

[55] Zu den verschiedenen Kategorien von Naherwartung vgl. H.MERKLEIN, Jesu Botschaft, S.51ff, resümierend S.52f: „Die Frage nach der Nähe der Gottesherrschaft kann jedoch nicht mehr allein, ja nicht einmal in erster Linie mit zeitlichen Kategorien beantwortet werden. Dies schließt keineswegs aus, sondern macht es im Gegenteil sogar noch wahrscheinlicher, dass Jesus aufgrund des eschatologischen Heilsentscheides Gottes, der nach seiner Überzeugung bereits gefallen ist, im Rahmen apokalyptischer Denkkategorien ganz selbstverständlich damit gerechnet haben wird, dass das Heil der Gottesherrschaft, das er Israel verheißt, nun auch zeitlich nicht mehr ferne sein kann. Als der sachliche Grund dieser zeitlichen Naherwartung [...] bleibt jedoch die theologische Neuqualifizierung Israels und damit die von Gott gewährte sachliche Nähe von Israel und Heil festzuhalten." E.JÜNGEL, Paulus und Jesus, S.265 spricht vom „Bestimmtsein durch das Eschaton", bei dem eine termingebundene Naherwartung ein „bereits sekundäres eschatologisches Phänomen" ist.

[56] Vgl. H.MERKLEIN, Die Gottesherrschaft in der Verkündigung Jesu, S.141: „Es gibt zwar Hinweise darauf, daß Jesus an eine künftige Basileia gedacht hat, aber der Zeitfaktor wird in keinem auch nur mit einiger Sicherheit als authentisch anzusehenden Logion thematisiert."

[57] Darin dürfte auch der sachliche Grund liegen, weshalb es im Urchristentum ange-

5.3 Die zukünftige Vollendung der Gottesherrschaft und die Person Jesu

Für die Zukunft erwartete Jesus die Vollendung der Gottesherrschaft und das ihr vorausgehende Gericht. Beanspruchte Jesus eine herausgehobene Rolle für diese zukünftige Vollendung der Gottesherrschaft oder dann in der vollendeten Gottesherrschaft? Etwa die Rolle des eschatologischen Richters oder die des eschatologischen Herrschers?

Wie bereits bei der Analyse der Menschensohn-Logien gezeigt wurde, lassen sich die Worte vom kommenden Menschensohn nicht auf Jesus zurückführen.[58] Damit entfällt die größte Gruppe der vermeintlichen Belege, die Jesus in der Position des eschatologischen Richters oder Herrschers sehen.

Nur wenige Überlieferungen außerhalb der Menschensohn-Logien sehen Jesus in der Position des Richters. So findet sich Lk.13,25-28 eine bildhafte Gerichtsschilderung, die – deutlich gemacht durch die Anspielungen auf die Wirksamkeit Jesu in 13,26 – Jesus als Richter versteht, ohne dies allerdings explizit zu sagen. Diese Anspielung setzt aber offenbar die Abendmahlspraxis bereits voraus und so dürfte es sich bei Lk.13,26 um einen späteren Einschub handeln.[59] Ohne diesen Einschub lässt sich diese Gerichtsschilderung aber nicht mehr als Beleg für ein eschatologisches Richteramt Jesu verwenden.

Die deutlich verschiedene Parallele Mt.7,21-23 setzt ebenfalls die urchristliche Gemeindepraxis voraus.[60] Lediglich das einleitende Wort Mt.7,21 dürfte eine Fortbildung des echten Jesus-Logions Lk.6,46 sein. Dieses Logion aber bezieht sich auf Jesu Erdenleben, nicht auf ein eschatologisches Richteramt.

Lk.13,35/Mt.23,39 bietet einen verhüllten Hinweis auf die Parusie Jesu. Es spricht jedoch einiges dafür, dass der Teilvers Lk.13,35b/Mt.23,39, der erst den Zusammenhang zur Parusie herstellt, sekundär in dieses Logion eingewandert ist.[61]

---

sichts der ausbleibenden Parusie nicht zu einer großen Krise gekommen ist (vgl. G.THEISSEN/A.MERZ, Jesus, S.253).

[58] Vgl. Abschnitt 4.7.1.

[59] Vgl. P.HOFFMANN, Πάντες ἐργάται ἀδικίας, S.188-214. HOFFMANN S.197: „Ursprünglich – im Rahmen der Verkündigung Jesu – ist das Wort ein Ruf zur Umkehr, die Chance der gegenwärtigen eschatologischen Stunde zu nutzen.“ Zum sekundären Charakter von Vers 26 vgl. HOFFMANN, S.200 und F.BOVON, EKK III/2, S.427-430 und S.441f.

[60] Mt.7,22 werden verschiedene Charismen aufgezählt – gegen die Authentizität von 7,22f spricht sich auch aus U.LUZ, EKK I/1, S.402.

[61] Vgl. F.BOVON, EKK III/2, S.447f.

Schließlich könnte das Gleichnis von den zehn Jungfrauen (Mt.25,1-12), das enge sprachliche Beziehungen zu Mt.7,21-23 und Lk.13,25-28 hat (vgl. Mt.25,12), als allegorische Einkleidung des Anspruchs Jesu auf das eschatologische Richteramt gelesen werden. Doch entweder ist das ganze Gleichnis sekundär,[62] oder was wahrscheinlicher ist – die ursprüngliche Form des Gleichnisses ist als ein Gleichnis von der Gottesherrschaft und nicht als Parusiegleichnis zu verstehen.[63] Auf keinen Fall kann das Gleichnis von den zehn Jungfrauen als Beleg dafür gesehen werden, dass Jesus für sich das Amt des eschatologischen Richters beanspruchte.[64]

Von großer Bedeutung ist, dass die am ehesten auf Jesus zurückgehenden Gerichtslogien nur Gott als den eschatologischen Richter kennen.[65] „It remains very remarkable that the sayings dealing with God's kingdom in the future do not mention a role for Jesus at the final breakthrough; all emphasis is on the final realization of God's sovereign rule.".[66] Dass Jesus für sich selbst keine herausgehobene Rolle im eschatologischen Gericht und in der vollendeten Gottesherrschaft beansprucht hat, lässt sich darüber hinaus positiv noch an zwei Logien zeigen. Zunächst ist dazu das Menschensohn-Logion vom Bekennen und Verleugnen anzuführen (Lk.12,8f/Mt.10,32f). Wie die Rekonstruktion und Interpretation des ursprünglichen Wortlauts deutlich machten,[67] beansprucht Jesus in diesem Logion lediglich die Rolle des Zeugen. Die Rolle des Zeugen im eschatologischen Gericht steht aber nach traditionell jüdischer Auffassung nicht nur dem Messias oder einer anderen exklusiven Gestalt, sondern jedem rechtschaffenen Menschen zu.[68] In dieselbe Richtung weist die Weissagung Mk.14,25/Mt.26,29/Lk.22,16.18: „Amen, ich sage euch: Ich werde nicht mehr trinken von der Frucht des Weinstocks bis zu jenem Tag, an dem ich von neuem davon trinken werde in der Gottesherrschaft".[69] Darin sieht sich Jesus „als Teilnehmer am

---

62 So H.Conzelmann, Das Selbstverständnis Jesu, S.37.

63 So H.Weder, Gleichnisse, S.239-249.

64 Wie die beiden letzten Beispiele zeigen, enthalten einige Gleichnisse Figuren, die nach Ostern in allegorischer Weise auf Jesus gedeutet werden konnten, so dass die Gleichnisse dazu halfen, den Glauben an Jesus als eschatologischen Richter auszubilden (vgl. dazu H.Weder, Gleichnisse, S.276).

65 So Mk.10,27/Mt.19,26/Lk.18,27; Mk.13,32/Mt.24,36; Mt.6,4.6.18; Mt.18,35; Lk. 12,20f; Lk.12,32; Lk.18,7f oder in der Form des passivum divinum: Mk.9,43-48/Mt.18,8f; Mt.10,15/Mt.11,22-24/Lk.10,12-15; Mt.24,40f/Lk.17,34f.

66 M.de Jonge, God's Final Envoy, S.83, vgl. auch S.65.

67 Vgl. dazu Abschnitt 4.6.3 und die Entscheidung zwischen den dort aufgeworfenen Interpretationsalternativen in Abschnitt 4.7.1.

68 Siehe auch dazu die Ausführungen in Abschnitt 4.6.3.

69 Allgemein wird von der Authentizität von Mk.14,25/Mt.26,29/Lk.22,16.18 ausgegangen. Vgl. z.B. J.Becker, Jesus, S.418f und auch Abschnitt 7.1.3; zurückhaltend M.de Jonge, God's Final Envoy, S.69.

himmlischen Mahle, nicht als Tischherr, als Heilsbringer oder gar als der 'Menschensohn' [-Richter]."[70]

Es ergibt sich also: Die Traditionen der Jesus-Überlieferung, die Jesus in der Position des eschatologischen Richters sehen, sind alle nachösterlichen Ursprungs. Die Gleichnisse, Bildworte und anderen Logien, die von der nach dem Gericht verwirklichten Gottesherrschaft sprechen, haben ebenfalls keinen Bezug auf die Person Jesu.[71] Nirgendwo lässt sich erkennen, dass Jesus sich mit einer bestimmten Aufgabe bei der Vollendung der Gottesherrschaft betraut sah.[72] Jesus beanspruchte also für sich keine exklusive Rolle im eschatologischen Gericht[73] und in der vollendeten Gottesherrschaft.[74] Über seinen Tod hinaus hat Jesus sich in keiner Funktion und Beauftragung gesehen.[75]

---

[70] H.SCHÜRMANN, Jesu ureigenes Todesverständnis, S.296. Vgl. auch J.GNILKA, EKK II/2, S.246f; G.THEISSEN/A.MERZ, Jesus, S.233 und M.DE JONGE, God's Final Envoy, S.59 und S.66-69. Dieses christologische Defizit behebt Matthäus auch sofort, in dem er Jesus von der βασιλεία τοῦ πατρός μου sprechen lässt (Mt.26,29).

[71] Die Rede von „Jesu Reich" ist an allen Stellen sekundär (vgl. Mt. 13,41; Mt.16,28; Mt.20,21/(Mk.10,37); Lk.22,30 – dazu W.WIEFEL, ThHK III, S.372f).

[72] Wie es dennoch dazu kommen konnte – und sachlich angemessen geradezu dazu kommen musste – dass Jesus nach Ostern auch als der eschatologische Richter und Herrscher bekannt wurde, soll in Abschnitt 8.3 angesprochen werden.

[73] So auch H.CONZELMANN, Das Selbstbewußtsein Jesu, S.40 und M.DE JONGE, God's Final Envoy, S.85.

[74] Vgl. H.CONZELMANN, Das Selbstbewußtsein Jesu, S.37. Dies stimmt auch damit überein, dass die Vorstellung von der Gottesherrschaft in der jüdischen Tradition kaum mit messianischen Konzepten verbunden ist. Denn „in erster Linie meint [...] der Begriff der Gottesherrschaft, dass Jahwe, den Israel als den einzigen Gott bekennt, alles beseitigen wird, was daran hindert, ihn als den einzigen Herrn (König) zu bekennen und seinen Namen als den einzig maßgeblichen anzurufen." (H.MERKLEIN, Jesu Botschaft, S.41). Die Erwartung der eschatologischen Gottesherrschaft ist also von ihrem traditionsgeschichtlichen Ursprung her ein Konzept, das neben Gott kaum herausgehobene individuelle Funktionsträger kennt. Auch in den Evangelien, die ja in der nachösterlichen Situation die Erwartung der Gottesherrschaft mit dem Messiasbekenntnis zu Jesus verbinden, begegnet nur an wenigen sekundären Stellen eine messianisch bzw. direkt christologisch qualifizierte Vorstellung von der Gottesherrschaft (vgl. dazu H.Merklein, Jesu Botschaft, S.17). Und schließlich ist auffällig, dass auch in den Paulusbriefen „the parousia is never explicitly mentioned together with the kingdom of God" (M.DE JONGE, God's final Envoy, S.73f). Vgl. auch G.THEISSEN/A.MERZ, Jesus, S.251, die von einer „theozentrischen" Reich-Gottes Erwartung bei Jesus sprechen.

[75] So auch CHR.BURCHARD, Jesus von Nazareth, S.30.

5.4 Die in der Gegenwart bereits nahegekommene Gottesherrschaft und die Person Jesu

Die eschatologische Gottesherrschaft ist nach der Überzeugung Jesu bereits in der Gegenwart in den Erfahrungsbereich der Menschen eingetreten. Im folgenden Abschnitt ist nun zu untersuchen, welcher Zusammenhang zwischen dieser gegenwärtig erfahrbaren Gottesherrschaft und der Person Jesu besteht.

5.4.1 Die Eröffnung des eschatologischen Gottesverhältnisses

Die Verkündigung eines eschatologischen Erwählungshandeln Gottes, das dem Gottesvolk, das sein Recht auf die Verwirklichung der Bundeszusagen Gottes verwirkt hat, ein neues Gottesverhältnis ermöglicht, lässt sich sehr gut an drei Themenkomplexen des Wirkens Jesu aufzeigen.

5.4.1.1 Die Seligpreisung der Armen

Von programmatischer Bedeutung für Jesu Verkündigung dürften die Seligpreisungen gewesen sein, dies bezeugen zumindest Matthäus und Lukas, die damit ihre Redekompostionen „Bergpredigt" bzw. „Feldrede" einleiten. Unter den Seligpreisungen wiederum ist vor allem die erste paradigmatisch. Die ursprüngliche, auf Jesus zurückgehende Form dürfte gelautet haben: „Selig die Armen, denn euch gehört die Gottesherrschaft" (Lk.6,20b).[76]

Zwar ist diese Seligpreisung sicherlich primär an materiell Arme, die Bettler und Landstreicher Galiläas und Judäas, gerichtet.[77] Doch dürfte Jesus nicht ausschließlich an materiell Arme denken. Wie die matthäische Variante (Mt.5,3), die von den Armen im Geiste spricht, deutlich macht, ist bei

---

[76] Zur traditionsgeschichtlichen Rekonstruktion und zur Interpretation vgl. H.WEDER, Hermeneutik, S.173-179; H.MERKLEIN, Jesu Botschaft, S.45-51. Die Authentizität wird allgemein angenommen. Vgl. dazu U.LUZ, EKK I/1, S.200; F.BOVON, EKK III/1, S.295; J. BECKER, Jesus, S.196f; G.THEISSEN/A.MERZ, Jesus, S.233f. Umstritten ist, ob die ursprüngliche Form als Anrede in der 2. Person oder als Aussage in der 3. Person formuliert war (vgl. die verschiedenen aufgezählten Positionen bei G.EICHHOLZ, Bergpredigt, S.32). S.SCHULZ, Q, S.76f und F.BOVON, EKK III/1, S.297 vermuten, dass Lukas durch den Eintrag der 2. Person eine Anpassung an den Makarismus Lk.6,22f herstellen wollte, der – wie Mt.5,11f zeigt – auch ursprünglich in der 2.Person formuliert wurde. Dagegen argumentiert U.LUZ, EKK I/1, S.201, dass eine Angleichung die 2. Person nicht nur in der Apodosis, sondern auch in der Prostasis bringen müsste. Da die ungewöhnliche lk. Textform auch nicht den im Aramäischen und Hebräischen vorkommenden Makarismen in der 2. Person entspricht und darum nur schwer als Angleichung an bestehende Traditionen verstanden werden kann, Matthäus aber aus seinem deutlich paränetischen Interesse heraus eine Umbildung zuzutrauen sein dürfte, ist von der Ursprünglichkeit der Anredeform bei Lukas auszugehen. Dies bestätigt auch die mit Lk.6,20 völlig identische Formulierung EvThom.54.

[77] Vgl. J.D.CROSSAN, Jesus, S.364-366 und G.THEISSEN/A.MERZ, Jesus, S.233.

dem Stichwort „Armut" auch an „geistige Mittellosigkeit"[78] vor Gott gedacht. Genau in einer solchen geistigen Mittellosigkeit sieht Jesus das schuldverfallene Gottesvolk, das sein Anrecht auf die Einlösung von Gottes Bundeszusagen verloren hat.[79]

Vergleicht man die Seligpreisung Jesu mit Makarismen der weisheitlichen oder apokalyptischen Literatur des Judentums, so zeigen sich auffallende Unterschiede: Jesus preist nicht einen bestimmten Lebenswandel[80] oder gibt apokalyptische Belehrung,[81] um zum rechten Verhalten zu motivieren. Jesu Seligpreisung will nicht dazu ermutigen, arm zu werden, um damit den Zugang zur Gottesherrschaft zu ermöglichen.[82] Jesus spricht vielmehr denen, die in einer Situation der Heillosigkeit leben, die Gottesherrschaft und damit ein neues Gottesverhältnis zu. „Es gibt nichts an der Lage der Armen, das als Anknüpfungspunkt für ihre Seligpreisung gelten kann."[83] Der Grund für ihre Seligpreisung besteht allein in Gottes Entschluss, denen, die nichts haben und nichts vorweisen können, seinen Reichtum zu schenken.[84]

Eine weitere Besonderheit der Seligpreisung Jesu stellt ihr Anredecharakter dar. Jesu Makarismus informiert und belehrt nicht, er proklamiert.[85] Durch die Anrede wird die zukünftige Gottesherrschaft den Armen zugesprochen, und damit deren gegenwärtige Situation bereits verändert.[86] Ihnen wird Würde verliehen und Hoffnung geschenkt. Wer sich diese Seligpreisung gesagt sein lässt, dem ist die Gottesherrschaft bereits nahegekommen. Die Seligpreisung der Armen vertröstet darum auch nicht auf die zukünftige Gottesherrschaft, sondern in ihr geschieht mit der Eröffnung eines neuen

---

78 H.WEDER, Hermeneutik, S.177.

79 Dieselbe Mehrdimensionalität dürfte auch in den Verben „hungern" und „weinen" liegen, die in der 2. und 3. lukanischen Seligpreisung begegnen. Auch sie weisen hin auf die grundsätzliche Heillosigkeit des Gottesvolkes.

80 So H.WEDER, Hermeneutik, S.174 über die weisheitlichen Seligpreisungen.

81 So H.MERKLEIN, Jesu Botschaft, S.45f über den apokalyptischen Makarismus.

82 Zum Verhältnis dieser Seligpreisung zur jüdischen Armenfrömmigkeit vgl. H.MERKLEIN, Jesu Botschaft, S.46ff und H.WEDER, Hermeneutik, S.177f.

83 H.WEDER, Hermeneutik, S.174. Vgl. G.EICHHOLZ, Bergpredigt, S.33; J.BECKER, Jesus, S.197 und G.THEISSEN/A.MERZ, Jesus, S.223.

84 Ganz parallel zur Seligpreisung der Armen steht das Logion Mk.10,15/Lk.18,17, das vom Annehmen der Gottesherrschaft wie ein Kind spricht (vgl. dazu Abschnitt 6.3.1). Auch dort geht es nicht um eine Bedingung für das Eingehen in die Gottesherrschaft, sondern darum, sich die Gottesherrschaft schenken zu lassen, sie zu empfangen „wie ein Kind", das nichts geben kann. Vgl. dazu auch JÜNGEL, Paulus und Jesus, S.183f und S.RUAGER, Das Reich Gottes, S.76.

85 Vgl. H.MERKLEIN, Jesu Botschaft, S.46.

86 Vgl. H.CONZELMANN, Das Selbstbewußtsein Jesu, S.41; ders., Zur Methode der Leben-Jesu-Forschung, S.10.

Gottesverhältnisses bereits die „Vergegenwärtigung der Gottesherrschaft".[87] Diese Vergegenwärtigung geschieht dabei nicht durch die aktive Leistung der angesprochenen Menschen, sondern durch den proklamierenden Zuspruch Jesu, der allerdings auf die Annahme dieses Zuspruchs durch die Angesprochenen zielt.

Auffallend ist, dass der Zuspruch der Gottesherrschaft an die Armen keine Begründung erfährt. Da er ja auch nicht in einer Qualität der Angesprochenen begründet ist, wurzelt er allein in Gottes gnädigem Entschluss zum Heil. So nimmt Jesus im Zusprechen dieser Seligpreisung die Rolle des Proklamators der Entschlossenheit Gottes zum Heil ein. Offenbar kann er das, weil er ein eigenes Wissen um diesen Entschluss Gottes besitzt, das ihm die Vollmacht zu dieser Proklamation verleiht.

5.4.1.2 Die Vergebung der Sünden

Wenn sich das Gottesvolk in einer grundsätzlichen Schuldverfallenheit befindet, so muss die von Jesus verkündigte eschatologische Erneuerung des Gottesverhältnisses auch die Vergebung von Sünde mit sich bringen. Dies wird von Jesus auf mehrfache Weise zum Ausdruck gebracht.

So zunächst durch Jesu Umgang mit Zöllnern und Sündern,[88] der nicht nur als Zuwendung zu einzelnen Menschen, sondern immer auch als proklamierende Zeichenhandlung verstanden werden muss[89] – und, wie die Reaktionen zeigen, auch verstanden worden ist: Jesus wird als „Freund der Zöllner und Sünder" beschimpft (Lk.7,34/Mt.11,19).[90] Die häufig fast formelhaft gebrauchte Wendung „Zöllner und Sünder" bezeichnet eine Gruppe von Menschen, die wesentliche Forderungen der Tora durch ihren alltäglichen Lebensstil nicht einhielten oder nicht einhalten konnten und sich so – in der Sicht der Pharisäer und anderer toratreuer Gruppen – aus dem

[87] H.WEDER, Hermeneutik, S.175. Vgl. auch H.MERKLEIN, Jesu Botschaft, S.50 und G.BORNKAMM, Jesus, S.68.

[88] Vgl. z.B. Mk.2,15f/Mt.9,10f/Lk.5,29; Mk.2,1-12/Mt.9,1-8/Lk.5,17-26; Lk.7,36-50; 15,1f; 19,1-10. Zum Teil dürften diese Texte im Laufe der Überlieferungen redigiert worden bzw. sogar redaktionellen Ursprungs sein, jedoch sind sie immer noch als Erinnerung an Jesu Umgang mit Sündern und Zöllnern zu werten (vgl. dazu M.TRAUTMANN, Zeichenhafte Handlungen, S.154-160).

[89] So M.TRAUTMANN, Zeichenhafte Handlungen, S.160-164 und H.MERKLEIN, Jesu Botschaft, S.80; ähnlich auch J.GNILKA, Jesus, S.112 und G.BORNKAMM, Jesus, S.72f. S.RUAGER, Das Reich Gottes, S.151f spricht im Anschluss an J.JEREMIAS von Gleichnishandlung. Beachtenswert auch E.P.SANDERS, Jesus, S.226-237.

[90] Das Logion Mt.11,19/Lk.7,34 ist mit hoher Wahrscheinlichkeit ein authentisches Jesus-Wort. Vgl. dazu 4.4.1, ebenso auch G.BORNKAMM, Jesus, S.71f; H.LEROY, Jesus, S.64 und M.TRAUTMANN, Zeichenhafte Handlungen, S.165. J.GNILKA, Jesus, S.109, meint zu diesem Themenkomplex: „Es muss als ein signifikantes Kennzeichen der Tätigkeit Jesu gelten, dass er sich insbesondere jener Menschen annahm, die in ihrer Gesellschaft und Nachbarschaft als Sünder verschrieen waren."

heiligen Gottesvolk selbst ausgrenzten.[91] Hätten sie bußfertig ihren Lebenswandel geändert, wären sie auch von Pharisäern hoch geachtet gewesen. Jesus wendet sich jedoch unbußfertigen Zöllnern und Sündern zu,[92] „weil er in ihnen die wahren Exponenten Israels sieht,“[93] dessen Gottesbeziehung durch die Sünde zerstört ist, dem aber Gott jetzt die Sünde vergibt und ein neues Gottesverhältnis zuspricht. Jesu Mahlzeiten mit Sündern und Zöllnern sind durch die Tat vollzogene Sündenvergebung[94] und darum auch mehr als eine Solidarisierung mit Ausgegrenzten.[95] Sie eröffnen den Beteiligten ein neues Gottesverhältnis.[96] Dem entspricht, dass diese Tischgemeinschaften als Vorwegnahme des eschatologischen Freudenmahls, das für die Heilszeit erwartet wird, verstanden wurden.[97]

Jesus lässt seine Tischgemeinschaft mit Sündern und Zöllnern nicht unbegründet. Mehrere Gleichnisse setzen sich mit Einwänden seiner pharisäischen Gegner gegen diese Praxis auseinander (vgl. Lk.15,1-6; Lk.7,36-50; Lk.15,8-10; Lk.15,11-32; evt. auch Lk.14,16-24/Mt.22,2-10).[98] Sie geben als Grund für Jesu fröhliche Tischgemeinschaft mit religiös Diskreditierten die Freude über die von Gott neu gewährte Gemeinschaft an und laden dazu ein, sich ebenfalls auf dieses neue Gottesverhältnis einzulassen. Voraussetzung dieser Gleichnisse ist die Überzeugung Jesu, dass Gott den Sündern – und das sind alle Angehörigen des Gottesvolkes – mit der eschatologischen Wende zum Heil seine Vergebung anbietet. Diesem Angebot Gottes entspricht allein die demütige und dankbare Annahme auf Seiten der Menschen (beispielhaft illustriert an der Geschichte vom Pharisäer und vom Zöllner –

---

[91] Wie die Erzählungen von der Begegnung mit dem Oberzöllner Zachäus (Lk.19,1-10) oder von der Salbung durch die Sünderin (Lk.7,36-50, vgl. Mk.14,3-9/Mt.26,6-13) erahnen lassen, handelte es sich bei der Gruppe der Zöllner und Sünder nicht immer um sozial Deklassierte. Was diese Gruppe einte, war weniger ein sozialer Status, als vielmehr ein religiöser Status, der dort, wo strikt toratreue Gruppen einflussreich waren, auch soziale Folgen haben konnte. Folglich ist auch Jesu Zuwendung zu Sündern und Zöllnern nicht primär als Sozialkritik zu verstehen (vgl. H.MERKLEIN, Jesu Botschaft, S.80f; S.RUAGER, Das Reich Gottes, S.165.).

[92] Dies arbeitet heraus E.P.SANDERS, Jesus, S.226-237.

[93] H.MERKLEIN, Jesu Botschaft, S.81. Ebenso M.TRAUTMANN, Zeichenhafte Handlungen, S.162f.

[94] So L.GOPPELT, Theologie des NT, S.181. Anders dagegen I.BROER, Jesus und das Gesetz, S.100.

[95] So auch J.BECKER, Jesus, S.200.

[96] So auch M.TRAUTMANN, Zeichenhafte Handlungen, S.161f und S.164-166.

[97] So S.RUAGER, Das Reich Gottes, S.156ff und S.172; J. GNILKA, Jesus, S.117. Nicht zufällig ist der Vorwurf, Jesus sei ein „Fresser und Weinsäufer“ mit dem Vorwurf „Freund der Zöllner und Sünder“ verbunden (Mt.11,19/Lk.7,34). Dies weißt auf eine entsprechende Praxis Jesu hin.

[98] Vgl. L.GOPPELT, Theologie des NT, S.180f, S.RUAGER, Das Reich Gottes, S.156 und H.F.WEISS, Kerygma und Geschichte, S.76.

Lk.18,10-14a).[99] Der selbstgerechte Versuch, sich auf Grund des Rückgriffs auf eigene religiöse Leistungen von den Sündern zu distanzieren, kommt für Jesus mit der Weigerung gleich, Gottes Angebot anzunehmen. Diese Gleichnisse stellen dabei den Versuch dar, Jesu Praxis zu begründen, wie umgekehrt Jesu Verhalten die in den Gleichnissen vermittelte Botschaft veranschaulicht und verdeutlicht.[100]

Umstritten ist, ob Jesus auch einzelnen Menschen persönlich die Vergebung ihrer Sünden zugesprochen hat (vgl. Mk.2,5/Mt.9,2/Lk.5,20; Lk.7,48). Die beiden Stellen, die einen solchen persönlichen Zuspruch überliefern, stehen im Verdacht, das nachösterliche Verhalten der Gemeinde – im Namen Jesu die Sünden zu vergeben – zu legitimieren.[101] Andererseits ist auffällig, dass Jesus in den am ehesten noch als authentisch zu wertenden Logien nicht selbst die Sünden im Namen Gottes vergibt, sondern lediglich die bereits durch Gott vollzogene Sündenvergebung feststellt.[102] Ein

---

[99] Vgl. dazu Abschnitt 6.3.1 und J.Gnilka, Jesus, S.210-212.

[100] Diesen Zusammenhang zwischen Jesu Gleichnissen und seiner dem entsprechenden Lebenspraxis betont vor allem H.Weder, Gleichnisse, S.275f, J.Gnilka, Jesus, S.107. Vgl. dazu auch unten Abschnitt 5.4.2.3.

[101] Dies meint z.B. I.Broer, Jesus und das Gesetz, S.98.

[102] So gibt es einige Hinweise, die den Verdacht einer nachösterlichen Entstehung entkräften: Auffällig ist zunächst, dass sowohl Mk.2,5/Mt.9,2/Lk.5,20 (vgl. Abschnitt 4.4.2) wie auch Lk.7,47f nicht Jesus die Sünde vergibt, sondern in Form des passivum divinums die (bereits geschehene) Sündenvergebung zuspricht – diesen Unterschied stellt auch E.P.Sanders, Jesus, S.213f heraus. Hätte die nachösterliche Gemeinde diese Logien formuliert, hätte sie stärker Jesu Vollmacht zur Sündenvergebung betont und aktive Formen verwendet, wie dies in den sekundären Aussagen Mk.2,10 und Lk.7,49 der Fall ist. Bemerkenswert ist in der Perikope Lk.7,44-47 darüber hinaus, dass Jesus die bereits geschehene göttliche Sündenvergebung am Verhalten der Frau sozusagen „entdeckt". Ähnliches trägt sich bei der Heilung des Gelähmten zu (vgl. Mk.2,5). Jesu Zuspruch der Vergebung erfolgt erst in der Folge dieser Entdeckung und ist sozusagen Feststellung eines Geschehens, das bereits seine Wirkung gezeigt hat. Gerade dieser Zug, der die Bedeutung des Zuspruchs Jesu gegenüber dem vorauslaufenden Handeln Gottes stark abschwächt, ist ein Indiz dafür, dass es sich im Kern wohl um eine authentische Geschichte handeln dürfte. Vgl. auch M.Trautmann, Zeichenhafte Handlungen, S.245: „Die Vergebung ist in keiner Weise mit dem Gedanken der Sühne, sei sie kultischer oder privater moralisch-religiöser Art, auch nicht mit der Bitte des Kranken um Vergebung, verbunden. Dem Wort Jesu sind das sichere Wissen um die bereits geschehene Vergebung Gottes und der Anspruch Jesu zu entnehmen, diese Zusage machen zu können. Damit lässt sich Jesu Zuspruch der Sündenvergebung Gottes weder bereits in die explizite Christologie der Urkirche einordnen, noch fügt er sich in die Lehre und Praxis von der Sündenvergebung Gottes des AT und des zeitgenössischen Judentums." (Die Möglichkeit, innerhalb des Judentums derart zu sprechen, betont E.P.Sanders, Jesus, S.213f. Jedoch verwischt er die Unterschiede zur sonstigen Praxis Sündenvergebung im Namen Gottes zuzusprechen – vgl. dazu M.Trautmann, Zeichenhafte Handlungen, S.245). Zur literarkritischen und traditionsgeschichtlichen Analyse von Mk.2,1-12/Mt.9,1-8/Lk.5,17-26 vgl. die Ausführungen in Abschnitt 4.4.2. Zur umstrittenen Analyse der Perikope Lk.7,36-50 vgl. W.Wiefel, ThHK III, S.153f.

derartiges Verhalten Jesu lässt sich bruchlos in sein Verhalten gegenüber Sündern und Zöllnern und seine sonstige Verkündigung einfügen.[103] Es spricht also einiges dafür, dass Jesus auch explizit die Vergebung der Sünde zugesprochen hat.[104]

Jesu Proklamation der Sündenvergebung in Tat und wohl auch im expliziten Zuspruch an Einzelne verheißt nicht eine zukünftige Sündenvergebung, sondern spricht den Menschen eine bei Gott bereits geschehene Sündenvergebung zu. Durch Jesu Proklamation der Sündenvergebung geschieht damit – genau wie in der Seligpreisung der Armen – die Eröffnung des eschatologischen Gottesverhältnisses bereits in der Gegenwart.

Mit der Proklamation der bereits geschehenen Sündenvergebung in Tat und Wort beansprucht Jesus eine außerordentliche Vollmacht.[105] „Wer kann Sünden vergeben außer Gott allein?" lautet darum auch der Einspruch seiner Gegner (Mk.2,7).[106] Mit der Proklamation der Sündenvergebung erhebt

---

[103] Die Vollmacht, die Jesus in der Behauptung geschehener Sündenvergebung beansprucht, hat ihre Parallele in der Beispielerzählung vom Pharisäer und vom Zöllner (Lk.18,9-14). In dieser Beispielerzählung „spricht Jesus als der, der mit der Vollmacht ausgestattet ist, ein Urteil auch über das Gebet des Menschen zu fällen, und sich darüber auszusprechen, wem die Zusage von Gottes rechtfertigender Gnade gilt." (S.Ruager, Das Reich Gottes, S.149). Zu bedenken ist ferner, dass Jesu Heilungen in damaligem Kontext, wo Krankheit weithin als Strafe für Schuld angesehen wurde, immer auch zugleich als Überwindung von Sünde verstanden wurden (vgl. hierzu W.Grundmann, ThHK II, S.78f, Exkurs 5: Krankheit und Sünde). In diesen Zusammenhang gehört auch das Logion Mk.2,17/ Mt.9,13/(Lk.5,32): „Ich bin nicht gekommen, Gerechte zu berufen, sondern Sünder", dessen Authentizität schwer zu klären ist.

[104] So nach einer eingehenden Analyse von Mk.2,1-12 M.Trautmann, Zeichenhafte Handlungen, S.244-248. Die Historizität vermuten auch G.Theissen/A.Merz, Jesus, S.459.

[105] Vgl. dazu E.P.Sanders, Jesus, S.213f. Bußfertigen Sündern Gottes Vergebung zuzusprechen, ist im Judentum durchaus möglich (vgl. I.Broer, Jesus und das Gesetz). Die Besonderheit bei Jesus besteht darin, dass er Sündern die Vergebung Gottes verkündet, ohne dass sie vorher Buße geleistet haben. Damit geht er über das hinaus, wozu z.B. Priester am Tempel bevollmächtigt waren.

[106] Mit dieser Proklamation setzt sich Jesus aber auch in Konflikt mit der pharisäischen Bewegung (vgl. Mk.2,16; Lk.7,36ff; Lk.15,1f – siehe auch H.Merklein, Jesu Botschaft, S.81-83 und S.Ruager, Das Reich Gottes, S.71 und S.159). Zwar gibt es auch bei den Pharisäern die grundsätzliche Einsicht in den Geschenkcharakter der göttlichen Vergebung. Doch akzeptieren sie nicht Jesu Annahme, dass angesichts der nahegekommenen Gottesherrschaft alle Menschen vor Gott als Sünder dastehen und darum nur auf Grund von Gottes Gnade bestehen können. Sie sehen vielmehr in ihrer religiösen Absonderung von allem Unheiligen – und damit auch von den Sündern und Zöllnern – ein sinnvolles Bemühen um die Erneuerung und Bewahrung des Gottesvolkes. Gerade diese Absonderung hat aber in sich die Gefahr der Selbstgerechtigkeit und des Rückzugs auf eigene religiöse Verdienste – trotz der grundsätzlichen Einsicht in die Angewiesenheit auf Gottes gnädige Vergebung. Jesu Zeugnis von Gottes Vergebung führt dagegen gerade in die Solidarisierung mit Zöllnern und Sündern und zur Kritik an aller Selbstgerechtigkeit (vgl. Lk.18,9-14). Damit war der Konflikt mit der pharisäischen Bewegung unumgänglich.

Jesus den Anspruch, sich des sündenvergebenden Handelns Gottes sicher sein zu können. Wie bei der Seligpreisung der Armen findet sich hier keinerlei Begründung für Jesu Zuspruch der Sündenvergebung.

5.4.1.3 Jesu Ermächtigung, Gott als Vater anzureden

Das neue Gottesverhältnis, in das Jesus einweist, zeigt sich auch an der Vater-Anrede, die Jesus selbst pflegt und in die er seine Anhänger einweist – exemplarisch überliefert im Vaterunser (Lk.11,2/Mt.6,9).[107] Die Vater-Anrede ist dem Judentum nicht unbekannt, wenn sie auch eher am Rande steht. Auch das vertrauliche „Abba“ findet sich als Gottesbezeichnung vereinzelt[108] und sogar als Gottesanrede im Gebet.[109] Dennoch dürften die meisten Zeitgenossen die Anrede Gottes mit „Abba“, die zweifellos auf Jesus selbst zurückgeht[110] und noch in der aramäischen Form bis in die griechischen Gemeinden hinein verwendet wurde (vgl. Mk.14,36; Röm.8,15; Gal.4,6), als außergewöhnlich erlebt haben.[111] Sie zeugt von einer sonst kaum gekannten Intimität. Diese Gottesanrede Jesu, in die er ausdrücklich auch seine Jünger einweist, setzt voraus, dass Gott in der Aufrichtung seiner eschatologischen Herrschaft auch ein neues Gottesverhältnis schafft.[112] „Wer sich von diesem Handeln Gottes erfassen lässt, steht in einem neuen, intimen Verhältnis zu Gott. Jesu Gebetsanweisung an seine Jünger[113] ist nichts anderes als die

---

[107] Trotz der erkennbaren Bearbeitung gilt der Grundbestand des Vaterunsers allgemein als authentisch, vgl. dazu J.GNILKA, Jesus, S.142f; G. BORNKAMM, Jesus, S.120f und G.THEISSEN/A.MERZ, Jesus, S.232 und S.239-241. Mit problematischen Argumenten bestreitet die Authentizität des Vaterunsers J.D.CROSSAN, Jesus, S.392.

[108] Stellen bei H.MERKLEIN, Jesu Botschaft, S.84, Anm. 105. Vgl. auch D.FLUSSER, Jesus, S.89-91.

[109] bTaan.23a und 23b. Vgl. dazu J.D.CROSSAN, Jesus, S.209; D.FLUSSER, Jesus, S.91 und G.THEISSEN/A.MERZ, Jesus, S.278. An beiden Stellen sind es Charismatiker, die diese Anrede verwenden und in einem besonders intensiven Gottesverhältnis stehen.

[110] Vgl. dazu H.LEROY, Jesus, S.85; H.MERKLEIN, Jesu Botschaft, S.84 und H.SCHÜRMANN, Das Gebet des Herrn, S.222-224.

[111] G.BORNKAMM, Jesus, S.113 behauptet, dass „Abba“ als Gottesanrede einem Juden „zu unfeierlich und respektlos“ erschienen sein müsse. H.SCHÜRMANN, Das Gebet des Herrn, S.21 stellt fest: Die Vateranrede „ist keine Selbstverständlichkeit, vielmehr bedarf es durchaus einer besonderen Ermächtigung und Ermutigung Jesu zu dieser vertraulich-familiären Anrede.“ M.J.BORG, Meeting Jesus Again, S.36 meint, dass diese Gottesanrede „a bit shokking“ gewesen sei.

[112] H.MERKLEIN, Jesu Botschaft, S.85; vgl. H.SCHÜRMANN, Das Gebet des Herrn, S.21.

[113] Da Jesus im Vater-Unser ausdrücklich seine Jünger ermächtigt, Gott mit „Abba“ anzusprechen, kann aus der Gottesanrede „Abba“ auch nicht direkt geschlossen werden, Jesus habe sich als einzigartigen Gottessohn verstanden (Gegen P.STUHLMACHER, Biblische Theologie des NT, S.74. Zur Kritik der These vgl. W.G.KÜMMEL, Vierzig Jahre Jesus-Forschung, S.667 und S.669).

Ermächtigung, Gott auf diese neue, von ihm geschenkte Beziehung hin anzusprechen.“[114]

5.4.1.4 Rückschluss auf Jesu Selbstverständnis

Im Anschluss an diese Betrachtungen ist nun nach dem Verhältnis zwischen Jesu Eröffnung des neuen Gottesverhältnisses und seiner eigenen Person zu fragen.

Jesus war sich gewiss, dass die eschatologische Wende geschehen war und dass Gott den Menschen das eschatologische Gottesverhältnis anbot[115] – dies ist die Voraussetzung der Seligpreisungen, der Sündenvergebung und der Einweisung in die Gottesanrede „Abba“, die Jesus übt. Seine Eröffnung des neuen Gottesverhältnisses gründet dabei nicht in einem übergeordneten Zusammenhang, so dass sie sich aus diesem argumentativ ableiten ließe. Konsequenterweise findet sich deshalb bei Jesus auch kein Versuch, seine Botschaft von der nahegekommenen Gottesherrschaft argumentativ zu begründen. Jesu Verkündigung ist „daher nicht als eschatologische Belehrung (die mit intersubjektiv Einsichtigem argumentieren muss), sondern als eschatologische Proklamation zu würdigen.“[116] Das unterscheidet Jesus von den alttestamentlichen Gerichtspropheten und wohl auch von Johannes dem Täufer. Diese konnten das Ungenügen des Volkes gegenüber der Forderung der Tora als Grund für ihre Gerichtspredigt anführen (vgl. z.B. Jer.7,3-15). Sicherlich wurde auch ihre Argumentation nicht von allen Zeitgenossen geteilt (vgl. Jer.26), aber dennoch versuchten sie ihre Botschaft durch Rückgriff auf die Tradition einsichtig zu machen. Ein ähnliches Vorgehen ist Jesus verschlossen.[117] Denn wenn Gottes Entschluss, den Menschen mit der eschatologischen Wende zum Heil ein neues Gottesverhältnis anzubieten, wegen der Verschuldung des gesamten Volkes nicht in einer Qualität des Volkes, sondern allein in Gottes Gnade und Güte wurzelt, dann gibt es

---

[114] H.MERKLEIN, Jesu Botschaft, S.85.

[115] J.GNILKA, Jesus, S.156 formuliert: „Jesus war sich gewiß, dass Gott zum Heil entschlossen ist.“ In dieser Formulierung ist der futurische Aspekt jedoch zu stark hervorgehoben. Das eschatologische Gottesverhältnis ist bereits jetzt möglich.

[116] H.MERKLEIN, Jesu Botschaft, S.46 über die Seligpreisungen, aber durchaus auch übertragbar auf die ganze Verkündigung Jesu.

[117] Vgl. dazu H.MERKLEIN, Jesu Botschaft, S.59: „Das Heil, das Jesus ansagt, setzt ein eschatologisch neues Erwählungshandeln Gottes voraus, das nicht in geschichtlicher Kontinuität zu früherem Erwählungshandeln Gottes steht. Dies setzt wiederum voraus, dass Jesus ein spezifisches eschatologisches Wissen gehabt haben muss, wie es auch sonst – phänomenologisch (nicht inhaltlich!) durchaus vergleichbar – im Einflußbereich apokalyptischen Denkens als charakteristisch nachzuweisen ist.“ Als vergleichbare Phänomene nennt MERKLEIN die Zehnwochenapokalypse und den Lehrer der Gerechtigkeit in Qumran. Im Alten Testament findet sich am ehesten in Deutero-Jesaja eine vergleichbare Konzeption – nicht zufällig ist darum diese atl. Schrift für Jesus und das Urchristentum auch so bedeutsam.

außer Gottes Heilsentschluss keinen anderen Grund für die Botschaft von der nahegekommenen Gottesherrschaft.[118] Darum ist nicht nur in Hinblick auf die Seligpreisungen, sondern in bezug auf seine ganze Verkündigung der nahegekommenen Gottesherrschaft zu sagen: Jesu Verkündigung und Verhalten „konstatieren und dekretieren. Ihre bedingungslose und paradoxe ‘Logik’ überzeugt nur den, der den Anspruch des Sprechenden selbst anerkennt.“[119]

Jesu Gewissheit, dass Gott sich zum Heil entschlossen habe, ist deshalb der einzige Grund seiner Verkündigung.[120] Jesus steht mit seiner Person für seine Botschaft ein und erhebt den Anspruch, dass in seiner Verkündigung Gottes Wort ergehe, dass er „in der Autorität Gottes da“ sei.[121] So ist Jesus selbst der Zeuge und Garant für seine Botschaft,[122] die deshalb nicht von seiner Person zu trennen ist.[123] Jesus beansprucht damit in der Proklamation der nahegekommenen Gottesherrschaft implizit, an Gottes Stelle zu stehen[124] und also eschatologischer Repräsentant Gottes zu sein.[125] Im Hinblick auf diesen proklamierenden Aspekt seines Wirkens kann Jesus dann auch als „endzeitlicher Heilsprophet“[126] oder „eschatologischer Charismatiker“[127] verstanden werden.

---

[118] Vgl. dazu auch E.JÜNGEL, Paulus und Jesus, S.193: „Die Autorität der Verkündigung der Basileia durch Jesus ist die Basileia selbst.“ und J.BECKER, Jesus, S.349: „die sich jetzt durchsetzende Gottesherrschaft [ist] die Grundgewißheit Jesu, die nirgends als Folgeeinsicht eines anderen Themenkreises eingeführt wird oder eine Begründung erfährt. Sie leiht sich nirgends Autorität. Sie setzt sich vielmehr als in sich selbst ruhende Autorität durch.“ Zur Außergewöhnlichkeit von Jesu Botschaft im Rahmen des zeitgenössischen Judentums vgl. H.MERKLEIN, Jesu Botschaft, S.44.

[119] H.MERKLEIN, Jesu Botschaft, S.46; vgl. auch H.WEDER, Hermeneutik, S.175: „Der Zuspruch an die Armen ist vom Sprecher nicht ablösbar.“

[120] Vgl. E.P.SANDERS, Jesus, S.239: Jesus „regarded his relationship with God as especially intimate. [...] he thought that he had been especially commissioned to speak for God, and this conviction was based on a feeling of personal intimacy with the deity.“

[121] E.JÜNGEL, Paulus und Jesus, S.197.

[122] J.GNILKA, Jesus, S.156.

[123] Vgl. auch E.JÜNGEL, Paulus und Jesus, S.190: „Die eschatologische Botschaft Jesu macht Jesus selbst zur einzigartigen eschatologischen Person.“ (vgl. auch S.197). Ähnlich auch G.EBELING, Jesus und Glaube, S.244f und H.CONZELMANN, Zur Methode der Leben-Jesu-Forschung, S.10.

[124] Vgl. E.FUCHS, Die Frage nach dem historischen Jesus, S.219f.

[125] So auch H.MERKLEIN, Jesu Botschaft, S.65. Die Formulierung „Repräsentant Gottes auf Erden“ stammt von M.DIBELIUS. W.SCHRAGE, Ethik d. NT, S.27 spricht vom „Stellvertreter Gottes“. E.P.SANDERS, Jesus, S.238 meint: Jesus „regarded himself as having full authority to speak and act on behalf of God.“ M.HENGEL, Studies in Early Christology, S.68 meint: „His knowledge about the Kingdom of God is a messianic knowledge.“

[126] So J.BECKER, Jesus, S.272 und 349. Vgl. auch S.SCHULZ, Der historische Jesus, S.16 und F.SCHNIDER, Jesus der Prophet, S.257-260.

[127] So M.HENGEL, Nachfolge, S.76.

Fordert Jesus nun Glauben an seine Person? Zwar gibt es kein authentisches Logion, in dem Jesus fordert, an ihn als Heilsbringer zu glauben.[128] Dennoch ist der Sachverhalt differenzierter zu beurteilen. Zentrum der Verkündigung Jesu ist zunächst die nahegekommenen Gottesherrschaft. Der Inhalt des Glaubens, den Jesus zu wecken versucht, ist also zunächst das Angebot des neuen Gottesverhältnisses und das Nahegekommensein der Gottesherrschaft, die dort die Menschen erreicht, wo sie Jesu Verkündigung Glauben schenken. Weil die Begründung dieses Glaubens jedoch nur in Jesu eigener Gottesgewissheit liegt, muss der Glaube an Jesu Botschaft implizit die Anerkennung der Rolle Jesu als Proklamator der nahegekommenen Gottesherrschaft und damit als Repräsentant Gottes vollziehen, denn nur so ist der Glaube an Jesu Botschaft möglich.[129]

Noch ein zweiter Gesichtspunkt ist hier anzuführen, der besonders deutlich in Jesu Ermächtigung, Gott als Vater anzureden, zu erkennen ist. Indem Jesus seine Anhängerinnen und Anhänger lehrt, Gott als Vater anzureden, eröffnet er ihnen eine Gottesanrede, die er selbst pflegt, und weist sie so in ein Gottesverhältnis ein, in dem er selbst steht.[130] Jesus kann somit anderen das neue, eschatologische Gottesverhältnis eröffnen, weil er selbst darin steht. Die Rolle, die Jesus bei seiner Verkündigung der nahegekommenen Gottesherrschaft einnimmt, ist also erst dann voll erfasst, wenn man in ihm auch den Menschen erblickt, der selbst im eschatologischen Gottesverhältnis steht.[131] Jesus repräsentiert also nicht nur Gott gegenüber den Menschen, sondern er repräsentiert auch den Menschen, der sich ganz auf die Botschaft von der nahegekommenen Gottesherrschaft eingelassen hat. Er selbst lebt den Glauben und das Vertrauen, das er anderen Menschen zu vermitteln versucht.[132] Jesus ist darum auch als „Zeuge des Glaubens" zu verstehen.[133]

5.4.1.5 Jesu Rolle im Vergleich zu Johannes dem Täufer

Jesu Rolle, die er in der Proklamation der nahegekommenen Gottesherrschaft einnimmt, kommt noch präziser in den Blick, wenn deutlich wird,

---

[128] So auch G.EBELING, Jesus und Glaube, S.241.

[129] Vgl. dazu die Formulierung von G.EBELING, Jesus und Glaube, S.245: „Dann aber ist Jesus nur darum und nur insofern Gegenstand des Glaubens, als er selber Grund und Quelle des Glaubens ist."

[130] Vgl. G.EBELING, Jesus und Glaube, S.240: „es dürfte unmöglich sein, angesichts der Art und Weise, wie Jesus vom Glauben redet, ihn selbst vom Glauben auszunehmen."

[131] Vgl. dazu die Formulierung von E.FUCHS, Die Frage nach dem historischen Jesus, S.222: „Wir haben Jesu Verhalten als ebenfalls durch seine Entscheidung bestimmt zu verstehen und können deshalb an dem, was er verlangt, auf das schließen, was er selbst tat."

[132] Dass Glaube und Vertrauen bei Jesus eine zentrale Rolle spielen – auch wenn die Glaubensinhalte nicht christologisch sind – zeigt P.POKORNÝ, Entstehung der Christologie, S.26-28.

[133] G.EBELING, Historischer Jesus und Christologie, S.314.

wie sich Jesus im Vergleich zum Täufer gesehen hat. Die synoptischen Evangelien charakterisieren die Gestalt des Täufers als Vorboten des Messias Jesus und ordnen so den Täufer Jesus unter.[134] Aber wie hat Jesus selbst den Täufer gesehen?

Offensichtlich hatte Jesus eine hohe Meinung vom Täufer. Wie das Bildwort von den spielenden Kindern und seine Anwendung auf Johannes und Jesus (Mt.11,16-19/Lk.7,31-35) zeigen,[135] konnte Jesus die Wirksamkeit des Täufers unpolemisch neben seine eigene stellen. Auch das zusammenfassende Urteil Jesu über den Täufer (Mt.11,7-9.11/Lk.7,24-26.28; vgl. auch EvThom.46) rühmt Johannes: „[Johannes ist] mehr als ein Prophet. [...] Amen, ich sage euch: Unter denen, die von Frauen geboren sind, ist kein Größerer aufgetreten als Johannes der Täufer."[136] So erkennt Jesus die Umkehrpredigt des Täufers an, ohne den Täufer gegenüber seiner eigenen Person abzuwerten. Offensichtlich hat Jesus in Johannes einen Propheten gesehen, der – wenn auch anders als Jesus selbst[137] – die Umkehr angesichts der nahen Gottesherrschaft gepredigt hat. In diesem Sinne stellt sich Jesus neben Johannes.

Doch sieht Jesus in Johannes einen gleichberechtigten Boten der nahegekommenen Gottesherrschaft? Die Antwort auf diese Frage hängt im Wesentlichen von der Interpretation des Stürmerspruches Mt.11,12/Lk.16,16 ab.[138] Die Zeit der Gottesherrschaft erstreckt sich nach der matthäischen Variante dieses Q-Logions „von den Tagen des Johannes an bis jetzt" (Mt.11,12). Geschieht also schon das Wirken des Täufers in der Folge der Wende zum eschatologischen Heil? Dagegen spricht die lukanische Variante „Das Gesetz und die Propheten bis zu Johannes" (Lk.16,16), die den ursprünglichen Wortlaut Jesu wohl besser überliefern dürfte.[139] Denn in dieselbe Richtung

---

[134] Vgl. Mk.1,2f/Mt.3,3/Lk.3,4-6; Mk.1,7f/Mt.3,11/Lk.3,15-17/Joh.1,23-27; Mt.3,13-15; Joh.1,6-8; 1,19-34; 3,25-30.

[135] In der Regel für authentisch angesehen; vgl. U.Luz, EKK I/2, S.184.

[136] Dieses Logion ist mit Ausnahme des eingeschobenen Reflexionszitates Mt.11,10/Lk.7,27 als authentisch anzusehen. Vgl. dazu W.Grundmann, ThHK I, S.306f; H.Merklein, Jesu Botschaft, S.33f. Von der Authentizität von zumindest Mt.11,7-9 gehen auch aus U.Luz, EKK I/2, S.173; J.D.Crossan, Jesus, S.323 und G.Theissen, Lokalkolorit, S.42f.

[137] Zum Unterschied vgl. H.Merklein, Jesu Botschaft, S.34.

[138] Dabei kann hier unberücksichtigt bleiben, ob die Formulierung Mt.11,12 im Sinne von „Die Gottesherrschaft dringt mit Gewalt heran und Entschlossene reißen sie an sich" (so J.Gnilka, Jesus, S.151 und G.Theissen/A.Merz, Jesus, S.235) oder im Sinne von „Die Gottesherrschaft leidet Gewalt, und Gewalttätige unterdrücken sie" (so zurückhaltender U.Luz, EKK I/1, S.176f) zu verstehen ist (beide Möglichkeiten offen lässt W.Grundmann, ThHK I, S.308-310).

[139] Zu beachten ist hierbei, dass Mt. die Tendenz hat, Johannes und Jesus einander anzugleichen (vgl. z.B. Mt.3,2 mit 4,17). Außerdem sprechen typisch matthäische Redewendungen dafür, dass Mt.11,12a auf die Redaktion des Mt. zurückgeht (so U.Luz, EKK I/2, S.172). Zum selben Ergebnis kommen: J.Becker, Jesus, S.140f; H.Merklein,

weisen auch der bei Matthäus folgende Nachsatz „Denn alle Propheten und das Gesetz bis zu Johannes haben geweissagt" (Mt.11,13) und die Fortsetzung des Logions von der Größe des Täufers „Der Kleinste in der Gottesherrschaft ist größer als er" (Mt.11,11b/Lk.7,28b).[140] Mit beiden Formulierungen wird Johannes in die heilsgeschichtliche Epoche der Verheißung eingeordnet, also in die Zeit, in der die Gottesherrschaft nur prophetisch angekündigt wurde.[141] Jesu Zeit aber ist die Zeit der Erfüllung.[142] „Für Jesus gehört der Täufer eigentlich noch zur alten Zeit. Er steht auf der Schwelle unmittelbar vor der Heilswende."[143] Als letzter und größter der Propheten schließt er gleichsam die Zeit der Propheten ab.[144] Johannes kann damit von Jesus als Umkehrprophet angesichts der nahegekommenen Gottesherrschaft gewürdigt werden, aber er nimmt eine grundsätzlich andere Rolle in Bezug auf die Gottesherrschaft ein als Jesus.[145] Wenn Jesus Johannes als den

---

Gottesherrschaft, S.80-90; ders., Die Gottesherrschaft in der Verkündigung Jesu, S.148; S.Schulz, Q, S.261; J.Gnilka, Jesus, S.150f und S.214; F.Schnider, Jesus der Prophet, S.179; E.Jüngel, Paulus und Jesus, S.190f; G.Theissen/A.Merz, Jesus, S.235. Mit der Authentizität des so rekonstruierten Logions rechnen J.Becker, Jesus, S.140f; J.Gnilka, Jesus, S.150f und F.Schnider, Jesus der Prophet, S.179; G.Theissen/A.Merz, Jesus, S.502f; die Authentizität für möglich aber nicht gesichert halten H.Merklein, Gottesherrschaft, S.90 und U.Luz, EKK I/2, S.173.

[140] J.Becker, Jesus, S.140 interpretiert diese Wendung so: „Das geringste menschliche Geschöpf, gehört es zur Gottesherrschaft, ist größer als Johannes. Damit ist Johannes aus der Gottesherrschaft ausgeschlossen. Zwischen ihm und Jesus mit seiner Verkündigung der Gottesherrschaft ist eine Trennung."

[141] Dieses Urteil über die Stellung des Johannes in der Heilsgeschichte entspricht dem Selbstverständnis des Täufers. Soweit erkennbar ist, sah er sich als den letzten Umkehrprediger vor dem Anbruch der Gottesherrschaft (vgl. dazu J. Gnilka, Jesus, S.79-83; H.Stegemann, Die Essener..., S.292-306). Dies ist auch ein guter Grund, diese heilsgeschichtliche Einordnung des Täufers nicht der Gemeinde zuzusprechen, sondern sie als ein authentisches Jesus-Wort anzusehen (so z.B. auch L.Goppelt, Theologie des NT, S.214). Dieser Interpretation entspricht EvThom.46.

[142] So auch D.Flusser, Jesus, S.40; F.Schnider, Jesus der Prophet, S.181; U.B.Müller, Vision und Botschaft, S.433f und H.Weder, Gegenwart und Gottesherrschaft, S.47f.

[143] J.Becker, Jesus, S.98; ebenso auch G.Theissen/A.Merz, Jesus, S.196.

[144] So auch E.Jüngel, Paulus und Jesus, S.191f in differenzierter Auseinandersetzung mit M.Dibelius und E.Käsemann, die das Wirken des Täufers als Einleitung der Gottesherrschaft ansehen. Diese Position findet sich auch bei G.Bornkamm, Jesus, S.46: Johannes „ist nicht mehr nur Verkünder auf die Zukunft hin, sondern gehört selbst schon in die Zeit der erfüllten Verheißung hinein." Bornkamm orientiert sich dabei an der Mt.-Version des Stürmerspruchs.

[145] Die Formulierung „von den Tagen des Johannes an bis jetzt" (Mt.11,12) könnte dann auch als Anspielung darauf verstanden werden, dass Matthäus Jesu Wirkungszeit und die des Täufers als einander parallel ansieht. Mit den „Tagen des Täufers" wäre dann der Beginn von Jesu Wirken gemeint, das ja im Umfeld des Täufers seinen Anfang nahm. So gab es wahrscheinlich auch eine gewisse Zeit des Nebeneinanders von Johannes und Jesus (so H.Leroy, Jesus, S.61 im Rückgriff auf Joh.1,35-42 und 3,22f). In der Interpretation der ver-

letzten Propheten angesehen hat,[146] dann ist es durchaus möglich, dass auch die Identifikation des Täufers mit dem wiederkommenden Elia auf Jesus zurückgeht (vgl. Mt.11,14 und Mk.9,11-13/Mt.17,10-13).[147] Wenn dies so wäre, dann würde sich darin zeigen, dass Jesus sich selbst als der erwartete eschatologische Repräsentant Gottes verstand.[148]

Dies alles läuft darauf hinaus, dass Jesus von einem qualitativen Unterschied zwischen seiner eigenen Rolle und der Rolle, in der er den Täufer sah, ausging.[149] Dieser Unterschied wurzelt darin, dass Johannes in die Zeit vor der eschatologischen Wende zum Heil eingeordnet wird. Jesus ist dagegen der eschatologische Repräsentant Gottes, der die bereits geschehene Wende bezeugt.

5.4.1.6 Jesu Zurückhaltung hinsichtlich seiner eigenen Person

Jesus beansprucht in seiner Verkündigung der nahegekommenen Gottesherrschaft die Rolle des einzig maßgeblichen eschatologischen Repräsentanten

---

schiedenen Überlieferungen des Stürmerspruchs kommt E.JÜNGEL, Paulus und Jesus, S.191 zu dem Ergebnis: „Bei Matthäus ist aber ebenso wie bei Lukas der Täufer Abschluß der Heilsperiode des Alten Testaments".

[146] Es gibt eine Reihe von Logien, die alle einen Hinweis darauf enthalten, dass Jesus sich selbst in einer Rolle gesehen hat, die die Rolle eines Propheten übersteigt. Zu nennen sind der eben gerade erwähnte Stürmerspruch Mt.11,12f/Lk.16,16, der Vergleich mit Jona Lk.11,32/Mt.12,41 (vgl. Abschnitt 4.4.1) und die Seligpreisung Lk.10,23f/Mt.13,16. Vgl. auch F.SCHNIDER, Jesus der Prophet, S.259: „Jesu Anspruch, verglichen mit dem Anspruch der Propheten, kann deshalb nur in analoger Weise prophetisch genannt werden. Jesu Anspruch ist absoluter Art. Jesus ist nicht einer der Propheten, sondern 'der' Prophet als der absolute Heilsbringer, der alle eschatologischen Erwartungen erfüllt und in radikaler Nähe zum Vater steht."

[147] Das meinen auch D.FLUSSER, Jesus, S.40 und R.LEIVESTAD, Jesus – Messias – Menschensohn, S.239; G.THEISSEN/A.MERZ, Jesus, S.192 – anders U.LUZ, EKK I/2, S.173 und S.506; J.GNILKA, EKK II/2, S.41f und L.OBERLINNER, Todeserwartung, S.53, die von sekundärer Entstehung der Elia-Tradition ausgehen. Wie H.STEGEMANN, Die Essener..., S.300f und M.HENGEL, Nachfolge, S.39f, Anm.71 ausführen, gibt es gute Gründe dafür, dass die Stilisierung des Täufers als wiedergekommener Elia bereits von Johannes selbst gewollt war und nicht erst auf das Konto der christlichen Gemeinde zurückgeht. Sie würde auf jeden Fall zu seiner Botschaft passen. Auch D.FLUSSER, Jesus, S.35, geht davon aus, dass das Volk in Johannes den wiedergekommenen Elia sah. Skeptischer J.BECKER, Jesus, S.58, der meint, es gäbe „kein tragfähiges Indiz, im historischen Sinn Johannes und Mal 3 in Beziehung zueinander zu setzen." Auch die mehrdeutige Formulierung „ein Größerer als ein Prophet" (Mt.11,9/Lk.7,26) könnte ein Hinweis auf die Identifikation des Täufers mit dem wiederkommenden Elia durch Jesus sein. Immerhin wäre Johannes – verstanden als Wiedergeburt des Elia – ein einmaliger Fall in der Geschichte der Prophetie.

[148] Ebenso R.LEIVESTAD, Jesus – Messias – Menschensohn, S.239 und G.THEISSEN/A.MERZ, Jesus, S.196.

[149] Der sachliche Grund für diesen Unterschied besteht darin, dass Jesus über die mit dem Täufer gemeinsame Einsicht in die totale Schuldverfallenheit des Gottesvolkes hinaus um die bereits geschehene eschatologische Wende weiß.

Gottes. Es wurde deutlich, dass der Glaube an seine Botschaft auch eine Anerkennung dieser Rolle impliziert. Um so auffälliger ist es, dass Jesus seiner eigenen Rolle keine göttliche Legitimation zu geben versucht.[150] Jesus verzichtet auf die klassischen Formeln, mit denen die Propheten ihre Botschaft als Gottesworte kennzeichneten,[151] er erzählt keine Berufungsgeschichte, er schildert keine Visionen oder Auditionen und verweigert sich der Forderung nach einer Legitimation durch Wundertaten (Mk.8,11f/Mt.16,1.4/Lk.11,29; Mt.12,38f/Lk.11,29; Lk.11,16).[152]

In welch hervorgehobener Rolle sich Jesus sieht und wie zurückhaltend er zugleich diese Rolle beschreibt,[153] zeigt sein doppeltes Gerichtswort über seine Zeitgenossen Lk.11,31f/Mt.12,41f: „Die Königin von Süden wird im Gericht mit den Männern dieses Geschlechtes auftreten und sie verurteilen, denn sie kam von den Enden der Erde, um die Weisheit Salomos zu hören, und siehe: hier ist mehr als Salomo. Die Männer von Ninive werden im Gericht mit diesem Geschlecht auftreten und es verurteilen; denn sie taten Buße auf die Predigt des Jona hin, und siehe: hier ist mehr als Jona.“[154] Jesus erhebt durch den Vergleich mit anderen Verkündigern in der Heilsgeschichte einen unerhörten Anspruch für seine Botschaft,[155] zugleich bringt er seine

[150] Vgl. R.Leivestad, Jesus – Messias – Menschensohn, S.245: „Es ist durchweg auffallend, dass er [Jesus] mit einer selbstverständlichen Autorität auftritt, ohne sie durch einen Titel oder in anderer Weise zu legitimieren [...]. Der Inhalt seiner Verkündigung und die Kraft seiner Werke sind Legitimation genug für alle, die hörende Ohren und sehende Augen haben.“

[151] Vgl. dazu M.Trautmann, Zeichenhafte Handlungen, S.391f.

[152] Diesen Verzicht auf Legitimation stellt auch G.Bornkamm, Jesus, S.51 heraus. Mk.2,1-12/Mt.9,1-8/Lk.5,17-26 ist hier kein Gegenbeweis. Wie in Abschnitt 4.4.2 gezeigt wurde, wird diese Perikope erst durch das sekundär eingeschobene Menschensohn-Wort zu einem Legitimationswunder.

[153] E.Sjöberg, Der verborgene Menschensohn, S.185 spricht von „Unbestimmtheit“.

[154] Für die Authentizität dieses Logions spricht die zurückhaltend umschriebene Rolle Jesu, die semitische Phraseologie (zweimaliges „und siehe“ mit folgendem Nominalsatz; Fehlen des bestimmten Artikels von „Königin“ und „Männer von Ninive“), die auch sonst in Jesus-Worten begegnende Vorbildhaftigkeit von Nichtjuden gegenüber dem Verhalten Israels (vgl. Lk.10,30-35). Vgl. dazu J. Gnilka, Jesus, S.197, vgl. Anm.10; F.Schnider, Jesus der Prophet, S.176; U.B.Müller, Vision und Botschaft, S.434, Anm.49 und J.Becker, Jesus, S.81). Von der Authentizität gehen ebenfalls aus G.Bornkamm, Jesus, S.61 und S.150 und E.Jüngel, Paulus und Jesus, S.189; M.Hengel, Studies in Early Christology, S.77f; vorsichtiger U.Luz, EKK I/2, S.275. Gegen die Authentizität spricht sich H.Merklein, Jesu Botschaft, S.67 aus, der das Logion „wohl doch“ als Gemeindebildung ansieht, obwohl es ein „wirkungsgeschichtlich korrekter Reflex der Botschaft Jesu“ (S.35) sei.

[155] F.Schnider, Jesus der Prophet, S.176 meint: Ist das Logion authentisch, dann bringt es „den besonderen Anspruch Jesu zum Ausdruck, dass er die Weisheitslehrer und Propheten in Israel überbietet.“ Ebenso auch M.Hengel, Studies in Early Christology, S.78f.

eigene Person nur indirekt[156] und mit einer geradezu verhüllenden Ausdrucksweise ins Spiel.[157]

5.4.2 Das Aufblitzen der Gottesherrschaft in Jesu Wirken

Neben der Proklamation des eschatologischen Gottesverhältnisses vollzieht Jesus auch Heilungen und Exorzismen, die er in einer Reihe von Logien und in einigen Gleichnissen als gegenwärtige Erfahrung der Gottesherrschaft deutet.[158] Diese von Jesus vorgenommenen Selbstdeutungen seines Wirkens gilt es jetzt näher ins Auge zu fassen.

5.4.2.1 Die Erfahrbarkeit der Gottesherrschaft in der Gegenwart Jesu

In einer Reihe von Logien findet sich der Anspruch Jesu, dass seine Zeit die eschatologische Heilszeit sei. So zum Beispiel in der wohl ursprünglich isoliert überlieferten Seligpreisung Lk.10,23f/Mt.13,16f: „Selig die Augen, die sehen, was ihr seht, und die Ohren, die hören, was ihr hört. Amen, ich sage euch: Viele Propheten und Könige sehnten sich danach zu sehen, was ihr seht, und sahen es nicht, und zu hören, was ihr hört, und hörten es nicht."[159] Jesus behauptet in diesem Logion, dass mit ihm in Erfüllung gehe, was den profiliertesten Vertretern der Heilsgeschichte verheißen worden war und worauf das Sehnen aller Frommen ging.[160] Auffällig ist dabei, wie

---

[156] Erst das Johannes-Evangelium wird diesen Anspruch, den Jesus erhebt, dann u.a. mit den ἐγὼ-εἰμί-Worten direkt an die Person Jesu binden. Der authentischen Jesus-Überlieferung ist eine solche Hervorhebung des ἐγώ fremd – so das Ergebnis der Studie von V.Howard, Das Ego Jesu, S.245-249.

[157] Dies bemerkt auch L.Goppelt, Theologie des NT, S.214.

[158] Die Historizität der einzelnen Überlieferungen von Jesu Heilungen und Machttaten ist oft nur noch schwer zu beurteilen. Jedoch ist sich die Forschung einig, dass Jesus Aufsehen erregende Heilungen vollbracht hat (vgl. dazu G.Theissen/A.Merz, Jesus, S.265-269; R.Pesch, Jesu ureigene Taten?, S.20-27).

[159] Rekonstruktion des in Mt. und Lk. leicht abweichend überlieferten Logions in Anlehnung an J.Gnilka, Jesus, S.151f (in dieselbe Richtung gehen auch W.Grundmann, ThHK I, S.342, Anm.18; H.Merklein, Jesu Botschaft, S.66 und J.Becker, Jesus, S.78 und 136). Nach Gnilka ist dieser Makarismus authentisch, weil er sinnvoll und einsichtig nur im Kontext des Wirkens Jesu erscheint (S.152). Ferner spricht für die Authentizität, dass keine der späteren christologischen Kategorien angewandt wird, um Jesu Würde zu beschreiben. Von der Authentizität ebenfalls überzeugt sind G.Bornkamm, Jesus, S.60; F.Schnider, Jesus der Prophet, S.178; P.Hoffmann/V.Eid, Jesus und christliche Moral, S.35f; E.Linnemann, Zeitansage, S.248; U.Luz, EKK I/2, S.302; G.Theissen/A.Merz, Jesus, S.235. Zurückhaltender H.Merklein, Jesu Botschaft, S.66 und R.Pesch, Jesu ureigene Taten?, S.158.

[160] Vgl. PsSal.17,44: „Selig, wer in jenen Tagen leben wird und schauen darf das Heil Israels..." und PsSal.18,6f: „Selig, wer in jenen Tagen leben wird und schauen darf das Heil des Herrn, das er dem kommenden Geschlechte schafft unter der Zuchtrute des Gesalbten des Herrn in der Furcht seines Gottes, in geistgewirkter Weisheit, Gerechtigkeit und Stärke..." [Übersetzung nach R.Kittel in E.Kautzsch, Apokryphen und Pseudepigraphen des ATs]. Weitere Stellen bei U.Luz, EKK I/2, S.314f.

zurückhaltend der Bezug auf die Person Jesu formuliert ist. Das Sehen und Hören, das jetzt möglich ist, betrifft sicher die Werke und Worte Jesu. Aber dies kommt nicht explizit zum Ausdruck. Durch diese Ausdrucksweise wird also nur „geheimnisvoll angedeutet“,[161] in welcher Rolle sich Jesus sieht.

Ebenfalls mit einem Makarismus verbunden ist Jesu Antwort auf die Frage des Täufers nach Jesu Auftrag Mt.11,2-6/Lk.7,18-23,[162] in der eine Reihe alttestamentlicher Verheißungen auf Jesus bezogen werden: „Blinde werden sehend und Lahme gehen, Aussätzige werden rein und Taube hören, Tote werden auferweckt und Armen wird die frohe Botschaft gebracht, und selig ist, wer an mir keinen Anstoß nimmt.“ Wahrscheinlich wurde diese schriftgelehrte Inanspruchnahme alttestamentlicher Verheißungen[163] für Jesus im Laufe der Überlieferung ausgeweitet. Doch gibt es gute Gründe, die Grundstruktur der Antwort auf Jesus selbst zurückzuführen.[164] Handelt es sich im

---

[161] E.SJÖBERG, Der verborgene Menschensohn, S.184.

[162] R.BULTMANN, Geschichte der synoptischen Tradition, S.22 geht davon aus, dass dieses Logion erst sekundär mit der Täuferfrage verknüpft wurde. Gegen die Abtrennung spricht sich mit guten Argumenten aus U.LUZ, EKK I/2, S.164f; ebenso R.PESCH, Jesu ureigene Taten?, S.39.

[163] Angespielt wird auf Jes.35,5f; 29,18f; 26,19; 42,18 und 61,1 (vgl. dazu R.PESCH, Jesu ureigene Taten?, S.42).

[164] Hierfür spricht die Parallele zu Lk.10,23f/Mt.13,16f, der sehr zurückhaltend formulierte Bezug auf die Person Jesu, den Lukas bereits durch seinen Einschub Lk.7,21 zu verdeutlichen sucht und die Tatsache, dass sich in der Sprache und Botschaft Jesu auch andernorts starke Rückgriffe auf Deutero- und Trito-Jesaja finden (Vgl. dazu H.MERKLEIN, Jesu Botschaft, S.21f, S.41 und S.48; P.HOFFMANN/V.EID, Jesus und christliche Moral, S.32 und J.BECKER, Jesus, S.103; G.THEISSEN/A.MERZ, Jesus, S.460). Dass es zu allen aufgezählten Wirkungen Jesu Parallelen in der Erzählüberlieferung gibt, kann als Argument für und gegen die Authentizität des Logions gewertet werden. Auch dass die für Jesus so wichtigen Exorzismen nicht erwähnt werden, kann nicht das entscheidende Argument für eine sekundäre Entstehung sein (vgl. J.BECKER, Jesus, S.138). Gegen die Authentizität könnte – unter der Voraussetzung, dass das Logion ursprünglich als Antwort auf die Täuferfrage formuliert war – der Einwand sprechen, dass der Täufer vielleicht Gott selbst als eschatologisch Kommenden erwartete und deshalb die Frage nicht derartig formuliert hätte. Doch hat J.BECKER, Jesus, S.54 Argumente zusammengetragen, dass „der Täufer wohl doch an eine andere Gestalt, die an Stelle und im Namen Gottes das Gericht ausübt“ denkt (so auch G.THEISSEN/A.MERZ, Jesus, S.189f). Für die Authentizität im Kern votieren W.G.KÜMMEL, Verheißung und Erfüllung, S.102-104; W.WIEFEL, ThHK III, S.148f; L.GOPPELT, Theologie des NT, S.111f; G.BORNKAMM, Jesus, S.60; E.JÜNGEL, Paulus und Jesus, S.190; E.LINNEMANN, Zeitansage, S.248; J.BECKER, Jesus, S.136-139; G.THEISSEN/A.MERZ, Jesus, S.197 – dagegen J.GNILKA, Jesus, S.138 und R.PESCH, Jesu ureigene Taten?, S.36-43. Nach sehr differenzierender Abwägung der verschiedenen Argumente unentschieden ist U.LUZ, EKK I/2, S.165f. Zurückhaltend zunächst auch H.MERKLEIN, Jesu Botschaft, S.67; dann aber eindeutig für die Authentizität votierend in ders., Die Gottesherrschaft in der Verkündigung Jesu, S,148. Wohl nicht authentisch dürfte der Parallelen aufweisende Bericht von der Antrittspredigt Jesu in Nazareth sein, den Lk.4,16-21 überliefert (vgl. W.WIEFEL, ThHK III, S.104f). Die Inanspruchnahme von Jes.61 für Jesus ist hier auch viel direkter.

Kern um ein authentisches Jesuswort, so erhebt auch hier Jesus für sein Wirken den Anspruch, dass sich darin das endzeitliche Heil verwirklicht.[165] Und wiederum ist der Bezug auf die Person Jesu zwar implizit gegeben, da Jesus auf die Frage nach seiner Rolle antwortet, wird durch die passiven Formulierungen jedoch nur indirekt bzw. „verhüllt“[166] zum Ausdruck gebracht und erst durch den Schluss-Makarismus wieder klargestellt. Jesus verweist „fast wie ein persönlich Unbeteiligter“[167] auf die außergewöhnlichen Ereignisse und lässt durch die passive Formulierung erkennen, dass er Gott als den eigentlichen Urheber dieses Geschehens sieht.[168]

Ganz in dieser Linie steht das Logion Lk.17,21.[169] Gefragt nach dem Kommen der Gottesherrschaft, antwortet Jesus: „Die Gottesherrschaft ist ἐντὸς ὑμῶν.“ Die Diskussion dieses auf sehr verschiedene Weise gedeuteten Logions ist zu dem Ergebnis gekommen, dass die Formulierung ἐντὸς ὑμῶν mit der Paraphrase „die Gottesherrschaft ist in eurer Mitte“ und also „in euren Erfahrungsbereich eingetreten“ zu interpretieren ist.[170] Auch hinter diesem Logion steht der Anspruch, dass es Jesu Wirken ist, in dem die Gottesherrschaft aufblitzt.[171] Doch wird auch hier der Bezug auf Jesu Person lediglich angedeutet, nicht aber entfaltet oder gar präzisiert.[172]

---

165 So H.Stegemann, Die Essener..., S.343; L.Goppelt, Theologie des NT, S.196f und D.Flusser, Jesus, S.36f. J.Zimmermann, Messianische Texte aus Qumran, S.389 und G.Theissen/A.Merz, Jesus, S.460 zitieren 4Q521, das als Beleg dafür gelesen werden kann, dass für die Zeit des Messias mit der Erfüllung von Jes.35,3-5 und 61,1f gerechnet wurde (vgl. auch S.197).

166 L.Goppelt, Theologie des NT, S.196; vgl. auch E.Sjöberg, Der verborgene Menschensohn, S.177. G.Theissen/A.Merz, Jesus, S.197 weisen darauf hin, dass Jesus hier ganz bewusst auf die Formulierung „Ich gebe Blinden das Augenlicht, mache Lahme gehend...“ verzichtet habe, obwohl diese von Jes.61,1f her nahegelegen hätte.

167 H.Stegemann, Die Essener..., S.325.

168 So auch G.Theissen/A.Merz, Jesus, S.197.

169 Vgl. auch die Logien EvThom.3, 51 und 113, die dieselbe Tradition in einer dem Thomas-Evangelium eigenen Redaktion bezeugen.

170 So H.Weder, Gegenwart und Gottesherrschaft, S.39. Die Übersetzung Weders ist als Präzisierung der weithin in der Forschung vertretenen Übersetzung „mitten unter euch“ zu verstehen, wie sie z.B. W.G.Kümmel, Verheißung und Erfüllung, S.28; L.Goppelt, Theologie des NT, S.113f; G.Bornkamm, Jesus, S.61 und S.177f; E.Linnemann, Zeitansage, S.247f; W.Schrage, Ethik d. NT, S.24 und W.Wiefel, ThHK III, S.309 vertreten. Abzulehnen sind die Übersetzungen „ist inwendig in euch“ (Luther), „wird (plötzlich) in eurer Mitte sein“ (früher oft vertreten, vgl. W.G.Kümmel, Verheißung und Erfüllung; S.28, Anm.53) oder „steht in eurer Hand“ (A.Rüstow, ΕΝΤΟΣ ΥΜΙΝ ΕΣΤΙΝ, S.216) – vgl. dazu die Argumentation bei G.Bornkamm, Jesus, S.177f, Anm.5 und bei G.Theissen/A.Merz, Jesus, S.238f. All die genannten Autoren sind von der Authentizität des Logions überzeugt, ebenso E.Jüngel, Paulus und Jesus, S.194; H.Merklein, Die Gottesherrschaft in der Verkündigung Jesu, S.144-147 und J.D.Crossan, Jesus, S.378.

171 So versteht z.B. auch L.Goppelt, Theologie des NT, S.113f im Rückgriff auf

Auch im so genannten Bräutigamswort Mk.2,19a/Mt.9,15a/Lk.5,34 dürfte auf Jesu Wirksamkeit angespielt werden: „Können denn die Hochzeitsgäste fasten, während der Bräutigam bei ihnen ist?“.[173] Dieses in der Argumentation auf allgemein bekannte Bräuche zurückgreifende Logion kennzeichnet die Gegenwart als Heilszeit, in der das Fasten überflüssig ist.[174] Zugleich stellt es durch die Metapher des Bräutigams einen Bezug zur Person Jesu her.[175] Auch hier findet sich wieder die enge Beziehung zwischen Jesus und der eschatologischen Heilszeit und diese wird wiederum nur in Andeutungen ausgesprochen.

Schließlich ist in diesem Zusammenhang noch einmal der so genannte Stürmerspruch Mt.11,12f/Lk.16,16 zu erwähnen. Das wohl authentische Logion enthält bei Matthäus und Lukas verschiedene Zeitangaben und eine auf zweifache Weise zu interpretierende Aussage über die Gottesherrschaft.[176] Doch unabhängig von der Entscheidung über diese Alternativen kommt zum Ausdruck, dass Jesus seine Gegenwart als eine Zeit beurteilt, in der die Gottesherrschaft bereits erfahrbar geworden ist.[177] Wieder ist der Bezug auf die Person Jesu nicht ausdrücklich hergestellt, implizit aber vorhanden.

W.G.Kümmel, Verheißung und Erfüllung, S.28f das ἐντὸς ὑμῶν so, „dass die Gottesherrschaft in Jesus und den um seine Person sich zeigenden Ereignissen der Gegenwart bereits im voraus wirksam geworden ist.“ Den Bezug auf Jesu Wirken stellen ebenfalls her G.Bornkamm, Jesus, S.178, Anm.5 und H.Weder, Gegenwart und Gottesherrschaft, S.40. Anders dagegen E.Jüngel, Paulus und Jesus, S.195f, der das ἐντὸς ὑμῶν als einen Verweis auf den Nächsten liest. Auch E.Linnemann, Zeitansage, S.248 betont: „Für eine Reduktion der Präsenz auf Jesus und sein Wirken [...] fehlt jeder Anhaltspunkt.“ So auch in EvThom.3.113.

[172] So auch E.Sjöberg, Der verborgene Menschensohn, S.199.

[173] Zur traditionsgeschichtlichen Analyse siehe E.Grässer, Parusieverzögerung, S.44-48. Für die Authentizität des Logions spricht, dass es in der nachösterlichen Situation gerade eine Korrektur erfahren musste (Mk.2,19b.20/Mt.9,15b/Lk.5,35) vgl. dazu J.Gnilka, EKK II/1, S.114. Von der Authentizität von Mk.2,19a parr gehen auch E.Linnemann, Zeitansage, S.248; H.Weder, Gegenwart und Gottesherrschaft, S.53 und G.Theissen/A.Merz, Jesus, S.236 aus.

[174] So auch S.Ruager, Das Reich Gottes, S.75

[175] Dass Jesus mit dem Bräutigam identifiziert werden musste, zeigt die sekundäre Fortführung des Logions in Mk.2,19b.20/Mt.9,15b/Lk.5,35. Jesus spricht hier ähnlich wie in den Menschensohn-Logien indirekt von sich selbst. Der Ausdruck „Bräutigam“ stellt eine schillernde Metapher dar, da Israel ja gelegentlich als Braut oder Frau Gottes bezeichnet wird (vgl. z.B. Hos.1-3) und die Metapher des Bräutigams so zunächst auf Gott verweist. „Jesus gibt mit dieser Metapher seine eigene Gegenwart als Gegenwart Gottes zu verstehen“ (H.Weder, Gegenwart und Gottesherrschaft, S.53). Doch gibt es keinen Beleg, dass „Bräutigam“ ein expliziter Messiastitel gewesen sei (vgl. dazu S.Ruager, Das Reich Gottes, S.74; J. Gnilka, EKK II/1, S.114).

[176] Zur traditionsgeschichtlichen Rekonstruktion vgl. Abschnitt 5.4.1.5.

[177] So auch W.G.Kümmel, Verheißung und Erfüllung, S.193; J.Becker, Jesus, S.141 und G.Theissen/A.Merz, Jesus, S.235.

Die Vorstellung, die in diesen Logien zum Ausdruck kommt, lässt sich folgendermaßen zusammenfassen: Jesus erhebt den Anspruch, dass die Zeit seines Wirkens die eschatologische Heilszeit sei. Seit Jesus öffentlich auftritt, ist die eschatologische Gottesherrschaft in den Erfahrungsbereich der Menschen getreten. An keiner Stelle begrenzt Jesus die Erfahrbarkeit der gegenwärtig wirkenden Gottesherrschaft auf sein eigenes Wirken.[178] Das Aufblitzen der Gottesherrschaft in der Gegenwart scheint ein Phänomen zu sein, das über Jesu Wirksamkeit hinausgreift. Aber mehr noch: Oft spricht Jesus vom Aufblitzen der Gottesherrschaft „in eigentümlicher Distanzierung“ von seiner eigenen Person,[179] die angesichts der in seiner Gegenwart gemachten Erfahrungen zunächst wunderlich erscheinen muss.

5.4.2.2 Das Aufblitzen der Gottesherrschaft in Jesu Exorzismen

Die Logien, die nicht allgemein von Jesu Wirken, sondern speziell von seinen Exorzismen sprechen, setzen diese Linie fort. Als erstes ist hier das ursprünglich wohl selbständig formulierte Q-Logion Lk.11,20/Mt.12,28 zu betrachten: „Wenn ich mit dem Finger Gottes (ἐν δακτύλῳ θεοῦ) die Dämonen austreibe, dann ist die Gottesherrschaft zu euch gekommen (ἔφθασεν ἐφ' ὑμᾶς). Jesus beansprucht in diesem Logion, das allgemein als authentisch gewertet wird,[180] mehr, als mit seinen Exorzismen nur auf die zukünftige Gottesherrschaft hinzuweisen und so gleichsam den Menschen

---

[178] Diese Aussage ist allerdings in gewisser Hinsicht noch einzuschränken. Vgl. dazu Abschnitt 5.4.2.5.

[179] L.Goppelt, Theologie des NT, S.223.

[180] Von der Echtheit dieses Logions sind überzeugt: J.Gnilka, Jesus, S.135f und 258; L.Goppelt, Theologie des NT, S.111f; H.Merklein, Jesu Botschaft, S.63ff; ders., Die Gottesherrschaft in der Verkündigung Jesu, S.142-144; W.Wiefel, ThHK III, S.220; G.Bornkamm, Jesus, S.60; E.Jüngel, Paulus und Jesus, S.186; H.Leroy, Jesus, S.76; M.Trautmann, Zeichenhafte Handlungen, S.263-268; P.Hoffmann/V.Eid, Jesus und christliche Moral, S.36; E.Linnemann, Zeitansage, S.247; H.Weder, Gegenwart und Gottesherrschaft, S.26; R.Pesch, Jesu ureigene Taten?, S.21 und 151f; J.Becker, Jesus, S.133; G.Theissen/A.Merz, Jesus, S.236f. Zurückhaltender urteilt U.Luz, EKK I/2, S.255f. Vgl. auch die Liste der Autoren bei V.Howard, Das Ego Jesu, S.158, Anm.4. Hauptargument für die Authentizität ist die religionsgeschichtliche Einzigartigkeit der Behauptung, in Exorzismen würde die eschatologische Heilszeit anbrechen (so Gnilka, S.135f; Merklein, S.63f, Leroy, S.76; M.Trautmann, Zeichenhafte Handlungen, S.264-266; weitere Argumente bei J.Becker, S.133). Häufig wird der Zusammenhang, in dem das Logion jetzt steht, als sekundär erachtet (vgl. V.Howard, Das Ego Jesu, S.157 – anders G.Theissen/A.Merz, Jesus, S.237). Dabei ist die Formulierung bei Lukas (Finger Gottes) nach allgemeinem Konsens gegenüber der Formulierung bei Matthäus (Geist Gottes) ursprünglicher (vgl. W.Wiefel, ThHK III, S.221; V.Howard, Das Ego Jesu, S.158f; S.Schulz, Q, S.205; G.Theissen/A.Merz, Jesus, S.237). Zu beachten ist, dass die Übersetzungen „durch den Finger Gottes“ bzw. „mit dem Finger Gottes“ Jesus zum Subjekt der Exorzismen macht, während der griechische Text die ungewöhnliche Formulierung ἐν δακτύλῳ θεοῦ aufweist.

Zeichen der zukünftigen Gottesherrschaft zu bieten. Jesus erhebt den Anspruch, dass in seinen Exorzismen und Heilungen[181] bereits in der Gegenwart die Gottesherrschaft erfahrbare Wirklichkeit werde, auch wenn ihre vollkommene Verwirklichung selbstverständlich noch aussteht.[182] Bemerkenswert ist auch in diesem Logion, wie der Bezug auf Jesu Person formuliert ist. Zwar steht das ἐγώ Jesu in der jetzigen Formulierung betont, doch gibt es einige Hinweise dafür, dass dieses betonte ἐγώ Jesu sekundär in den Text eingewandert ist.[183] Zudem wird durch die Formulierung ἐν δακτύλῳ θεοῦ deutlich gemacht, dass Jesu mächtiges Handeln nur möglich ist, weil es gleichsam in der Kraftsphäre Gottes geschieht. Eigentliches Subjekt der Exorzismen ist Gott selbst.[184]

---

[181] Vgl. dazu H.Merklein, Jesu Botschaft, S.64: „[...] dürfte das in Lk 11,20 par angesprochene Tun Jesu nicht einmal ausschließlich auf die Exorzismen im strikten Sinn zu beziehen sein, sondern alles heilende, Krankheit beseitigende Wirken einschließen. Bestätigt wird diese Ansicht durch das mit Lk 11,20 par verwandte Wort Lk 10,9 par Mt 10,7, in dem die Ansage der Nähe der Gottesherrschaft nicht speziell mit Dämonenaustreibungen, sondern generell mit der Aufforderung zu Krankenheilungen verbunden ist."

[182] Vgl. J.Gnilka, Jesus, S.136 zur Interpretation dieses Logions: „Für Jesus wird in seinen Machttaten die Gottesherrschaft als das endgültige Heil erfahrbar, aber noch nicht in seiner Endgültigkeit." Ähnlich auch H.Merklein, Jesu Botschaft, S.64: „Jesus behauptet [...] mit Lk 11,20 par einen bereits realen Einstand der Gottesherrschaft. Seine Dämonenbannungen sind daher mehr als nur 'die gegenwärtigen Zeichen des kommenden Reiches'." (gegen H.Conzelmann). Ähnlich auch S.Ruager, Das Reich Gottes, S.176; E.Linnemann, Zeitansage, S.247; P.Hoffmann/V.Eid, Jesus und christliche Moral, S.37 und E.Sjöberg, Der verborgene Menschensohn, S.179 und G.Theissen/A.Merz, Jesus, S.236f. E.Jüngel, Paulus und Jesus, S.187 versucht das Verhältnis von zukünftiger und gegenwärtiger Gottesherrschaft in Jesu Heilungstätigkeit folgendermaßen zu bestimmen: „Die zukünftige Gottesherrschaft ist als Macht gegenwärtig", von ihr gilt, „dass sie als in Jesu Verhalten wirksam werdende Macht die Gegenwart bestimmt." Vgl. auch S.196 und M.Wolter, „Was heisset nu Gottes reich?", S.14: „Es geht darum, dass eine im Himmel bereits bestehende Wirklichkeit in den Exorzismen Jesu irdische Realität gewinnt. Insofern akzentuiert diese Aussage nicht in erster Linie die Gegenwärtigkeit des Zukünftigen, sondern die irdische Präsenz des Himmlischen."

[183] So V.Howard, Das Ego Jesu, S.159-162. Howard geht von der Beobachtung aus, dass in einigen wichtigen Lk.-Handschriften das ἐγώ nicht bezeugt ist. Nun ist eine Streichung des ἐγώ in den Lk.-Handschriften weniger wahrscheinlich als eine Einfügung – vor allem weil Mt. in der parallelen Überlieferung das ἐγώ bietet. Es ist also davon auszugehen, dass Lk. das ἐγώ ursprünglich nicht enthielt, während Mt. es in dem sonst fast gleichlautenden Text überliefert. Howard macht nun recht plausibel, dass Mt. den Q-Text durch Einfügung eines ἐγώ änderte und nicht Lk. durch die Streichung des Pronomens in die Q-Überlieferung eingriff. Er verweist dazu auf ähnliche Fälle redaktionellen Eingriffs in Q-Logien durch Mt: Mt.10,16a/Lk.10,3; Mt.10,32f/Lk.12,8f; Mt.23,34/Lk.11,49 und auf die ohnehin durch Mt. vorgenommene redaktionelle Bearbeitung (ἐν πνεύματι θεοῦ). Außerdem erhöht sich durch Einfügung eines ἐγώ der Kontextzusammenhang des Logions, das vielleicht sekundär in diesen Kontext eingewandert ist.

[184] Vgl. M.Trautmann, Zeichenhafte Handlungen, S.264: „Wenn Jesus den Ausdruck

Zwei weitere Logien bestätigen diese Deutung. So spricht zunächst das apokalyptisch geprägten Logion „Ich sah den Satan wie einen Blitz vom Himmel fallen." (Lk.10,18) von der eschatologischen Bezwingung der Macht des Bösen.[185] Satan, der Verführer und Ankläger, der Fürst der Finsternis ist „gestürzt, seine Macht dahin, sein Reich zerschlagen."[186] Was in der Apokalyptik für die Endzeit erwartet wird,[187] ist bereits geschehen. So ist mit diesem Logion die Gewissheit zum Ausdruck gebracht, dass der Satan aufgehört hat, eine die Welt und die Menschen beherrschende Größe zu sein,[188] und darum nun Raum ist für die Gottesherrschaft. So stellt dieses Logion auch Jesu eigene Exorzismen in den Horizont der eschatologischen Heilswende: Wie mit dem Satanssturz die eschatologische Heilszeit bereits Gegenwart geworden ist, sind auch Jesu Exorzismen ein endzeitliches Geschehen.[189] Zu beachten ist auch hier, dass Gott das Subjekt der Bezwingung Satans ist[190] – Jesus nimmt den Sturz Satans lediglich wahr.

Dieselbe Konzeption findet sich auch in einem Bildwort, das jetzt in die Verteidigung Jesu gegen den Beelzebub-Vorwurf eingeschoben ist: „Niemand aber kann in das Haus des Starken hineingehen und ihm die Gefäße[191]

'Finger Gottes' gebraucht, so wird dies im Wissen darum geschehen, dass in seinem Tun Gott ursprunghaft am Werk ist, dass Gott ihn zu seinen Werken befähigt und zum Ausführenden seiner Intentionen macht." Zu beachten ist auch, dass Jesu Wundertaten nicht als θαύματα angesehen werden, die auf den Täter hinweisen, sondern als δυνάμεις, als Machttaten Gottes, die auf Gott hinweisen.

185 An der Authentizität dieses Logions wird allgemein nicht gezweifelt, da im Judentum und im Urchristentum der Satanssturz entweder für die Zukunft noch erwartet (z.B. Apk.12,7-12) oder mit Kreuz und Auferstehung Jesu in Zusammenhang gebracht wurde (Joh.12,31; 14,30; 16,11). Vgl. dazu auch U.B.Müller, Vision und Botschaft, S.419 und J.Becker, Jesus, S.132. Umstritten ist, ob der jetzige Kontext der Jüngerbevollmächtigung (Lk.10,19f) sekundär ist (so H.Merklein, Gottesherrschaft, S.160, ders., Jesu Botschaft, S.60-62 und J.Gnilka, Jesus, S.137 im Anschluss an W.G.Kümmel, Verheißung und Erfüllung, S.106f und R.Bultmann, Geschichte der synoptischen Tradition, S.174) oder ursprünglich zum Logion Lk.10,18 hinzugehört (so S.Vollenweider, „Ich sah den Satan...", S.189f).

186 S.Vollenweider, „Ich sah den Satan...", S.199. Ebenso G.Theissen/A.Merz, Jesus, S.236.

187 Vgl. AssMos.10,1. Weitere Belege auch bei Strack-Billerbeck II, S.167f; D.Flusser, Jesus, S.137; P.v.d.Osten-Sacken, Gott und Belial, S.210-213 und U.B.Müller, Vision und Botschaft, S.420f.

188 Vgl. S.Vollenweider, „Ich sah den Satan...", S.199-203.

189 Darin eingeschlossen sind die Exorzismen der Jünger, die im Auftrag Jesu geschehen.

190 So ausdrücklich auch J.Becker, Jesus, S.132 und H.Stegemann, Die Essener..., S.324.

191 Vgl. dazu W.Grundmann, ThHK II, S.111, der die Metaphorik dieses Bildwortes folgendermaßen ausdeutet: „Die Gefäße sind die Besessenen, die durch Jesus befreit werden. Das Bild vom Gefäß hat anthropologische Bedeutung [...]. Gefäß ist Bild für den Men-

rauben, wenn er nicht zuvor den Starken bindet; erst dann wird er sein Haus ausrauben.“ (Mk.3,27/Mt.12,29).[192] Wenn es – wie es der jetzige Kontext aller überlieferten Versionen nahelegt – auf Jesu Exorzismen zu beziehen ist,[193] dann setzt auch dieses Bildwort die eschatologische Bezwingung Satans voraus. Gott hat Satan gebunden, jetzt kann das Haus Satans ausgeraubt werden – und zwar in Jesu Exorzismen. Jesu Exorzismen sind also nicht nur eine raffinierte Überlistung des Satans, die ansonsten die Macht des Satans nicht antasten, sondern in Jesu Exorzismen ereignet sich die eschatologische Befreiung von der Macht des Bösen und damit eine Erfahrung der gegenwärtigen Gottesherrschaft.[194] Auch in diesem Logion geht es letztlich um eine Deutung des Wirkens Jesu: In Jesu Wirken ereignet sich Gottes eschatologisches Befreiungshandeln. Aber auch hier macht Jesus deutlich, dass sein Handeln nur in der Folge des göttlichen Handelns geschieht. Jesus spricht nicht von einer ihm eigenen, verfügbaren Macht über die Dämonen.

In einer Zusammenschau dieser Logien lassen sich die im vorigen Abschnitt gemachten Beobachtungen noch weiterführen: Jesus geht davon aus, dass in seinem Wirken, speziell hier in den Exorzismen, die Gottesherrschaft real erfahrbar ist.[195] „Es wäre zuwenig, seine Machttaten nur als Zeichen der kommenden Basileia gewertet zu sehen. In ihnen wirkt bereits real deren heilschaffende Kraft. [...] Jesus hat seine Exorzismen und seine

---

schen unter der Frage: erfüllt von unreinem oder heiligen Geist.“ Vgl. auch Röm.9,20-24 und 2.Kor.4,7.

[192] Lukas überliefert an dieser Stelle ein ähnliches Bildwort: „Wenn der Starke bewaffnet seinen Hof bewacht, bleibt sein Besitztum in Frieden. Doch wenn ein Stärkerer als er über ihn kommt und ihn überwindet, nimmt er ihm seine Waffenrüstung, auf die er sich verließ, und verteilt seine Beute.“ (Lk.11,21f). Doch wird es wegen der stärkeren Allegorisierung gegenüber der Überlieferung bei Markus als sekundär angesehen (vgl. J.Gnilka, Jesus, S.136f). Eine dritte Überlieferung des Logions findet sich EvThom.35: „Es ist unmöglich, dass jemand hineingeht in das Haus des Starken und es gewaltsam nimmt, es sei denn, er bindet dessen Hände. Dann wird er dessen Haus auf den Kopf stellen.“ So verschieden die Überlieferungen dieser Bildworte vom Sieg über den Starken sind, sie stehen (zumindest jetzt) alle im Zusammenhang mit Jesu Exorzismen (vgl. die folgende Anmerkung). Gerade dies spricht dafür, dass diese Bildworte im Kern auf Jesus zurückgehen. Denn nachösterlich wird der Sieg über den Satan in Tod und Auferstehung Jesu erblickt (Joh.12,31; 14,30; 16,11). Dass Jesus den Sieg über den Satan als zentrales Moment in der Durchsetzung der Gottesherrschaft erblickt, zeigt umgekehrt Lk.10,18. Von der Authentizität überzeugt sind J.Gnilka, Jesus, S.137; ders, EKK II/1, S.150; U.Luz, EKK I/2, S.256; R.Pesch, Jesu ureigene Taten?, S.152; G.Theissen/A.Merz, Jesus, S.237f.

[193] So J.Gnilka, Jesus, S.136. W.Grundmann, ThHK II, S.111 bezieht das markinische Bildwort auf einen himmlischen Kampf Gottes gegen Satan, der in Jesu Exorzismen nachvollzogen wird.

[194] So auch J.Gnilka, Jesus, S.137 und G.Bornkamm, Jesus, S.60.

[195] Abwegig ist darum die Behauptung K.Bergers, Wer war Jesus wirklich?, S.72, bei Jesu „Wundertaten verlautet nirgends, dass sie etwas mit dem Reich Gottes zu tun hätten.“ Vgl. hierzu auch G.Theissen/A.Merz, Jesus, S.279.

Wunderheilungen [...] als [...] in seiner Tätigkeit geschehende Offenbarung der Gottesherrschaft gesehen".[196] Es findet sich dabei allerdings nirgendwo ein Hinweis darauf, dass Jesus sich im Besitz einer Kraft sah, mit der er selbständig und in eigener Verfügung Taten vollbringen konnte, die als Aufblitzen der Gottesherrschaft zu deuten gewesen wären. Er stellt immer heraus, dass Gott das eigentliche Subjekt der Heilungen und Exorzismen und so auch des Aufblitzens der Gottesherrschaft ist.

5.4.2.3 Gleichnisse Jesu als Deutung seines Wirkens

Auch auf die Gleichnisse Jesu ist in diesem Zusammenhang einzugehen. Wie HANS WEDER herausgearbeitet hat,[197] sind ein guter Teil der Gleichnisse Jesu als „Explikation des Verhaltens Jesu"[198] zu verstehen. Exemplarisch zeigen lässt sich das am Gleichnis vom Senfkorn (Mk.4,30-32/Mt.13,31f/ Lk.13,18f; vgl. EvThom.20):[199] Die Gottesherrschaft ist „gleich einem Senfkorn, das – einmal ausgesät auf die Erde – aufwächst und große Zweige treibt, so dass die Vögel in ihrem Schatten nisten können."[200] Zu beachten ist, dass in diesem Gleichnis zunächst nicht von Jesus, sondern von der Gottesherrschaft – genauer: von der Gegenwart und der Vollendung der Gottesherrschaft – die Rede ist. „Mit dem Geschehenszusammenhang zwischen Senfkorn und Staude bildet Jesus die Gottesherrschaft ab, sofern dadurch der Geschehenszusammenhang zwischen der jetzt in Kleinheit anwesenden Gottesherrschaft und deren herrlichem Ende für den Hörer einsichtig wird."[201] Dabei steht nicht das Wachstum des Senfkorns als kontinuierlicher Entwicklungsprozess im Vordergrund[202] – wie ja auch bei Jesus die Vollendung der Gottesherrschaft nicht als Entwicklungsprozess gedacht ist.[203]

---

[196] J.GNILKA, Jesus, S.136. Vgl. auch H.MERKLEIN, Jesu Botschaft, S.71; H.LEROY, Jesus, S.76 und E.P.SANDERS, Jesus, S.168.

[197] H.WEDER, Gleichnisse. Vgl. auch S.RUAGER, Das Reich Gottes, S.99-105.

[198] H.WEDER, Gleichnisse, S.275.

[199] Vgl. zum Folgenden H.WEDER, Gleichnisse, S.128-138.

[200] Verkürzte Wiedergabe in Anlehnung an die Rekonstruktion bei H.WEDER, Gleichnisse, S.131. Weders Rekonstruktion lehnt sich vor allem an den Lk.-Text an. Dagegen orientiert sich J.BECKER, Jesus, S.152 in seiner Rekonstruktion mehr am Mk.-Text. Die Frage, welche Rekonstruktion vorzuziehen ist, kann hier offen bleiben, da die obigen Ausführungen davon nicht berührt werden.

[201] H.WEDER, Gleichnisse, S.132.

[202] So H.WEDER, Gleichnisse, S.128-133; U.LUZ, EKK I/2, S.332f. Anders J.BECKER, Jesus, S.152ff. Zwar hält BECKER zunächst fest: „Betont und breit erzählt sind Anfangs- und Endzustand. Das Heranwachsen ist nur als Bedingungssatz in der Mitte kurz skizziert." (S.152). Doch hindert ihn dies nicht, das Gleichnis als einen Beleg für seine These von der bereits begonnenen Entwicklung hin zur Vollendung der Gottesherrschaft zu lesen. Sehr spekulativ die Deutung von J.D.CROSSAN, Jesus, S.372f, der das Gleichnis als Abgrenzung gegen gebräuchliche apokalyptische Metaphern versteht.

[203] Gegen W.ZAGER, Jesus und die frühchristliche Verkündigung, S.32.

Vielmehr geht es im Gleichnis darum, den Zusammenhang zwischen der Gegenwart und der Zukunft der Gottesherrschaft herauszuarbeiten. Die Hörer des Gleichnisses „werden eingeladen, in Wort und Tat Jesu die herrliche Zukunft Gottes zu erkennen und auf Grund der Gewißheit der herrlichen Zukunft sich auf den unscheinbaren Anfang einzulassen.“[204]

Obwohl dieses Gleichnis also nicht von Jesus sondern nur allgemein von der Gottesherrschaft spricht, ist es auf Jesus und sein Wirken zu beziehen. Dies weiß auch der Evangelist Lukas, der es in den Kontext einer Heilungsgeschichte stellt (Lk.13,10-17). Jesus überlässt es seinen Hörern, das Gleichnis mit seinem Wirken in Verbindung zu bringen, er stellt diese Verbindung nicht explizit her. Aber erst durch diese Verbindung erreicht das Gleichnis seine rhetorische Kraft.[205] Es lässt die Menschen verstehen, dass in Jesus jetzt die erhoffte Gottesherrschaft in nuce schon da ist und dass diesem Aufblitzen der Gottesherrschaft, so unscheinbar es sein mag, ganz gewiss die Vollendung der Gottesherrschaft folgen wird.[206] Dadurch lädt Jesus seine Zuhörer ein, sein Wirken als reale Erfahrung der Gottesherrschaft wahrzunehmen. Zugleich wehrt das Gleichnis den Einwand ab, mit welchem Recht Jesus denn behaupten könne, in ihm sei die Gottesherrschaft bereits da.[207] Erst durch den Bezug auf Jesu Wirken wird das Gleichnis zur Anrede, das Menschen zu einer Stellungnahme gegenüber Jesus provoziert; ohne diesen Bezug ist es lediglich allgemeine Lehre über die Gottesherrschaft.[208]

---

[204] H.WEDER, Gleichnisse, S.132.

[205] Vgl. dazu H.WEDER, Gleichnisse, S.95: „In den Gleichnissen expliziert Jesus sein eigenes Verhalten mit dem Verhalten Gottes. Dies zeigt sich darin, dass viele Figuren, die im Gleichnis untergeordnet auf Gott verweisen, so verwendet werden, dass an ihnen das Verhalten Jesu transparent wird.“ S.RUAGER, Das Reich Gottes, versucht den Nachweis zu führen, dass Jesus mit einigen Figuren seiner Gleichnisse sich selbst meine (z.B. im Sämann Mk.4,3-8/Mt.13,3-8/Lk.8,5-8 – vgl. S.151) und mit der Wahl der Figuren-Symbolik zugleich einen messianischen Anspruch erhebe. RUAGER vernachlässigt dabei, dass die Gleichnisse zuerst von der Gottesherrschaft und Gottes Wirken sprechen und nur implizit auch von Jesus selbst. Zudem versucht er kurzschlussartig eine Verbindung zw. der Metaphorik der Gleichnisse und der jüdischen Messiaserwartung herzustellen. Er hat aber richtig erkannt, dass Jesus mit den Gleichnissen implizit einen Anspruch auf die *theo*-logische Explikation seines Wirkens stellt.

[206] Vgl. E.JÜNGEL, Paulus und Jesus, S.153.

[207] So L.GOPPELT, Theologie des NT, S.117.

[208] Ohne diesen Bezug auf Jesu Wirken müssen die Gleichnisse auch als weisheitliche Erzählungen missverstanden werden. Das Provozierende an den Gleichnissen Jesu ist jedoch nicht, dass Jesus die Gottesherrschaft mit weisheitlichen Erzählmodellen beschreibt, sondern dass er diese Erzählungen auf sein eigenes Wirken bezieht.
Dass Jesu Gleichnisse nicht als weisheitliche Erzählungen zu verstehen sind, zeigt ein Phänomen, das an einigen Gleichnissen zu beobachten ist: Trotz des Rückgriffs auf alltägliche Erfahrungen erzählen die Gleichnisse häufig völlig Ungewohntes. Der Sämann, der wahllos seinen Samen ausstreut und dessen Samen dann doch noch dreißigfache Frucht bringt (Mk.4,3-8/Mt.13,3-8/Lk.8,5-8); der Schäfer, der 99 Schafe in der Wüste stehen lässt, um

Indem also Jesus Gleichnisse erzählt, die von der Gottesherrschaft handeln, aber zugleich sein eigenes Wirken explizieren, begründet er nicht nur sein eigenes Handeln, sondern erhebt zugleich auch den Anspruch, dass in seinem Wirken Gottes eigenes Handeln sich ereigne, dass in seinem Wirken die Gottesherrschaft aufblitze.[209] Er erhebt diesen Anspruch, ohne ihn explizit zum Ausdruck zu bringen,[210] aber erst durch Anerkennung dieses Anspruchs kommen die Gleichnisse Jesu zu ihrer Wirkung, werden sie richtig verstanden.[211]

Wo Menschen Jesu Wirken als Aufblitzen der Gottesherrschaft verstehen und sich darauf einlassen, ist die Gottesherrschaft bereits zu ihnen gelangt. Die Intention der Gleichnisse liegt darum nicht in lehrsatzhaften Aussagen über die Gottesherrschaft, sondern darin, die Hörer und Hörerinnen Jesu „in das Geschehen der Gottesherrschaft zu verwickeln".[212] Darum lässt sich sagen: „Wenn Jesus die Gottesherrschaft im Gleichnis zur Sprache bringt, ereignet sich [...] bereits das Geschehen der Gottesherrschaft."[213] Damit haben auch die Gleichnisse Anteil am proklamierenden Charakter der Verkündigung Jesu.

5.4.2.4 *Rückschluss auf Jesu Selbstverständnis*

Es wurde deutlich, dass Jesus in einer ganzen Reihe von Logien und in einigen Gleichnissen das gegenwärtige Aufblitzen der Gottesherrschaft mit seinem Wirken, insbesondere mit seinen Heilungen und Machttaten in

---

ein einziges zu suchen (Lk.15,3-6/Mt.18,12f); der Gutsbesitzer, der auch am Nachmittag noch Tagelöhner einstellt und sie mit dem ganzen Tageslohn entlohnt (Mt.20,1-15) – all das sind, gemessen am Alltäglichen, paradox erscheinende Geschichten. Für weisheitliche Lehrerzählungen sind sie nicht geeignet, da die Paradoxien ihnen die Argumentationskraft nehmen. Gerade mit diesen Paradoxien kann Jesus jedoch die das Gewohnte überschreitende Kraft der nahegekommenen Gottesherrschaft und der sich verschenkenden Liebe Gottes deutlich machen, die in seinem eigenen Wirken erkennbar ist.

209 Vgl. dazu H.WEDER, Gleichnisse, S.95: „In der theologischen Explikation, die die Gleichnisse vollziehen, steckt der 'christologische' Anspruch, den Jesus als Sprecher der Gleichnisse erhebt und der auf der Ebene des historischen Jesus als impliziter zum Ausdruck kommt."

210 Es könnte sein, dass die Rede vom „Geheimnis der Gottesherrschaft" (Mk.4,11/ Mt.13,11/Lk.8,10) genau auf diesen nur implizit zum Ausdruck gebrachten Anspruch anspielt. Nur wer Jünger Jesu ist und damit diesen Anspruch Jesu anerkennt, der hat die Gleichnisse wirklich verstanden (vgl. dazu Abschnitt 7.2.3).

211 Darum wurden nachösterlich die Gleichnisse konsequenterweise christologisch gedeutet – manche Gleichnisse, wie z.B. jenes von den zehn Jungfrauen (Mt.25,1-13), handeln folglich dann auch nicht mehr von der Gottesherrschaft, sondern von der Parusie Jesu. Vgl. dazu H.WEDER, Gleichnisse, S.276.

212 H.MERKLEIN, Jesu Botschaft, S.73. So auch G.BORNKAMM, Jesus, S.62f.

213 H.MERKLEIN, Jesu Botschaft, S.76. Vgl. auch H.WEDER, Gleichnisse, S.282f.

Zusammenhang bringt. Dieser Zusammenhang lässt sich im Anschluss an die eben gemachten Beobachtungen folgendermaßen bestimmen:

Die eschatologische Wende zum Heil ist ein Geschehen, das Gott selbst vollzogen hat. Es geht dem Wirken Jesu sachlich voraus, weil es Jesu Wirksamkeit erst ermöglicht. Jesus bewirkt also nicht den eschatologischen Umschwung, er vollzieht nicht die Heilswende.[214] Es ist also unpräzise, Jesus als „Bringer der Gottesherrschaft" oder als „Initiator des Reiches"[215] zu bezeichnen. Denn es ist – wenn auch verkürzend formuliert – festzuhalten: „Jesus bringt nicht die Basileia, sondern die Basileia bringt Jesus mit sich."[216]

Wenn Jesus Heilungen und Machttaten vollzieht, dann handelt er im Namen Gottes, er versteht sein Wirken als das eschatologische Wirken Gottes, der seine Herrschaft aufblitzen lässt. Heilungen und Machttaten sind dabei für Jesus gegenwärtige und reale Erfahrungen der Gottesherrschaft, nicht nur Zeichen, die auf die zukünftige Gottesherrschaft hinweisen. Indem Jesus so im Auftrag und „an Gottes Stelle"[217] handelt, nimmt er also auch in seinen Heilungen und Machttaten die Rolle des eschatologischen Repräsentanten Gottes ein.[218]

Wie Jesus seine Botschaft von der nahegekommenen Gottesherrschaft allein in Gottes Entschluss zum Heil begründet sieht, so sieht er auch den Ursprung seiner Kraft zu Heilungen und Machttaten allein in Gottes Wirken. Nicht eine wundertätige Kraft Jesu, sondern Gott ist in den Heilungen und Machttaten am Wirken. Jesus „vermittelt nur die Kraft Gottes als des eigentlichen Wundertäters."[219] Jesu Macht entsteht also nur aus der aktuellen Bevollmächtigung durch Gott. Nirgendwo rekurriert Jesus auf eine selbständige und verfügbare Kraft zum Vollbringen von Heilungen und Machttaten.

---

[214] So formuliert einmal etwas zugespitzt J.BECKER, Jesus, S.274.

[215] S.RUAGER, Das Reich Gottes, S.190.

[216] H.WEDER, Gegenwart und Gottesherrschaft, S.43 im Anschluss an E.JÜNGEL, Paulus und Jesus, S.196 und S.281 und dieser wiederum im Anschluss an R.OTTO. Dem entspricht, dass Jesus die Vollendung der Gottesherrschaft auch nicht durch seinen Tod bedroht sieht (vgl. Mk.14,25 und J.BECKER, Jesus, S.419).

[217] H.WEDER, Gegenwart und Gottesherrschaft, S.26.

[218] Ähnlich auch W.G.KÜMMEL, Das Problem des geschichtlichen Jesus, S.53: Jesus ist als der Mensch zu erkennen, „der sein Handeln und seinen Auftrag als gegenwärtige Verwirklichung des zukünftigen eschatologischen Heilshandelns Gottes der Welt gegenüber deutete und sich so die entscheidende endzeitliche Rolle in Gottes Heilsgeschichte zuschrieb." E.P.SANDERS, Jesus, S.248 u.a. charakterisiert Jesu Rolle mit dem Titel „viceroy". Da SANDERS jedoch die Worte vom kommenden Menschensohn für authentisch hält, geht er davon aus, dass Jesus sich in der zukünftig vollendeten Gottesherrschaft in einer Richter- und Herrscherposition sah. Dies ist jedoch nicht wahrscheinlich (vgl. Abschnitt 5.3). Weil der historische Jesus nicht als Herrscher und Machthaber aufgetreten ist, ist diese Rollenbezeichnung darum weniger angebracht.

[219] H.STEGEMANN, Die Essener..., S.325.

Nirgendwo beansprucht er, eine ihm eigene Fähigkeit zu besitzen, die Gottesherrschaft erfahrbar zu machen. Er *„führt"* lediglich den Finger Gottes.[220] Und indem er seine Jünger ebenfalls zu Heilungen und Machttaten beauftragt,[221] macht er deutlich, dass er Gottes Wirksamkeit nicht auf sein eigenes Wirken beschränkt sieht.[222]

Darum dürfte es zu hoch gegriffen sein, wenn gesagt wird, dass „durch ihn sich die Gottesherrschaft unaufhaltsam und unwiderruflich als endgültiges Vollendungsgeschehen durchsetzt."[223] Dennoch ist es wiederum zu wenig, Jesus nur als „Zeugen" und „Interpreten" des göttlichen Handelns anzusehen.[224] Auch wenn Jesus seine eigene Rolle und Bedeutung bei Erfahrungen der nahegekommenen Gottesherrschaft nicht herausstellte, auch wenn er in seinem Tun Gott am Wirken sah, so war er es doch, der Menschen gegenübertrat und sie heilte und ihre Dämonen austrieb und so im Namen Gottes und an Gottes Stelle handelte. Gerade auch dort, wo Jesus alle Handlungsmacht Gott zuschreibt, bleibt er in seinem Tun dennoch eschatologischer Repräsentant Gottes. *Er* „führt" den Finger Gottes.

Nicht nur bei der Proklamation des neuen Gottesverhältnisses, sondern auch bei Jesu Heilungen und Machttaten spielt der Glaube eine entscheidende Rolle – sowohl als Reaktion als auch als Voraussetzung für Jesu Machttaten und Heilungen. Zunächst provozieren Jesu Machttaten und Heilungen samt der von Jesus vorgenommenen Deutung dieses Wirkens eine Stellungnahme zur Person Jesu. An und für sich gesehen sind die wunderbaren Machttaten Jesu mehrdeutig[225] und keine selbstverständlichen Legitimationszeichen für die von Jesus behauptete gegenwärtige Erfahrbarkeit der Gottesherrschaft.[226] Erst durch Jesu Deutung der geschehenen wunderbaren Ereignisse als Aufblitzen der Gottesherrschaft wird ihre wahre Bedeutung offenbar. Diese Deutung hat ihren einzigen Grund aber in Jesu Einsicht in

---

[220] Vgl. H.WEDER, Gegenwart und Gottesherrschaft, S.26.

[221] Vgl. die Jüngeraussendung (Mk.6,7/Mt.10,1/Lk.9,1f und Mt.10,7f/Lk.10,9). In den jetzigen Formulierungen der Aussendungsrede dürften sicherlich sekundäre Prägungen mit eingegangen sein. Jedoch ist es sehr wahrscheinlich, dass Jesus auch seine Jünger zu Heilungen und Exorzismen beauftragt hat. Erinnerungen daran werden z.B. auch festgehalten in Mk.9,18/Mt.17,16/Lk.9,40.

[222] So auch H.STEGEMANN, Die Essener..., S.328.

[223] J.BECKER, Jesus, S.274.

[224] So H.STEGEMANN, Die Essener..., S.329.

[225] So provozierten ja seine Exorzismen gerade bei einigen den Beelzebub-Vorwurf (Mk.3,22/Mt.12,24/Lk.11,15/Joh.10,20). Auch Mt.11,6/Lk.7,23 setzt voraus, dass das Verständnis der Machttaten Jesu als Erfahrung der eschatologischen Gottesherrschaft keineswegs selbstverständlich war. Vgl. auch H.MERKLEIN, Jesu Botschaft, S.71.

[226] So auch H.MERKLEIN, Jesu Botschaft, S.68. E.P.SANDERS, Jesus, S.163f führt den Nachweis, dass die Wundertaten Jesu nicht eine solche Einmaligkeit besaßen, dass sie den Glauben an Jesu Stellung als eschatologischen Repräsentanten Gottes selbstverständlich provozieren mussten.

den eschatologischen Heilsentschluss Gottes. Auch in der Deutung der geschehenen Wundertaten will Jesus also explizit den Glauben an die nahegekommene Gottesherrschaft wecken. Implizit wird dabei aber auch hier der Glauben an Jesus als den eschatologischen Repräsentanten Gottes gefordert. Denn erst wo Jesus in dieser Rolle gesehen wird, kann auch der eschatologische Charakter der Taten Jesu – wie auch der Taten seiner Jünger – richtig erfasst werden.[227]

Offenbar ist Glaube aber nicht nur als Reaktion auf Jesu Machttaten und Heilungen von Bedeutung. Gerade die Wunderüberlieferung weiß darum, dass der Glaube auch die Voraussetzung dafür ist, dass Jesus Machttaten und Heilungen vollziehen kann. „Wo diese Glaubensbereitschaft nicht besteht, wirkt Jesus auch keine Wunder"[228] (vgl. Mk.6,1-6/Mt.13,53-58; Mk.9,23f). Deshalb spielt das Glaubensmotiv in der urchristlichen Wundertradition auch eine so wichtige Rolle.[229] Wo Menschen nicht das Vertrauen aufbringen, dass in Jesus Gott am Wirken ist, lassen sich offenbar auch keine Erfahrungen der gegenwärtig wirkenden Gottesherrschaft machen. Jesus setzt die Gottesherrschaft nicht gegen menschliche Widerstände und gegen Unglauben durch. Jesus ist auf Glauben angewiesen.

Hier wird ein zweiter Aspekt der Rolle deutlich, die Jesus in seinen Heilungen und Machttaten einnimmt. Jesus setzt nicht auf seine eigene Kraft zum Vollzug von Machttaten und Heilungen, er sieht in diesen Ereignissen Gott am Wirken.[230] Wie das in verschiedenen Varianten überlieferte Wort von der Macht des Glaubens zeigt,[231] scheint auch für Jesus selbst der Glaube an Gottes gegenwärtige Wirksamkeit die Voraussetzung zum Vollzug seiner Machttaten und Heilungen zu sein.[232] Jesus nimmt dann aber in seinen Machttaten und Heilungen nicht nur die Rolle des eschatologischen Repräsentanten Gottes gegenüber den Menschen ein, sondern er ist zugleich

---

[227] Vgl. H.MERKLEIN, Jesu Botschaft, S.68: „Die Wunder Jesu sind keine (objektivierbaren und für sich sprechenden) Legitimationszeichen für das von ihm proklamierte Geschehen der Gottesherrschaft. Zumindest die Bereitschaft zur Anerkennung Jesu als des irdischen Repräsentanten und Proklamators der Gottesherrschaft ist vielmehr die Voraussetzung, seine Wunder so zu verstehen, wie er sie selbst verstanden hat, nämlich als Geschehensereignis der Gottesherrschaft".

[228] H.MERKLEIN, Jesu Botschaft, S.72. Vgl. J.BECKER, Jesus, S.226-228.

[229] Vgl. Mk.2,5/Mt.9,2/Lk.5,20; Mk.5,34.36/Mt.9,22/Lk.8,48.50; Mk.6,5f/Mt.13,58; Mk.10,52/Lk.18,42; Lk.7,9/Mt.8,10.13; Mt.9,28f; Mt.15,28; Lk.7,50; Lk.17,19. Vgl. dazu auch G.THEISSEN, Urchristliche Wundergeschichten, S.133-143 und G.THEISSEN/A.MERZ, Jesus, S.266.

[230] Vgl. auch H.MERKLEIN, Jesu Botschaft, S.66, v.a. dort auch Anm.33.

[231] Lk.17,6/Mt.17,20; Mk.11,23f/Mt.21,21f; vgl. auch Mk.9,24.

[232] Vgl. G.EBELING, Jesus und Glaube, S.241: Es ist zuzugeben, dass Jesus „ganz sachgemäß gar nicht vom eigenen Glauben gesprochen hat, sondern darin aufging, Glauben zu erwecken. Denn wem es um die Erweckung von Glauben zu tun ist, der wird seinen Glauben zum Einsatz bringen müssen, ohne von seinem Glauben zu reden."

der Mensch, der ganz im Vertrauen auf Gottes nahegekommene Herrschaft handelt. Er selbst lebt also den Glauben an Gottes heilschaffende Nähe und kann damit anderen Glauben eröffnen.[233] Damit repräsentiert Jesus gerade auch in seinen Machttaten und Wundern den Menschen, der sich selbst ganz auf die Botschaft von der nahegekommenen Gottesherrschaft eingelassen hat.

5.4.2.5 Jesu Rolle im Vergleich zur Rolle seiner Jünger

Jesus wendet sich dem Volk Israel nicht allein zu. Er ruft Menschen in seine Nachfolge.[234] Jesu Rolle kann darum präziser erfasst werden, wenn sie mit der Rolle seiner Nachfolgerinnen und Nachfolger verglichen wird.

Das Verhältnis Jesu zu seinen Jüngern unterscheidet sich von vergleichbaren Lehrer-Schüler-Beziehungen der Umwelt gravierend:[235] Während bei den Rabbinen die Schüler sich selbst ihre Lehrer suchten und jederzeit das Recht hatten, zu einem anderen Lehrer zu wechseln, ruft Jesus Menschen in seine Nachfolge und weist wohl gelegentlich auch Nachfolgewillige zurück.[236] Er fordert völlige Loyalität bis hin zur Grenze des Sittlichen und der Selbstaufgabe.[237] Das Ziel eines Rabbinen-Schülers ist, selbst Rabbi zu werden. Das Abhängigkeitsverhältnis der Jünger zu Jesus bleibt aber prinzipiell immer bestehen.[238] Nachfolge wird nicht ermöglicht, weil Jesus als bekannter Lehrer für die Ausbildung begehrt ist, sondern weil er in charismatischer Vollmacht beruft.[239] Dies zeigen die verschiedenen Berufungsgeschichten, die in ihrer jetzigen Gestalt sicher idealisiert und typisiert sind, aber die charismatische Vollmacht Jesu durchweg widerspiegeln.[240] Zusammenfassend lässt sich sagen: Die Jünger sind von Beginn ihrer Nachfolge an und dies auch dauerhaft bleibend Jesus prinzipiell untergeordnet.[241] Dies dürfte darin seinen Grund haben, dass alle Gotteserkenntnis der Jünger sich

---

233 So E.JÜNGEL, Paulus und Jesus, S.276f.

234 Dass es neben den Nachfolgern, die mit Jesus ein Wanderleben führten, auch noch ortsgebundene Anhänger und Sympathisanten Jesu gegeben hat, ist anzunehmen. So begegnen in der Überlieferung z.B. die Familie von Maria und Martha, die nicht zu den Nachfolgerinnen Jesu gerechnet werden (vgl. Lk.10,38-42; Joh.11,1-45; 12,1-3).

235 Vgl. zum Folgenden J.GNILKA, Jesus, S.167-174; W.SCHRAGE, Ethik d. NT, S.49f; G.BORNKAMM, Jesus, S.127f; M.HENGEL, Nachfolge, S.18-63; G.THEISSEN/A.MERZ, Jesus, S.198f.

236 Vgl. Mk.5,18f/Lk.8,38f; Lk.9,57-62/Mt.8,19-22.

237 Vgl. Mt.8,19-22/Lk.9,57-62; Lk.14,26f/Mt.10,37f; Lk.14,28-33; Mk.8,34f/ Mt.16,24f/Lk.9,23f – dazu auch G.BORNKAMM, Jesus, S.129.

238 So L.GOPPELT, Theologie des NT, S.212 in der Auslegung von Mt.23,8.

239 So auch L.OBERLINNER, Todeserwartung, S.11.

240 Vgl. Mk.1,16-20/Mt.4,18-22; Lk.5,1-11; Mk.2,13f/Mt.9,9/Lk.5,27f; Mk.10,21f/ Mt.19,21f/Lk.18,22f – dazu auch S.RUAGER, Das Reich Gottes, S.178.

241 So auch W.REBELL, Jesus, S.88.

allein der Einsicht Jesu in das eschatologische Handeln Gottes verdankt. Die Jünger haben keinen selbständigen Zugang zum eschatologisch handelnden Gott und bleiben darum von Jesus abhängig.

Jesus ruft Männer und Frauen in seine Nachfolge, damit sie ihn in seiner Wirksamkeit unterstützen sollen.[242] Sie sind seine Mitarbeiter.[243] Die Aufgabe der Jünger besteht in der Proklamation der nahegekommenen Gottesherrschaft (vgl. Mt.10,7; Lk.9,2; 9,60; 10,9), aber auch in Exorzismen und Heilungen (Mk.6,7/Mt.10,1/Lk. 9,1f; Lk.10,9). Dies zeigt die in verschiedenen Varianten überlieferte Aussendungsrede (Mk.6,7-13/Mt.10,1-16/Lk.9,1-6/Lk.10,1-16), die zwar in ihren jetzigen Formulierungen der nachösterlichen Verkündigungssituation angepasst ist, zweifellos in ihrem Kern aber auf Jesus selbst zurückgeht.[244] Jesus geht dabei davon aus, dass sich auch im verkündigenden und heilenden Wirken der Jünger das Aufblitzen der Gottesherrschaft vollzieht.[245]

Daraus lässt sich nun aber keineswegs schließen, dass die Jünger zu selbständigen Repräsentanten Gottes würden.[246] Das Verhältnis zwischen Jesus und seinen Jüngern bleibt auch durch diese Bevollmächtigung zur selbständigen Wirksamkeit durch die Grundbeziehung der Nachfolge bestimmt.[247] Jesus beauftragt und bevollmächtigt die Jünger zur Verkündigungstätigkeit; sie führen seinen Auftrag aus.[248] Und allein Jesu Gewissheit, dass Gott seinem Volk ein neues Gottesverhältnis anbietet und Gott in Heilungen und Machttaten bereits jetzt die Gottesherrschaft aufblitzen lässt, begründet die Gewissheit der Jünger. Die Jünger haben nur über Jesus Zugang zum eschatologischen Heilsentschluss Gottes. Und auch die Befähigung zum Heilen und Dämonenaustreiben erfahren die Jünger als Bevollmächtigung durch Jesus. Da offenbar der Glaube an Gottes heilsame eschatologische Nähe die Voraussetzung zum Vollbringen von Heilungen und Machttaten darstellt, und sich der Glaube der Jünger der Gotteserkenntnis Jesu verdankt, sind die Jünger auch in ihren Wundertaten von Jesus abhängig. Die Jünger übernehmen folglich nicht selbständig eine Rolle, die der Rolle Jesu entspräche,

---

[242] So auch L.Oberlinner, Todeserwartung, S.12.

[243] So M.Hengel, Nachfolge, S.83 im Anschluss an F.Hahn.

[244] Vgl. J.Gnilka, Jesus, S.171; G.Bornkamm, Jesus, S.131 und M.Hengel, Nachfolge, S.82-89.

[245] So auch H.Merklein, Jesu Botschaft, S.66.

[246] In diese Richtung tendiert G.Theissen, Gruppenmessianismus, wenn er sagt, Jesus hätte „seinen Hoheitsanspruch mit dem Kreise seiner Jünger geteilt [...]. Er teilt sein messianisches Charisma mit anderen.“ (S.118). „Sie partizipierten an seiner Messianität.“ (S.122). Auch Theissen weiß allerdings um die Sonderstellung, die Jesus gegenüber dem Kollektiv der ihm Nachfolgenden heraushebt. (vgl. S.123).

[247] Vgl. J.Gnilka, Jesus, S.169; L.Goppelt, Theologie des NT, S.259f.

[248] Vgl. auch Chr.Burchard, Jesus von Nazareth, S.29.

gewinnen aber Anteil an der Rolle Jesu.[249] Im Vergleich zu seinen Jüngern ist Jesu Beziehung zur nahegekommenen Gottesherrschaft also ebenfalls exklusiv.[250]

Ein zweites Moment ist hier festzuhalten. Jesus gibt seinen Jüngern nicht nur Anteil an seiner Rolle als Proklamator der nahegekommenen Gottesherrschaft und beauftragt sie zu Heilungen und Exorzismen. Er erwartet zugleich von ihnen auch, dass sie in seiner Nachfolge einen Lebensstil realisieren, der ganz von der Einstellung auf die nahegekommene Gottesherrschaft geprägt ist. Wie die Jünger mit Jesus und im Namen Jesu Gott gegenüber den Menschen repräsentieren sollen, so sollen sie ihm nachfolgen als dem Menschen, der ganz aus dem Vertrauen auf die nahegekommene Gottesherrschaft lebt. Nur so können sie auch Jesu Botschaft weitertragen und wie er Heilungen und Machttaten vollbringen. Auch das Stichwort Nachfolge bringt also zum Ausdruck, das Jesus das Urbild des Menschen ist, der sein Leben von der nahegekommenen Gottesherrschaft her gestaltet.

5.4.2.6 Jesu Zurückhaltung hinsichtlich seiner eigenen Person

Ein Phänomen, das an mehreren Logien zu beobachten war, sei hier noch einmal herausgestellt: So hoch Jesu Anspruch ist, dass in seinem Wirken die Gottesherrschaft bereits in der Gegenwart erfahrbar sei, so zurückhaltend und manchmal geradezu verhüllt wird er zum Ausdruck gebracht.[251] Nie geht Jesus so weit, sein Selbstverständnis zu explizieren. Immer stellt er nur in Andeutungen und sehr offenen Formulierungen den Bezug zu seiner Person her. Auch bei den Gleichnissen findet sich dieses Phänomen: Subjekt der Gleichniserzählungen ist stets die Gottesherrschaft, also Gott in seinem Wirken selbst. Doch wurde deutlich, dass Jesus mit den Gleichnissen sein eigenes Wirken verständlich macht. Wieder erhebt Jesus implizit den Anspruch, dass in seinem Wirken Gott eschatologisch am Wirken ist, verzichtet aber darauf, diesen Anspruch explizit zu thematisieren – erst recht begründet er ihn nicht.[252] Nie fordert er ausdrücklich den Glauben an seine eigene Person, immer aber zielt er auf den Glauben, der auf Gottes eschatologisches Wirken hofft.

---

[249] So auch H.Merklein, Jesu Botschaft, S.66; J.Gnilka, Jesus, S.174 und W.Schrage, Ethik d. NT, S.53. Vgl. G.Theissen/A.Merz, Jesus, S.200: „Die Jüngerinnen und Jünger partizipieren an Jesu Sendung und Vollmacht."

[250] Es gilt sachgemäß Mt.10,24/Lk.6,40/Joh.13,16.

[251] Dies bemerkt ausdrücklich auch L.Goppelt, Theologie des NT, S.223: „Woher stammt diese verschlüsselte Aussageweise? Sie kann in ihrer Breite nicht nachträglich in die Überlieferung eingefügt worden sein, um ein unmessianisches Wirken messianisch zu deuten. Sie entspricht in ihrer Struktur auch nicht der frühen Christologie, wohl aber dem Wesen von Jesu Wirken." Ähnlich auch G. Bornkamm, Jesus, S.61.

[252] Vgl. E.Jüngel, Paulus und Jesus, S.188.

Auch gegenüber seinen Jüngern zeigt sich diese Zurückhaltung Jesu. Seine sachlich herausgehobene Position wird von Jesus nicht dazu benutzt, für sich selbst Vorrechte zu beanspruchen – obwohl daran zu seiner Zeit sicherlich niemand Anstoß genommen hätte. „Dass ein Schüler seinen Lehrer bedient, war im rabbinischen Schüler-Lehrer-Verhältnis gang und gäbe und wird durch ein Sprichwort illustriert: 'Alle Arbeiten, die ein Sklave seinem Herrn tut, soll ein Schüler seinem Lehrer tun, ausgenommen das Lösen der Sandalen' (bKeth 96 a). Jesus aber sagt: 'Denn wer ist größer: der zu Tisch sitzt oder der dient? Ist es nicht der, der zu Tisch sitzt? Ich aber bin in eurer Mitte wie ein Dienender' (Lk 22,27).“[253]

Hier ist erneut zu beobachten, dass Jesus seine Hoheit und Vollmacht nicht in Anspruch nimmt, um seine eigene Person herauszustellen, sondern dass er sich selbst trotz seines hoheitsvollen Anspruchs zurücknimmt. Seine eigene Person macht Jesus nur insofern zum Thema, als es für die Verteidigung gegen Vorwürfe und für die rechte Wahrnehmung seines Tuns unumgänglich ist. Jesu Zurückhaltung, Aussagen über seine eigene Person zu machen oder gar Ansprüche für sich selbst zu erheben, die bereits in Bezug auf seine Proklamation der nahegekommenen Gottesherrschaft zu bemerken war, setzt sich also in den Logien, die seine Heilungen und Machttaten deuten, und in seinem Verhalten gegenüber seinen Jüngern fort.

5.4.3 Das Verhalten gegenüber Jesus als Kriterium für das kommende Gericht

Wo Menschen Jesu Verkündigung Glauben schenken und sich ganz auf das Nahegekommensein der Gottesherrschaft einstellen, haben sie Zugang gefunden zum eschatologischen Heil. Umgekehrt gilt: Wo Menschen sich der Verkündigung Jesu verschließen, grenzen sie sich selbst aus der nahegekommenen Gottesherrschaft aus.[254] Jesu Anspruch, dass sich in der Reaktion auf sein Wirken Heil oder Unheil für die betreffenden Menschen entscheide, ist darum logische Konsequenz aus seiner Botschaft. Und so gibt es auch eine Reihe von Logien, die diesen Anspruch zum Ausdruck bringen.

Zu nennen wäre zunächst das schon mehrmals erwähnte Wort vom Bekennen und Verleugnen: „Wer sich zu mir vor den Menschen bekennt, zu dem wird sich auch der Menschensohn vor den Engeln Gottes bekennen. Wer mich vor den Menschen verleugnet, den wird auch der Menschensohn vor den Engeln Gottes verleugnen.“ (Lk.12,8f/Mt.10,32f).[255] Jesu Anspruch

---

[253] J.GNILKA, Jesus, S.169. Vgl. dazu auch Abschnitt 4.4.2.

[254] Vgl. E.JÜNGEL, Paulus und Jesus, S.188: „Wer sich der durch die Nähe der Gottesherrschaft qualifizierten Gegenwart verschließt, dem ist die Gottesherrschaft verschlossen.“ Vgl. J.BECKER, Jesus, S.73 und G.THEISSEN/A.MERZ, Jesus, S.242f

[255] Zur Rekonstruktion des Wortlauts, zur Interpretation und zur Frage nach der Authentizität dieses Logions vgl. die Abschnitte 4.6.3 und 4.7.1.

dokumentiert sich ferner in dem ebenfalls schon erwähnten Gerichtslogion Lk.11,31f/Mt.12,41f: „Die Königin von Süden wird im Gericht mit den Männern dieses Geschlechtes auftreten und sie verurteilen, denn sie kam von den Enden der Erde, um die Weisheit Salomos zu hören, und siehe: hier ist mehr als Salomo. Die Männer von Ninive werden im Gericht mit diesem Geschlecht auftreten und es verurteilen; denn sie taten Buße auf die Predigt des Jona hin, und siehe: hier ist mehr als Jona."[256] In dieselbe Richtung weisen die Weherufe über die galiläischen Städte Chorazin, Bethsaida und Kapernaum (Lk.10,13-15/Mt.11,21-24), die diesen Städten das Gericht ankündigen, weil sie Jesu Verkündigung ablehnten.[257] Auch das Nachfolgewort Mk.8,35/Lk.9,24/Mt.16,25; Mt.10,39/Lk.17,33; Joh.12,25 ist hier zu nennen: „Wer sein Leben retten will, der wird es verlieren; wer aber sein Leben verliert um meinetwillen, der wird es finden."[258] Zu erwähnen sind schließlich noch der Ausspruch „Selig, wer an mir keinen Anstoß nimmt" (Mt.11,6/Lk.7,23),[259] sowie das die Bergpredigt bzw. die Feldrede abschließende Bildwort vom Hausbau auf Sand oder auf Felsen (Lk.6,47-49/ Mt.7,24-27).[260]

Auf eine besondere Art und Weise wird Jesu Anspruch im Gleichnis von den Weinbergpächtern zum Ausdruck gebracht (Mk.12,1-9/Mt.21,33-41/ Lk.20,9-16; vgl. EvThom.65).[261] Jesus beschreibt dabei seine eigene Rolle

---

[256] Zur Frage nach der Authentizität vgl. Abschnitt 4.4.1.

[257] Einige Gründe dagegen, die Wehe-Worte dem historischen Jesus zuzuschreiben, trägt L.Oberlinner, Todeserwartung, S.86-93 zusammen. Er verzichtet jedoch darauf, eine nachösterliche Entstehung plausibel zu machen. Und in der Tat wäre zu fragen, welches Interesse eine nachösterliche Gemeinde an Wehe-Sprüchen gegen diese drei Orte haben sollte, die – soweit erkennbar – in der Geschichte des Urchristentums keine Rolle mehr gespielt haben. G.Theissen, Lokalkolorit, S.49-54 dagegen nennt Argumente, die eine Einordnung der Wehe-Worte in die Verkündigung Jesu plausibel machen, ohne allerdings die Frage der Authentizität letztlich zu entscheiden. Für die Authentizität plädieren J.Becker, Jesus, S.79; J.Gnilka, Jesus, S.198 und U.Luz, EKK I/2, S.192. Unentschieden ist H.Merklein, Jesu Botschaft, S.35. Mit sekundärer Bildung rechnet R.Pesch, Jesu ureigene Taten?, S.158.

[258] Diese Formulierung ist nach J.Gnilka, Jesus, S.173 als authentischer Ausgangspunkt der verschiedenen Überlieferungen anzusehen. Auch für U.Luz, EKK I/2, S.144 überwiegen die Argumente für eine vorösterliche Entstehung. J.D.Crossan, Jesus, S.467 sieht die Zielbestimmung „um meinetwillen" als späteren Zusatz zu dem ursprünglich authentischen Logion.

[259] Als authentisch angesehen von G.Bornkamm, Jesus, S.51 und 149f und E.Jüngel, Paulus und Jesus, S.190. Mit nachösterlicher Bildung rechnet dagegen L.Oberlinner, Todeserwartung, S.96f.

[260] Vgl. zur Diskussion der beiden Überlieferungen bei Mt. und Lk. und zur Frage der Authentizität J.Gnilka, Jesus, S.158. Von der Authentizität der matthäischen Fassung überzeugt ist U.Luz, EKK I/1, S.412f.

[261] Zur Rekonstruktion und Diskussion der Authentizität vgl. H.Weder, Gleichnisse, S.147-162 und K.Scholtissek, Vollmacht Jesu, S.197-203. Doch wird gerade wegen des

metaphorisch mit der Figur des Sohnes. Am Verhalten gegenüber dem Sohn, dem vom Besitzer des Weinberges als letztmalig und endgültig gesandten Boten, entscheidet sich in diesem Gleichnis das Schicksal der Weinbergpächter endgültig. In der Parabel kommt das „Nein des Volkes zu Gott [...] als Nein zu seinen Boten zur Sprache; insbesondere als Nein zum endgültigen Boten, dem Sohn. Das impliziert aber, dass Jesus sich selbst als letzten Boten verstanden hat, dessen Ablehnung identisch ist mit der Ablehnung Gottes selbst. Jesus steht als 'der Sohn' an der Stelle Gottes, am Verhalten zu ihm entscheidet sich das Schicksal des jüdischen Volkes. Man wird hier mit Recht von einem eschatologischen und theologischen Selbstverständnis Jesu sprechen dürfen. Eschatologisch namentlich insofern, als Jesus sich zwar in Analogie zu den Propheten als Gewalt leidenden Gottesboten versteht, aber als den von jenen grundsätzlich unterschiedenen, so wie der Sohn sich von den Knechten grundsätzlich unterscheidet. Der Anspruch des Endgültigen, den Jesus in dieser Parabel im Blick auf seine Person erhebt, ergibt sich aus dem Verständnis Jesu von der nahen Gottesherrschaft. In seiner Person war die Basileia so in die Nähe gekommen, dass sich daraus ein prinzipieller Unterschied zu den Boten Gottes ergibt."[262]

Auch wenn sich bei einzelnen Logien Fragen hinsichtlich ihrer Authentizität erheben, so erlaubt ihre Vielzahl doch sichere Annahmen über Jesu Intention.[263] Allen diesen Logien ist als Grundstruktur gemeinsam, dass eine Abwendung von Jesus zugleich eine Abwendung von der nahegekommenen Gottesherrschaft und damit den Verlust des eschatologischen Heils bedeutet.[264] Dieser Anspruch Jesu ergibt sich mit logischer Konsequenz aus

---

Bezugs auf die Person Jesu das Gleichnis auch als nachösterliche Bildung angesehen – vgl. dazu L.Oberlinner, Todeserwartung, S.151, Anm.80.

[262] H.Weder, Gleichnisse, S.156f. Ähnlich auch K.Scholtissek, Vollmacht Jesu, S.205 und S.219. S.Ruager, Das Reich Gottes, S.191, deutet in seiner Interpretation des Gleichnisses die Gleichnisfigur des Sohnes ebenfalls auf Jesus hin.

[263] Es gibt noch eine Reihe weiterer Logien, die in dieselbe Richtung weisen, bei denen der ursprünglichen Wortlautes oder die Authentizität allerdings schwieriger zu klären sind:
- Das Logion von der Sünde wider den Heiligen Geist (Mk.3,28-30), das in seinem Grundbestand auf Jesus zurückgehen könnte (Die Q-Version, die Lk.12,10 wiedergibt, scheint dagegen schon auf die nachösterliche Situation bezogen zu sein. – vgl. dazu Abschnitt 4.4.1 und G.Bornkamm, Jesus, S.189, Anm.1).
- Die Gerichtsandrohung gegen die Städte, die die Verkündigung der Jünger Jesu nicht annehmen (Mk.6,11/Mt.10,14f/Lk. 9,5/Lk.10,10-12; Mt.10,40/Lk.10,16).
- Die Seligpreisung der um Jesu Namen willen verfolgten (Lk.6,22f/Mt.5,11f, vgl. EvThom.68f. Siehe auch Abschnitt 4.4.1).

[264] So auch J.Becker, Jesus, S.58-99; H.Weder, Gegenwart und Gottesherrschaft, S.48, Anm.79; J.Gnilka, Jesus, S.149 und S.158; H.Merklein, Jesu Botschaft, S.36; G.Bornkamm, Jesus, S.149 und S.152f sowie G.Theissen/A.Merz, Jesus, S.242f. Diese Konzeption hat in sekundären Formulierungen aber sachlich korrekt das Joh. festgehalten – vgl. z.B. Joh.3,17f; 3,36; 5,24; 12,46-48.

Jesu Anspruch, eschatologischer Repräsentant Gottes zu sein. Wenn in Jesus die Gottesherrschaft nahegekommen ist, dann muss eine Abwendung von ihm als eine Abwendung von der Gottesherrschaft verstanden werden.

Umgekehrt zeigt die Zuwendung zu Jesus und die Annahme seiner Botschaft, dass jemand bereit ist für die nahegekommene Gottesherrschaft. Allerdings behauptet Jesus nirgendwo, dass der persönliche Glaube an ihn Voraussetzung zum Eingehen in die Gottesherrschaft sei. Niemals spricht Jesus davon, dass ausschließlich die Menschen, die mit seiner Verkündigung sympathisieren oder ihm gar nachfolgen, die Gottesherrschaft empfangen würden. Auch anderen Menschen, die Jesus nicht kennen, steht die Gottesherrschaft offen.[265] So sehr in Jesus die Gottesherrschaft nahegekommen ist, ist sie doch nicht einfach mit ihm zu identifizieren. Die Gottesherrschaft ist größer als Jesus. Es gibt darum auch einen Zugang zur Gottesherrschaft, der nicht durch die persönliche Beziehung zu Jesus vermittelt ist. Aber es gibt keinen Zugang zur Gottesherrschaft für Menschen, die sich von Jesus abwenden.[266] „Deshalb hebt bereits mit Jesu Verkündigung der Basileia die Scheidung an."[267]

Der Anspruch Jesu, dass sich am Verhalten zu ihm das Heil oder Unheil entscheide, ist in seiner Struktur nicht singulär. Er findet sich strukturell bei allen Propheten. Im Unterschied zu den alttestamentlichen Propheten erhebt Jesus seinen Anspruch in eschatologischem Kontext: Er ist der letzte und endgültige Repräsentant Gottes,[268] in ihm „wird der Anspruch der Gottesherrschaft Ereignis."[269] „Man wird also sagen dürfen, dass in Jesus mehr da ist als ein Weisheit lehrender Rabbi oder ein Buße predigender Prophet.[270] Die eschatologische Botschaft Jesu macht Jesus selbst zu einer einzigartigen eschatologischen Person."[271]

[265] Vgl. Lk.6,20/Mt.5,3; Mt.25,31-46 – falls es im Grundbestand auf Jesus zurückgeht. Die Rede vom εἰσέρχεσθαι ἐν τῇ βασιλείᾳ τοῦ θεοῦ ist meist ohne direkten Bezug auf die Person Jesu: Mt.5,20; Mt.7,21; Mk.9,43-47/Mt.18,8f; Mk.10,14f/Mt.18,3; Mt.19,14/ Lk.18,16f; (Mt.19,17); Mk.10,23-25/Mt.19,23f/Lk.18,24f; Mt.21,31f.

[266] So auch E.JÜNGEL, Paulus und Jesus, S.188 und 190.

[267] E.JÜNGEL, Paulus und Jesus, S.185.

[268] So auch A.VÖGTLE, Todesankündigungen, S.70.

[269] G.BORNKAMM, Jesus, S.150.

[270] Vgl. auch M.TRAUTMANN, Zeichenhafte Handlungen, S.402: „Jesu zeichenhafte Handlungen sprengen das Handlungsmodell der prophetischen zeichenhaften Handlung eindeutig. [...] In Jesu zeichenhaften Handlungen expliziert sich ein analogieloses Selbstverständnis, das nahezu als 'implizit christologisches' Selbstverständnis zu bestimmen ist. Jesus handelt in der Tat so, als stünde er an Gottes Stelle."

[271] E.JÜNGEL, Paulus und Jesus, S.190.

5.4.4 Jesu Rolle in der Erteilung seiner Weisungen

Um die Rolle, die Jesus in der Erteilung seiner ethischen Weisungen einnahm, genauer charakterisieren zu können, ist es unumgänglich, Jesu Stellung zur Tora in den Blick zu bekommen.[272]

5.4.4.1 Jesu Stellung zur Tora

Im Judentum zur Zeit Jesu gab es eine Vielzahl miteinander konkurrierender ethischer Konzeptionen. Weithin Konsens war jedoch der bundesnomistische Grundansatz,[273] der sich folgendermaßen skizzieren lässt: Gott hat sein Volk erwählt, ihm Heil verheißen und damit einen Bund mit seinem Volk geschlossen. Diese Erwählung verpflichtet das Gottesvolk zur Bundestreue, also zur Einhaltung des Bundesgesetzes, der Tora. Wer gegen die Tora verstößt, verlässt den Bund und schließt sich damit selbst vom Heil aus. Für diesen Fall jedoch gibt es Buß- und Sühnerituale, welche die Rückkehr in den von Menschen gebrochenen Bund und damit dessen Erneuerung ermöglichen.

Innerhalb dieses Grundkonsenses gab es unter den verschiedenen jüdischen Gruppen eine große Bandbreite an Variationsmöglichkeiten: Umstritten war zunächst, wie die Tora auszulegen sei und was darum konkret als bundeskonformes Verhalten gefordert war.[274] Sodann wurden je nach Gruppe andere Wege favorisiert, um den Bund angesichts geschehener Verstöße, die sich auf Grund der menschlichen Schwäche immer wieder einstellten, zu erneuern.[275] Schließlich gab es verschiedene Vorstellungen darüber, wie das durch Bundestreue zu erlangende Heil genau vorzustellen sei.[276] Gemeinsam war jedoch der soteriologische Grundansatz: Der Bund und das Bundesgesetz ist gegeben. Wer im Bund bleibt und also die Tora hält, wird leben.

---

[272] Für das Verhältnis eines jüdischen Lehrers zur Tora gab es zur Zeit Jesu verschiedene Rollenmodelle: so zum Beispiel der schriftgelehrte Rabbi, der sich als ein Interpret der Tora im Dialog mit anderen Interpreten versteht; der Lehrer der Gerechtigkeit in Qumran, der sich als geistbegabter und allein maßgeblicher Interpret der Überlieferung ansah (vgl. J.LEIPOLDT/W.GRUNDMANN, Umwelt des Urchristentums, S.240-249 und H.LEROY, Jesus, S.68); oder der Verkünder einer eschatologisch gültigen Tora, der die Mosetora im doppelten Sinn des Wortes aufheben würde (vgl. dazu die Konzeption der Zehnwochenapokalypse äth.Hen.93,3-10 und 91,12-17 – zur Interpretation H.Merklein, Jesu Botschaft, S.100-103).

[273] Vgl. J.BECKER, Jesus, 352 und G.THEISSEN/A.MERZ, Jesus, S.321f.

[274] Vgl. H.MERKLEIN, Jesu Botschaft, S.94 und J.BECKER, Jesus, S.339-347.

[275] Für die Sadduzäer z.B. ermöglichte der Tempelkult mit seinen Sühneritualen die Erneuerung des Bundes. In Qumran dagegen wird die Erneuerung des Bundes an den Eintritt in die eigene Gruppe und an die Observanz der Gruppenregeln gekoppelt. Vgl. zum Ganzen J.LEIPOLDT/W.GRUNDMANN, Umwelt des Urchristentums, S.234-291.

[276] So dachten z.B. nicht alle Gruppen in eschatologischen Dimensionen. Umstritten war etwa auch, ob das eschatologische Heil den Heiden ebenso offenstehen würde (Vgl. G.THEISSEN/A.MERZ, Jesus, S.229f).

Jesus steht mit seiner Verkündigung der nahegekommen Gottesherrschaft quer zu diesem Konsens.[277] So ist für ihn nicht mehr der Sinai-Bund, sondern die von Gott her bereits geschehene eschatologische Wende der entscheidende Grund für alle Hoffnung auf Heil. Folglich entscheidet auch nicht die rechte Tora-Observanz, sondern das rechte Sich-Einstellen auf die nahegekommene Gottesherrschaft über das Geschick des Menschen.

Diese soteriologische Grundannahme Jesu lässt sich an einer Reihe von Beobachtungen aufweisen. So ist zunächst auffällig, dass sich nirgendwo in Jesu Verkündigung der nahegekommenen Gottesherrschaft ein Verweis auf Bundestheologie findet,[278] nie wird die Proklamation der nahegekommenen Gottesherrschaft mit Rückgriff auf frühere Bundeszusagen Gottes oder die Tora begründet.[279] Dies widerspräche ja auch der grundsätzlichen Einsicht Jesu, nach der die Schuldverfallenheit des Gottesvolkes die vergangenen Bundeszusagen Gottes aufgebraucht habe.[280] Auch eine „Umkehrpredigt im Sinne eines Rufes zur Rückkehr zur Tora fehlt bezeichnenderweise bei Jesus."[281]

Symptomatisch für Jesu Einstellung zur Tora ist ferner, dass Jesus sich erlaubt, die nahegekommene Gottesherrschaft gerade auch jenen Menschen zuzusprechen, die die Tora nicht befolgen und darum nach gängiger Auffassung außerhalb des Bundes stehen. Nirgendwo ist davon die Rede, dass er von Sündern und Zöllnern zuvor oder als Folge seiner Verkündigung die Rückkehr zur Tora-Observanz forderte.[282] Auch verlangt Jesus von Sündern und Zöllnern nicht das notwendige Reinigungsopfer, mit dem eine Rückkehr in den Sinaibund besiegelt wird.[283]

Programmatisch zum Ausdruck kommt der soteriologische Neuansatz in Jesu Verkündigung im so genannten Stürmerspruch (Lk.16,16/Mt.11,12):[284]

---

[277] So auch H.F.WEISS, Kerygma und Geschichte, S.77.

[278] So findet sich bei den Synoptikern der Begriff „Bund" nur in den Einsetzungsworten des Abendmahls in Jesu Mund; dort ist aber nicht vom Sinai-Bund sondern bezeichnenderweise vom „neuen Bund" die Rede (wobei wohl auch diese Formulierung nicht auf Jesus zurückgehen dürfte, vgl. Abschnitt 7.1.3).

[279] So auch J.BECKER, Jesus, S.350.

[280] Vgl. dazu J.BECKER, Jesus, S.46f, S.92 und S.352. „Aufgebraucht" bedeutet nun nicht „aufgehoben", sondern: Israel hat das Recht auf die Bundeszusagen Gottes verloren.

[281] H.MERKLEIN, Jesu Botschaft, S.102.

[282] Vgl. dazu E.P.SANDERS, Jesus, S.226-237; ders., Judaism, S.272f. Nirgendwo auch wird die von Jesus geforderte Umkehr als Rückkehr zur Tora ausgelegt (vgl. W.SCHRAGE, Ethik d. NT, S.44f).

[283] So E.P.SANDERS, Judaism, S.271.

[284] Es gibt in der synoptischen Überlieferung noch zwei weitere Logien, die Jesu Stellung zur Tora zu bestimmen versuchen (Mt.5,17; Mt.5,18/Lk.16,17). Diese beiden Logien, die Matthäus in der Einleitung der Bergpredigt 5,17f zusammenstellt, sehen in Jesus den wahren Erfüller und Ausleger der Tora. Sie werden häufig dem nachösterlichen Bemühen um einen Ausgleich zwischen Tora und der auf Jesus zurückgehenden ethischen Tradition

„Das Gesetz und die Propheten reichen bis zu Johannes" – so die wohl ursprüngliche Form des Logions.[285] Mit der eschatologischen Heilswende, wie sie dem Wirken Jesu vorausgeht, beginnt eine neue Zeit: Das Gesetz ist seiner soteriologischen Bedeutung entledigt,[286] die Verweisung auf die Zukunft, wie sie die prophetischen Verheißungen enthalten, ist obsolet geworden, weil bereits jetzt die Gottesherrschaft nahegekommen ist, weil jetzt ein neues, nicht durch Bund und Tora vermitteltes Gottesverhältnis möglich geworden ist und durch die Erfahrbarkeit der Gottesherrschaft die Aussagen der Propheten in Erfüllung gehen und nicht mehr bloße Verheißungen sind.

Dieser soteriologische Neuansatz kann in einem durch die Aufforderung zur Nachfolge entstehenden Konfliktfall auch dazu führen, dass „die höherrangige Anforderung von Seiten der Gottesherrschaft die Geltung der Tora" bricht.[287] Mt.8,21f/Lk.9,59f ordnet den Ruf in die Nachfolge der Pflicht zur Totenehrung vor: „Lass die Toten ihre Toten begraben!"[288] Sicher ist dies ein außergewöhnlicher Einzelfall,[289] der nicht für eine grundsätzliche Aufhebung der Tora votiert,[290] aber gerade an diesem Fall zeigt sich der Primat der Gottesherrschaft, wie er auch – wohl erst sekundär zugespitzt – im Aufruf „Trachtet [zuerst] nach der Gottesherrschaft" (Mt.6,33/Lk.12,31) zu finden ist. Jesus ist wohl der Meinung, „dass es Fälle gibt, bei denen Gottesherrschaft und Tora miteinander ins Gehege kommen können, und dann hat die Gottesherrschaft Vorrang und bricht den bisher geltenden Anspruch des Gesetzes."[291]

Schließlich ist daran zu erinnern, dass für Jesus die Haltung, die Menschen zu seinem Wirken eingenommen haben, das entscheidende Kriterium darstellt für den Ausgang des zukünftigen Gericht.[292] Die Tora verliert diese Bedeutung.[293]

---

zugeschrieben (So J. Gnilka, Jesus, S.214; H.Merklein, Jesu Botschaft, S.94f; E.Arens, The HΛΘON-Sayings, S.111-113; G.Bornkamm, Jesus, S.87f und S.181, Anm.2; G.Eichholz, Bergpredigt, S.61-63. Große Zweifel an der Authentizität äußert auch U.Luz, EKK I/1, S.229f.)

285 Zur Rekonstruktion des Spruches vgl. Abschnitt 5.4.1.5.

286 So interpretiert auch J.Becker, Jesus, S.355 den Stürmerspruch.

287 J.Becker, Jesus, S.355; vgl. G.Theissen/A.Merz, Jesus, S.330.

288 Vgl. J.Becker, Jesus, S.142 und S.355. Gerade diese Konkurrenz zur Tora ist ein Zeichen der Authentizität des Logions, da die nachösterliche Gemeinde eher auf Ausgleich zwischen Jesu Weisung und Tora bedacht ist.

289 Auch das sicher eher in übertragenem Sinn zu verstehende Wort „Wer nicht Vater und Mutter hasst, kann nicht mein Jünger sein" (Mt.10,37/Lk.14,26) kann als Widerspruch zum Gebot der Elternehrung verstanden werden (vgl. dazu J.Becker, Jesus, S.389f).

290 Vgl. G.Theissen/A.Merz, Jesus, S.330.

291 J.Becker, Jesus, S.356.

292 Vgl. Abschnitt 5.4.3.

293 Aus der Antwort an den reichen Jüngling, in der die 2. Tafel des Dekalogs zitiert wird (Mk.10,19/Mt.19,18f/Lk.18,20), lässt sich nicht entnehmen, dass Jesus die soteriologi-

Jesus kann den Sinai-Bund und die Tora ihrer soteriologischen Funktion entbinden, weil er in der bereits geschehenen Wende zum eschatologischen Heil einen neuen Grund zum Heil sieht. Dieser soteriologische Neuansatz hat Bedeutung für die Richtung, die fortan jede Bemühung um Erkenntnis des Gotteswillens hat: Weil das Gottesverhältnis mit der nahegekommenen Gottesherrschaft geklärt ist, muss das Handeln der Menschen und damit auch die Tora als Norm dieses Handelns diese Klärung nicht mehr leisten. Das Handeln kann sich so ausrichten an den Lebensverhältnissen, kann bedacht sein auf das Gute und das Wohl der Menschen.[294] Daher auch der weisheitliche Grundzug in einigen Weisungen Jesu. Die Einsicht in das Nahegekommensein der Gottesherrschaft ist aber für Jesu Weisungen auch in einer zweiten Weise von Bedeutung: Sie liefert Jesus auch einen neuen Erkenntnisgrund für den Willen Gottes.[295]

Exemplarisch[296] zeigen lässt sich die Anwendung dieses neuen Erkenntnisgrundes Jesu für den Willen Gottes am Gleichnis vom Schalksknecht (Mt.18,23-34).[297] Die unbedingte Pflicht zur Barmherzigkeit gegenüber den Mitmenschen wird begründet durch das jedem Hörer paradox erscheinende Verhalten des Knechts, der, nachdem er eine unvorstellbar hohe Schuld von seinem König erlassen bekommen hat, von einem Untergebenen einen lächerlich geringen Betrag einklagt. Zwar formuliert dieses Gleichnis selbst keinen expliziten Imperativ,[298] aber der imperativische Charakter ist offensichtlich: Wer die allumfassende und allein in Gottes Barmherzigkeit begründete Vergebung, die Gott mit der eschatologischen Wende schenkt und die gleichnishaft im Verhalten des Königs dargestellt wird, in Anspruch nehmen will, von dem ist auch ein entsprechendes Handeln gegenüber den

---

sche Funktion der Tora bejahen würde. Denn ausdrücklich wird in Mk.10,21/Mt.19,21/ Lk.18,22 festgestellt, dass erst die Nachfolge diesem Menschen den Weg zum Leben eröffnet. In der Antwort Jesu heißt es auch nicht: „Du kennst die Tora“, sondern „du kennst die Gebote“. Die Gebote die dann aufgezählt werden, enthalten kein einziges kultisches Gebot bzw. Verbot (vgl. W.SCHRAGE, Ethik d. NT, S.58; die Authentizität der Antwort zweifelt an: K.BERGER, Gesetzesauslegung Jesu, S.363ff).

[294] Dies ist nach H.WEDER, Die „Rede der Reden“, S. 152-155 einer der Hauptimpulse der Ethik Jesu.

[295] Vgl. J.BECKER, Jesus, S.353: „Die Gottesherrschaft ist also nicht nur Leben gewährende Annahme der Verlorenen, sondern enthält auch selbst Normen zur Lebensführung.“

[296] Weitere Beispiele bei J.BECKER, Jesus, S.306-322 und H.MERKLEIN, Gottesherrschaft, S.217-293.

[297] Zur Analyse vgl. H.WEDER, Gleichnisse, S.210-218; J.BECKER, Jesus, S.85f; H.MERKLEIN, Jesu Botschaft, S.120f und W.SCHRAGE, Ethik d. NT, S.40f. Das Gleichnis gilt allgemein als authentisch.

[298] Der indirekte Imperativ in Form einer Drohung Mt.18,35 ist sekundär angehängt, um den Bezug zu Mt.18,21f herzustellen. Deutlich erkennbar ist dies an der Formulierung „mein himmlischer Vater“.

Mitmenschen gefordert.[299] Es geht in Jesu Weisung darum „weniger um die Erfüllung moralischer Pflichten als um die Annahme oder Ablehnung des göttlichen Erwählungshandelns selbst, das nicht passiv hingenommen werden kann, sondern aktiv in mitmenschlicher Praxis beantwortet werden muss."[300]

Obwohl Jesus einen grundsätzlichen Neuansatz in der Verkündigung des Gotteswillens vornimmt, ist doch festzuhalten, „dass Jesus nicht daran denkt, Schrift und Gesetz aufzuheben und durch seine eigene Botschaft zu ersetzen. Sie sind und bleiben die Bekundung des Gotteswillens."[301] Jesu Weisungen bleiben – was ihren materialen Gehalt angeht – weitgehend im Rahmen dessen, was im innerjüdischen Diskurs als mögliche Auslegung der Tora noch akzeptabel war,[302] obwohl sie diesen Diskurs durch eine eigene, profilierte Position bereichern. So können zum Beispiel die Forderungen der Antithesen (Mt.5,21-48),[303] die häufig als Aufhebung der Tora verstanden worden sind,[304] von ihrem materialen Gehalt her als Verschärfung der Tora interpretiert werden.[305] Sie stellen im Judentum zur Zeit Jesu durchaus

---

[299] So auch J.BECKER, Jesus, S.307.

[300] H.MERKLEIN, Jesu Botschaft, S.121. So spitzt MERKLEIN richtig zu: „Letztes Kriterium des Gotteswillens ist für Jesus vielmehr Gott selbst und sein aktuelles Handeln, das er konkret als eschatologisches Erwählungshandeln proklamiert. Aus diesem Handeln ergibt sich unmittelbar, was Gott von Israel will." (S.99).

[301] G.BORNKAMM, Jesus, S.90; ebenso G.DAUTZENBERG, Gesetzeskritik und Gesetzesgehorsam, S.68f und G.THEISSEN/A.MERZ, Jesus, S.330.

[302] Hätte Jesus diesen Rahmen verlassen, hätte er sofort mit massiven Sanktionen zu rechnen gehabt (vgl. H.MERKLEIN, Jesu Botschaft, S.95 und E.P.SANDERS, Jesus, S.220f).

[303] Zumindest die ersten beiden Antithesen (Mt.5,21f und 5,27f) gelten allgemein als authentisch. Vgl. dazu U.LUZ, EKK I/1, S.249 und S.261; H.MERKLEIN, Jesu Botschaft, S.105 und J.GNILKA, Jesus, S.215. E.KÄSEMANN, Das Problem des historischen Jesus, S.144 und im Anschluss an ihn E.JÜNGEL, Paulus und Jesus, S.203, sowie L.GOPPELT, Theologie des NT, S.150 und G.EICHHOLZ, Bergpredigt, S.69f möchten zusätzlich auch die vierte Antithese (vom Schwören – Mt.5,33f) als authentisch ansehen. Die Frage kann hier offen bleiben.

[304] So z.B. E.KÄSEMANN, Das Problem des historischen Jesus, S.144f. In diese Richtung tendiert auch W.SCHRAGE, Ethik d. NT, S.63-69.

[305] Als Toraverschärfung werden die Antithesen verstanden von E.P.SANDERS, Jesus, S.210-212; J.GNILKA, Jesus, S.215-219; G.THEISSEN/A.MERZ, Jesus, S.324f. Jedoch betonen THEISSEN/MERZ, dass die Antithesen „durch ein 'Ich aber sage euch' [...] von der (überlieferten) Offenbarung Gottes [...] abgehoben" würden (S.325).
Lediglich die sechste wohl sekundär gebildete Antithese, die sich mit dem Gebot „du sollst deinen Nächsten lieben und deinen Feind hassen" auseinandersetzt, scheint mit dem dagegen gesetzten Gebot der Feindesliebe ein Toragebot aufzuheben. Dies wäre so, wenn die Tora den Hass auf den Feind wirklich fordern würde. Dies ist jedoch nicht der Fall. Lediglich in Qumran begegnet eine solche Forderung (vgl. U.LUZ, EKK I/1, S.310f). Auch das Gebot der Feindesliebe ist darum eine Toraverschärfung – das Gebot der Nächstenliebe wird auf die Feinde ausgeweitet – jedoch keine Aufhebung eines Toragebots (vgl. E.P.SANDERS, Jesus, S.211f). Wenn Jesus durch seine Gebote und Verbote Verhaltensmöglichkeiten

mögliche und auch bei anderen Gruppen nachweisbare Forderungen auf.[306] Dasselbe gilt vom Verbot der Ehescheidung (1.Kor.7,10f; Lk.16,18/Mt.5,32 und Mk.10,1-11/Mt.19,1-12).[307] In der Auslegung des Sabbatgebots und der Reinheitsgebote allerdings nimmt Jesus eine Stellung ein, die zumindest an eine partielle Kritik an der Tora in diesen beiden kultischen Fragen grenzt.[308] Doch scheint Jesus weder beim Sabbatgebot[309] noch bei seiner Auslegung der Reinheitstora[310] an eine grundsätzliche Aufhebung des Ritualgesetzes zu

---

verbietet, die in der Tora geregelt werden (z.B. Ehescheidung, Schwören), dann bedeutet das nicht, dass Jesus die Tora aufhebt. E.P.SANDERS, Jesus, S.207 macht deutlich, dass solche Weisungen als Verschärfung und nicht Aufhebung der Tora zu werten sind. Denn niemand, der sich nach Jesu Weisungen richtet, wird dadurch ein bisher bestehendes Verbot oder Gebot der Tora missachten.

[306] Für alle Forderungen der Antithesen gibt es Parallelen im jüdischen Umfeld. Vgl. STRACK-BILLERBECK I, S.254-386; U.LUZ, EKK I/1, S.254f, S.265; S,282f; S.293. H.MERKLEIN, Jesu Botschaft, S.109. BORNKAMM, Jesus, S.85-87. Auch ist das Phänomen der Toraverschärfung auch bei anderen jüdischen Gruppierungen zu finden (vgl. G.THEISSEN/A.MERZ, Jesus, S.138, S.311 und S.323-325).

[307] Zur Interpretation vgl. H.MERKLEIN, Jesu Botschaft, S.111-113 und E.P.SANDERS, Jesus, S.198-201. Die Probleme, die die ersten christlichen Gemeinden mit diesem Verbot hatten (vgl. die Ausnahmeregelungen bei Mt.5,32; Mt.19,9 und 1.Kor.7,15), zeigen, dass es sich bei dem Verbot um authentische Jesus-Überlieferung handeln muss (so auch E.P.SANDERS, Jesus, S.199f).

[308] Die Tora-kritischen Spitzen stellen heraus J.BECKER, Jesus, S.371-387 und M.J.BORG, Meeting Jesus Again, S.53-57.

[309] Es gibt eine ganze Reihe von überlieferten Äußerungen Jesu zum Sabbatgebot: Mt.12,11f/Lk.14,5; Mk.2,25f/Mt.12,3f/Lk.6,3f; Mk.2,27; Mk.2,28/Mt.12,8/Lk.6,5; Mk.3,4/Mt.12,12b/Lk.6,9; Mt.12,5f; Lk.13,15f. Sicher sind darunter auch sekundär gebildete Logien zum Sabbatgebot. Eine sekundäre Entstehung aller Logien ist aber – schon wegen der breiten Streuung der Überlieferung – auszuschließen (vgl. z.B. J.BECKER, Jesus, S.373 und S.379f). Während W.SCHRAGE, Ethik d. NT, S.60f die Äußerungen Jesu zum Sabbat als Kritik an der Halacha und als im Übergang zur Gesetzeskritik stehend begreift, versucht E.P.SANDERS, Jesus, S.214f nachzuweisen, dass Jesus sich immer noch im Rahmen der jüdischen Auslegungsdiskussion bewege. So dürfte sich festhalten lassen, dass in all diesen Logien zwar eine zu enge, kasuistische Auslegung des Sabbatgebotes abgewehrt wird, doch das Sabbatgebot an sich nicht in Frage gestellt wird (so auch J.GNILKA, Jesus, S.222; L.OBERLINNER, Todeserwartung, S.69f; H.MERKLEIN, Jesu Botschaft, S.99). Wie streng Jesu Anhänger die Sabbatgebote hielten, zeigen indirekt auch die Berichte von Jesu Grablegung und vom Weg der Frauen zum Grab. Die Sabbatruhe wird dort konsequent eingehalten.

[310] Einige Forscher sehen in Mk.7,15/Mt.15,11 einen grundsätzlichen Angriff Jesu auf die Reinheits- und Speisegebote der Tora und damit auf die Tora selbst (So z.B. W.SCHRAGE, Ethik d. NT, S.67f; G.BORNKAMM, Jesus, S.89; E.KÄSEMANN, Das Problem des historischen Jesus, S.146). In der Interpretation des Logions ist zunächst davon auszugehen, dass die Deutung Mk.7,17-23 sekundären Ursprungs ist (so z.B. E.P.SANDERS, Jesus, S.219; J.GNILKA, EKK II/1, S.277f). Das Logion Mk.7,15/Mt.15,11 dürfte darum ursprünglich isoliert überliefert worden sein (so auch H.MERKLEIN, Jesu Botschaft, S.96). In der jetzigen Textfassung muss der die äußerlich-kultische Reinheit so absolut negierende Vordersatz („Nichts, was von außen in den Menschen hineinkommt, kann ihn unrein machen") im

denken. Jesu soteriologischer Neueinsatz führt ihn also nicht dorthin, dass er die Gebote und Verbote der Tora grundsätzlich aufhebt.[311] Dies schließt nicht aus, dass es gerade auch wegen Jesu Weisungen und deren Verhältnis zur Tora zu Konflikten mit anderen jüdischen Gruppierungen und deren Tora-Rezeption gekommen ist.[312]

So zeigt sich in den eben erwähnten Beispielen, dass Jesus mit großer Freiheit, Eigenständigkeit und Souveränität sein eigenes Verständnis des Gotteswillens neben die Vorschriften der Tora stellt.[313] So findet sich in keiner der authentischen Weisungen Jesu ein Rückgriff auf Forderungen der Tora, um die Weisung zu begründen.[314] Jesus rechtfertigt seine Weisungen nicht vor der Tora. Er kann sogar in den Antithesen sein Verständnis des Gotteswillens dem Wortlaut der Tora entgegensetzen.[315] Damit hebt er zwar die Tora nicht auf, zeigt aber, dass er die Formulierung des Gotteswillens in

---

aramäischen Kontext nicht ebenso kategorisch gemeint sein (vgl. dazu die Argumentation von E.P.SANDERS, Jesus, S.219 und H.MERKLEIN, Jesu Botschaft, S.97, Anm.17 – dagegen G.THEISSEN/A.MERZ, Jesus, S.326f). Außerdem hält das Logion die Kategorie der Reinheit grundsätzlich fest. Es fällt darum einer ganzen Reihe von Forschern schwer, aus diesem wohl isoliert überlieferten Logion, dessen ursprüngliche Stroßrichtung nur schwer auszumachen ist, eine systematisch-grundsätzliche Absage an die Reinheitsgebote der Tora abzuleiten (so E.P.SANDERS, Jesus, S.218-220; J.GNILKA, Jesus, S.219-221; H.MERKLEIN, Jesu Botschaft, S.96-99). Hätte Jesus grundsätzlich die Reinheitstora aufgehoben, so wäre auch schwer verständlich, weshalb es beim Übergang des Christentums in den heidnischen Bereich zu starken Auseinandersetzungen um die Gültigkeit der jüdischen Reinheits- und Speisevorschriften für Heidenchristen kam (vgl. Acta 10,14f.28; 15,1-29; Gal.2,11-13; Röm.14,14; 1.Tim.4,4f. Niemals begegnet das Argument, bereits Jesus habe die Reinheitsgebote und -verbote der Tora aufgehoben). Allerdings nimmt Jesus in Mk.7,15/Mt.15,11 sicherlich eine „aufsehenerregende Position" innerhalb der jüdischen Diskussionsspektrums ein (so H.MERKLEIN, Jesu Botschaft, S.97; ähnlich auch G.THEISSEN/A.MERZ, Jesus, S.327).

[311] Die Tora-Konformität Jesu betonen z.B. D.FLUSSER, Jesus, S.43-63; L.SWIDLER, Der umstrittene Jesus, S.48-59 und G.DAUTZENBERG, Gesetzeskritik und Gesetzesgehorsam, S.39 und 68f. Bei der richtigen Feststellung, dass Jesu Weisungen als Tora-Auslegung verstanden werden können, entgeht diesen Autoren jedoch der soteriologische Neuansatz und damit die prinzipielle Tora-Kritik Jesu.

[312] Dazu instruktiv J.BECKER, Jesus, S.345f.

[313] Vgl. H.MERKLEIN, Jesu Botschaft, S.95; ders., Die Gottesherrschaft in der Verkündigung Jesu, S.154-159; G.THEISSEN/A.MERZ, Jesus, S.209. Die Vollmacht Jesu betont auch besonders M.HENGEL, Nachfolge, S.50f.

[314] Darum werden Jesu Weisungen auch missverstanden, wenn sie ausschließlich als Tora-Auslegung interpretiert werden (vgl. G.BORNKAMM, Jesus, S.51f).

[315] Wie die exegetische Arbeit erwiesen hat, sind die Antithesen Jesu nicht nach dem rabbinischen Diskussionsmodell gestaltet. Jesus stellt hier nicht seine Auslegung der Tora gegen die Auslegung eines anderen Schriftgelehrten, sondern er setzt einem Rechtssatz der Tora seinen eigenen Rechtssatz direkt entgegen (vgl. J.GNILKA, Jesus, S.216; U.LUZ, EKK I/1, S.247; H.MERKLEIN, Jesu Botschaft, S.105-107; L.GOPPELT, Theologie des NT, S.150; G.THEISSEN/A.MERZ, Jesus, S.325).

der Tora nicht für ausreichend hält[316] und will mit seiner Formulierung die eigentliche Intention des Gotteswillens zum Ausdruck bringen.[317] In den Antithesen findet sich darum auch eine der wenigen Stellen, an denen Jesus seine eigene Person durch ein betontes ἐγώ hervorhebt. Dieses betonte ἐγώ zeigt, dass Jesus eine eigene Einsicht in den Gotteswillen besitzt, die sich direkt seiner Gottesgewissheit verdankt und nicht von der Tora oder einer anderen Größe abgeleitet ist.[318]

Dieser eigene Zugang zum Gotteswillen, über den Jesus verfügt, liegt in seiner Einsicht in den eschatologischen Heilsentschluss Gottes. Dieser neue Erkenntnisgrund bildet – auch wenn dies nicht explizit zum Ausdruck kommt – den Hintergrund für die Aufnahme weisheitlicher Traditionen und Argumentationsmuster.[319] Von dort her ergeben sich ferner neue Weisungen, die Jesus unabhängig von der Tora erteilt:[320] seine Aufforderung zum Vertrauen in die Fürsorge Gottes[321] oder auch sein an Einzelne ergehender Ruf in die Nachfolge.[322] Und schließlich ist dieser neue Erkenntnisgrund für den Gotteswillen auch der hermeneutischen Schlüssel für die Beurteilung der überlieferten Verbote und Gebote der Tora; er begründet deren

---

[316] Eine Verschärfung der Tora enthält immer eine implizite Kritik, die Tora gehe nicht weit genug (vgl. E.P.Sanders, Jesus, S.211 und 212).

[317] Wenn das Logion Mt.5,17 („Ich bin nicht gekommen, das Gesetz aufzulösen, sondern um es zu erfüllen") auf Jesus zurückgehen sollte, so ist sicherlich dies damit gemeint (vgl. die Interpretation von Mt.5,17 bei H.Weder, Die „Rede der Reden", S.94-98, die versucht, Mt.5,17 als authentisches Jesus-Wort im Zusammenhang der dialektischen Tora-Rezeption Jesu verständlich zu machen).

[318] Vgl. J.Becker, Jesus, S.353: „Der Wille Gottes ist also für Jesus in erster Linie ein Explikat der Gottesherrschaft, nicht von der Tora her gewonnen oder ihr unterstellt."

[319] Eine Sammlung von weisheitlichen Jesus-Logien bietet und kommentiert K.Berger, Wer war Jesus wirklich?, S.91-98. Die weisheitliche Begründung von Weisungen Jesu ist dabei parallel zu der Bemühung um Plausibilität zu sehen, wie sie die Gleichnisse durchzieht. Auch eine Reihe von Gleichnissen argumentiert ja mit allgemein einsichtiger Erfahrung (vgl. nur die Gleichnisse vom Senfkorn und vom Sauerteig). Doch können diese weisheitlichen Begründungen auch nach zeitgenössischen Ansprüchen die Weisungen Jesu letztlich nicht tragen. Wenn Jesus z.B. auf die Lilien auf dem Feld und die Vögel unterm Himmel verweist, um sein Gebot des Nicht-Sorgens zu begründen (Mt.6,25-34/Lk.12,22-32), dann überzeugte das skeptische Zeitgenossen sicherlich nicht. Erst im Horizont der Gewissheit der eschatologischen Güte Gottes, die sich schon immer auch in seiner Schöpfung zeigt, erhält die Begründung Jesu Plausibilität (so auch W.Schrage, Ethik d. NT, S.36-40).

[320] Für eine Bedingtheit der Weisungen Jesu durch seine Botschaft von der nahegekommenen Gottesherrschaft – auch der nicht direkt eschatologisch motivierten Weisungen! – treten ein: J.Becker, Jesus, S.282f; H.Merklein, Jesu Botschaft, S.93ff; W.Schrage, Ethik d. NT, S.28-43; J.Gnilka, Jesus, S.208.

[321] Den eschatologischen Horizont der Aufforderung, der Fürsorge des Schöpfers zu vertrauen, zeigt deutlich auf J.Becker, Jesus, S.322-329.

[322] Den eschatologischen Horizont der Nachfolgeethik betonen G.Theissen/A.Merz, Jesus, S.337.

Verschärfung bzw. Abschwächung: Da erstens die Gottesherrschaft die Sünde im Zusammenleben der Menschen überwindet, kann es jetzt im Vertrauen auf die nahegekommene Gottesherrschaft ein Verhalten geben, das die sozialen Forderungen der Tora weit überbietet. Jesu Weisungen verschärfen darum einige soziale Forderungen der Tora.[323] Da zweitens Gott in seiner Gnade sein Heil allen Menschen anbietet, gerade auch denen, die in der gesellschaftlichen und religiösen Hierarchie am untersten Ende stehen, gibt es in Jesu Ethik eine besondere Zuwendung zu den Verlorenen und Schwachen und eine Betonung der Barmherzigkeit.[324] Und da drittens das Nahegekommensein der Gottesherrschaft nicht kultisch vermittelt ist, können die kultischen Gebote in ihrer Bedeutung zurücktreten. Folglich findet sich bei Jesus eine Entschärfung kultischer und ritueller Vorschriften.[325]

Jesu Weisungen zielen dabei auf ein richtiges Sich-Einstellen auf die eschatologische Situation:[326] Weil der Schöpfer, indem er den Menschen eschatologisches Heil schenkt, sich als der endgültig Gütige erweist, können Menschen jetzt das Sorgen um sich selbst sein lassen und aus dem Vertrauen auf Gottes Güte ihr Leben gestalten.[327] Darüber hinaus sollen und können in der eschatologischen Heilszeit die Menschen in ihrem Tun dem eschatologischen Handeln Gottes entsprechen. „Liebet eure Feinde, und ihr werdet Söhne eures Vaters sein. Denn er lässt seine Sonne über Böse und Gute aufgehen und er lässt über Gerechte und Ungerechte regnen." (Mt.5,44f/ Lk.6,27.35).[328] Weil Jesu Weisungen im Zusammenhang einer solchen Entsprechung stehen, kann Jesus auch auf eine systematische Entfaltung einer Ethik, auf ein vollständiges Abdecken aller ethisch relevanten Fragestellungen oder auch auf eine kasuistische Diskussion differenzierter Einzelfälle verzichten.[329] Zu vielen Problemen ist keine Äußerung von ihm überliefert. Jesu Weisungen sind darum eher als paradigmatische Einzelweisungen, in denen „ein den Einzelfall transzendierender und grundsätzlicher Horizont aufgerissen" wird,[330] zu verstehen. Offensichtlich traut Jesus den Menschen zu, dass sie selbst kreativ und weise genug sind, in neuen Situationen zu erkennen, wie ein Leben nach der eschatologischen Wende zu gestalten ist.

---

[323] E.P.Sanders, Jesus, S.201 spricht von „idealistic perfectionism". Vgl. auch J.Becker, Jesus, S.358-371 und G.Theissen/A.Merz, Jesus, S.330-332.

[324] Vgl. J.Becker, Jesus, S.168-176 und G.Theissen/A.Merz, Jesus, S.349.

[325] Vgl. J.Becker, Jesus, S.371-387 und G.Theissen/A.Merz, Jesus, S.330-332.

[326] Ähnlich auch J.Becker, Jesus, S.280.

[327] Vgl. z.B. Mt.6,25-34/Lk.12,22-31 und Mt.7,7-11/Lk.11,9-13 – dazu J.Becker, Jesus, S.163 und S.322-329.

[328] Rekonstruktion im Anschluss an J.Becker, Jesus, S.312f. Die Authentizität wird allgemein kaum bestritten – Argumente bei Becker. Vgl. auch Lk.6,36 und Mt.5,48.

[329] Vgl. dazu J.Gnilka, Jesus, S.213-225.

[330] So J.Becker, Jesus, S.281. Vgl. auch W.Schrage, Ethik d. NT, S.45.

5.4.4.2 Rückschluss auf Jesu Selbstverständnis

Wie deutlich wurde, ist Jesu Stellung zur Tora durch zwei Momente geprägt.

Jesus bestreitet erstens die soteriologische Funktion der Tora. Nicht durch Tora-Observanz werden die Menschen den Zugang zur Gottesherrschaft finden, sondern indem sie Gottes gnädiges Angebot, das ihnen in Jesu Botschaft entgegenkommt, annehmen und in der von Gott geschenkten Nähe der Gottesherrschaft leben. Damit stellt sich Jesus mit seiner Botschaft implizit über die Tora.[331] Seine Botschaft ermöglicht einen Zugang zum Heil, den die Tora nicht mehr ermöglicht, weil die Schuld des Gottesvolkes die Bundeszusagen aufgezehrt hat. Damit löst Jesus Bund und Tora als Mittel der Heilsgewährung ab.[332] Jesus ist jetzt mit seiner Botschaft der maßgebliche Heilsmittler; er ermöglicht jetzt im Namen Gottes einen neuen Zugang zum Heil.

Mit der Einsicht in diese Nähe der Gottesherrschaft ergibt sich für Jesus zweitens ein neuer unmittelbarer Zugang zum Willen Gottes,[333] der die Tora als „suffiziente und entscheidende Kundgebung des Willens Gottes relativiert."[334] Dieser neue Erkenntnisgrund für den Willen Gottes erlaubt es Jesus, auch ohne Rückgriff auf die Tora autoritativ und unmittelbar Gottes Willen zu verkünden.[335] Zwar hebt Jesus die Tora als Offenbarung des Gotteswillens nicht auf, doch rezipiert er ihre Traditionen verschärfend oder abschwächend von seiner eigenen Einsicht in den Gotteswillen her. Auch wenn also Jesus nicht eine grundsätzliche Gegnerschaft zur Tora zu unterstellen ist, ist es andererseits auch wieder falsch, Jesus als einen „gesetzestreuen Juden" anzusehen, der lediglich auf seine Weise die Schrift auslegt.[336] Denn es darf nicht übersehen werden, dass Jesus „eine Vollmacht und eine Sicherheit bezüglich des eigentlichen Willens Gottes erkennen lässt, die wohl nur im Rahmen seiner eschatologischen Sendung beziehungsweise seines eschatologischen Wissens zu erklären sind."[337] Die Rolle, die Jesus in seinen Weisungen beansprucht, ist darum nicht die eines schriftgelehrten Rabbiners.[338] „Er lehrte sie wie einer, der ἐξουσία hat und nicht

---

[331] Vgl. dazu E.P.Sanders, Jesus, S.237: „If the most important thing that people could do was to accept him, the importance of other demands was reduced, even though Jesus did not say that those demands were invalid."

[332] So auch J.Becker, Jesus, S.354.

[333] Vgl. dazu G.Bornkamm, Jesus, S.51f und S.88.

[334] W.Schrage, Ethik d. NT, S.63.

[335] Vgl. dazu auch N.Brox, Das messianische Selbstverständnis, S.188ff und E.P.Sanders, Jesus, S.236.

[336] So D.Flusser, Jesus, S.44 und 71.

[337] H.Merklein, Jesu Botschaft, S.100.

[338] Vgl. E.P.Sanders, Jesus, S.238: „His authority (in his own view and that of his

wie die Schriftgelehrten." (Mk.1,22/Mt.7,29/Lk.4,32; vgl. Joh.7,46).[339] So ergibt sich: Auch in der Erteilung seiner Weisungen nimmt Jesus die Rolle des eschatologischen Repräsentanten Gottes ein.[340] „Jesus wagt es, Gottes Willen so geltend zu machen, als stünde er selber an Gottes Stelle."[341]

Gelegentlich wird die These aufgestellt, Jesus nehme die Rolle des Messias ein, was sich darin zeige, dass er eine messianische Tora verkünde.[342] „Aber es gibt keinen frühjüdischen Beleg für die Anschauung, dass vor oder neben Jesus eine besondere Tora für die messianische Zeit erwartet wurde oder der Messias eine eigene messianische Auslegung der Tora geben würde."[343] Aber selbst wenn dies so wäre: Jesu Rolle in der Erteilung seiner Weisungen ergibt sich folgerichtig aus seinem soteriologischen Neuansatz und dieser wiederum aus seiner Einsicht in das Nahegekommensein der Gottesherrschaft. Sie ist nicht – oder zumindest nicht erkennbar – durch irgendwelche vorgegebenen Rollenmuster geprägt.

Bei der Autorität und Vollmacht, die Jesus in der Verkündigung seiner Weisung beansprucht, ist es um so erstaunlicher, dass er auch in diesem Bereich seiner Verkündigung auf eine Legitimation verzichtet. Dieser Verzicht macht deutlich, dass Jesu Stellungnahme zur Tora und seine Weisungen

---

followers) was not mediated by any human organisation, not even by scripture. A rabbi, or a teacher of the law, derived authority from studying and interpreting the Bible. Jesus doubtless did both, but it was not scriptural interpretation that gave him a claim on other people." Ebenso auch M.HENGEL, Nachfolge, S.55-63 und J.BECKER, Jesus, S.279 und S.350. Gegen G.THEISSEN/A.MERZ, Jesus, S.350.

339 Vgl. dazu G.BORNKAMM, Jesus, S.54. Der Begriff ἐξουσία wird zwar fast nur in sekundären Traditionen verwendet (vgl. K.SCHOLTISSEK, Vollmacht Jesu, S.281), dennoch ist Mk.1,22/Mt.7,29/Lk.4,32/Joh.7,46 eine sachlich zutreffende Charakteristik Jesu.

340 Dem entspricht, dass in einigen jüdischen Traditionen die Tora selbst als Stellvertreterin und Repräsentantin Gottes verstanden wird (so W.SCHRAGE, Ethik d. NT, S.56f). Vgl. dazu auch E.JÜNGEL, Paulus und Jesus, S.212f: „Die Verkündigung Jesu geschieht aus dem neuen Sein heraus, in das sie die Menschen hineinruft. Deshalb ist für die Verkündigung Jesu die Kategorie des Propheten unzureichend. Jesus tritt neben seine Verkündigung als der, der die Geschichte der Liebe, in die er ruft, selbst eröffnet. Die seine Verkündigung der nahen Basileia autorisierende Macht der Basileia erweist sich in der Geschichte Jesu als die Macht der Liebe, von der her Jesus die Forderung der Liebe erhebt. Und da von dieser auf die Macht der Liebe vertrauenden Forderung der Liebe her Jesu Gesetzesauslegung überhaupt zu verstehen ist, so bleibt auch die Kategorie des das Gesetz interpretierenden Rabbi für Jesus unzureichend."

341 E.FUCHS, Die Frage nach dem historischen Jesus, S.219.

342 Zur angeblich zur Zeit Jesu existierenden Vorstellung, der Messias würde eine neue Tora verkünden, vgl. M.HENGEL, Nachfolge, S.78f und P.STUHLMACHER, Biblische Theologie des NT, S.102f.

343 J.BECKER, Jesus, S.347.

allein in seiner Gottesgewissheit[344] gründen. Seine Weisung „kann nicht aus dem Munde eines anderen kommen, sie ist seine Botschaft.“[345]

Jesu Weisung ist dabei noch unter einem weiteren Gesichtspunkt zu würdigen: Sie ist nicht nur autoritative Verkündigung des Willens Gottes, sondern trägt – auf einer Linie mit der übrigen Verkündigung Jesu – zur Vergegenwärtigung der Gottesherrschaft bei. Wo sich die Anhänger Jesu auf sein Wort einlassen, ihre Feinde lieben, ihren Schuldnern vergeben, auf Vergeltung verzichten, Ausgegrenzte mit in ihre Gemeinschaft nehmen, dort blitzt die Gottesherrschaft bereits auf.[346] Im Befolgen der Weisung Jesu sind seine Anhänger also selbst an der Vergegenwärtigung der Gottesherrschaft beteiligt. Dies bedeutet nun nicht, dass „der Mensch durch seine Aktivität Gottes Herrschaft verwirklichen könnte.[347] Der Vorgang ist genau umgekehrt: es ist die Gottesherrschaft, die als Geschehen den Menschen erfaßt und sofern er sich darauf einlässt und gerade auf eigenmächtiges Handeln verzichtet – sich in seinem Handeln ereignet.“[348]

Dabei besaßen Jesu Anhängerinnen und Anhänger nicht nur Jesu Weisung, an der sie sich orientieren können. Offensichtlich lebte Jesus selbst auch vor, was er von anderen verlangte[349] – alles andere hätte ihn auch unglaubwürdig gemacht. Zwar machte er seine paradigmatische Existenz nirgendwo zum Thema und forderte nicht dazu auf, seinem Vorbild nachzueifern.[350] Aber zumindest dort, wo er Menschen in seine Nachfolge rief und sie so aufforderte, an seiner Lebensweise teilzunehmen, machte er sich selbst implizit zum Paradigma des Menschen, der dem Willen Gottes gemäß lebt.[351] So repräsentierte Jesus gerade auch in der Erteilung seiner Weisung den Menschen, „der ganz von der Gottesherrschaft her lebt und für

---

[344] Vgl. M.Hengel, Nachfolge, S.77 zur Interpretation der sicher von Jesus geprägten Wendung ἀμὴν λέγω ὑμῖν: „Man könnte in diesem Zusammenhang von der ‘Unmittelbarkeit seines Gottesverhältnisses’, seiner ‘Gottesgewißheit’ sprechen, und wem es widerstrebt, derartige ‘psychologisierende’ Termini zu gebrauchen, mag von seinem einzigartigen, unableitbaren, in Gott selbst gegründeten Autoritätsanspruch reden.“ (im Anschluss an Formulierungen von G. Bornkamm, E.Fuchs und G.Ebeling).

[345] N.Brox, Das messianische Selbstverständnis, S.190.

[346] Vgl. auch H.Merklein, Jesu Botschaft, S.118. und 120.

[347] Ebenso auch J.Becker, Jesus, S.286.

[348] H.Merklein, Jesu Botschaft, S.120.

[349] Vgl. E.Jüngel, Paulus und Jesus, S.196, der meint, dass „Jesus im Vertrauen auf die Macht der Gottesherrschaft sich in einzigartiger Weise auf dieselbe eingelassen hat.“

[350] Vgl. M.Hengel, Nachfolge, S.58: „Es ist eigenartig, welch geringe Rolle in den Evangelien im Grunde das ‘Vorbild’ bzw. die ‘Nachahmung’ Jesu spielt: Er scheint den Blick seiner Jünger nicht auf sein alltägliches Verhalten, sondern auf die anbrechende Basileia und die Verwirklichung des konkreten Gotteswillens hingelenkt zu haben.“ – auch dies ist ein weiterer Aspekt der bisher schon öfter zu beobachtenden Zurückhaltung Jesu hinsichtlich seiner eigenen Person.

[351] So auch J.Becker, Jesus, S.287.

sie eintritt."[352] In seinen Weisungen eschatologischer Repräsentant Gottes gegenüber den Menschen zu sein und in der eigenen Existenz ganz im Vertrauen auf die nahegekommene Gottesherrschaft zu leben, „gehört für Jesus ganz selbstverständlich zusammen."[353]

5.4.5 Eschatologische Rekonstituierung des Gottesvolkes

Jesus wandte sich mit seiner Botschaft von der nahegekommenen Gottesherrschaft nicht an die ganze Menschheit, sondern an das Volk Gottes, an Israel.[354] Begegnungen mit Heiden werden von Jesus nicht gesucht, auch wenn er Nicht-Juden, die an ihn herantreten, nicht prinzipiell zurückweist.[355] Gelegentliche Aufenthalte in heidnischen Siedlungsgebieten sind kaum als Verkündigungsbemühungen sondern eher als Rückzugsversuche zu deuten.[356] „Dies bedeutet nicht, dass Jesus die Heiden vom kommenden Heil ausschließen will; aber seine diesbezüglichen Vorstellungen bewegen sich wahrscheinlich ganz auf der Linie der prophetischen Erwartung von der endzeitlichen Wallfahrt der Völker zum Zion (vgl. Jes 2,2-5; Mi 4,1-4)."[357] Jesu Wirken war also auf das Volk Israel als Bezugsrahmen hin ausgerichtet, auch wenn ihm eine universalistische Tendenz implizit innelag.[358]

Diese Hinwendung zu Israel als dem Gottesvolk zeigt sich in der Gründung des Zwölferkreises.[359] Die Wiederherstellung des Zwölfstämmevolkes

---

[352] J.Becker, Jesus, S.288.

[353] J.Becker, Jesus, S.288.

[354] Dies lässt sich historisch mit an Sicherheit grenzender Wahrscheinlichkeit sagen, da die Heidenmission der nachösterlichen Gemeinde erst nach einigen schmerzvollen Erkenntnisschritten beginnt. Vgl. auch Mt.10,5f; Mt.15,24; Mk.7,24-30/Mt.15,21-28. Vgl. auch E.P.Sanders, Jesus, S.192.

[355] Vgl. die beiden Überlieferungen von der Heilung der Tochter der Syrophönikerin (Mk.7,24-30/Mt.15,21-28 – Argumente für einem authentischen Kern trägt zusammen G.Theissen, Lokalkolorit, S.63-85) und der Heilung des Knechtes des Hauptmanns von Kapernaum (Mt.8,5-13/Lk.7,1-10).

[356] Vgl. Mk.7,24/Mt.15,21. Gegen die These einer regelrechten Flucht spricht sich aus G.Bornkamm, Jesus, S.135.

[357] H.Merklein, Jesu Botschaft, S.42. Vgl. J.Becker, Jesus, S.395-398; G.Theissen/A.Merz, Jesus, S.233 und E.P.Sanders, Jesus, S.192, der zurückhaltender formuliert. Allerdings wird diese Sonderstellung der Juden bei Jesus nie nationalistisch-imperialistisch ausgedeutet. So gibt es ja auch jüdische Traditionen, die die Völkerwallfahrt zum Zion als Unterwerfung der Heiden deuten (vgl. z.B. Jes.49,22f; 60,14; PsSal.17,21-31 und M.Wolter, „Was heisset nu Gottes reich?", S.9f).

[358] Diese universalistische Tendenz hat ihren Grund darin, dass für Jesus die eschatologische Heilswende eben gerade nicht in der besonderen Erwählung Israels begründet ist, sondern allein in der Gnade und Güte des Schöpfers. Sie findet ihren Ausdruck darin, dass Jesus gelegentlich die Heiden gegenüber seinen eigenen Volksgenossen zum Vorbild stilisiert (Lk.10,30-35; Lk.11,31f/Mt.12,41f; Lk.7,9/Mt.8,10; Lk.13,28-30/Mt.8,11f) – vgl. auch G.Theissen/A.Merz, Jesus, S.246.

[359] Gelegentlich wird der Zwölferkreis als ein nachösterlich entstandenes Gremium der

ist ein fester Bestandteil der eschatologischen jüdischen Heilserwartung, da für die Endzeit die Rekonstitution der idealen Vorzeit erwartet wird.[360] Indem Jesus in einer prophetischen Zeichenhandlung zwölf Menschen, dazu beruft, seine Botschaft an das ganze Gottesvolk weiterzutragen[361] und vielleicht sogar das eschatologische Gottesvolk symbolisch zu repräsentieren,[362] verdeutlicht er seinen Anspruch, dass die eschatologische Wende bereits geschehen und sich darum die endzeitliche Rekonstitution des Gottesvolkes bereits möglich sei.[363] In dem symbolischen Zwölferkreis blitzt gleichsam das wiederhergestellte Gottesvolk des Eschatons auf.

Gemeindeleitung angesehen. Zur Stützung dieser These werden vor allem folgende Beobachtungen angeführt: In der Logienquelle wird der Zwölferkreis nicht erwähnt; nach Act.1,12-26 haben die Zwölf eine entscheidende Rolle in der frühen nachösterlichen Gemeinde gespielt. Für die vorösterliche Gründung des Zwölferkreises spricht vor allem, dass durchgehend Judas Iskariot als einer der Zwölf genannt wird. Welchen Sinn hätte es, wenn ein nachösterliches Gremium schon in die Zeit Jesu zurückprojiziert werden sollte, Judas als einen der Zwölf auszugeben? Ferner ist zu erwähnen, dass 1.Kor.15,5 die Zwölf bereits unter den Zeugen der Auferstehung genannt werden. Bei der Diskussion des Problems ist zu beachten, dass die Bezeichnung der Zwölf als „Apostel" erst auf Lk. zurückgeht, bei Mk. heißen sie überall einfach „die Zwölf". Zum ganzen Problemfeld vgl. die sehr detaillierte Argumentation bei B.Rigaux, Die „Zwölf" in Geschichte und Kerygma, S.469-482. Von der vorösterlichen Gründung des Zwölferkreises durch Jesus gehen aus: J.Becker, Jesus, S.32f; J.Gnilka, Jesus, S.187f; G.Bornkamm, Jesus, S.202-204; S.Ruager, Das Reich Gottes, S.178-188 und M.Trautmann, Zeichenhafte Handlungen, S.181-185; H.Merklein, Jesu Botschaft, S.42; L.Goppelt, Theologie des NT, S.257f; P.Pokorný, Entstehung der Christologie, S.45; G.Theissen/A.Merz, Jesus, S.201.

360 Nachweise bei J.Gnilka, Jesus, S.188f. Vgl. M.Trautmann, Zeichenhafte Handlungen, S.180.

361 Die Berufung der Zwölf zeigt zunächst Jesu Anspruch, das ganze Gottesvolk zu anzusprechen.

362 Bei den Synoptikern wird übereinstimmend die Berufung der Zwölf mit ihrer Beauftragung zur Verkündigung und zum Heilen verbunden (vgl. Mk.3,13-19/Mt.10,1-5/Lk.6,12-16). Evt. sind sie auch als Repräsentanten (so G.Bornkamm, Jesus, S.204 und E.P.Sanders, Jesus, S.120 und S.122) oder als Kern des eschatologischen Gottesvolkes anzusehen (so S.Ruager, Das Reich Gottes, S.186). Wohl erst später (Mt.19,28/Lk.22,29f) entsteht die Vorstellung, dass die Zwölf die Führer und Herrscher des eschatologischen Gottesvolkes seien (vgl. dazu J.Gnilka, Jesus, S.189; anders dagegen O.Betz, Das messianische Bewußtsein Jesu, S.40 und E.P.Sanders, Jesus, S.120, der Mt.19,28 für authentisch hält – vgl. zur Frage nach der Authentizität Abschnitt 4.6.1).

363 Vgl. E.P.Sanders, Jesus, S.122. und M.Trautmann, Zeichenhafte Handlungen, S.229. O.Betz, Das messianische Bewußtsein Jesu, S.38 versucht zu beweisen, dass Jesus sich als der zur Sammlung Israels berufene messianische Hirte sah (vgl. 2.Sam.7,8; Ez.34; Jer.23,1-6; PsSal.17,28.45). Es gibt einige Logien, die das Bildmaterial von Herde und Hirte aufnehmen (Mt.10,6; 15,24; Lk.15,3-6), aber offenbar wird diese messianische Titulatur verstärkt nachösterlich auf Jesus angewandt (Mk.6,34/Mt.9,36; Mt.2,6; Mk.14,27/Mt.26,31; Joh.10,11.14). Jesus hat für sich selbst nie explizit beansprucht, der messianische Hirte zu sein. Allerdings hat er in seiner Zuwendung zum ganzen Volk in gewisser Weise diese Rolle faktisch eingenommen.

Die Heraushebung eines Zwölferkreises ist nicht neu. Auch in Qumran gab es ein Gremium von zwölf Männern (1QS 8,1; vgl. 1QM 2,1-3) und die Mitglieder der Qumran-Gemeinschaft sahen sich als das wahre Gottesvolk. Jesu Zwölferkreis dagegen steht im eschatologischen Horizont. Und im Gegensatz zu Qumran versucht Jesus nicht, seine Anhänger als die wahren Mitglieder des Gottesvolkes zu sammeln und sie zu scheiden von jenen, die seine Verkündigung der nahegekommenen Gottesherrschaft nicht annehmen und sich deshalb selbst vom Gottesvolk getrennt haben.[364] Die Versuchung zur Absonderung vom Unheiligen war auch bei Jesu Anhängern sicher vorhanden,[365] wie die Abwehr solcher Tendenzen im Gleichnis vom Unkraut unter dem Weizen (Mt.13,24-30, vgl. EvThom.57) deutlich macht.[366] Doch geht es Jesus nicht um Grenzziehungen gegenüber Menschen, die seine Botschaft nicht annehmen, sondern darum, möglichst viele Menschen in dieses eschatologische Gottesvolk zu integrieren. Dies zeigen gerade auch die Heilungen[367] und die Zuwendung zu Sündern und Zöllnern. Durch die Berufung der Zwölf macht Jesus deutlich, dass die eschatologische Rekonstitution des Gottesvolkes jetzt anhebt, eine reale Scheidung des wahren Gottesvolkes vom falschen Israel überlässt er der Vollendung der Gottesherrschaft.[368]

Auch in dieser zeichenhaften Berufung des Zwölferkreises ist der Anspruch, dass Jesus Gott repräsentiere und dass in Jesu Wirken die Gottesherrschaft bereits aufblitze, implizit enthalten. Jesus ist es ja, der den Zwölferkreis einsetzt.

Diese Hinwendung zum ganzen Gottesvolk dürfte auch der entscheidende Grund für Jesu Zug nach Jerusalem sein. Wenn Jesus sich als Repräsentant Gottes verstand, dann musste er seine Botschaft von der nahegekommenen Gottesherrschaft auch im religiösen Zentrum des Gottesvolkes, in Jerusalem verkünden,[369] an jenem Ort, an dem nach alttestamentlicher Tradition auch die vollendete Gottesherrschaft ihr Zentrum hat.[370] Dabei musste Jesus auch

---

364 So auch L.Goppelt, Theologie des NT, S.255; G. Bornkamm, Jesus, S.69 und M.Hengel, Nachfolge, S.67.

365 Die Absonderung vom sündigen Restvolk ist ja auch eine Grundtendenz bei den Pharisäern und anderen jüdischen Gruppen (vgl. G.Bornkamm, Jesus, S.69).

366 Vgl. dazu S.Ruager, Reich Gottes und Person Jesu, S.105.

367 So durften nach 1QSa 2,3-10 Kranke nicht zur Gemeinde hinzukommen.

368 Auch identifiziert Jesus nicht einfach den Jüngerkreis mit dem eschatologischen Gottesvolk – vgl. dazu L.Goppelt, Theologie des NT, S.258f. Diese Offenheit des Jüngerkreises ist ein klares Indiz dafür, dass Jesus bis zu seinem Tod hin die „Zeit des Angebots" nicht als vergangen ansieht (gegen F.Mussner, Gab es eine „galiläische Krise?", S.243; vgl. L.Oberlinner, Todeserwartung. S.103).

369 So auch H.Merklein, Jesu Botschaft, S.135 und J.Gnilka, Jesus, S.196. Ähnlich auch G.Bornkamm, Jesus, S.136

370 Vgl. nur Ps.14,7/53,7; Ps.110,2; Jes.2,2-5; 60,1-22.

deutlich sein, dass sich in Jerusalem die Auseinandersetzungen um seine Botschaft und damit um seine Person zuspitzen würden.

5.4.6 Jesu Kritik am Tempelkult

Mit Jesu Auftreten im Jerusalemer Tempel erhält seine Verkündigung eine weitere Stoßrichtung: Die Kritik am Tempelkult. Drei Überlieferungen[371] zeugen von dieser Kritik Jesu: die Erzählung von Jesu Tempelprotest[372], das so genannte Tempellogion[373] und Jesu Weissagung gegen den Tempel.[374] Die Analyse dieser Überlieferungen ist mit vielen traditions- und redaktionsgeschichtlichen Problemen belastet, so dass ihre Interpretation mit einer Reihe von Unsicherheiten behaftet bleibt.[375] Das Folgende ist darum als Versuch zu verstehen, eine Deutung für diesen Komplex des Wirkens Jesu in Weiterführung des bisher Erarbeiteten anzubieten.

5.4.6.1 Tempelprotest und kritische Worte über den Tempel

Die historische Rekonstruktion des Tempelprotestes Jesu im Einzelnen ist schwierig; zu karg ist die Überlieferung, und zu gering sind die vorhandenen Kenntnisse über die Durchführung des Tempelmarktes zur Zeit Jesu.[376] „Es besteht jedoch kein Grund, die Historizität einer Aktion Jesu im Tempelbereich gänzlich zu bezweifeln."[377] Es ist allerdings auch nicht anzunehmen, dass Jesus eine vollständige Räumung des Vorhofs der Heiden versuchte –

---

[371] G.THEISSEN/A.MERZ, Jesus, S.380f wollen darüber hinaus bei Jesus einen bewussten Verzicht auf die eigentlich notwendigen Reinigungsriten im Vorfeld des Passafestes sehen, worin sich seine Distanz zum Tempel zeige.

[372] Mk.11,15-18/Mt.21,12-13/Lk.19,45f/Joh.2,13-17.

[373] Mk.14,58/Mk.15,29/Mt.26,61/Mt.27,40/Joh.2,19 vgl. auch Acta 6,13f. Evt. bietet EvThom.71 eine weitere Version des Logions (Vgl. J.D.CROSSAN, Jesus, S.470-475; eine Synopse findet sich bei J.ÅDNA, Jesu Stellung zum Tempel, S.111f).

[374] Mk.13,1f/Mt.24,1f/Lk.21,5f – nicht authentisch ist wohl das Wehe über Jerusalem Mt.23,37-39/Lk.13,34f (vgl. hierzu J.BECKER, Jesus, S.81, Anm.47 und S.402). Außerdem ist in diesem Logion kein direkter Bezug auf den Tempel gegeben.

[375] Diese Einschätzung teilt auch E.P.SANDERS, Jesus, S.254-262. Die historischen Probleme zählt auf J.ÅDNA, Jesu Stellung zum Tempel, S.8-21. Zu ganz anderen als den hier vorgetragenen Ergebnissen kommen J.BECKER, Jesus, S.400-413 und J.ÅDNA. So bestreitet BECKER, dass die Kritik am Kultbetrieb wirklich auf Jesus zurückgeführt werden kann. Gegen BECKER spricht jedoch, dass Jesu Tempelkritik in unabhängigen Quellen und in verschiedenen Gattungen mehrfach bezeugt ist. ÅDNA dagegen will in der Tempelaktion Jesu sogar eine Ersetzung des Opferkultes durch das Sühnopfer Jesu angekündigt sehen (S.444f). Auch dagegen erheben sich gewichtige Einwände (vgl. Abschnitt 7.1.3).

[376] Vgl. W.GRUNDMANN, ThHK II, S.308-311, der diskutiert, an welchem Ort im Tempel Jesu Aktion stattgefunden und welches Ausmaß die Aktion gehabt haben könnte.

[377] H.MERKLEIN, Jesu Botschaft, S.133. Eine ganze Reihe von Argumenten für die Historizität des „Tempelprotestes" Jesu bietet J.GNILKA, Jesus, S.277f und M.TRAUTMANN, Zeichenhafte Handlungen, S.116-118. Gegen die Historizität des Tempelprotestes argumentiert J.BECKER, Jesus, S.407-410.

eine solche Aktion hätte ein Eingreifen der römischen Besatzung provoziert, von dem in der Überlieferung nichts berichtet wird. Wahrscheinlich wird es sich bei Jesu Vorgehen gegen Opfertierhändler und Geldwechsler um einen kleineren, übersehbaren Vorgang symbolischen Charakters, um eine Zeichenhandlung also, gehandelt haben.[378] Die sadduzäische Priesteraristokratie hat diese Zeichenhandlung jedoch sehr wohl wahrgenommen (Mk.11,18).[379] Ein direktes Eingreifen gegen Jesus schien dem Hohepriester wohl aber angesichts der Volksmenge, die zum Teil sicher mit Jesus sympathisierte, nicht ratsam zu sein.

Mit noch mehr Ungewissheit belastet ist die Frage nach der Intention, die Jesus bei dieser Zeichenhandlung leitete. Häufig wird Jesu Vorgehen – im Zusammenhang mit dem auf alttestamentliche Tempelkritik anspielenden Deutewort Mk.11,17, das den Zusammenhang zwischen Anbetung und Geldgeschäft problematisiert – verstanden als „Tempelreinigung" mit dem Ziel, den Tempelgottesdienst von einer Profanierung durch Geschäft und Handel zu reinigen (vgl. Sach.14,21), um die Heiligkeit des Tempels – eventuell in eschatologischer Perspektive – wiederherzustellen.[380] Die Aktion Jesu wäre demnach als Bemühung um eine Tempelreform zu verstehen.[381] Gegen diese Interpretation erheben sich jedoch Einwände:[382] So begegnet auffälligerweise nirgendwo der nahe liegende Verweis auf Sach.14,21. Und abgesehen „davon, dass der Vorhof der Heiden (!) nicht zum eigentlichen heiligen Bezirk zählte, war der Verkauf von Opfertieren

[378] So H.MERKLEIN, Jesu Botschaft, S.133 (im Anschluss an E.SCHWEIZER) und G.THEISSEN/A.MERZ, Jesus, S.380f. Vgl. M.TRAUTMANN, Zeichenhafte Handlungen Jesu, S.78-131.

[379] Erst mit dem Tempelprotest treten nach der synoptischen Überlieferung die Sadduzäer in die Auseinandersetzung mit Jesus ein. Auch scheint die Vollmachtsfrage des Hohepriesters (Mk.11,27-33/Mt.21,23-27/Lk.20,1-8) ursprünglich mit dem Tempelprotest verbunden zu sein, da sich die bei den Synoptikern unvermittelte Frage ἐν ποίᾳ ἐξουσίᾳ ταῦτα ποιεῖς; am besten auf Jesu Tempelprotest beziehen lässt. Auch Joh. kennt den unmittelbaren Zusammenhang zwischen Tempelprotest und Vollmachtsfrage (2,18). Einen Zusammenhang zwischen Tempelprotest und Vollmachtsfrage nimmt auch H.MERKLEIN, Jesu Botschaft, S.136 unter Berufung auf andere Autoren an.

[380] So G.BORNKAMM, Jesus, S.140; J.GNILKA, Jesus, S.279 und M.HENGEL,Jesus, der Messias Israels, S.169. Ähnlich auch E.GRÄSSER, Parusieverzögerung, S.27 und J.BECKER, Jesus, S.408f.

[381] Schon Markus scheint den Tempelprotest Jesu so zu verstehen, dass Jesus durch seine Zeichenhandlung den Zugang der Heidenvölker zum Tempel habe eröffnen wollen (vgl. das Zitat Jes.56,7: „ein Bethaus für alle Völker", das jedoch nur Mk. in dieser Form überliefert). Wie diese Intention sich allerdings mit dem Vorgehen gegen Händler und Geldwechsler verbinden lässt, bleibt völlig unklar. Auch gibt es keinen Grund dafür, warum ausgerechnet jetzt eine Hinwendung Jesu zu den Völkern stattfinden soll, wo er sich doch zuvor nur zum Volk Israel gesandt sah.

[382] Vgl. auch E.P.SANDERS, Jesus, S.254-261.

und das Geldwechseln im Bereich des Tempels und unter Aufsicht der Tempelbehörde einem geordneten Kultbetrieb eher förderlich als hinderlich.[383] Die Aktion Jesu musste daher zumindest von der sadduzäischen Tempelbehörde nicht nur als 'Tempelreinigung', sondern als Affront gegen die Sinnhaftigkeit des Kultbetriebes überhaupt gewertet werden".[384] Die Aktion Jesu im Tempel dürfte so einen grundsätzlichen Widerspruch gegen den Kultbetrieb zum Ausdruck gebracht haben.[385] Für diese weitergehende Interpretation spricht, dass das bei den Synoptikern überlieferte Deutewort wohl sekundär ein radikaleres Wort gegen den Tempel verdrängt hat.[386]

Als solch ein weitaus tempelkritischeres Deutewort überliefert Johannes im Zusammenhang mit Jesu Tempelprotest das schon erwähnte Tempellogion.[387] „Dass dieses Wort bereits von den urchristlichen Gemeinden als schwierig empfunden wurde, zeigt die je unterschiedliche Akzentuierung, die es in der Überlieferung erhalten hat [....]. Dass man dennoch hartnäckig daran festgehalten hat, lässt kaum einen Zweifel an seiner Authentizität,[388]

---

[383] Der organisierte Verkauf der Opfertiere gewährleistete, dass nur rituell taugliche Tiere zur Opferung verwendet wurden. Außerdem war das Geldwechseln unverzichtbar, da die Tempelsteuer in tyrischer Währung entrichtet werden musste (vgl. H.MERKLEIN, Jesu Botschaft, S.133, Anm.13; L.GOPPELT, Theologie des NT, S.147; E.P.SANDERS, Jesus, S.260f).

[384] H.MERKLEIN, Jesu Botschaft, S.133; Ebenso G.THEISSEN/A.MERZ, Jesus, S.381 und E.P.SANDERS, Jesus, S.254-260. Vgl. auch M.TRAUTMANN, Zeichenhafte Handlungen, S.120f.

[385] In diese Richtung kann auch Mk.11,16 interpretiert werden, wenn bei den Gefäßen ursprünglich an Kultgeräte gedacht war. Es könnte aber auch sein, dass hier gegen eine Durchquerung des Tempelareals zum Zwecke einer Abkürzung bei Geschäftsgängen polemisiert wird – vgl. zum Komplex W.GRUNDMANN ThHK II, S.311.

[386] So E.P.SANDERS, Jesus, S.260. Auch G.DAUTZENBERG, Eigenart des Konflikts, S.166; J.BECKER, Jesus, S.407f; J.GNILKA, Jesus, S.277; L.GOPPELT, Theologie des NT, S.148 und M.TRAUTMANN, Zeichenhafte Handlungen, S.87-90 gehen davon aus, dass die Deuteworte Mk.11,17 sekundär seien. „Darauf weisen die Sprache der Überleitung in Mk 11,17a und die Benutzung der Septuaginta." (BECKER, S.408).

[387] Für eine Zugehörigkeit des Tempellogions zum Tempelprotest sprechen sich aus: H.MERKLEIN, Jesu Botschaft, S.134 aus (vgl. Anm.16); J.GNILKA, Jesus, S.279; E.P.SANDERS, Jesus, S.258f und G.THEISSEN/A.MERZ, Jesus, S.380f.

[388] Zu den Argumenten für die Authentizität vgl. auch W.GRUNDMANN, ThHK II, S.412; L.OBERLINNER, Todeserwartung, S.125; M.TRAUTMANN, Zeichenhafte Handlungen, S.122-124; A.STROBEL, Stunde der Wahrheit, S.13 und S.63-65; G.THEISSEN, Tempelweissagung, S.142f und G.THEISSEN/A.MERZ, Jesus, S.380f. J.BECKER, Jesus, S.402-404 erachtet die Tempelweissagung als eine sekundäre Bildung. Er geht davon aus, dass in der ältesten Formulierung die Erwartung eines eschatologischen Tempels ausgesprochen wird, die nicht mit Jesu Verkündigung der Gottesherrschaft harmoniere, da diese nirgendwo kultisch ausgerichtet sei. Vielleicht lässt sich die Ankündigung eines neuen Tempels aber auch als Bildwort verstehen. Wie der Tempel durch seine Sühnerituale die Erneuerung des Gottesverhältnisses leisten sollte, so bewirkt statt dessen nun die von Jesus verkündigte, nahegekommene Gottesherrschaft die Erneuerung des Gottesverhältnisses. Jesu Verkündigung selbst übernimmt also die Funktion des Tempels.

wenngleich sein ursprünglicher Wortlaut kaum mehr rekonstruierbar sein dürfte. In jedem Fall handelt es sich um ein kritisches Wort gegen den Tempel".[389] Dies das noch weithin vertretene Ergebnis der historischen Rückfrage.[390] Wichtig ist, dass in allen überlieferten Fassungen des Tempellogions davon gesprochen wird, dass der bestehende Tempel zerstört werde.[391] Die Erwartung der Zerstörung des Tempels ist auch in Jesu Weissagung gegen den Tempel überliefert (Mk.13,1f/Mt.24,1f/Lk.21,5f), die jetzt im Kontext der synoptischen Apokalypse steht. Es ist allerdings kaum zu klären, ob diese Prophezeiung authentisch ist oder als vaticinium ex eventu anzusehen ist.[392]

Welcher Art war aber nun Jesu Kritik am Tempelkult? Wenn Jesus den Kult als gottgegebene Ordnung abgelehnt hätte, würde er sich weitgehend aus dem Judentum herauslöst haben.[393] „Nicht der Kult als gottgesetzte Ordnung dürfte für ihn das Problem gewesen sein, sondern – ähnlich wie im Falle der Auseinandersetzung um die Tora – die Art und Weise, wie Israel diesen Kult für sich beanspruchte."[394] Der Tempelkult bot die Möglichkeit der Sühne für die Schuld des Einzelnen wie des Volkes. Er bot die Möglichkeit, die Erwählung des Volkes immer wieder zu erneuern und sich somit den Zugang zum Heil offenzuhalten. Jesu Verkündigung kennt aber nur eine Möglichkeit, das Heil zu erlangen: Das Eingehen in die nahegekommene Gottesherrschaft.[395] Wo Menschen im Vertrauen auf den Kult ihr Heil suchen, werden sie sich nicht für die in Jesus nahegekommene

[389] H.Merklein, Jesu Botschaft, S.133f. Ebenso G.Theissen/A.Merz, Jesus, S.381.

[390] Mit guten Argumenten versucht J.Ådna, Jesu Stellung zum Tempel, S.111-130 Mk.14,58 als Grundversion des Tempellogions zu erweisen, aus der alle anderen Versionen hervorgegangen seien.

[391] Bei Mk., Mt. und Joh. ist auch davon die Rede, dass ein (anderer?) Tempel nach drei Tagen wieder errichtet werde. Was dieser andere Tempel jedoch sei, wird verschieden interpretiert.

[392] Vgl. W.Grundmann, ThHK II, S.350f und E.P.Sanders, Jesus, S.257. Für die Authentizität spricht, dass Mk.13,2 sich die Zerstörung des Tempels als Schleifung des Bauwerks vorstellt, der Tempel 70 n.Chr. aber durch Brand zerstört wurde und große Teile der Umfassungsmauer nicht geschleift wurden, sondern sogar erhalten blieben. Gegen die Historizität sprechen sich J.Gnilka, EKK II/2, S.184 und J.Becker, Jesus, S.405 aus. G.Theissen, Lokaltradition, S.207f versucht nachzuweisen, dass in Mk.13,2 das Tempelwort ex eventu formuliert wurde. Allerdings sieht er das Wort in der Tradition des älteren (für ihn authentischen) Tempellogions (Mk.14,58/Joh.2,19).

[393] Vgl. E.P.Sanders, Jesus, S.262. Der Kult als selbstverständliche Größe wird vorausgesetzt in Logien wie Mt.5,23f; Lk.17,14; Mk.1,44/Mt.8,4/Lk.5,14.

[394] H.Merklein, Jesu Botschaft, S.135.

[395] Jesus stellt das Eingehen in die nahegekommene Gottesherrschaft niemals kultisch vermittelt dar. Im Gegenteil: Jesus polemisiert gegen eine zu enge Auslegung kultischer Toragebote und nimmt am Kult beteiligte Personen als Beispiele für ein Verhalten, das die Gottesherrschaft verleugnet (vgl. Lk.10,30-35).

Gottesherrschaft entscheiden und sich somit faktisch der Gottesherrschaft verschließen. Der Kult konnte für Jesus folglich – parallel zum Gesetz – dazu verleiten, sich der nahegekommenen Gottesherrschaft zu entziehen. Darum musste der Kult von Jesu Verkündigung her in Frage gestellt werden. Nicht dass Jesus den Kult grundsätzlich abschaffen wollte, aber er entzog ihm seine soteriologische Dignität.[396] Heil war für Jesus nur möglich, wo Menschen sich auf die nahegekommene Gottesherrschaft einließen.[397] Von dieser Voraussetzung her war eine Ankündigung der Tempelzerstörung stimmig: Bei der Vollendung der Gottesherrschaft würde die jetzige Ordnung und mit ihr der Tempel seine Bedeutung verlieren.[398] Ist diese Deutung richtig, dann sollten Jesu Tempelprotest und seine prophetische Ankündigung der Zerstörung des Tempels dem Volk Israel die Folgen aufzeigen, die sich einstellen würden, wenn es sich der Verkündigung der nahegekommenen Gottesherrschaft verschließen würde.[399]

5.4.6.2 Jesu Rolle in seiner Kritik am Kult

Sollte Jesu Kultkritik auf diese Weise richtig erfasst sein, dann ist deutlich, dass auch sie sich als Folge aus Jesu Verkündigung der nahegekommenen Gottesherrschaft ergibt. Obwohl Jesu Kultkritik Parallelen zu alttestamentlicher Kultkritik bzw. zu eschatologisch-apokalyptischen Traditionen von der Zerstörung und Wiedererrichtung des Tempels aufweist,[400] ist seine Kultkritik nicht von diesen Traditionen her begründet, sondern dürfte in Jesu Gewissheit wurzeln, dass Gott seinem Volk jetzt das neue, eschatologische Gottesverhältnis anbietet. Auch auf diesem letzten Feld seiner Wirkung kann Jesus auf die Frage nach seiner Vollmacht auf keine übergeordnete Instanz verweisen, die seine Verkündigung und sein zeichenhaftes Vorgehen

---

[396] So auch M.TRAUTMANN, Zeichenhafte Handlungen, S.128 und S.398 und F.HAHN, Methodologische Überlegungen, S.45.

[397] Der Rückgriff auf Johannes den Täufer in der Antwort auf die Vollmachtsfrage (Mk.11,27-33/Mt.21,23-27/Lk.20,1-8) ist darum nicht nur als ein geschickter rhetorischer Schachzug zu werten. „Wenn es richtig ist, dass es Jesus dabei darum ging, die Nutzlosigkeit und Vergeblichkeit eines Kultes herauszustellen, der von einem Unheilskollektiv vollzogen wurde und diesem nur zur Ablenkung von der allein noch heilsamen Entscheidung diente, dann war es nur sachgerecht, wenn Jesus zur Legitimation seiner Handlungsweise auf Johannes zurückgriff, mit dem er die 'anthropologische' Prämisse von der totalen Gerichtsverfallenheit Israels teilte." (H.MERKLEIN, Jesu Botschaft, S.137). Eine Verbindung zwischen Tempelkritik Jesu und der Botschaft des Täufers sehen auch J.D.CROSSAN, Jesus, S.321 und S.469f und G.THEISSEN/A.MERZ, Jesus, S.195f.

[398] Vgl. G.DAUTZENBERG, Eigenart des Konflikts, S.167. Daraus folgt aber noch nicht: „Im Tempelprotest beansprucht Jesus in der Tat für sich als den Messias die Aufgabe, den eschatologischen Tempel Gottes zu bauen." (J.ÅDNA, Jesu Stellung zum Tempel, S.144).

[399] Vgl. H.MERKLEIN, Jesu Botschaft, S.136.

[400] Vgl. G.THEISSEN/A.MERZ, Jesus, S.380 und S.405.

legitimieren könnte.[401] Auch auf diesem Feld beansprucht Jesus, als eschatologischer Repräsentant Gottes zu wirken. Dass Jesus mit seiner ans Grundsätzliche gehenden Kultkritik „die sadduzäische Hochpriesterschaft, die sich als Hüterin eines auf dem Kult beruhenden Israel verstand, an einem äußerst neuralgischen Punkt treffen musste, wird er wohl geahnt haben."[402]

5.5 Zusammenfassung

In diesem Kapitel wurde nach der Rolle gefragt, die Jesus im Zusammenhang mit der gegenwärtig bereits nahegekommenen und der zukünftig vollendeten Gottesherrschaft beanspruchte und einnahm.

Die Analyse ergab zunächst, dass Jesus im erwarteten zukünftigen Gericht und in der danach vollendeten Gottesherrschaft keine herausragende Rolle beanspruchte. Weder sah er sich in der Rolle des Richters noch in der Rolle des eschatologischen Herrschers. Bei der zukünftigen Vollendung der Gottesherrschaft sah er allein Gott selbst als Handelnden.

Anders dagegen ist Jesu Verhältnis zu der gegenwärtig bereits nahegekommenen Gottesherrschaft. Hier konnte gezeigt werden, dass Jesus im Zusammenhang mit der nahegekommenen Gottesherrschaft eine herausgehobene Rolle beansprucht, die sich durch folgende Momente auszeichnet:

1. Jesus proklamiert das neue, eschatologische Gottesverhältnis. Er sagt den Menschen zu, dass ihnen die Gottesherrschaft offenstehe; er verkündet in Tat und Wort die Vergebung von Sünde; und er weist ein in die intime Gottesanrede „Abba". Jesus verkündet so den Menschen die ihnen offenstehende, heilsame Nähe Gottes, er tritt auf als Proklamator der nahegekommenen Gottesherrschaft.[403]

Weil das Gottesvolk auf Grund seiner Schuldverfallenheit alles Anrecht auf die Erfüllung göttlicher Heilszusagen verloren hat, gründet das von Jesus verkündigte Heil allein in Gottes Gnade und Güte. Dem entspricht, dass Jesu Proklamation der nahegekommen Gottesherrschaft sich nicht auf andere Instanzen beruft, sondern allein in der Jesus gegebenen Einsicht in den eschatologischen Heilsentschluss Gottes wurzelt. Jesus nimmt darum in seiner Verkündigung die Rolle des „eschatologischen Propheten" ein, der auf Grund eigener Gottesgewissheit im Namen Gottes spricht. Jesus ist eschatologischer Repräsentant Gottes.

---

401 So auch M.Trautmann, Zeichenhafte Handlungen, S.130.

402 H.Merklein, Jesu Botschaft, S.136. Zur Bedeutung der Tempelkritik Jesu für seine Verhaftung und Verurteilung vgl. Abschnitt 7.1.3.

403 Man kann also zunächst sagen, Jesus sei „Verkünder der Gottesherrschaft" (so I.U.Dalferth, Der auferweckte Gekreuzigte, S.106).

Weil es für Jesu Botschaft keine andere Begründung als seine eigene Gotteserkenntnis gibt, ist Jesu Rolle einzigartig. Er selbst ist der einzige Garant und Bürge der Botschaft von der nahegekommenen Gottesherrschaft; diese Botschaft ist nicht von seiner Person abtrennbar. Entsprechend sieht Jesus Johannes den Täufer, den er in die Epoche vor der eschatologischen Wende einordnet, in einer kategorial untergeordneten Rolle – auch wenn Jesus in manchen Punkten an die Verkündigung des Täufers anknüpft und er stets nur mit großem Respekt vom Täufer spricht.

2. Jesus deutet seine Exorzismen und Heilungen als gegenwärtige Erfahrung der eschatologischen Gottesherrschaft. Dabei sieht er Gott selbst als den eigentlich Handelnden. Gott ist es, der die eschatologische Wende herbeigeführt hat und der in Jesu Machttaten und Heilungen am Wirken ist. Jesus ist also nicht Bringer der Gottesherrschaft, er beansprucht keine ihm eigene Kraft, um die Gottesherrschaft erfahrbar zu machen. Subjekt der Gottesherrschaft ist Gott. Doch handelt Jesus im Namen und in der Kraft Gottes und ist so auch in seinen Machttaten und Heilungen der eschatologische Repräsentant Gottes.[404]

Jesus geht davon aus, dass Gott auch in Taten und Worten der Jünger und anderer Menschen am Wirken ist, dass Gottes Wirken sogar in der Schöpfung erfahrbar ist. Jesu Funktion, in Machttaten und Heilungen die Gottesherrschaft aufblitzen zu lassen, hat darum grundsätzlich keinen exklusiven Charakter. Doch gibt es auch hier zwei Momente, die Jesus gerade auch gegenüber seinen Jüngern und anderen Menschen prinzipiell herausheben. So ist es zunächst Jesu exklusive Einsicht in den eschatologischen Heilsentschluss Gottes, die erst die Möglichkeit eröffnet, Machttaten und Heilungen, die für sich genommen noch mehrdeutig sind, als Aufblitzen der Gottesherrschaft zu deuten. Zumindest die Interpretation der wunderbaren Machttaten und Heilungen hängt also an Jesu einzigartiger Gotteserkenntnis. Sodann scheint Jesus im Glauben und Vertrauen auf Gottes heilvolle eschatologische Nähe die entscheidende Voraussetzung zum Vollzug von Machttaten und Heilungen zu sehen. Der Glaube der Jünger wurzelt aber im Glauben Jesu. So sind auch die Jünger in ihrer Verkündigung wie in Heilungen und Machttaten, die sie auch ohne Jesu direkte Aufsicht ausführen, von Jesus abhängig. Sie haben als von Jesus Bevollmächtigte Anteil an Jesu Rolle als eschatologischem Repräsentanten Gottes.

3. Jesu Stellung gegenüber der Tora ist durch einen soteriologischen und einen inhaltlichen Neuansatz gekennzeichnet: Zwar hebt Jesus die Tora als zu achtende Offenbarung des Gotteswillens nicht auf, jedoch bestreitet er ihre soteriologische Funktion. Der Zugang zur Gottesherrschaft wird nicht

[404] Man könnte also auch sagen, Jesus sei das „Instrument der Verwirklichung der Gottesherrschaft“ (I.U.Dalferth, Der auferweckte Gekreuzigte, S.106).

durch Befolgung des kasuistisch auszulegenden Bundesgesetzes erreicht, sondern indem Menschen sich die Botschaft Jesu von der nahegekommenen Gottesherrschaft sagen lassen und ihr Leben auf die von Gott geschenkte Nähe der Gottesherrschaft einstellen. Damit löst Jesus mit seiner Botschaft Bund und Tora als Heilsweg ab. Als Repräsentant Gottes verkündet er einen neuen Weg zum Heil.

Aus diesem soteriologischen Neuansatz folgt auch, dass sich am Verhalten zu Jesus das eschatologische Geschick der Menschen entscheidet. Wenn Menschen seiner Botschaft Glauben schenken und sich mit ihrer ganzen Existenz auf sie einlassen, ist die Gottesherrschaft bereits im Leben dieser Menschen wirksam geworden, und diesen Menschen steht die vollendete zukünftige Gottesherrschaft offen. Wenn Menschen dagegen sich seiner Botschaft und seinem Wirken verweigern, verschließen sie sich der Gottesherrschaft und schließen sich somit selbst vom eschatologischen Heil aus. Dabei behauptet Jesus nicht, dass ein Eingehen in die Gottesherrschaft nur durch eine persönliche Beziehung zu ihm möglich ist. Doch wer Jesus und sein Wirken ablehnt, der trennt sich vom eschatologischen Heil.

Dem soteriologischen Neueinsatz entspricht auch ein inhaltlicher Neuansatz in der Formulierung des Gotteswillens. Aufgrund seiner Einsicht in Gottes eschatologisches Heilshandeln hat Jesus neben der Tora und der Tora übergeordnet einen neuen Erkenntnisgrund für den Willen Gottes. Von dieser unmittelbaren Erkenntnis des aktuellen Gotteswillens her bestimmt sich Jesu Rezeption der Tora wie auch seine übrige, nicht an der Tora orientierte Weisung. Auch in der Erteilung seiner Weisung erhebt Jesus somit den Anspruch, autoritativ als Repräsentant Gottes zu sprechen.

Ähnlich wie seine Weisungen scheint auch Jesu Kritik am Kult in einem soteriologischen Neuansatz zu gründen. Jesu Verkündigung kennt keinen kultisch vermittelten Zugang zur Gottesherrschaft. Offensichtlich verliert für Jesus der Tempelkult, ähnlich wie die Tora, seine soteriologische Dignität. Er wird von Jesus dabei – genausowenig wie die Tora – nicht grundsätzlich abgelehnt. Doch wo Menschen sich darauf verlassen, durch den Kult ihres Heils gewiss sein zu können, stehen sie in der Gefahr, sich der Gottesherrschaft zu verschließen.

4. Dass Jesus den Anspruch erhebt, die Wende zum eschatologischen Heil sei bereits geschehen, zeigt sich auch darin, dass er mit dem Zwölferkreis eine zeichenhafte Rekonstituierung des endzeitlichen Gottesvolkes vornimmt. Er selbst als der Berufende nimmt auch damit die Rolle des eschatologischen Repräsentanten Gottes ein. Dabei verzichtet er in seinem Wirken auf die negative und ausgrenzende Dimension, die erst mit der Vollendung der Gottesherrschaft verbunden ist: Die Trennung des wahren Gottesvolkes vom Rest, der sich der eschatologischen Wende verweigert.

5. Jesus nimmt nicht nur die Rolle des eschatologischen Repräsentanten Gottes gegenüber den Menschen ein, er ist zugleich auch der Mensch, der in seiner ganzen Existenz von der nahegekommen Gottesherrschaft her lebt. Er selbst steht in dem eschatologischen Gottesverhältnis, das er anderen eröffnet, vollbringt seine Machttaten und Wunder aus dem Glauben an Gottes heilsame Nähe heraus und lebt, wie es dem Willen Gottes entspricht. Offenbar ist es Jesus nur möglich, die Rolle als eschatologischer Repräsentant Gottes einzunehmen, indem er selbst der erste Hörer und Täter seiner Botschaft ist. Jesus ist also auch als Repräsentant der neuen, eschatologischen Existenz zu würdigen.[405]

6. Immer wieder war zu beobachten, dass Jesus seinen Anspruch, einzigartiger eschatologischer Repräsentant Gottes zu sein, sehr zurückhaltend zum Ausdruck brachte. Kaum wird er einmal explizit ausgesprochen, meist mehr in Andeutungen und implizit deutlich gemacht. Oft wird auch dem Hörer zugemutet, diesen Anspruch als Konsequenz der Verkündigung Jesu selbständig zu verstehen. Auch nützt Jesus die Rolle, die er implizit beansprucht, nicht aus, um sich über andere Menschen zu erheben. Es ist ein konstanter Zug am Wirken Jesu, „dass Jesus in seinem Wort und Tun aufgeht und nicht seine Würde zu einem Thema seiner Botschaft vor allen anderen macht.“[406] Diesen Zug gilt es im nächsten Kapitel verständlich zu machen.

7. Am Ende sei nun die Frage gestellt, die in der Nachfrage nach Jesu Selbstverständnis zumeist am Anfang steht: „Sah sich Jesus als Messias?“

Betrachtet man die verschiedenen Ausprägungen der jüdischen Messiaserwartung,[407] so ergibt sich, dass die differenzierte Rolle Jesu, die Jesus im Hinblick auf die nahegekommene Gottesherrschaft einnahm und für sich auch beanspruchte, nicht völlig in Deckung zu bringen ist mit einem der verschiedenen messianischen Konzepte.[408] Allerdings war die jüdische Messiaserwartung derart pluriform,[409] dass Jesu Selbstverständnis durchaus als messianisches verstanden werden konnte. So beanspruchte Jesus eine Rolle, die von ihrer Hoheit und Würde her durchaus auf der Höhe der verschiedenen messianischen Erwartungen anzusiedeln ist: Jesus sah sich als eschatologischer Repräsentant Gottes. Es sah einen qualitativen Unterschied

---

405 Man könnte schließlich auch sagen, Jesus sei der „Ort der Verwirklichung der Gottesherrschaft“ (I.U.DALFERTH, Der auferweckte Gekreuzigte, S.106).

406 G.BORNKAMM, Jesus, S.149.

407 Vgl. dazu z.B. G.THEISSEN/A.MERZ, Jesus, S.464-467; M.HENGEL, Studies in Early Christology, S.32-41 und J.ZIMMERMANN, Messianische Texte aus Qumran.

408 So auch F.HAHN, Methodologische Überlegungen, S.49, Anm.109.

409 Wie vielfältig und nur schwer auf einen Nenner zu bringen allein schon in Qumran die Messiaserwartung war, zeigt J.ZIMMERMANN, Messianische Texte aus Qumran. Vgl. auch M.HENGEL, Studies in Early Christology, S.32-41 und S.109.

zwischen sich selbst und allen anderen Boten Gottes in der Vergangenheit. Er verstand sich als der endgültige und maßgebliche Repräsentant Gottes. So lässt sich sagen: „Jesus hatte ein messianisches Selbstverständnis aber ohne Messiastitel."[410]

[410] G.THEISSEN/A.MERZ, Jesus, S.468. So z.B. auch M.HENGEL, Nachfolge, S.78.

Kapitel 6

Jesu Zurückhaltung in Hinblick auf seinen Hoheitsanspruch

Bei den bisherigen Analysen war an verschiedenen Stellen zu beobachten, dass Jesus darauf verzichtete, für seine Person einen bestimmten Status einzufordern oder Würde, Hoheit und Ehre zu beanspruchen. Diese Beobachtungen sind nun zunächst noch einmal zusammenzustellen und zu ergänzen, bevor über die sich daraus ergebenden Fragestellungen nachzudenken ist.

6.1 Jesu Zurückhaltung, seine eigene Person zum Thema zu machen

Wie in Kapitel 4 deutlich wurde, verzichtete Jesus darauf, sich mit einem der geprägten jüdischen Hoheitstitel zu bezeichnen. Auch wenn keiner dieser Titel in seiner vorgegebenen Prägung dem Selbstverständnis Jesu exakt entsprochen haben mag, wäre es für Jesus durchaus möglich gewesen, einen dieser Titel, die ja ohnehin an ihn herangetragen wurden, aufzunehmen und ihn seinem eigenen Verständnis entsprechend umzuprägen – wie es dann in der nachösterlichen Situation auch geschah. Darüber hinaus verzichtete Jesus auch darauf, einen neuen Hoheitstitel zu prägen[1] oder seine Rolle auf andere Weise griffig zu definieren.

Kapitel 5 zeigte ferner, dass Jesus immer dann, wenn er auf seinen Anspruch zu sprechen kam, Gottes eschatologischer Repräsentant zu sein, sich einer sehr zurückhaltenden Ausdrucksweise hinsichtlich seiner eigenen Person bediente:[2] So redete er in Hinblick auf sein eigenes Wirken im passivum divinum (Mt.11,2-6/Lk.7,18-23) oder sprach nur indirekt von sich selbst: „Hier ist mehr als Jona/Salomo" (Lk.11,31f/Mt.12,41f). Formulierungen wie „viele Propheten sehnten sich danach zu sehen, was ihr seht" (Lk.10,23f/ Mt.13,16f) und „die Gottesherrschaft ist ἐντὸς ὑμῶν" (Lk.17,21) ließen den Bezug auf seine eigene Person rätselhaft offen. Diese indirekte Art, von sich

[1] Wie in Kapitel 4 gezeigt wurde, prägte Jesus zwar den Namen „Menschensohn" für die indirekte Selbstbezeichnung, doch war dieser Ausdruck in Jesu Mund nicht als Hoheitstitel zu verstehen.

[2] Vgl. dazu Abschnitt 5.4.1.6 und 5.4.2.6.

selbst und seinem Wirken zu sprechen, war außerdem ein Grundzug einiger Gleichnisse Jesu, die als theologische Explikation seines Wirkens zu verstehen sind.[3] Jesu Person blieb geheimnisvoll.[4]

Jesus verzichtete auch darauf, den in seinem Selbstverständnis enthaltenen Anspruch auf irgendeine der sonst bekannten Weisen zu legitimieren: Jesus erzählte keine Berufungsgeschichte, er schilderte keine Visionen und Auditionen. Er verzichtete auf die klassischen prophetischen Formeln, mit denen Propheten ihre Botschaft als Gotteswort auswiesen.[5] Auch verweigerte er sich der Forderung nach einem Beglaubigungswunder (Mk.8,11f/ Mt.16,1.4/Lk.11,16; Mt.12,38f/Lk.11,16; vgl. auch Joh.2,18-22).[6] Nirgendwo versuchte Jesus die Vollmacht, die er gerade auch in der Erteilung seiner Weisungen beanspruchte, zu legitimieren. Herausgefordert zur Legitimation antwortet er ausweichend (Mk.11,27-33/Mt.21,23-27/Lk.20,1-8). An keiner Stelle machte er den Status seiner Person zum Thema, um damit seine Verkündigung zu begründen.[7]

Die bisherigen Beobachtungen lassen sich ergänzen durch weitere. In mehreren Heilungsgeschichten[8] wehrt sich Jesus bei der Entlassung der Geheilten mit dem Ausspruch „dein Glaube hat dich gerettet“ dagegen, seine

---

[3] Vgl. dazu Abschnitt 5.4.2.3 und H.WEDER, Gleichnisse, S.95.

[4] F.MUSSNER, Ursprünge und Entstehung der ntl. Sohneschristologie, S.82f spricht von „Rätselhaftigkeit“ Jesu: „Dieses ‘Rätselvolle’ scheint geradezu ein Konstitutivum der vorösterlichen ‘indirekten Christologie’ zu sein.“

[5] Vgl. G.BORNKAMM, Jesus, S.51; M.HENGEL, Nachfolge, S.70; M.TRAUTMANN, Zeichenhafte Handlungen, S.391f; E.P.SANDERS, Jesus, S.166f.

[6] Offensichtlich wurden Beglaubigungswunder gerade von Propheten erwartet (vgl. die verschiedenen Beispiele bei R.Meyer, ThWNT VI, S.827). Mk.2,1-12/Mt.9,1-8/ Lk.5,17-26 ist eben kein Beglaubigungswunder, da erst das sekundäre Menschensohn-Wort Mk.2,10 es zu einem solchen macht. Vgl. dazu Abschnitt 4.4.2.

[7] Vgl. G.BORNKAMM, Jesus, S.150: „Denn eben dies ist im höchsten Maße erstaunlich, dass Jesus diesen Anspruch nicht unmittelbar erhebt, sondern ihn aufgehen lässt in seiner Botschaft und in seinem Wirken, ohne beides von einem gleichsam vorgegebenen Amte her zu rechtfertigen und ohne die Würde, die man ihm zuerkennen will, zu bestätigen. So wenig er die Forderung seiner Gegner nach einer Legitimation erfüllt, so wenig auch die Erwartungen seiner Anhänger.“

[8] Mk.5,34/Mt.9,22/Lk.8,48; Mk.10,52/Lk. 18,42; Lk.17,19 (dort wohl sekundär – vgl. R.PESCH, Jesu ureigene Taten?, S.121f); vgl. auch Lk.7,50; Mt.8,10.13/Lk.7,9; Mk.2,5/ Mt.9,2/Lk.5,20; Mk.9,23/Mt.17,20/Lk.17,6; Mt.15,28(/Mk.7,29); Mk.5,36/Lk.8,50. Anders dagegen, aber redaktionell: Mt.9,28f (vgl. U.LUZ EKK I/2, S.58).
Paradigmatisch ist in diesem Zusammenhang die Erzählung von der Heilung der blutflüssigen Frau (Mk.5,24-34/Mt.9,20-22/Lk.8,42b-48), deren Heilung ja gerade durch die Besonderheit der Person Jesu ermöglicht wird (Mk.5,30/Lk.8,46: eine Kraft geht von ihm aus – anders Matthäus, der die Heilung auf Jesu Wort zurückführt). Das abschließende Wort „dein Glaube hat dich gerettet“ verschiebt dagegen die Ursache der Heilung von der Kraft Jesu auf den Glauben der Frau.

eigenen Fähigkeiten als Heiler und Exorzist zu sehr hervorzuheben.[9] Diese Entlassung ist nicht – wie nachösterlich wohl geschehen (vgl. Mt.9,28f) – zu verstehen im Sinne von „dein Glaube an *mich* hat dir geholfen", sondern wollte vielmehr sagen: „dein Glaube, dass *Gott* am Wirken ist,[10] und *nicht ich* haben dich gerettet."[11] Statt für die Heilungen Anerkennung und Verehrung seiner Person entgegenzunehmen, nahm Jesus mit diesem Ausspruch seine eigene Person zurück und verwies auf den Glauben der Geheilten und Gottes Wirken.[12] Dem entspricht, dass Jesus – soweit überliefert – seine Heilungen nie zum eigenen Vorteil nutzte. Nie ist die Rede von Geldzahlungen oder Geschenken. Dagegen finden sich Erinnerungen daran, dass Jesus sich nach Heilungen und Wundertaten der Volksmenge entzog, statt sich feiern zu lassen (z.B. Mk.1,32-38/Lk.4,38-43; Joh.6,15; vgl. auch Joh.2,24).

Zwei kleine Splitter in der Überlieferung verstärken den Eindruck, dass Jesus seine eigene Person nicht zum Gegenstand von Ehrerbietung machte: Auf die Frage des reichen Jünglings nach dem ewigen Leben, die dieser mit einem Kniefall und der Anrede διδάσκαλε ἀγαθέ einleitet, antwortet Jesus: „Was nennst du mich gut? Niemand ist gut als Gott allein!"

---

9 Es ist im Einzelfall schwer zu klären, welche Züge an der Überlieferung der Heilungsgeschichten authentisch sind. G.THEISSEN, Urchristliche Wundergeschichten, S.257 sucht den Sitz im Leben der Wendung „dein Glaube hat dich gerettet" in der urchristlichen Mission: „Die angesprochenen Menschen sollen dazu bewegt werden, sich der Gemeinde anzuschließen, die dem Unheil entkommen ist." Dies mag vielleicht mitschwingen, dürfte jedoch eher bei anderen Elementen der Wundergeschichten (wie z.B. Akklamationen) als Argument für eine nachösterliche Entstehung auszuwerten sein. Denn es ist nur schwer vorstellbar, dass nachösterlich in die Heilungsgeschichten ein Moment hätte eindringen können, das Jesu Anteil an den Heilungen schmälert. Wahrscheinlicher ist vielmehr, dass die in dieser Wendung zum Ausdruck kommende Zurückhaltung Jesu ein auffallender Grundzug seines Verhaltens bei Heilungen war, an den es auch nach Ostern noch deutliche Erinnerungen gab und der darum auch in sekundär gebildete Heilungserzählungen einwandern konnte. Für authentisch gehalten wird die Wendung auch von G.EBELING, Jesus und Glaube, S.237.

10 Auch G.EBELING, Jesus und Glaube, S.238f sieht den in den Heilungsgeschichten angesprochenen Glauben eindeutig auf Gott gerichtet und nicht auf Jesus.

11 So auch W.GRUNDMANN, ThHK II, S.152 zu Mk.5,34: „Nicht sich, sondern ihrem Glauben schreibt Jesus die Heilung zu." G.THEISSEN, Urchristliche Wundergeschichten S.62f und S.84 bringt das Glaubensmotiv bei Markus in Verbindung mit den Erschwernissen bei der Annäherung an den Wundertäter. Der Ausspruch „Dein Glaube hat dich gerettet" ließe sich dann so paraphrasieren: „dass du dich nicht hast abhalten lassen, den Weg zu mir zu suchen, hat dich gerettet." Auch diese Paraphrase verschiebt die Ursache für die Heilung von Jesus auf den Glauben der Geheilten selbst.

12 Vgl. auch H.STEGEMANN, Die Essener..., S.325 zu Mk.5,19: „Der von einer ganzen Dämonenlegion Befreite soll nicht *Jesus* dankbar sein, sondern seiner Familie daheim berichten, was *Gott* als 'der (alleinige) Herr für dich getan und wie er Erbarmen mit dir gehabt hat'." [Hervorhebungen im Original].

(Mk.10,17f/Lk.18,18f).[13] Sodann weist Jesus die indirekte Verherrlichung seiner Person durch die Seligpreisung seiner Mutter kühl zurück durch die entgegengesetzte Seligpreisung „Selig sind vielmehr die, die Gottes Wort hören und bewahren.“ (Lk.11,27f; vgl. EvThom.79).[14]

Zusammenfassend lässt sich sagen: Jesus verzichtete nicht nur darauf, eine Verehrung seiner Person, Hoheit und Ehre in Anspruch zu nehmen. Jesus verzichtete bereits darauf, seine Rolle, die er vor Gott und den Menschen einnahm, zu beschreiben oder gar zu definieren.[15] Er weigerte sich, die Frage „Wer ist dieser Jesus?“ zu beantworten oder überhaupt zum Thema zu

---

[13] Wahrscheinlich ist die jetzige Fassung des Apophthegmatas vom reichen Jüngling Ergebnis eines längeren Traditionsprozesses. K.Berger, Die Gesetzesauslegung Jesu, S.398-402 vermutet die Entstehung der Einleitung in die Perikope im hellenistischen Judenchristentum, da im hellenistischen Judentum Gott als ‘gut’ prädiziert wurde und die Ablehnung dieses Prädikats für Jesus zum Ausdruck bringe, dass Jesus keine neuen Gebote aufstellen wollte. Doch ist zu fragen, ob gerade im hellenistischen Judenchristentum nicht viel stärker die Tendenz zu beobachten ist, Jesus gottgleich erscheinen zu lassen, als ihn Gott qualitativ unterzuordnen. Dass die Antwort auch Christen in jüdischem Umfeld Schwierigkeiten machte, zeigt bereits die Änderung, die Mt. vornimmt (vgl. Mt.19,16f). Dabei ist hervorzuheben, dass die Entgegennahme besonderer Ehrungen für jüdische Lehrer nicht verpönt war (vgl. Taan.24b; Av.4,15; Mk.12,38f) und auch die Anrede „guter Meister“ zwar „ungewöhnlich“ (so J.Gnilka, EKK II/2, S.85), dennoch aber auch nicht ausgeschlossen war (vgl. Strack-Billerbeck II, S.24f). Es spricht also einiges dafür, dass die Zurückweisung der Anrede eine historische Erinnerung wiedergibt (so z.B. E.Schillebeeckx, Jesus, S.80; G.Theissen/A.Merz, Jesus, S.104, S.181, S.338 und S.484).

[14] Dieses Apophthegmata dürfte Spuren lk. Redaktion zeigen, im Kern aber auf Jesus zurückgehen. Offensichtlich hat der Makarismus in der Antwort Jesu Beziehungen zu Lk.1,45 und 2,19. Maria wird bei Lukas so dargestellt, dass sie nicht nur die selig zu preisende Mutter Jesu ist, sondern auch die Frau, die Gottes Wort hört und bewahrt (vgl. die Auslassung von Mk.3,21 und die Abschwächung von Mk.3,34f zu Lk.8,21 – vgl. W.Wiefel, ThHK III, S.222). Hätte Lukas aber das Apophthegmata selbst formuliert, so hätte er auf die Entgegensetzung in Jesu Antwort verzichtet (das Element der Entgegensetzung ist aus der Partikel μενοῦν nicht ganz herauszunehmen, wenn diese Partikel auch zur Steigerung dienen kann – vgl. W.Bauer, Wörterbuch, Sp.1020). Gerade diese Entgegensetzung passt jedoch zum Verhältnis Jesu zu seiner Familie, wie es auch an anderen Stellen dokumentiert ist (vgl. Mk.3,31-35/Mt.12,46-50/Lk.8,19-21; Mk.3,21). Die Überlieferung EvThom.79, die der Antwort Jesu eine andere Pointe gibt, unterstützt die These, dass der Kernbestand des Apophthegmatas authentisch ist, die Antwort jedoch redaktionell von Lukas positiv auf Maria bezogen wurde. Vgl. auch K.Berger, Wer ist Jesus, S.108-112, der zur Spitzenaussage kommt: „Jesus weist [...] für die Frage nach dem Glück mit Bedacht weg von sich selbst. Das Glück liegt nicht in einem erneuten Herrscher- und Persönlichkeitskult.“ (S.112).

[15] Vgl. dazu L.Goppelt, Theologie des NT, S.223: „Alle Aussagen über den eigentlichen Sinn seines Wirkens, über die Gegenwart des Reiches, über die Erfüllung der Weissagung und über den Verheißenen, sind in der ältesten Überlieferungsschicht eigentümlich verschlüsselt.“

machen und so die Voraussetzungen für Verehrung oder die Inanspruchnahme von Hoheit und Ehre zu schaffen.[16]

6.2 Der Widerspruch im Wirken Jesu und die Versuche, ihn aufzulösen

Die Rückfrage nach Jesu Selbstverständnis ergab, dass Jesus sich in seinem Wirken als eschatologischer Repräsentant Gottes verstand.[17] Dieses Selbstverständnis enthält einen im jüdischen Denken kaum noch zu steigernden Hoheitsanspruch.[18] Zugleich wurde deutlich, dass Jesus an keiner Stelle seines Wirkens diesen Hoheitsanspruch explizit zum Ausdruck bringt. Jesu Wirken durchzieht damit ein fundamentaler Widerspruch. In der Forschung wurden verschiedene Ansätze versucht, diesen Widerspruch zu erklären. Sie sind nun im Einzelnen zu betrachten.[19]

6.2.1 Zurückhaltung Jesu aus „strategischen Gründen"

Einige Erklärungsansätze nehmen an, Jesus habe sich nicht mit einem der bereitliegenden messianischen oder apokalyptischen Hoheitstitel bezeichnet, um seine Verkündigung nicht in irgendeiner Weise zu gefährden. So weisen zunächst eine Reihe von Autoren[20] auf den politischen Kontext des Wirkens Jesu hin: „Jesus lag offenbar nichts daran, vorzeitig und öffentlich als Messias ausgerufen zu werden und damit die im Volk verbreiteten (politischen)

---

[16] Dies alles wird nicht widerlegt durch das betonte Ich Jesu in den Antithesen. Dieses hat sachlich seinen Grund darin, dass Jesus seine Autorität der Autorität der Tora entgegenstellt. Gerade dabei verzichtet Jesus aber darauf, seine Autorität zu begründen und macht seine eigene Person nicht explizit zum Thema. Die Betonung des Ichs entsteht also durch die Konkurrenz zu einer anderen Größe. Ein vergleichbarer Fall stellt das sekundär eingefügte ἐγώ in Lk.11,20/Mt.12,28 dar (vgl. dazu Abschnitt).

[17] Vgl. das Ergebnis von Kapitel 5.

[18] Vgl. z.B. M.HENGEL, Nachfolge, S.74.

[19] Entscheidend ist die Einsicht, dass der beschriebene Widerspruch im Wirken des historischen Jesus selbst liegt und nicht erst zwischen vorösterlicher und nachösterlicher Wahrnehmung Jesu auftritt. Darum sind hier nicht zu betrachten Konzeptionen, die den Widerspruch zwischen Jesu Anspruch und seiner Zurückhaltung traditionsgeschichtlich lösen wollen – wie z.B. die von W.WREDE vertretene These, dieser Widerspruch käme erst dadurch zustande, dass nach Ostern das unmessianische Auftreten Jesu messianisch gedeutet wurde (Messiasgeheimnis, z.B. S.227-229). Zur Bedeutung der vorgetragen Überlegungen für die Interpretation des markinischen Messiasgeheimnisses und zur Auseinandersetzung mit W.WREDE vgl. Abschnitt 7.2.3.

[20] Neben den im Folgenden zitierten auch R.PESCH, Messiasbekenntnis (Teil 2), S.28; H.SCHÜRMANN, Wie hat Jesus seinen Tod bestanden?; S.334. P.POKORNÝ, Entstehung der Christologie, S.38 und bereits W.WREDE, Messiasgeheimnis, S.39.

Erlösungshoffnungen auf sich zu lenken."[21] Jesus hätte damit seine öffentliche Wirksamkeit gefährdet und „sein Leben leichtfertig aufs Spiel gesetzt, sowohl seitens des Herodes als auch erst recht seitens der Römer."[22] Daneben erklären manche Autoren Jesu Zurückhaltung mit didaktischen Überlegungen: Jesus habe seine Hörerinnen und Hörer mit der Sache der nahegekommenen Gottesherrschaft in Anspruch nehmen wollen, ohne sie durch die Inanspruchnahme eines Titels „mit dem formalen Anspruch eines Menschen"[23] zu konfrontieren, ohne ihnen eine bequeme und sichere Formel für ihre Rechtgläubigkeit an die Hand zu geben[24] oder die Anerkennung seiner Person „zur Voraussetzung für das Verständnis seiner Botschaft zu machen".[25] Andere meinen, „dass Jesus Wert darauf legte, die richtige Schätzung seiner Person nicht aufzudrängen, sondern allmählich von innen reifen zu lassen",[26] oder „daß Jesus gerade durch diese Art die Menschen verstricken, zum Nachdenken zwingen und in eine dauernde Beschäftigung mit seiner Vollmacht [...] veranlassen wollte."[27] Schließlich wird auch vermutet, dass Jesus keinen Hoheitstitel verwendete, weil die Rolle Jesu „in jüdischer eschatologisch-messianischer Erwartung nicht vorgegeben und deshalb mit den Schablonen und 'Titeln' solcher Erwartungen auch nicht zu fassen war"[28] bzw. Missverständnisse provozieren musste.

Alle diese Argumentationen laufen darauf hinaus, dass Jesus durch Explikationen über seine eigene Person die positive und sachlich adäquate Aufnahme seiner Verkündigung nicht gefährden wollte, dass Jesus sich also auf Grund einer bestimmten Verkündigungsstrategie die seine eigene Person betreffende Zurückhaltung auferlegte. Einige Züge dieser Zurückhaltung Jesu mögen auf diese Weise vielleicht nachvollziehbar werden, doch kann keiner der angeführten Erklärungsansätze begründen, warum Jesus gänzlich auf explizite Erläuterungen über sein Selbstverständnis verzichtete. Differenziertere Erklärungen hätten ihn – zumindest bei seinen Anhängern – sicher vor einer Einordnung in falsche Schubladen gesichert und damit einem Missverständnis eher Abhilfe als Vorschub geleistet. Auch hätte er zumindest seinen Jüngern gegenüber, bei denen der Glaube an seine Botschaft ja

---

[21] P.Stuhlmacher, Biblische Theologie des NT, S.114.

[22] V.Hampel, Menschensohn, S.84.

[23] L.Goppelt, Theologie des NT, S.225; vgl. auch ders., Der verborgene Messias; S.380.

[24] Vgl. E.Schweizer, Der Menschensohn, S.75 vgl. auch ders., NTD I, S.26 und ders., Die Jünger Jesu und die nachösterliche Kirche, S.459f.

[25] G.Bornkamm, Jesus, S.55; vgl. auch S.149 und 157.

[26] Dies eine von W.Wrede, Messiasgeheimnis, S.10 kritisierte Position; vgl. auch S.39.

[27] K.Berger, Theologiegeschichte, S.115; vgl. auch E.Schweizer, The Son of Man Again, S.89 und ders., Die Jünger Jesu und die nachösterliche Kirche, S.460f.

[28] R.Pesch, Abendmahl, S.181 (im Anschluss an A.Vögtle); ähnlich auch R.Pesch, Jesu ureigene Taten?, S.157 (im Anschluss an J.Becker) und W.Rebell, Jesus, S.116.

vorhanden war, nicht auf Erklärungen über seine Rolle verzichten müssen.[29] Wenn diese Erklärungsmodelle richtig wären, dann hätte Jesus geradezu die vertrauliche Jüngerbelehrung suchen müssen, um seinen Jüngern zum vollen Verständnis seiner Person und seiner Rolle aufzuhelfen.[30] Aber dies hat er offensichtlich nicht getan.

6.2.2 Das Warten Jesu auf seine Inthronisation durch Gott

Manche Autoren meinen in der neutestamentlichen Überlieferung Spuren einer sehr alten Christologie zu finden, welche die Auferstehung als Einsetzung in ein messianisches Amt verstanden habe (vgl. Acta 2,22-36; Röm.1,4).[31] Ist dies ein Indiz dafür, dass Jesus selbst auf eine – eventuell erst jenseits seines Todes liegende – machtvolle Inthronisation durch Gott gehofft hat, und seine Messianität bis zu diesem Zeitpunkt bewusst verborgen hielt?

Schon H.J.HOLTZMANN vertrat zu Beginn des 20. Jahrhunderts die These, Jesu Messianität sei parallel zu seiner Eschatologie zu verstehen:[32] Aus der Dialektik von zukünftiger Vollendung und jetziger Erfahrbarkeit der Gottesherrschaft ergebe sich, „dass der König des zukünftigen Reiches doch immerhin schon auf dem wirklichen Boden der Gegenwart anzutreffen ist, aber selbstverständlich nicht in seiner königlichen, sondern in einer Gestalt, die den Kategorien der Potenz und Latenz [...] entspricht.“[33] „Dann musste Jesus es Gott anheimstellen, wie und wann seine Messianität offenkundig werden sollte [...]. Die ganze Messiasfrage war dann ihrer Natur nach esoterisch, das Verbot, davon weiter zu reden, selbstverständlich geworden. Das ist das ganze ‘Messiasgeheimnis’.“[34]

Eine ähnliche Konzeption entwickelt ERIK SJÖBERG[35] mit der Annahme, Menschensohn-Logien aus allen drei Gruppen auf Jesus zurückführen zu können. Die Worte vom kommenden Menschensohn ließen dabei erkennen, dass Jesus sich in der Position des zukünftigen Weltrichters gesehen habe, der mit dem Gericht den Sieg über das Böse aber auch das Ende der Gnadenzeit vollziehe.[36] Während seines irdischen Wirkens jedoch habe Jesus,

---

[29] Schon W.WREDE, Messiasgeheimnis, S.40 bringt diesen Einwand. Vgl. auch M.HENGEL, Studies in Early Christology, S.29.

[30] Dieses Argument wird noch stärker, wenn bewusst wird, wie uneinheitlich und z.T. auch widersprüchlich die messianischen Erwartungen bei Jesu Zeitgenossen waren – vgl. dazu z.B. J.ZIMMERMANN, Messianische Texte aus Qumran, S.8 und M.HENGEL, Jesus, der Messias Israels, S.163.

[31] Forschungsgeschichtliche Einordnung bei G.THEISSEN/A.MERZ, Jesus, S.449.

[32] H.J.HOLTZMANN, Das messianische Bewusstsein Jesu (1907).

[33] H.J.HOLTZMANN, Das messianische Bewusstsein Jesu, S.18.

[34] H.J.HOLTZMANN, Das messianische Bewusstsein Jesu, S.93.

[35] Vgl. dazu E.SJÖBERG, Der verborgene Menschensohn (1955).

[36] Vgl. E.SJÖBERG, Der verborgene Menschensohn, S.242.

der als verborgener Messias bzw. Menschensohn noch nicht als Richter habe tätig sein müssen, seine Aufgabe darin gesehen, während der jetzt noch gewährten Gnadenzeit mit seiner Botschaft der Vergebung zur Umkehr zu rufen.[37] Da aber die Apokalyptik kein derartiges, dem eschatologischen Gericht vorausgehendes Wirken des Menschensohnes kannte, Jesus aber „schon vorher auf der Erde wirkte, konnte er es gemäss der gegebenen Menschensohnvorstellungen nur verborgen tun. Das Messiasgeheimnis ist also keine sekundäre Konstruktion des Mark. oder der Gemeindeüberlieferung. [...] Sie gehört darum auch zur geschichtlichen Wirklichkeit des Lebens Jesu, des Menschensohnes."[38]

In jüngerer Zeit wurde die These, Jesus habe sich als *messias designatus* verstanden, wieder von V.HAMPEL in die Diskussion gebracht.[39] HAMPEL behauptet, dass Jesus den auf seine Zeitgenossen rätselhaft wirkenden Ausdruck „der Menschensohn" verwendet habe, um seine Rolle als jetzt noch verborgener, zukünftig aber offenbarer Messias zu bezeichnen.[40]

Alle diese Konzeptionen, nach denen sich Jesus als ein „*messias designatus*" oder „verborgener Menschensohn" verstanden und seine zukünftige göttliche Offenbarung in Herrlichkeit erwartet habe, setzen die Authentizität der Worte vom Kommen des Menschensohns voraus. Zugleich gehen sie davon aus, dass Jesus beanspruchte, bei der Vollendung der Gottesherrschaft als Richter oder Herrscher zu wirken, und diesen Anspruch nur verhüllt zum Ausdruck gebracht habe, indem er z.B. sich nicht öffentlich mit dem Menschensohn identifizierte.[41] Doch sind diese drei Voraussetzungen – wie die Ausführungen in den Abschnitten 4.7.1 und 5.3 zeigten – nicht gegeben. Außerdem können diese Konzeptionen nicht erklären, warum Jesus nicht – zumindest seinen Jüngern gegenüber – sich deutlich über seine eigene, die apokalyptische Tradition umprägende Erwartung und damit über sein Selbstverständnis, geäußert haben sollte. Die These, dass Jesus sich als „*messias designatus*" oder als „verborgener Menschensohn" sah und deshalb bis zur Einsetzung in dieses Richter- und Herrscheramt ganz bewusst auf die Thematisierung seiner Person verzichtete, ist damit nicht zu halten.

---

[37] E.SJÖBERG, Der verborgene Menschensohn, S.244.

[38] E.SJÖBERG, Der verborgene Menschensohn, S.245f.

[39] V.HAMPEL, Menschensohn (1990). Eine ähnliche Position findet sich auch bei M.HENGEL, Studies in Early Christology, S.109: „not he himself [=Jesus], but the Father hat to reveal him as Messiah."

[40] V.HAMPEL, Menschensohn, S.70-79. Doch sind HAMPELS Rekonstruktionen der Menschensohn-Logien derart problematisch, dass seine These nicht ausreichend begründet erscheint. Vgl. dazu die Auseinandersetzung mit HAMPEL in den Abschnitten 4.3 – 4.6.

[41] So auch J.GNILKA, Jesus, S.263f und H.MERKLEIN, Jesu Botschaft, S.162-164.

6.2.3 Der Versuch Jesu, vorgegebenen Messiaserwartungen zu entsprechen

Die Spannung zwischen Jesu Anspruch, eschatologischer Repräsentant Gottes zu sein, und seiner Zurückhaltung, die eigene Person zu thematisieren, bemerkt sehr zutreffend auch J.C.O'NEILL.[42] Er versucht diese Spannung damit zu erklären, dass Jesus sich bemühe, einer ihm vorgegebenen jüdischen Messiaserwartung konform zu sein, die besage, der Messias dürfe seine Messianität nicht selbst behaupten, sondern müsse warten, bis Gott ihn für alle offensichtlich inthronisiere. In jüngerer Zeit wurde diese These mit neuen Argumenten von V.HAMPEL ins Spiel gebracht.[43] O'NEILL und HAMPEL versuchen ihre Behauptung der Existenz einer solchen Messiaserwartung durch eine Reihe von Beobachtungen zu stützen.

O'NEILL führt zunächst zehn Männer an, die den Berichten des Josephus zufolge zumindest zum Teil Messiasprätendenten waren.[44] Zwar sei nicht sicher zu sagen, welcher dieser zehn Männer sich selbst als Messias verstanden habe, aber es sei doch auffällig, dass keiner sich Messias genannt habe. Eine genauere Betrachtung der meist knappen Überlieferungen bei Josephus ergibt, dass fünf der von O'NEILL genannten Männer[45] für sich die Königswürde beanspruchten. Dass dies durchaus als messianische Selbstproklamation verstanden werden kann, zeigt die Bedeutung des Königstitels in der Passionsgeschichte. So ist zu vermuten, dass zumindest einige dieser Männer durchaus als Messiasprätendenten aufgetreten sind,[46] dass Josephus für sie aber den Messiastitel vielleicht darum nicht verwendete, weil er Vespasian diese Würde zugemessen hatte.[47] Die anderen fünf von O'NEILL Genannten[48] enthielten sich zwar offensichtlich des Messiastitels,

[42] Dazu J.C.O'NEILL, The silence of Jesus; S.153-167, v.a. S.165-167.

[43] V.HAMPEL, Menschensohn, S.70-79. HAMPEL scheint den Aufsatz O'NEILLS nicht zu kennen.

[44] J.C.O'NEILL, The silence of Jesus; S.165. Alle bei J.C.O'NEILL genannten und noch einige weitere finden sich auch in der Auflistung von J.D.CROSSAN, Jesus, S.585f. Die ergänzenden Angaben bei CROSSAN können O'NEILLS Argumentation nicht stärken.

[45] Und zwar Judas, Sohn des Ezekias (Bell.2,56; Ant.17,271f); Simon, der Exsklave des Herodes (Bell.2,57-59; Ant.17,273-277); Athronges, der Hirte (Bell.2,60-65; Ant.17,278-284), Menahem, Sohn oder Enkel von Judas, dem Galiläer (Bell.2,433f; 2,441-448) und Simon, Sohn des Giora (Bell.2,521; 2,652-654; 4,503-544; 4,573-584; 7,26-36; 7;118 7,153-155). Stellenangaben O'NEILLS zum Teil ergänzt.

[46] Vgl. G.THEISSEN/A.MERZ, Jesus, S.139 und J.D.CROSSAN, Jesus, S.272-284.

[47] So J.D.CROSSAN, Jesus, S.276.

[48] Und zwar ein namentlich nicht bekannter Samaritaner (Ant.18,85-89); Theudas (Ant.20,97f; vgl. Acta 5,36); ein namentlich nicht Bekannter, genannt „der Ägypter“ (Bell.2,261-263; Ant.20,167-172; vgl. Acta 21,38); Jonathan von Cyrene (Bell.7,437-450) und Jesus, Sohn des Ananus (Bell.6,300-309). Zur historischen Einordnung und Charakteristik dieser und weiterer religiös-politischer Führer vgl. J.D.CROSSAN, Jesus, S.167-197, 224-236 und S.244-307.

beanspruchten aber zumeist andere eschatologische Erwartungen zu erfüllen. Sie machten also – anders als Jesus – ihre Person sehr deutlich zum Thema ihrer Botschaft. Dem entspricht, dass in den eschatologischen Hoffnungen des Judentums zur Zeit Jesu der Titel „Messias" nur ein Begriff unter vielen anderen war.[49] Die Beschränkung der Fragestellung auf die explizite Selbstbezeichnung mit dem Titel „Messias" dürfte bereits eine problematische Einengung darstellen. So dürfte jemand, der sich als zweiter Mose oder zweiter Josua ausgab, auch einen messianischen Anspruch erheben – „messianisch" jetzt in einem weiteren und offeneren Sinn. Ob schließlich Bar Kochba, der von Rabbi Akiba als Messias ausgerufen wurde, hier als Gegenbeispiel zu rechnen ist, kann dahingestellt bleiben.[50]

In einem zweiten Argumentationsgang führen O'Neill und Hampel einige Stellen aus der jüdischen Literatur an,[51] in denen ausgeführt wird, dass die Identität des Messias unbekannt sei, bis dass Gott diesen durch die Inthronisation öffentlich präsentieren würde. Schon Wilhelm Wrede erhebt jedoch große Einwände dagegen, in dieser Messiaslehre ein Motiv für eine bewusste Selbstverhüllung Jesu zu sehen. Denn es ist ein Unterschied zwischen der bewussten Zurückhaltung, die sich Jesus während seines Wirkens als eschatologischer Repräsentant Gottes auferlegte, und dem – in der Lehre vom unbekannten Messias erwarteten – inhaltslosen Dasein des Messias vor seinem Auftreten, bei dem nicht einmal der Betreffende selbst „weiss von seiner Bestimmung. M. a. W. diese Idee ist nichts weiter als der Schatten der wichtigeren Vorstellung von einem unberechenbaren, plötzlichen Erscheinen des Messias in Herrlichkeit."[52]

---

[49] Vgl. z.B. J.Becker, Jesus, S.237. Auch die Jesus-Überlieferung selbst lässt die Vielzahl der Erwartungen deutlich werden (vgl. Mk.6,14f/Lk.9,7f; Mk.8,28/Mt.16,14/Lk.9,19; Joh.7,40f).

[50] O'Neill könnte einwenden, dass eben gerade diese Ausrufung durch Rabbi Akiba die göttliche Inthronisation darstellte.

[51] Vgl. BHM.III,73,17 (zu finden z.B. bei Strack-Billerbeck III, S.10); Justin, Dialog, 8,4; 49,1 und 110,1 (vgl. Strack-Billerbeck II, S.489); vgl. auch Joh.7,27; 6,42. Vgl. dazu auch M.de Jonge, Jewish Expectations, S.255; V.Hampel, Menschensohn, S.71-74 und E.Sjöberg, Der verborgene Menschensohn, S.80-82. Die Weiterentwicklung der Vorstellung bei den späteren Rabbinen wird dargestellt bei Sjöberg, S.72ff.

[52] W.Wrede, Messiasgeheimnis, S.213. V.Hampel meint jedoch, aus der Existenz der nachweisbaren Vorstellung von der verborgenen Existenz des Messias die Konzeption eines verborgenen *messias designatus* ableiten zu können: „Damit wäre die Lehraussage: Der Messias weiß zunächst selbst nicht, wer er ist, die rabbinische Antwort auf die andere: Der Messias selbst weiß um seine Bestimmung, aber bis Gott ihn als seinen Messias offenbart, bleibt er als solcher verborgen." (Menschensohn, S.73). Diese traditionsgeschichtliche Ableitung ist jedoch sehr spekulativ. So lässt sich die rabbinische Vorstellung zum Beispiel auch als Trostmotiv erklären, das in notvoller Zeit die Hoffnung auf die – wenn auch noch nicht offensichtliche, aber dennoch bereits bestehende – messianische Präsenz und bevorstehende Rettung festhält.

Einen direkten Beleg für die Existenz der Vorstellung vom verborgenen *messias designatus* meint HAMPEL mit einem Textfragment aus Qumran liefern zu können.[53] Dieses Fragment, das von Lücken durchsetzt ist, enthält wohl die Vorstellung von der Jugendzeit des Messias, die in Analogie zur Jugendzeit Davids beschrieben wird. Doch lässt sich dieses Fragment auch im Sinne der bereits belegten Vorstellung lesen, die besagt, dass dem Messias selbst seine Messianität vor seiner Inthronisation noch verborgen sei. Ausdrücklich wird gesagt, dass der Messias während seiner Jugendzeit noch keine Kenntnis (seiner Messianität?) habe (Zeile 4). Nach Erwerb dieser Erkenntnis, scheint er bereits das messianische Amt auszuüben, denn jetzt kommen die Menschen bereits auf den Knien zu ihm (Zeile 5). Auch dieses Textfragment ist also kein eindeutiger Beleg für die These HAMPELS.

Schließlich versucht HAMPEL auch die Rede des Täufers vom ἐρχόμενος (Mt.3,11, vgl. auch Mk.1,7/Lk.3,16; Mt.11,3/Lk.7,19f; Joh.1,15.27.30; Acta 13,25) bzw. ἰσχυρότερος (Mk.1,7/Mt.3,11/Lk.3,16) als Beleg für die Vorstellung des verborgenen *messias designatus* auszuwerten: Noch ist der Messias „verborgen, auch dem Täufer selbst, doch bald tritt er auf."[54] Doch auch dies ist kein zwingender Beleg dafür, dass der kommende Messias um seine Würde wissen, sich selbst aber noch bis zu seiner Inthronisation bewusst verborgen halten würde.

Als weiteren Beleg will O'NEILL die Rede Gamaliels vor dem Hohen Rat (Acta 5,34-39) anführen. Das zentrale Argument dieser Rede, in der es um die Frage geht, ob die predigenden Jünger Jesu zu verfolgen oder zu tolerieren sind, lautet: „Wenn dieses Vorhaben oder dieses Werk von Menschen stammt, wird es zerstört werden; wenn es aber von Gott stammt, dann könnt ihr sie nicht vernichten." (Acta 5,38f). O'NEILL leitet aus diesem Argument den sicher auch in jüdischen Kreisen vorhandenen Grundsatz ab, dass die Messianität eines Menschen nicht durch die bloße Behauptung, sondern allein durch seine Wirkung erwiesen werden kann.[55] Doch stellt sich die Frage, ob dieser Grundsatz die Behauptung der Messianität durch einen Messiasprätendenten ausschließt. Das Argument Gamaliels wird ja erst dort relevant, wo von einem oder für einen Menschen der Messiasanspruch erhoben wird. Aus diesem Grundsatz kann zwar gefolgert werden, dass das Selbstzeugnis eines Messiasprätendenten nicht ausreichend ist (vgl. auch Joh.5,31 und 8,13f), um seine Messianität zu erweisen, nicht aber, dass es verboten sei, messianische Würde zu beanspruchen.

Auch HAMPEL bezieht sich auf die Rede Gamaliels, der den – vermeintlichen – Messiasprätendenten Theudas mit der Formulierung λέγων εἶναί

[53] Bezeichnet als 4QMess. Zugänglich bei J.CARMIGNAC, Les Horoscopes de Qumran.

[54] V.HAMPEL, Menschensohn, S.78.

[55] Vgl. dazu auch Mt.7,15-20, wo in urchristlichem Kontext derselbe Grundsatz auf die Unterscheidung von wahren und falschen Propheten angewandt wird.

τινα ἑαυτόν charakterisiert (Acta 5,36). HAMPEL meint dazu: „Theudas wollte endlich als der offenbar werden, der er verborgen bereits zu sein glaubte.“[56] Doch scheint diese Interpretation mehr in die sehr offene Formulierung einzutragen, als sich direkt aus ihr ablesen lässt. Diese Umschreibung könnte einfach daher kommen, dass Lukas nicht genau wusste oder nicht genau sagen wollte, für wen sich Theudas ausgab.

Schließlich führt O'NEILL als weiteren Beleg Joh.19,7 an, wo die jüdischen Ankläger Jesu vor Pilatus folgende Beschuldigung erheben: „Wir haben ein Gesetz, und nach diesem Gesetz muss er sterben, ὅτι υἱὸν θεοῦ ἑαυτὸν ἐποίησεν.“ O'NEILL geht davon aus, dass – nach der johanneischen Darstellung – Jesus wegen blasphemischer Beanspruchung der Messianität verklagt wird, da „Sohn Gottes“ nach 2.Sam.7,14 ein messianischer Titel sei.[57] Doch auch dieses Argument O'NEILLS kann nicht überzeugen. So könnte der Widerspruch der Gegner Jesu dadurch provoziert sein, dass Jesus sich mit dem Titel „Sohn Gottes“ gotteslästerlich an Gottes Stelle setzt[58] oder dass Jesus einen Messiasanspruch erhebt, der nach der Messiaserwartung seiner Gegner überhaupt nicht gerechtfertigt erscheint. Dass also – wie O'NEILL meint – hier auf eine Regel Bezug genommen wird, die die Selbstausrufung zum Messias verbot, ist nur eine von drei Interpretationsmöglichkeiten, und vom Kontext des Johannes-Evangeliums her keinesfalls die wahrscheinlichste. So war es denn nach verbreiteter Ansicht zur Zeit Jesu auch „kein Verbrechen und keine Gotteslästerung, messianische Ansprüche zu erheben.“[59]

Schließlich will HAMPEL nachweisen, dass das „Schema von Designation und Inthronisation des Messias der messianischen Erwartung von Anfang an beigegeben war und von dieser nicht zu trennen ist.“[60] HAMPEL verweist auf 1.Sam.16,1-13, auf die spätere Praxis des Südreichs, den jeweiligen Thronfolger lange vor seiner Inthronisation zu designieren, und auf die Designation des Davididen Serubbabel durch Haggai und Sacharja (z.B. Hag.2,21-23).[61] Doch mit Ausnahme von 1.Sam.16 setzen alle Beispiele HAMPELS gerade voraus, dass die Designation eine öffentliche Angelegenheit

---

[56] V.HAMPEL, Menschensohn, S.78.

[57] Zwar ist umstritten, ob „Sohn Gottes“ ein jüdischer Messiastitel war, doch sei dies zugestanden. Vgl. G.THEISSEN/A.MERZ, Jesus, S.491f und S.527f zu 4Q246.

[58] Eine solche Interpretation diskutieren G.THEISSEN/A.MERZ, Jesus, S.406.

[59] H.LEROY, Jesus, S.107. Ebenso auch E.P.SANDERS, Jesus, S.270 und S.272; G.BORNKAMM, Jesus, S.144 und G.THEISSEN/A.MERZ, Jesus, S.405f.

[60] V.HAMPEL, Menschensohn, S.74. Zum Folgenden vgl. S.74-76.

[61] Die vermeintliche Parallele zum Daseinsverständnis der Gerechten, für das die Konzeption von Erniedrigung und Erhöhung konstitutiv sei, dürfte zur Begründung der Existenz einer Vorstellung vom verborgenen *messias designatus* zu weit hergeholt sein (vgl. V.HAMPEL, Menschensohn, S.76f).

war. Sie sind damit geradezu Gegenbeispiele gegen die Behauptung, es habe die Erwartung eines verborgenen *messias designatus* gegeben.

Damit lässt sich feststellen, dass die Belege, die O'NEILL und HAMPEL für die Existenz einer jüdischen Messiaslehre anführen, nach der der Messias sich nicht selbst proklamieren dürfe, die Existenz dieser Lehre nicht wahrscheinlich machen können. Allerdings scheint die Vorstellung, dass die Person des Messias und seine Herkunft bei seiner Inthronisation bzw. bei seinem Auftreten unbekannt sei, in manchen Kreisen verbreitet gewesen zu sein. Doch selbst wenn – was sehr zweifelhaft scheint[62] – diese Vorstellung die zeitgenössischen Endzeiterwartungen maßgeblich bestimmt hätte, kann sie nicht Jesu Zurückhaltung, seine eigene Person zum Thema zu machen, begründen. Durch diese Zurückhaltung hätte Jesus ja nicht das Wissen um seine Herkunft ungeschehen machen können. Außerdem hätte er, wenn er seinen Anspruch, eschatologischer Repräsentant Gottes zu sein, öffentlich zu proklamieren beabsichtigt hätte, sich mit diesem Element jüdischer Messiaserwartung ja auch offensiv auseinandersetzen können, vergleichbar seiner Auseinandersetzung mit der Zeichenforderung der Pharisäer.

GERD THEISSEN und ANNETTE MERZ haben in jüngerer Zeit die These aufgestellt, Jesus habe auf messianische Titel verzichtet, weil er sich als der von Johannes dem Täufer angekündigte ἐρχόμενος (Mt.3,11, vgl. auch Mk.1,7/Lk.3,16; Mt.11,3/Lk.7,19f; Joh.1,15.27.30; Acta 13,25) oder ἰσχυρότερος (Mk.1,7/Mt.3,11/Lk.3,16) verstanden habe und „diese Mittlergestalt keinen der üblichen messianischen Titel" trug.[63] Gegen diese These spricht jedoch, dass sich kein direkter Beleg für sie finden lässt und dass sich auf diese Weise auch nicht erklären lässt, warum Jesus darauf verzichtet, sein Selbstverständnis genauer zu erklären.

So lässt sich Jesu Zurückhaltung, den implizit von ihm erhobenen Anspruch, eschatologischer Repräsentant Gottes zu sein, auch explizit und in aller Deutlichkeit zum Ausdruck zu bringen, nicht durch eine vorgegebene jüdische Messiaserwartung erklären. Da diese Zurückhaltung auch nicht mit politischen oder didaktischen Überlegungen oder einem Selbstverständnis Jesu als *messias designatus* zu erklären ist, muss ein Neuansatz gesucht werden.

---

[62] Die zeitgenössischen Erwartungen bezüglich des Auftretens des Messias scheinen sehr vielgestaltig und teilweise sogar widersprüchlich gewesen zu sein. Davon zeugt schon Joh., der sich intensiv mit diesen Messiaserwartungen auseinandersetzt. So zitiert Joh.7,27 die Überzeugung „wenn der Messias kommt, weiß niemand, woher er stammt", während Joh.7,42 eine entgegenlaufende Erwartung zitiert: „Sagt nicht die Schrift: Der Messias kommt aus dem Geschlecht Davids und aus dem Dorf Bethlehem, wo David lebte".

[63] G.THEISSEN/A.MERZ, Jesus, S.196-198 und S.216.

6.3 Das Selbstverständnis Jesu als Grund für Jesu Zurückhaltung hinsichtlich seiner Person

Der vermeintliche Widerspruch zwischen Jesu Anspruch, Gottes eschatologischer Repräsentant zu sein, und seinem Verzicht, die eigene Person zum Thema zu machen, sowie Ehre und Hoheit für sich zu beanspruchen, löst sich auf, wenn erkannt wird, dass es genau diese Rolle des eschatologischen Repräsentanten Gottes ist, die Jesus dazu führt, sich hinsichtlich seiner Person derart zurückzunehmen.[64] Diese These soll nun begründet werden.

In Abschnitt 5.4 wurde deutlich, dass zur Rolle Jesu als des eschatologischen Repräsentanten Gottes gehört, dass Jesus selbst so lebt, wie es der nahegekommenen Gottesherrschaft entspricht. Er selbst steht im eschatologischen Gottesverhältnis, das er anderen eröffnet. Er kann seine Heilungen und Machttaten nur vollbringen, weil er selbst vom Glauben an die heilsame, eschatologische Nähe Gottes getragen wird. Und er führt auch selbst ein Leben nach dem Willen Gottes, den er verkündigt. Jesus verwirklicht in seiner Person eine paradigmatische Existenz. Im Folgenden soll nun an Hand einiger Elemente der Verkündigung Jesu gezeigt werden, dass es dem Ethos der nahegekommenen Gottesherrschaft und also dieser paradigmatischen Existenz Jesu widersprochen hätte, wenn Jesus sich selbst – und damit seine Rolle und seinen Anspruch – zum Thema gemacht oder wenn er für sich selbst Ehre, Hoheit, Würde und Herrschaft beansprucht hätte.

6.3.1 Verzicht auf einen übergeordneten Status angesichts der schon nahegekommenen Gottesherrschaft

Ein erster Argumentationsgang soll eine Reihe von Jesus-Überlieferungen daraufhin befragen, welche Haltungen gegenüber Gott und gegenüber den Mitmenschen der nahegekommenen Gottesherrschaft entsprechen.

a) Die Gottesherrschaft empfangen wie die Kinder

Innerhalb und außerhalb der synoptischen Jesus-Überlieferung finden sich mehrere Jesus-Logien, welche die Gottesherrschaft denjenigen verheißen, die sie wie Kinder empfangen. Bei zwei Logien ist anzunehmen, dass es sich um authentische Jesus-Überlieferung handelt:[65] So wird im

---

[64] Dies widerspricht diametral der Behauptung K.BERGERS, „daß es wesentlich auch evangelische Sündenlehre war, die im Namen der Demut dem vorösterlichen Jesus geradezu verboten hat, etwas über sich selbst und die eigene Hoheit zu sagen oder zu denken." (Theologiegeschichte, S.113).

[65] In dem dieser Gruppe auch zuzurechnenden Logion Mt.18,4 „Wer sich nun wie dieses Kind erniedrigt, der ist groß im Himmel" dürfte „wie dieses Kind" ein sekundärer Einschub sein, mit dem Mt. den Zusammenhang zum Vorausgehenden verstärkt (So W.GRUNDMANN, ThHK I, S.414). Auf Mt.18,4 wird noch unten zurückzukommen sein.

Zusammenhang der Kindersegnung das Wort „lasst die Kinder zu mir kommen und hindert sie nicht, denn ihrer ist die Gottesherrschaft“ (Mk.10,14/ Mt.19,14/Lk.18,16) überliefert.[66] Das Logion begründet den Vorzug der Kinder nicht und bietet darum Raum für diverse Interpretationen. Doch ist die Nähe der Kinder zur Gottesherrschaft weder in ihrer vermeintlichen Unschuld begründet,[67] noch in ihrer Natürlichkeit oder Unverbildetheit, und schon gar nicht in ihrer noch nicht entwickelten Sexualität.[68] Die besondere Nähe der Kinder zur Gottesherrschaft besteht nicht in einer Qualität, welche die Kinder vorzuweisen hätten, sondern darin, dass ihr Status defizitär ist und sie darum die Gottesherrschaft nur empfangen können.[69] Sie können nichts vorweisen, was ihren Zugang zur Gottesherrschaft begründen könnte, sondern können sich die Gottesherrschaft – genauso wie die seliggepriesenen Armen und die Zöllner und Sünder – nur schenken lassen.[70]

---

[66] Mt. bietet eine leicht abgewandelte Variante, die aber keine inhaltlichen Differenzen aufweist. Eine ähnliche Überlieferung, die aber dann ganz anders ausgedeutet wird, findet sich im EvThom.22. Zu vergleichen ist auch Joh.3,3. Gelegentlich wird diskutiert, ob das Logion eine Legitimation der Kindertaufe bieten wollte (Stichwort Taufhindernis – vgl. Acta 8,36; 10,47; 11,17). Jedoch geht es zu weit, die Entstehung des Logions aus einer für das 1. Jahrhundert nicht nachzuweisenden Diskussion um die Kindertaufe ableiten zu wollen.
In jüdischer und hellenistischer Tradition wurden Kinder und Kindheit nicht gerade hoch geachtet (vgl. A.Oepke, ThWNT V, S.644-647), so dass kaum damit zu rechnen ist, dass dieses Logion aus jüdischer Tradition übernommen oder von einer Gemeinde gebildet wurde. Auch wird weder in rabbinischen Texten noch in Qumran die kindliche Haltung des Sich-beschenken-Lassens zum Vorbild der rechten Haltung vor Gott erhoben (So H.Merklein, Gottesherrschaft, S.128f). Umgekehrt steht die Verheißung der Gottesherrschaft an die Kinder in einer Linie zur Seligpreisung der Armen und zu Jesu Zuwendung zu Zöllnern und Sündern. Darum ist davon auszugehen, dass hier authentische Jesus-Überlieferung anzutreffen ist (so auch J.Gnilka, EKK II/2, S.82).

[67] Auch wenn das Judentum selbstverständlich darum weiß, dass unmündige Kinder nicht für ihre Taten juristisch verantwortlich zu machen sind, ist doch eine theologische Qualifizierung der Kindheit als einer Zeit ohne Sünde und Schuld nicht denkbar. Kinder gelten auf Grund ihrer Kindheit keinesfalls als „unschuldig“, sondern sie stehen wie die Erwachsenen auf Grund ihrer Geburt in einem Schuldzusammenhang (vgl. Ps.51,7; Hiob 25,4 – siehe auch A.Oepke, ThWNT V, S.645). Auch Jesus sieht – unter Absehung der Taten Einzelner – alle Glieder seines Volkes in einem grundsätzlichen Schuldzusammenhang (vgl. Abschnitt 5.2).

[68] Hirt des Hermas sieht den Vorzug der Kinder in ihrer Geschlechtsunreife. Dort lautet die Überlieferung so: „Werdet wie die unmündigen Kinder, die die Unzucht nicht kennen, die das Leben der Menschen zerstört.“ (Herm mand.II,1; vgl. auch Herm sim.IX, 29,3). Die Geringschätzung der Sexualität steht wohl auch hinter der Vorbildlichkeit der Kinder in EvThom.22 (vgl. J.D.Crossan, Jesus, S.358-360).

[69] So W.Wiefel, ThHK III, S.320; ähnlich auch J.D.Crossan, Jesus, S.360-362.

[70] W.Wiefel. ThWNT III, S.320: „Inhaltlich steht die Zusage der Gottesherrschaft an die Kinder den Makarismen der Feldrede nahe“ – vgl. hierzu Abschnitt 5.4.1.1.

Bei Markus schließt sich im selben Zusammenhang einer der so genannten Einlasssprüche[71] an, der wohl selbständig überliefert und dessen ursprünglicher Kontext nicht mehr sicher rekonstruierbar ist (Mk.10,15/ Lk.18,17/Mt.18,3).[72] Er lautet in der markinischen Fassung:[73] „Amen, ich sage euch: wer die Gottesherrschaft nicht annimmt wie ein Kind, wird nicht in sie eingehen."[74] Auch hier wird nicht auf eine idealisierte Qualität der Kinder angespielt, sondern auf ihren defizitären Status.[75] Darum dienen sie als Vorbild für die Erwachsenen, die sich auf ihren erreichten Status, ihre Leistung und Verdienste berufen. Diese müssen umkehren zu einer Haltung, die auf alles Anrecht auf die Gottesherrschaft verzichtet und sich diese schenken lässt. Das Beanspruchen eines erreichten Status, der gegenüber dem anderer hervorgehoben ist, widerspricht der nahegekommenen Gottesherrschaft.

b) Sich am Beispiel vom dienenden Sklaven orientieren

Mit einem Vergleich beschreibt Lk.17,7-10, wie die eigenen Leistungen und Taten angesichts der nahegekommenen Gottesherrschaft zu würdigen sind: „(7) Wer aber von euch, der einen Sklaven hat, der pflügt oder weidet, wenn er vom Feld kommt, wird ihm sagen: 'Sofort komm her und lege dich (zu Tisch)? (8) Sondern wird er ihm nicht sagen: 'Bereite zu, was ich essen werde, und gürte dich, um mir (bei Tisch) zu dienen, bis ich gegessen und getrunken habe, und danach iss und trink (auch) du!' (9) Entbietet er etwa dem Sklaven Dank, dass er das Befohlene getan hat? (10) So auch ihr, wenn ihr

---

[71] Formal gesehen nennen die sog. Einlasssprüche die Bedingungen zum Eingehen in die Gottesherrschaft. Inhaltlich zeigt sich aber, dass das Annehmen der Gottesherrschaft „wie ein Kind" gerade keine zu erbringende Leistung, sondern eine durch die Nähe der Gottesherrschaft von Gott geschaffene Möglichkeit ist, die es lediglich wahrzunehmen gilt. Zur Problematik des Begriffs „Einlassspruch" vgl. E.Jüngel, Paulus und Jesus, S.183f, Anm.4.

[72] Während Mk. dieses Logion im Zusammenhang mit der Kindersegnung überliefert, steht es bei Mt. im Kontext der Frage, wer der Größte in der Gottesherrschaft sei. Wie auch der abweichende Wortlaut zeigt, kann Mt. wohl auf eine eigenständige Überlieferung des Logions zurückgreifen.

[73] Ob nun Mk.10,15 (so z.B. H.Merklein, Gottesherrschaft, S.117 und E.Jüngel, Paulus und Jesus, S.182) oder Mt.18,3 (so J.Becker, Jesus, S.391f; W.Grundmann, ThHK II, S.273; J.Gnilka, EKK II/2, S.80) die ursprüngliche Formulierung besser überliefert, ist schwer zu klären und auch für die nachfolgenden Überlegungen unerheblich.

[74] Hinsichtlich der Authentizität dieses Logions sind hier dieselben Überlegungen anzustellen wie bei Mk.10,14/Mt.19,14/Lk.18,16. Da dieses Logion nun in keinem Fall als ein Legitimationsversuch der Kindertaufe zu werten ist, ist hier noch mit größerer Gewissheit von der Authentizität auszugehen. Dafür spricht auch die Gestaltung in Form eines ἀμὴν-λέγω-ὑμῖν-Spruches, die sowohl in den Varianten bei Mk. und Mt. gegeben ist. Ebenfalls als authentisch wird das Logion gewertet von J.Becker, Jesus, S.391f; H.Merklein, Gottesherrschaft, S.128 und H.Weder, Gegenwart und Gottesherrschaft, S.43.

[75] Erst mit 12 Jahren war ein jüdischer Junge ein בַּר מִצְוָה.

alles getan habt, was euch befohlen war, sagt: Wir sind armselige Sklaven, was wir zu tun schuldig waren, haben wir getan." Dieser wohl authentische Vergleich[76] umreißt das Bild eines Frommen, der trotz seiner Frömmigkeit und seiner engagierten Befolgung des Gotteswillens sich nicht der Gottesherrschaft verschließt. Der vorbildhafte Sklave weiß um seinen wahren Status gegenüber seinem Herrn und erhebt darum keine Ansprüche für sich selbst, auch wenn diese sich aus seinen Leistungen eigentlich rechtfertigen ließen. Sein Status als Sklave ist derart, dass er keine Ehrerbietung erwarten kann.[77]

c) Sich das Beispiel vom Pharisäer und vom Zöllner gesagt sein lassen

Genau um dieselbe Problematik dreht sich die im lukanischen Sondergut überlieferte Beispielgeschichte vom Pharisäer und vom Zöllner.[78] In dieser Erzählung gibt der Zöllner das Beispiel ab für den Menschen, der um seine wahre Stellung vor Gott – nämlich Sünder zu sein – weiß, diese Stellung vor Gott anerkennt und dennoch auf Gottes Gnade hofft, der damit Gott gegenüber die angesichts der nahegekommenen Gottesherrschaft angemessene

---

[76] Einiges spricht für die Authentizität des Vergleichs. Zwar gibt es jüdische Parallelen (vgl. W.Wiefel, ThHK III, S.303) und eine Entstehung in der nachösterlichen Polemik gegen den Pharisäismus ist ebenfalls möglich. Andererseits ist die Übereinstimmung mit den bereits besprochenen authentischen Teilen der Jesus-Überlieferung so groß, dass sich dieser Vergleich – gerade auch mit seinem Sprachstil – bruchlos in die authentische Jesus-Überlieferung einfügt – so besonders die Einleitung „wer unter euch..." (vgl. Lk.11,11/Mt.7,9; Lk.11,5; Lk.14,5/Mt.12,11; Lk. 15,4; Lk.15,8). Von der Authentizität überzeugt sind J.Bekker, Jesus, S.299; W.Wiefel, ThHK III, S.301 und 303 und H.Merklein, Gottesherrschaft, S.132. Auch die Applikation auf die Hörer dürfte zur ursprünglichen Fassung des Vergleichs gehören (anders J.Becker, der Vers 10 als sekundären Zusatz ansieht).

[77] Vgl. dazu G.Bornkamm, Lohngedanke im NT, S.6, der das Verhältnis Knecht – Herr als das biblische Grundbeispiel des Verhältnisses Mensch – Gott ansieht und zum Beleg seiner These mehrere Stellen anführt. Aus der authentischen Jesus-Überlieferung ist dabei zu verweisen auf das Wort vom Mammonsdienst (Mt.6,24/Lk.16,13) und auf die Gleichnisse vom anvertrauten Geld (Mt.25,14-30/Lk.19,11-27) und vom Schalksknecht (Mt.18,23-35). Diese Parallelen stützen die Annahme, dass es sich bei dem Vergleich Lk.17,7-10 um authentische Jesus-Überlieferung handelt.

[78] Der Kernbestand dürfte die Verse Lk.18,10-14a umfassen. Die Einleitung Vers 9 wurde wahrscheinlich von Lk. formuliert. Das Logion 14b ist unabhängig überliefert (vgl. Lk.14,11 und Mt.23,12) und dürfte von Lk. hier treffend eingefügt sein. Dafür, dass dieser Kernbestand der Beispielerzählung authentisch ist, spricht die stilistische Verwandtschaft zu anderen Beispielerzählungen (der Gegensatz zweier Personen, wobei die geringgeachtete zum Vorbild wird – vgl. Lk.15,11-32; die Abwertung einer religiös geachteten Person und die Aufwertung eines religiös Deklassierten – vgl. Lk.10,30-37) und die Tatsache, dass keine andere Beispielerzählung bzw. kein anderes Gleichnis bei Lukas so viele semitisierende Spracheigentümlichkeiten aufweist (so W.Wiefel, ThHK III, S.317, Anm.2). Von der Authentizität gehen aus: J.Becker, Jesus, S.94-96; H.Merklein, Gottesherrschaft, S.129-131; G.Theissen/A.Merz, Jesus, S.300.

Haltung einnimmt. Der Pharisäer dagegen weiß zwar auch, dass er von Gottes Gnade lebt, und beginnt darum sein Gebet mit einem Dank. Das hindert ihn aber nicht, seine verdienstvollen Taten, die über das in der Tora Geforderte hinausgehen, aufzuzählen.[79] Damit bringt er zum Ausdruck, dass es nicht allein Gottes Gnade ist, in der er sein Heil begründet sieht, sondern zugleich sein durch eigene religiöse Leistung erarbeiteter Status.[80] „Dass der Pharisäer nicht das Wohlgefallen Gottes findet, liegt nicht an seinen moralisch durchaus anerkennenswerten Taten, sondern an seiner falschen religiösen Haltung diesem Gott (Jesu) gegenüber."[81]

Eine wichtige Pointe dieser Beispielerzählung liegt im Seitenblick des Pharisäers auf den Zöllner: „Gott, ich danke dir, dass ich nicht bin (...) wie dieser Zöllner." (Lk.18,11). Der Pharisäer erhebt sich auf Grund seiner Erwartung, dass Gottes Heil im menschlichen Tun mitbegründet ist, über den Zöllner, der keine gerechten Taten vorweisen kann. Der Inanspruchnahme des Status des Gerechten und damit die überhebliche Haltung gegenüber dem Mitmenschen und die falsche Haltung gegenüber Gott korrespondieren einander. Der einzig mögliche Status, den ein Mensch gegenüber Gott einnehmen kann, ist der des Sünders.[82] Dieser verbietet es jedoch, anderen Menschen gegenüber einen übergeordneten religiösen Status zu beanspruchen.

Diese zu beobachtende Koppelung zwischen der Haltung gegenüber Gott und der Haltung gegenüber den Mitmenschen findet sich auch im Gleichnis von den Arbeitern im Weinberg (Mt.20,1-15)[83] und im zweiten Teil des Gleichnisses vom barmherzigen Vater (Lk.15,25-32).[84] Beim Gespräch des Herrn mit seinen Tagelöhnern und beim Gespräch des Vaters mit dem älteren Sohn begegnet der Einspruch gegen die Güte Gottes, die Menschen den Zugang zum Heil eröffnet, die es nicht verdient, ja die es sogar verwirkt haben. Zugleich ist dieser Einspruch gegen Gottes Barmherzigkeit gekoppelt mit der Aggression gegenüber denen, die Gottes Barmherzigkeit erfahren.[85] Diese Aggression hat darin ihren Grund, dass der eigene herausgehobene

---

[79] Dass dieses Gebet keine reine Karikatur pharisäischen Betens ist, zeigen rabbinische Belege (vgl. STRACK-BILLERBECK II, S.240 und W.WIEFEL, ThHK III, S.318)

[80] So auch H.MERKLEIN, Gottesherrschaft, S.130.

[81] H.MERKLEIN, Gottesherrschaft, S.130.

[82] So auch H.MERKLEIN, Gottesherrschaft, S.132. Vgl. dazu auch S.130f: „Sofern der Mensch allerdings nach dem Urteil Jesu seiner ganzen Kondition nach Sünder ist, repräsentiert der Zöllner die einzig mögliche Haltung des Menschen überhaupt."

[83] Zur Rekonstruktion und Interpretation des ursprünglichen Wortlauts vgl. H.WEDER, Gleichnisse, S.218-229.

[84] Für die Zugehörigkeit des zweiten Gleichnisteils zur authentischen Grundform spricht sich aus H.WEDER, Gleichnisse, S.252-254.

[85] Mt.20,15 thematisiert den Neid; Lk.15,28 spricht vom Zorn und der Weigerung, ins Haus hineinzugehen, und thematisiert die Missgunst (15,30).

Status – länger gearbeitet zu haben und darum mehr Lohn zu verdienen, bzw. dem Vater immer gehorsam gewesen zu sein – nicht gewürdigt wird. Beide Gleichnisse zeigen, dass die Gottesherrschaft verfehlt wird, wo angesichts der Güte Gottes ein solcher gegenüber den Mitmenschen herausgehobener Status beansprucht wird, auch wenn er aus menschlicher Sicht begründet sein mag.

d) Sich selbst erniedrigen

Wahrscheinlich Lukas[86] hat an die Beispielgeschichte vom Pharisäer und vom Zöllner das wohl unabhängig tradierte Logion angehängt „Jeder, der sich selbst erhöht, wird erniedrigt werden, wer aber sich selbst erniedrigt, wird erhöht werden" (Lk.18,14). Es findet sich in zwei weiteren Zusammenhängen (Lk.14,11; Mt.23,12), die ebenfalls durch die Polemik gegen die Pharisäer gekennzeichnet sind. Daneben sind eine Reihe von Logien ähnlicher Stoßrichtung überliefert: „Wer sich nun selbst erniedrigt, der ist der Größte in der Gottesherrschaft." (Mt.18,4).[87] „Wer der Kleinste unter euch allen ist, der ist groß." (Lk.9,48d).[88] „Was bei den Menschen als etwas Hohes gilt, das ist ein Greuel vor Gott." (Lk.16,15b).[89]

An allen genannten Stellen wird vom Kontext her oder durch die Logien selbst das Sich-selbst-Erhöhen bzw. das Sich-selbst-Erniedrigen primär auf das Verhältnis zu anderen Menschen bezogen. So schließt Lk.14,11 an die auch sonst im Judentum[90] überlieferte Weisheitsregel Lk.14,8-10 an:[91] „Wenn du von jemandem zu einem Festmahl geladen wirst, so lege dich nicht auf dem ersten Platz nieder, damit nicht ein Würdigerer als du von ihm geladen sei, und wenn er kommt, der, der dich und ihn geladen hat, zu dir sagen möchte: Mache diesem Platz! Und du wirst mit Schande den letzten Platz haben. Sondern, wenn du geladen wirst, so gehe hin und lass dich auf

---

[86] So z.B. W.Wiefel, ThHK III, S.317.

[87] Die bei Mt. überlieferte Version heißt zwar: „Wer nun sich selbst erniedrigt wie dieses Kind, der ist der Größte in der Gottesherrschaft", doch geht die Wendung „wie dieses Kind" höchstwahrscheinlich auf Matthäus zurück, der durch diesen verdeutlichenden Einschub zugleich den Zusammenhang zu den beiden vorhergehenden Versen herstellt (vgl. W.Grundmann, ThHK I, S.414).

[88] Dieses kurze Logion scheint sekundär dem jetzigen Kontext zugewachsen zu sein. Es könnte eine lukanische Bildung in Anschluss an ähnliche Logien sein, es könnte aber auch ein authentisches Jesus-Wort wiedergeben. Auf jeden Fall steht es in einem Strom von ähnlichen Worten, die wohl kaum alle erst nachösterlich entstanden sind.

[89] Die Authentizität auch dieses Logions ist schwer zu klären, sein jetziger Kontext ist sicher sekundär. Doch spricht die Parallelität zur Beispielerzählung vom Pharisäer und vom Zöllner dafür, dass hier zumindest Jesu Intention getreu wiedergegeben ist. Zur Verankerung des Logions in atl. Tradition und in der Verkündigung Jesu vgl. W.Wiefel, ThHK III, S.295. Für authentisch gehalten von E.Jüngel, Paulus und Jesus, S.208.

[90] Übersetzung nach W.Wiefel, ThHK III, S.269.

[91] Vgl. Prov.25,6f und die bei Strack-Billerbeck II, S.204 angeführten Stellen.

den letzten Platz nieder, damit, wenn der kommt, der dich geladen hat, er zu dir sagen möchte: Freund, rücke weiter hinauf. Dann wird dir Ehre zuteil werden vor allen, die mit dir zusammen zu Tisch sind." Die beiden Sätze „wird erniedrigt werden" bzw. „wird erhöht werden" werden so zunächst mit einem realen Vorgang an einer Festtafel verdeutlicht, haben aber – was durch das passivum divinum deutlich wird – Gott als unausgesprochenes Subjekt. Gerade diese Transparenz auf die Gottesbeziehung hin zeigt, dass dort, wo gegenüber den Mitmenschen ein übergeordneter Status beansprucht wird, die rechte Haltung gegenüber der nahegekommenen Gottesherrschaft verwirkt wird.[92] Es spricht einiges dafür, dass die Formel „wer sich selbst erhöht, der wird erniedrigt werden" samt ihrer umgekehrten Entsprechung zur authentischen Jesus-Überlieferung zu rechnen ist.[93] Sie bringt in ihrer pointierten Kürze zum Ausdruck, welche Haltung die angemessene Reaktion auf die Botschaft der nahegekommenen Gottesherrschaft darstellt und welche Haltung dieser Botschaft widerspricht.[94]

---

[92] Vgl. E.JÜNGEL, Paulus und Jesus, S.208: „Mit der Bewertung der Werke coram hominibus konkurriert ihr Wert coram deo."

[93] Wegen der vielen jüdischen Parallelen wird dies von einigen Autoren bestritten (z.B. R.BULTMANN, Geschichte der synoptischen Tradition, S.108). Für die Authentizität spricht die Parallele zu dem wohl authentischen Logion Mt.11,11/Lk.7,28: „Ich sage euch: Unter denen, die von Frauen geboren sind, ist kein größerer Prophet als Johannes. Doch der Kleinste in der Gottesherrschaft ist größer als er." (vgl. W.GRUNDMANN, ThHK I, S.306f). EvThom.46 verband beide Logien miteinander: „Von Adam bis Johannes dem Täufer gibt es unter den von Frauen Geborenen keinen, der größer als Johannes der Täufer ist, so dass seine Augen nicht brechen (?). Ich aber habe gesagt: Wer unter euch klein werden wird, wird das Reich erkennen und Johannes übertreffen."

[94] In dieselbe Richtung zielt z.T. auch die Kritik an der Ehrsucht der Schriftgelehrten (Mk.12,38f/Lk.20,46 und Lk.11,43/Mt.23,5-7): „Wehe euch, den Pharisäern, denn ihr liebt den ersten Platz in den Synagogen und die Begrüßung auf den Märkten." (so z.B. Lk.11,43). Ob es sich dabei allerdings um authentische Jesus-Überlieferung handelt, ist sehr fraglich (vgl. W.WIEFEL, ThHK III, S.227).
Der enge Zusammenhang zwischen der rechten Haltung gegenüber Gott und der rechten Haltung gegenüber den Mitmenschen findet sich darüber hinaus in dem Abschnitt Mt.18,1-5: Auf die Frage hin, wer der Größte in der Gottesherrschaft sei (18,1), die ja auf die Konkurrenz unter Menschen anspielt, wird zunächst auf die Einlassbedingung für die Gottesherrschaft und damit auf die Gottesbeziehung rekurriert (18,3: „Wenn ihr nicht umkehrt und werdet wie die Kinder..."), dann allgemein vom Erniedrigen gesprochen (18,4) und schließlich auf das konkrete Verhalten gegenüber Niedrigen hingewiesen (18,5: „Wer ein solches Kind um meines Namens willen aufnimmt..."). Sicher wird hier nachösterliches und vorösterliches Material miteinander kombiniert. Doch steht die Art der Kombination ganz in der Linie der Verkündigung Jesu.

e) Dienen statt herrschen

Traditionsgeschichtlich eng verwoben mit der Kritik am Sich-selbst-Erhöhen sind eine Reihe von Logien,[95] die vom Dienen sprechen.[96] Das zentrale dieser Logien ist Mk.10,42-45/Mt.20,25-28/Lk.22,25-27: „Ihr wisst, dass die, welche als Herrscher der Völker gelten, sie unterdrücken und dass die Mächtigen ihre Macht über ihren [Völkern] missbrauchen. Bei euch aber soll es nicht so sein, sondern wer groß sein will unter euch, der sei euer Diener. Und wer Erster sein will unter euch, der sei aller Sklave. Denn auch der Menschensohn kam nicht, sich bedienen zu lassen, sondern um zu dienen."[97] Dieses – wie bei Jesus desöfteren zu beobachten – paradox formulierte Logion soll nun nicht eine neue Form von Herrschaft legitimieren,[98] sondern stellt „die allgemeinmenschliche Einstellung zu Vorrang, Macht und Prestige in Frage"[99] und zeigt zugleich eine Verhaltensanweisung zur Überwindung von Herrschaft auf. So wendet sich Jesus mit der Aufforderung zum Dienen dagegen, einen Status oder eine Position zu beanspruchen, die der Position eines anderen übergeordnet ist. Allein die herrschaftskritische Unterordnung ist jetzt noch möglich. Beachtenswert ist dabei, dass Jesus dabei

[95] Neben dem oben besprochenen Logion finden sich:

- „Wenn jemand der Erste sein will, so sei er der Letzte von allen und der Diener von allen." (Mk.9,35). Hier ist jedoch davon auszugehen, dass es sich um eine redaktionelle Bildung in Anschluss an Mk.10,43f handelt (so. P.HOFFMANN/V.EID, Jesus und christliche Moral, S.192f).
- „Der Erste von euch sei der Diener aller" (Mt.23,11) / „Der Größte unter euch sei wie der Jüngste und der Herrschende wie der Dienende" (Lk.22,26). Die Übereinstimmung zwischen diesen beiden Varianten lässt vermuten, dass auch in Q ein Wort über das Dienen überliefert sein könnte (so P.HOFFMANN/V.EID, Jesus und christliche Moral, S.192-94). Der ursprüngliche Wortlaut ist jedoch nur schwer zu klären. Für die obige Argumentation ist diese Frage nicht von Relevanz.

[96] Vgl. zum Folgenden: P.HOFFMANN/V.EID, Jesus und christliche Moral, S.186-214.

[97] Die Fortsetzung „und sein Leben zu geben als Lösegeld für viele" ist ein „eigenständiger Traditionssplitter" (so J.GNILKA, EKK II/2, S.100; vgl. auch Abschnitt 4.4.2). Die Verbindung zwischen dem antithetisch formulierten Aufruf zum Dienen und dem Menschensohnwort ist – wie ganz andersartig die lk. Parallelüberlieferung (Lk.22,26f) zeigt – fest in der Traditionsgeschichte verankert. Für die Authentizität des antithetischen Doppelspruchs spricht die sonst in dieser Schärfe nicht anzutreffende Radikalität der Herrschaftskritik sowie der gute Zusammenhang zur übrigen Verkündigung Jesu (vgl. dazu P.HOFFMANN/V.EID, Jesus und christliche Moral, S.199). Die Unterschiedlichkeit des Lehrer-Schüler-Verhältnisses bei Jesus und den Rabbinen stellt heraus M.HENGEL, Nachfolge, S.57.

[98] Wie die Rede vom „Dienst" gelegentlich auch darauf zielen kann, Herrschaft zu verschleiern und zu legitimieren (vgl. „Staatsdienst", „Minister", „Diener der Kirche").

[99] P.HOFFMANN/V.EID, Jesus und christliche Moral, S.196; vgl. J.BECKER, Jesus, S.394: „In der Gemeinschaft der Geschwister Gottes soll – so ist die Meinung – unter Gott als Vater Gleichrangigkeit herrschen, ja mehr, nämlich die Ersetzung aller herkömmlichen Herrschaftsäußerungen durch ihr Gegenteil."

sein eigenes Verhalten als Vorbild versteht. Dies zeigt, dass er ganz selbstverständlich davon ausgeht, dass das Ethos des Dienens, des Sich-selbst-Erniedrigens, der Unterordnung auch für ihn selbst verbindlich ist, ja noch mehr: dass dieses Ethos in seinem Leben exemplarisch verwirklicht wird.[100]

f) Gott allein herrschen lassen

Das eben angesprochene Wort an die Großen und Ersten erinnert dabei ein Drohwort Jesu, das in verschiedenen Kontexten überliefert ist: „Viele aber, die Erste sind, werden Letzte sein und die Letzten Erste" (Mk.10,31/Mt.19,30/Mt.20,16/Lk.13,30). In diesem Spruch ist die in weiten Kreisen des Judentums verbreitete[101] Erwartung ausgesprochen, dass die Verwirklichung des eschatologischen Heils aller menschlichen Gewaltherrschaft ein Ende bereiten und den Armen und Unterdrückten ihre wahre Würde bringen wird.[102] Auch Jesu Erwartung der sich durchsetzenden Gottesherrschaft steht in dieser Tradition, wie die Seligpreisungen zeigen (Lk.6,20f). Dabei denkt Jesus aber an die Aufhebung aller Unter- und Überordnung und nicht an eine einfache Umkehrung der Verhältnisse.[103] Wer deshalb weiß, dass alle Größe und Herrschaft in der Gottesherrschaft am Ende sind und nichts mehr gelten, der muss angesichts der nahegekommenen Gottesherrschaft auf Herrschaft und Großsein verzichten und sich auf den bedingungslosen Dienst an den anderen, denen die Gottesherrschaft ebenfalls offensteht, einlassen. Die Aufforderung zum Dienen zielt also darauf, „die erwartete endzeitliche Umkehrung der innerweltlichen Ordnungen und Verhältnisse in gegenwärtiges Verhalten zu übersetzen."[104] Angesichts der nahegekommenen Gottesherrschaft ist es niemandem, der mit dieser Nähe rechnet, möglich, einen Status oder eine Position zu beanspruchen, die der Position eines anderen übergeordnet ist.[105]

Damit ist ein zweiter Hintergrund für Jesu Ethos des Herrschaftsverzichts deutlich. In der *Gottes*-Herrschaft wird endlich alle menschliche Herrschaft

---

[100] Diesem Ethos des Dienens widerspricht nicht der autoritative Ruf in die Nachfolge. Jesus ruft ja seine Jünger nicht, damit sie ihm dienen, um also Herrschaft über sie auszuüben. Wie wenig Kontrolle und Herrschaft Jesus über seine Jünger ausübte, zeigt sich in den zum guten Teil historischen Notizen vom Versagen der Jünger.

[101] Zu den jüdischen Parallelen vgl. P.HOFFMANN/V.EID, Jesus und christliche Moral, S.202-208 und J.BECKER, Jesus, S.394.

[102] Im AT vgl. z.B. 1.Sam.2,4-8; 2.Sam.22,28/Ps.18,28; im NT vgl. z.B. Lk.1,51-53. Allerdings steht die Rede von der „Umkehrung der gegenwärtigen Verhältnisse" (so z.B. P.HOFFMANN/V.EID, Jesus und christliche Moral, S.202) in der Gefahr, zur Legitimation neuer Herrschaftsverhältnisse missbraucht zu werden.

[103] Vgl. J.BECKER, Jesus, S.394.

[104] P.HOFFMANN/V.EID, Jesus und christliche Moral, S.202.

[105] So auch W.REBELL, Jesus, S.125.

überwunden, denn Gott ist es, der dort allein herrscht.[106] Auch hier findet die für Jesus charakteristische Verzahnung zwischen Gottesbeziehung und Verhalten gegenüber den Mitmenschen, wie sie auch im so genannten Doppelgebot der Liebe (Mk.12,28-34/Mt.22,34-40/Lk.10,25-28) begegnet.[107] Die darin anzutreffende Koppelung von Gottesliebe und Nächstenliebe ist auf dem Hintergrund des eben ausgeführten jetzt besser verständlich: Wo Gottes exklusive Herrschaft anerkannt wird,[108] weil Gott von ganzem Herzen geliebt wird, dort ist die Nächstenliebe, die bereit ist, eigene Herrschaftsansprüche über die Nächsten aufzugeben, möglich – und mehr noch: selbstverständliche Folge. Wo gebetet wird „Dein Name werde geheiligt, deine Herrschaft komme" (Mt.6,9f/Lk.11,2) kann es nicht zur Inanspruchnahme eines anderen Menschen übergeordnete Status' oder von Überordnung, Hoheit und Herrschaft kommen.[109]

g) Die angemessene Haltung angesichts der nahegekommenen Gottesherrschaft

Aus den betrachteten Logien der Jesus-Überlieferung lassen sich zwei eng miteinander verwobene Grundzüge der Verkündigung Jesu ablesen, die jetzt noch einmal zusammenfassend darzustellen sind:

Die Gottesherrschaft ist auf Grund der grundsätzlichen Schuldverfallenheit der Menschen ein „totales, unverdientes und unverdienbares

---

[106] So betont H.MERKLEIN, Jesu Botschaft, S.40f, dass bereits der Begriff „Gottesherrschaft" die Exklusivität der Herrschaft Gottes betont. Vgl. auch P.POKORNÝ, Entstehung der Christologie, S.25; J.BECKER, Jesus, S.394; G.THEISSEN/A.MERZ, Jesus, S.345 und M.WOLTER, „Was heisset nu Gottes reich?", S.10. M.WOLTER hält darüber hinaus ausdrücklich fest, dass es außer PsSal.17 keinen einzigen jüdischen Text aus der Zeit des zweiten Tempels gibt, in dem die Messiaserwartung mit der Vorstellung vom Königtum Gottes verbunden würde. Eben weil Jesus die Gottesherrschaft so exklusiv als *Gottes* Herrschaft versteht, spricht er auch nicht von „seinem (Jesu) Reich" (alle Belege sind eindeutig sekundär). Zur exklusiven Herrschaft Gottes vgl. auch Lk.16,13/Mt.6,24: „Niemand kann zwei Herren dienen..." (Zur Authentizität vgl. J.BECKER, Jesus, S.323f).

[107] Für authentisch gehalten von G.BORNKAMM, Jesus, S.97 und S.103f; D.FLUSSER, Jesus, S.69; W.SCHRAGE, Ethik d. NT, S.69-72. Gegen die Authentizität spricht sich aus K.BERGER, Gesetzesauslegung Jesu, S.581. BERGER will das Doppelgebot in hellenistisch-jüdischem Zusammenhang entstanden wissen. R.H.FULLER, Das Doppelgebot der Liebe, S.317-329 weist dagegen in detaillierter Einzelanalyse nach, dass die ursprüngliche Form in palästinisch-aramäischem Kontext entstand. Damit ist die Rückführung auf Jesus sehr wohl möglich. „Sollte das doppelte Liebesgebot also sekundär sein, wurde es Jesus doch mit sachlichem Recht zugeschrieben." (G.THEISSEN/A.MERZ, Jesus, S.345; ebenso E.JÜNGEL, Paulus und Jesus, S.210).

[108] Interessant ist, dass die markinische Überlieferung des Doppelgebots der Liebe auch den Anfang des „Sch^{e}ma Israel" mitüberliefert und damit auf die Einzigkeit Gottes rekurriert (vgl. J.GNILKA, EKK II/2, S.162f).

[109] Vgl. H.SCHÜRMANN, Das Gebet des Herrn, S.39f.

Geschenk";[110] ein Anspruch auf die Gottesherrschaft kann darum auf Grund eigener Anstrengungen niemals erworben werden. Konsequenterweise steht die Gottesherrschaft denjenigen offen, die um diese ihre Unwürdigkeit wissen und sich von Gott beschenken lassen. Diejenigen allerdings, die vor Gott einen Status beanspruchen, der ihr Anrecht auf die Gottesherrschaft begründet, schließen sich selbst aus der Gottesherrschaft aus. Wichtig ist dabei die an mehreren Stellen nachzuweisende Vorstellung, dass die Gott gegenüber eingenommene Haltung einem Verhalten gegenüber den Mitmenschen korrespondiert. Wer vor seinen Mitmenschen eine höhere Position, einen herausgehobenen Status beansprucht, der steht auch nicht mehr als der alles Empfangende vor Gott.[111] Nur wer sich nicht über seine Mitmenschen erhebt, der entspricht dem Nahegekommensein der Gottesherrschaft.

Indem Jesus zweitens den im Judentum eher am Rande stehenden Begriff der Gottesherrschaft zum Zentralbegriff erwählt und ihn „radikaltheokratisch"[112] deutet, spricht er die Hoffnung auf das Ende aller irdischen Herrschaft und Unterordnung aus.[113] Wer sich darum auf die Botschaft von der nahegekommenen Gottesherrschaft einlässt, der kann für sich selbst keine Hoheit, Macht und Herrschaft beanspruchen, sondern sucht allein Gottes Ehre.[114] Die angemessene Haltung gegenüber der sich durchsetzenden Gottesherrschaft besteht darum in der Unterordnung unter den Nächsten im Dienen, das auf die Überwindung von Über- und Unterordnung zielt. Wenn Jesus sich selbst als Dienenden bezeichnet und dies in seinem Verhalten auch umsetzt, zeigt er, dass er sich selbst als paradigmatische Existenz angesichts der nahegekommenen Gottesherrschaft versteht.

Die beiden eben skizzierten Grundzüge der Verkündigung Jesu stehen in einem engen Zusammenhang. Weil die Menschen auf Grund ihrer Schuldverfallenheit keine Eignung für die Gottesherrschaft besitzen, können sie die Gottesherrschaft nur empfangen und darum nur den Status der Dienenden und gnädig Beschenkten einnehmen. Und weil die Menschen auch in ihrer Herrschaftsausübung grundsätzlich der Sünde verfallen sind, muss die

---

110 H.Merklein, Gottesherrschaft, S.132; vgl. G.Bornkamm, Lohngedanke im NT, S.12.

111 Darin dürfte auch ein tieferer Grund dafür liegen, dass Jesus auf eine Scheidung zwischen Gerechten und Ungerechten, also auf die Bildung einer Sondergemeinde, verzichtet. Gerade eine solche Aussonderung enthält ja implizit den Anspruch einer Überordnung über die „Ungerechten". Vgl. dazu auch J.Becker, Jesus, S.394f.

112 So G.Theissen, Gruppenmessianismus, S.111 und G.Theissen/A.Merz, Jesus, S.345.

113 Andere vorhandene Begriffe für die erwartete eschatologische Heilszeit bringen diese Exklusivität der Herrschaft Gottes nicht derart zum Ausdruck – vgl. vor allem die Messiaserwartung, die ja neben Gott geradezu einen zweiten Herrscher kennt.

114 Darum steht Jesu Zurückweisung der Anrede „guter Lehrer" mit der Bemerkung „niemand ist gut als Gott allein" (Mk.10,17f/Lk.18,18f) auch in ungebrochenem Zusammenhang zur Verkündigung Jesu von der nahegekommenen Gottesherrschaft und kann so Anspruch auf Authentizität erheben (vgl. Abschnitt 6.1).

Gottesherrschaft, da sie das Ende aller Schuld und Sünde bringt, auch alle Herrschaft aufheben. Das verbindende Element zwischen den beiden aufgezeigten Grundzügen der Verkündigung Jesu ist also die Einsicht in die grundsätzliche Schuldverfallenheit der Menschen.[115] Aus ihr ergibt sich, dass die Durchsetzung der Gottesherrschaft das Ende aller menschlichen Ansprüche vor Gott und darum auch aller menschlichen Herrschaftsansprüche bringt.

6.3.2 Gegenwärtiger Verzicht angesichts der zukünftigen Vollendung der Gottesherrschaft

Ein zweites Motiv in der Verkündigung Jesu motiviert zum Verzicht auf Inanspruchnahme von Hoheit, Ehre und Herrschaft. Es findet sich bei Logien, die vom himmlischen Lohn bzw. vom Sammeln eines himmlischen Schatzes sprechen.

Ein Teil dieser Logien steht im Zusammenhang mit der Warnung vor Reichtum, wie zum Beispiel: „Sammelt euch nicht Schätze auf Erden, wo Motte und Fraß zerstören und wo Diebe nachgraben und stehlen! Sammelt euch Schätze im Himmel, wo weder Motte noch Fraß zerstören und wo Diebe nicht nachgraben und stehlen! Denn wo dein Schatz ist, da wird auch dein Herz sein." (Mt.6,19-21/Lk.12,33f).[116] Ein weiterer, ähnlich motivierter Aufruf zum Verzicht auf Reichtum richtet sich an den reichen Jüngling: „Geh hin, verkaufe alles, was du hast, und gib es den Armen, und du wirst einen Schatz im Himmel haben!" (Mk.10,21/Mt.19,21/Lk.18,22).[117] Schließlich findet sich auch Lk.16,9 der Aufruf „Macht euch Freunde mit dem ungerechten Mammon, damit, wenn er ausgeht, sie euch aufnehmen in die

---

[115] Daraus ergibt sich, dass Jesus – wenn er selbst erster Hörer seiner Botschaft gewesen ist – sich selbst auch unter der grundsätzlichen menschlichen Schuldverfallenheit sah (vgl. dazu Röm.8,3f). Doch als derjenige, dessen Existenz ganz von der Nähe der Gottesherrschaft geprägt war, war er zugleich der Gerechte schlechthin. Vielleicht ließe sich paradox die dogmatische Aussage machen: Die Sündlosigkeit Jesu besteht gerade darin, dass er nichts anderes sein wollte als ein Sünder, der ganz aus Gottes Gnade lebt (vgl. dazu auch Abschnitt 8.4).

[116] Die lukanische Überlieferung verwendet ein anderes Bildmaterial, bietet aber denselben Schlusssatz. Sie dürfte im Wesentlichen die schlechtere Überlieferung darstellen (so S.SCHULZ, Q, S.142f). Ein Indiz für die Authentizität ist die Annahme, dass der Grundgedanke (Schätze im Himmel statt auf Erden sammeln) wohl auf Jesus zurückgeht. Dieser Gedanke ist im Judentum sonst nicht nachweisbar. Während das rabbinische Judentum den irdischen Reichtum schätzt, findet sich nur in Qumran ein religiös motivierter Verzicht auf Reichtum. Dort ist jedoch der Gedanke von der Sammlung eines himmlischen Schatzes nicht anzutreffen (vgl. dazu W.GRUNDMANN, ThHK I, S.211). Zurückhaltend für die Authentizität spricht sich aus U.LUZ, EKK I/1, S.357.

[117] Dieselbe Argumentation, die für die Authentizität von Mt.6,19f spricht, gilt auch hier.

ewigen Hütten!"[118] In dieser Linie stehend, aber wohl redaktionell, ist der Schluss der Beispielgeschichte vom reichen Kornbauer: „So geht es dem, der für sich Schätze sammelt und nicht reich ist vor Gott." (Lk.12,21).[119] All diese Logien fordern dazu auf, auf das Streben nach gegenwärtigem Reichtum zu Gunsten des Einsatzes für die anbrechende und sich zukünftig durchsetzende Gottesherrschaft zu verzichten.[120] Sie motivieren diesen Verzicht mit dem himmlischen Reichtum, der in der zukünftigen Gottesherrschaft offensteht. Wichtig ist hierbei, dass Reichtum als exemplarisches Phänomen gewertet wird: Reichtum steht auch für alles andere, das dem Leben Halt, Sicherheit und Sinn geben soll. Angesichts der nahegekommenen Gottesherrschaft ist es unmöglich, im jetzt Verfügbaren Halt, Sicherheit und Sinn für das Leben zu suchen (vgl. Lk.12,16-20). All das kann in Wirklichkeit nur die Gottesherrschaft bieten.

Eine andere Gruppe von Logien dreht sich um das Thema der gesellschaftlichen Anerkennung. Hierher gehört Jesu Wort an die Gastgeber (Lk.14,12-14): „Wenn du ein Frühstück oder ein Abendmahl gibst, dann rufe nicht deine Freunde, noch deine Brüder, noch deine Verwandten, noch reiche Nachbarn, damit sie dich nicht ihrerseits wieder einladen und dir Vergeltung zuteil wird. Sondern wenn du ein Gastmahl gibst, rufe Arme, Krüppel, Lahme, Blinde, und du wirst selig sein, denn sie haben nicht, dir zu vergelten. Es wird dir aber vergolten werden in der Auferstehung der Gerechten."[121] Eine ähnliche Mahnung findet sich auch im Kontext des Gebots der Feindesliebe (Lk.6,32-35; vgl. Mt.5,46f): „Denn wenn ihr [nur] die liebt, die euch lieben, was habt ihr für einen Lohn? Tun nicht auch die Zöllner dasselbe? Und wenn ihr nur eure Brüder grüßt, was tut ihr Besonderes? Tun nicht auch die Heiden dasselbe?"[122] Auch wenn die Authentizität dieses Wortes nicht sicher nachgewiesen werden kann[123] ist doch deutlich, dass es

---

[118] Die Authentizität ist schwer zu beurteilen. Entweder handelt es sich bei dem Logion um ein unabhängiges Wort, dass sekundär in den jetzigen Kontext kam und dann womöglich authentisch ist. Oder es ist eine sekundär entstandene Interpretation des Gleichnisses Lk.16,1-7 (davon geht aus H.WEDER, Gleichnisse, S.263).

[119] Für redaktionell gehalten von F.BOVON, EKK III/2, S.288.

[120] Hierher gehören auch die anderen Warnungen vor Reichtum wie das Wort vom Doppeldienst (Mt.6,24/Lk.16,13/EvThom.47), die Warnung vor Reichtum (Mk.10,23-25/ Mt.19,23f/Lk.18,24f) und das wohl sekundäre Wehe über die Reichen (Lk.6,24).

[121] Die Authentizität dieses Stücks ist umstritten. Für die Authentizität spricht die Zuwendung zu den sozial und gesundheitlich Benachteiligten, die auch sonst ein Grundzug der Verkündigung Jesu ist, während im Judentum sonst Behinderte vom Tempelgottesdienst und Ratsversammlungen ausgeschlossen sind (vgl. 2.Sam.5,8 LXX, 1QSa II,5-8 und W.WIEFEL, ThHK III, S.271).

[122] Rekonstruktion nach S.SCHULZ, Q, S.129f.

[123] Zur Frage der Authentizität von Mt.5,46f bemerkt S.SCHULZ (S.131f): „Die beiden rhetorischen Fragen Vv 46 f unterbrechen [...] den zusammengehörigen Gedankengang von Vv 45 und 48 und dürften als traditionsgeschichtlich spätere Erläuterung und

im Strom der Jesus-Überlieferung eine Tendenz gibt, angesichts der nahegekommenen Gottesherrschaft das Streben nach gesellschaftlicher Anerkennung der Liebe zu Bedürftigen und Feinden unterzuordnen. Die Zuversicht, dass die Gottesherrschaft gewiss ist, und dann voller Lohn ausgezahlt wird, befreit aus der Abhängigkeit von gesellschaftlicher Anerkennung.

Schließlich ist hier noch auf die Kult-Didache Mt.6,1-8.16-18 einzugehen,[124] in die eine Anweisung zum Beten mit dem Vaterunser sekundär eingefügt ist.[125] Die Kult-Didache wird eingeleitet und inhaltlich treffend zusammengefasst durch den wohl auf die Redaktion des Matthäus zurückgehenden Leitsatz: „Habt acht, dass ihr eure Gerechtigkeit nicht übt vor den Leuten, um von ihnen gesehen zu werden; wenn doch, dann habt ihr keinen Lohn bei eurem Vater in den Himmeln."[126] Dann wird jeweils für das Almosen-Geben (6,2-4), das Beten (6,5-8) und das Fasten (6,16-18) geboten, dass diese drei Äußerungen der Frömmigkeit nicht vollzogen werden sollen, um vor den Menschen Anerkennung zu erhalten. Denn auf diese Weise ist der „Lohn dahin" (6,2.5.16). Vielmehr soll die Frömmigkeit ἐν τῷ κρυπτῷ – im Verborgenen geübt werden,[127] und dann „wird es dir dein Vater, der in das Verborgene sieht, belohnen." (6,4.6.18). Diese drei Anweisungen zur Gestaltung der Frömmigkeitspraxis, bei denen die Authentizitätsfrage nur schwer zu klären ist,[128] „bedienen sich sprachlicher Formen, die über das

---

weiterbildende Schilderung anzusehen sein." Für eine nachösterliche Entstehung spricht auch, dass die Doppelung τελῶναι καὶ ἐθνικοί nur in der offensichtlich sekundären Passage Mt.18,17 vorkommt. Eine vorösterliche Entstehung vermutet dennoch U.LUZ, EKK I/1, S.306f.

[124] Diese Gattungsbezeichnung stammt von H.D.BETZ, Eine judenchristliche Kult-Didache, S.446. Vgl. seine Ausführungen auch zum Folgenden.

[125] Das ist daran erkennbar, dass Mt.6,7-15 die völlig parallele Struktur der drei Abschnitte über das Almosengeben, das Beten und Fasten unterbrechen. Zur detaillierten Analyse vgl. H.D.BETZ, Eine judenchristliche Kult-Didache, S.447f.

[126] Diese Einleitung dürfte auf Matthäus zurückgehen, weil das Stichwort δικαιοσύνη für die matthäische Komposition der Bergpredigt zentral ist und Matthäus die Tendenz hat, in Analogie zur βασιλεία τοῦ οὐρανοῦ aus dem πατήρ den πατὴρ ἐν τοῖς οὐρανοῖς zu machen (vgl. Mt.5,48 mit Lk.6,36; Mt.6,9 mit Lk.11,2; Mt.6,26 mit Lk.12,24; Mt.6,32 mit Lk.12,30; Mt.12,50 mit Mk.3,35). Von einer redaktionellen Bildung gehen auch aus: G.EICHHOLZ, Bergpredigt, S.106 und U.LUZ, EKK I/1, S.321.

[127] H.WEDER, Rede der Reden, S.164 weist daraufhin, dass Jesus selbst offenbar die Einsamkeit beim Gebet suchte (vgl. z.B. Mk.1,35/Lk.4,42; Lk.9,28; Mk.14,32-42/Mt.26,36-46/Lk.22,40-46). Interessanterweise finden sich in der Jesus-Überlieferung selbst auch kaum Gebete Jesu (außer vielleicht Mt.11,25f/Lk.10,21; das Gebet in Gethsemani ist sekundär gebildet). Dies ist ein Hinweis darauf, dass Jesus seine Gottesbeziehung – wie hier gefordert – im Verborgenen lebte. So verzichtete er darauf, seine Gottesbeziehung zum Gegenstand öffentlicher Reflexion und damit so seine Person selbst zum Thema zu machen.

[128] H.D.BETZ, Eine judenchristliche Kult-Didache, kommt zu dem Ergebnis: „Religionsgeschichtlich betrachtet, entspricht die Kultdidache durchaus jüdischer Theologie und Frömmigkeit" (S.450). Damit ist aber eine Rückführung auf Jesus noch nicht

rein Kultische hinausreichen, und zeigen damit an, dass die Kulthandlungen selbst lediglich Anlässe sind, an denen die in der Einleitung [...] geforderte allgemeine Haltung konkret wird. [...] Allgemein ist gesagt, dass der eschatologische Lohn dann vorweggenommen und damit vertan ist, wenn die δικαιοσύνη vor den Augen der Menschen geleistet wird, um von diesen wahrgenommen und mit Lob bedacht zu werden".[129]

Die Authentizität dieser drei Aussagekreise, die durch das Motiv des eschatologischen Lohnes bzw. des himmlischen Schatzes miteinander verbunden sind, ist nicht in allen Fällen zu klären, doch in der Summe zeigen sie eine Grundtendenz, die auch für die Verkündigung des historischen Jesus anzunehmen ist: Wer auf den himmlischen Schatz oder den eschatologischen Lohn hofft, begründet darin sein Leben und sucht nicht nach

---

ausgeschlossen (so auch H.D.Betz, S.454). Nun meint Betz, dass „der Abschnitt in der synoptischen Tradition singulär dasteht" (S.455) und kommt deshalb zu dem Gesamturteil, „dass der Abschnitt 6,1-18 (vielleicht mit Ausnahme des Unser-Vater) nicht auf Jesus zurückgeführt werden kann." (S.455f). Betz nimmt eine Entstehung im Judenchristentum an. Gegen Betz und zu Gunsten einer positiven Beurteilung der Authentizitätsfrage sind die Zusammenhänge zu den oben aufgeführten Stellen ins Spiel zu bringen, die ganz parallel zum Verzicht auf Selbstdarstellung den Verzicht auf Reichtum und gesellschaftliche Anerkennung mit dem eschatologischen Lohn motivieren. Außerdem spielt das Motiv von der zukünftigen Offenbarung des Verborgenen auch an anderen Stellen eine große Rolle (Mk.4,22/Lk.8,17; Lk.12,2/Mt.10,26; EvThom.6; Pap.Oxyrh.654,27-31). Zum Bleiben im Verborgenen motiviert auch das Gleichnis vom Unkraut unter dem Weizen (Mt.13,24-30). Außerdem ist das Wort, dass die Linke nicht wissen soll, was die Rechte tut (Mt.6,3), von der Art her ein für Jesus typischer Rätselspruch. Allerdings darf auch nicht verkannt werden, dass die Bezeichnung der Gegner als ὑποκριτής ein besonders beliebter Begriff der matthäischen Pharisäer-Schelte ist (vgl. Mt.22,18 mit Mk.12,15; Mt.23,13 mit Lk.11,52; Mt.23,23 mit Lk.11,42; Mt.23,25 mit Lk.11,39; Mt.23,27 mit Lk.11,44 und Mt.23,29 mit Lk.11,47) und dass weitere terminologische Beziehungen zur Pharisäer-Kritik des Matthäus bestehen (vgl. Mt.23,5 und 5,20). Schließlich ist daran zu erinnern, dass Jesus das Fasten für seine Jünger ausdrücklich ablehnt (Mk.2,18f/Mt.9,14f/Lk.5,33f) – dieser Einwand gegen die Authentizität wird jedoch wieder abgeschwächt von U.Luz, EKK I/1, S.322. Zusammenfassend lässt sich folgendes Urteil vertreten: Wahrscheinlich dürfte der jetzige Text erst nachösterlich (in der Gemeinde des Matthäus?) gebildet worden sein. Doch dürften dabei auf Jesus zurückreichende Motive aufgenommen worden sein. Vor allem der Gedanke des Verzichts auf Selbstdarstellung angesichts des zu erwartenden Lohnes in der vollendeten Gottesherrschaft kann durchaus auf Jesus zurückgehen. U.Luz, EKK I/1, S.322 spricht davon, dass auch bei sekundärer Bildung „im Geiste und in der Sprache Jesu" formuliert wird, und die Herkunft von Jesus „möglich" ist. Ähnlich auch die Einschätzung von H.Weder, Rede der Reden, S.158f.

[129] H.D.Betz, Eine judenchristliche Kult-Didache, S.449f. Vgl. auch G.Bornkamm, Lohngedanke im NT, S.14: „So wird ja doch in den Worten über Almosen, Beten und Fasten (Mt. 6, 1 ff.) der Handelnde gefragt, wessen Lohn er in Wahrheit sucht, den Lohn von Menschen, ihren Beifall, ihre Ehre, oder den Lohn Gottes, der ins Verborgene sieht. Im einen Fall ist er schon hier abgefunden und hat seinen Lohn dahin, im anderen Fall ist ihm Gottes Lohn gewiß."

Anerkennung, Hoheit und Ehre vor den Menschen,[130] aber auch nicht eine herausgehobene Position vor Gott.[131] Wer auf das Nahegekommensein der Gottesherrschaft vertraut, der kann auf Reichtum verzichten, der kann sich ein Verhalten gegenüber Armen erlauben, das nicht am Eigennutz orientiert ist, der kann eine Frömmigkeit praktizieren, die an Gott, der in seiner Gottesherrschaft das Verborgene würdigt, ausgerichtet ist und nicht an der Wahrnehmung durch andere Menschen. In all diesen Dingen geht es darum, die Würdigung der eigenen Person von der sich zukünftig durchsetzenden Gottesherrschaft zu erhoffen und sie nicht in der Gegenwart von den Menschen einzufordern. Wer auf die Gottesherrschaft hofft, sorgt sich jetzt nicht darum, ob er selbst genug Anerkennung, Ehre, Achtung und Aufmerksamkeit erfährt. Er ist frei von dieser Sorge, weil ihm die Anerkennung der eigenen Person in der durchbrechenden Gottesherrschaft gewiss ist. Wer auf die Gottesherrschaft wartet, der kann jetzt die Würde seiner eigenen Person im Verborgenen lassen.

6.4 Zusammenfassung

Zunächst konnte im Rückgriff auf die Ergebnisse der Kapitel 4 und 5 und mit ergänzenden Beobachtungen gezeigt werden, dass Jesus während seiner vorösterlichen Wirksamkeit keinerlei Hoheit und Ehre beanspruchte. Die Zurückhaltung hinsichtlich seiner eigenen Person reichte aber noch weiter: Jesus machte seine eigene Person und sein Selbstverständnis über vage Andeutungen hinaus nicht zum Thema, und entzog somit jeder Tendenz zu Verehrung und Glorifizierung die Grundlage.

---

[130] Vgl. auch H.WEDER, Rede der Reden, S.159-169.

[131] Es könnte der Einwand erhoben werden, das Bild vom himmlischen Schatz oder vom eschatologischen Lohn gehöre zu einer Verdienstlehre, die in Spannung stehe zur Grundüberzeugung Jesu, dass niemand einen Anspruch auf die Gottesherrschaft verdienen könne. Denn jetzige Anstrengungen bewirkten nach diesen Logien das Anhäufen eines himmlischen Schatzes oder den Anspruch auf einen himmlischen Lohn (So wird dieses Motiv auch im älteren wie auch im rabbinischen Judentum verwendet – vgl. Tob.4,9-11; Pea.I,1; dazu auch W.WIEFEL, ThHK III, S.241). Doch ist die Frage, ob die Motive vom Sammeln himmlischer Schätze oder vom Verdienen eines himmlischen Lohnes nur im Kontext einer Verdienstlehre interpretiert werden können. Genau diese Trennung von Lohngedanke und Verdienstlehre durchzuführen, versucht G.Bornkamm, Lohngedanke im NT (vgl. dazu auch den etwas anderen Ansatz von H.WEDER, Rede der Reden, S.162f). Denn anders zu verstehen sind die obigen Logien, wenn von folgender Grundthese ausgegangen wird: Der himmlische Lohn bzw. der „Schatz im Himmel ist die Gottesherrschaft selbst“ (G.BORNKAMM, Lohngedanke im NT, S.12). Dann ist die Rede vom himmlischen Schatz oder vom eschatologischen Lohn ein Beispiel, wie Jesus überkommene Sprachmotive nutzt, um darin seine Botschaft der nahegekommenen Gottesherrschaft zum Ausdruck zu bringen.

Angesichts seines – in Kapitel 5 belegten – Anspruches, eschatologischer Repräsentant Gottes zu sein, muss diese Zurückhaltung Jesu verwundern. Es stellte sich darum die Frage, wie der Widerspruch zwischen diesem hohen Anspruch Jesu und der gleichzeitig zu beobachtenden Zurückhaltung Jesu hinsichtlich seiner eigenen Person verständlich gemacht werden kann. Verschiedene in der Forschung gegebene Antworten wurden daraufhin auf ihre Stichhaltigkeit geprüft. Sie konnten jedoch den konstatierten Widerspruch nicht befriedigend erklären.

Darum wurde in einem letzten Schritt versucht, die Zurückhaltung Jesu, seine eigene Person zum Thema zu machen, nicht von außen her, sondern von seinem eigenen Selbstverständnis her zu begründen. Jesu Zurückhaltung hinsichtlich seiner eigenen Person wurde dabei als Teildimension seiner paradigmatischen, ganz vom Nahegekommensein der Gottesherrschaft geprägten Existenz verstanden. Dabei konnten an Hand einer größeren Reihe von Jesus-Logien drei, zum Teil miteinander verzahnte Argumentationsgänge herausgearbeitet werden, die Jesu Zurückhaltung von seinem eschatologischen Ethos her nachvollziehbar erscheinen lassen:

1. Die Gottesherrschaft ist ein unverdienbares Geschenk, das nur empfangen werden kann. Alle menschlichen Vorrangstellungen fallen angesichts der Gottesherrschaft in sich zusammen. Wer sich angesichts der nahegekommenen Gottesherrschaft vor Gott auf einen Status beruft, der gegenüber anderen herausgehoben ist, verfehlt die rechte Haltung gegenüber der nahegekommenen Gottesherrschaft. Dabei offenbart sich gerade im Verhalten gegenüber den Mitmenschen die Haltung, die gegenüber Gott und der von ihm eröffneten Gottesherrschaft eingenommen wird. Hätte Jesus für sich selbst explizit einen herausgehobenen Status beansprucht, dann wäre er nicht mehr der Mensch gewesen, dessen Existenz auf die nahegekommene Gottesherrschaft ausgerichtet ist. Hätte Jesus also sein Selbstverständnis enthüllt und somit beansprucht, ein gegenüber seinen Mitmenschen herausgehobener Mensch zu sein, dann hätte er selbst eine Distanzierung von seinen Mitmenschen betrieben, die diametral seiner Verkündigung widersprochen hätte.

2. Die Gottesherrschaft bringt die exklusive Herrschaft Gottes und damit das Ende der Herrschaft von Menschen über Menschen. Gott allein wird alle Ehre und Verherrlichung zukommen. Angesichts der nahegekommenen Gottesherrschaft ist es darum unmöglich, Ansprüche auf Herrschaft, Überordnung, Macht oder auch nur besondere Ehre zu erheben. Die einzig mögliche Verhaltensweise ist nun die des Dienstes, der danach strebt, bestehende Überordnung durch freiwillige Unterordnung aufzubrechen. Menschsein angesichts der nahegekommenen Gottesherrschaft heißt dienen. Wie Mk.10,45/Mt.20,28 und Lk.22,27 zeigen, hat Jesus selbst sein Wirken als exemplarische Verwirklichung eines solchen Ethos des Dienens angesehen.

Die Inanspruchnahme einer herausgehobenen Position wäre dazu ein Widerspruch gewesen. Und weil jede explizite Thematisierung seines Selbstverständnisses darauf hinausgelaufen wäre, dass er in eine übergeordnete Position gekommen wäre und dass ihm Verehrung und Unterordnung entgegengebracht worden wäre, musste Jesus um dieses Ethos des Dienstes willen soweit als möglich auf solche Explikationen seines Selbstverständnisses verzichten.

3. Weil die zukünftig sich durchsetzende Gottesherrschaft eine Würdigung der eigenen Person bringen wird, muss jetzt in der Gegenwart nicht Anerkennung, Ehre und Achtung gesucht werden. Wer der Botschaft von der nahegekommenen Gottesherrschaft Vertrauen schenkt, der muss die Würdigung der eigenen Person nicht von der Gegenwart erhoffen, sondern der kann warten auf die Zukunft der vollendeten Gottesherrschaft, in der die Würde der eigenen Person offenbar wird. Wenn Jesus die Gegenwart ganz von der für die Zukunft gewissen Vollendung der Gottesherrschaft bestimmt sah, dann ergibt sich daraus, dass auch er auf eine Würdigung seiner eigenen Person in der Gegenwart verzichten konnte und musste.

Die drei hier aufgezeigten Argumentationsgänge machen deutlich, dass der Verzicht auf einen herausgehobenen Status, auf Herrschaft und auf die Inanspruchnahme von Verehrung und Anerkennung der eigenen Person eine Konsequenz aus der Botschaft von der nahegekommenen Gottesherrschaft ist. Wollte nun Jesus seinem Auftrag treu bleiben, eschatologischer Repräsentant Gottes zu sein, was auch beinhaltete, die ganz auf die nahegekommene Gottesherrschaft ausgerichtete Existenz paradigmatisch zu verwirklichen, dann musste er seine eigene Person so wenig wie möglich zum Thema zu machen, über ein eigenes Selbstverständnis so wenig wie möglich zu sprechen. Gerade auch den Jüngern gegenüber musste Jesus auf Ausführungen über seine eigene Rolle verzichten, wollte er nicht den herausgehobenen Status, den er im Jüngerkreis zweifellos hatte, klar definieren und damit einen berechtigten Anspruch auf einen solchen Status erheben. Jede Darlegung seines Selbstverständnisses hätte – gegenüber Außenstehenden wie gegenüber Jüngern – zugleich einen Grund gelegt für verschiedene Arten von Verehrung und Übertragung von Hoheit und Herrschaft. Gerade weil Jesus sich als eschatologischer Repräsentant Gottes verstand, musste er die Frage, wer er sei, soweit als möglich in der Schwebe lassen und konnte er sein Selbstverständnis nicht zum Thema machen.

Damit ist eine Erklärung geboten für den in Jesu Wirken scheinbar vorhandenen Widerspruch.

Kapitel 7

Folgerungen für die historisch-kritische Jesus-Forschung und die Theologiegeschichte des Urchristentums

Ziel dieses Kapitels ist es, auf der Basis der in Kapitel 4 bis 6 gewonnenen Ergebnisse Folgerungen für weitere Felder der neutestamentlichen Exegese zu ziehen. In einem ersten Abschnitt geht es dabei um Problemfelder der historischen Rückfrage nach Jesus (Abschnitt 7.1) und in einem weiteren Teil um Fragestellungen, welche die Tradierung und Redaktion der Jesus-Überlieferung betreffen (Abschnitt 7.2).

7.1 Folgerungen für Stationen des Lebens Jesu

7.1.1 Die Berufung Jesu

Oben wurde deutlich, dass Jesus sein Selbstverständnis als eschatologischer Repräsentant Gottes nur mit äußerster Zurückhaltung zum Gegenstand seiner Verkündigung machte. Diese Zurückhaltung zeigte sich auch darin, dass Jesus nie davon sprach, wie er zu seinem Selbstverständnis gekommen war.[1] Er erzählte keine Berufungsgeschichte und sprach nicht von seiner inneren Entwicklung. Darum sind alle Überlegungen, wie und wann Jesus zu seinem Selbstverständnis fand, in einem hohen Grad mit Spekulation behaftet.[2] Dennoch lassen sich im Anschluss an die Analysen in Kapitel 5 und 6 einige Eckpunkte festhalten.

Die synoptischen Evangelien markieren den Anfang des Wirkens Jesu mit der sicher historischen[3] Taufe durch Johannes den Täufer. Einige

---

[1] Dies übersieht z.B. H.STEGEMANN, Die Essener..., S.320, so dass er aus dem Fehlen eines Berufungsberichtes (Mk.1,9-11 versteht er zurecht nicht als solchen) einfach schließen kann: „So führt denn kein Weg an der Feststellung vorbei, dass es nie ein besonderes Berufungserlebnis Jesu gegeben hat, auf das sich seine eigenständige Rede vom Reich Gottes zurückführen ließe.“ Es wäre ja auch möglich, dass Jesus eine besondere Berufung erfahren hat, davon aber ganz bewusst nie berichtete.

[2] So auch H.MERKLEIN, Jesu Botschaft, S.62.

[3] Vgl. z.B. G.THEISSEN/A.MERZ, Jesus, S.193f.

Autoren sehen darum den ältesten Taufbericht (Mk.1,9-11) als Berufungserzählung:[4] Jesus erfahre in der Taufe seine Berufung zum eschatologischen Repräsentanten Gottes. Zwar schildert Mk.1,9-11, wie Jesus zum geistbegabten Beauftragten Gottes berufen wird, berichtet aber nichts davon, wie Jesus die Einsicht in Gottes eschatologischen Heilsentschluss gewann. Aber erst dieses eschatologische Wissen ist es, das den herausgehobenen Status Jesu als eschatologischer Repräsentant Gottes begründet. Da Jesus dieses Wissen vor der Taufe wohl kaum hatte[5] und mit der Taufe wohl nicht erhielt,[6] ist anzunehmen, dass Jesus bei seiner Taufe noch Schüler des Täufers war.[7] Dafür spricht auch die Einordnung des Täufers in die Zeit vor der eschatologischen Heilswende.[8] Vom Täufer übernahm Jesus die Überzeugung von der Gerichtsverfallenheit des Gottesvolkes;[9] Jesu Einsicht in Gottes eschatologischen Heilsentschluss aber verdankt sich nicht dem Kontakt mit dem Täufer, sondern ist Jesu eigene Gotteserkenntnis, die Jesus seine öffentliche Wirksamkeit in räumlicher und inhaltlicher Distanz zum Täufer aufnehmen ließ.[10]

HARTMUT STEGEMANN vertritt nun die These,[11] Jesus habe die Einsicht in das eschatologische Nahegekommensein der Gottesherrschaft durch die ihm gelingenden wunderbaren Heilungen gewonnen. Doch ist einzuwenden, dass wunderbare Heilungen an sich – und seien es auch Exorzismen ohne exorzistische Praktiken[12] – niemals hinreichender Grund für das Wissen um

---

[4] So z.B. D.FLUSSER, Jesus, S.28f; J.JEREMIAS, Ntl. Theologie, S.56-62; W.REBELL, Jesus, S.66f und P.STUHLMACHER, Biblische Theologie des NTs, S.63f.

[5] Die These, Jesus habe bereits vor seiner Taufe die Einsicht in das Nahegekommensein der Gottesherrschaft gehabt und die Taufe sei so eine verkündigende Zeichenhandlung gewesen (so E.SCHILLEBEECKX, Jesus, S.122), lässt sich nicht halten. Ein öffentliches Wirken Jesu ist erst deutlich nach seiner Taufe bezeugt. Hätte Jesus bereits vor der Taufe sein eschatologisches Wissen vom Nahegekommensein der Gottesherrschaft gehabt, dann wäre kaum verständlich, warum er sich noch von Johannes taufen ließ.

[6] So auch G.THEISSEN/A.MERZ, Jesus, S.196.

[7] So auch M.HENGEL, Nachfolge, S.70; H.MERKLEIN, Jesu Botschaft, S.33 und J.BECKER, Jesus, S.60-62. „Man wird also wohl doch mit einer längeren Verweildauer Jesu beim Täufer [...] rechnen müssen." (J.BECKER, S.62) – zurückhaltender G.THEISSEN/A.MERZ, Jesus, S.194 und S.196.

[8] Vgl. Lk.16,16 und die Ausführungen in Abschnitt 5.4.1.5.

[9] Vgl. Abschnitt 5.2.

[10] Vgl. dazu H.MERKLEIN, Jesu Botschaft, S.33.

[11] H.STEGEMANN, Die Essener..., S.316-330; vgl. auch G.THEISSEN/A.MERZ, Jesus, S.197.

[12] Vgl. H.STEGEMANN, Die Essener..., S.325-327. Hier ist zu sagen, dass Jesus zwar kaum magische Praktiken in seinen Exorzismen verwendet; doch sind es immer Jesu Worte, die die Dämonenaustreibung bewirken. Die Exorzismen geschehen nicht, wie STEGEMANNS Darstellung suggeriert, von allein und werden von Jesus quasi nur interpretiert, sondern Jesus ist aktiver Gegner der Dämonen. Dass die Exorzismen auf Gottes und nicht auf Jesu Macht zurückgeführt werden, hat seinen Grund nicht in der Passivität Jesu, sondern in seiner Zurückhaltung seine eigene Person betreffend.

die geschehene eschatologische Wende sein können.[13] Erst auf Grund dieses Wissens kann Jesus Heilungen und Exorzismen als Erfahrung der Gottesherrschaft deuten. Sodann lässt die Überlieferung an keiner Stelle erkennen, dass Jesus erst im Vollzug seines öffentlichen Wirkens zu seinem eschatologischen Wissen gekommen ist. Vielmehr stellt sie ihn so dar, dass er seine Wirksamkeit am Nordufer des Sees Genezareth mit der Verkündigung dieser Erkenntnis beginnt und Wundertaten von Anfang an nur diese Verkündigung Jesu begleiten und unterstreichen. STEGEMANNS These ist also zurückzuweisen.

Daraus folgt, dass Jesus nach der Taufe durch Johannes und vor Beginn seiner öffentlichen Wirksamkeit in Galiläa zu seiner Einsicht in den eschatologischen Heilsentschluss Gottes und damit auch zu seinem Selbstverständnis gekommen ist. Die synoptische Überlieferung berichtet davon, dass Jesus zwischen diesen beiden Zeitpunkten sich in der Wüste aufgehalten habe (Mk.1,12f/Mt.4,1/Lk.4,1). Es kann mit einigem Recht vermutet werden, dass Jesus dort zu seinem eschatologischen Wissen und seinem Selbstverständnis gekommen ist.[14] Von einigen Autoren wird in diesem Zusammenhang das Logion vom Satanssturz (Lk.10,18) als Nachklang einer Berufungsvision verstanden.[15] Diese Interpretation ist möglich und wird unterstützt durch den Hinweis, dass Jesu Wüstenaufenthalt als Kampf mit dem Satan geschildert wird.[16] Aber auf Grund der knappen Überlieferung ist auch hier über Vermutungen nicht hinauszukommen. Jesu Zurückhaltung hinsichtlich seiner eigenen Person setzt auch hier eine Grenze für die historische Erkenntnis.

7.1.2 „Der Menschensohn" als Selbstbezeichnung Jesu

Die in Kapitel 4 vorgenommene traditionsgeschichtliche Analyse führte zu dem Ergebnis, dass Jesus den Ausdruck „der Menschensohn" nicht als Titel, sondern als Namen in der indirekten Selbstbezeichnung verwendete. Dabei wurden sechs verschiedene Hypothesen dargestellt, um die Bedeutung des Ausdrucks „der Menschensohn" in Jesu Mund und damit Jesu Motivation in der Wahl dieses Ausdrucks zu erklären.[17] Jetzt ist zu fragen, welche dieser Hypothesen am ehesten mit den Ergebnissen der Kapitel 5 und 6 in Übereinstimmung gebracht werden können.

---

[13] Wie der Beelzebul-Vorwurf deutlich macht, konnten die Heilungen Jesu auch ganz anders interpretiert werden (vgl. Mt.12,27/Lk.11,19; Mk.3,22/Mt.12,24/Lk.11,15).

[14] So z.B. H.MERKLEIN, Jesu Botschaft, S.62.

[15] So z.B. so W.G.KÜMMEL, Verheißung und Erfüllung, S.106f; H.MERKLEIN, Jesu Botschaft, S.62; U.B.MÜLLER, Vision und Botschaft, S.417f und G.THEISSEN/A.MERZ, Jesus, S.196f – anders J.GNILKA, Jesus, S.137. Vgl. zum Logion Abschnitt 5.4.2.2.

[16] Vgl. Abschnitt 7.2.2.

[17] Vgl. Abschnitt 4.7.4.

(1) Jesus bildete selbst den Namen „der Menschensohn" in Anlehnung an Dan.7,13f, weil er sich selbst als den kommenden Richter und Herrscher sah, klärte aber niemals über diese Bedeutung des Namens auf.

Gegen diese Hypothese spricht der Befund, dass sich außerhalb der durchweg sekundären Logien vom kommenden Menschensohn kein authentisches Jesus-Wort findet, das Jesus in der Funktion eines eschatologischen Richters oder Herrschers sieht.[18] Jesus aber Gedanken zu unterstellen, die er – weil er sie als Geheimnis betrachtete – nie äußerte, führt in methodisch nicht kontrollierbare Spekulationen.

(2) Jesus wollte in gehobener Sprache und auf geheimnisvolle Weise mit dem Ausdruck „der Menschensohn" ein betontes „Ich" markieren.

Wie die Kapitel 5 und 6 zeigten, ging es Jesus gerade nicht darum, seine Person zu betonen. Vielmehr nahm Jesus seine Person soweit als nur möglich zurück. Allein in den primären Antithesen findet sich eine durch die Entgegensetzung motivierte Betonung der eigenen Person, dort aber bezeichnenderweise mit „Ich" und nicht mit dem Ausdruck „der Menschensohn" formuliert. Diese Hypothese ist darum abzulehnen.

(3) Jesus verwendete den Ausdruck „der Menschensohn" als Chiffre wegen dessen Geheimnischarakters. Der rätselhafte Ausdruck sollte Jesus vor Einordnung in vorgefertigte Rollenmuster bewahren.

Mit demselben Denkansatz wurde bereits versucht, Jesu Zurückhaltung, seine eigene Person zum Thema zu machen, zu erklären. Wäre es hier zutreffend, dann hätte Jesus gleichsam aus „verkündigungstaktischen" Gründen diesen Ausdruck gewählt. Doch zeigte sich, dass Jesu Zurückhaltung in Bezug auf seine eigene Person nicht taktisch, sondern sachlich – durch seine paradigmatische Existenz angesichts der nahegekommenen Gottesherrschaft – motiviert war. Warum sollten auf einmal bei der Selbstbezeichnung „der Menschensohn" taktische Motive ins Spiel kommen? Außerdem wäre damit noch nicht geklärt, warum Jesus gerade diesen Ausdruck in der namenhaften Selbstbezeichnung verwendete – geheimnisvolle Selbstbezeichnungen gab es genug. Auch diese Hypothese ist zu verwerfen. Dies bedeutet jedoch nicht, dass der Ausdruck „der Menschensohn" im Munde Jesu nicht geheimnisvoll gewirkt und faktisch verschiedene Assoziationen wachgerufen habe. Nur dürfte darin nicht das primäre Interesse Jesu bei der Wahl dieses Ausdrucks gelegen haben.

(4) Jesus verfremdete mit der indirekten Selbstbezeichnung „der Menschensohn" eine im Aramäischen übliche generische Redeweise, um in Aussagen über sich selbst seine Person zurückzunehmen.

---

[18] Vgl. Abschnitt 5.3.

Diese Hypothese lässt sich gut mit der für Jesus typischen Zurückhaltung hinsichtlich seiner eigenen Person verbinden. Auch die generische Rede vom בַּר (אֱ)נָשָׁא geschieht ja gelegentlich, um die eigene Person zurückzunehmen. Diese Hypothese kann ferner auch erklären, warum der Ausdruck „der Menschensohn“ von Jesus durchweg determiniert verwendet wird.[19] Sie kann von den bisher diskutierten Hypothesen die meiste Plausibilität für sich reklamieren.[20]

(5) Jesus verwendete den Ausdruck „der Menschensohn“ in Anlehnung an Ezechiel, wo die Anrede „Menschensohn“ die Niedrigkeit des Propheten betont, aber zugleich den Prophet als Gottesboten gegenüber anderen heraushebt.

Auffällig ist, dass es kein einziges Zeugnis davon gibt, dass einer der Hörer Jesu bei der Verwendung des Ausdrucks „der Menschensohn“ eine Verbindung zur Person des Propheten Ezechiel hergestellt hätte.[21] Auch widerspricht es der Zurückhaltung Jesu, durch die Verwendung des Ausdrucks „der Menschensohn“ sein Selbstverständnis als Repräsentant Gottes zu proklamieren. Da Jesus sich aber durchaus in einer prophetischen Rolle sah, ist auch nicht auszuschließen, dass für ihn bei der Auswahl des Ausdrucks „der Menschensohn“ der Anklang an das Ezechielbuch eine Rolle gespielt hat – ohne dass Jesus diese Verbindung jemals explizit hergestellt hätte und ohne dass sie seinen Hörern je deutlich geworden ist.

(6) Jesus bezeichnete sich als „der Menschensohn“, weil er sich selbst als den wahren Menschen, der mit der Gottesherrschaft konform lebt, verstand.

Es wurde deutlich, dass Jesus sein Leben auch als paradigmatische Existenz angesichts der nahegekommenen Gottesherrschaft sah. So wäre möglich, dass Jesus durch die Verwendung des Ausdrucks „der Menschensohn“ dieses Selbstverständnis zum Ausdruck brachte. Dies muss nicht der für Jesus charakteristischen Zurückhaltung in Bezug auf seine eigene Person widersprechen. Denn Jesus hat diese Konnotation des Begriffs, die für ihn selbst bei der Wahl des Ausdrucks für die Selbstbezeichnung eine Rolle gespielt haben mag, nie direkt zum Thema gemacht.

---

[19] Vgl. die aramäischen Beispiele bei G.VERMES, Jesus der Jude, S.148-152. Alle diese Beispiele verwenden die determinierte Form בַּר (אֱ)נָשָׁא. Allerdings kann VERMES mit diesen Beispielen nicht nachweisen, dass der Ausdruck „der Menschensohn“ im Aramäischen auch ausschließlich individuell gemeint und exklusiv auf die eigene Person bezogen verwendet werden konnte. Jesus geht mit seinem Sprachgebrauch also über den vorgegebenen Sprachgebrauch hinaus, wenn auch in den von VERMES gebotenen Beispielen sich Jesu Sprachgebrauch andeutet (vgl. dazu auch Abschnitt 4.3).

[20] Ebenso auch R.LEIVESTAD, Jesus – Messias – Menschensohn, S.251.

[21] So auch R.LEIVESTAD, Jesus – Messias – Menschensohn, S.248f.

So ergibt sich: Der schon des Öfteren vermutete Ursprung der Selbstbezeichnung „der Menschensohn“ in aramäischer Sprachgewohnheit dürfte die wahrscheinlichste Erklärung für die Bedeutung dieses Ausdrucks im Munde Jesu sein. Durch diese Selbstbezeichnung kann Jesus von sich selbst reden und sich zugleich Zurückhaltung hinsichtlich seiner eigenen Person auferlegen. Jesus geht allerdings über die aramäische Sprachgewohnheit hinaus. Er spricht nicht generisch, sondern individuell. Aber er greift den zurückhaltenden Charakter auf, der in dieser Ausdrucksweise liegt. Bei Jesu Wahl des Ausdrucks „der Menschensohn“ für die Selbstbezeichnung könnten aber noch zwei weitere mit diesem Begriff verbundene Assoziationen bedeutsam gewesen sein: Durch den Anklang an die Prophetenanrede des Ezechielbuches schwingt in der Verwendung des Ausdrucks „der Menschensohn“ Jesu Selbstverständnis als Repräsentant Gottes gegenüber den Menschen mit. Und zugleich schimmert in dieser mit „der Mensch“ bedeutungsgleichen Selbstbezeichnung der Anspruch durch, den wahren Menschen, wie Gott ihn angesichts der nahegekommenen Gottesherrschaft will, zu repräsentieren. Beide Konnotationen sprach Jesus – entsprechend der ihm eigenen Zurückhaltung – nicht explizit aus. Dennoch könnten sie für ihn eine Rolle gespielt haben. Dann käme auch in der Verwendung des Ausdrucks „der Menschensohn“ die für Jesus typische Paradoxie zwischen Anspruch, eschatologischer Repräsentant Gottes zu sein, und der gleichzeitig daraus resultierenden Zurückhaltung hinsichtlich seiner eigenen Person zum Ausdruck. Das Geheimnis, das die Bedeutung des Ausdrucks „der Menschensohn“ immer noch darstellt, wäre dann das Geheimnis der Person Jesu selbst.

7.1.3 Jesu Weg in den Tod

Wie Jesus seinen Weg in den Tod verstand, ist eines jener Problemfelder der historisch-kritischen Jesusforschung, bei dem die exegetischen Meinungen weit auseinander gehen und die Quellen eine Verifikation vorgebrachter Hypothesen schwierig machen. Eine Klärung dieser Frage, wie sie als Abschluss einer Rückfrage nach Jesu Selbstverständnis eigentlich geboten wäre, ist darum an dieser Stelle nicht zu leisten. Dennoch sollen hier einige in der Diskussion vorgebrachte Hypothesen auf dem Hintergrund der Ergebnisse der Kapitel 4 bis 6 angesprochen werden.

Manche Exegeten verstehen das gewaltsame Vorgehen gegen Jesus als Reaktion gesetzestreuer jüdischer Gruppen auf Jesu Auslegung des Gotteswillens[22] und seine Zuwendung zu Sündern und Zöllnern.[23] Auch Jesu

---

[22] So z.B. KÄSEMANN, Das Problem des historischen Jesus, S.146f: „Jesus hat mit einer unerhörten Souveränität am Wortlaut der Tora und der Autorität des Moses vorübergehen können. Diese Souveränität erschüttert [...] die Grundlagen des Spätjudentums und verursacht darum entscheidend seinen Tod“. Ebenso J.GNILKA, Wie urteilte Jesus über

messianischer Anspruch wird als Anlass für das Vorgehen der Sadduzäer gewertet.[24] Von anderen Forschern werden dagegen diese Konfliktfelder in ihrer Bedeutung für den Prozess gegen Jesus zurückhaltender eingeschätzt.[25] Sie sehen den Grund für das Vorgehen der sadduzäischen Tempelaristokratie[26] gegen Jesus weniger in Jesu Wirken in Galiläa, als vielmehr in seinem Auftreten in Jerusalem begründet.[27] Offenbar waren hier vor allem Jesu Tempelprotest und seine kritischen Äußerungen gegen den Tempel[28] für die Sadduzäer[29] nicht hinnehmbar – wenn auch andere Konfliktfelder die

---

seinen Tod?, S.24; ders., EKK II/1, S.286; F.HAHN, Methodologische Überlegungen, S.42f; H.F.WEISS, Kerygma und Geschichte, S.95f und J.BECKER, Jesus, S.414f.

[23] Vgl. z.B. J.ROLOFF, Neues Testament, S.184. Weitere Autoren bei L.OBERLINNER, Todeserwartung, S.156-160.

[24] So M.HENGEL, Jesus, der Messias Israels, S.169f und ders., Studies in Early Christology, S.55-57. HENGEL geht davon aus, dass „die Messiasfrage während der ganzen letzten Tage in Jerusalem im Raum" stand (S.169). Er sieht Jesus einen messianischen Anspruch erheben bei dem inszenierten Einzug, wo Sach.9,9 im Hintergrund stehe, bei der Tempelreinigung, wo die eschatologische Erwartung Sach 14,21 erfüllt würde, und bei der Parabel von den bösen Winzern, in der Jesus beansprucht der Sohn und damit der letzte entscheidende Bote Gottes zu sein. HENGEL mag Recht haben, dass Jesus damit – ohne es explizit zu thematisieren – einen messianischen Anspruch zum Ausdruck bringt. Nur dürfte Jesu Anspruch auf messianische Würde noch nicht das Hauptmotiv für die Sadduzäer gewesen sein, gegen Jesus vorzugehen – auch wenn dieses Moment letztlich gut geeignet war, Jesus als Aufrührer bei Pilatus anzuzeigen (vgl. dazu Abschnitt 7.1.4).

[25] Vgl. dazu z.B. E.P.SANDERS, Jesus, S.205-237; L. OBERLINNER, Todeserwartung, S.156-165; G.DAUTZENBERG, Eigenart des Konflikts. Vor allem der Gegensatz zu den dürfte nicht zu einer solchen Todfeindschaft geführt haben, wie manche Überlieferung es erscheinen lässt (vgl. Mk.3,6/Mt.12,14). Auffälligerweise spielen Pharisäer im Prozess gegen Jesus keine Rolle. Einer der namentlich bekannten Sympathisanten Jesu ist Pharisäer (Nikodemus: Joh.3,1ff; 7,59f; 19,39) – vgl. dazu auch L.OBERLINNER, Todeserwartung, S.159; D.FLUSSER, Jesus, S.55; G.THEISSEN/A.MERZ, Jesus, S.406f.

[26] Dass es unter allen jüdischen Gruppierungen die sadduzäisch geprägte Tempelaristokratie war, die das gewaltsame Vorgehen gegen Jesus initiierte, ist allgemeiner Konsens der Forschung. Vgl. dazu z.B. L.OBERLINNER, Todeserwartung, S.117-119; A.VÖGTLE, Todesankündigungen, S.54; G.DAUTZENBERG, Eigenart des Konflikts, S.153f; J.GNILKA, Prozeß Jesu, S.38; ders., Jesus, S.292; J.BECKER, Jesus, S.425f; G.THEISSEN/A.MERZ, Jesus, S.409. Dazu passt auch, dass aller Wahrscheinlichkeit nach nicht das ganze Synhedrium – in dem auch die Pharisäer vertreten waren – einen offiziellen Prozess gegen Jesus führte, sondern im Hause des Hohepriesters lediglich eine Art Voruntersuchung stattfand, an der nur einige (sadduzäische) Mitglieder des Synhedriums beteiligt waren (vgl. dazu 7.1.4).

[27] So z.B. G.DAUTZENBERG, Eigenart des Konflikts, S.154.

[28] So L.OBERLINNER, Todeserwartung, S.125-127 und S.134; H.MERKLEIN, Jesu Botschaft, S.131-134; R.HEILIGENTHAL, Der Lebensweg Jesu, S.138-141; G.THEISSEN/A.MERZ, Jesus, S.409.

[29] Dies wird unterstrichen durch den vergleichbaren Fall des bei Josephus (Bell.6,300-305) bezeugten Unheilspropheten Jesus ben Ananos, der den Untergang des Tempels ankündigte und gegen den das Synhedrium massiv vorging. Er wurde einzig darum nicht durch die römische Besatzungsmacht hingerichtet, weil der damalige Procurator

Gegnerschaft verstärkt haben dürften.[30] Auf jeden Fall gab es auf einer Reihe von Feldern massive Gegnerschaft,[31] die Jesus früher oder später zur Einsicht bringen musste, dass sein Leben bedroht sei. Dabei ist wohl davon auszugehen, dass Jesus nicht von Anfang an definitiv mit einem gewaltsamen Ausgang seiner Wirksamkeit rechnete. Zwar sind Anfeindungen auch während des Wirkens Jesu in Galiläa überliefert, und es ist – methodisch gesehen – nicht möglich, Jesus für diese Zeit eine Ahnung seines bevorstehenden Leidensweges abzusprechen. Doch lässt sich erst für das Ende seiner Jerusalemer Wirksamkeit eine Todesgewissheit Jesu nachweisen.[32] So geben der eschatologische Ausblick beim letzten Mahl Jesu (Mk.14,25/Mt.26,29/Lk.22,18), der zumeist als authentische Überlieferung gewertet wird,[33] und die ebenfalls wohl authentischen Deuteworte „Das ist mein Leib"[34] und

---

Albinus ihn für verrückt und darum unzurechnungsfähig hielt. Der Fall zeigt, wie sensibel die Tempelaristokratie auf eine Infragestellung des Kultes reagierte (vgl. dazu G.Dautzenberg, Eigenart des Konfliktes, S.149; M.Trautmann, Zeichenhafte Handlungen, S.125f; K.Müller, Kapitalgerichtsbarkeit, S.69-71; zu den Parallelen zum Geschick Jesu vgl. G.Theissen, Tempelweissagung, S.145f). A.Strobel, Stunde der Wahrheit, S.24-26 sieht das Vorgehen gegen Jesus ben Ananos darin motiviert, dass dieser – ähnlich wie Jesus auch – als Lügenprophet angesehen worden sei. Dagegen spricht jedoch, dass die Tempelaristokratie nicht bei allen Propheten derart sensibel reagierte, wie bei jenen, die den Tempelkult in Frage stellten. Nicht (möglicherweise) falsche Prophetie, sondern Infragestellung des Tempels war darum für die Sadduzäer nicht hinnehmbar.

[30] Mehr sozio-kulturelle Konfliktfelder beleuchten E.P.Sanders, Jesus, S.266-273; J.Becker, Jesus, S.414f; G.Theissen, Tempelweissagung, S.149 und G.Theissen/A.Merz, Jesus, S.407f.

[31] Die These, dass Jesus als Volksverführer und falscher Prophet nach Dtn.13 angeklagt wurde (So A.Strobel, Die Stunde der Wahrheit, S.81-86), lässt sich nicht halten (vgl. G.Schneider, Das Verfahren gegen Jesus, 124f; G.Theissen/A.Merz, Jesus, S.405).

[32] So das Ergebnis der Analyse L.Oberlinners (Todeserwartung, vgl. S.134 und S.154). Zu erinnern ist daran, dass die am ehesten authentische Vorform der markinischen Leidensankündigungen ein Leiden – nicht unbedingt aber den Tod Jesu – ankündigt (vgl. Abschnitt 4.5). J.Becker, Jesus, S.415f will das Logion Lk.13,31f als Ausdruck einer in Galiläa bereits bestehenden Todeserwartung Jesu verstehen. Umstritten ist jedoch die Authentizität des Logions und die Frage, ob die in Lk.13,32 angesprochene Vollendung am dritten Tag auf Jesu Tod zu beziehen ist (so L.Oberlinner, Todeserwartung, S.148) und somit wirklich eine Todesankündigung vorliegt.

[33] So J.Becker, Jesus, S.418f; L.Oberlinner, Todeserwartung, S.130-134; J.Gnilka, Wie urteilte Jesus über seinen Tod?, S.33-35; H.Schürmann, Todesverständnis, S.97; V.Hampel, Menschensohn, S.356; G.Theissen/A.Merz, Jesus, S.233.

[34] Wenn auch bei einigen anderen Formulierungen der Einsetzungsworte die Authentizität zu bezweifeln ist, so wäre ohne diese Deuteworte die Rückführung des letzten Abendmahls auf Jesus und damit die Entstehung des Abendmahls überhaupt nur schwer plausibel zu machen. So wird auch zumeist von der Authentizität zumindest eines dieser Worte ausgegangen; vgl. G.Theissen/A.Merz, Jesus, S.371-373.

Zu beachten ist, dass im griechischen Text der so genannten Einsetzungsworte sich das neutrale τοῦτο (Mk.14,22/Mt.26,26/1.Kor.11,24/Lk.22,19) nicht auf das Brot (ὁ ἄρτος)

„Das ist mein Blut“ davon Zeugnis, dass Jesus sich zumindest am Ende seines öffentlichen Wirkens bewusst war, dass seine Gegner ihn gewaltsam aus dem Weg schaffen wollten.[35]

Dennoch ist Jesus der bevorstehenden Verhaftung nicht ausgewichen. Er hat seinen Tod nicht nur passiv – und womöglich noch für ihn überraschend – erlitten, sondern hat sein Todesgeschick aktiv und freiwillig auf sich genommen.[36] Dies impliziert nicht, dass Jesus nach Jerusalem zog, um seinen Tod zu provozieren.[37] Aber warum versuchte Jesus nicht, sich in Sicherheit zu bringen? In der Diskussion um diese Frage finden sich mehrere Hypothesen, die nun zu diskutieren sind.

a) Jesu Todesbereitschaft sollte die Vollendung der Gottesherrschaft herbeizwingen

Es wurde die Hypothese aufgestellt,[38] Jesus sei aus Jerusalem nicht geflohen, um seinen Tod zu provozieren und um so Gott zur Vollendung der Gottesherrschaft zu veranlassen.[39]

Wie in den Kapiteln 4 bis 6 deutlich wurde, ist für Jesu Gottesbild Gottes Souveränität charakteristisch. Jesu Aufgabe ist es, als eschatologischer Repräsentant Gottes die Nähe der Gottesherrschaft zu verkünden und in seinem Wirken erfahrbar zu machen. Die Vollendung der Gottesherrschaft liegt aber nicht in Jesu, sondern allein in Gottes Macht. Von Gott kann zwar alles erbeten werden, auch die Vollendung der Gottesherrschaft (vgl. Mt.6,10/Lk.11,2), aber nicht einmal Jesus hat Anspruch auf Erhörung seiner Bitten. Die Haltung, die der Mensch vor Gott einnimmt und die Jesus paradigmatisch realisiert, ist die Haltung eines Menschen, der demütig bittet und alles von Gott erwartet, nicht aber die eines Menschen, der Gott nötigt.

---

beziehen kann, sondern das Geschehen des Brotbrechens bezeichnet. Die Pointe dieser Worte lautet darum: Was mit diesem Brot geschieht, wird auch mit meinem Leib geschehen. Folglich sind die Einsetzungsworte als Leidensankündigung zu verstehen.

[35] Vgl. H.MERKLEIN, Jesu Botschaft, S.137; H.F.WEISS, Kerygma und Geschichte, S.94f.

[36] Dass Jesus den Tod sehenden Auges und freiwillig auf sich genommen hat, ist als historisches Faktum Voraussetzung für alle soteriologischen Deutungsmodelle des Todes Jesu, die von einer Lebenshingabe sprechen (vgl. Abschnitt).

[37] So auch L.OBERLINNER, Todeserwartung, S.129.

[38] So z.B. bei H.J.SCHOEPS, Der historische Jesus und der kerygmatische Christus, S.89 und bereits ähnlich A.SCHWEITZER, Geschichte der Leben-Jesu-Forschung, S.442f..

[39] Dass der Tod der Gerechten das Kommen der Gottesherrschaft beschleunigt, wird AssMos.9,7ff und äth.Hen.47,1-4 vorausgesetzt. Häufig wird mit einem ähnlichen Ansatz der Verrat des Judas erklärt – so z.B. bei V.HAMPEL, Menschensohn, S.126: „Weil Jesus nach Meinung des Judas viel zu lange als Messias designatus abwartend verharrte, wollte er mit der öffentlichen Bekanntgabe des messianischen Anspruchs Jesu die Herbeiführung des eschatologischen Prozesses und die Offenbarung der Messianität durch Gott beschleunigen.“

Die Hypothese, Jesus habe durch seine Todesbereitschaft Gott zur Vollendung der Gottesherrschaft nötigen wollen, ist darum abzulehnen.[40]

b) Jesus verstand seinen Tod als heilseffektive Sühneleistung

Von einer Reihe von Autoren wird angenommen, Jesus sei bewusst in den Tod gegangen, um mit seinem Sterben eine heilseffektive Sühneleistung für das ihn ablehnende Israel zu bewirken.[41] Um diese Annahme zu begründen, werden immer wieder zwei traditionsgeschichtlich äußerst umstrittene Stellen angeführt: Das so genannte λύτρον-Wort (Mk.10,45/Mt.20,28) und die soteriologische Deutung des Abendmahls durch die Formulierung „für viele“ (Mk.14,24/Mt.26,28) bzw. „für euch“ (1.Kor.11,24/Lk.22,19),[42] in der entweder eine Anspielung auf die in Jes.53 vorgegebene Sühnevorstellung gesehen[43] oder ein Hinweis auf den Entsühnungsritus beim Bundesschluss am Sinai (Ex.24,8) erblickt wird.[44] Beim λύτρον-Wort und beim Rückgriff auf Jes.53 wird Sühne dabei als stellvertretende Ersatzleistung verstanden,[45] beim Rückgriff auf Ex.24,8 als kultische Reinigungshandlung, die durch die Verwendung von Blut wirksam wird. Die Authentizität beider Überlieferungen ist allein von der Analyse der Logien her weder zu beweisen noch zu widerlegen.[46] HELMUT MERKLEIN ist darum recht zu geben, wenn er sagt: „Letztlich spitzt sich das Problem auf die theologische Frage

---

[40] So auch J.BECKER, Jesus, S.416f.

[41] So z.B. R.PESCH, Abendmahl und H.SCHÜRMANN, Todesverständnis. SCHÜRMANN, referiert außerdem die Positionen von A.SCHWEITZER, P.WOLF und W.KASPER (S.280-284). Einem gewaltsamen Todesschicksal sühnende und heilseffektive Bedeutung zuzusprechen, war in jüdischer Tradition denkbar. So wurden die Martyrien der Makkabäerzeit als stellvertretendes Erleiden des Zornes Gottes betrachtet, das die ungerechten Mitglieder des Gottesvolkes vor dem Zorn Gottes bewahrt. (4.Makk.6,27-29; vgl. 17,22 und 1,11 – weitere Belege bei J.JEREMIAS, Ntl. Theologie, S.273f). Von einem Leiden, das eine stellvertretende Ersatzleistung darstellt, wird auch im so genannten 4. Gottesknechtslied (Jes.52,13-53,12) gesprochen. Im Hintergrund dieser Vorstellung scheint das stellvertretende Tieropfer zu stehen, das sühnende Kraft hat (vgl. Lev.1,4). In verschiedenen Opferritualen wurde das Blut der Opfertiere eingesetzt, um Kultgeräte, das Kultpersonal oder die Gemeinde zu entsühnen (vgl. z.B. Ex.30,10; Lev.4-5; 16,18f). Dabei wird dem Blut der Opfertiere unabhängig von der Vorstellung einer Ersatzleistung eine reinigende Kraft zugeschrieben.

[42] Zur Problematik der Rekonstruktion des letzten Mahles Jesu mit seinen Jüngern und der Deuteworte vgl. J.GNILKA, Wie urteilte Jesus über seinen Tod?, S.31-33; R.PESCH, Abendmahl. S.143 und G.THEISSEN/A.MERZ, Jesus, S.359-385.

[43] So z.B. H.MERKLEIN, Jesu Botschaft, S.141.

[44] So R.PESCH, Abendmahl, S.176.

[45] Vgl. Jes.53,4-6 und zu λύτρον vgl. Procksch, ThWNT IV, S.330-333 und Büchsel, ThWNT IV, S.341-351.

[46] So das Ergebnis der die verschiedenen Argumente miteinander abwägenden Überlegung J.GNILKAS, Wie urteilte Jesus über seinen Tod?, S.41-49. Auch wenn das λύτρον-Wort sekundär an das Wort vom Dienen angehängt worden sein dürfte, folgt daraus noch nicht ein negatives Authentizitätsurteil (vgl. dazu Abschnitt 4.4.2).

zu, ob und inwieweit die Vorstellung vom Sühnetod mit der sonstigen Verkündigung Jesu zusammenpaßt."[47]

Wo versucht wird, einen Zusammenhang zwischen Jesu Verkündigung der nahegekommenen Gottesherrschaft und einer möglichen Deutung seines Todes als stellvertretendes heilseffektives Sühneleiden herzustellen, wird davon ausgegangen, dass „die zwar partielle, aber in ihrer Auswirkung auf die Mehrheit des Volkes nicht minder repräsentative Ablehnung Jesu durch die Repräsentanten Israels das auf ganz Israel ausgerichtete Erwählungshandeln Gottes, wie es Jesus verkündete, in seiner Qualität als göttliches Geschehen" in Frage stellen musste.[48] Dabei dürfte die Vorstellung, dass eine breite Verweigerung gegenüber der Verkündigung Jesu Gottes Erwählungshandeln hätte rückgängig machen können, für Jesus auszuschließen sein. Nach Jesu Verständnis bezog sich Gottes eschatologischer Heilsentschluss von Anfang an kontrafaktisch auf den Zustand des Gottesvolkes, das sich in seiner Ganzheit von ihm abgewandt hatte.[49] Jesus musste auf diesem Hintergrund die erfahrene Ablehnung als Ausdruck dieser bereits vorgegebenen Abwendung von Gott verstehen. Dass Jesus in seinem bevorstehenden Leiden eine Rekonstituierung des von Gott her rückgängig gemachten eschatologischen Heilsentschlusses gesehen hätte, dürfte also ausscheiden.[50]

Wie in Abschnitt 5.4.3 deutlich wurde, hat Jesus ihm entgegengebrachte Ablehnung als Selbstausschluss aus der Gottesherrschaft verstanden. Wenn er die Ablehnung durch die Repräsentanten Israels so wertete, dass damit das Gottesvolk in seiner Gesamtheit[51] Gericht und Verwerfung gewählt habe,[52] dann musste er Gottes Heilswillen als ins Leere gelaufen betrachten. Sein Tod – als stellvertretender Sühnetod verstanden – könnte dann darauf zielen, für das Gottesvolk die Drohung des Gerichts abzuwenden und so trotz des Selbstausschlusses des Gottesvolkes aus der Gottesherrschaft ein neues Gottesverhältnis – den neuen Bund der Abendmahlsworte – für das

---

[47] H.Merklein, Jesu Botschaft, S.139. Vgl. H.Schürmann, Todesverständnis, S.279.

[48] H.Merklein, Jesu Botschaft, S.141.

[49] Vgl. dazu Abschnitt 5.2.

[50] Dies liefe auch darauf hinaus, dass der bedingungslos vergebungswillige Vater, den Jesus zuvor verkündigte, in seiner Gnade nun doch nicht so souverän wäre, sondern dass er zur „Wiederbelebung" seiner Gnade auf einer Sühneleistung bestand. Vgl. dazu Fiedler, Sünde und Vergebung im Christentum, S.569.

[51] Die Annahme, Jesus habe die ihm widerfahrene Ablehnung als total erlebt oder eine solche totale Ablehnung auf Grund der Haltung der Repräsentanten des Volkes befürchtet, ist zumindest problematisch, da Jesus doch auch eine nicht ganz geringe Schar von Anhängern hatte und er also eine totale Ablehnung durch Israel nicht erfahren hatte. Dennoch sei hier zugestanden, dass Jesus die Ängstlichkeit und Laxheit seiner Jünger voraussah und diese mit der sonst erfahrenen Ablehnung zu einer totalen Ablehnung durch Israel hochrechnen konnte.

[52] So z.B. R.Pesch, Abendmahl, S.183f.

Volk zu begründen.[53] Um die These, dass Jesus seinen Tod so verstanden habe, zu begründen, verweist HEINZ SCHÜRMANN[54] darauf, dass Jesus angesichts der im Gericht drohenden Verwerfung (fast) des ganzen Gottesvolkes seine „Proexistenz" nur durchhalten konnte, „indem er sich fürbittend in persönlichem Angebot selbst hineingab in dieses Gerichtsgeschehen. Ein imperatorisches Eintreten (und stellvertretend-sühnendes 'Verhalten') musste nunmehr fast wie von selbst aus seiner proexistenten Grundhaltung [...] herauswachsen."[55]

Doch erheben sich hier Einwände. Jesus verkündete nicht einen allgemeinen Heilswillen Gottes, der mit verschiedenen soteriologischen bzw. heilsgeschichtlichen Konzeptionen zu beschreiben wäre, oder lebte eine abstrakte „Proexistenz", sondern er verkündigte als eschatologischer Repräsentant Gottes das Nahegekommensein der Gottesherrschaft, das in einem eschatologischen Heilsentschluss Gottes gründet. Die Konzepte, die von einem durch den Sühnetod Jesu begründeten neuen Bund oder von einer im Gericht wirksamen Sühneleistung für das Gottesvolk sprechen, lassen sich nicht spannungslos mit Jesu vorauslaufender Verkündigung zu einer Einheit verbinden, denn sie kennen mit Jesu heilseffektivem Sühnetod einen neuen Heilsgrund.[56] Da sich also eine Deutung des Todes Jesu als heilseffektives stellvertretendes Sühneleiden nicht mit Jesu Verkündigung vom Nahegekommensein der Gottesherrschaft in Einklang bringen lässt,[57] ist nicht davon auszugehen, dass Jesus seinen Tod so verstanden hat. Darum ist auch von einer sekundären Entstehung des λύτρον-Wortes und der Vorstellung eines in Jesu Tod gegründeten Bundes, wie sie sich in den Abendmahlsworten findet, auszugehen.[58]

---

[53] So identifiziert z.B. R.PESCH (Abendmahl, S.181-187) – in Aufnahme der Abendmahlsworte vom Bund des Blutes – das durch Jesu Sühnetod konstituierte neue Gottesverhältnis mit dem neuen Bund. Bezeichnenderweise klärt er nicht, wie sich neuer Bund und Gottesherrschaft zueinander verhalten. Er kann beides zusammensehen, weil er immer recht allgemein vom Heilswillen Gottes spricht.

[54] H.SCHÜRMANN, Todesverständnis, S.293-295.

[55] H.SCHÜRMANN, Todesverständnis, S.294.

[56] So auch J.BECKER, Jesus, S.420 mit Verweis auf Jesu Botschaft der nahegekommenen Gottesherrschaft: „Sie enthält nirgends ein Indiz, dass Gottes Zuwendung zu den Verlorenen noch eines besonderen Lebenseinsatzes Jesu bedurfte."

[57] Die Unvereinbarkeit von Jesu Verkündigung der nahegekommenen Gottesherrschaft und einer Deutung seines Todes als heilseffektive Sühne behaupten auch P.FIEDLER, Sünde und Vergebung im Christentum, S.569; H.F.WEISS, Kerygma und Geschichte, S.93f und A.VÖGTLE, Todesankündigungen, S.67-80 (bei WEISS und VÖGTLE weitere Argumente). Anzumerken wäre auch, dass Jesus die Gottesherrschaft nie in kultischen Kategorien beschreibt. Sühne ist aber eine ausgesprochen kultische Kategorie.

[58] So auch H.F.WEISS, Kerygma und Geschichte, S.93f. Gegen G.THEISSEN/A.MERZ, Jesus, S.371-373, die die historischen Abendmahlsworte so rekonstruieren: „Dies ist mein/der Leib für euch. Dies ist der neue Bund." (S.373).

c) Jesu Weg in den Tod als Konsequenz seiner Sendung

Wenn anzunehmen ist, dass Jesus seinen Tod nicht als heilseffektive Sühneleistung verstanden hat, dann ist auf andere Weise verständlich zu machen, weshalb Jesus sich seiner bevorstehenden Verhaftung nicht entzogen hat, sondern bewusst in diesen Tod ging.

Oft wird Jesu Todesbereitschaft schlicht als Gehorsam gegenüber seiner Sendung verstanden.[59] Dies lässt sich ohne Einschränkung für Jesu Gang nach Jerusalem sagen, bei dem sich Jesus einer möglichen Todesgefahr bewusst sein musste. Denn der Gang nach Jerusalem war notwendig, da ohne eine Verkündigung der nahegekommenen Gottesherrschaft im Zentrum des Judentums Gottes Hinwendung zum ganzen Gottesvolk nicht hätte zum Ausdruck gebracht werden können.[60] Allerdings versagt diese Erklärung zunächst, wenn Jesu Situation unmittelbar vor seiner Verhaftung betrachtet wird. Zu diesem Zeitpunkt konnte Jesus auf ein öffentliches Wirken in Jerusalem zurückblicken. Seine Botschaft war ausgerichtet, mit einem weiteren öffentlichen Wirken in Jerusalem konnte Jesus nicht mehr rechnen. Durch eine Flucht hätte sich Jesus die Möglichkeit eröffnet, auch noch in anderen Regionen zu wirken. Es bleibt die Frage: warum entzog sich Jesus seiner Verhaftung nicht?

Ein Rückzug Jesu aus Jerusalem hätte die Repräsentanten Israels – und damit ganz Israel – auf eine ablehnende Haltung gegenüber Jesus behaftet.[61] Ein Rückzug aus Jerusalem hätte faktisch bedeutet, dass Gott sein gnädiges, in Jesus gegenwärtiges Angebot an Israel zurückgezogen hätte. Jesu Bereitschaft, den Tod in Jerusalem auf sich zu nehmen, steht darum für seine Überzeugung, dass Gottes Angebot auch weiterhin gilt. Durch das Bleiben in Jerusalem brachte Jesus zum Ausdruck, dass selbst die Verweigerung derjenigen, die Israel repräsentierten, „den eschatologischen Heilsentschluss Gottes nicht rückgängig machen und die Wirksamkeit des göttlichen Erwählungshandelns nicht in Frage stellen kann. Die Treue und Kontinuität des eschatologischen Handelns Gottes kommen selbst im Tode seines Repräsentanten und in der Ablehnung Israels nicht zum Erliegen."[62]

Hat Jesus seinen Tod so verstanden, dann ergab er sich als letzte Konsequenz aus seiner Botschaft vom gnädigen Heilsentschluss Gottes und lässt sich folglich als Gehorsam gegenüber seiner Sendung verstehen.

---

[59] Vgl. z.B. A.VÖGTLE, Todesankündigungen, S.58.

[60] So auch G.BORNKAMM, Jesus, S.136.

[61] Ganz analog zu der Symbolhandlung beim Verlassen einer Stadt, in der die Jünger auf Ablehnung gestoßen sind (Mk.6,11/Mt.10,14f/Lk.9,5/Lk.10,10-12).

[62] H.MERKLEIN, Jesu Botschaft, S.142. MERKLEIN versucht so seine These zu stützen, Jesus habe seinen Tod als Sühneleiden verstanden. Dies setzt aber voraus, dass Sühne nicht mehr heilseffektiv, sondern heilsbezeugend interpretiert wird.

Zugleich ist ein stellvertretender Charakter des Todes Jesu festzustellen.[63] Stellvertretung bewirkt hier aber nicht das Heil (wie bei der heilseffektiven Sühnevorstellung), sondern ist das stellvertretende Eintreten für eine dem Gottesvolk zugute kommende Wahrheit – zu Gunsten der Menschen, stellvertretend für Gott.[64] In diesem Sinne verstanden ist Jesus gerade auch noch in seinem freiwillig auf sich genommenen Tod der Repräsentant Gottes: er steht ein für Gottes eschatologischen Heilsentschluss, der auch durch den Unglauben des Gottesvolkes nicht in Frage gestellt werden kann.

Die Kontinuität zum vorausgehenden Wirken Jesu ist gegeben.[65] Jesu Todesbereitschaft ist so die „äußerste Konsequenz seiner dienenden Selbstpreisgabe",[66] ist die bis zum Äußersten gehende Bereitschaft, die eigene Person um der auszurichtenden Botschaft willen zurückzustellen. Jesu Verzicht, seine eigene Person zum Thema zu machen und für sich selbst Ehre und Hoheit in Anspruch zu nehmen, gipfelt also in seiner Todesbereitschaft.

Gut vereinbar ist eine solche Rekonstruktion des Todesverständnisses Jesu auch mit dem eschatologischen Ausblick: „Amen, ich sage euch, ich werde vom Gewächs des Weinstocks nicht mehr trinken bis zu jenem Tage, wo ich es neu trinken werden im Reiche Gottes." (Mk.14,25/Mt.26,29/Lk.22,18). Dieses Wort erwartet die Durchsetzung der Gottesherrschaft unabhängig von Jesu Tod.[67] Bei einem solchen Todesverständnis Jesu kann auch die soteriologische Wendung „für viele" (Mk.14,24/Mt.26,28) oder „für euch" (1.Kor.11,24/Lk.22,19f) in den Deuteworten des Abendmahls auf Jesus zurückgehen. Diese soteriologische Wendung würde dann nicht an eine heilseffektive Deutung von Jes.53 anknüpfen,[68] sondern Jesu stellvertretendes Sterben zu Gunsten der Menschen, denen durch Jesu Tod die Unabänderlichkeit der Entschlossenheit Gottes zum Heil verdeutlicht würde.[69]

---

[63] Wer will, mag dies als „aktive Proexistenz, die bis in den Tod durchgehalten wird," oder als „Festhalten des Heilsangebots auch im Tode" bezeichnen (so H.SCHÜRMANN, Todesverständnis, S.291-93 und die von ihm zitierten Autoren). Doch gebraucht SCHÜRMANN diese Formulierungen im Rahmen einer heilseffektiven Sühnekonzeption.

[64] „Sterben für" heißt damit nicht „anstelle von" sondern „zu Gunsten von".

[65] So auch H.F.WEISS, Kerygma und Geschichte, S.96.

[66] H.F.WEISS, Kerygma und Geschichte, S.97 im Anschluss an J.ROLOFF.

[67] So auch J.BECKER, Jesus, S.420.

[68] Diese Unabhängigkeit der Abendmahlsworte von Jes.53 wird auch dadurch bestätigt, dass Jes.53 im Rahmen des urchristlichen Schriftbeweises eine untergeordnete Bedeutung hat und die wenigen Zitate erst in späterer Zeit entstanden sind (So A.VÖGTLE, Todeserwartungen, S.101 im Anschluss an H.Patsch).

[69] Ebenso könnte dann das meist der lukanischen Redaktion zugeschriebene Logion Lk.13,33 „Es geht nicht an, dass ein Prophet außerhalb Jerusalems umkomme" auf Jesus zurückgeführt werden (Zur Zuschreibung an die lukanische Redaktion vgl. J.GNILKA, Wie urteilte Jesus über seinen Tod?, S.26 und J.BECKER, Jesus, S.415). An allen Orten außerhalb Jerusalems konnte sich Jesus Nachstellungen durch Flucht entziehen und musste es auch,

Es erscheint also wahrscheinlich, dass Jesus den Tod bewusst auf sich nahm, um seine Botschaft von Gottes gnädigem Entschluss zum allen offenstehenden eschatologischen Heil durchzuhalten und nicht – auch nur partiell – zurückzunehmen.

7.1.4 Jesu Verhalten im Verhör

In den Kapiteln 4 bis 6 zeigte sich, dass Jesus nie explizit einen messianischen Anspruch erhoben hat. Darum ist es um so verwunderlicher, dass Jesus – wie die wohl historische Kreuzesinschrift[70] und die Dominanz des Titels βασιλεὺς τῶν Ἰουδαίων in der ganzen Passionsgeschichte[71] zeigen – von der römischen Besatzungsmacht als Messiasprätendent hingerichtet wurde.[72] Wie ist dies verständlich zu machen? Um diese Frage zu beantworten, ist ein Blick auf die Überlieferung des Verhörs zu werfen.[73]

---

um seine Botschaft bis nach Jerusalem zu tragen. In Jerusalem konnte er aber um der Treue zu seiner Botschaft willen nicht mehr fliehen. Das Logion hätte darum seinen sachlichen Grund in der besonderen Situation Jesu. Damit müsste die Entstehung dieser sonst im Judentum nicht bekannten Vorstellung nicht durch den Rückgriff auf lukanische Redaktion – zu der diese Aussage zugegebenermaßen auch passt – erklärt werden. Vielmehr ließe es sich im Zusammenhang mit dem Wirken Jesu verständlich machen.

[70] Mk.15,26/Mt.27,37/Lk.23,38/Joh.19,19-22 – vgl. F.HAHN, Hoheitstitel, S.177f; R.ROLOFF, Neues Testament, S.182; N.DAHL, Der gekreuzigte Messias, S.159; J.GNILKA, Prozeß Jesu, S.33; K.MÜLLER, Kapitalgerichtsbarkeit, S.81; J.BECKER, Jesus, S.435-437; M.HENGEL, Jesus, der Messias Israels, S.167f; ders., Studies in Early Christology, S.48-50 und G.THEISSEN/A.MERZ, Jesus, S.401f.

[71] Vgl. Mt.21,5; Lk.19,38; Lk.23,2 (dort wird „Messias" mit „König" gleichgesetzt); Mk.15,2/Mt.27,11/Lk.23,3; Mk.15,9.12; Mk.15,18/Mt.27,29; Mk.15,26/Mt.27,37/ Lk.23,38; Mk.15,32/Mt.27,42; Lk.23,37.

Vgl. auch M.HENGEL, Jesus, der Messias Israels, S.167 (im Anschluss an N.A.DAHL, Der gekreuzigte Messias, S.159): Die Behauptung, Jesus beanspruche der König der Juden zu sein, „war die entscheidende Anklage gegen Jesus, die ihn ans Kreuz brachte, wobei 'die Formulierung «König der Juden» weder dem Weissagungsbeweis noch der Gemeindechristologie' entstammt." Vgl. auch M.HENGEL, Studies in Early Christology, S.46f und S.50f.

[72] So auch A.VÖGTLE, Todeserwartungen, S.99 und M.HENGEL, „Setze dich zu meiner Rechten!", S.188; vorsichtiger G.THEISSEN/A.MERZ, Jesus, S.402. Gegen messianische Implikationen der Kreuzesinschrift sprechen sich aus K.MÜLLER, Kapitalgerichtsbarkeit, S.80-82 und J.BECKER, Jesus, S.436.

Der auf dem Titulus „König der Juden" dokumentierte Hinrichtungsgrund zeigt, dass die Römer Jesus hinrichteten, weil sie in ihm eine Person sahen, „die die politische Macht an sich reißen wollte." (G.THEISSEN/A.MERZ, Jesus, S.401). Es spricht einiges dafür, dass dies (zumindest) ein Reflex auf Jesu Verkündigung der nahegekommenen Königsherrschaft Gottes ist, die im Volk die Erwartung wecken musste, er selbst sei der diese Herrschaft herbeiführende messianische Herrscher (so G.THEISSEN/A.MERZ, S.402).

[73] Eine detaillierte historische Analyse des Verhörs kann in diesem Rahmen nicht geboten werden – zu unterschiedlich sind dazu auch die in der Forschung vertretenen Positionen (vgl. nur A.STROBEL, Stunde der Wahrheit, S.61-94, der für eine sehr weit reichende Authentizität der Überlieferung eintritt, und die sehr zurückhaltende Analyse bei

Zunächst ist zu berücksichtigen, dass Messiasprätendenten von Juden und Römern sehr verschieden beurteilt wurden. So steht einerseits fest, dass es im Judentum grundsätzlich „kein Verbrechen und keine Gotteslästerung [war], messianische Ansprüche zu erheben."[74] Für die römische Besatzungsmacht andererseits standen messianische Bewegungen von vornherein unter dem Verdacht des Aufruhrs und wurden deshalb schnell mit massiven Sanktionen belegt.[75] Die Initiative zur Verhaftung und Verurteilung Jesu ging offensichtlich von der sadduzäischen Tempelaristokratie aus.[76] Welche Beweggründe sie dazu motivierte, muss hier nicht geklärt werden.[77] Jesu implizit erhobener Anspruch, eschatologischer Repräsentant Gottes zu sein, könnte dabei für das Einschreiten der Tempelaristokratie nur von sekundärer Bedeutung gewesen sein.[78] Allerdings war der Vorwurf, Jesus sei ein Messiasprätendent, gut geeignet, um bei Pilatus ein Todesurteil gegen Jesus zu erwirken[79] – gerade dann, wenn für die Tempelaristokratie ein

G.THEISSEN/A.MERZ, Jesus, S.387-410, wo lediglich die historische Plausibiliät einzelner Motive untersucht und auf eine Rekonstruktion des Handlungsablaufs verzichtet wird). Allerdings wird im Folgenden davon ausgegangen, dass nicht das ganze Synhedrium einen offiziellen Prozess gegen Jesus führte, sondern im Palast des Hohepriesters lediglich eine Art Voruntersuchung stattfand, an der nur einige (sadduzäische) Mitglieder des Synhedriums beteiligt waren (vgl. J.GNILKA, Jesus, S.298; E.P.SANDERS, Jesus, S.265; J.BECKER, Jesus, S.427f und S.268f; G.THEISSEN/A.MERZ, Jesus, S.403f; D.L.BOCK, Blasphemy and Exaltation, S.190-195). Dafür spricht vor allem: „the fact that a hearing and not a final, decisive capital trial was undertaken with Jesus might explain why the procedure of Jesus' examination looks so different from that of a capital trial as it is portrayed in the Mishnah" (D.L.BOCK, Blasphemy and Exaltation, S.235). Abzulehnen ist die These A.STROBELS (Stunde der Wahrheit, S.13-18 und S.66), der zunächst (nach Lk.22,54.66 und Joh.18,19.27) eine Voruntersuchung im Palast des Hohepriesters und dann eine offizielle Verhandlung vor dem ganzen Synhedrium rekonstruieren will. Allerdings sind die hier im Folgenden angestellten Überlegungen über den Verlauf des Verhörs unabhängig davon, ob es sich dabei nun um eine inoffizielle Voruntersuchung oder einen formalen Prozess gehandelt hat.

[74] H.LEROY, Jesus, S.107. Ebenso auch E.P.SANDERS, Jesus, S.270 und S.272; G.BORNKAMM, Jesus, S.144 und G.THEISSEN/A.MERZ, Jesus, S.405f.

[75] Vgl. das rigorose Vorgehen gegen Theudas (Ant.20,97ff) und den Ägypter (Ant.20,167-171) – vgl. auch J.BECKER, Jesus, S.431.

[76] Jedoch war diese für eine Hinrichtung auf den römischen Prokurator angewiesen, da dieser allein das Recht hatte, Todesurteile zu fällen (so J.GNILKA, Prozeß Jesu, S.31; A.STROBEL, Stunde der Wahrheit, S.21-45; K.MÜLLER, Kapitalgerichtsbarkeit und G.THEISSEN/A.MERZ, Jesus, S.399f).

[77] Vgl. oben Abschnitt 7.1.3 und G.THEISSEN/A.MERZ, Jesus, S.403-407.

[78] So G.DAUTZENBERG, Eigenart des Konfliktes, S.152 und E.P.SANDERS, Judaism, S.271: „the history of the deaths of other prophets does not indicate that the priest systematically had them eliminated. None was executed as the result of a trial at which the chief priests may have played a part."

[79] So auch G.THEISSEN/A.MERZ, Jesus, S.406; M.HENGEL, Jesus, der Messias, S.167 und D.L.BOCK, Blasphemy and Exaltation, S.230f.

Todesurteil anders und in einer Pilatus viel schwerer vermittelbaren Weise begründet gewesen sein mag.[80]

Nun ist es zwar möglich, dass die sadduzäische Tempelaristokratie Jesus unter der Anklage des messianischen Aufruhrs an Pilatus auslieferte, ohne dass Jesu Selbstverständnis als eschatologischer Repräsentant Gottes im Prozess eine Rolle spielte.[81] Doch gibt es in den Überlieferungen vom Verhör Jesu vor dem Hohepriester einen Hinweis darauf, dass Jesus selbst den Anlass für seine Verurteilung als Messiasprätendent geliefert hat. So wird berichtet, dass in der entscheidenden Phase des Verhörs Jesus direkt nach seinem Selbstverständnis gefragt worden sei (Mk.14,61/Mt.26,63/ Lk.22,67.70). Die Formulierung der Frage und die Antwort Jesu ist bei den Synoptikern sicher durch nachösterliche Begrifflichkeit geprägt,[82] doch ist historisch plausibel, dass diese Frage im Verhör gestellt werden konnte.

In der Situation des Verhörs stand für Jesus die Frage nach seinem Selbstverständnis in einem ganz anderen Horizont als zuvor während seines öffentlichen Wirkens. Hätte ein direktes Aussprechen seines Selbstverständnisses während seiner öffentlichen Wirksamkeit für Jesus die Inanspruchnahme von Hoheit, Macht und Ehre bedeutet, so enthielt die Explikation seines Selbstverständnisses in der Situation des Verhörs die Gefahr, Jesu Gegnern Argumentationsmaterial für ein schärferes Vorgehen gegen ihn zu liefern. Ein Schweigen auf die Frage nach seinem Selbstverständnis wäre jetzt der Versuch gewesen, durch einen Verzicht auf das geforderte Bekenntnis das eigene Leben zu retten.[83] Darum wäre es konsequent, wenn Jesus die Zurückhaltung, zu der er sich in der Zeit seines öffentlichen Wirkens auf Grund seiner eigenen Botschaft genötigt sah, im Verhör gerade um seines eigenen Selbstverständnisses willen aufgegeben hätte.[84] Ein solches Bekenntnis Jesu im Verhör hätte einen „bestätigenden

---

[80] Vgl. dazu G.THEISSEN/A.MERZ, Jesus, S.405: „Entscheidend für die Feindschaft [der Tempelaristokratie] gegen Jesus war, dass mit dem Tempel die Interessen des Synhedriums direkt getroffen waren. Vor Pilatus spielte der Tempel dagegen aus verständlichen Gründen keine Rolle: Eine Weissagung gegen den Tempel hätte er als innerjüdische Angelegenheit behandeln können – und Pilatus war gewiß kein 'Eiferer' für die Heiligkeit des Tempels."

[81] So J.BECKER, Jesus, S.401f.

[82] Vgl. J.BECKER, Jesus, S.428f.

[83] Vgl. A.STROBEL, Stunde der Wahrheit, S.70: „Die Frage war immer im Ansatz schon eine Bekenntnisentscheidung. Das Nein hätte überdies die Selbstverleugnung Jesu bedeutet." STROBEL erklärt Jesu Verzicht auf das Schweigen allerdings so: „Für Jesus hätte andererseits das Schweigen die Umkehrung seines Auftrags bedeutet, insofern aus dem unpolitischen Sendungsanspruch durch den Lauf der Dinge unweigerlich ein politisches Messiastum geworden wäre." (S.70). Diese Erklärung ist jedoch nicht plausibel, weil trotz – und vielleicht sogar auf Grund – dieser Aussage Jesus als Messiasprätendent und damit – in den Augen der Römer – als politischer Aufrührer verurteilt wurde.

[84] Anders K.MÜLLER, Kapitalgerichtsbarkeit, S.80, der das Tempellogion als alleinigen Gegenstand des Verhörs ansieht. Dagegen betonen G.THEISSEN/A.MERZ, Jesus, S.406, dass

Charakter"[85] für die gegen Jesus vorgebrachten Vorwürfe und hätte es darüber hinaus der Tempelaristokratie erleichtert, gegen Jesus eine Anklage zu formulieren, auf Grund derer Jesus als Messiasprätendent vor Pilatus verklagt werden konnte.[86] Die synoptische Überlieferung würde dann zwar nicht den Wortlaut des Verhörs wiedergeben – auch Jesu überlieferte Antworten auf die Frage nach seinem Selbstverständnis sind vom nachösterlichen Christusbekenntnis geprägt[87] –, enthielte aber die historische Erinnerung daran, dass Jesus das Schweigen um seine eigene Person aufgegeben, sich zu seinem messianischen Anspruch bekannt und damit selbst die Tür zu seiner Verurteilung aufgestoßen hat.[88]

Stimmt diese historische Analyse, dann ist es wahrscheinlich, dass auch die Überlieferung über die Verhandlung vor Pilatus historische Erinnerung aufbewahrt.[89] So hat – nach dem nächtlichen Bekenntnis vor dem Hohepriester – die Tempelaristokratie mit großer Wahrscheinlichkeit vor Pilatus die Anklage gegen Jesus erhoben, er strebe messianischen Aufruhr an. Darum ist es historisch plausibel, dass Jesus von Pilatus erneut nach seinem messianischen Anspruch befragt wurde, nur dass für Pilatus der Begriff

---

Jesus „sich vor Pilatus auf jeden Fall von den messianischen Erwartungen, die auf ihn gerichtet waren, nicht distanziert."

[85] Diese Formulierung wählt L.Oberlinner, Todeserwartung, S.120.

[86] Zu bedenken ist, dass ja der Zentralbegriff Jesu die βασιλεία τοῦ θεοῦ war. Seine Rolle als Repräsentant Gottes konnte bei der Übersetzung leicht mit βασιλεύς wiedergegeben werden. L.Oberlinner, Todeserwartung, S.120 ist zuzustimmen, wenn er sagt, dass auch mit einem Messiasbekenntnis Jesu vor dem Synhedrium „keine Begründung für das gewaltsame Vorgehen des Synhedriums gegen Jesus gegeben ist." Für die Tempelaristokratie dürften wohl andere Gründe für ein Vorgehen gegen Jesus ausschlaggebend gewesen sein als dessen Selbstverständnis, obwohl eine Explikation Jesu über sein Selbstverständnis von den Anwesenden sicher als anmaßend empfunden wurde. Auch der Vorwurf der Gotteslästerung dürfte wohl ein späterer Eintrag sein (so G.Theissen/A.Merz, Jesus, S.406).

[87] Vgl. dazu nur J.Gnilka, Prozeß Jesu, S.17 und G.Theissen/A.Merz, Jesus, S.406. P.Stuhlmacher (Biblische Theologie, S.115-117 im Anschluss an A.Strobel, Stunde der Wahrheit) und D.L.Bock (Blasphemy and Exaltation, S.184-237) versuchen die Authentizität sowohl der Frage des Hohepriesters als auch der Antwort Jesu zu erweisen. Doch können sie lediglich nachweisen, dass solche Formulierungen innerhalb des Judentums zur Zeit Jesu möglich gewesen sein könnten – und auch dieser Nachweis ist zumindest partiell zu hinterfragen. Damit sind jedoch noch nicht die großen Bedenken gegen die Authentizität der Formulierung ausgeräumt. So spricht die außergewöhnliche Zusammenballung christologischer Titel und die beim historischen Jesus sonst nicht begegnende Parusieerwartung eindeutig gegen die Authentizität der Formulierung.

[88] Dies nehmen auch an R.Schnackenburg, Zum Verfahren der Urkirche bei ihrer Jesusüberlieferung, S.452; P.Stuhlmacher, Biblische Theologie, S.117 und M.Hengel, Erwägungen zum Sprachgebrauch von Χριστός bei Paulus und in der 'vorpaulinischen Überlieferung, S.148; ders. „Setze dich zu meiner Rechten!", S.188; ders., Jesus, der Messias Israels, S.168f.

[89] Vgl. dazu M.Hengel, Studies in Early Christology, S.51-53.

„Messias" vor allem eine politisch-militärische Bedeutung hatte und darum die Frage des Pilatus lautet: σὺ εἶ ὁ βασιλεὺς τῶν Ἰουδαίων; (Mk.15,2/ Mt.27,11/Lk.23,3/Joh.18,33.37). Die bei allen Evangelisten gleich lautende Antwort Jesu σὺ λέγεις (Mk.15,2/Mt.27,11/Lk.23,3/Joh.18,37) enthält keine direkte Zustimmung Jesu, denn sie muss paraphrasiert werden mit: „Das sagst *du*!"[90]. Jesus konnte dieser Anklage nicht zustimmen, da er sich sicher nicht als ein politischer Rebell verstand. Die Antwort Jesu enthält aber auch keine Distanzierung von einem messianischen Anspruch.[91] Auf weitere Anschuldigungen hin schwieg Jesus wohl (Mk.15,4f/Mt.27,12-14/ vgl. Joh.19,9). Das Schweigen eines Angeklagten wurde aber nach römischem Recht letztlich als Geständnis gewertet.[92] So wurde Jesus von Pilatus als Messiasprätendent zum Tode verurteilt. Das Bekenntnis Jesu zu seiner Messianität, das er im nächtlichen Verhör abgelegt hatte, hatte es der Tempelaristokratie erleichtert, gegen Jesus ein schnelles Todesurteil zu erwirken.

Diese historische Analyse gewinnt zusätzliche Plausibilität dadurch, dass sich auf ihrer Basis verständlich machen lässt, wie der Messias-Titel so schnell nach Ostern zum zentralen christologischen Begriff werden konnte, der schon kurze Zeit später als Name für Jesus gebraucht wurde:[93] Da Jesus selbst sich zu seiner Messianität bekannt hatte, konnten die Jünger die Auferstehung Jesu als Gottes Bestätigung dieser Messianität verstehen und ihn als den Christus verkündigen. Geht man dagegen davon aus, dass Jesus bis zu seinem Tod niemals explizit messianische Würde beansprucht habe, dann werden die Entstehung der nachösterlichen Christologie und die Dominanz des Christus-Titels schwer verständlich. Die Auferstehungserfahrungen der Jünger allein kann die nachösterliche Christologie nicht begründet haben, da „die jüdische Zukunftshoffnung nirgendwo eine Einsetzung in messianisch-eschatologische Würden durch Auferstehung von

---

[90] Wäre diese Antwort als Zustimmung zu verstehen (im Sinne von: „Du *sagst* es!"), wäre der Prozess an dieser Stelle zu Ende, denn es galt der Grundsatz confessus pro iudicatio est (vgl. z.B. M.HENGEL, Studies in Early Christology, S.52). Dass die Evangelisten diese Antwort Jesu nicht als Zustimmung verstanden, machen sie damit deutlich, dass sie von einer Fortsetzung der Verhandlung vor Pilatus berichten.

[91] So auch G.THEISSEN/A.MERZ, Jesus, S.406.

[92] Vgl. G.THEISSEN/A.MERZ, Jesus, S.401.

[93] So ist davon auszugehen, „daß die Bezeichnung Jesu als des 'Christus' und die Verwendung als Eigenname schon für die früheste nachösterliche Zeit auf breiter Basis vorauszusetzen ist, da sonst die rasche und massive Durchsetzung von Χριστός als Eigenname für Jesus wie auch die Bezeichnung Χριστιανοί (und nicht Ἰησουανοί o.ä.) unverständlich würde." (J.ZIMMERMANN, Messianische Texte aus Qumran, S.3). Vgl. auch M.HENGEL, Erwägungen zum Sprachgebrauch von Χριστός bei Paulus und in der 'vorpaulinischen Überlieferung, S.135-143 und ders., Studies in Early Christology, S.384f.

den Toten kennt".[94] Auch die Ableitung des Messiastitels allein aus dem Kreuzestitulus ist unwahrscheinlich, „weil die Urgemeinde dadurch das politische Urteil gegen Jesus bestätigt oder sich gar 'messianischer Umtriebe' verdächtig gemacht hätte."[95] Und so tritt der Ausdruck „König der Juden" als Messiastitel schnell wieder in den Hintergrund – außerhalb der Passionsgeschichte findet er sich nur Mt.2,2 und Joh.1,49; 6,15 und 12,13.

Dagegen kann die Annahme, dass Jesus sich im Verhör vor dem Hohepriester zu seinem Messiasanspruch bekannt habe, den Umschwung von der bewussten Zurückhaltung Jesu, sein Selbstverständnis zu thematisieren, zur sehr schnell nach Ostern schon fertig geprägten christologischen Titulatur historisch plausibler machen.

7.2 Fortwirkungen der Zurückhaltung Jesu in späteren Überlieferungen

Die Erinnerung an Jesu Verzicht, seine eigene Person zum Thema zu machen, und so für sich selbst Macht, Hoheit und Verehrung zu beanspruchen, scheint auch nachösterlich entstandene Überlieferungen und Konzeptionen mitgeprägt zu haben. Dies soll an drei markanten Beispielen gezeigt werden.

7.2.1 Elemente des paulinischen Jesus-Bildes

Auch das paulinische Jesus-Bild weiß vom Verzicht Jesu, die Stellung des Repräsentanten Gottes zum eigenen Vorteil zu nutzen. Am deutlichsten kommt dies im so genannten Philipper-Hymnus (Phil.2,6-11) zum Ausdruck.

a) Der Philipper-Hymnus

In Phil.2,6-11 greift Paulus ein geprägtes Traditionsstück auf, um damit seine Argumentation zu stützen. Dieser Hymnus beschreibt Jesu Weg folgendermaßen:[96]

---

[94] M.Hengel, „Setze dich zu meiner Rechten!", S.188 und ders., Studies in Early Christology, S.XIf.

[95] J.Zimmermann, Messianische Texte aus Qumran, S.7.

[96] Die Gliederung in drei Vierzeiler geschieht in Anlehnung an J.Jeremias (vgl. dazu U.B.Müller, ThHK XI/1, S.90f; W.Schenk, Philipperbriefe, S.186-190 und J. Gnilka, HThK X/3, S.234f). Der Vorschlag von J.Gnilka, S.136-138 ist nicht überzeugend (vgl. dazu U.B.Müller). Doch ist die Frage der Gliederung des Hymnus für das hier Ausgeführte nicht von großer Bedeutung.

(6) Der in der Gestalt Gottes war,
hielt nicht gierig daran fest, Gott gleich zu sein [οὐχ ἁρπαγμὸν ἡγήσατο τὸ εἶναι ἴσα θεῷ],
(7) sondern er entäußerte sich selbst,
Sklavengestalt annehmend.

Den Menschen gleich geworden,
und der Erscheinung nach vorgefunden als ein Mensch,
(8) erniedrigte er sich selbst,
wurde gehorsam bis zum Tod
[ja bis zum Tod am Kreuz].[97]

(9) Darum auch hat ihn Gott über alles erhöht
und ihm den Namen gegeben, der über alle Namen ist,
(10) damit im Namen Jesu jedes Knie sich beuge
[deren im Himmel, deren auf der Erde und derer unter der Erde][98]
(11) und jede Zunge bekenne „Jesus Christus ist Herr"
[zur Ehre Gottes des Vaters].

Verschiedene religionsgeschichtliche Hintergründe dürften in diesen Hymnus eingeflossen sein.[99] Hier soll allerdings gefragt werden, ob sich wesentliche Züge dieses Christus-Hymnus' auch der Erinnerung an den historischen Jesus verdanken.

Der Hymnus setzt ein mit der gottgleichen Präexistenz des himmlischen Christus.[100] Der vor der trinitarischen Diskussion liegende Hymnus versteht die Gottgleichheit des Präexistenten nicht als eine Wesenseigenschaft, sondern als eine „Würdestellung",[101] als Status der einzigartigen Verbundenheit mit Gott. Wirkungsgeschichtlich lässt sich die Vorstellung von der gottgleichen Präexistenz Jesu verstehen als rückwärtige Verlängerung der Rolle des historischen Jesu, eschatologischer Repräsentant Gottes zu sein. Eine ähnliche Transformation historischer Größen in präexistente findet sich

---

97 Bei dieser Zeile handelt es sich nach weit verbreiteter Ansicht um einen Zusatz des Paulus – vgl. J.GNILKA, HThK X/3, S.124 und U.B.MÜLLER, ThHK XI/1, S.105; anders W.SCHENK, Philipperbriefe, S.191.

98 Bei dieser und der letzten Zeile handelt es sich vielleicht um spätere Zusätze zum ursprünglichen Hymnus (vgl. J.GNILKA, HThK X/3, S.130 und 135-137; anders W.SCHENK, Philipperbriefe, S.190-192). Die Frage kann hier offen bleiben.

99 Vgl. dazu J.GNILKA, HThK X/3, S.138-147; U.B.MÜLLER, ThHK XI/1, S.100f und S.111-113, sowie W.SCHENK, Philipperbriefe, S.195-209.

100 Entgegen anderen Interpretationen ist festzuhalten: „Die Gottgleichheit eignet der Gestalt des Hymnus als vorgängige Realität." (U.B.MÜLLER, ThHK XI/1, S.95; vgl. auch J.GNILKA, HThK X/3, S.112-117). Allerdings reflektiert der Hymnus noch nicht darüber, wie Gottgleichheit und Inkarnation ontologisch zu fassen sind.

101 J.GNILKA, HThK X/3, S.117, U.B.MÜLLER, ThHK XI/1, S.95 im Anschluss an E.SCHWEIZER.

im Judentum auch bei anderen soteriologisch relevanten Größen wie der Tora[102] und der Weisheit,[103] aber auch im nicht-jüdischen Umfeld.[104]

Die ersten beiden Strophen sprechen von der Erniedrigung des himmlischen Christus. Sie wird beschrieben als Inkarnation, die ihren Abschluss und ihr Ziel in der Übernahme des Todesgeschicks findet. In Vers 6 kommt zum Ausdruck, dass diese Selbstentäußerung und Erniedrigung des Präexistenten seinem Status als himmlischem Christus eigentlich widerspricht und völlig unerwartet ist.[105] In der Charakteristik des Präexistenten spiegelt sich so die Paradoxie im Auftreten des historischen Jesus, seinen Status als Repräsentant Gottes nicht für sich selbst auszunutzen, wieder. Auch hier liegt es also nahe, die Beschreibung des himmlischen Christus als Transformation historischer Erinnerungen in transzendente Sprache zu verstehen.

Hervorzuheben ist, dass der Weg in die Erniedrigung vom himmlischen Christus bewusst und freiwillig im Gehorsam gegen Gott ergriffen wird.[106] „Der Hymnus läßt dabei erkennen, daß die göttliche Würdestellung die sachliche Voraussetzung dafür ist, daß der Gottgleiche sich in dieser erstaunlichen Weise verhält.“[107] Auch beim historischen Jesus fand sich diese enge Verknüpfung von Sendung und Selbsterniedrigung. Gerade weil Jesus sich als Repräsentant Gottes sah, verzichtete er darauf, seinen Status auszunutzen und ging seinen Weg in die Erniedrigung.

Für die Zeichnung des Weges Christi wird im Hymnus auf einige Termini zurückgegriffen, die in jenen Logien anzutreffen sind, in denen Jesus implizit seine Zurückhaltung hinsichtlich seiner eigenen Person begründet. „Die Gestalt eines Sklaven annehmend“ (Vers 7) lässt an Mk.10,44/Mt.20,27 denken: „Wer der Erste unter euch sein will, sei Sklave von allen.“[108] In der Formulierung „Er erniedrigte sich selbst (ἐταπείνωσεν ἑαυτόν)“ (Vers 8), die später mit „darum hat ihn auch Gott über alles erhöht (ὑπερύψωσεν)“ (Vers 9) fortgeführt wird, klingt das Wanderlogion aus der synoptischen Tradition an: „Wer sich selbst erniedrigt, wird erhöht werden (ὁ ταπεινῶν ἑαυτὸν ὑψωθήσεται).“ (Lk.14,11; 18,14 und Mt.23,12). Zwar stehen hier Jesus-Logien und Philipper-Hymnus in einem breiten jüdischen und urchristlichen Traditionsstrom, der den Demütigen die Gnade Gottes verheißt, doch gibt es einige auffällige Parallelen, die auf eine direkte

---

[102] Vgl. bPes.54a – vgl. auch W.GUTBROT, ThWNT IV, S.1042f und 1048, sowie STRACK-BILLERBECK II, S.353ff.

[103] Vgl. Prov.8,22-31; Sir.24,9 und U.WILCKENS, ThWNT VII, S.497-510.

[104] Vgl. die Nachweise bei W.SCHENK, Philipperbriefe, S.206-209.

[105] U.B.MÜLLER, ThHK XI/1, S.94 und 96.

[106] Vgl. dazu die aktive Formulierung in 2.Kor.8,9: „obwohl er reich ist, wurde er arm (ἐπτώχευσεν) um euretwillen.“

[107] U.B.MÜLLER, ThHK XI/1, S.96.

[108] Vgl. Abschnitt 6.3.1.

Beziehung zwischen beiden Überlieferungen schließen lassen:[109] In den synoptischen Logien kommt es zum gleichen Subjektwechsel, der auch für den Hymnus kennzeichnend ist. Auch findet sich in beiden Fällen beim Verb ταπείνειν ein Reflexivpronomen, während die anderen nicht-paulinischen Formulierungen passiv konstruieren.[110] Die Verwendung sprachlicher Traditionen der Jesus-Überlieferung, welche die Grundhaltung des historischen Jesu kennzeichnen, dürfte ein Symptom sein, dass in die Schilderung des himmlischen Christus Erinnerung an den historischen Jesus einfließen.

Sodann ist festzuhalten, dass im Hymnus die Erniedrigung des himmlischen Christus ihren Abschluss und ihren Zielpunkt im Tod findet – noch verstärkt durch den paulinischen Hinweis auf den Kreuzestod. In den Abschnitten 7.1.3 und 7.1.4 wurde deutlich, dass auch für den historischen Jesus die Bereitschaft, den Tod auf sich zu nehmen, letzte Konsequenz seines Selbstverständnisses und der daraus resultierenden Zurücknahme seiner Person war.

Auffällig ist schließlich, dass sich im ersten Teil des Hymnus überwiegend Prädikate im Aktiv, die den Präexistenten zum Subjekt haben, finden, während bei der im zweiten Teil geschilderten Erhöhung allein Gott Subjekt des Handelns ist. Diese Rollenaufteilung zwischen Christus und Gott im Hymnus knüpft daran an, dass der historische Jesus jenseits seines Todes keine Funktion für sich beanspruchte, sondern die Vollendung der Gottesherrschaft ganz von Gott erwartete.[111]

Abschließend ist der jetzige Kontext des Hymnus' zu beachten. Paulus leitet den Hymnus ein mit dem Aufruf „Das sinnt unter euch, was auch [dem Leben] ἐν Χριστῷ Ἰησοῦ [entspricht]!“ (Phil.2,5). Durch die typisch paulinische Wendung ἐν Χριστῷ wird deutlich, dass Paulus die Voraussetzung zur Verwirklichung dieses Aufrufs in der gegebenen Christusgemeinschaft seiner Leser sieht. Dennoch ist eine paradigmatische Funktion des himmlischen Christus nicht zu leugnen.[112] Eine Parallele zu dieser Argumentation findet sich in dem Menschensohn-Logion „Denn auch der Menschensohn kam nicht, um sich bedienen zu lassen, sondern um zu dienen.“ (Mk.10,45/Mt.20,28/Lk.22,27).[113] In diesem Logion bringt Jesus zum Ausdruck, dass auch er seine Existenz paradigmatisch sieht.

Die Parallelen zwischen der hymnischen Gestalt des Präexistenten und dem historischen Jesus sind offenkundig. Es legt sich darum nahe, den Philipper-Hymnus als Transformation der Selbstentäußerung des

---

[109] Vgl. dazu U.B.Müller, ThHK XI/1, S.103f.

[110] Vgl. Jak.4,10; 1.Petr.5,6. Dagegen bei Paulus in 2.Kor.11,7 dieselbe reflexive Formulierung.

[111] Vgl. Abschnitt 5.3.

[112] So auch U.B.Müller, ThHK XI/1, S.113.

[113] Vgl. die Abschnitte 4.4.2. und 6.3.1.

historischen Jesus in einen transzendenten Vorstellungskomplex anzusehen. Damit soll nicht behauptet werden, dass nicht auch andere Vorstellungswelten in die Formulierung dieses Hymnus eingegangen seien. Doch scheinen wesentliche Wurzeln dieses Liedes in der theologisch gedeuteten Erinnerung an den historischen Jesus und der Erfassung von wesentlichen Grundzügen seines Selbstverständnisses zu liegen.[114]

b) Weitere paulinische Anklänge an die Zurückhaltung des historischen Jesus

Es gibt zwei weitere Stellen, in denen – ähnlich wie im Philipper-Hymnus Jesu Zurückhaltung, seinen Status als Repräsentant Gottes zu seinen eigenen Gunsten zu nutzen, anklingt. Auch sie sind eingebunden in die paränetische Argumentation.

2.Kor.8,9 – Paulus wirbt für die Sammlung für die Jerusalemer Gemeinde:

> Denn ihr kennt die Gnade unseres Herrn Jesus Christus: Euretwillen wurde er, der reich war, arm, damit ihr durch seine Armut reich würdet.

Röm.15,1-3 – Paulus fordert einen behutsamen Umgang mit den Schwachen in der Gemeinde:

> (1) Wir, die Starken, sind verpflichtet, die Schwäche der Schwachen zu tragen und nicht uns selbst gefällig zu sein (μὴ ἑαυτοῖς ἀρέσκειν). (2) Jeder von uns sei dem Nächsten gefällig (τῷ πλησίον ἀρεσκέτω) zum Guten und zur Erbauung. (3) Denn auch der Christus war nicht sich selbst gefällig (οὐχ ἑαυτῷ ἤρεσεν), sondern wie geschrieben steht: „Die Schmähungen derer, die dich schmähten, sind auf mich gefallen."

An beiden Stellen versucht Paulus seine Leser zu einem Verzicht zu motivieren: 2.Kor.8 zu einem Verzicht auf Geld, über das sie verfügen können, und Röm.15 zum Verzicht auf Inanspruchnahme von Rechten, die ihnen, als den Starken, zustehen. In beiden Fällen führt er dabei Jesu Verzicht als motivierendes Beispiel an. 2.Kor.8,9 könnte auf die Kenosis des Präexistenten,[115] Röm.15,3 auf den Kreuzestod Jesu anspielen.[116] Doch ist Jesu Verzicht in beiden Fällen in einer so offenen Form zum Ausdruck gebracht, dass Assoziationen an das Wirken des historischen Jesus aufkommen können. Bei Paulus findet sich so die Tendenz, die demütige Grundhaltung des historischen Jesu entweder gleichsam nach vorne auf die Inkarnation zu verschieben oder nach hinten auf den Kreuzestod zu konzentrieren. Dennoch hält er damit einen wesentlichen Grundzug des historischen Jesus fest.[117]

---

[114] Vgl. L.T.JOHNSON, The Real Jesus, S.162, der über Phil.2,6-11 sogar sagt: „I hold, that the entire passage describes the 'messianic outlook' of Jesus in his human life."

[115] So CHR.WOLFF, ThHK VIII, S.171f.

[116] So U.WILCKENS, EKK VI/3, S.101f.

[117] R.BULTMANN, Das Verhältnis der urchristlichen Christusbotschaft zum histor. Jesus, S.450 schließt aus dieser paulinischen Verschiebung, dass Paulus überhaupt kein Interesse

7.2.2 Die Versuchungsgeschichte der Logienquelle

Die Logienquelle enthält die Erzählung von einer dreifachen Versuchung Jesu in der Wüste (Mt.4,1-11/Lk.4,1-13). Allgemein wird diese mythische Erzählung als nachösterliche Bildung angesehen, die außer der wohl zutreffenden Erinnerung an einen Wüstenaufenthalt Jesu nach seiner Trennung vom Täufer keine Wurzeln im Leben des historischen Jesus hat.[118] Welche Motivationen bei der Bildung dieser Erzählung leitend waren, ist umstritten[119] und muss hier nicht entschieden werden. Doch soll hier die These vertreten werden, dass diese mythologische Jesus-Erzählung mitgeprägt ist von Erinnerungen an den historischen Jesus. Die Erzählung dürfte in Q etwa folgendermaßen gelautet haben:[120]

> Jesus wurde vom Geist in die Wüste hinaufgeführt und hungerte [?].[121]
> Und es sagte der Teufel zu ihm: „Wenn du der Sohn Gottes bist, dann sage, dass diese Steine zu Brot werden sollen!“ Und Jesus antwortete: „Es steht geschrieben: ‘Der Mensch lebt nicht vom Brot allein.’“
> Der Teufel nahm ihn mit nach Jerusalem, stellte ihn auf die Zinne des Tempels und

---

am historischen Jesus habe. Doch zeigt die Einleitung der paulinischen Abendmahlsüberlieferung (1.Kor.11,23), dass Paulus Kenntnise über das Leben Jesu voraussetzt, die er in seinen Briefen nicht erwähnt.

[118] Der Versuch von F.NEUGEBAUER, den Ursprung der Versuchungsgeschichte in einer historischen „Anfangserfahrung Jesu“ (Jesu Versuchung, S.15) zu sehen und damit die Versuchung in der Wüste als eine Station auf dem Weg des historischen Jesus (S.9) zu begreifen, kann nicht überzeugen (vgl. dazu das Urteil von W.G.KÜMMEL, 40 Jahre Jesusforschung, S.591f. Siehe auch U.LUZ, EKK I/1, S.160; F.BOVON, EKK III/1, S.194 und E.P.SANDERS, Jesus, S.117). Abgesehen von der mythischen Prägung der Erzählung, die allein schon eine historische Auswertung problematisch macht, ist zu beachten, dass die Erzählung voraussetzt, dass Jesus allein in der Wüste ist. Sollte die Erzählung einen historischen Hintergrund haben, müsste Jesus seine in der Einsamkeit gemachten Erfahrungen zunächst seinen Jüngern mitgeteilt haben. Oben wurde aber deutlich, dass Jesus in dieser Hinsicht große Zurückhaltung übte (so gibt es auch über einzelne Andeutungen hinaus keinen einzigen Ich-Bericht in der synoptischen Jesus-Überlieferung!). NEUGEBAUER erkennt jedoch, dass es starke sachliche Parallelen zwischen der Versuchungsgeschichte und den in Jesu Selbstverständnis begründeten potentiellen Versuchungen Jesu gibt, die auch im Folgenden herauszustellen sind.

[119] Vgl. U.LUZ, EKK I/1, S.160-162 und W.WIEFEL, ThHK III, S.100.

[120] Rekonstruktion des Q-Textes nach S.SCHULZ, Q, S.179-181. Lukas dürfte die Reihenfolge der 2. und 3. Versuchung vertauscht haben, während Mt. insgesamt den Q-Text hier besser wiedergibt (vgl. dazu auch U.LUZ, EKK I/1, S.159; F.BOVON, EKK III/1, S.193; W.WIEFEL, ThHK III, S.99; anders ohne Argumente W.GRUNDMANN, ThHK I, S.101). Die weiteren Abweichungen zwischen Mt. und Lk. sind für die hier gemachten Ausführungen unerheblich.

[121] Die Einleitung in die Q-Perikope ist nicht mehr genau rekonstruierbar. Sicher ist jedoch, „dass die Einleitung der Tradition in Q die Aussage enthielt, dass Jesus vom Geist in die Wüste geführt wurde und hungerte.“ (S.SCHULZ, Q, S.179). Wie genau die Einleitung in Q ausgesehen haben mag, ist hier unerheblich.

sagte zu ihm: „Wenn du der Sohn Gottes bist, stürze dich hinunter! Denn es steht geschrieben: ‘Er wird seinen Engeln deinetwegen Befehl geben und sie werden dich auf Händen tragen, damit du deinen Fuß nicht etwa an einen Stein stoßest.’“ Und Jesus antwortete ihm: „Es steht geschrieben: ‘Du sollst den Herrn, deinen Gott, nicht versuchen.’“
Und der Teufel nahm ihn mit auf einen hohen Berg, zeigte ihm alle Königreiche der Welt und ihre Herrlichkeit und sagte ihm: „Das werde ich dir alles geben, wenn du mich anbetest.“ Und Jesus antwortete: „Weg mit dir, Satan! Es steht geschrieben: ‘Du sollst den Herrn, deinen Gott, anbeten und ihm allein dienen.’“
Und der Teufel verließ ihn.

In der ersten Versuchung will der Teufel Jesus dazu verleiten, die Macht als Gottessohn zu nutzen, um die eigene Not zu lindern.[122] Die zweite Versuchung Jesu besteht darin, Gott durch einen herausfordernden Akt zu nötigen, die verborgene Gottessohnschaft Jesu durch ein Wunder öffentlich zu proklamieren.[123] Die dritte Versuchung besteht darin, durch Anbetung des Teufels – und damit Missachtung der exklusiven Herrschaft Gottes – selbst Herrschaft zu erlangen. Die drei Versuchungen, die in dieser mythisch geprägten Q-Erzählung an den Gottessohn Jesus herangetragen werden, laufen darauf hinaus, dass Jesus seinen Status als Gottessohn in Anspruch nehmen soll,[124] um sich dem Leid zu entziehen, um seine Stellung öffentlich zu legitimieren und um Herrschaft über andere zu erlangen. Was hier in mythischer Einkleidung als Versuchungen Jesu formuliert wird, sind Verhaltensweisen, die aus dem Selbstverständnis des historischen Jesus hätten naheliegender Weise entspringen können, denen sich der historische Jesus aber gerade um dieses Selbstverständnisses willen verweigerte. Die Versuchungen, die der Teufel an den Jesus der Q-Geschichte heranträgt, geben also Versuchungen wider, die sich dem historischen Jesus von seinem Selbstverständnis her stellen mussten. Diese Versuchungen haben sich dem historischen Jesus aber auch real gestellt:[125]

Die erste Versuchung in der Q-Perikope zielt darauf, die Stellung als Repräsentant Gottes dazu zu nutzen, sich Leid zu entziehen und sich

---

[122] Dass Jesus zu einem Schauwunder herausgefordert wird, um seine Autorität als zweiter Mose zu zeigen, steht eher im Hintergrund. Erstens ist der Bezug auf den Hunger Jesu primär, zweitens sind keine Zuschauer anwesend.

[123] So auch F.Bovon, EKK III/1, S.201.

[124] Vgl. U.Luz, EKK I/1, S.161: Auch in der letzten Versuchung, in der Jesus nicht wie zuvor auf seine Gottessohnschaft hin angeredet wird, „steht mit dem Angebot der Weltherrschaft die Gottessohnschaft Jesu zur Debatte.“

[125] Dies vermutet auch D.Flusser, Versuchung Jesu, S.199. Allerdings meint er, dass Jesus in der Gefahr stand, dass „er am Anfang seiner Laufbahn, durch seine ungewöhnlichen Kräfte verführt, seine Aufgabe verfehlt hätte, indem er den Weg eines übernatürlichen Wundermannes gewählt hätte, eines ‘Gottesmannes’, wie man sie damals in der antiken Welt antreffen konnte.“ (S.199). Dies erscheint jedoch sehr spekulativ!

persönliche Vorteile zu verschaffen.[126] Wenn die Erzählung von Jesu Auseinandersetzung mit Petrus, die sich an die erste Leidensankündigung anschließt (Mk.8,31-33/Mt.16,21-23) einen historischen Kern hat,[127] dann war auch der historische Jesus versucht, sich dem Leiden zu entziehen. Neben dieser sachlichen Verbindung zwischen Mk.8,31-33 und der ersten Versuchung der Q-Perikope gibt es wohl auch traditionsgeschichtliche Verbindungen. So begegnet das ὕπαγε, σατανᾶ aus Mk.8,33/Mt.16,23 auch am Ende der Versuchungsgeschichte der Logienquelle.

Die zweite Versuchung der Q-Perikope hat eine historische Parallele in der an den historischen Jesus herangetragenen Zeichenforderung.[128] Es war oben deutlich geworden, dass gerade Jesu Selbstverständnis als Repräsentant der Gottesherrschaft dazu führte, diesen seinen Status nicht offen zu proklamieren bzw. durch Wunder zu begründen. Jesus verzichtete sogar auf eine solche Legitimation, als er damit vielleicht hätte seinen Kopf retten können.[129] Vielleicht wird in der mythologischen Versuchungsgeschichte der Logienquelle ein weiteres Motiv deutlich, das auch für den historischen Jesus eine Rolle gespielt haben könnte: Beglaubigungswunder wären eine Nötigung Gottes gewesen, die dessen Freiheit und exklusive Herrschaft in Frage gestellt hätten. Darum musste Jesus sie zurückweisen.

Auch die dritte Versuchung dürfte der historische Jesus real erfahren haben. Es wäre ihm sicherlich ein Leichtes gewesen, über Anhänger und Verehrer Herrschaft auszuüben und sich auch materiell an ihnen zu

---

[126] Vgl. E.P.SANDERS, Jesus, S.117.

[127] Zwei Fragen sind zu klären, wenn nach dem historischen Kern von Mk.8,31-33/ Mt.16,21-23/Lk.9,21f gefragt wird: 1. Ist die Zuordnung von Leidensankündigung und Petrusschelte ursprünglich oder redaktionell. Von letztem geht aus J.GNILKA, EKK II/2, S.13. Doch ist kaum denkbar, dass die Petrusschelte ohne Angabe eines Grundes hätte überliefert werden können (Sie als ursprünglich zum Petrusbekenntnis gehörend zu verstehen – vgl. G.THEISSEN/A.MERZ, Jesus, S.468 –, widerspricht der Analyse von Mk.8,27-30 – vgl. Abschnitt 7.2.3). Wohl ist vorstellbar, dass die Leidensankündigung gegenüber einer ursprünglich kürzeren Form ausgebaut wurde. Vielleicht hieß sie ursprünglich einmal: „Der Menschensohn muss viel leiden und getötet werden." 2. Kann der ganze Dialog eine nachösterliche Bildung sein? Schon J.GNILKA sagt dazu: „Die scharfe Petrusschelte ist sicher alte Tradition. Es wäre niemand eingefallen, den angesehenen Jünger mit der Schelte, er sei ein Satan, zu belegen." (EKK II/2, S.13). Wenn aber die Schelte authentisch ist und die Verknüpfung mit der Leidensankündigung ursprünglich, dann gibt Mk.8,31-33 ein historisches Ereignis wieder. Die Verknüpfung mit dem Petrusbekenntnis von Cäsaräa Philippi und dem an dieses anschließenden Schweigegebot dürfte allerdings sekundär sein und auf die markinische Kreuzestheologie zurückgehen (vgl. Abschnitt 7.2.3).

[128] Diesen Zusammenhang sieht auch E.P.SANDERS, Jesus, S.116f. Zur Zeichenverweigerung vgl. Mk.8,11f/Mt.16,1.4/Lk.11,16; Mt.12,38f/Lk.11,29.

[129] Vgl. die Frage nach Jesu Vollmacht Mk.11,27-33/Mt.21,23-27/Lk.20,1-8. Auch hinter dieser Versuchung steht also Jesu Weg ins Leiden. Vgl. dazu auch die Beziehungen zur Passionsgeschichte Mk.15,29-32/Mt.27,39-43/Lk.23,35; Lk.23,37.39.

bereichern. Aus Jesu Selbstverständnis ergab sich jedoch gerade der Verzicht auf Herrschaft und Macht über andere und die konsequente Ablehnung von Verherrlichung und Verehrung. Interessant ist, dass auch die Q-Perikope den Herrschaftsverzicht Jesu mit der Exklusivität der Herrschaft Gottes in Verbindung bringt. Dies dürfte auch für Jesus ein Motiv für die Zurückhaltung hinsichtlich seiner eigenen Person gewesen sein.[130]

Auffällig ist, dass der Jesus der Q-Perikope die Versuchungen jeweils mit einem Schriftwort zurückweist. Jesus wird auf diese Weise dargestellt als der Mensch, der dem in der Tora bekundeten Willen Gottes konform ist, der den Versuchungen nicht nachgegeben hat, weil er den Willen Gottes erfüllte.[131] Damit verteidigt der Autor dieser Q-Perikope zugleich den Glauben an die Gottessohnschaft Jesu: Gerade weil Jesus der Gottessohn war, verzichtete er auf eine Reihe von Handlungsweisen, die vordergründig seine Gottessohnschaft hätten erweisen können.[132] Auch der historische Jesus widerstand den real an ihn herangetragenen Versuchungen, seine Stellung für sich selbst in Anspruch zu nehmen, gerade weil er als Repräsentant Gottes sich zugleich als Mensch sah, der eine paradigmatische Existenz führte und sich darum der Beachtung des Gotteswillens ganz verpflichtet wusste.[133]

Damit lässt sich die Versuchungsgeschichte der Logienquelle gut verstehen als eine mythische Anekdote, in der – obwohl weitgehend erfunden – Wesenszüge des historischen Jesus, seines Selbstverständnisses und seines Wirkens, konzentriert und sachlich korrekt wiedergegeben werden.

7.2.3 Das Messiasgeheimnis im Markus-Evangelium

Die Kapitel 4 bis 6 kamen zum Ergebnis, dass Jesus sich nur mit großer Zurückhaltung über sein Selbstverständnis äußerte und er sich diese Zurückhaltung gerade um seines Selbstverständnisses willen auferlegte. Jesus machte also ein Geheimnis um seine Person. Diese Einsicht provoziert geradezu die Frage, ob die markinische Konzeption des Messiasgeheimnisses, wie sie zum ersten Mal W.WREDE herausgearbeitet hat[134] und wie sie

---

[130] Vgl. Abschnitt 6.3.1.

[131] Vgl. U.LUZ, EKK I/1, S.162: „Jesus bewährt seine Gottessohnschaft [...] im Gehorsam gegenüber dem Wort Gottes." (ähnlich auch W.GRUNDMANN, ThHK I, S.103).

[132] Will auf diese Weise Q mit der Versuchungsgeschichte gleich zu Beginn erklären, weshalb Jesus seine Gottessohnschaft nicht öffentlich in Anspruch nahm? Dann fände sich auch in Q ein Messiasgeheimnis.

[133] Dies scheint auch Matthäus ein Anliegen gewesen zu sein. „Matthäus will sagen: Jesus ist Gottessohn, indem er gehorsam ist. Jesus ist Gottessohn, indem er das Grundgebot der Gottesliebe hält." (U.LUZ, EKK III/1, S.166).

[134] W.WREDE, Messiasgeheimnis (1901).

seitdem in der Auslegungsgeschichte des Markus-Evangeliums diskutiert wird,[135] eine Wurzel beim historischen Jesus selbst hat.

Sah WREDE im markinischen Messiasgeheimnis noch den redaktionellen Versuch, das unmessianische Leben Jesu mit dem nachösterlichen Messiasglauben zum Ausgleich zu bringen, hat sich das Bild inzwischen differenziert. So werden nicht mehr alle von WREDE mit dem Messiasgeheimnis verbundenen Motive einer planvollen markinischen Redaktion zugeschrieben, sondern zum Teil vormarkinischer Tradition zugerechnet.[136] Daneben wird die redaktionelle Intention des Messiasgeheimnisses inzwischen stärker von der markinischen Kreuzestheologie her verstanden:[137] Jesu Messianität kann erst angesichts von Tod und Auferstehung Jesu wirklich verstanden werden. Vorher muss sie Geheimnis und Rätsel bleiben.

Im Folgenden sollen nun die verschiedenen, gewöhnlich unter dem Oberbegriff „Messiasgeheimnis" zusammengefassten Motive[138] daraufhin untersucht werden, ob sie ihren Ursprung in einer Erinnerung an den historischen Jesus haben.

a) Das Unverständnis der Jünger

Vom Unverständnis und Versagen der Jünger wird im Markus-Evangelium an einer Vielzahl von Stellen berichtet.[139] An den Stellen vor dem Petrusbekenntnis (Mk.8,27-30) verstehen die Jünger nicht, welche Rolle Jesus einnimmt. Nachdem die Jünger mit dem Petrusbekenntnis die Erkenntnis der Messianität Jesu gewonnen haben, verstehen sie nicht, dass Jesu Weg ins Leiden führen muss.

Auch wenn das Unverständnis der Jünger im ersten Teil des Evangeliums im Zusammenhang mythisch geprägter oder redaktionell entstandener Erzählungen begegnet und darum historisch kaum auswertbar ist, dürfte sich in diesen Erzählungen doch die Erinnerung spiegeln, dass Jesus sein Selbstverständnis nicht zum Gegenstand seiner Lehre machte und darum den Jüngern erst im Laufe der Zeit deutlich werden konnte, in welcher Rolle sich Jesus sah. Ob die Erkenntnis der Jünger dabei vor Ostern schon zu großer Klarheit gelangt war, wie die Überlieferung des Petrusbekenntnisses

---

[135] Vgl. z.B. die Forschungsberichte bei J.GNILKA, EKK II/1, S.167-169 und W.Grundmann, ThHK II, S.245-250.

[136] Vgl. J.GNILKA, EKK II/1, S.169.

[137] So z.B. U.LUZ, Geheimnismotiv, S.26 und J.GNILKA, EKK II/1, S.169f.

[138] So werden gewöhnlich unter dem Oberbegriff „Messiasgeheimnis" besprochen: Schweigegebote Jesu an Jünger, an Dämonen und an Geheilte, die geheime Jüngerbelehrung, die Parabeltheorie (Mk.4,10-12) und das Motiv des Jüngerunverständnisses.

[139] Sieben Stelle sprechen explizit davon, dass die Jünger Jesu Auftrag nicht verstehen: Mk.4,40f; 6,49-52; 8,17-21; 8,27-33; 9,5f; 9,9f; 9,32. Vom Versagen und Unverständnis der Jünger wird berichtet: Mk.4,13; 7,18; 9,18f; 10,24; 14,37-41; 14,50; 14,66-72.

voraussetzt,[140] oder – wie die Aussage der Emmausjünger nahelegt[141] – mehr im Vagen blieb, dürfte sich nur noch schwer klären lassen. Auf jeden Fall wäre es Markus sicher unmöglich gewesen, derart vom Unverständnis der Jünger zu berichten, wenn es Erinnerungen daran gegeben hätte, dass den Jüngern von Anfang an – etwa auf Grund einer geheimen Belehrung Jesu – dessen Rolle als eschatologischer Repräsentant Gottes einsichtig gewesen wäre. Das Motiv des Jüngerunverständnisses hat somit historische Wurzeln im Leben Jesu.

Schwieriger zu beurteilen ist das Motiv des Jüngerunverständnisses hinsichtlich Jesu Weg ins Leiden. Eine historische Verankerung dieser Überlieferung im Leben des historischen Jesus würde voraussetzen, dass Jesus seinen Jüngern gegenüber sein Leiden explizit angekündigt und gedeutet hat. Beides ist für die Zeit des Wirkens in Galiläa schwer mit letzter Sicherheit zu sagen.[142] Außerdem dürfte die geradezu schematische Folge von Leidensankündigung und Unverständnis bzw. Versagen der Jünger sich der markinischen Redaktion verdanken.[143] Anzunehmen ist jedoch, dass Jesus zumindest bei seinem letzten Abendmahl von seinem bevorstehenden Leiden gesprochen und dies in geheimnisvollen Worten auch als ein Leiden für andere gedeutet hat.[144] Dann hätte die markinische Konzeption vom Unverständnis der Jünger hinsichtlich der Leidensankündigungen einen sachlichen historischen Grund.[145] Die Entfaltung dieser Konzeption und ihre Verortung in der Zeit des galiläischen Wirkens ginge jedoch wohl auf Markus zurück.

b) Die Parabeltheorie

Mk.4,11f überliefert ein Jesus-Logion mit folgender Deutung der Gleichnisse:

> (11) Euch ist das Geheimnis der Gottesherrschaft gegeben,
> jenen draußen aber geschieht alles in Gleichnissen (ἐν παραβολαῖς),
> (12) damit sie sehenden Auges nicht erkennen
> und hörenden Ohres nicht verstehen,
> damit sie nicht etwa umkehren und ihnen vergeben werde.

---

[140] Die Authentizität behauptet R.PESCH, Messiasbekenntnis. Vgl. auch unten.

[141] Die vorösterliche Erkenntnis der Rolle Jesu wird von den Emmausjüngern folgendermaßen zusammengefasst: „Jesus von Nazareth, der ein Prophet war, mächtig in Tat und Wort vor Gott und allem Volke“ (Lk.24,19 – vgl. auch Mt.21,11). Die eschatologische Einmaligkeit Jesu wird in dieser Formulierung nicht zum Ausdruck gebracht.

[142] Vgl. zu den Leidensankündigungen Abschnitt 4.5 und zu Jesu Todesverständnis den Abschnitt 7.1.3.

[143] So bereits W.WREDE, Messiasgeheimnis, S.101.

[144] Dazu siehe Abschnitt 7.1.3.

[145] Dafür spricht auch, dass auch Lukas eine wohl von Markus unabhängige Tradition vom Jüngerunverständnis hinsichtlich der Leidensweissagungen kennt (vgl. Lk.18,34).

In dieser – meist als markinische Parabeltheorie bezeichneten – Antwort werden die Gleichnisse Jesu als Rätselreden verstanden, deren Rätselhaftigkeit dazu dient, das widerspenstige Volk dem Verstockungsgericht zuzuführen.[146] Da aber Jesu Gleichnisse darauf zielen, Verstehen zu ermöglichen und Einverständnis herzustellen,[147] wird die markinische Parabeltheorie meist einer apokalyptisch und elitär gesinnten nachösterlichen Gemeinde zugeschrieben.[148]

LEONHARD GOPPELT hat vorgeschlagen,[149] Mk.4,11 als isoliertes und authentisches[150] Jesus-Logion zu betrachten, das erst sekundär mit der Fortsetzung 4,12 verbunden wurde.[151] Er schlägt folgende Übersetzung vor:

> (11) Euch ist das Geheimnis des Reiches Gottes gegeben,
> denen draußen widerfährt alles in Rätselrede.

Da der Bezug auf Jesu Gleichnisse bei der isolierten Betrachtung nicht mehr selbstverständlich ist, kann GOPPELT παραβολή im Sinne von מָשָׁל als „Rätselrede" übersetzen und das „Geheimnis des Reiches Gottes" auf Jesu Sendung beziehen.[152] So verstanden, könnte das Logion darauf anspielen, dass die Jünger die geheimnisvolle Rolle und Sendung Jesu verstanden hätten, den anderen Menschen diese aber auf Grund der zurückhaltenden und geradezu rätselhaften Ausdrucksweise Jesu verborgen geblieben wäre.[153] Diese traditionsgeschichtliche Rekonstruktion und Interpretation entspricht dem, was als historischer Kern hinter dem Motiv des Jünger-Unverständnisses zu vermuten war: Jesus spricht nur verhüllt und geheimnisvoll von seiner eigenen Person, trotzdem erfassen die Jünger – aber eben nur sie – mit der Zeit sein Selbstverständnis. Bedeutsam ist, dass die Erkenntnis der Jünger auf ein Wirken Gottes und nicht auf eine Selbstenthüllung Jesu zurückgeführt wird. Das so verstandene Logion kann also gut in das bisher deutlich gewordene Jesus- Bild eingefügt werden. Als Basis für eine traditionsgeschichtliche Rekonstruktion des markinischen Messiasgeheimnisses kann es aber kaum dienen.[154]

---

[146] Interpretation der markinischen Parabeltheorie nach J.GNILKA, EKK II/1, S.170.

[147] Vgl. nur Mk.4,21f und 4,33 und dazu E.SCHWEIZER, Messiasgeheimnis, S.5f.

[148] J.GNILKA, EKK II/1, S.167.

[149] L.GOPPELT, Theologie des NT, S.222f.

[150] Zur Frage der Authentizität von Mk.4,11 bemerkt J.GNILKA, EKK II/1, S.163: „Das Logion in Vers 11 ist alt und palästinischen Ursprungs, wie dessen semitische Struktur ausweist (antithetischer Parallelismus, Passivum divinum, überflüssiges ἐκεῖνος)." – damit ist die Authentizität allerdings noch nicht hinreichend begründet.

[151] J.GNILKA, EKK II/1, S.163 möchte die Verse 11 und 12 als ursprüngliche Einheit ansehen – doch sind seine Argumente nicht überzeugend.

[152] Doch ohne Kontext lassen die Ausdrücke τὸ μυστήριον τῆς βασιλείας τοῦ θεοῦ und γίνεσθαι ἐν παραβολαῖς auch andere Interpretationen zu.

[153] So L.GOPPELT, Theologie des NT, S.222 und G.BORNKAMM, ThWNT IV, S.823-825.

[154] Als solche verwendet es allerdings L.GOPPELT, Theologie des NT, S.225.

c) Geheime Jüngerbelehrung

Dass Jesus seine Jünger auch unter Ausschluss der Öffentlichkeit lehrte, ist eine naheliegende historische Annahme. Jedoch ist – mit Ausnahme der bei den Jüngern auf Unverständnis treffenden Leidensankündigungen – keine authentische und explizit geheime Jüngerbelehrung überliefert, in der Jesus explizit auf sein Selbstverständnis zu sprechen kommt. Auch in geheimen Jüngerbelehrungen durchbrach Jesus also nicht das Geheimnis, das er um seine Person machte.

d) Schweigegebote an wunderbar Geheilte

Es gibt im Markus-Evangeliun einige Berichte von Wundertaten Jesu, bei denen Jesus im Anschluss an die Heilung gebietet, von der wunderbaren Heilung nicht zu erzählen.[155] Doch erheben sich große Bedenken dagegen, diese Geheimhaltungsgebote im Rahmen der markinischen Konzeption des Messiasgeheiminsses zu deuten[156] oder sie gar auf den historischen Jesus zurückzuführen.[157] Auf ein in Abschnitt 6.1 bereits erwähntes Phänomen ist allerdings hier noch einmal hinzuweisen. Jesus versucht zwar nicht, seine Heilungen geheim zu halten, spielt aber dennoch mit dem gelegentlich geäußerten Hinweis „dein Glaube hat dir geholfen" die Bedeutung seiner eigene Wunderkraft herunter. Es könnte sein, dass auch die Erinnerung an diese demütige Zurückhaltung Jesu ein Nährboden für die Bildung der Schweigegebote an die Geheilten war.

e) Schweigegebote an Dämonen

Das Markus-Evangelium überliefert drei Schweigegebote an Dämonen, mit denen Jesus bei seinen Exorzismen zu kämpfen hat. Doch haben diese

---

[155] Mk.5,43; 7,36; vgl. auch Mt.9,30. Keine Schweigegebote liegen vor in Mk.1,44 (der Aussätzige soll seine Heilung erst durch einen Priester bestätigen lassen; dies zielt gerade auf eine Demonstration der Heilung – so R.PESCH, Jesu ureigene Taten) und Mk.8,26 (der Geheilte wird nur direkt in sein Haus geschickt und darf nicht ins Dorf gehen – G.THEISSEN, Lokalkolorit, S.107 vermutet, dies ziele auf eine Demonstration vor der Familie).

[156] U.LUZ spricht deshalb in Hinblick auf diese Schweigegebote nicht vom Messias-, sondern vom „Wundergeheimnis" (U.LUZ, Geheimnismotiv, S.17).

[157] Die drei wirklichen Schweigegebote sind redaktionell gebildet (vgl. U.LUZ, Geheimnismotiv, S.14-16; J.GNILKA, EKK II/1, S.211; E.SJÖBERG, Der verborgene Menschensohn, S.156; U.LUZ, EKK I/2, S.57). Gegen die Authentizität der Schweigegebote spricht, dass Jesus selbst in der Antwort auf die Täuferfrage positiv auf die Heilungen zurückgreift (vgl. Mt.11,4f/Lk.7,22f – vgl. Abschnitt 5.4.2.1), und die Heilungsgeschichten selbst voraussetzen, „dass Jesus als heilender Wundermann allgemein bekannt war" (E.SJÖBERG, Der verborgene Menschensohn, S.159). G.THEISSEN, Lokalkolorit, S.108 sieht diese Geheimhaltungsgebote als Versuch, einen „Ausgleich zwischen Volks- und Gemeindeüberlieferung" herzustellen.

keinen Anhalt am Wirken des historischen Jesus,[158] sondern verdanken sich in ihrer jetzigen Gestalt der markinischen Messiasgeheimnis-Konzeption.

f) Schweigegebote an die Jünger

Im Markus-Evangelium finden sich zwei Schweigegebote, die an die Jünger gerichtet sind (8,30 und 9,9). Die Historizität zu erwägen, ist beim Schweigebot, das im Anschluss an das Messiasbekenntnis des Petrus überliefert ist (8,30).[159]

Bei der Analyse des Kontextes ist zunächst davon auszugehen, dass Mk.8,31-33 erst redaktionell an 8,27-30 angefügt wurde.[160] Häufig wird mit Hinweis auf das die markinische Messiasgeheimnis-Konzeption auch das Schweigegebot 8,30 als eine redaktionelle Anfügung verstanden.[161] Um eine redaktionellen Entstehung nachzuweisen, wird auf das ähnlich lautende und sicher redaktionelle Schweigegebot an die Dämonen aus dem Summarium 3,10-12 verwiesen. Die Argumentationsstruktur ist in beiden Texten gleich und begegnet auch in dem redaktionellen Summarium 1,32-34: Das Schweigegebot folgt auf ein direktes christologisches Bekenntnis und schließt eine Sentenz ab. Doch lohnt sich ein genauer Vergleich:

3,12: καὶ πολλὰ ἐπετίμα αὐτοῖς ἵνα μὴ αὐτὸν φανερὸν ποιήσωσιν.

8,30: καὶ ἐπετίμησεν αὐτοῖς ἵνα μηδενὶ λέγωσιν περὶ αὐτοῦ.

Auffällig ist die viel allgemeinere Formulierung in Mk.8,30. Das Schweigegebot fordert hier nicht nur, die messianische Würde Jesu geheimzuhalten, sondern verbietet den Jüngern grundsätzlich über Jesus zu sprechen. Von dieser grundsätzlichen Allgemeinheit ist keines der sonst überlieferten Schweigegebote. Auch die Seitenreferenten schränken diese Allgemeinheit sofort wieder ein (vgl. Mt.16,20; Lk.9,21), indem sie das Schweigegebot wieder direkt auf das Messiasbekenntnis des Petrus beziehen. Es spricht

---

[158] In Mk.1,34 und 3,12 finden sich die Schweigegebote an Dämonen in Summarien. Sie sind somit eindeutig redaktionellen Charakters (So E.SJÖBERG, Der verborgene Menschensohn, S.109 und J.GNILKA, EKK II/1, S.85f und S.133.). Lediglich in Mk.1,25 entstammt das Schweigegebot einer schon vor Markus geprägten Tradition (So J.GNILKA, EKK II/1, S.77), ist dort „aber nur die geeignete Antwort auf den abwehrenden Ruf des Dämons und gehört zur Heilung des Besessenen. Als Parallele kann man auf Jesu Worte bei der Stillung des Sturms, Mk 4,39, hinweisen." (E.SJÖBERG, Der verborgene Menschensohn, S.150f. Vgl. auch J.GNILKA, EKK II/1, S.81). Um ein Gebot, das auf das Verschweigen des dämonischen Wissens vom Wesen Jesu zielt, ging es in Mk.1,25 ursprünglich also gar nicht.

[159] Mk.9,9 dürfte sekundär gebildet sein (vgl. J.GNILKA, EKK II/2, S.40).

[160] Dass Mk.8,32bf die ursprüngliche Reaktion auf das Petrus-Bekenntnis 8,29b gewesen sein könnte (so G.THEISSEN/A.MERZ, Jesus, S.468), ist mit J.GNILKA, EKK II/2, S.10f abzulehnen.

[161] So J.GNILKA, EKK II/2, S.10 und E.SJÖBERG, Der verborgene Menschensohn, S.161f.

also einiges dafür, dass das Schweigegebot 8,30 bereits in der vormarkinischen Tradition das Jüngergespräch 8,27-30 abschloss.[162]

Bewahrt nun die Überlieferung des Jüngergesprächs bei Cäsaräa Philippi eine historische Erinnerung auf? Diese Frage ist heftig umstritten. So deutet der semitisierende Stil auf hohes Alter hin.[163] Die Ortsangaben „in den Dörfern bei Cäsaräa Philippi" und „auf dem Weg" können in ihrer Detailfülle als ein Hinweis auf die Authentizität der Überlieferung[164] oder als sekundär erfundene Ortssymbolik[165] verstanden werden. Die in Mk.8,28 zitierten Volksmeinungen lassen sich nicht aus einer nachösterlichen Situation heraus erklären,[166] doch besteht eine starke Abhängigkeit zu Mk.6,14f,[167] so dass bei einer nachösterlichen Formulierung des Jüngergesprächs auf diese alte Überlieferung hätte zurückgegriffen werden können. Doch sprechen für die Authentizität von Mk.8,27-30 zwei Überlegungen: So ist auffällig, dass Markus keine positive Reaktion Jesu auf das Messiasbekenntnis des Petrus überliefert. Dass dies nachösterlich anstößig war, zeigen die Korrekturen von Matthäus und Lukas.[168] Und wenn sich das Schweigegebot nicht der markinischen Redaktion verdankt, wer hätte dann ein solches Schweigegebot in einer nachösterlichen Situation formulieren sollen?

Dieses Authentizitätsurteil stimmt mit den Ergebnissen der Kapitel 5 und 6 zusammen. Dort zeigte sich, dass Jesus sein Selbstverständnis, eschatologischer Repräsentant Gottes zu sein, nicht zum Thema machte. Jesu Zurückhaltung ging aber sogar so weit, dass er seine Person überhaupt nicht zum Gegenstand von Betrachtung machen lassen wollte. Zu dieser Zurückhaltung Jesu passt die oben beobachtete Allgemeinheit der Formulierung des Schweigegebots und der Umstand, dass Jesus die Frage nach den Meinungen über ihn in einer Situation stellt, in der er mit seinen Jüngern allein ist, sowie die Tatsache, dass Jesus keine positive Reaktion auf das Bekenntnis des Petrus zeigt. Jüngergespräch und Schweigegebot lassen sich so auch aus dem Wirken des historischen Jesus gut verständlich machen. Es spricht also viel dafür, dass Mk.8,27-30 historische Erinnerungen bewahrt.[169]

---

[162] So auch R.Pesch, Messiasbekenntnis (Teil 1), S.182-184.

[163] So J.Gnilka, EKK II/2, S.11 und R.Pesch, Messiasbekenntnis (Teil 1), S.195.

[164] So R.Pesch, Messiasbekenntnis (Teil 1), S.189 und E.Schweizer, Die Jünger Jesu und die nachösterliche Kirche, S.456.

[165] So J.Gnilka, EKK II/2, S.14.

[166] Darauf weist hin R.Pesch, Messiasbekenntnis (Teil 1), S.190.

[167] Dem widerspricht R.Pesch, Messiasbekenntnis (Teil 1), S.190f. Doch lässt sich eine Unabhängigkeit kaum beweisen, denn zwischen „den Volksmeinungen in [8,]28 und 6,14b.15 besteht im wesentlichen Übereinstimmung." (J.Gnilka, EKK II/2, S.11).

[168] Vgl. Mt.16,17 und die lukanische Form des Schweigegebots Lk.9,21, die die Richtigkeit des Petrus-Bekenntnisses voraussetzt.

[169] So auch P.Pokorný, Entstehung der Christologie, S.37. Anders ohne überzeugende

g) Traditionsgeschichtliche Überlegungen zum Messiasgeheimnis

Für die Schweigegebote an wunderbar Geheilte und an Dämonen ließ sich kein Anhalt am Wirken des historischen Jesus feststellen. Für die anderen Überlieferungskomplexe, die gewöhnlich unter dem Begriff Messiasgeheimnis zusammengefasst werden, ergeben sich folgende traditionsgeschichtliche Einordnungen:

Offenbar kann Markus auf Jesus-Überlieferungen zurückgreifen, die davon berichten, dass der historische Jesus ein Geheimnis um seine Person machte. Die wohl authentische Überlieferung des Jüngergesprächs bei Cäsaräa Philippi, in der das Schweigegebot an die Jünger enthalten ist (Mk.8,27-30), könnte dabei für die Entfaltung der markinischen Konzeption des Messiasgeheimnisses von großer Bedeutung gewesen sein. Vielleicht von dort ausgehend und an bestimmte Elemente in überlieferten Exorzismen anknüpfend trug Markus das Schweigegebot in seine Summarien ein und weitete es zu einem Schweigegebot an Dämonen aus. Auch an die Verklärungsgeschichte wurde es redaktionell angehängt.

Neben der Überlieferung Mk.8,27-30 gab es wahrscheinlich auch Erinnerungen daran, dass die Jünger vor Ostern zunächst nur sehr ungenaue Vorstellungen vom Wesen der Sendung Jesu hatten und erst langsam und vielleicht zum Teil auch nur unzureichend begriffen, wer Jesus war. Ursache dafür war offensichtlich Jesu Zurückhaltung, sein eigenes Selbstverständnis – auch seinen Jüngern gegenüber – zum Gegenstand seiner Lehre zu machen. Episoden, die vom Unverständnis der Jünger berichten, spiegeln dies wieder. Einen Fortschritt in der vorösterlichen christologischen Erkenntnis der Jünger markieren hier das Jüngergespräch von Cäsaräa Philippi und vielleicht auch der jetzt in die Parabeltheorie eingebaute Ausspruch Jesu „Euch ist das Geheimnis der Gottesherrschaft gegeben" (Mk.4,11). Markus kann diese Überlieferungen vom partiellen Unverständnis der Jünger ausbauen und mit seiner Messiasgeheimnisses-Konzeption verbinden.

Die Überlieferungen von geheimer Jüngerbelehrung, die sicher auch historische Erinnerungen wiedergeben, scheinen dabei kein eigenständiges konstitutives Element der markinischen Konzeption des Messiasgeheimnisses zu sein. Entscheidend ist aber auch hier, dass die Jünger unverständig sind und das Wesen der Sendung Jesu nicht wirklich verstehen.

Die markinische Konzeption des Messiasgeheimnisses hat damit seine Wurzel im Geheimnis, das Jesus um seine Person und sein Selbstverständnis machte.[170] Für den Ausbau der markinischen Konzeption des

---

Argumente: F.Hahn, Hoheitstitel, S.227; H.Conzelmann, Das Selbstbewußtsein Jesu, S.38 und J.Gnilka, EKK II/2, S.15.

[170] Vgl. M.Hengel, Studies in Early Christology, S.59: „In my judgement, the messianic secret in the Second Gospel stems *in nuce* from the – eschatological – secret of Jesus

Messiasgeheimnisses dürfte bestimmend gewesen sein, dass das Geheimnis um Jesu Sendung von diesem erst angesichts des Todes Jesu aufgelöst werden kann: Beim Bekenntnis Jesu vor dem Hohepriester (Mk.14,61f).[171] Wenn die oben in Abschnitt 7.1.4 entwickelte Hypothese stimmt, dann hat Markus hier eine historische Erinnerung festgehalten. Aber dennoch verschieben sich die Akzente: Während Jesus sein Schweigen erst brechen kann, als er damit nicht mehr für sich selbst Hoheit, Ehre und Achtung erwirkt, sondern vielmehr sich selbst schadet, kann für Markus das Geheimnis der Messianität Jesu erst gelüftet werden, wenn das Leiden Jesu nicht mehr ausgeblendet werden kann. Diese Akzentverschiebung ist durch den Wechsel der Perspektive bedingt: Für Jesus stellt sich die Frage, wie er sich als eschatologischer Repräsentant Gottes seiner Botschaft konform verhalten muss, für Markus geht es um das Problem, dass seine Leser Jesu Rolle als eschatologischer Repräsentant Gottes nur angesichts des Kreuzestodes Jesu wirklich verstehen können.

himself, and his conduct. In other words, the messianic 'mystery' originates in the 'mystery' of Jesus."

[171] Vgl. J.GNILKA, Prozeß Jesu, S.20: „Das Mißverständnis, das der Evangelist fürchtet, ist die Ausklammerung des Kreuzes. Das öffentlich abgelegte Bekenntnis Jesu zu seiner Würde als Messias und Gottessohn vor dem Synhedrion ist davor gefeit, mißverstanden zu werden, weil es von ihm in tiefer Erniedrigung abgelegt wird."

Kapitel 8

Christologische Ausblicke

Die bisher gemachten Ausführungen zum Selbstverständnis Jesu sollen im Folgenden durch einige christologische Überlegungen ihre Abrundung finden. Damit wird die in Kapitel 2 angesprochene Frage nach der Relevanz des historischen Jesus für das christliche Glaubenszeugnis noch einmal aufgegriffen.

Werden die christologischen Äußerungen des Neuen Testaments betrachtet, dann ist festzustellen, dass sie von den Ostererfahrungen her über das Selbstverständnis des historischen Jesus hinausschreiten. Dass dies nicht in allen Fällen problematisch sein muss, wurde bereits in Abschnitt 2.1.3 gezeigt. Doch stellt sich die Frage, ob es zwischen der Verkündigung Jesu und der nachösterlichen Verkündigung, zwischen dem Selbstverständnis Jesu und der nachösterlichen Deutung seines Geschicks auch sachliche „Entsprechungen“[1] gibt, die ein Zusammenstimmen der verschiedenen Überlieferungsstränge und damit die Mitte der in Jesus Christus geschehenen Offenbarung erkennbar werden lassen.[2]

8.1 Vom Verkündiger zum Verkündigten

Der historische Jesus verkündigte *Gottes* Heilsentschluss als Grund des Heils:[3] Gott hat die eschatologische Wende vollzogen und die Gottesherrschaft nahegebracht, auch wenn die Vollendung der Gottesherrschaft noch aussteht. Jesu exklusive Einsicht in Gottes Wirken war der Erkenntnisgrund dieser Verkündigung. Das Subjekt der Verwirklichung dieses eschatologischen Heils war für den historischen Jesus immer Gott selbst – auch wenn Jesus als der eschatologische Repräsentant Gottes dieses endzeitliche Handeln Gottes in Wort und Tat bezeugte und vermittelte.

---

[1] H.F. Weiss, Kerygma und Geschichte, S.85-90 kritisiert den an dieser Stelle häufig verwendeten Begriff der „sachlichen bzw. historischen Kontinuität“ und schlägt stattdessen den Begriff der Entsprechung vor. Erst dadurch würde der Bruch und der Neuanfang, den Tod und Auferstehung Jesu bedeuten, wirklich wahrnehmbar.

[2] Vgl. hierzu Abschnitt 2.3.4.

[3] Vgl. dazu Abschnitt 5.2.

Das Urchristentum begnügte sich nun nicht damit, Jesu Verkündigung der nahegekommenen Gottesherrschaft weiterzuführen, sondern verkündigte Jesus Christus als Grund des Heils. Aus dem Verkündiger wird der Verkündigte, aus dem „Zeugen des Glaubens“ wird der „Grund des Glaubens“,[4] aus der Botschaft von der nahegekommen Gottesherrschaft wird das Evangelium von Jesus Christus (vgl. z.B. Röm.1,3.9; Mk.1,1). Tod und Auferweckung Jesu Christi werden nun zum Grund des Heils und zum zentralen Inhalt der eschatologischen Freudenbotschaft (vgl. z.B. Röm.10,9; 1.Kor.1,18.23f; 2.2; 15,14; 1.Petr.1,3). Gibt es in diesem soteriologischen Paradigmenwechsel noch eine sachliche Entsprechung?

Diese dürfte darin liegen, dass vor wie nach Ostern Gottes *bereits geschehenes*, gnädiges Handeln als der eigentliche Grund des Heils betrachtet wird. War es Grundlage der Verkündigung des historischen Jesus, dass Gott die Wende zum eschatologischen Heil vollzogen hatte und darum die Gottesherrschaft nahe und die eschatologische Gottesbeziehung schon jetzt möglich war,[5] so wurde nachösterlich Tod und Auferweckung Jesu Christi als Erweis der bereits geschehenen Heilswende erachtet (vgl. z.B. 1.Kor.15,20-28), die allen Menschen erlaubt, Kinder Gottes zu sein und in der eschatologischen Gottesbeziehung zu stehen. War vor Ostern Jesu Gotteserkenntnis Erkenntnisgrund der Verkündigung der geschehenen Wende zum Heil, so wurden dies nach Ostern Tod und Auferweckung Jesu.[6] Doch weisen die Inhalte der Verkündigung eine große Kongruenz auf – wenn sie zum Teil auch in anderen sprachlichen Traditionen ausgedrückt werden.[7] Vor wie nach Ostern wird verkündigt, dass Gott die Heilswende in seiner Gnade bereits bewirkt hat und jetzt die neue eschatologische Gottesbeziehung möglich ist. Das Eschaton ist nahegekommen,[8] auch wenn seine

---

[4] So G.EBELING, Historischer Jesus und Christologie, S.314.

[5] Es stimmt eben nicht, dass der historische Jesus nur auf zukünftiges Heil ausblickte, während das Urchristentum auf bereits geschehenes Heil zurückblickte (so z.B. R.BULTMANN, Das Verhältnis der urchristlichen Christusbotschaft zum historischen Jesus, S.446f). Vgl. dazu die Ausführungen in Abschnitt 5.2.

[6] So z.B. auch E.FUCHS, Die Frage nach dem historischen Jesus. Zwar spricht FUCHS nicht von Jesu Gotteserkenntnis, sondern – in der existenzanalytischen Sprache der Bultmannschule – von der Entscheidung Jesu (S.221-224). Sie besteht darin, angesichts von Leid und Tod auf Gottes Treue und Gnade zu hoffen und so der alles überwindenden Gottesherrschaft zu vertrauen. Der gekreuzigte und auferweckte Herr zeige, dass man gerade im zornigen Gott, im Kreuz, den gnädigen finde, an der Stätte des Todes das Leben (S.217). So werden Tod und Auferstehung Jesu zum Grund des nachösterlichen Glaubens. Aber dieser Glaube, der Jesus als den Herrn bekennt, sei Wiederholung und Bejahung der Entscheidung Jesu und darum Nachfolge (S.228).

[7] So spricht Jesus von der Gottesherrschaft, während bei Paulus der Begriff δικαιοσύνη ins Zentrum rückt (vgl. E.JÜNGEL, Paulus und Jesus, z.B. S.267 und H.F.WEISS, Kerygma und Geschichte, S.98f).

[8] Wobei die Nähe des Eschaton nicht primär unter zeitlichem Aspekt gesehen wird.

Vollendung noch aussteht. Vor wie nach Ostern kann das eschatologische Heil nur im Glauben, der auf alle Selbstrechtfertigung verzichtet und ganz auf Gottes Gnade vertraut, empfangen werden.[9]

Offenbar waren die Erfahrungen von Tod und Auferweckung Jesu so eindrücklich, dass dieses Geschick Jesu als eigenständiges Offenbarungsgeschehen neben das Wirken des historischen Jesus treten konnte. Dabei war die nun einsetzende christologische Konzentration auf Tod und Auferweckung beim historischen Jesus schon vorgezeichnet. Erfuhr doch Jesu Botschaft vom gnädigen Nahegekommensein der Gottesherrschaft ihre letzte Zuspitzung in seiner Bereitschaft, in den Tod zu gehen.[10] Wurden Tod und Auferweckung Jesu so als neues Offenbarungsgeschehen wahrgenommen, dann musste in der Deutung dieses Geschehens, die nicht anders als auf dem Hintergrund der religiösen Traditionen geschehen konnte, über die Verkündigung Jesu hinausgeschritten werden. Doch auch dort, wo dies wie zum Beispiel mit der Deutung des Todes Jesu als Sühnetod geschah, war offenbar im Urchristentum selbstverständlich, dass in diesem Offenbarungsgeschehen sich derselbe Gott zeigte, den Jesus verkündigte: Der gnädige Gott, der den aus der Gottesbeziehung gefallenen Menschen das eschatologische Heil eröffnete. Damit lieferte die Botschaft des historischen Jesus den theologischen Rahmen, innerhalb dessen das Geschick Jesu zu deuten war. Darum wurde nachösterlich Gott nicht anders ausgelegt, als dies durch den historischen Jesus geschehen war.[11] Doch konnte und musste es auch zu Akzentverschiebungen kommen.[12] Sie konnten soweit gehen, dass Jesu Tod

---

[9] Diese Kontinuität wurde in der Bultmannschule auf die Formel gebracht, dass die Anthropologie die Konstante sei, die vor- und nachösterliche Soteriologie miteinander verbinde (vgl. dazu H.Braun, Der Sinn der neutestamentlichen Christologie, S.272; R.Bultmann, Das Verhältnis der urchristlichen Christusbotschaft zum historischen Jesus, S.463 und E.Jüngel, Paulus und Jesus, S.268-273).

[10] Vgl. dazu die Abschnitte 7.1.3 und 7.1.4.

[11] So auch H.F.Weiss, Kerygma und Geschichte, S.98.

[12] Eine Akzentverschiebung wurde für die christologische Reflexion der Folgezeit besonders bedeutsam. Während beim historischen Jesus die Rolle als eschatologischer Repräsentant Gottes gegenüber den Menschen im Vordergrund steht und seine paradigmatische Existenz als Mensch, der ganz von der nahegekommenen Gottesherrschaft bestimmt ist, mehr im Untergrund mitklingt, werden mit der Deutung von Tod und Auferweckung die Schwerpunkte vertauscht: Jesus ist nun primär der Mensch, an dem Gott paradigmatisch handelt und in dem sich paradigmatisch das neue Menschsein verwirklicht (vgl. auch E.Fuchs, Die Frage nach dem historischen Jesus, S.226). Die Deutungen von Tod und Auferweckung Jesu sehen zumeist Jesus in der Rolle dessen, der für die Menschen stellvertretend leidet, stirbt und Auferweckung erfährt. Während also der Verkündiger Jesus primär die Rolle des Repräsentanten Gottes vor den Menschen einnimmt, füllt der Gekreuzigte und Auferstandene mehr die Rolle des Repräsentanten der Menschen vor Gott aus. Doch sind – dies sei noch einmal ausdrücklich festgehalten – beide Aspekte sowohl beim historischen Jesus als auch in der Deutung von Tod und Auferweckung Jesu zu finden. Zu ergänzen ist,

und Auferstehung jetzt nicht mehr als Bezeugung, sondern – mit einer heilseffektiven[13] Deutung als Sühnetod – als Ermöglichungsgrund für das eschatologische Heil gesehen wurden.[14]

Seit Ostern gibt es also zwei Erkenntnisgründe für die Verkündigung des Evangeliums:[15] Die Gotteserkenntnis des historischen Jesus und die gedeuteten Erfahrungen von Tod und Auferweckung Jesu. Darum ist es nicht ausreichend, die Ostererfahrungen nur als Bestätigung der Verkündigung und des Anspruchs Jesu zu werten.[16] Waren die Jünger vor Ostern auf die Gotteserkenntnis Jesu angewiesen, hatten sie nun mit den Ostererfahrungen eine eigene unmittelbare Einsicht in Gottes eschatologisches Handeln.[17] Das Gewinnen eines neuen Erkenntnisgrundes für die eschatologische Heilsbotschaft brachte so auch mit sich, dass aus den Jüngern selbständige Verkündiger, die apostolischen Zeugen wurden. Wie der irdische Jesus in seinem Wirken die zunächst nur ihm offenbare eschatologische Heilswende Gottes bezeugte, so bezeugten die Apostel nach Ostern die ihnen in Kreuz und Auferstehung Jesu offenbar gewordene eschatologische Heilswende. Dem

---

dass nachösterlich Jesus als der erhöhte Kyrios auch weiterhin in der Rolle des Repräsentanten Gottes gesehen wird und diese Rolle als Repräsentant Gottes durch die Präexistenzvorstellung – bis hin zur Trinitätslehre – konsequent zu Ende gedacht wird.

[13] Zum Begriff vgl. Abschnitt 2.1.3.4.

[14] Es wäre eine eigene Untersuchung, die hier nicht geleistet werden kann, darüber notwendig, ob gegenwärtig überhaupt noch eine heilseffektive Deutung des Todes Jesu plausibel sein kann. Wenn heilseffektive Deutungen in nachaufklärerischer Zeit hinfällig geworden sind, dann rücken historischer Jesus und nachösterliches Kerygma in gegenwärtiger Rezeption noch näher zusammen.

[15] Zu vergleichen ist auch die Formulierung J.BECKERS: „Nun hatte Jesu Wirken der Aufrichtung der endzeitlichen Gottesherrschaft gedient. Dabei war im Gefolge dieser Tätigkeit Jesus hingerichtet worden. Wenn nun Gott unerwarteterweise diese endgültige Ausweglosigkeit Jesu dadurch schöpferisch überwandt, daß er Jesus nicht im Tod ließ, dann war Jesus doch nicht umsonst gestorben und das, für das er eingetreten war, offenbar doch nicht abgegolten: Gottes mit Jesus einsetzendes endzeitliches Heilswirken ging also weiter. So konnte man durch Ostern die Aufrichtung der Gottesherrschaft durch Jesus ihrem Inhalt nach neu bekräftigt sehen und das an Jesus vollzogene Auferweckungsgeschehen als Urgeschehen begreifen, dessen prägende Kraft nicht nur Jesu Wirken mit neuer Bestätigung versah, sondern das zugleich als Ursprungsgeschehen der sich weiter durchsetzenden Endvollendung gelten konnte." (Jesus, S.443).

[16] So z.B. W.G.KÜMMEL, Das Problem des geschichtlichen Jesus, S.53 und N.WALTER, „Historischer Jesus" und Osterglaube, Sp.329.

[17] Da das Geschick Jesu in Tod und Auferweckung einen hinreichenden Erkenntnisgrund für das Evangelium vom eschatologischen Heilsangebot Gottes darstellt, kann Paulus in seiner Verkündigung – soweit sie aus seinen Briefen bekannt ist – auch weitgehend ohne Rückgriff auf die Verkündigung des historischen Jesus in Wort und Tat auskommen. Dass diese Verkündigung offenbar aber auch für Paulus den Charakter eines Orientierungsrahmens besaß, innerhalb dessen sich alle Verkündigung des Evangeliums zu bewegen hatte, zeigt seine Rezeption von Herrenworten (z.B. 1.Kor.7,10.12.25; 9,14).

entspricht, dass alle den apostolischen Zeugen nachfolgende Generationen die Offenbarung in Jesus Christus als doppelte Offenbarung wahrnehmen mussten: Als die Offenbarung im historischen Jesus und im apostolischen Zeugnis.[18]

Dieser qualitative Unterschied zwischen den apostolischen Zeugen und allen späteren Generationen kann vielleicht auch erklären, weshalb es ab der zweiten Generation mit dem Verfassen der Evangelien zu einer intensiven Zuwendung zum irdischen Jesus kam. Konnte für die apostolischen Zeugen die durch den historischen Jesus vermittelte und darum mittelbare Gotteserkenntnis neben ihrer in den Ostererfahrungen gemachten eigenen und unmittelbaren Gotteserfahrung zurücktreten, so waren und sind für alle späteren Glaubenden beide Erkenntnisgründe des Glaubens gleich mittelbar. Die Verkündigung des irdischen Jesus konnte und musste ab der zweiten Generation wieder gleichgewichtig neben das apostolische Zeugnis treten.

8.2 Von Jesus zum Christus und Gottessohn

Der historische Jesus verzichtete darauf, sich selbst mit einem Hoheitstitel zu bezeichnen oder sich so anreden zu lassen.[19] Schon bald nach Ostern werden dagegen eine Fülle von Hoheitstiteln auf Jesus angewandt. War dieser christologische Fortschritt theologisch-sachlich legitim?

Wie sich in Kapitel 6 zeigte, konnte der historische Jesus seine eigene Person und seine Rolle nicht zum Thema seiner Verkündigung machen, gerade weil er eine paradigmatische Existenz angesichts der nahegekommenen Gottesherrschaft lebte. Das Urchristentum war jedoch in einer grundlegend anderen Situation. Waren die Jünger, denen vor Ostern wohl eine gewisse Einsicht in die Rolle Jesu zuzutrauen ist, während der öffentlichen Wirksamkeit des historischen Jesus noch an dessen Schweigegebot gebunden,[20] so befanden sie sich nach Ostern in einer ganz neuen Lage. Die Ostererfahrungen mussten sie als Bestätigung ihrer vorösterlichen Einsichten verstehen.[21] Zugleich setzte diese Bestätigung des vorösterlichen Jesus durch Gott einen mächtigen Impuls zur Verkündigung frei. Konnte Jesus vor Ostern um der von ihm eingenommen Rolle willen diese gerade nicht zum Thema machen, so musste das Urchristentum nach Ostern Jesu Sendung um der jetzt voll gewonnenen christologischen Erkenntnis willen gerade

---

[18] Vgl. dazu Abschnitt 2.2.

[19] So das Ergebnis von Kapitel 4.

[20] Zur Authentizität des Schweigegebots vgl. Abschnitt 7.2.3.

[21] So betonen G.THEISSEN/A.MERZ, Jesus, S.480, dass die nachösterliche Christologie nur entstehen konnte, weil der historische Jesus die Rolle des eschatologischen Repräsentanten Gottes eingenommen hatte.

thematisieren. Dies um so mehr, als jetzt neben der Gotteserkenntnis des historischen Jesus das Geschick Jesu in Tod und Auferweckung zum zweiten Erkenntnisgrund des Heils geworden war.

Da der historische Jesus das Verständnis seiner eigenen Rolle nicht klar auf einen Begriff gebracht hatte, musste das Urchristentum nach Ostern selbst kreativ werden. Dabei lag es nahe, auf bereits geprägte eschatologisch-apokalyptische Erwartungen und ihre Hoheitstitel zurückgreifen. Da jedoch keiner dieser Titel völlig die Rolle des historischen und auferweckten Jesus auf den Begriff bringen konnte, mussten diese Titel in der Anwendung auf Jesus eine Umprägung und Neufassung erfahren. Die meisten der verwendeten Titel – wie etwa „Prophet", „Herr", „Messias/Christus"[22] und „Sohn Gottes" – laufen darin zusammen, dass sie Jesus als Repräsentanten Gottes verstehen. Sie beanspruchen damit eine Deutung der Person Jesu, die der Rolle entspricht, die der historische Jesus beanspruchte und faktisch auch einnahm. Die nachösterliche christologische Titulatur steht damit in einer sachlichen Kontinuität zum historischen Jesus.[23] Sie setzt die „indirekte Christologie in die direkte" um,[24] aus der „impliziten" wird „explizite Christologie".[25] Ihr primärer Erkenntnisgrund[26] sind die vor Ostern gemachten Erfahrungen mit dem historischen Jesus, wenn auch die Deutung dieser Erfahrungen erst durch Ostern zu Klarheit und Gewissheit fand.

Auf Grund dieser historischen wie sachlichen Kontinuität zwischen dem historischen Jesus und dem nachösterlichen Kerygma ist es also unsachgemäß, den Verzicht Jesu, Hoheitstitel für sich selbst zu beanspruchen, als Einwand gegen die nachösterliche Anwendung solcher Titel auf die Person Jesu ins Feld zu führen.[27] Zugleich wird nachvollziehbar, weshalb die Evangelisten in die Darstellung der vorösterliche Geschichte Jesu die Verwendung von Hoheitstiteln einbringen konnten oder gar – von ihrem Verständnis lebendiger Weitergabe der Überlieferung her – mussten. Hatte der

---

[22] So kann der Hinweis darauf, dass Jesus als Messiasprätendent hingerichtet wurde, keine ausreichende Erklärung für die nachösterliche Anwendung des Messiastitels auf Jesus sein (so N.DAHL, Der gekreuzigte Messias, S.159f und P.POKORNÝ., Entstehung der Christologie, S.65). Offenbar muss es auch inhaltliche Übereinstimmungen zwischen diesem Titel und der Rolle, in der die Jünger Jesus erblickten, gegeben haben.

[23] Vgl. hierzu H.F.WEISS, Kerygma und Geschichte, S.84.

[24] H.CONZELMANN, Zur Methode der Leben-Jesu-Forschung, S.13.

[25] H.F.WEISS, Kerygma und Geschichte, S.84f.

[26] Gegen H.F.WEISS, Kerygma und Geschichte, S.87f, der in den Ostererfahrungen den primären Erkenntnisgrund der nachösterlichen Christologie sieht. Vgl. dazu G.THEISSEN/ A.MERZ, Jesus, S.480: „Niemand wird zum Messias, zum Sohn Gottes oder zum Kyrios, weil er von den Toten aufersteht. Die Entstehung der Christologie wird erst verständlich, wenn schon vorösterlich ein [...] Hoheitsanspruch zur Debatte stand, der in der Auferweckung durch Gott bestätigt wurde."

[27] Vgl. hierzu H.F.WEISS, Kerygma und Geschichte, S.85.

historische Jesus noch um seines Selbstverständnisses willen ein Geheimnis um seine Person zu machen, so durfte dieses Geheimnis im nachösterlichen Rückblick nicht mehr gewahrt bleiben. Was dabei vordergründig als eine große Diskontinuität erscheint, erweist sich bei genauerer Betrachtung als sachliche Kontinuität.

8.3 Vom irdischen zum wiederkommenden Menschensohn

Der historische Jesus beanspruchte für sich selbst keine hervorgehobene Rolle bei der Vollendung der Gottesherrschaft.[28] Das Urchristentum jedoch erwartete Jesus Christus als den (wieder)kommenden Richter im eschatologischen Gericht und bekannte ihn als den eschatologischen Regenten Gottes. Worin liegt – historisch wie sachlich – der Grund für diesen christologischen Erkenntnisfortschritt?

Spätestens im nachösterlichen Rückblick auf das Wirken des vorösterlichen Jesus wurde deutlich, dass dem historischen Jesus die Rolle des eschatologischen Repräsentanten Gottes zukam. Als nun nach Ostern Jesus als der Lebendige erfahren wurde, dann war es konsequent, ihn immer noch in der Rolle des Repräsentanten Gottes zu sehen. Um dies zum Ausdruck zu bringen, wurde wohl schon sehr bald nach Ostern von der Erhöhung Jesu zur Rechten Gottes gesprochen. Und so liegt es in der Konsequenz des rückblickend gedeuteten Wirkens des historischen Jesus, den auferstandenen Jesus auch zur Zentralgestalt der eschatologischen Vollendung zu machen.[29] Dabei wird eindeutig über das Selbstverständnis des historischen Jesus hinausgegriffen. Doch geschieht dies so, dass auf Grund der Ostererfahrungen die Rolle des historischen Jesus als eschatologischer Repräsentant Gottes in die Zukunft verlängert wird. So lässt sich sagen: nach Ostern bekommt die Gottesherrschaft das Antlitz Jesu Christi.[30] Nun kann auch von der βασιλεία Jesu Christi (Mt.20,21; Lk.1,33; 22,30; 23,42; Joh.18,36; vgl. Kol.1,13; 2.Tim.4,18; Hebr.1,8) oder der βασιλεία des Menschensohnes (Mt.13,41; 16,28) gesprochen werden.

Dieser christologische Fortschritt nötigte sich von Ostern her auf Grund der Rolle des historischen Jesus geradezu auf, wurde aber durch geprägte

---

[28] Vgl. dazu Abschnitt 5.3.

[29] Dies scheint schon sehr früh geschehen zu sein, da sich ja die Parusieerwartung in den ältesten Texten und in praktisch allen neutestamentlichen Traditionsgruppen findet. Das Alter der Parusieerwartung wird auch durch den noch aramäisch erhaltenen Ruf „Maranatha“ bezeugt (Vgl. 1.Kor.16,22; Did.10; Apk.22,20). Offenbar wurde schon bald die Auferweckung Jesu als Einsetzung in das Amt des eschatologischen Richters (oder als Bestätigung dieses Amtes) interpretiert (Acta 10,37-43; 17,31).

[30] Diese Formulierung stammt von E.SCHILLEBEECKX, Jesus, S.284.

Sprachtraditionen noch erleichtert.[31] Wurde Jesus erst einmal als κύριος angeredet, dann lag es nahe, die alttestamentlichen Traditionen vom Tag des Herrn und vom Kommen des Herrn wie auch entsprechende Überlieferungen der Jesustradition auf den zu Gott erhöhten Jesus zu beziehen. Auch dürfte die Exegese von Psalm 110 – die im Neuen Testament am meisten zitierte Stelle des Alten Testaments – eine wichtige Rolle gespielt haben. Und schließlich konnte im Kontext von Dan.7 die auf den historischen Jesus zurückgehende namenhafte Selbstbezeichnung „der Menschensohn" leicht dazu führen, Jesus mit dem eschatologischen Richter zu identifizieren.[32]

8.4 Wahrer Gott und wahrer Mensch

Das christologische Denken in der Alten Kirche führte schließlich zur Zwei-Naturen-Lehre mit ihrer Behauptung, dass die eine Person Jesus Christus wahrer Gott und wahrer Mensch sei und somit zwei Naturen in sich vereine.

Das Festhalten an der wahren Gottheit Jesu Christi soll unter anderem sicherstellen, dass uns in Jesus Christus Gott ganz und unverfälscht begegnet. Die Rede von der göttlichen Natur Jesu Christi liegt damit in einer christologischen Spur, die bis zum historischen Jesus zurückreicht, der sich als eschatologischer Repräsentant Gottes gegenüber den Menschen sah.

Dasselbe gilt von der Rede von der wahren Menschheit Jesu Christi. Diese war in der christologischen Diskussion stets so verstanden worden, dass die Person Jesu Christi uns in allen Dingen gleich gewesen sei, außer in der Sünde (vgl. Hebr.2,17f; 4,15; Phil.2,7f). Auch diese christologische Spitzenaussage steht in einer Spur, die beim historischen Jesus beginnt. Verstand dieser sich doch nicht nur als Repräsentant Gottes gegenüber den Menschen, sondern auch als Mensch, der paradigmatisch eine Existenz angesichts der nahegekommenen Gottesherrschaft verwirklichte, der also sein Leben ganz in Ausrichtung auf diese nahegekommene Gottesherrschaft hin gestaltete. Nachösterlich wird diese Spur aufgenommen, wo Jesus als Anfänger und Vollender des Glaubens (Hebr.12,2) bezeichnet wird.[33]

---

[31] Vgl. zum Folgenden Abschnitt 4.7.1.

[32] Die Nähe der Menschensohn-Traditionen zur Rede vom Kommen des κύριος zum Gericht zeigt auf P.Pokorný, Entstehung der Christologie, S.64.

[33] Wollte man lediglich festhalten, dass Gott sich im historischen Jesus ganz offenbarte, dann müsste dazu nicht unbedingt auf eine Zwei-Naturen-Christologie zurückgegriffen werden. Auch eine Geistchristologie, die in Analogie zu den Propheten die Präsenz Gottes in der Person Jesu als vollkommene Geistbegabung versteht, wäre dazu wohl ausreichend. Die Zwei-Naturen-Christologie bezieht ihre theologische Notwendigkeit aus einer Soteriologie, die in Jesus das Urbild der wiederhergestellten Verbindung von Gott und Mensch sieht. Gerade das Interesse an der paradigmatischen Existenz Jesu nötigt darum zu einer – modernen – Zwei-Naturen-Lehre.

Da der historische Jesus seine eigene Person und damit auch seine paradigmatische Existenz kaum zum Thema machte, konnte erst die historische Rückfrage nach Jesus und seinem Selbstverständnis dieser meist nur dogmatisch behaupteten, paradigmatischen Existenz Jesu klarere historische Konturen geben. Es wurde deutlich, dass für den historischen Jesus das Ausgerichtetsein auf die nahegekommene Gottesherrschaft implizierte, die eigene Person nicht zum Thema zu machen.[34] Denn der Mensch, der ganz vom Vertrauen auf die Nähe der Gottesherrschaft ergriffen ist, verzichtet darauf, für sich selbst Achtung und Anerkennung, Würde und Hoheit zu beanspruchen, und erhebt sich nicht mehr über andere. Zugleich gibt er so Gott allein die Ehre. Er bleibt nicht mehr auf sich selbst bezogen, sondern wird frei von sich selbst, frei für Gott und frei für die Mitmenschen. Leben in Ausrichtung auf die nahegekommene Gottesherrschaft bedeutet so auch Abschied von der Ursünde des Menschseins, sein zu wollen wie Gott.[35] Am historischen Jesus, der diese Grundhaltung soweit durchhielt, dass er bereit war, dafür auch den Tod auf sich zu nehmen,[36] wird damit paradigmatisch deutlich, was wahres Menschsein – Menschsein ohne Sünde bedeutet. Der historische Jesus wird zu einem Urbild wahren Menschseins.[37] So kann es durchaus sein, dass die dogmatische Behauptung der Sündlosigkeit Jesu oder die Rede von Jesus als dem neuen gehorsamen Adam (Röm.5,12-21) und dem εἰκὼν τοῦ θεοῦ (2.Kor.4,4; Kol.1,15), in dem die Gottesebenbildlichkeit wiederhergestellt wird, sich auch der Erinnerung an den historischen Jesus verdankt. Die Sündlosigkeit Jesu besteht gerade darin, dass er nichts anderes sein will als ein Sünder, der ganz aus Gottes Gnade lebt.[38]

Die Einsicht in die paradigmatische Existenz Jesu kann damit auch der christologischen Reflexion neue Impulse vermitteln. So ließe sich zugespitzt sagen, dass Jesus Christus gerade darin Gott ist, dass er wahrhaft Mensch ist, dass er als Mensch nicht über sich selbst hinaus will und Gott sein will (vgl. Gen.3,5), sondern sein geschöpfliches Menschsein annimmt.[39] Die Gottheit Jesu Christi zeigt sich also gerade in seiner wahren Menschlichkeit.

---

[34] Vgl. Abschnitt 6.3.

[35] Vgl. R.Bultmann, Die liberale Theologie und die jüngste Theologische Bewegung, S.19: Des Menschen „Grundsünde sind nicht seine sittlichen Verfehlungen [...], sondern seine Grundsünde ist die, dass er sich behaupten will; damit macht er sich selbst zu Gott."

[36] So zeigt sich in der Todesbereitschaft Jesu die Grundhaltung seines ganzen Lebens (vgl. die Abschnitte 7.1.3 und 7.1.4 sowie Phil.2,8; Hebr.5,7f; 12,2).

[37] P.Pokorný, Entstehung der Christologie, S.16 redet von der „authentischen Menschlichkeit Jesu".

[38] Vgl. hierzu Abschnitt 6.3.

[39] Vgl. dazu die in Aufnahme eines Gedankens von K.Rahner geprägte Formulierung von J.Macquarrie: „Jesus Christus offenbart Gott eben genau dadurch, dass er Mensch im vollsten Sinne ist, was gewöhnliche, sündige Menschen niemals erreichen" (TRE XVII, S.51).

Diese christologische Aussage kann durch den historisch-kritischen Blick, der erst Jesu Selbstverständnis und seine Zurückhaltung, die eigene Person zum Thema zu machen, voll erkennbar macht, verdeutlicht werden. Damit erweist sich noch einmal der Sinn der Rückfrage nach dem historischen Jesus.

Literaturverzeichnis

Die in der ganzen Arbeit und auch hier verwendeten Abkürzungen richten sich nach dem Abkürzungsverzeichnis der Theologischen Realenzyklopädie, 2. überarbeitete und erweiterte Auflage, zusammengestellt von Siegfried M. Schwertner; Berlin, New York; 1994.

Wenn ermittelbar, ist im Falle späterer Auflagen auch das Datum der Erstauflage bzw. Erstbearbeitung durch den angegebenen Autor in Klammern angegeben. Bei Texten, die aus einem späteren Wiederabdruck zitiert werden, wird das Jahr der Ersterscheinung in Klammern genannt.

In der Regel wird mit verkürzten Titeln zitiert. Um Zweideutigkeiten zu vermeiden, werden einige Kurztitel im Literaturverzeichnis in Klammern angegeben.

1. Textausgaben

Das Äthiopische Henochbuch; hrg. und neu übersetzt von Siegbert Uhlig; in der Reihe: W.G.Kümmel (Hrg.); Jüdische Schriften aus hellenistisch-römischer Zeit; Bd.V; S.463-780; Gütersloh; 1985.

Die Apokryphen und Pseudepigraphen des Alten Testaments; hrg. von E. Kautzsch; Bd.1, Die Apokryphen des Alten Testaments; Bd.2, Die Pseudepigraphen des Alten Testaments; Tübingen; 1900.

Der Babylonische Talmud; übersetzt von Lazarus Goldschmidt; 12 Bände; Berlin; 1929-1936.

Barnabasbrief; in: Schriften des Urchristentums. Zweiter Teil. Didache (Apostellehre), Barnabasbrief, Zweiter Klemensbrief, Schrift an Diognet; eingeleitet, herausgegeben, übertragen und erläutert von Klaus Wengst; Darmstadt; 1984; S.1-100.

Biblia Hebraica Stuttgartensia; hrg. von K.Elliger und W.Rudolph; Stuttgart; 1977.

Biblia Sacra Iuxta Vulgatam Versionem; hrg. von der Württembergischen Bibelanstalt Stuttgart; Bd.I und Bd.II; Stuttgart; 1969.

Didache; in: Schriften des Urchristentums. Zweiter Teil. Didache (Apostellehre), Barnabasbrief, Zweiter Klemensbrief, Schrift an Diognet; eingeleitet, herausgegeben, übertragen und erläutert von Klaus Wengst; Darmstadt; 1984; S.101-202.

Das 4. Buch Esra; hrg. und neu übersetzt von Josef Schreiner; in der Reihe: W. G. Kümmel (Hrg.); Jüdische Schriften aus hellenistisch-römischer Zeit; Bd.V; S.291-412; Gütersloh; 1981.

Liber Esrae Quartus; in: Biblia Sacra. Iuxta Vulgatam Versionem; hrg. von Robertus Weber OSB; Stuttgart; [3]1984 ([1]1969); S.1874-1931.

Hermas le Pasteur; hrg. von Robert Joly; in der Reihe: Sources Chrétiennes; Bd.53; Paris; 1958.

Ignatius, Epheserbrief; in: Die Apostolischen Väter. Griechisch und deutsch; hrg. von Joseph A. Fischer; München; 1956; S.142-161.

Josephus. With an English Translation; hrg. und übersetzt von Henry St. John Thackeray, Ralph Marcus, Allen Wikgren und Louis H. Feldman; 9 Bände; Cambridge/Mass., London; 1926-1965.

Justin, Dialog mit dem Juden Tryphos (Τοῦ ἁγίου Ἰουστίνου Φιλοσόφου καὶ Μάρτυρος πρὸς Τρύφωνα Ἰουδαῖον Διάλογος); in: Edgar J. Goodspeed; Die ältesten Apologeten. Texte mit kurzen Einleitungen; Göttingen; 1914; S.90-265.

Das koptische Thomasevangelium; hrg. und eingeleitet von Beate Blatz; in: Wilhelm Schneemelcher (Hrg.); Neutestamentliche Apokryphen in deutscher Übersetzung, Bd.I (Evangelien); Tübingen; [5]1987 (Neubearbeitung von [3]1959 und [1]1904); S.93-113.

Neutestamentliche Apokryphen in deutscher Übersetzung; hrg. von Wilhelm Schneemelcher; Tübingen; Bd.I (Evangelien), [5]1987 (Neubearbeitung von [3]1959 und [1]1904); Bd.II (Apostolisches. Apokalypsen und Verwandtes), 51989 (Neubearbeitung von [3]1964 und [1]1904).

Novum Testamentum Graece; hrg. von Kurt Aland in Fortführung der Ausgabe von Eberhard Nestle; Stuttgart; [26]1979.

Die Texte aus Qumran. Hebräisch und deutsch. Mit masoretischer Punktation. Übersetzung, Einführung und Anmerkungen; hrg. von Eduard Lohse; Darmstadt; [4]1986 ([1]1964; Neubearbeitung und Ergänzung [2]1971).
Werden Texte aus Qumran zitiert, die nicht bei Lohse zu finden sind, so ist bei den Zitaten der Fundort angegeben.

Septuaginta. Vetus Testamentum Graecum; hrg. von der Societas Litterarum Gottingensis; verwendet wurde Bd XVI/2: Susanna – Daniel – Bel et Draco; hrg. von Joseph Ziegler; Göttingen; 1954.

Septuaginta. Id est Vetus Testamentum graece iuxta LXX interpretes; hrg. von Alfred Rahlfs; Stuttgart; 1979.

Sibyllinische Weissagungen. Griechisch-deutsch; Auf der Grundlage der Ausgabe von Alfons Kurfeß neu übersetzt und herausgegeben von Jörg-Dieter Gauger; Düsseldorf, Zürich; 1998.

Das Testament Abrahams; hrg. und neu übersetzt von Enno Janssen; in der Reihe: W. G. Kümmel (Hrg.); Jüdische Schriften aus hellenistisch-römischer Zeit; Bd.III; Gütersloh; 1975; S.193-256.

2. Allgemeine Hilfsmittel

Aland, Kurt; Synopsis quattuor evangeliorum. Locis parallelis evangeliorum apocryphorum et patrum adhibitis. Ad textum editionum [26]Nestle-Aland et [3]Greek New Testament aptata; Stuttgart; [13]1984.

Aland, Kurt (in Verbindung mit H. Riesenfeld, H. – U. Rosenbaum, Chr. Hannick und B. Bonsack); Vollständige Konkordanz zum griechischen Neuen Testament. Unter Zugrundelegung aller modernen kritischen Textausgaben und des textus receptus; Bd.1, Teil 1 (A-L) und Teil 2 (M-W); Berlin, New York; 1983.

Bauer, Hans und Leander, Pontus; Grammatik des Biblisch-Aramäischen; Hildesheim; 1962.

Bauer, Walter; Griechisch-deutsches Wörterbuch zu den Schriften des Neuen Testaments und der frühchristlichen Literatur; 6., völlig neu bearbeitete Auflage im Institut für neutestamentliche Textforschung / Münster unter besonderer Mitwirkung von Viktor Reichmann; hrg. von Kurt Aland und Barbara Aland; Berlin, New York; 1988.

Balz, Horst und Schneider, Gerhard (Hrg.); Exegetisches Wörterbuch zum Neuen Testament [EWNT]; Stuttgart, Berlin, Köln, Mainz; Bd.I, [2]1992 ([1]1980); Bd.II, [2]1992 ([1]1981); Bd.III, [2]1992 ([1]1983).

Blass, Friedrich und Debrunner Albert; Grammatik des neutestamentlichen Griechisch. Seit der 14. Auflage von Friedrich Rehkopf vollständig neu bearbeitet und erweitert; Göttingen; [16]1984 ([14]1975/76).

Gesenius, Wilhelm; Hebräisches und aramäisches Handwörterbuch über das Alte Testament; Berlin, Göttingen, Heidelberg; 1962 (unveränderter Neudruck der 1915 erschienenen 17. Auflage).

Kittel, Gerhard und Friedrich Gerhard (Hrg.); Theologisches Wörterbuch zum Neuen Testament [ThWNT]; Bd.I bis X/2; Stuttgart, Berlin, Köln, Mainz; 1933-1979. [In diesem Literaturverzeichnis werden einzelne Artikel aus dem ThWNT nur dann aufgeführt, wenn sie als Diskussionsbeiträge ausgewertet wurden. Artikel, die nur zitiert werden, um Belege anzugeben, werden hier im Literaturverzeichnis nicht eigens aufgeführt.]

Peisker, Carl Heinz; Zürcher Evangelien Synopse; Wuppertal; [20]1982 ([1]1962).

3. Kommentare

Barth, Karl; Der Römerbrief; 12., unveränderter Abdruck der neuen Bearbeitung von 1922; Zürich; 1978.

Becker, Jürgen; Das Evangelium nach Johannes; in der Reihe: Erich Gräßer und Karl Kertelge (Hrg.); Ökumenischer Taschenbuchkommentar [ÖTBK]; Gütersloh, Würzburg; Bd.4/1, [2]1985 ([1]1979); Bd.4/2, [2]1984 ([1]1981).

Billerbeck, Paul; Kommentar zum NT aus Talmud und Midrasch; Siehe: Strack, H. L.

Bovon, François; Das Evangelium nach Lukas; in der Reihe: Josef Blank, Rudolf Schnackenburg, Eduard Schweizer und Ulrich Wilckens (Hrg.); Evangelisch-Katholischer Kommentar zum Neuen Testament [EKK]; Zürich, Einsiedeln, Köln, Neukirchen-Vluyn; Bd.III/1, 1989; Bd.III/2, 1996.

Gnilka, Joachim; Der Philipperbrief; in der Reihe: Alfred Wikenhauser, Anton Vögtle und Rudolf Schnackenburg (Hrg.); Herders Theologischer Kommentar zum Neuen Testament [HThK]; Bd.X/3; Freiburg, Basel, Wien; [2]1976 ([1]1968).

- Das Evangelium nach Markus; in der Reihe: Josef Blank, Rudolf Schnackenburg, Eduard Schweizer und Ulrich Wilckens (Hrg.); Evangelisch-Katholischer Kommentar zum Neuen Testament [EKK]; Zürich, Einsiedeln, Köln, Neukirchen-Vluyn; Bd.II/1, 1978; Bd.II/2, 1979.

Gräßer, Erich; An die Hebräer; in der Reihe: Norbert Brox, Rudolf Schnackenburg, Eduard Schweizer, Ulrich Wilckens (Hrg.), Evangelisch-Katholischer Kommentar zum Neuen Testament [EKK]; Bd. XVII/1; Zürich, Braunschweig, Neukirchen-Vluyn; 1990.

Grundmann, Walter; Das Evangelium nach Markus; in der Reihe: Erich Fascher, Joachim Rohde, Christian Wolff (Hrg.); Theologischer Handkommentar zum Neuen Testament [ThHK]; Bd.II; Berlin; [10]1989 ([2]1959 Erstbearbeitung durch W. Grundmann; [7]1977 – Überarbeitung durch W. Grundmann).

- Das Evangelium nach Matthäus; in der Reihe: Erich Fascher, Joachim Rohde, Christian Wolff (Hrg.); Theologischer Handkommentar zum Neuen Testament [ThHK]; Bd.I; Berlin; [7]1990 ([1]1968).

Lohse, Eduard; Die Offenbarung des Johannes; in der Reihe: G. Friedrich und P.Stuhlmacher (Hrg.); Das Neue Testament Deutsch [NTD]; Bd.XI; Göttingen; [13]1983 ([8]1960 – Erstbearbeitung durch E.Lohse).

Luz, Ulrich; Das Evangelium nach Matthäus; in der Reihe: Josef Blank, Rudolf Schnackenburg, Eduard Schweizer und Ulrich Wilckens (Hrg.); Evangelisch-Katholischer Kommentar zum Neuen Testament [EKK]; Zürich, Einsiedeln, Köln, Neukirchen-Vluyn; Bd.I/1 (Mt.1-7), [3]1992 ([1]1985); Bd.I/2 (Mt.8-17), 1990; Bd.I/3 (Mt.18-25), 1997 (bei späteren Bänden z.T. andere Herausgeber).

Müller, Ulrich B.; Der Brief des Paulus an die Philipper; in der Reihe: Erich Fascher, Joachim Rohde, Udo Schnelle und Christian Wolff (Hrg.); Theologischer Handkommentar zum Neuen Testament [ThHK]; Bd.XI/1; Leipzig; 1993.

Mußner, Franz; Der Galaterbrief; in der Reihe: Alfred Wikenhauser, Anton Vögtle, Rudolf Schnackenburg (Hrg.); Herders Theologischer Kommentar zum Neuen Testament [HThK]; Bd.IX; Freiburg, Basel, Wien; [5]1988 ([1]1973).

Rohde, Joachim; Der Brief des Paulus an die Galater; in der Reihe: Erich Fascher, Joachim Rohde, Udo Schnelle und Christian Wolff (Hrg.); Theologischer Handkommentar zum Neuen Testament [ThHK]; Bd.IX; Berlin; 1989.

Schenk, Wolfgang; Die Philipperbriefe des Paulus; Stuttgart, Berlin, Köln, Mainz; 1984.

Schweizer, Eduard; Das Evangelium nach Markus; in der Reihe: Gerhard Friedrich und Peter Stuhlmacher (Hrg.); Das Neue Testament Deutsch. Neues Göttinger Bibelwerk [NTD]; Bd.I; Göttingen; [16]1983 ([11]1967 Erstbearbeitung durch E.Schweizer).

Strack, Hermann L. und Billerbeck, Paul; Kommentar zum Neuen Testament aus Talmud und Midrasch [Strack-Billerbeck]; München; Bd.I (Das Evangelium nach Matthäus) 1922; Bd.II (Das Evangelium nach Markus, Lukas und Johannes und die Apostelgeschichte), 1924; Bd.III (Die Briefe des NT u. d. Offenbarung Johannis), 1926; Bd.IV/1 und Bd.IV/2 (Exkurse zu einzelnen Stellen des Neuen Testaments), 1928.

Wiefel, Wolfgang; Das Evangelium nach Lukas; in der Reihe: Erich Fascher, Joachim Rohde, Christian Wolff (Hrg.); Theologischer Handkommentar zum Neuen Testament [ThHK]; Bd.III; Berlin; 1987.

Wilckens, Ulrich; Der Brief an die Römer; in der Reihe: Josef Blank, Rudolf Schnackenburg, Eduard Schweizer und Ulrich Wilckens (Hrg.); Evangelisch-Katholischer Kommentar zum Neuen Testament [EKK]; Zürich, Einsiedeln, Köln, Neukirchen-Vluyn; Bd.VI/1 (Röm.1-5), 1978; Bd.VI/2 (Röm.6-11), 1980; Bd.VI/3 (Röm.12-16), 1982.

Wolff, Christian; Der zweite Brief des Paulus an die Korinther; in der Reihe: Erich Fascher, Joachim Rohde, Christian Wolff (Hrg.); Theologischer Handkommentar zum Neuen Testament [ThHK]; Bd.VIII; Berlin; 1989.

4. Artikel, Aufsätze, Monographien

Ådna, Jostein; Jesu Stellung zum Tempel. Die Tempelaktion und das Tempelwort als Ausdruck seiner messianischen Sendung; WUNT 2. Reihe 119; Tübingen; 2000.

Althaus, Paul; Zur Kritik der heutigen Kerygmatheologie (1958); in: Helmut Ristow und Karl Matthiae; Der historische Jesus und der kerygmatische Christus. Beiträge zum Christusverständnis in Forschung und Verkündigung; Berlin; [2]1961 ([1]1960); S.236-265.

Arens, Eduardo; The HLQON-Sayings in the Synoptic Tradition. A Historico-critical Investigation; OBO 10; Freiburg/Schweiz, Göttingen; 1976.

Baldensperger, Wilhelm; Die neueste Forschung über den Menschensohn; in: ThR 3 (1900) (alte Reihe); S.200-210 und S.243-255.

Becker, Jürgen; Das Gottesbild Jesu und die älteste Auslegung von Ostern; in: Georg Strecker (Hrg.); Jesus Christus in Historie und Theologie. Neutestamentliche Festschrift für Hans Conzelmann zum 60. Geburtstag; Tübingen; 1975; S.105-126.

- Jesus von Nazareth; Berlin, New York; 1996.

Berger, Klaus; Die Gesetzesauslegung Jesu. Ihr historischer Hintergrund im Judentum und im Alten Testament; Teil I, Markus und Parallelen; WMANT 40; Neukirchen; 1972.

- Wer war Jesus wirklich?; Stuttgart; 1995.
- Theologiegeschichte des Urchristentums. Theologie des Neuen Testaments; Tübingen, Basel; ^{2}1995 (^{1}1994).
- Kriterien für echte Jesusworte?; in: Zeitschrift für Neues Testament [ZNT] 1 (1998); herausgegeben von Stefan Alkier, Kurt Erlemann, Roman Heiligenthal; Tübingen, Basel; S.52-58.

Betz, Hans Dieter; Eine judenchristliche Kult-Didache in Matthäus 6,1-18. Überlegungen und Fragen im Blick auf das Problem des historischen Jesus; in: Georg Strecker (Hrg.); Jesus Christus in Historie und Theologie (Festschrift für Hans Conzelmann); Tübingen; 1975; S.445-457.

Betz, Otto; Die Frage nach dem messianischen Bewusstsein Jesu; in: NT 6 (1963); S.20-48.

Bietenhard, Hans; „Der Menschensohn“ – ὁ υἱὸς τοῦ ἀνθρώπου. Sprachliche und religionsgeschichtliche Untersuchungen zu einem Begriff der synoptischen Evangelien. I. Sprachlicher und religionsgeschichtlicher Teil; ANRW II 25/1, 1982; S.265-350.

Black, Matthew; Die Apotheose Israels. Eine neue Interpretation des danielischen „Menschensohns“; in: R. Pesch und R. Schnackenburg (Hrg.); Jesus und der Menschensohn (Festschrift für Anton Vögtle); Freiburg, Basel, Wien; 1975; S.92-99.

- Jesus and the Son of Man; in JSNT 1 (1978); S.4-18.

Bock, Darell L.; Blasphemy and Exaltation in Judaism and the Final Examination of Jesus. A Philological-Historical Study of the Key Jewish Themes Impacting Mark 14:61-64; WUNT 2. Reihe 106; Tübingen; 1998.

Borg, Marcus J.; Meeting Jesus Again for the First Time. The Historical Jesus and the Heart of Contemporary Faith; San Francisco; 1996.

Boring, M. Eugene; The „Third Quest“ and the Apostolic Faith; in: Interp. 50 (1996); S.341-354.

Bornkamm, Günther; Der Lohngedanke im Neuen Testament; Lüneburg; 1947.

- Jesus von Nazareth; Stuttgart, Berlin, Köln, Mainz; ^{14}1988 (^{1}1956, Neubearbeitung und Ergänzung: ^{10}1975).
- Glaube und Geschichte in den Evangelien; in: Helmut Ristow und Karl Matthiae; Der historische Jesus und der kerygmatische Christus. Beiträge zum Christusverständnis in schen“ Begründung theologischer Aussagen (1961); in: ders.; Geschichte und Glaube. Erster Teil: Gesammelte Aufsätze, Bd. III; BEvTh 48; München; 1968; S.9-24.

Braun, Herbert; Der Sinn der neutestamentlichen Christologie (1957); in: ders.; Gesammelte Studien zum Neuen Testament und seiner Umwelt; Tübingen; ^{3}1971; S.243-282.

Brehm, H. Alan; Will the Real Jesus Please Stand? Evaluating the „Third Quest of the Historical Jesus“; in: SWJT 37/3 (1996); S.4-18.

Broer, Ingo; Das Ringen der Gemeinde um Israel. Exegetischer Versuch über Mt 19,28; in: R. Pesch und R. Schnackenburg (Hrg.); Jesus und der Menschensohn (Festschrift für Anton Vögtle); Freiburg, Basel, Wien; 1975; S.158-165.

- Jesus und das Gesetz. Anmerkungen zur Geschichte des Problems und zur Frage der Sündenvergebung durch den historischen Jesus; in: ders. (Hrg.); Jesus und das jüdische Gesetz; Stuttgart, Berlin, Köln; 1992; S.61-104.

Brox, Norbert; Das messianische Selbstverständnis des historischen Jesus; in: K. Schubert (Hrg.); Vom Messias zum Christus. Die Fülle der Zeit in religionsgeschichtlicher und theologischer Sicht; Wien, Freiburg, Basel; 1964; S.165-201.

Bultmann, Rudolf; Die Geschichte der synoptischen Tradition. Mit einem Nachwort von Gerd Theißen; FRLANT 12 (Neue Folge); Göttingen; [10]1995 ([1]1921).
- Die liberale Theologie und die jüngste theologische Bewegung (1924); in: ders.; Glauben und Verstehen; Bd.1; Tübingen; [5]1964; S.1-25.
- Kirche und Lehre im Neuen Testament (1929); in: ders.; Glauben und Verstehen; Bd.I, Tübingen; [5]1964; S.153-187.
- Die Bedeutung des geschichtlichen Jesus für die Theologie des Paulus(1929); in: ders.; Glauben und Verstehen; Bd.I, Tübingen; [5]1964; S.188-213.
- Der Begriff der Offenbarung im Neuen Testament (1929); in: ders.; Glauben und Verstehen; Bd.III, Tübingen; [3]1965; S.1-34.
- Neues Testament und Mythologie. Das Problem der Entmythologisierung der neutestamentlichen Verkündigung; in: KuM 1 (1948), S.15-53.
- Theologie des Neuen Testaments; Tübingen; [9]1984 ([1]1948-53).
- Das Verhältnis der urchristlichen Christusbotschaft zum historischen Jesus (1960); in: ders.; Exegetica. Aufsätze zur Erforschung des Neuen Testaments; hrg. von Erich Dinkler; Tübingen; 1967; S.445-469.
- Antwort an Ernst Käsemann (1965); in: ders.; Glauben und Verstehen; Bd.IV; Tübingen; 1965; S.190-198.

Burchard, Christoph; Jesus von Nazareth; in: Jürgen Becker (Hrg.); Die Anfänge des Urchristentums; Stuttgart, Berlin, Köln, Mainz; 1987; S.12-58.

Burger, Christoph; Jesus als Davidssohn. Eine traditionsgeschichtliche Untersuchung; FRLANT 98; Göttingen; 1970.

Carmignac, Jean; Les Horoscopes de Qumran; in: RdQ 18 (1964); S.199-217.

Casey, Maurice; Son of Man. The Interpretation and Influence of Daniel 7; London; 1979.

Colpe, Carsten; Artikel ὁ υἱὸς τοῦ ἀνθρώπου; in ThWNT VIII (1969); S.403-481.

Conzelmann, Hans; Zur Methode der Leben-Jesu-Forschung; in: ZThK.B 56 (1959), Beiheft 1; S.2-13.
- Das Selbstbewußtsein Jesu (1963/64); in: Hans Conzelmann; Theologie als Schriftauslegung; BzeTH 65; München; 1974; S.30-41.

Crossan, John Dominic; Der historische Jesus (Aus dem Englischen von Peter Hahlbrock); München; 1994. Titel der englischen Originalausgabe: The Historical Jesus. The Life of a Mediterranean Jewish Peasant; Edinburgh; 1991.

Cullmann, Oscar; Unzeitgemäße Bemerkungen zum „historischen Jesus" der Bultmannschule; in: Helmut Ristow und Karl Matthiae; Der historische Jesus und der kerygmatische Christus. Beiträge zum Christusverständnis in Forschung und Verkündigung; Berlin; [2]1961 ([1]1960); S.266-288.

Dahl, Nils Alstrup; Der gekreuzigte Messias; in: Helmut Ristow und Karl Matthiae; Der historische Jesus und der kerygmatische Christus. Beiträge zum Christusverständnis in Forschung und Verkündigung; Berlin; [2]1961 ([1]1960); S.149-169.

Dalferth, Ingolf U.; Der auferweckte Gekreuzigte. Zur Grammatik der Christologie; Tübingen; 1994.

Danto, Arthur C.; Analytische Philosophie der Geschichte; Frankfurt am Main; 1980; Titel der Originalausgabe: Analytical Philosophy of History; Cambridge; 1965.

Dautzenberg, Gerhard; Gesetzeskritik und Gesetzesgehorsam in der Jesustradition; in: Heinrich Fries und Rudolf Schnackenburg (Hrg.); Das Gesetz im Neuen Testament; QD 108; Freiburg, Basel, Wien; 1986; S.46-70.
- Über die Eigenart des Konfliktes, der von jüdischer Seite im Prozeß gegen Jesu ausgetragen wurde; in: Ingo Broer (Hrg.); Jesus und das jüdische Gesetz; Stuttgart, Berlin, Köln; 1992; S.147-172.

Deissler, Alfons; Der „Menschensohn“ und „das Volk der Heiligen des Höchsten“ in Dan 7; in: R. Pesch und R. Schnackenburg (Hrg.); Jesus und der Menschensohn (Festschrift für Anton Vögtle); Freiburg, Basel, Wien; 1975; S.81-91.

Dembowski, Hermann; Einführung in die Christologie; Darmstadt; [2]1987 ([1]1976).

Diem, Hermann; Der irdische Jesus und der Christus des Glaubens (1957); in: Helmut Ristow und Karl Matthiae; Der historische Jesus und der kerygmatische Christus. Beiträge zum Christusverständnis in Forschung und Verkündigung; Berlin; [2]1961 ([1]1960); S.219-232

Dunn, James D. G.; Christology in the Making. An Inquiry into the Origins of the Doctrine of the Incarnation; London; [2]1989 ([1]1980).

Ebeling, Gerhard; Jesus und Glaube (1958); in: ders. Wort und Glaube; Bd.1; Tübingen; 1960; S.203-254.

- Die Frage nach dem historischen Jesus und das Problem der Christologie. Rudolf Bultmann zum 75. Geburtstag (1959); in: ders.: Wort und Glaube; Bd.1; Tübingen; 1960; S.300-318.

Eichholz, Georg; Auslegung der Bergpredigt; BSt 46; Neukirchen-Vluyn; 1965.

Eid, Volker und Hoffmann, Paul; Jesus von Nazareth und eine christliche Moral. Siehe: Hoffmann, Paul.

Fiedler, Peter; Sünde und Vergebung im Christentum; in: Conc (D) 10 (1974); S.568-571.

Flusser, David; Jesus – in Selbstzeugnissen und Bilddokumenten; in der Reihe: rororo-Biographien, Bd.140; Reinbeck bei Hamburg; 1978 (entspricht der Erstauflage von 1968).

- Die Versuchung Jesu und ihr jüdischer Hintergrund; in: ders.; Entdeckungen im Neuen Testament, Bd.2 (Jesus – Qumran – Urchristentum); hrg. von Martin Majer; Neukirchen; 1999; S.193-211.

Formesyn, R.E.C.; Was there a Pronominal Connection for the Bar Nasha Selfdesignation?; in: NT 8 (1966); S.1-35.

de Fraine, Jean; Die Eigenart der Geschichtlichkeit Jesu; in: Helmut Ristow und Karl Matthiae; Der historische Jesus und der kerygmatische Christus. Beiträge zum Christusverständnis in Forschung und Verkündigung; Berlin; [2]1961 ([1]1960); S.121-135.

Fuchs, Ernst; Die Frage nach dem historischen Jesus; in: ZThK 53 (1956); S.210-229.

Fuller, Reginald H.; Das Doppelgebot der Liebe. Ein Testfall für die Echtheitskriterien der Worte Jesu; in: Georg Strecker (Hrg.); Jesus Christus in Historie und Theologie (Festschrift für Hans Conzelmann); Tübingen; 1975; S.317-329.

Funk, Robert W., Hoover, Roy W. and the Jesus Seminar; The Five Gospels. The Search for the Authentic Words of Jesus. New Translation and Commentary; New York; 1996 (zum ersten Mal erschienen 1993).

Gadamer, Hans-Georg; Wahrheit und Methode. Grundzüge einer philosophischen Hermeneutik (1960); in: ders.; Gesammelte Werke, Bd.1 – Hermeneutik I; Tübingen; [5]1986.

Gnilka, Joachim; Das Elend vor dem Menschensohn (Mk 2, 1-12); in: R. Pesch und R. Schnackenburg (Hrg.); Jesus und der Menschensohn (Festschrift für Anton Vögtle); Freiburg, Basel, Wien; 1975; S.196-209.

- Wie urteilte Jesus über seinen Tod?; in: Karl Kertelge (Hrg.); Der Tod Jesu. Deutungen im Neuen Testament; QD 74; Freiburg, Basel, Wien; 1976; S.13-50.

- Der Prozeß Jesu nach den Berichten des Markus und Matthäus; in: Karl Kertelge (Hrg.); Der Prozeß gegen Jesus. Historische Rückfrage und theologische Deutung; QD 112; Freiburg, Basel, Wien; 1988; S.11-40.

- Jesus von Nazareth. Botschaft und Geschichte; Freiburg, Basel, Wien; [3]1993 ([1]1990) [zitiert mit „Jesus“].

Gollwitzer, Helmut; Der Glaube an Jesus Christus und der sogenannte historische Jesus (1958); in: Helmut Ristow und Karl Matthiae; Der historische Jesus und der kerygmatische Christus. Beiträge zum Christusverständnis in Forschung und Verkündigung; Berlin; [2]1961 ([1]1960); S.110-114.

Goppelt, Leonhard; Der verborgene Messias. Zu der Frage nach dem geschichtlichen Jesus (1959); in: Helmut Ristow und Karl Matthiae; Der historische Jesus und der kerygmatische Christus. Beiträge zum Christusverständnis in Forschung und Verkündigung; Berlin; [2]1961 ([1]1960); S.371-384.

- Theologie des Neuen Testaments. Erster Teil; (hrg. v. Jürgen Roloff); Göttingen; [3]1991 ([1]1975).

Gräßer, Erich; Das Problem der Parusieverzögerung in den synoptischen Evangelien und in der Apostelgeschichte; BZNW 22; Berlin; 1957.

Grundmann, Walter und Leipoldt, Johannes; Umwelt des Urchristentums. Siehe: Leipoldt, Johannes.

Hahn, Ferdinand; Christologische Hoheitstitel. Ihre Geschichte im frühen Christentum; FRLANT 83; Göttingen; 1963.

- Methodologische Überlegungen zur Rückfrage nach Jesus; in: Karl Kertelge; Rückfrage nach Jesus; QD 63; Freiburg, Basel, Wien; 1974; S.11-77.

- Die Rede von der Parusie des Menschensohnes Markus 13; in: R. Pesch und R. Schnackenburg (Hrg.); Jesus und der Menschensohn (Festschrift für Anton Vögtle); Freiburg, Basel, Wien; 1975; S.240-266.

- Frühjüdische und urchristliche Apokalyptik. Eine Einführung; BThSt 36, Neukirchen-Vluyn, 1998.

Haight, Roger (S.J.); Jesus Research and Faith in Jesus Christ; in: Michael J. Himes and Stephen J. Pope (Hrg.); Finding God in all Things. Essays in Honor of Michael J. Buckley, S.J.; New York; 1996; S.68-83.

Hampel, Volker; Menschensohn und historischer Jesus. Ein Rätselwort als Schlüssel zum messianischen Selbstverständnis Jesu; Neukirchen-Vluyn; 1990.

Heiligenthal, Roman; Der Lebensweg Jesu von Nazareth. Eine Spurensicherung; Stuttgart, Berlin, Köln; 1994.

- Der verfälschte Jesus. Eine Kritik moderner Jesusbilder; Darmstadt; [2]1999 ([1]1997)

Hengel, Martin; Nachfolge und Charisma. Eine exegetisch-religionsgeschichtliche Studie zu Mt 8 21f und Jesu Ruf in die Nachfolge; Berlin; 1968.

- Erwägungen zum Sprachgebrauch von Χριστός bei Paulus und in der 'vorpaulinischen Überlieferung; in: M.D.Hooker und S.G.Wilson (Hrg.); Paul and Paulinism (Festschrift für C.K.Barrett); London; 1982; S.135-159.

- Jakobus der Herrenbruder – der erste „Papst"?; in: Erich Gräßer und Otto Merk (Hrg.); Glaube und Eschatologie. Festschrift für Werner Georg Kümmel zum 80. Geburtstag; Tübingen; 1985, S.71-104.

- Jesus, der Messias Israels. Zum Streit über das „messianische Sendungsbewußtsein" Jesu; in: Itharmar Gruenwald, Shaul Shaked und Gelaliahu G. Stroumsa; Messiah and Christos. Studies in the Jewish Origins of Christianity (Festschrift für David Flusser); Tübingen; 1992; S.155-176.

- „Setze dich zu meiner Rechten!". Die Inthronisation Christi zur Rechten Gottes und Psalm 110,1; in: Marc Philonenko (Hrg.); Le Trône de Dieu; WUNT 69; Tübingen; 1993; S.108-194.

- Studies in Early Christology; Edinburgh; 1995.

den Heyer, Cees J.; Der Mann aus Nazareth. Bilanz der Jesusforschung; aus dem Niederländischen übertragen von Michael Scherer-Rath; Düsseldorf; 1998. Titel der niederländischen Originalausgabe: „Opnieuw: Wie is Jezus? Balans von 150 jaar onerzoek naar Jezus"; Zoutermeer; 1996.

Higgins, Angus J. B.; „Menschensohn" oder „ich" in Q: Lk 12,8-9 / Mt 10,32-33?; in: Rudolf Pesch und Rudolf Schnackenburg (Hrg.); Jesus und der Menschensohn (Festschrift für Anton Vögtle); Freiburg, Basel, Wien; 1975; S.117-123.

Hirsch, Emanuel; Hilfsbuch zum Studium der Dogmatik. Die Dogmatik der Reformatoren und der altevangelischen Lehrer quellenmäßig belegt und verdeutscht; Berlin; [4]1964 ([1]1937).

Hoffmann, Paul; Πάντες ἐργάται ἀδικίας. Redaktion und Tradition in Lc 13 22-30; in: ZNW 58 (1967); S.188-214.

- und Eid, Volker; Jesus von Nazareth und eine christliche Moral. Sittliche Perspektiven der Verkündigung Jesu; QD 66; Freiburg, Basel, Wien; 1975.
- Jesus versus Menschensohn; in: L. Oberlinner und P. Fiedler (Hrg.); Salz der Erde – Licht der Welt. Exegetische Studien zum Matthäusevangelium (Festschrift für Anton Vögtle zum 80. Geburtstag); Stuttgart; 1991; S.165-202.

Holtzmann, H. J.; Das messianische Bewusstsein Jesu. Ein Beitrag zur Leben-Jesu-Forschung; Tübingen; 1907.

Hoover, Roy W., Funk, Robert W. and the Jesus Seminar; The Five Gospels – siehe Funk, Robert W.

Howard, Virgil P.; Das Ego Jesu in den synoptischen Evangelien. Untersuchungen zum Sprachgebrauch Jesu; MThSt 14; Marburg; 1975.

Hromádka, Josef L.; Zur Frage des historischen Jesus und des kerygmatischen Christus; in: Helmut Ristow und Karl Matthiae; Der historische Jesus und der kerygmatische Christus. Beiträge zum Christusverständnis in Forschung und Verkündigung; Berlin; [2]1961 ([1]1960); S.115-120.

Jeremias, Joachim; Der gegenwärtige Stand der Debatte um das Problem des historischen Jesus; in: Helmut Ristow und Karl Matthiae; Der historische Jesus und der kerygmatische Christus. Beiträge zum Christusverständnis in Forschung und Verkündigung; Berlin; [2]1961 ([1]1960); S.12-25.

- Die älteste Schicht der Menschensohn-Logien; ZNW 58 (1967); S.159-172.
- Neutestamentliche Theologie. Erster Teil: Die Verkündigung Jesu; Gütersloh; 1971.

Johnson, Luke Timothy; The Real Jesus. The Misguided Quest for the Historical Jesus and the Truth of the Traditional Gospels; San Francisco; 1996.

de Jonge, Marinus; Jewish Expectations about the `Messiah' according to the Fourth Gospel; in: NTS 19 (1972/73); S.246-270.

- God's Final Envoy. Early Christology and Jesus' Own View of His Mission; in der Reihe: Bruce Chilton und Craig A. Evans (Hrg.); Studying the Historical Jesus; Grand Rapids/Michigan und Cambridge, U.K.; 1998.

Jüngel, Eberhard; Paulus und Jesus. Eine Untersuchung zur Präzisierung der Frage nach dem Ursprung der Christologie; HUTh 2; Tübingen; [4]1972 ([1]1962).

Kähler, Martin; Der sogenannte historische Jesus und der geschichtliche, biblische Christus; Neuausgabe der 1. Aufl. von 1892 in Verbindung mit der 2. Aufl. von 1896; hrg. v. E. Wolf; 2. erw. Aufl.; München; 1956.

Käsemann, Ernst; Das Problem des historischen Jesus; in: ZThK 51 (1954); S.125-153.

- Sackgassen im Streit um den historischen Jesus (1964); in: ders.; Exegetische Versuche und Besinnungen; Bd. II; Göttingen; [3]1968; S.31-68.

Kertelge, Karl; Der dienende Menschensohn (Mk 10,45); in: Rudolf Pesch und Rudolf Schnackenburg (Hrg.); Jesus und der Menschensohn (Festschrift für Anton Vögtle); Freiburg, Basel, Wien; 1975; S.225-239.

Knuuttila, Simo; The Historical Jesus in the Philosophy of Religion and Biblical Studies; in: Timo Koistinen and Tommi Lehtonen (Hrg.); Philosophical Studies in Religion,

Metaphysics, and Ethics. Essays in Honour of Heikki Kirjavainen; PLAS 38; Helsinki; 1997; S.129-139.

Kümmel, Werner Georg; Verheißung und Erfüllung. Untersuchungen zur eschatologischen Verkündigung Jesu; Zürich; [2]1953 (Neubearbeitung der 1.Aufl. von 1945).

- Das Problem des geschichtlichen Jesus in der gegenwärtigen Forschungslage; in: Helmut Ristow und Karl Matthiae; Der historische Jesus und der kerygmatische Christus. Beiträge zum Christusverständnis in Forschung und Verkündigung; Berlin; [2]1961 ([1]1960); S.39-53.
- Das Verhalten Jesus gegenüber und das Verhalten des Menschensohns. Markus 8,38par und Lukas 12,8f par Matthäus 10,32f; in: R. Pesch und R. Schnackenburg (Hrg.); Jesus und der Menschensohn (Festschrift für Anton Vögtle); Freiburg, Basel, Wien; 1975; S.210-224.
- Vierzig Jahre Jesusforschung (1950-1990 – hrg. von Helmut Merklein); BBB 91; Weinheim; 1994.

Lapide, Pinchas; Er wandelte nicht auf dem Meer. Ein jüdischer Theologe liest die Evangelien; Gütersloh; [2]1986 ([1]1984).

Leipoldt, Johannes und Grundmann, Walter; Umwelt des Urchristentums, Bd.1: Darstellung des neutestamentlichen Zeitalters; Berlin; [7]1985 ([1]1967).

Leivestad, Ragnar; Der apokalyptische Menschensohn ein theologisches Phantom; in: ASTI 6 (1968); S.49-105.

- Exit the Apocalyptic Son of Man; in: NTS 18 (1972); S.243-267.
- Jesus – Messias – Menschensohn. Die jüdischen Heilserwartungen zur Zeit der ersten römischen Kaiser und die Frage nach dem messianischen Selbstbewußtsein Jesu; in: ANZW II, 25,1 (1982); S.220-264.

Leroy, Herbert; Jesus. Überlieferung und Deutung; EdF 95; Darmstadt; [2]1989 ([1]1978).

Lessing, Gotthold Ephraim; Über den Beweis des Geistes und der Kraft (1777); in: G. E. Lessing; Werke; Bd.8: Theologiekritische Schriften III. Philosophische Schriften; hrg. von Herbert G. Göpfert; München; 1979; S.9-14.

Lindars, Barnabas; Re-Enter the Apokalyptic Son of Man; in NTS 22 (1975); S.52-72.

Lindemann, Andreas; Jesus in der Theologie des Neuen Testaments; in: Georg Strecker (Hrg.); Jesus Christus in Historie und Theologie. Neutestamentliche Festschrift für Hans Conzelmann zum 60. Geburtstag; Tübingen; 1975; S.27-57.

Linnemann, Eta; Zeitansage und Zeitvorstellung in der Verkündigung Jesu; in: Georg Strecker (Hrg.); Jesus Christus in Historie und Theologie (Festschrift für Hans Conzelmann); Tübingen; 1975; S.237-263.

Lohse, Eduard; Grundriß der neutestamentlichen Theologie; ThW 5; Stuttgart, Berlin, Köln; [4]1989 ([1]1974).

Luz, Ulrich; Das Geheimnismotiv und die markinische Christologie; in: ZNW 56 (1965); S.9-30.

Macquarrie, John; Artikel Jesus Christus VII. Dogmatisch; in: Gerhard Müller in Zusammenarbeit mit anderen (Hrg.); Theologische Realenzyklopädie; Bd.XVII; Berlin, New York; 1988; S.42-64.

Marlé, René; Der Christus des Glaubens und der historische Jesus; in: Helmut Ristow und Karl Matthiae; Der historische Jesus und der kerygmatische Christus. Beiträge zum Christusverständnis in Forschung und Verkündigung; Berlin; [2]1961 ([1]1960); S.26-38.

Marquard, Friedrich-Wilhelm; Jesus ein Jude (1992); in: entwurf. Religionspädagogische Mitteilungen 3/92; hrg. von den Fachgemeinschaft evangelischer Religionslehrerinnen und Religionslehrer in Württemberg e.V. und vom Fachverband evangelischer Religionslehrer in Baden e.V.; Stuttgart; 1992; S.21-24.

Meier, John P.; A Marginal Jew. Rethinking the Historical Jesus; New York, London, Toronto, Sidney, Auckland; Bd.1, The Roots of the Problem and the Person, 1991; Bd.2, Mentor, Message, and Miracles, 1994.

Merklein, Helmut; Die Gottesherrschaft als Handlungsprinzip. Untersuchung zur Ethik Jesu; fzb 34; Würzburg; ^{2}1981 (^{1}1978) [zitiert mit „Gottesherrschaft"].

- Jesu Botschaft von der Gottesherrschaft. Eine Skizze; SBS 111; Stuttgart; 1983 [zitiert mit „Jesu Botschaft"].
- Die Gottesherrschaft in der Verkündigung Jesu; in: Martin Hengel und Anna Maria Schwemer (Hrg.); Königsherrschaft Gottes und himmlischer Kult im Judentum, Urchristentum und in der hellenistischen Welt; WUNT 55; Tübingen; 1991; S.119-161.

Merz, Annette und Theißen, Gerd; Der historische Jesus. Siehe: Theißen, Gerd.

Mildenberger, Friedrich; Geschichte der deutschen evangelischen Theologie im 19. und 20. Jahrhundert; ThW 10; Stuttgart, Berlin, Köln, Mainz; 1981.

Moule, C. F. D.; Neglected Features in the Problem of „the Son of Man"; in: J.Gnilka (Hrg.); Neues Testament und Kirche (Festschrift für Rudolf Schnackenburg); Freiburg, Basel, Wien; 1974; S.413-428.

Müller, Karlheinz; Der Menschensohn im Danielzyklus; in: R. Pesch und R. Schnackenburg (Hrg.); Jesus und der Menschensohn (Festschrift für Anton Vögtle); Freiburg, Basel, Wien; 1975; S.37-80.

- Möglichkeiten und Vollzug jüdischer Kapitalgerichtsbarkeit im Prozeß gegen Jesus von Nazareth; in: Karl Kertelge (Hrg.); Der Prozeß gegen Jesus. Historische Rückfrage und theologische Deutung; QD 112; Freiburg, Basel, Wien; 1988; S.41-83.

Müller, Mogens; Der Ausdruck „Menschensohn" in den Evangelien. Voraussetzungen und Bedeutung; AThD 17; Leiden; 1984.

Müller, Ulrich B.; Vision und Botschaft. Erwägungen zur prophetischen Struktur der Verkündigung Jesu; in: ZThK 74 (1977); S.416-448.

Mußner, Franz; Gab es eine „galiläische Krise"?; in: Paul Hoffmann (Hrg.); Orientierung an Jesus. Zur Theologie der Synoptiker (Festschrift für Josef Schmid); Freiburg, Basel, Wien; 1973; S.238-252.

- Methodologie der Frage nach dem historischen Jesus; in: Karl Kertelge; Rückfrage nach Jesus; QD 63; Freiburg, Basel, Wien; 1974; S.118-147.
- Ursprünge und Entfaltung der neutestamentlichen Sohneschristologie; in: Leo Scheffczyk (Hrg.); Grundfragen der Christologie heute; QD 72; Freiburg, Basel, Wien; 1975; S.77-113.

Neugebauer, Fritz; Jesu Versuchung. Wegentscheidung am Anfang; Tübingen; 1986.

O'Neill, J. C.; The silence of Jesus; in NTS 15 (1968/69); S.153-167.

Oberlinner, Lorenz; Todeserwartung und Todesgewißheit Jesu. Zum Problem einer historischen Begründung; SBB 10; Stuttgart; 1980.

Pesch, Rudolf; Jesu ureigene Taten? Ein Beitrag zur Wunderfrage; QD 52; Freiburg, Basel, Wien; 1970.

- Das Messiasbekenntnis des Petrus; in: BZ 17 (1973), S.178-195 (Teil 1) und BZ 18 (1974), S.20-31 (Teil 2).
- Die Passion des Menschensohnes; in: R. Pesch und R. Schnackenburg (Hrg.); Jesus und der Menschensohn (Festschrift für Anton Vögtle); Freiburg, Basel, Wien; 1975; S.166-195.
- Das Abendmahl und Jesu Todesverständnis; in: Karl Kertelge (Hrg.); Der Tod Jesu. Deutungen im Neuen Testament; QD 74; Freiburg, Basel, Wien; 1976; S.137-187.

Pokorný, Petr; Die Entstehung der Christologie. Voraussetzungen einer Theologie des Neuen Testaments; Stuttgart; 1985.

Rebell, Walter; Jesus; Waltrop; 1993.

Reicke, Bo; Der Fleischgewordene. Zur Diskussion über den „historischen" Jesus und den kerygmatischen Christus; in: Helmut Ristow und Karl Matthiae; Der historische Jesus und der kerygmatische Christus. Beiträge zum Christusverständnis in Forschung und Verkündigung; Berlin; [2]1961 ([1]1960); S.208-218.

Rendtorff, Rolf; Das Alte Testament. Eine Einführung; Neukirchen-Vluyn; 1983.

Rigaux, Béda; Die „Zwölf" in Geschichte und Kerygma; in: Helmut Ristow und Karl Matthiae; Der historische Jesus und der kerygmatische Christus. Beiträge zum Christusverständnis in Forschung und Verkündigung; Berlin; [2]1961 ([1]1960); S.468-486.

Roloff, Jürgen; Das Kerygma und der irdische Jesus. Historische Motive in den Jesus-Erzählungen der Evangelien; Göttingen; 1970.

- Neues Testament; Neukirchen-Vluyn; [4]1985 ([1]1977).

Ruager, Sören; Das Reich Gottes; ANTJ 3; Frankfurt a.M., Bern, Cirencester/UK; 1979.

Rüstow, Alexander; ΕΝΤΟΣ ΥΜΙΝ ΕΣΤΙΝ. Zur Deutung von Lukas 17 20-21; in: ZNW 51 (1960); S.197-224.

Sanders, E. P.; Jesus and Judaism; London; 1985 [zitiert mit „Judaism"].

- The Historical Figure of Jesus; London; 1993 [zitiert mit „Jesus"].

Schillebeeckx, Edward; Jesus. Die Geschichte von einem Lebenden; Freiburg, Basel, Wien; 1975.

Schmeller, Thomas; Das Reich Gottes im Gleichnis. Eine Überprüfung neuerer Deutungen der Gleichnisrede und der Reich-Gottes-Verkündigung Jesu; in: ThLZ 7&8/119 (1994); Sp.599-608.

Schmithals, Walter; Das Bekenntnis zu Jesus Christus; in: ders.; Jesus Christus in der Verkündigung der Kirche. Aktuelle Beiträge zum notwendigen Streit um Jesus; Neukirchen-Vluyn; 1972; S.60-79.

Schnackenburg, Rudolf; Zum Verfahren der Urkirche bei ihrer Jesusüberlieferung; in: Helmut Ristow und Karl Matthiae; Der historische Jesus und der kerygmatische Christus. Beiträge zum Christusverständnis in Forschung und Verkündigung; Berlin; [2]1961 ([1]1960); S.439-454.

- Der eschatologische Abschnitt Lukas 17,20-37 (1970); in: ders.; Schriften zum Neuen Testament. Exegese in Fortschritt und Wandel; München; 1971; S.220-243.

- Der geschichtliche Jesus in seiner ständigen Bedeutung für Theologie und Kirche; in: Karl Kertelge (Hrg.); Rückfrage nach Jesus – Zur Methodik und Bedeutung der Frage nach dem historischen Jesus; QD 63; Freiburg, Basel, Wien; 1974; S.194-220

Schneider, Gerhard; „Der Menschensohn" in der lukanischen Christologie; in: R. Pesch und R. Schnackenburg (Hrg.); Jesus und der Menschensohn (Festschrift für Anton Vögtle); Freiburg, Basel, Wien; 1975; S.267-282.

- Das Verfahren gegen Jesus in der Sicht des dritten Evangeliums (Lk. 22,54 – 23,25). Redaktionskritik und historische Rückfrage; in: Karl Kertelge (Hrg.); Der Prozeß gegen Jesus. Historische Rückfrage und theologische Deutung; QD 112; Freiburg, Basel, Wien; 1988; S.111-130.

Schnider, Franz; Jesus der Prophet; OBO 2; Freiburg/Schweiz und Göttingen; 1973.

Schoeps, Hans-Joachim; Der historische Jesus und der kerygmatische Christus; in: Helmut Ristow und Karl Matthiae; Der historische Jesus und der kerygmatische Christus. Beiträge zum Christusverständnis in Forschung und Verkündigung; Berlin; [2]1961 ([1]1960); S.87-92.

Scholtissek, Klaus; Die Vollmacht Jesu. Traditions- und redaktionsgeschichtliche Analysen zu einem Leitmotiv markinischer Christologie; NTA 25 (Neue Folge); Münster; 1992.

Schott, Erdmann; Historie und Geschichte. Anmerkungen und Erwägungen; in: Helmut Ristow und Karl Matthiae; Der historische Jesus und der kerygmatische Christus.

Beiträge zum Christusverständnis in Forschung und Verkündigung; Berlin; [2]1961 ([1]1960); S.102-109.

Schrage, Wolfgang; Ethik des Neuen Testaments; GNT 4; Göttingen; 1982.

Schürmann, Heinz; Das Gebet des Herrn als Schlüssel zum Verstehen Jesu; Freiburg, Basel, Wien; [4]1981; [1]1958.

- Wie hat Jesus seinen Tod bestanden? in: Paul Hoffmann (Hrg.); Orientierung an Jesus. Zur Theologie der Synoptiker (Festschrift für Josef Schmid); Freiburg, Basel, Wien; 1973; S.325-363.
- Beobachtungen zum Menschensohn-Titel in der Redequelle. Sein Vorkommen in Abschluß- und Einleitungswendungen; in: R. Pesch und R. Schnackenburg (Hrg.); Jesus und der Menschensohn (Festschrift für Anton Vögtle); Freiburg, Basel, Wien; 1975; S.124-147.
- Jesu ureigenes Todesverständnis. Bemerkungen zur „impliziten Soteriologie" Jesu; in: Josef Zmijewski und Ernst Nellesen (Hrg.); Begegnung mit dem Wort (Festschrift für Heinrich Zimmermann); Bonn; 1980; S.273-309.

Schulz, Siegfried; Q. Die Spruchquelle der Evangelisten; Zürich; 1972.

- Der historische Jesus. Bilanz der Fragen und Lösungen; in: Georg Strecker (Hrg.); Jesus Christus in Historie und Theologie. Neutestamentliche Festschrift für Hans Conzelmann zum 60. Geburtstag; Tübingen; 1975; S.3-25

Schweitzer, Albert; Geschichte der Leben-Jesu-Forschung; Tübingen; [9]1984 (Nachdruck der 7. Aufl. von 1966; [1]1906).

Schweizer, Eduard; Der Menschensohn. Zur eschatologischen Erwartung Jesu (1959); in: ders.; Neotestamentica; Zürich, Stuttgart; 1963; S.56-84 [zitiert mit „Menschensohn"].

- Die Jünger Jesu und die nachösterliche Kirche (1959); in: Helmut Ristow und Karl Matthiae; Der historische Jesus und der kerygmatische Christus. Beiträge zum Christusverständnis in Forschung und Verkündigung; Berlin; [2]1961 ([1]1960); S.455-467.
- The Son of Man Again (1962/1963); in: ders.; Neotestamentica; Zürich, Stuttgart; 1963; S.85-92
- Zur Frage des Messiasgeheimnisses bei Markus; in: ZNW 56 (1965); S.1-9.
- Menschensohn und eschatologischer Mensch im Frühjudentum; in: Rudolf Pesch und Rudolf Schnackenburg (Hrg.); Jesus und der Menschensohn (Festschrift für Anton Vögtle); Freiburg, Basel, Wien; 1975; S.100-116 [zitiert mit „Menschensohn und eschatologischer Mensch"].
- Jesus, das Gleichnis Gottes. Was wissen wir wirklich vom Leben Jesu?; Göttingen; 1995.

Schwemer, Anna Maria; Gott als König und seine Königsherrschaft in den Sabbatliedern aus Qumran; in: Martin Hengel und Anna Maria Schwemer (Hrg.); Königsherrschaft Gottes und himmlischer Kult im Judentum, Urchristentum und in der heidnischen Welt; WUNT 55; Tübingen; 1991; S.45-118.

Sjöberg, Erik; Der verborgene Menschensohn in den Evangelien; Lund; 1955.

Stauffer, Ethelberth; Irrelevant? in: Helmut Ristow und Karl Matthiae; Der historische Jesus und der kerygmatische Christus. Beiträge zum Christusverständnis in Forschung und Verkündigung; Berlin; [2]1961 ([1]1960); S.54-61.

Stegemann, Hartmut; Die Essener, Qumran, Johannes der Täufer und Jesus. Ein Sachbuch; Freiburg, Basel Wien; [4]1994 ([1]1993).

Strecker, Georg; Die historische und theologische Problematik der Jesusfrage; in EvTh 29 (1969); S.453-476.

- Theologie des Neuen Testaments (bearbeitet, ergänzt und herausgegeben von Friedrich Wilhelm Horn); Berlin, New York; 1996.

Strobel, August; Die Stunde der Wahrheit. Untersuchungen zum Strafverfahren gegen Jesus; WUNT 21; Tübingen; 1980.

Stuhlmacher, Peter; Jesus als Versöhner. Überlegungen zum Problem der Darstellung Jesu im Rahmen einer Biblischen Theologie des Neuen Testaments; in: Georg Strecker (Hrg.); Jesus Christus in Historie und Theologie. Neutestamentliche Festschrift für Hans Conzelmann zum 60. Geburtstag; Tübingen; 1975; S.87-104

- Jesus von Nazareth – Christus des Glaubens; Stuttgart; 1988.
- Biblische Theologie des Neuen Testaments. Bd.1; Grundlegung: von Jesus zu Paulus; Göttingen; 1992.

Swidler, Leonhard; Der umstrittene Jesus; Stuttgart; 1991.

Theißen, Gerd; Urchristliche Wundergeschichten. Ein Beitrag zur formgeschichtlichen Erforschung der synoptischen Evangelien; StNT 8; Gütersloh; [5]1987 ([1]1974).

- Die Tempelweissagung Jesu. Prophetie im Spannungsfeld von Stadt und Land (1976); in: ders., Studien zur Soziologie des Urchristentums, WUNT 19; Tübingen; [3]1989; S.142-159.
- Lokalkolorit und Zeitgeschichte in den Evangelien. Ein Beitrag zur Geschichte der synoptischen Tradition; NTOA 8; Freiburg/Schweiz, Göttingen; 1989.
- Gruppenmessianismus. Überlegungen zum Ursprung der Kirche im Jüngerkreis Jesu; in: JBTh 7 (1992); S.101-123.
- und Merz, Annette; Der historische Jesus. Ein Lehrbuch; Göttingen; 1996.

Thüsing, Wilhelm; Die neutestamentlichen Theologien und Jesus Christus; Bd.1: Kriterien aufgrund der Rückfrage nach Jesus und des Glaubens an seine Auferweckung; Düsseldorf; 1981.

Thyen, Hartwig; Der irdische Jesus und die Kirche; in: Georg Strecker (Hrg.); Jesus Christus in Historie und Theologie. Neutestamentliche Festschrift für Hans Conzelmann zum 60. Geburtstag; Tübingen; 1975; S.127-141

Tödt, Heinz Eduard; Der Menschensohn in der synoptischen Überlieferung; Gütersloh; 1959.

Trautmann, Maria; Zeichenhafte Handlungen Jesu. Ein Beitrag zur Frage nach dem geschichtlichen Jesus; FzB 37; Würzburg; 1980.

Vermes, Geza; Jesus der Jude. Ein Historiker liest die Evangelien (Übers. von Alexander Samely; bearb. von Volker Hampel); Neukirchen-Vluyn; 1993; Übersetzung der englischen Erstausgabe „Jesus the Jew“ von 1973; ergänzt durch drei Vorlesungen aus dem Jahre 1981.

Vielhauer, Philipp; Gottesreich und Menschensohn in der Verkündigung Jesu (1957); in: ders.; Aufsätze zum Neuen Testament; TB 31; München; 1965; S.55-91.

- Jesus und der Menschensohn. Zur Diskussion mit H.E.Tödt und E. Schweizer; in: ZThK 60 (1963); S.133-177.

Vögtle, Anton; Todesankündigungen und Todesverständnis Jesu; in: Karl Kertelge (Hrg.); Der Tod Jesu. Deutungen im Neuen Testament; QD 74; Freiburg, Basel, Wien; 1976; S.51-113.

- Die „Gretchenfrage“ des Menschensohnproblems. Bilanz und Perspektive; QD 152; Freiburg, Basel, Wien; 1994.

Vollenweider, Samuel; „Ich sah den Satan wie einen Blitz vom Himmel fallen“ (Lk 10 18); in: ZNW 79 (1988); S.187-203.

Von der Osten-Sacken, Peter; Gott und Belial. Traditionsgeschichtliche Untersuchungen zum Dualismus in den Texten aus Qumran; StUNT 6; Göttingen; 1969.

Walter, Nikolaus; „Historischer Jesus“ und Osterglaube. Ein Diskussionsbeitrag zur Christologie; in: ThLZ 5/101 (1976); Sp.321-338.

Weder, Hans; Die Gleichnisse Jesu als Metaphern. Traditions- und redaktionsgeschichtliche Analysen und Interpretationen; FRLANT 120; Göttingen; 1978.
- Das Kreuz Jesu bei Paulus. Ein Versuch, über den Geschichtsbezug des christlichen Glaubens nachzudenken; FRLANT 125; Göttingen; 1981.
- Die „Rede der Reden". Eine Auslegung der Bergpredigt heute; Zürich; [3]1994 ([1]1985).
- Neutestamentliche Hermeneutik; ZGB; Zürich; 1986.
- Gegenwart und Gottesherrschaft. Überlegungen zum Zeitverständnis bei Jesus und im frühen Christentum; BThSt 20; Neukirchen-Vluyn; 1993.

Weimar, Peter; Daniel 7. Eine Textanalyse; in: R. Pesch und R. Schnackenburg (Hrg.); Jesus und der Menschensohn (Festschrift für Anton Vögtle); Freiburg, Basel, Wien; 1975; S.11-36.

Weiß, Hans-Friedrich; Kerygma und Geschichte. Erwägungen zur Frage nach Jesus im Rahmen der Theologie des Neuen Testaments; Berlin (Ost); 1983.

Witherington, Ben, III; The Jesus Quest. The Third Search for the Jew of Nazareth; Downers Grove, Illinois; 1995

Wolter, Michael; „Was heisset nu Gottes reich?"; ZNW 86 (1995); S.5-19.

Wrede, Wilhelm; Das Messiasgeheimnis in den Evangelien. Zugleich ein Beitrag zum Verständnis des Markusevangeliums; Göttingen; 1901.

Zager, Werner; Jesus und die frühchristliche Verkündigung. Historische Rückfragen nach den Anfängen; Neukirchen-Vluyn; 1999.

Zahrnt, Heinz; Die Sache mit Gott. Die protestantische Theologie im 20. Jahrhundert; München; [6]1984 ([1]1966).

Zimmermann, Johannes; Messianische Texte aus Qumran. Königliche, priesterliche und prophetische Messiasvorstellungen in den Schriftfunden von Qumran; WUNT 2 Reihe; Tübingen; 1998.

Stellenregister

Wird hier im Stellenregister bei einer Stellenangabe ein Bereich von Seiten angegeben, so findet sich innerhalb dieses Bereichs die betreffende Stellenangabe nicht unbedingt auf jeder, mindestens aber auf jeder zweiten Seite.

Markus-Evangelium

Lukas-Evangelium

Autorenregister

Wird hier im Autorenregister bei einem Autor / einer Autorin ein Bereich von Seiten angegeben, so findet sich innerhalb dieses Bereichs ein Verweis auf den betreffende Autor / die betreffende Autorin nicht unbedingt auf jeder, mindestens aber auf jeder zweiten Seite.

Personen- und Sachregister

Wird hier im Personen- und Sachregister bei einer Stellenangabe ein Bereich von Seiten angegeben, so findet sich innerhalb dieses Bereichs die betreffende Stellenangabe nicht unbedingt auf jeder, mindestens aber auf jeder zweiten Seite.

Wissenschaftliche Untersuchungen zum Neuen Testament

Alphabetische Übersicht der ersten und zweiten Reihe

Ådna, Jostein: Jesu Stellung zum Tempel. 2000. *Band II/119.*
Ådna, Jostein und *Kvalbein, Hans* (Hrsg.): The Mission of the Early Church to Jews and Gentiles. 2000. *Band 127.*
Alkier, Stefan: Wunder und Wirklichkeit in den Briefen des Apostels Paulus. 2001. *Band 134.*
Anderson, Paul N.: The Christology of the Fourth Gospel. 1996. *Band II/78.*
Appold, Mark L.: The Oneness Motif in the Fourth Gospel. 1976. *Band II/1.*
Arnold, Clinton E.: The Colossian Syncretism. 1995. *Band II/77.*
Asiedu-Peprah, Martin: Johannine Sabbath Conflicts As Juridical Controversy. 2001. *Band II/132.*
Avemarie, Friedrich und *Hermann Lichtenberger* (Hrsg.): Auferstehung - Ressurection. 2001. *Band 135.*
Avemarie, Friedrich und *Hermann Lichtenberger* (Hrsg.): Bund und Tora. 1996. *Band 92.*
Bachmann, Michael: Sünder oder Übertreter. 1992. *Band 59.*
Baker, William R.: Personal Speech-Ethics in the Epistle of James. 1995. *Band II/68.*
Balla, Peter: Challenges to New Testament Theology. 1997. *Band II/95.*
Bammel, Ernst: Judaica. Band I 1986. *Band 37* – Band II 1997. *Band 91.*
Bash, Anthony: Ambassadors for Christ. 1997. *Band II/92.*
Bauernfeind, Otto: Kommentar und Studien zur Apostelgeschichte. 1980. *Band 22.*
Baum, Armin Daniel: Pseudepigraphie und literarische Fälschung im frühen Christentum. 2001. *Band II/138.*
Bayer, Hans Friedrich: Jesus' Predictions of Vindication and Resurrection. 1986. *Band II/20.*
Bell, Richard H.: Provoked to Jealousy. 1994. *Band II/63.*
– No One Seeks for God. 1998. *Band 106.*
Bergman, Jan: siehe *Kieffer, René*
Bergmeier, Roland: Das Gesetz im Römerbrief und andere Studien zum Neuen Testament. 2000. *Band 121.*
Betz, Otto: Jesus, der Messias Israels. 1987. *Band 42.*
– Jesus, der Herr der Kirche. 1990. *Band 52.*
Beyschlag, Karlmann: Simon Magus und die christliche Gnosis. 1974. *Band 16.*
Bittner, Wolfgang J.: Jesu Zeichen im Johannesevangelium. 1987. *Band II/26.*
Bjerkelund, Carl J.: Tauta Egeneto. 1987. *Band 40.*
Blackburn, Barry Lee: Theios Anēr and the Markan Miracle Traditions. 1991. *Band II/40.*
Bock, Darrell L.: Blasphemy and Exaltation in Judaism and the Final Examination of Jesus. 1998. *Band II/106.*
Bockmuehl, Markus N.A.: Revelation and Mystery in Ancient Judaism and Pauline Christianity. 1990. *Band II/36.*
Bøe, Sverre: Gog and Magog. 2001. *Band II/ 135.*
Böhlig, Alexander: Gnosis und Synkretismus. Teil 1 1989. *Band 47* –Teil 2 1989. *Band 48.*
Böhm, Martina: Samarien und die Samaritai bei Lukas. 1999. *Band II/111.*
Böttrich, Christfried: Weltweisheit – Menschheitsethik – Urkult. 1992. *Band II/50.*
Bolyki, János: Jesu Tischgemeinschaften. 1997. *Band II/96.*
Brocke, Christoph vom: Thessaloniki – Stadt des Kassander und Gemeinde des Paulus. 2001. *Band II//125*
Büchli, Jörg: Der Poimandres – ein paganisiertes Evangelium. 1987. *Band II/27.*
Bühner, Jan A.: Der Gesandte und sein Weg im 4. Evangelium. 1977. *Band II/2.*
Burchard, Christoph: Untersuchungen zu Joseph und Aseneth. 1965. *Band 8.*
– Studien zur Theologie, Sprache und Umwelt des Neuen Testaments. Hrsg. von D. Sänger. 1998. *Band 107.*
Byrskog, Samuel: Story as History – History as Story. 2000. *Band 123.*
Cancik, Hubert (Hrsg.): Markus-Philologie. 1984. *Band 33.*
Capes, David B.: Old Testament Yaweh Texts in Paul's Christology. 1992. *Band II/47.*
Caragounis, Chrys C.: The Son of Man. 1986. *Band 38.*
– siehe *Fridrichsen, Anton.*
Carleton Paget, James: The Epistle of Barnabas. 1994. *Band II/64.*
Carson, D.A., O'Brien, Peter T. und *Mark Seifrid* (Hrsg.): Justification and Variegated Nomism: A Fresh Appraisal of Paul and Second Temple Judaism. Band 1: The Complexities of Second Temple Judaism. *Band II/140.*

Ciampa, Roy E.: The Presence and Function of Scripture in Galatians 1 and 2. 1998. *Band II/102.*
Classen, Carl Joachim: Rhetorical Criticsm of the New Testament. 2000. *Band 128.*
Crump, David: Jesus the Intercessor. 1992. *Band II/49.*
Dahl, Nils Alstrup: Studies in Ephesians. 2000. *Band 131.*
Deines, Roland: Jüdische Steingefäße und pharisäische Frömmigkeit. 1993. *Band II/52.*
– Die Pharisäer. 1997. *Band 101.*
Dietzfelbinger, Christian: Der Abschied des Kommenden. 1997. *Band 95.*
Dobbeler, Axel von: Glaube als Teilhabe. 1987. *Band II/22.*
Du Toit, David S.: Theios Anthropos. 1997. *Band II/91.*
Dunn , James D.G. (Hrsg.): Jews and Christians. 1992. *Band 66.*
– Paul and the Mosaic Law. 1996. *Band 89.*
Dunn, James D.G., Hans Klein, Ulrich Luz und *Vasile Mihoc* (Hrsg.): Auslegung der Bibel in orthodoxer und westlicher Perspektive. 2000. *Band 130.*
Ebertz, Michael N.: Das Charisma des Gekreuzigten. 1987. *Band 45.*
Eckstein, Hans-Joachim: Der Begriff Syneidesis bei Paulus. 1983. *Band II/10.*
– Verheißung und Gesetz. 1996. *Band 86.*
Ego, Beate: Im Himmel wie auf Erden. 1989. *Band II/34*
Ego, Beate und *Lange, Armin* sowie *Pilhofer, Peter (Hrsg.):* Gemeinde ohne Tempel – Community without Temple. 1999. *Band 118.*
Eisen, Ute E.: siehe *Paulsen, Henning.*
Ellis, E. Earle: Prophecy and Hermeneutic in Early Christianity. 1978. *Band 18.*
– The Old Testament in Early Christianity. 1991. *Band 54.*
Ennulat, Andreas: Die 'Minor Agreements'. 1994. *Band II/62.*
Ensor, Peter W.: Jesus and His 'Works'. 1996. *Band II/85.*
Eskola, Timo: Theodicy and Predestination in Pauline Soteriology. 1998. *Band II/100.*
Fatehi, Mehrdad: The Spirit's Relation to the Risen Lord in Paul. 2000. *Band II/128.*
Feldmeier, Reinhard: Die Krisis des Gottessohnes. 1987. *Band II/21.*
– Die Christen als Fremde. 1992. *Band 64.*
Feldmeier, Reinhard und *Ulrich Heckel* (Hrsg.): Die Heiden. 1994. *Band 70.*
Fletcher-Louis, Crispin H.T.: Luke-Acts: Angels, Christology and Soteriology. 1997. *Band II/94.*
Förster, Niclas: Marcus Magus. 1999. *Band 114.*
Forbes, Christopher Brian: Prophecy and Inspired Speech in Early Christianity and its Hellenistic Environment. 1995. *Band II/75.*
Fornberg, Tord: siehe *Fridrichsen, Anton.*
Fossum, Jarl E.: The Name of God and the Angel of the Lord. 1985. *Band 36.*
Frenschkowski, Marco: Offenbarung und Epiphanie. Band 1 1995. *Band II/79* – Band 2 1997. *Band II/80.*
Frey, Jörg: Eugen Drewermann und die biblische Exegese. 1995. *Band II/71.*
– Die johanneische Eschatologie. Band I. 1997. *Band 96.* – Band II. 1998. *Band 110.* – Band III. 2000. *Band 117.*
Freyne, Sean: Galilee and Gospel. 2000. *Band 125.*
Fridrichsen, Anton: Exegetical Writings. Hrsg. von C.C. Caragounis und T. Fornberg. 1994. *Band 76.*
Garlington, Don B.: 'The Obedience of Faith'. 1991. *Band II/38.*
– Faith, Obedience, and Perseverance. 1994. *Band 79.*
Garnet, Paul: Salvation and Atonement in the Qumran Scrolls. 1977. *Band II/3.*
Gese, Michael: Das Vermächtnis des Apostels. 1997. *Band II/99.*
Gräbe, Petrus J.: The Power of God in Paul's Letters. 2000. *Band II/123.*
Gräßer, Erich: Der Alte Bund im Neuen. 1985. *Band 35.*
– Forschungen zur Apostelgeschichte. 2001. *Band 137.*
Green, Joel B.: The Death of Jesus. 1988. *Band II/33.*
Gundry Volf, Judith M.: Paul and Perseverance. 1990. *Band II/37.*
Hafemann, Scott J.: Suffering and the Spirit. 1986. *Band II/19.*
– Paul, Moses, and the History of Israel. 1995. *Band 81.*
Hannah, Darrel D.: Michael and Christ. 1999. *Band II/109.*
Hamid-Khani, Saeed: Relevation and Concealment of Christ. 2000. *Band II/120.*
Hartman, Lars: Text-Centered New Testament Studies. Hrsg. von D. Hellholm. 1997. *Band 102.*
Hartog, Paul: Polycarp and the New Testament. 2001. *Band II/134.*
Heckel, Theo K.: Der Innere Mensch. 1993. *Band II/53.*
– Vom Evangelium des Markus zum viergestaltigen Evangelium. 1999. *Band 120.*
Heckel, Ulrich: Kraft in Schwachheit. 1993. *Band II/56.*

– siehe *Feldmeier, Reinhard.*
– siehe *Hengel, Martin.*
Heiligenthal, Roman: Werke als Zeichen. 1983. *Band II/9.*
Hellholm, D.: siehe *Hartman, Lars.*
Hemer, Colin J.: The Book of Acts in the Setting of Hellenistic History. 1989. *Band 49.*
Hengel, Martin: Judentum und Hellenismus. 1969, ³1988. *Band 10.*
– Die johanneische Frage. 1993. *Band 67.*
– Judaica et Hellenistica. Band 1. 1996. *Band 90.* – Band 2. 1999. *Band 109.*
Hengel, Martin und *Ulrich Heckel* (Hrsg.): Paulus und das antike Judentum. 1991. *Band 58.*
Hengel, Martin und *Hermut Löhr* (Hrsg.): Schriftauslegung im antiken Judentum und im Urchristentum. 1994. *Band 73.*
Hengel, Martin und *Anna Maria Schwemer:* Paulus zwischen Damaskus und Antiochien. 1998. *Band 108.*
Hengel, Martin und *Anna Maria Schwemer* (Hrsg.): Königsherrschaft Gottes und himmlischer Kult. 1991. *Band 55.*
– Die Septuaginta. 1994. *Band 72.*
Hengel, Martin; Siegfried Mittmann und *Anna Maria Schwemer* (Ed.): La Cité de Dieu / Die Stadt Gottes. 2000. *Band 129.*
Herrenbrück, Fritz: Jesus und die Zöllner. 1990. *Band II/41.*
Herzer, Jens: Paulus oder Petrus? 1998. *Band 103.*
Hoegen-Rohls, Christina: Der nachösterliche Johannes. 1996. *Band II/84.*
Hofius, Otfried: Katapausis. 1970. *Band 11.*
– Der Vorhang vor dem Thron Gottes. 1972. *Band 14.*
– Der Christushymnus Philipper 2,6-11. 1976, ²1991. *Band 17.*
– Paulusstudien. 1989, ²1994. *Band 51.*
– Neutestamentliche Studien. 2000. *Band 132.*
Hofius, Otfried und *Hans-Christian Kammler:* Johannesstudien. 1996. *Band 88.*
Holtz, Traugott: Geschichte und Theologie des Urchristentums. 1991. *Band 57.*
Hommel, Hildebrecht: Sebasmata. Band 1 1983. *Band 31* – Band 2 1984. *Band 32.*
Hvalvik, Reidar: The Struggle for Scripture and Covenant. 1996. *Band II/82.*
Joubert, Stephan: Paul as Benefactor. 2000. *Band II/124.*
Kähler, Christoph: Jesu Gleichnisse als Poesie und Therapie. 1995. *Band 78.*
Kamlah, Ehrhard: Die Form der katalogischen Paränese im Neuen Testament. 1964. *Band 7.*
Kammler, Hans-Christian: Christologie und Eschatologie. 2000. *Band 126.*
– siehe *Hofius, Otfried.*
Kelhoffer, James A.: Miracle and Mission. 1999. *Band II/112.*
Kieffer, René und *Jan Bergman (Hrsg.)*: La Main de Dieu / Die Hand Gottes. 1997. *Band 94.*
Kim, Seyoon: The Origin of Paul's Gospel. 1981, ²1984. *Band II/4.*
– „The 'Son of Man'" as the Son of God. 1983. *Band 30.*
Klein, Hans: siehe *Dunn, James D.G.*
Kleinknecht, Karl Th.: Der leidende Gerechtfertigte. 1984, ²1988. *Band II/13.*
Klinghardt, Matthias: Gesetz und Volk Gottes. 1988. *Band II/32.*
Köhler, Wolf-Dietrich: Rezeption des Matthäusevangeliums in der Zeit vor Irenäus. 1987. *Band II/24.*
Korn, Manfred: Die Geschichte Jesu in veränderter Zeit. 1993. *Band II/51.*
Koskenniemi, Erkki: Apollonios von Tyana in der neutestamentlichen Exegese. 1994. *Band II/61.*
Kraus, Thomas J.: Sprache, Stil und historischer Ort des zweiten Petrusbriefes. 2001. *Band II/136.*
Kraus, Wolfgang: Das Volk Gottes. 1996. *Band 85.*
– siehe *Walter, Nikolaus.*
Kreplin, Matthias: Das Selbstverständnis Jesu. 2001. *Band II/141.*
Kuhn, Karl G.: Achtzehngebet und Vaterunser und der Reim. 1950. *Band 1.*
Kvalbein, Hans: siehe *Ådna, Jostein.*
Laansma, Jon: I Will Give You Rest. 1997. *Band II/98.*
Labahn, Michael: Offenbarung in Zeichen und Wort. 2000. *Band II/117.*
Lange, Armin: siehe *Ego, Beate.*
Lampe, Peter: Die stadtrömischen Christen in den ersten beiden Jahrhunderten. 1987, ²1989. *Band II/18.*
Landmesser, Christof: Wahrheit als Grundbegriff neutestamentlicher Wissenschaft. 1999. *Band 113.*
– Jüngerberufung und Zuwendung zu Gott. 2000. *Band 133.*
Lau, Andrew: Manifest in Flesh. 1996. *Band II/86.*
Lee, Pilchan: The New Jerusalem in the Book of Relevation. 2000. *Band II/129.*
Lichtenberger, Hermann: siehe *Avemarie, Friedrich.*
Lieu, Samuel N.C.: Manichaeism in the Later Roman Empire and Medieval China. ²1992. *Band 63.*
Loader, William R.G.: Jesus' Attitude Towards the Law. 1997. *Band II/97.*
Löhr, Gebhard: Verherrlichung Gottes durch Philosophie. 1997. *Band 97.*

Löhr, Hermut: siehe *Hengel, Martin.*
Löhr, Winrich Alfried: Basilides und seine Schule. 1995. *Band 83.*
Luomanen, Petri: Entering the Kingdom of Heaven. 1998. *Band II/101.*
Luz, Ulrich: siehe *Dunn, James D.G.*.
Maier, Gerhard: Mensch und freier Wille. 1971. *Band 12.*
– Die Johannesoffenbarung und die Kirche. 1981. *Band 25.*
Markschies, Christoph: Valentinus Gnosticus? 1992. *Band 65.*
Marshall, Peter: Enmity in Corinth: Social Conventions in Paul's Relations with the Corinthians. 1987. *Band II/23.*
McDonough, Sean M.: YHWH at Patmos: Rev. 1:4 in its Hellenistic and Early Jewish Setting. 1999. *Band II/107.*
McGlynn, Moyna: Divine Judgement and Divine Benevolence in the Book of Wisdom. 2001. *Band II/139.*
Meade, David G.: Pseudonymity and Canon. 1986. *Band 39.*
Meadors, Edward P.: Jesus the Messianic Herald of Salvation. 1995. *Band II/72.*
Meißner, Stefan: Die Heimholung des Ketzers. 1996. *Band II/87.*
Mell, Ulrich: Die „anderen" Winzer. 1994. *Band 77.*
Mengel, Berthold: Studien zum Philipperbrief. 1982. *Band II/8.*
Merkel, Helmut: Die Widersprüche zwischen den Evangelien. 1971. *Band 13.*
Merklein, Helmut: Studien zu Jesus und Paulus. Band 1 1987. *Band 43.* – Band 2 1998. *Band 105.*
Metzler, Karin: Der griechische Begriff des Verzeihens. 1991. *Band II/44.*
Metzner, Rainer: Die Rezeption des Matthäusevangeliums im 1. Petrusbrief. 1995. *Band II/74.*
– Das Verständnis der Sünde im Johannesevangelium. 2000. *Band 122.*
Mihoc, Vasile: siehe *Dunn, James D.G.*.
Mittmann, Siegfried: siehe *Hengel, Martin.*
Mittmann-Richert, Ulrike: Magnifikat und Benediktus. *1996.* *Band II/90.*
Mußner, Franz: Jesus von Nazareth im Umfeld Israels und der Urkirche. Hrsg. von M. Theobald. 1998. *Band 111.*
Niebuhr, Karl-Wilhelm: Gesetz und Paränese. 1987. *Band II/28.*
– Heidenapostel aus Israel. 1992. *Band 62.*
Nielsen, Anders E.: „Until it is Fullfilled". 2000. *Band II/126.*
Nissen, Andreas: Gott und der Nächste im antiken Judentum. 1974. *Band 15.*
Noack, Christian: Gottesbewußtsein. 2000. *Band II/116.*
Noormann, Rolf: Irenäus als Paulusinterpret. 1994. *Band II/66.*
Obermann, Andreas: Die christologische Erfüllung der Schrift im Johannesevangelium. 1996. *Band II/83.*
Okure, Teresa: The Johannine Approach to Mission. 1988. *Band II/31.*
Oropeza, B. J.: Paul and Apostasy. 2000. *Band II/115.*
Ostmeyer, Karl-Heinrich: Taufe und Typos. 2000. *Band II/118.*
Paulsen, Henning: Studien zur Literatur und Geschichte des frühen Christentums. Hrsg. von Ute E. Eisen. 1997. *Band 99.*
Pao, David W.: Acts and the Isaianic New Exodus. 2000. *Band II/130.*
Park, Eung Chun: The Mission Discourse in Matthew's Interpretation. 1995. *Band II/81.*
Park, Joseph S.: Conceptions of Afterlife in Jewish Insriptions. 2000. *Band II/121.*
Pate, C. Marvin: The Reverse of the Curse. 2000. *Band II/114.*
Philonenko, Marc (Hrsg.): Le Trône de Dieu. 1993. *Band 69.*
Pilhofer, Peter: Presbyteron Kreitton. 1990. *Band II/39.*
– Philippi. Band 1 1995. *Band 87.* – Band 2 2000. *Band 119.*
– siehe *Ego, Beate.*
Pöhlmann, Wolfgang: Der Verlorene Sohn und das Haus. 1993. *Band 68.*
Pokorný, Petr und *Josef B. Souček:* Bibelauslegung als Theologie. 1997. *Band 100.*
Porter, Stanley E.: The Paul of Acts. 1999. *Band 115.*
Prieur, Alexander: Die Verkündigung der Gottesherrschaft. 1996. *Band II/89.*
Probst, Hermann: Paulus und der Brief. 1991. *Band II/45.*
Räisänen, Heikki: Paul and the Law. 1983, [2]1987. *Band 29.*
Rehkopf, Friedrich: Die lukanische Sonderquelle. 1959. *Band 5.*
Rein, Matthias: Die Heilung des Blindgeborenen (Joh 9). 1995. *Band II/73.*
Reinmuth, Eckart: Pseudo-Philo und Lukas. 1994. *Band 74.*
Reiser, Marius: Syntax und Stil des Markusevangeliums. 1984. *Band II/11.*
Richards, E. Randolph: The Secretary in the Letters of Paul. 1991. *Band II/42.*
Riesner, Rainer: Jesus als Lehrer. 1981, [3]1988. *Band II/7.*
– Die Frühzeit des Apostels Paulus. 1994. *Band 71.*
Rissi, Mathias: Die Theologie des Hebräerbriefs. 1987. *Band 41.*

Röhser, Günter: Metaphorik und Personifikation der Sünde. 1987. *Band II/25.*
Rose, Christian: Die Wolke der Zeugen. 1994. *Band II/60.*
Rüger, Hans Peter: Die Weisheitsschrift aus der Kairoer Geniza. 1991. *Band 53.*
Sänger, Dieter: Antikes Judentum und die Mysterien. 1980. *Band II/5.*
– Die Verkündigung des Gekreuzigten und Israel. 1994. *Band 75.*
– siehe *Burchard, Christoph*
Salzmann, Jorg Christian: Lehren und Ermahnen. 1994. *Band II/59.*
Sandnes, Karl Olav: Paul – One of the Prophets? 1991. *Band II/43.*
Sato, Migaku: Q und Prophetie. 1988. *Band II/29.*
Schaper, Joachim: Eschatology in the Greek Psalter. 1995. *Band II/76.*
Schimanowski, Gottfried: Weisheit und Messias. 1985. *Band II/17.*
Schlichting, Günter: Ein jüdisches Leben Jesu. 1982. *Band 24.*
Schnabel, Eckhard J.: Law and Wisdom from Ben Sira to Paul. 1985. *Band II/16.*
Schutter, William L.: Hermeneutic and Composition in I Peter. 1989. *Band II/30.*
Schwartz, Daniel R.: Studies in the Jewish Background of Christianity. 1992. *Band 60.*
Schwemer, Anna Maria: siehe *Hengel, Martin*
Scott, James M.: Adoption as Sons of God. 1992. *Band II/48.*
– Paul and the Nations. 1995. *Band 84.*
Siegert, Folker: Drei hellenistisch-jüdische Predigten. Teil I 1980. *Band 20* – Teil II 1992. *Band 61.*
– Nag-Hammadi-Register. 1982. *Band 26.*
– Argumentation bei Paulus. 1985. *Band 34.*
– Philon von Alexandrien. 1988. *Band 46.*
Simon, Marcel: Le christianisme antique et son contexte religieux I/II. 1981. *Band 23.*
Snodgrass, Klyne: The Parable of the Wicked Tenants. 1983. *Band 27.*
Söding, Thomas: Das Wort vom Kreuz. 1997. *Band 93.*
– siehe *Thüsing, Wilhelm.*
Sommer, Urs: Die Passionsgeschichte des Markusevangeliums. 1993. *Band II/58.*
Souček, Josef B.: siehe *Pokorný, Petr.*
Spangenberg, Volker: Herrlichkeit des Neuen Bundes. 1993. *Band II/55.*
Spanje, T.E. van: Inconsistency in Paul? 1999. *Band II/110.*
Speyer, Wolfgang: Frühes Christentum im antiken Strahlungsfeld. Band I: 1989. *Band 50.* – Band II: 1999. *Band 116.*
Stadelmann, Helge: Ben Sira als Schriftgelehrter. 1980. *Band II/6.*
Stenschke, Christoph W.: Luke's Portrait of Gentiles Prior to Their Coming to Faith. *Band II/108.*
Stettler, Christian: Der Kolosserhymnus. 2000. *Band II/131.*
Stettler, Hanna: Die Christologie der Pastoralbriefe. 1998. *Band II/105.*
Strobel, August: Die Stunde der Wahrheit. 1980. *Band 21.*
Stroumsa, Guy G.: Barbarian Philosophy. 1999. *Band 112.*
Stuckenbruck, Loren T.: Angel Veneration and Christology. 1995. *Band II/70.*
Stuhlmacher, Peter (Hrsg.): Das Evangelium und die Evangelien. 1983. *Band 28.*
Sung, Chong-Hyon: Vergebung der Sünden. 1993. *Band II/57.*
Tajra, Harry W.: The Trial of St. Paul. 1989. *Band II/35.*
– The Martyrdom of St.Paul. 1994. *Band II/67.*
Theißen, Gerd: Studien zur Soziologie des Urchristentums. 1979, [3]1989. *Band 19.*
Theobald, Michael: Studien zum Römerbrief. 2001. *Band 136.*
Theobald, Michael: siehe *Mußner, Franz.*
Thornton, Claus-Jürgen: Der Zeuge des Zeugen. 1991. *Band 56.*
Thüsing, Wilhelm: Studien zur neutestamentlichen Theologie. Hrsg. von Thomas Söding. 1995. *Band 82.*
Thurén, Lauri: Derhethorizing Paul. 2000. *Band 124.*
Treloar, Geoffrey R.: Lightfoot the Historian. 1998. *Band II/103.*
Tsuji, Manabu: Glaube zwischen Vollkommenheit und Verweltlichung. 1997. *Band II/93.*
Twelftree, Graham H.: Jesus the Exorcist. 1993. *Band II/54.*
Urban, Christina: Das Menschenbild nach dem Johannesevangelium. 2001. *Band II/137.*
Visotzky, Burton L.: Fathers of the World. 1995. *Band 80.*
Wagener, Ulrike: Die Ordnung des „Hauses Gottes". 1994. *Band II/65.*
Walter, Nikolaus: Praeparatio Evangelica. Hrsg. von Wolfgang Kraus und Florian Wilk. 1997. *Band 98.*
Wander, Bernd: Gottesfürchtige und Sympathisanten. 1998. *Band 104.*
Watts, Rikki: Isaiah's New Exodus and Mark. 1997. *Band II/88.*
Wedderburn, A.J.M.: Baptism and Resurrection. 1987. *Band 44.*
Wegner, Uwe: Der Hauptmann von Kafarnaum. 1985. *Band II/14.*

Welck, Christian: Erzählte 'Zeichen'. 1994. *Band II/69.*
Wiarda, Timothy: Peter in the Gospels . 2000. *Band II/127.*
Wilk, Florian: siehe *Walter, Nikolaus.*
Williams, Catrin H.: I am He. 2000. *Band II/113.*
Wilson, Walter T.: Love without Pretense. 1991. *Band II/46.*
Wisdom, Jeffrey: Blessing for the Nations and the Curse of the Law. 2001. *Band II/133.*
Zimmermann, Alfred E.: Die urchristlichen Lehrer. 1984, [2]1988. *Band II/12.*
Zimmermann, Johannes: Messianische Texte aus Qumran. 1998. *Band II/104.*
Zimmermann, Ruben: Geschlechtermetaphorik und Geschlechterverhältnis. 2000. *Band II/122.*